시스템 관점으로 읽는 노자 도덕경

시스템 관점으로 읽는 노자 도덕경

발행일	2021년 5월 28일			
지은이	이종식			
펴낸이	손형국			
펴낸곳	(주)북랩			
편집인	선일영	편집	정두철, 윤성아, 배진용, 김현아, 박준	
디자인	이현수, 한수희, 김윤주, 허지혜	제작	박기성, 황동현, 구성우, 권태련	
마케팅	김회란, 박진관			
출판등록	2004. 12. 1(제2012-000051호)			
주소	서울특별시 금천구 가산디지털 1로 168, 우림라이온스밸리 B동 B113~114호, C동 B101호			
홈페이지	www.book.co.kr			
전화번호	(02)2026-5777	팩스	(02)2026-5747	
ISBN	979-11-6539-789-0 03150 (종이책)	979-11-6539-790-6 05150 (전자책)		

일관성 있는 도(道)와 덕(德)의 해석,
연기(緣起)와 의존관계로 풀이하는 도덕!

시스템 관점으로 읽는 노자

도덕경

이종식 지음

북랩 book Lab

서문

　노자의 도덕경 해설서는 매우 많다. 그럼에도 내 나름의 해설서를 쓰게 된 동기는 다음과 같다.

　첫째, 도덕경 전체를 관통하는 도와 덕의 개념을 노자의 입장에서 일관성 있게 정리해보고 싶었다. 도덕경은 총 81장으로 이루어져 있지만 각 장마다 서술된 내용이 마치 선문답하는 것 같아 문맥이 부드럽지 않고 난해한 부분도 많다. 그래서 그런지 해설서마다 그 내용에 조금씩 차이가 있다. 그런 해설서를 보면서 노자가 과연 의미의 연결이 끊기게 서술하였을까 하는 의문이 일기 시작하였고, 결론은 그렇지 않을 것이라고 생각하여 노자의 입장에서 생각하고 풀이해보고 싶었다.

　어떤 책이든 번역은 원저자의 입장에서 해야 하고, 해설도 가능하면 원저자의 입장을 전제로 설명을 추가하여야 한다. 도덕경 번역과 풀이에서 노자의 입장이 된다는 것은 노자가 쓴 내용들을 일단 믿고 그에 따라 해석하여야 한다. 특히 노자 시대의 어휘 의미는 현재와 다를 수 있으니 가능하면 이를 고려해야 한다. 하지만 당시에 사용되었던 의미를 현재는 알기 어려우니 글자의 다양한 의미를 살펴보는 것이 바람직하다. 단적인 예가 20장 食母(식모)라는 말이다. 요즈음 단어의 의미로 해석하면 食母(식모)는 "어미를 먹다"이다. 그러나 食(식)자나 母(모)자의 여러 가지 의미를 살펴보면 食(식)자는 "생활하다"는 의미가 있고, 母(모)자는 "근본"이란 의미가 있다. 그러니 食母(식모)는 "근본으로 생활하다"로 번역함이 좋을 것이다.

그리고 65장 "옛날에 도를 잘 행한 자는, 백성에게 드러나지 않게 하고, 자신을 어리석게 보이려 한다(古之善爲道者, 非以明民, 將以愚之)"고 한 부분이다. 비이명민(非以明民), 장이우지(將以愚之)을 대부분의 해설서에서 "백성을 똑똑하게 하지 않고 어리석게 하려 했다"로 번역하여 노자가 우민정치(愚民政治)를 주장한 것처럼 해설하고 있다. 무위자연(無爲自然)을 주장하는 노자가 백성을 어리석게 만들려고 하였다는 것은 어울리지 않고 잘못된 해석이다(65장 p. 480 참조). 이런 부분들이 집필의 동기가 되었다.

두 번째 집필의 동기는, 노자는 도덕경에서 천지 만물의 등장과 작동, 사그라짐을 말하고 있는데, 이 천지 만물의 운행과 생장성쇠는 시스템 이론으로 설명될 수 있으니 도덕경 또한 이 이론으로 설명하는 것이 가능하며 바람직하다고 생각한다. 시스템은 독립적 기능을 하면서 상호 의존적인 기능구조이다. 그래서 부분성과 전체성을 가진다. 천지 만물도 이와 같이 전체의 부분이면서 독립적으로 기능한다. 그러니 도덕경도 이 이론으로 설명하면 현대적 해석이 되고, 더

체계적이며 발전 가능한 해석이 될 것이란 점에서 집필하게 되었다.

시스템 관점의 설명이 필요한 이유는 첫째, 노자는 천하의 생성을 논하고 있다는 점이다. 천하를 논하려면 우주적인 관점을 필요로 한다. 우주의 생성과 움직임은 시스템 관점으로만 설명이 가능하다. 둘째, 도덕경은 국가의 다스림을 논하고 있다. 정치는 사회시스템의 작용이니 시스템 관점의 해석이 필요하다. 셋째, 도덕경은 인생사를 논하고 있다. 사람이 살아가는 것은 환경과 상호작용이다. 그러니 시스템 관점의 해석이 필요하다.

도덕경 해설에서 가장 중요하고 꼭 해설이 필요한 부분은 道(도)와 有無(유무), 德(덕) 등에 대한 개념 정의이다. 이에 대하여 노자는 개념화하였으나 당시의 지식으로는 설명하기 어려운 부분들이 많았던 것 같다. 그래서인지 정의가 분명하지 않아서 이해하기 어렵다. 당시에는 그랬더라도 지금은 노자의 입장에서 찰떡같이 재해석할 수 있어야 한다.

먼저 도에 관한 노자의 설명은 다음과 같다. 1장에서 말할 수 있는 도는 상도가 아니다(道可道 非常道)라고 하고, 無(무)는 천지의 시작을 이름한 것이고(名天地之始), 有(유)는 만물의 터전을 이름한 것(名萬物之母)이라 하였다. 4장에서 "도는 심원하여 그것을 행하여도 어떤 경우에도 미치지 못하니 깊도다. 마치 만물의 근원인 듯하다(道, 沖而用之, 或不盈, 淵兮似萬物之宗)"고 하였다. 6장에서는 곡신(谷神)이라 하고, 곡신이 사는 곳을 현빈이라 하여 천지의 뿌리라고 하였다. 7장에서는 물은 도에 가깝다고 하고, 14장에서는 도의 작용은 보려고 해도 보이지 않고(夷), 들으려 해도 들리지 않으며(希), 잡으려고 해도 얻지 못한다(微)고 하였다. 21장에서 "도가 만물을 만든다(道之爲物)"라고 하고, 25장에서 "그 이름을 알지 못하여 그것을 글자로 써 도(道)라 쓰고, 굳이 이름을 붙여 크다(大)라고 한다(可以爲天下母, 吾不知其名, 字之曰道, 强爲之名曰大)"라고 하였다. 이들을 요약하면 도(道)는 천지 만물을 창조하는 감각할 수 없는 무형의 큰 기운이다. 그러면 이를 현대적으로 해석하면 어떻게 정의하여야 할까?

위에서 언급한 바와 같이 도덕경에서 道는 사물(시스템)이 생겨나고 작동하게 하는 지향적인 힘(에너지)을 말하고, 이 힘의 존재는 감각으로 느낄 수 없지만, 실제로 만물은 그 힘에 의하여 탄생하고 생존하므로 없다고 할 수는 없는 것이다(1장 풀이). 이 부분에 대하여 필자는 35장에서 다음과 같이 풀이하였다. 도(道)는 무(無)와 유(有)를 통하여 시현되기 시작하는데, 무(無)와 유(有)는 시간과 공간이다. 시간은 보이지 않으나 나아간다. 나아가는 움직임은 태초 무극의 에너지가 시간을 만났기 때문이다. 공간을 이루는 빛은 에너지의 변형(충돌)이고, 빛의 나아감은 시간의 지나감이요 움직임이다. 이와 같이 움직임은 에너지와 시간을 기초로 한다. 만약 시간이 없다면 움직임은 존재하지 않을 것이다. 그러니 시간은 에너지와 동거(同居)한다고 할 수 있다. 1장에서 유(有)는 만물의 어미(萬物之母)라 이름하고, 무(無)는 천지의 시작(天地之始)이라 이름하였다. 공간에는 무수한 가능태(可能態)들이 자리잡고 있다. 조건이 맞으면 언제든지 형상이 만들어져 등장할 수 있다. 태초에 빅뱅으로 만들어진 수소와 헬륨 등의 가스가 빛과 시간 에너지의 작용으로 유기물이 되고, 유기물에서 동·식물이 만들어지듯이 우주라는 공간에는 앞으로 어떤 형태의 생명이 등장할지는 아무도 모른다. 어쨌든 과거에 그러했듯이 미래에도 그러할 것이다. 그러니 공간에 시간의 움직임이 작용하면 스스로 그렇고 그런 자연현상들이 생겨난다. 도는 에너지의 변형인 빛이 만든 공간에서 시간과 동거하는 에너지로 시현된다. 에너지의 변형인 빛으로 만들어진 공간인 유(有)와 움직임을 만드는 시간과 동거하는 에너지인 무(無)가 상호 작용하면 만물이 탄생한다는 말이다. 그럴듯하다.

그리고 42장 풀이에서 도(道)는 정신의 존재와 같은 역할을 한다고 하였다. 정신이 사람의 신체에 기반을 둔 각 부분들이 갖는 지향성의 융합 개념이라면, 도(道)는 우주 만물이 갖는 지향성의 융합 개념이다. 그래서 도(道)는 모든 사물이 자연의 필요에 따라(25장 道法自然) 형성된 조건과 상호작용하여 적응하게 하는 지향성이니, 자연의 지향성이라 할 수 있다. 이 지향성은 조건에 맞지 않으면 돌연변이가 생기기도 하고 사라지기도 하며, 조건에 맞는 길을 가게 된다. 그래서 도(道)는 가야 할 길과 같은 것이다.

위의 도(道)에 대한 풀이를 요약하면 "道(도)는 천지 만물의 존재와 당위의 근거인데, 존재는 태초의 기반 에너지가 시공간으로 분화하여 등장하고, 계속되는 분화는 서로가 서로의 조건으로 연결되며, 당위는 연결된 사물의 지향성을 조건으로 한다"고 할 수 있다.

필자의 삶에 가장 많은 영향을 준 가치가 있다면 시스템 이론과 성격유형이론인 에니어그램 이론이다. 에니어그램 이론은 필자 나름으로 이론화하여 『성격의 비밀-에니어그램 이론과 전개』라는 책으로 출간하였다. 이 이론을 통하여 필자는 인간에 대한 이해와 공감의 폭을 넓힐 수 있었기에 필자에게 중요한 선물이었다. 그리고 시스템 이론은 필자에게 세상을 이해할 수 있게 하고 나름의 설명을 할 수 있게 하였다. 세상사를 설명할 수 있다는 것은 세상의 문제에 대해 이론적으로 원인을 구명하고 해결의 실마리를 찾을 수 있게 한다는 것이다. 그러니 이 이론이 인생에 얼마나 큰 도움을 주는 도구이고 보물인가? 그래서 그 내용을 내가 사랑하는 가족에게 꼭 알려주고 싶어서 관련자료를 수집하고 있었다. 그런데 마침 도덕경이 천하의 생성과 작동, 만물의 생장과 성쇠, 정치, 인간의 삶 등을 내용으로 하니, 이를 효과적으로 설명할 수 있는 이론은 시스템 이론이라 생각하여 시스템 관점으로 도덕경을 설명해 보고 싶었다.

그러나 필자는 한문이나 철학, 시스템 이론을 전공하지도 않았으니 번역과 풀이에 어려움이 많았다. 그래도 번역을 시도해 볼 수 있었던 것은 이미 출간된 많은 해설서들이 도움이 되었고, 선친께서 집필하신 "택당문고(擇堂文稿)"의 일부 내용을 번역한 경험에 힘입은 바 크다. 선친께서 생존 시 한문을 공부하라고 많이 강요하셨는데, 당시는 극구 반대했던 것이 이번에 도덕경을 번역하면서 약간 후회가 되기도 하였다. 어쨌든 아버지께서 밥상머리 교훈으로 일러주시던 선현들이 말씀들이 고전에 대한 거부감을 없앨 수 있었던 점은 이번 작업에 큰 도움이 되었다. 그리고 한문의 어순이나 조사의 사용에 대해서는 『한문강화』(漢文講話, 최신호 저, 현암사, 1988)라는 책이 매우 큰 도움이 되었다.

이 책은 시작은 도덕경을 공부해 보자는 데서 출발하였고, 공부를 하다 보니 책으로 남기고 싶은 욕망이 일어 시도한 결과물이다. 그러니 여러모로 모자라는 부분이 많을 것이다. 너그럽게 이해해 주시기를 바란다. 책의 1편은 도경, 2편은 덕경, 3편은 시스템관점과 도덕경 주요 개념으로 구성되고, 1~2편은 "원문과 번역문, 그리고 번역에 유의할 어휘와 풀이" 부분으로 구성되어 있다. 번역에 유의할 어휘는 공부하시는 분들에게 혹시 자습서(自習書)와 같은 도움이 될 수 있기를 바라는 마음으로 수록하였다. 가볍게 읽으시려는 독자께서는 생략하시고 읽어도 괜찮다. 풀이는 원문을 부분으로 나누어서 가능하면 시스템 이론과 연계하여 설명하였다. 각 장마다 제목을 추가하였는데, 이는 각 장의 내용을 한 마디로 설명하고 싶은 마음을 드러냄이다.

끝으로 표지 디자인과 교정, 한문표기에 많은 정성을 기울려 주신 ㈜북랩에 감사드리며, 수레바퀴 삽화를 흔쾌히 그려준 강진근 친구에게 고마움을 전한다. 그리고 이 책의 집필 과정을 조용히 지켜보면서 격려해 주고 때로는 엉뚱한 질문에 진실하게 대답해주며, 필자의 부실한 건강을 돌보아 주는 아내에게 고마움을 전하고, 항상 따뜻한 마음으로 응원해 주는 장남 내외와 차남 내외, 양가의 손자 손녀들에게 사랑과 감사를 전한다.

2021년 봄

저자 씀

차례

2편 덕경

3편
시스템 관점과 도덕경의 주요 개념

1편

도경

1장
유무(有無)의 작용과 도(道)의 존재

道可道 非常道. 名可名 非常名. 無名天地之始, 有名萬物之母. 故常無
欲以觀其妙, 常有欲以觀其徼, 此兩者同出而異名. 同謂之玄, 玄之又
玄 衆妙之門.

　　말할 수 있는 도(道)는 상도(불변의 道)가 아니다. 지칭할 수 있는 이
름(名)은 상명(불변의 이름)이 아니다. 무(無)는 천지의 시작을 지칭하고
(名), 유(有)는 만물의 터전을 지칭한다. 고로 항상 무는 천지 시작의
묘함(妙)을 보이게 하려 하고, 항상 유는 만물 터전(母)의 오고 감(徼)
을 보이게 하려 한다. 이 둘(有無)은 같은 곳에서 나왔지만 이름이 다
르다. 같은 곳, 그곳을 그윽하다고 말한다. 그윽하고 그윽하니 천지
만물의 미묘한 (시작의) 문이다.

> **일러두기**
>
> 각 장의 구성은 "원문, 번역문, 번역에 유의할 어휘, 풀이"로 구성되어 있습니
> 다. 『번역에 유의할 어휘』 부분은 원문 번역에 관심이 없으신 분은 생략하시
> 고, 『풀이』 부분으로 넘어가심이 독서에 도움이 될 것입니다.

🐢 번역에 유의할 어휘

"道可道 非常道(도가도 비상도)"에서 可(가)는 "할 수 있다"는 가능(可能)과 인정(認定)을 나타내는 조동사이고, 可道(가도)의 道(도)는 "말하다"는 동사이며, 常(상)은 "떳떳함, 항상, 불변의, 일정한" 등을 나타내는 형용사이다. 이를 직역하면 "도(道)는 말할 수 있으면, 불변의 도가 아니다"이다. 즉, "말할 수 있는 도는 불변의(혹은 완전한) 도가 아니다"이다.

"名可名 非常名(명가명 비상명)"도 위와 같은 방식으로 번역하면, "이름으로 지칭할 수 있으면 항상 불변의 이름은 아니다"이고, 이를 조금 다듬으면, "이름으로 지칭된 이름은 불변의(완전한) 이름이 아니다"라고 할 수 있다.

"無名天地之始(무명천지지시), 有名萬物之母(유명만물지모)"의 번역은 해설서마다 약간의 차이가 있는데, 그 중 가장 두드러진 부분은 문장의 주어가 無(무) 혹은 有(유)인지, 아니면 無名(무명) 혹은 有名(유명)인지 견해 차이이다. 그리고 아래 문장 "常無欲以觀其妙(상무욕이관기묘), 常有欲以觀其徼(상유욕이관기요)"에서도 無(무) 혹은 有(유)가 주어인지 아니면, 無欲(무욕) 혹은 有欲(유욕)이 주어인지에 대한 견해와 其(기)가 무엇을 지시하는 것인지, 또 "此兩者(차양자)"에서 양자(兩者)가 지칭하는 것이 무엇인지에 대한 견해도 다르다.

먼저 "無名天地之始(무명천지지시), 有名萬物之母(유명만물지모)"에서 주어는 無(무) 혹은 有(유)라고 해석함이 맞다. 이 장에서 가장 난처한 부분이 道(도)를 말하면서 도의 정의를 말하지 않고 "말할 수 있는 道(도)는 불변의 道(도)가 아니다"라고 시작한 점이다. 그래서 그런지 道(도)에 대한 정의가 없다. 그렇다고 "말할 수 있는 도는 도가 아니다"라고 하지도 않는다. 이 말은 말해진 것도 도이지만, 말로서 도를 완전히 설명하지 못한다는 말이다. 이런 해석은 다음 문장 "이름 할 수 있는 이름은 완전한 이름이 아니다"에서도 같이 적용된다. 즉, 부르는 이름도 그 본체를 설명하고 있지만, 그 본체를 완전하게 설명한 것은 아니다 라고 해석해야 한다.

그런 연유에서인지 모르지만, 노자는 道(도)에 대한 설명이 없이 바로 無(무)와 有(유)를 거론하고 있다. 처음으로 無(무)와 有(유)를 거론하면서 아무 설명 없이 無名(무명)과 有名(유명)으로 설명하려 했을까? 첫 부분에서 道(도)와 名(명)을 말하고, 그 다음에 無(무)와 有(유)를 거론한 것은 은유적으로 "道(도)와 無(무)", "名(명)과 有(유)"를 짝지어 연결시킨 것이지, "道(도)와 無名(무명)"을, "名(명)과 有名(유명)"을 짝지우려 하지 않았을 것이다. 이런 점에서 無名天地之始(무명천지지시), 有名萬物之母(유명만물지모)에서 주어는 無(무) 혹은 有(유)이고, 名(명)은 동사로 해석한다. 만약 無名(무명)과 有名(유명)이 주어가 되면, 위 문장에서 "이름은 非常名(불변의 이름이 아니다)"이라고 하였으니, 서로 모순이 된다. 즉, 이름은 非常名(불변의 이름이 아니다)인데, 이를 천지의 시작과 만물의 터전이라고 할 수 있겠는가? 논리적으로 맞지 않다.

"常無欲以觀其妙(상무욕이관기묘), 常有欲以觀其徼(상유욕이관기요)"에서도 無(무) 혹은 有(유)가 주어일까 아니면, 無欲(무욕) 혹은 有欲(유욕)이 주어일까? 노자는 근본적으로 작위적(作爲的)인 욕(欲)으로 세상을 보려 하지 않았다. 그런데 無欲(무욕)과 有欲(유욕)으로 其妙(그 묘함)와 其徼(그 오고 감)를 보려 한다(觀)고 말하였을까? 아니라고 생각된다. 그리고 無欲(무욕) 혹은 有欲(유욕)의 실제 주어는 欲(욕)인데, 欲으로 "道의 묘함과 오고 감"을 볼 수는 없다. 그러면 주어는 無(무) 혹은 有(유)가 되고 동사는 욕(欲)이 된다. 이 경우 以(이)는 사역동사이고, 欲(욕)은 "~하려 한다"는 미래를 표시하는 동사이다. 즉, "항상 무(無)는 그 묘함을 보이게 하려 하고, 항상 유(有)는 그 오고 감을 보이게 하려 한다"라고 번역한다. 無(무)가 天地之始(천지지시)이니 불변이어야 하고, 有(유)도 萬物之母(만물지모)이니 불변이어야 한다. 천지의 시작과 만물의 근본이 변한다면 천지와 만물은 존재의 근거에 혼란이 일어나게 된다. 그러니 당연히 "無(무)와 有(유)"는 불변의 진리이어야 하고, 천지의 시작과 만물의 근본을 나타내 보이게 해야 하는 것이다.

 "常無欲以觀其妙(상무욕이관기묘), 常有欲以觀其徼(상유욕이관기요)"에서 其(기)가 지시하는 것이 무엇일까? 이는 其(기)가 문장내의 無(무) 혹은 有(유)를 지시하는지 아니면, 위 문장의 "天地之始(천지지시)와 萬物之母(만물지모)"를 지시하는지에 관한 것이다. 후자를 지칭함이 맞다. 왜냐하면 "무(無)가 무(無)의 묘함을 보이게 하려 한다"고 할 수 없기 때문이다. 그러면 "무(無)는 天地之始(천지지시)의 묘함을 보이게 하려 한다"라고 해석된다.

 "此兩者同出而異名(차양자동출이이명)"에서 양자(兩者)가 지칭하는 것이 무엇일까? 왕필(중국 위나라, 226~249)은 주석에서 양자(兩者)를 시(始)와 모(母)라고 하였으나, 이들의 원조는 無(무)와 有(유)이고, 다음에 이어지는 문장에서 동출(同出)이라 하였으니, 양자는 無(무)와 有(유)라고 함이 좋을 것이다. 이 점은 다음 장에서 유무상생(有無相生)

이라 함에서도 그 이유를 찾을 수 있고, 이 장의 주요 개념이 도(道)는 무(無)와 유(有)의 작용으로 천지 만물을 생겨나게 한다고 함에서도 그렇게 표현하고 있기 때문이다.

此兩者同出而異名(차양자동출이이명)의 해석에서 중요한 점은 이 문장을 此兩者同(차양자동)와 出而異名(출이이명)를 끊어서 해석하는 방법과 붙여서 한 문장으로 해석하는 방법을 고려할 수 있음이다. 끊어서 읽으면 "이 둘(有無)은 같은 것인데, 밖으로 나와서 이름이 다르다"라고 번역되고, 붙여서 해석하면 出(출)은 "나오다"는 동사이고 同(동)은 부사이니, 同(동)은 장소를 나타내는 부사라 추정할 수 있다. 즉, 同(동)은 "같은 곳에서, 한 곳"이라 할 수 있고, 다음에 연결되는 同謂之玄(동위지현)에서 同(동)을 명사로 사용하였으므로 "같은 곳"이라 옮긴다. 이 문장은 "이 둘(有無)은 같은 곳에서 나왔지만 이름이 다르다"라고 번역된다. 여기서는 붙여서 해석하는 후자를 선택하는데, 이유는 2장에서 유무가 서로 생겨난다(有無相生)고 함을 고려하였다. 그리고 同謂之玄(동위지현)은 "같은 곳, 그곳은(之) 그윽하다고 말한다"라고 번역한다. 之(지)는 同(동)을 강조한 것이다.

同(동) 謂之玄(위지현) 玄之又玄(현지우현) 衆妙之門(중묘지문)이라고 하였다. 玄(현)은 그물그물함 혹은 그윽함을 뜻한다. 妙(묘)는 무(無)와 유(有), 즉 없음과 있음이 같이 생겨나온 곳이니 상상이 되지 않아 오묘하다고 한 것이다. 衆妙之門(중묘지문)에서 衆妙(중묘)의 사전에서의 의미는 "천지 만물의 미묘한 도리, 온갖 묘리(妙理)"이니, 이 문장은 "온갖 묘리의 문이다"라고 번역되는데, 이를 의역하면 "천지 만물의 미묘한 (시작의) 문이다"라고 번역된다. 중요한 것은 여기서 同

(動)은 道(도)를 말한다는 점이다.

이 장은 도(道)가 무엇인지를 설명하는 도덕경을 대표하는 문장들로 구성되어 있다. 그러니 먼저 道(도)에 관하여 살펴보자. 천지는 시작이 있고, 만물은 생장(生長)과 성쇠(盛衰)가 있으니, 이를 다스리는 어떤 근거가 있을 것이다. 그런데 이 근거는 감각할 수 없고 그 형체와 이름을 알 수 없어 이를 굳이 도(道)라고 표현하였다(25장). 하지만 이 근거를 도(道)라고 이름하고 개념화하면, 이 이름은 도의 본체를 모두 표현할 수 없다. 이 말은 만물은 이름을 지어 부를 수 있으나, 그 이름은 그 존재의 본체를 모두 다 들추어 내서 설명할 수 없다는 것이다. 그래서 도(道)를 도라고 말할 수 있으나, 말로 표현된 도(道)는 도의 본체를 완전히 설명하지 못하니, 항상 변함없는 완전한 도(道)가 아니다 라고 하였다. 만물의 이름 또한 그 본체의 속성을 다 표현할 수 없으니, 항상 같은 완전한 이름이 아니다.

예를 들면 아무개를 홍길동이라 이름을 지어 부르면, 이 홍길동이라는 사람은 아는 사람마다 자신이 아는 홍길동이다. 이 홍길동은 각자가 아는 만큼의 홍길동이지 모두 같은 홍길동은 아니다. 그리고 이는 본래의 아무개와도 다르다. 자신이 아는 자신과 자신도 모르는 자신이 있고, 타인이 아는 자신과 타인이 모르는 자신도 있다. 사물도 이와 같다. 국화꽃이라고 하여 본래의 국화꽃을 다 표현할 수 없고, 다만 우리가 아는 정도의 국화꽃에 한정된 표현이다.

해와 달이 운행하고 만물이 생겨나서 성장하는 대자연의 섭리는 없음(無)에서 시작하여, 형태를 갖는 있음(有)이 되니, 무(無)는 천지의 시작을 말하고, 유(有)는 만물이 탄생하고 성장하며 소멸되는 터전을 말한다. 그러므로 우리는 항상 없음(無)으로 천지 태동(잉태, 시작)을 알려고 하고, 항상 있음(有)으로 만물의 오고 감(徼, 오고 감, 순환, 경계)을 알려고 한다. 없음으로 천지의 시작을 알려고 한다는 말은 사물의 존재원인을 소급하여 찾으면 궁극에는 없음에 이르고 이 없음에서 시작된다는 점을 알게 된다는 의미이다. 그리고 있음으로 만물이 오고 감을 알려고 한다는 말은 유(有)로써 형태가 있었다가 사라짐을 알게 된다는 말이다.

없음(無)과 있음(有)의 경계는 "잉태 혹은 존재의 사라짐"을 말한다. 유와 무는 같은 곳에서 생겨나니 공존하고 같이 작동하는데, 그 이름이 다를 뿐이다. 같은 곳에서 생겨나 함께 작동하니 섞여서 화합한다는 말이고, 이를 바꾸어 말하면 섞여서 하나가 됨(混而爲一, 14장)을 말하는 것이다. 형체가 없던 무가 유와 섞여서 하나의 형체를 만드니 묘하다고 한 것이고, 묘하니 언어로 설명할 수 없어 그윽하게 나타난다고 하였다. 이렇게 그윽하고 그윽하게 나타나는 것은 천지 만물의 미묘한 시작의 출구이니 문이라 한 것이다.

이 대목은 아무도 없는 상태에서 에너지가 잉태하여 사물이 생성되는 과정을 설명하는데, 보이지 않는 에너지(시작의 움직임)가 터전을 만나 동거하면서 화합하면 사물이 형성된다는 것이다. 이 에너지(無)와 터전(有)은 이름은 무와 유로 다르지만 같은 곳 도(道)에서 생겨나 화합하여 작동하면 사물이 탄생하게 되고, 그리고 나면 사물은 그 본성을 개념화한 상징적인 이름을 갖게 된다. 주의할 점은 유와 무가 별개의 존재가 아니고, 사물에 부여되어 있는 도(道)의 작동 요소라는 것이다. 성리학에서 말하는 이(理)와 기(氣)라고 이해하면 도움이 된다.

여기서 에너지가 그 터전을 만나 형체로 변하는 과정을 그윽하고 묘하다고 하였다. 예를 들면 정자와 난자가 만들어지는 과정이나 암술과 수술이 형성되는 과정, 유전자 지도에 의해 세포가 생성되는 과정, 이들이 만나서 잉태되는 과정을 섞여서 하나가 된다(混而爲一)고 하였다. 그러나 이 탄생의 과정은 세밀하게 설명할 수 없으니, 그냥 그윽하게 생성된다고 하고, 이렇게 그윽하고 그윽하게 온갖 무리가 탄생되는 출구를 "신비한 문(妙之門)"라고 하였다. 衆妙之門(중묘지문)의 중(衆)은 "무리, 군신, 백성, 많은 물건"을 뜻으로 여기서는 위에서 사용된 "만물"을 의미한다. 묘(妙)는 위에서 말한 바와 같이 有(유)와 無(무)가 화합하고 함께 작동하여 그윽하게 형상이 나타남을 설명한 것으로 "시작 혹은 잉태"이다. 묘(妙)와 출(出)의 차이는 묘(妙)는 무와 유가 화합하는 원인과 과정이 기이하여 설명하기 어려움을 말한 것이고, 출(出)은 형상을 드러냄을 말한다. 즉, 묘(妙)는 시작 혹은 잉태의 순간의 미묘함을 표현한 것이고, 출(出)은 물리적인 탄생을 말한다.

노자는 세상과 만물의 생겨남은 그 근거가 있는데, 이 이름이 무엇인지 알지 못하여 이를 도(道)라고 이름하였으나, 이 도라는 이름은 사물의 존재와 당위를 완전히 표현하지 못한다는 점을 강조하고 있다. 그리고 천지와 만물의 잉태와 등장을 無(무)와 有(유)의 작용으로 설명한다. 그럼에도 무(無)와 유(有)에 개념을 정의하지 않고 다만,

무(無)는 천지의 시작을 말한다고 하고, 유(有)는 만물의 어미 혹은 터전이라고 한다. 이 말은 무형의 에너지인 무(無)가 유형의 터전인 유(有)와 화합하여 개체가 된다고 설명하여도 무방하다.

위에서 도(道)와 유(有), 무(無)가 무엇인지에 대하여 도덕경의 내용을 기초로 살펴보았으나 알아듣기에 아리송할 것이다. 좀더 깊이 있는 설명을 위하여 먼저 성리학의 설명을 일부 참고하고, 다음에는 우주과학의 내용을 참고하여 설명해 보고자 한다.

중용 1장에서 "하늘이 명하는 것을 본성이라 하고, 본성을 따르는 것을 道(도)라 하며, 도를 닦는 것을 敎(교)라고 한다(天命之謂性 率性之謂道 修道之謂敎)."라고 하였다. 즉, 천명을 따르는 것을 도(道)라고 한다.

대학에서는 "대학의 도는 밝은 덕을 밝힘에 있고, 백성과 친함에 있으며, 지극히 선함에 그친다(大學之道 在明明德 在親民 在止於至善)"라고 하였다. 설명하면, 밝은 덕(德)을 밝히는 것을 도(道)라고 하였다. 이 말은 밝은 덕(본성)을 드러나게 하는 것(明, 밝히는 것)이 도(道)라는 뜻이다.

도교의 경전인 太上老君說常淸淨經(태상노군설상청정경)에는 "큰 도는 형체가 없으나 천지를 낳아 기르고, 큰 도는 정(情)이 없으나 해와 달을 운행하며, 큰 도는 이름이 없으나 만물을 길러 성장시키니, 내가 그 이름을 알지 못하나 굳이 이름을 붙여 말하되 도(道)라고 한다(大道無形 生育天地, 大道無情 運行日月, 大道無名 長養萬物 吾不知其名 强名曰道)."라고 하였다. 이 경전은 포교를 위하여 도덕경의 내용을 요약한 것으로 보인다.

요약하면 중용에서의 도는 천명을 따르는 것이고, 대학에서 도는 본성을 밝히는 것이며, 태상노군설상청정경에서 도는 천지를 낳아 기르는 것이라 하였다. 중용과 태상군청정경에서는 도를 존재의 근거로 설명하는 반면, 대학에서 도는 사람이 본성을 알고 깨우치는 것이라 말한다.

다음은 도(道)의 작용인 유(有)와 무(無)의 개념을 살펴보자. 유(有)와 무(無)의 개념은 춘추전국시대의 공자와 맹자의 사상을 송나라 때 "성리(性理)와 이기(理氣)의 관계"로 설명한 성리학의 설명을 인용하면 이해에 도움이 될 것이다. 성리학에서는 이(理)·기(氣)의 개념으로 우주의 생성과 구조, 인간 심성의 구조, 삶의 자세 등에 관한 사상적 체계를 수립하였다. 특히 이기론(理氣論)의 개념을 확립한 주자(朱子, 12세기, 남송)는 이(理)는 만물의 생성을 관장하는 요인이라 하고, 기(氣)를 실재라 하며, 이(理)는 기(氣)의 내부에 항상 존재하는 것이라 한다. 그리고 기(氣)는 형질(形質)을 갖고 운동하는 것인데 반해, 이(理)는 형질도 없고 운동도 하지 않는데, 그 실재는 기(氣)를 통하여 관념적으로 파악할 수 있다고 한다. 즉, 기가 형질을 갖거나 움직임을 만들려면, 이(理)가 거기에 존재해야 한다는 것이다. 만약 이(理)가 존재하지 않으면 기(氣)의 존재도 불가능하다. 이(理)와 기(氣)는 독립적으로 존재할 수는 없고 동거(同居)한다. 기(氣)는 운동을 하므로 변화하는데 반해, 이(理)는 기(氣)의 움직임을 주재하는 소프트웨어와 같은 존재이다. 이런 맥락에서 성리학의 이기(理氣)는 도덕경의 無有(무유)와 유사한 개념이다.

도덕경에서 道(도)는 사물(시스템)이 생겨나게 하는(51장) 지향적인 힘(에너지)을 말한다. 실제로 만물은 그 힘에 의하여 탄생하고 생존하므로 이를 없다고 할 수 없고, 25장에서 홀로 존재하여 두루 돌아다닌다고 하며, 14장에서 감각할 수 없다고 하였으니 에너지라고 한 것이다. 이를 종교에서는 창조주라고 하지만, 노자는 이 지향성을 도(道)라고 한 것이다. 이 도의 작용은 유(有)와 무(無)를 통하여 만물이 생겨나게 하는데, 이 유와 무는 태초의 우주적인 에너지에서 출발하고 사물에 내재되어 전승되고 시현된다. 이렇게 설명해도 쉽게 이해되지 않을 것이다. 이해를 돕기 위해 우주의 존재 방법과 탄생의 예를 들어 설명해 보자.

우주의 존재 방법을 살펴보면 인력(引力)이란 보이지 않는 끈으로 서로 묶여져 의존적으로 기능함으로써 존재한다. 만약 어느 하나가 작동을 멈추거나 인력(引力)을 잃게 되면, 우주는 새로운 위치와 질서를 찾아야 한다. 이들의 기능은 내부적으로는 다른 물질의 터전이 되기도 하지만, 외적으로는 다른 별들과 얽히고설켜 서로의 위치를 정해주고 유지해 주는 기능을 수행한다. 이렇게 우주는 서로 의존적인 조건을 만들고 그 조건에 따라 운행하니, 조건은 지향성을 만드는 에너지이다. 그러니 지향성이 조건이 되고, 조건으로 지향성이 형성된다. 즉 서로 상관적이다.

다음은 우주의 탄생과정을 살펴보자. 우주의 기원을 설명하는 빅뱅이론에 의하면 우주가 팽창하고 있다고 한다. 우주가 팽창한다면, 이 과정을 저속으로 촬영하여 그 영상을 고속으로 되돌려 재생하면, 우주는 차츰 축소되어 마침내는 우주가 아주 작은 하나의 점으로 수렴할 것이다. 그러면 우주는 처음부터 현재와 같은 모습으로 존재한 것이 아니라, 식물이 씨앗에서 탄생하듯이 아주 작은 에너지 덩어리가 빅뱅이란 대폭발을 거쳐 계속 팽창하고 있다고 할 수 있다.

이 이론에 의하면 우주는 시초가 있었으며, 처음에는 모든 물질과 에너지가 한 점에 모여 있다가 어느 순간에 대폭발에 의해 팽창했다는 것이다. 관측 결과를 분석하면 대폭발이 일어났던 시기는 지금부터 약 138억 년 전이라고 한다. 처음에는 모든 것이 한 곳에 모여 있었고, 질량이 엄청 크고 매우 뜨거운 상태였다. 그러나 우주가 팽창하면서 온도가 내려가 양성자나 중성자, 전자 등 우리가 알고 있는 물질들이 생성되었다. 그리고 이들이 중력에 의해 모여 은하(銀河)나 별이 생성되고 현재의 우주가 되었다.

이 과정에서 수소 원자핵의 융합은 빛과 열을 발산하고, 이때 생겨난 산소는 빛과 온도를 매체로 하여 수소와 결합하여 이산화탄소 분자인 유기물이 되었다. 이 유기물은 태양의 빛과 온도, 물의 작용으로 생명의 탄생으로 진화한다. 생명의 기원을 빅뱅까지 소급하여 찾아보면, 빅뱅 → 별 생성 → 별의 핵융합반응으로 탄소, 질소, 산소, 인, 황 원소 생성 → 지구 대륙, 대양, 대기 형성 → 최초의 단세포 생명 출현으로 이어진다.

위의 내용은 우주는 상호 의존적으로 기능하고 존재하며, 만물은 외부의 조건에 의존하여 생겨난다고 요약할 수 있다. 결국 존재와 기능이 상호 의존성에 의해 생겨나고 존재한다는 것이다. 사물이 생겨나기 위해서는 생겨날 계기가 있어야 하고 생겨날 수 있는 시간과 공간이 필요하다. 그런데 천문학자들은 빅뱅으로 인해 시간과 공간이 창조 되었다고 생각한다. 빅뱅 이전에는 공간도 시간도 물질도 존재하지 않았고, 그것들은 모두 빅뱅으로 창조된 것이라고 한다. 성리학에서는 빅뱅 이전의 상태를 "무극(無極) 혹은 태극(太極)"이라고 한다. 그러면 이 무극은 에너지 덩어리에 해당된다. 그리고 빅뱅으로 만들어진 시간(時間)과 공간(空間)은 노자의 말을 빌리면 무(無)와 유(有)라고 할 수 있을 것이다. 에너지가 폭발하여 공간과 시간 즉, 유와 무가 생겨났다면, 유와 무도 에너지를 갖는다고 볼 수 있다. 시간은 직진하고 감각할 수 없으니 무라고 할 수 있고, 공간은 자체로는 감각할 수 없으나 질량을 가진 형태를 이루면 감각할 수 있으니 유라고 할 수 있을 것이다. 질량이 가진 에너지의 방향성은 일정하지 않고 구심적이다. 즉 인력을 갖는다.

노자의 생각처럼 무가 천지의 시작이라면 무는 외부의 지향성인 조건과 동조하여 연결하는 기능이 있어야 한다. 연결되면 에너지가 이동하고, 에너지가 이동하면 움직임이 시작된다. 그리고 유가 만물의 터전이라면 구심력으로 포용하여 외부의 기를 응집하는 기능이 있어야 한다. 그러면 외부의 여러 조건들을 무가 유에 연결하고, 유는 구심력으로 이를 응집하여 만물은 생겨나고 조건에 따라 성장하게 된다고 할 수 있을 것이다. 시간이 무이고 공간이 유라면, 시간과 공간은 우주 전체에 미치지 않음이 없는 보편적인 것인데, 개별적인 개체의 생겨남에 어떻게 작용할까 라는 의문이 있을 수 있다. 도(道)가 보편적 진리 이듯이 유무(有無)도 보편적으로 작용하지만, 개체가 생성될 때에는 그 조건에 따라 개별적으로 작용하여 분화한다고 해석하는 것이 바람직하다.

그런데 실제로 화학반응이나 생명의 탄생은 이와 유사하게 일어난다. 난자와 정자의 수정의 과정을 보면 조건에 맞는 정자만이 난자와 조우하고, 꿀벌이 꽃의 암술과 수술을 수정시키는 것이 모두 이와 유사하다. 그 이름이 유이든 무이든 이름이 중요한 것이 아니다. 이름을 유(有)·무(無)라고 하든 이(理)·기(氣)라고 하든 그것은 사람이 붙인 것에 불과하다. 그런 사실이 있는지가 중요하다. 그런데 실제가 그렇다. 이 말은 노자가 이름 붙인 유와 무가 에너지를 가진 시간과 공간이란 형태로 작동한다는 뜻이다. 이 점에 관해서는 2장, 35장, 39장, 40장, 42장, 52장 등에서 좀더 설명될 것이다.

세밀한 과정은 알 수 없지만 큰 틀에서 보면 그렇다. 노자의 상상력은 대체 어디까지 이를까? 어쨌든 원인론의 측면에서 노자의 無·有(무·유)를 시·공간과 연결해 봄 직하다.

2장
대립개념의 동거(同居)와 상호 의존성

天下 皆知美之爲美 斯惡已. 皆知善之爲善 斯不善已. 故有無相生 難易相成, 長短相形 高下相傾, 音聲相和 前後相隨. 是以 聖人處無爲之事, 行不言之敎, 萬物作焉而不始, 生而不有 爲而不恃. 成功而弗居, 夫唯弗居 是以 不去.

　천하가 모두 아름다움은 아름답게 하는 것이라 알고 있으나, 이는 (斯) 추할 따름이다(已). 모두 선은 선하게 하는 것이라 알고 있으나, 이는 선하지 않을 따름이다. 고로(대립 개념이 공존하니) 있음과 없음은 서로를 낳고 어려움과 쉬움은 서로를 이루며, 길고 짧음은 서로를 형성하고 위와 아래는 서로 기대며, 노랫소리와 연주소리는 서로를 조화롭게 하고 앞과 뒤는 서로를 따른다. 이로써(조화롭게 공존하니) 성인은 이루려 하지 않고 일을 처리하고, 말하지 않고 가르침을 행하며, 만물이 어떻게 생성되더라도 이끌지 아니하고, 만들되 소유하지 아니하며, 이루되 자부하지 않는다. 성공하여도 차지하지 아니하니 비록 차지하지 아니하여도 이로 인해 공이 사라지지 않는다.

🐟 번역에 유의할 어휘

"天下(천하) 皆知美之爲美(개지미지위미) 斯惡已(사악이). 皆知善之爲善(개지선지위선) 斯不善已(사불선이)"의 해석은 동사를 知(지) 로 볼 것인지 아니면 爲(위)로 볼 것인지에 따라 달라진다. 또 "美(미)와 爲美(위미)", "善(선)과 爲善(위선)"의 해석도 유의하여야 한다. 爲(위)는 "하다, 되다, 속하다, 가장하다, 생각하다, 삼다, 있다" 등의 의미를 갖는데, 이들 의미는 주로 "作(지을 작)과 造(지을 조)"의 의미와 유사하다. 爲(위)를 "作(작)과 造(조)"로 설명하는 것은 "作(작)과 造(조)"는 爲(위)보다 의도적인 면이 강하기 때문이다. 노자가 말하고자 하는 "爲美(위미)와 爲善(위선)"의 爲(위)는 환경의 조건에 따라 자연스럽게 일어나는 행위라고 하기보다 의도적인 행위를 표현하고 있기에 "作(작)과 造(조)"로 해석하는 것이 바람직하다. 그러므로 여기서 爲(위)는 이루려는 의도로 행하는 작위(作爲)의 의미이다.

爲美(위미)는 "아름답게 하다, 아름답게 만들다, 아름답게 가장하다, 아름답게 꾸미다" 등으로 번역되지만, 연결되는 斯惡已(사악이)를 고려하면 "아름답게 하는 것, 혹은 아름답게 꾸민 것"이라 번역하는 것이 바람직하다. 이런 방식을 爲善(위선)의 해석에도 적용하면 爲善(위선)은 "선하게 하다, 위선(僞善 겉으로만 착한 체함)"이라 해석할 수 있다. "天下(천하) 皆知美之爲美(개지미지위미) 斯惡已(사악이)"에서 知(지)를 동사로 보면 "천하가 모두 아름다움은 아름답게 하는(꾸미는) 것으로 알고 있으나, 이는 추할 뿐이다"라고 번역되고, 爲(위)를 동사로 보면 "천하가 모두 아름답다고 알고 있는 것은 아름답게 하는(꾸민) 것이라 하지만, 이는 추할 뿐이다"라고 번역된다. 여기서는 문맥으로 보아 知(지)를 동사로 번역하는 것이 바람직하다. 마찬가지로 "皆知善之爲善(개지선지위선) 斯不善已(사불선이)"에서도 知(지)를 동사로 보면 "모두 선은 선하게 하는 것으로 알고 있으나, 이는 선한 것이 아니다."로 번역된다. 여기서 "아름답게 꾸미는 것"과 "선하게 하는 것"은 위에서 설명한 바와 같이 모두 "작위(作爲)적인 것"을 말한다. 즉, 사람이 아름답게 보이고, 선하게 보이기 위한 목적을 가지고 행하는 것을 말한다.

"斯惡已(사악이)"에서 斯(사)는 "이, 이것, 잠시, 모두, 떠나다, 다하다" 등의 의미 중에서 여기서는 근칭의 지시대명사로서 앞의 위미(爲美)를 지칭한다. 그리고 已(이)는 과거의 시제를 나타내는 어휘로 "이미, 너무, 뿐, 따름, 반드시, 이것" 등의 의미 중에서 "뿐이다, 따름이다"라고 번역한다. 그러면 斯惡已(사악이)는 "아름답게 꾸미는 것은 추할 뿐이다"라고 번역한다.

有無相生(유무상생), 難易相成(난이상성), 長短相形(장단상형), 高下相傾(고하상경), 音聲相和(음성상화), 前後相隨(전후상수) 등은 모두 상대적 개념이다. 있음이 있어야 없음이 있고, 어려운 것이 없으면 쉬운 것도 없으며, 긴 것이 있어야 이에 비추어 짧은 것이 있게 된다. 이와 같이 이들은 상대적으로 서로를 개념 지어 준다. 서로가 서로의 조건이 됨을 나타낸다. 밝은 양지가 있어야 그늘인 음지가 있고, 낮이 있으면 밤이 있다. 이렇게 상대적 개념이 존재와 생멸, 당위의 이치이니 이 상반된 것을 조건으로 하여 만물의 이름이 생겨나게 되는 것이다. 여기서 유무상생(有無相生)의 生(생)은 "나다, 낳다, 살다, 기르다" 등의 의미이다. 그리고 相(상)은 "서로, 바탕, 정승, 형상, 자세히

보다, 돕다" 등의 뜻이다. 그러면 상생(相生)은 "서로 낳다, 서로 생겨나다. 서로 함께 살다" 등의 의미이다. 그러니 유무상생(有無相生)은 "있음과 없음이 서로를 낳다, 있음과 없음이 서로 함께 살아가다"라고 번역된다. 여기서는 상반된 개념이 서로 조건이 되어 정의됨을 맥락으로 함으로 "있음과 없음이 서로 생겨나다"라고 번역한다

　　"處無爲之事(처무위지사)와 行不言之敎(행불언지교)"를 해석함에 있어 無爲(무위)와 之(지)를 어떻게 해석하는가에 따라 그 뜻이 달라질 수 있다. 無爲(무위)에서 無(무)는 "없다, 아니다, 금지하다, 하지 않다" 등의 의미를 지니고 爲(위)는 "하다(造), 위하다, 다스리다, 되다, 이루어지다, 생각하다, 삼다, 있다, 행위" 등의 의미를 지닌다. 그러면 無爲(무위)는 어떤 의미를 지닐까? 노자의 사상 중에서 매우 중요한 대목이다. 쉽게 해석하면 "행함이 없다"라고 할 수 있다. 그러나 "행함이 없다"라고만 할 수 없는 것은 다음 제3장에서 "爲無爲(위무위)"라는 단어를 쓰고 있기 때문이다. "행함이 없음을 행하다"라고 하다니 무엇을 어떻게 하라는 말인가? 먼저 爲(위)자의 字源(자원)을 살펴보자. 爲(위)는 갑골문 표기는 코끼리와 손이 함께 그려진 모양인데, 이것은 코끼리를 조련하다는 뜻을 표현한 것이다(네이버 한자 사전). 그래서 爲(위)자의 본래 의미는 "길들이다"라는 뜻이었다. 이 "길들이다"는 의식적이고 의도적인 행위인 "작위(作爲)"를 의미한다. 그리고 노자 사상의 핵심인 "자연"이란 개념을 해석의 배경으로 하고, 문장의 술어가 "일에 처하다"라는 문맥도 고려하여 해석해야 한다. 그러면 爲(위)는 "의도적으로 일을 하다, 의도적으로 행하다"라는 의미가 되니, "이루다, 혹은 이루어지다"라고 옮길 수 있고, 자연사상을 고려하면 爲

無爲(위무위)는 "이루려 하지 않음을 행하다 혹은 이루려 하지 않고 행하다."라고 해석할 수 있다. 즉, 爲無爲(위무위)는 "인위적인 개인의 욕망을 추구하지 않고, 자연의 뜻에 순응하여 스스로 이루어지도록 행하다"라는 의미이다. 그러면 無爲(무위)는 "이루려 하지 않다. 즉, 무작위(無作爲)"가 되며, 處無爲之事(처무위지사)는 "이루려 하지 않고 일에 처한다"라고 번역할 수 있다. 그리고 之(지)는 대상을 나타내는 "於(어)"의 뜻으로 해석한다.

"萬物(만물)이 作焉而(작언이) 不始(불시)하고"에서 作(작)은 "만들다, 창작하다, 일하다, 행하다, 부리다, ~하게 하다, 일어나다" 등의 의미 중 "일어나다, 생성하다", 焉(언)은 의문과 반어를 표현하는 "어떻게"라고 해석하고, 始(시)는 "비로소, 처음, 사물의 시작, 일으키다" 등의 의미를 포괄하는 "이끌다", "生而不有(생이불유)"에서 生(생)은 "낳다, 살다, 기르다, 만들다" 등의 의미 중에서 "낳거나 만들다", 有(유)는 "있다, 존재하다, 갖다, 소유하다" 등의 의미 중에서 "소유하다", "爲而不恃(위이불시)"에서 爲(위)는 "이루다", 恃(시)는 "믿다, 자부하다, 의지하다" 등의 의미 중에서 "자부하다(자랑하다)"라고 해석하였다.

"成功而弗居(성공이불거) 夫唯弗居(부유불거)"에서 居(거)는 "살다, 차지하다, 자리잡다, 앉다, 쌓다"등의 의미 중에서 "차지하다", "是以(시이)로 不去(불거)니라"에서 去(거)는 "가다, 떠나다, 버리다, 덜다, 과거" 등의 의미 중에서 "떠나다"라고 해석하였다.

위 내용을 기초로 "是以(시이)로 聖人(성인)은 …"를 의역하면 다음과 같다. 성인은 억지로 일을 처리하지 않고 스스로 행하는 자연의 도리에 따라 처리하며, 말하지 않고 스스로 알게 하며, 만물이 어떤

형태로 생성하고 자라든지 이를 이끌지 않고, 낳거나 만들되 소유하
지 아니하며, 행해 성취하되 이를 자부(自負)하여 자랑하지 아니하고,
공을 이루더라도 그 공을 차지하려 집착하지 않는다고 하였다. 이렇
게 공(功)에 집착하지 아니하니, 공(功)도 떠나지 않고 사라지지도 않
는 것이다. 즉, 공에 집착하지 아니하니 사라질 공도 없는 것이다.

◁⟩ 풀이

이 장은 의도적인 미(美)와 선(善)은 추하고 착하지 않다는 점과 사
물의 관계성을 상관적 개념과 의존적인 개념으로 설명하고 있다. 의
도적이고 작위적인 위미(爲美)와 위선(爲善)은 행하는 자가 어떤 목적
을 갖고 행하므로 객체인 환경이나 자연의 입장에서 보면, 진정성이
부족한 꾸밈에 불가하므로 추하고 착하지 않다는 의미이다. 미(美)와
선(善)이 추함(惡)과 불선(不善)이 되는 것은 사물의 개념과 가치는 절
대적인 것이 아니고, 상대적이고 인위적이기 때문이다. 상대적이란
반대이거나 대립적인 개념에 비교하여 규정되고 설명된다는 의미이
므로 비교되는 기준에 따라 정(正)이 되기도 하고 부(否)가 되기도 한
다. 밝음은 어둠이 없으면 자신의 존재를 나타낼 수 없다. 작위적(作
爲的)인 미(美)나 선(善)이 "추함(惡)과 불선(不善)"이 됨은 이기적인 목
적이 작용함으로써 대상을 수단화 하기 때문이다. 이와 같이 같은
행위라도 이기적 목적의 개입 여부에 따라 대립적이거나 반대의 가
치로 전도될 수 있다. 노자는 이런 사물의 연결된 양면성 혹은 이중
성을 이용하여 사물의 개념을 정의하고 존재의 등장을 설명하고 있
다. 선과 악이 동전의 양면과 같이 서로 연결되어 존재함으로써 서

로가 서로의 존재를 등장시키고 정의하고 설명할 수 있다는 것이다. 즉, "너는 앞면, 나는 뒷면, 우리는 동전에 동거한다."라고 존재를 설명한다.

예를 들면, "좋다·나쁘다, 옳다·그르다, 선하다·악하다, 아름답다·추하다" 등의 개념은 반대의 개념에 의존하여 상대적으로 정의된다. 장단(長短)과 같은 것은 서로 나란히 대조되어 설명되고, 부귀(富貴)와 같은 개념은 타인에 비교하여 정의되며, 자신이 현재의 필요에 부응하는지에 따라 영향을 받는다. 같은 맥락에서 주체의 존귀함도 객체의 존귀함에서 출발한다. 이는 함께 삶을 영위하는 존재들은 더불어 기대어 살고, 한 쪽이 무너지면 다른 쪽도 도미노처럼 연속하여 무너지게 된다는 것과 같다. 사회가 풍요하게 되면 전반적으로 같이 넉넉해지고, 반대로 빈곤해지면 구성원들의 삶도 같이 구차하게 된다. 이와 같이 한 시스템의 구성요소들은 서로 맞물려 기능하는 관계성과 의존성을 갖고 있다.

상호 의존적인 기능구조인 시스템은 의존성과 관계성이 없으면 존재하지 않고 기능하지 못한다. 자동차가 바퀴가 없으면 이동이라는 본래의 기능을 행할 수 없고, 사람이 두뇌가 없으면 사람으로서 본래의 기능을 다하지 못한다. 시스템의 탄생은 어떠 한가? 남녀의 관계가 없으면 자녀의 탄생이 없고, 기둥이 없으면 집이 만들어지지 않는다. 즉, 관계가 존재를 구성하는 본질이라는 말이다. 원자의 존재는 양자, 전자, 중성자의 관계이고, 사람의 존재는 감각계와 순환계, 신경계 등의 관계이듯이 만물의 존재는 관계의 산물이다. 관계를 갖지 않은 사물은 없으니, 관계성이 없으면 만물은 존재하지 않는다.

관계성은 공간성과 시간성을 갖는다. 공간은 가시적이나 시간은 보이지 않는다. 눈에 보이고 감각할 수 있는 것을 "있다"고 하고 이를 "유(有)"라 한다. 반면에 눈에 보이지 않고 감각할 수 없으나 인식할 수 있는 것을 "없다"고 하고, 이를 "무(無)"라고 한다. 공간을 차지하고 위치를 가지는 것이 유(有)라면, 공간을 차지하지는 않으나 공간에 변화와 관계를 만들고 이를 인지하게 하는 것이 시간이다. 별이 생성하여 사라지고, 식물이 자라나서 고사하며, 동물이 탄생하여 사멸하게 하는 것은 시간이다. 시간이 없다면 우주나 동식물은 존재하지 않는다. 그러하니 보이고 감각할 수 있는 유(有)는 오감으로 감각할 수 없는 시간이라는 무(無)를 만나 존재를 잉태하여 생장하고 성쇠(盛衰)한다. 중요한 점은 시간은 소급할 수 없는 방향성을 갖는다는 것이다. 이 방향성이 없으면 "이루어짐"이란 없다. 시간이 방향성을 가진다는 것은 나아간다는 것이고 나아감은 움직임이며, 움직임은 에너지를 갖는다는 것이다. 시간이 에너지를 갖는다는 점은 매우 중요한 의미를 갖는다. 이 점이 무(無)가 천지의 시작을 이름한 것이다(無名天地之始)라고 한 1장의 의미를 뒷받침한다.

시간의 방향성은 만물이 본래의 본성을 시현할 수 있게 이끌어 준다. 정자와 난자의 상봉도 시간의 방향성과 환경의 지향성이 이끌어 낸 결과이고, 우리의 움직임도 시간의 방향성이 만든 결과물이다. 시간이 멈춘다면 사물은 그대로 정지된다. 시간의 방향성이 있기에 만물은 생겨나고 그들의 활동을 진행할 수 있는 것이다. 이는 시간은 만물이 가진 에너지를 이끌어 내는 에너지를 갖는다는 뜻이다.

시간은 변화의 원천으로 천체의 위치를 바꾼다. 아침에는 동쪽에 있던 해가 저녁에는 서쪽에 있다. 그리고 밤이 되면 달이 뜬다. 시간은 우주의 움직임을 만든다. 그러나 반대로 생각하면 우주의 움직임은 시간을 만든다. 이 말은 사물의 움직임이 시간을 만들든지, 아니면 시간이 사물의 움직임을 만든다고 할 수 있다는 의미이다. 닭과 달걀의 관계와 같다고 할 수 있다. 천체나 만물은 위치에너지를 갖고 이들의 움직임은 위치에너지의 변화를 만든다. 이 에너지의 변화는 연결되어 있거나 관계를 가진 사물의 위치에너지에 연쇄적인 변화를 가져온다. 서로 얽긴 시스템은 하나의 변화로 다른 수많은 변화를 연쇄적으로 만들어 간다. 이 변화가 만든 것이 시간이다. 역으로 말하면 이 시간이 변화를 만든다. 이 관계의 시발은 우주의 탄생에서 연유한다. 그리고 환경의 필요에 따라 연쇄적으로 새로운 관계를 형성하여 시간을 통해 이어져 간다. 생명은 알 수 없는 연유로 다른 생명을 잉태하고, 인간이나 동물이 대대손손 종족을 이어가는 것은 이 알 수 없는 에너지의 작용에 의한 것이다. 그러니 사물의 생장과 성쇠는 자생(自生)과 자존이 아니라, 인연으로 생겨나는 연생(緣生)이고 함께 존재하는 공존이다. 연생(緣生)에 관여하는 시발(始發)의 에너지는 시간이라는 개념에 포함된 에너지이다. 이를 노자는 무(無)라고 한 것이라 이해하면 쉽다. 그리고 공간을 차지하는 물질이 시간이라는 에너지를 만나 방향성을 얻고 발휘하게 되는 것을 노자는 유무상생(有無相生)이라고 말한다. 그러하니 유무상생은 시스템의 관계성과 의존성, 기능성을 설명하는 것이라 할 수 있다.

성인은 이루려 하지 않고 일을 처리하고, 말하지 않고 가르침을 행하며, 만물이 어떻게 생성되더라도 이끌지 아니하고, 만들되 소유하지 아니하며, 이루되 자부하지 않는다고 하였으며, 또 성공하여도 차지하지 아니하니, 비록 차지하지 아니하여도 이로 인해 공이 사라지지 않는다고 하였다. 욕심을 내지 않고 일에 처하며, 말하지 않고 가르침을 행한다는 것은 자신의 입장이 아니라 객체인 대상의 입장에서 대상의 특성이 시현되도록 행한다는 것을 말한다. 말로서 가르친다는 것은 대상의 입장이 아니라 자신의 의도를 자신의 말로 가르치는 것을 말하니, 이는 위에서 언급한 위선(爲善)에 해당되어 불선(不善)이 된다.

성인은 사물의 본질을 알아서 본질이 이루는 바를 억지로 행하지 않는다. 사물의 본질은 그 특성이 시간이 갖는 에너지와 환경과의 관계에 의하여 자연스럽게 행해지는 것이니, 누가 억지로 이끈다고 하여 이끌리는 것이 아니다. 그러니 그 이루어짐에 대하여 소유해야 할 바도 아니고, 자랑할 공도 없다.

3장
무분별한 지혜의 다스림과 무불치(無不治)

不尙賢 使民不爭, 不貴難得之貨 使民不爲盜, 不見可欲 使民心不亂.
是以 聖人之治 虛其心 實其腹, 弱其志 强其骨. 常使民 無知無欲, 使夫
智者 不敢爲也, 爲無爲 則無不治.

　(군주가) 현자를 떠받들지 않으면 백성은 다투지 않게 되고, 얻기
힘든 재화를 귀중히 여기지 않으면 백성은 (재화를) 도둑질을 하지 않
게 되며, 백성들에게 욕심낼 만한 것을 드러내 보이지 않으면 백성은
마음이 어지럽지 않게 된다. 이로써 성인의 다스림은 그 마음을 비우
게 하나 그 중심을 실하게 하고, 그 원함을 약하게 하나 그 인품을
강하게 한다. 항상 백성으로 하여금 드러냄(知)이 없게 하여 욕심이
없게 하고, 무릇 재능(智)을 드러내려는 자가 감히 작위(爲) 하지 못하
게 하며, 다스리려(爲) 하지 않고 다스리면, 곧 다스려지지 않는 것이
없다.

🐚 번역에 유의할 어휘

"不尙賢(불상현)하면 使民不爭(사민부쟁)하고, 不貴難得之貨(불귀난득지화)하면 使民不爲盜(사민불위도)하며"에서 賢(현)은 "어지다, 현명하다, 좋다, 넉넉하다, 착하다, 어진 사람(賢者)" 등의 의미 중에서 "현자"라고 번역한다. 이는 연결되는 使民不爭(사민부쟁)에서 다투는 원인을 "知(앎을 드러내다)"로 보아 이에 대응할 수 있게 하기 위함이다. 尙(상)은 "숭상하다, 떠받들다, 높이다, 자랑하다" 등의 의미 중에서 "떠받들다"라고 번역하는 것이 아래의 賢(현자)와 문맥에서 어울린다. 물론 賢(현)을 "넉넉함"이라 해석하고 尙(상)을 "자랑하다"라고 해석하여 "넉넉함을 자랑하지 않으면. 백성이 다투지 않을 것이다"라고 해석할 수도 있다. 그러나 다음 문장 "不貴難得之貨(불귀난득지화) 使民不爲盜(사민불위도)"에서 재화에 관한 언급이 있음으로 중복을 피하려 賢을 "현자"라고 번역하였다.

"聖人之治(성인지치)는 虛其心(허기심)하나 實其腹(실기복)하고"에서 腹(복)은 "배, 속마음, 마음, 중심, 전면, 두텁다, 수용하다" 등의 의미 중에서 앞의 "虛其心(허기심)"에 대비(對比)하려면 "중심"이라고 해석하는 것이 바람직하다. 대부분의 해설서에서 腹(복)을 "배"라고 해석하고 있는데, 노자는 "무욕(無欲), 허(虛)" 등을 강조하고 있음에 비추어 "배를 채운다"라고 해석하는 것보다 "중심(마음)을 실하게 한다"라고 해석함이 적절하다고 생각한다. 그리고 實(실)은 "열매, 내용, 본질, 바탕, 굳다, 자라다, 튼튼(든든)하게 하다" 등의 의미 중에서 "튼튼(든든)하게 하다" 혹은 "실하게 하다"라고 해석한다.

"弱其志(약기지)하나 强其骨(강기골)한다"에서 志(지)는 "뜻, 원하다,

희망하다" 등의 의미에서 아래 無欲(무욕)과 어울리게 "원하다"라고 해석한다. 骨(골)은 "뼈, 골격, 의기, 인품, 됨됨이" 등의 의미 중에서 정신적인 의미를 지닌 "인품"이라 번역하는 것이 전체적인 맥락에 어울린다.

"常使民(상사민)으로 無知無欲(무지무욕) 하고, 使夫智者(사부지자)로 不敢爲也(불감위야) 하며, 爲無爲(위무위)면 則無不治(즉무불치)니라."에서 知(지)는 "알다, 깨닫다, 주장하다, 드러나다, 주관하다" 등의 의미 중에서 인위적인 측면이 강조되는 "드러내다 혹은 주장하다"라고 해석하는 것이 아래의 無爲(무위)의 "작위 하지 않다"의 해석과 어울린다. 智(지)는 "슬기, 지혜, 재능, 꾀, 알다." 등의 의미에서 "지혜"라고 해석하는 것이 일반적이나, 여기서는 현명하거나 지혜로운 수준에는 미치지 못하고, 현실적이고 편의적인 수준의 의미를 가진 "재능, 능력"이라 번역한다. 왕필의 주석에도 "재능은 앎이 있는 것을 말한다 (智者(지자), 謂知爲也(위지위야)."라고 하였다. 無爲(무위)의 無(무)는 "없다, 아니다, 아니하다, 금지하다, 하지 않다, 무시하다" 등의 의미 중에서 "아니하다", 爲(위)는 "하다, 되다, 다스리다, 이루다, 있다" 등의 의미에서 "다스리다 혹은 이루다"라고 번역한다. 이 점은 爲(위)는 기본적으로 행하다라는 의미인데, 문장의 끝부분에서 "치(治)"와 대비로 사용되었으므로 여기서 "행하다"는 "다스리는 행위" 즉, "작위(作爲)"를 말한다. 따라서 無爲(무위)는 有爲(유위)의 반대말로 "작위(作爲) 하지 않는다"라고 번역한다. 그러면 이 문장은 "항상 백성으로 하여금 드러냄(知)이 없게 하여 욕심이 없게 하고, 무릇 재능을 드러내려는 자(智者)가 감히 작위 하지 못하게 하며, 다스리려 하지 않고 다스리면, 곧 다스려지지 않는 것이 없다."로 번역된다.

이 "常使民(상사민) 無知無欲(무지무욕)"에서 無知(무지)의 번역은 많은 오해를 만들 수 있다. 혹자는 지능이 갖는 분별심을 없애기 위하여 백성을 무지하게 하여야 한다고 해석하기도 한다. 하지만 인간이 갖는 본성은 지능이 갖는 분별심이고, 지능으로 사고하고 분별하는 것이 인간의 자연성이다. 인간의 본성을 발휘하지 못하게 하여 동물과 같이 헤아리지 못하게 하는 것이 노자가 후세에 남기고자 하는 의미였을까? 또 인간을 아는 것이 없고 사리에 어둡게 하고 사회나 문화가 발전하지 않게 하여야 통치하기 쉬울 것으로 생각하였을까? 아닐 것이다. 그러므로 無知(무지)의 번역은 위에서 언급한 바와 같이 "주장하지 않다 혹은 드러내지 않다"라고 번역하는 것이 바람직하다. 그리하여 재화의 소유나 권력에 욕심내지 말고 다투지 말라고 말한 것이다.

도덕경 원문을 해석에 함에 있어서 주의할 점은 다음과 같다.

첫째, 노자가 도덕경을 쓸 당시의 상황에 대한 이해가 필요하다.

둘째, 가능하면 문자 자체의 의미에 충실해야 한다.

셋째, 문장의 맥락을 이해할 수 있게 연결이 매끄러워야 한다. 특히 표의문자를 해석함에 있어서는 여러 가지 의미 중에서 아래 위로 맥락의 연결이 부드러운 뜻으로 해석하여야 한다.

이런 관점에서 이 장의 해석에서 몇 글자의 의미는 일반적으로 많이 사용하는 글자의 뜻과 조금 다를 수 있음에 유의하여야 한다. 많은 학자들이 도덕경에 대한 해설서를 출판하였으나, 어떤 부분은 자의적인 해석이 많다. 이들 대부분은 글자 자체를 자의적으로 해석한 경우와 문장의 전체 맥락에서 벗어난 경우에 해당한다. 물론 이 점은 학자들의 자유이다. 옳고 그름은 독자들이 판단할 몫이다.

🔊 풀이

이 장은 통치(治)에 대한 방법을 논하고 있다. 다시 말해, 다스림의 방법으로 백성이 앎이나 재물에 집착하지 않도록 하기 위해서 현자를 떠받들지 않고, 귀중품을 귀하게 여기지 않도록 하여야 민심이 평온해진다고 말한다. 사리에 밝은 현자를 떠받들지 않고 귀중품을 귀하게 여기지 않아야 한다고 함은 인위적인 조작으로 시스템의 불균형을 유발하지 않게 한다는 처방이다. 그렇다고 하여 이들(賢者, 難得之貨)을 없애자는 것이 아니라, 이들은 다른 부분의 사물과 서로 어우러져 (떠받들지 않고) 이들의 본래의 기능을 하도록 하자는 것이다. 전체에 기여하는 부분들은 본연의 기능으로 전체의 목적에 상호 의존적으로 기능하게 하여야 한다. 그렇지 않고 어느 한 부분으로 에너지가 쏠리게 되면 불균형이 일어나 시스템은 상호 의존성에서 균열이 생기고 이로 인하여 전체 기능의 효율이 떨어지게 된다. 그러므로 어느 한 부분이 두드러지는 것을 방지하여야 균형을 유지할 수 있음을 지적하는 내용이다. 현자(賢者)는 현자로서 세상의 소금과 같은 기능만 하고, 대장장이는 쇠로 생활도구를 만드는 일에 힘쓰며, 농부는 농사일에 최선을 다하면 되는 것이지, 어느 누구도 특별히 떠받들 이유가 없다는 말이다.

그리고 집착을 없애기 위해서는 그 마음을 비우고 그 중심을 실하게 하며, 그 원함 즉, 욕구를 약하게 하고 그 인품을 강하게 하여야 한다고 하였다. 그러기 위해서는 근본적으로 앎을 드러내는 주장이나 욕심을 내려놓아야 한다고 말하고 있다. 그렇게 되면 재능이 있는 사람이 무엇을 이루고자 다투지 않고, 재물에 집착하지 않아 다스리지 못함이 없어진다. 여기서 마음을 비운다는 것은 없게 한다는 것이 아니고, 주장과 욕구를 약하게 한다는 것이고, 그러면 그 속마음이 튼실하고 사람의 품격과 됨됨이가 신장된다는 것이다. 그리하여 그 재능이 발휘되어도 자신의 부나 명예, 권력 등을 이루려 하지 아니하므로 다툼이 없어진다고 하였다. 이는 구태여 다스리려 하지 않아도 다스려지는 결과를 만드니, 다스려 지지 않음이 없는 세상이 된다고 하고, 이것이 성인의 다스림이라 하였다.

이 장은 다스림의 측면에서 백성이 자신의 욕구에 집착하지 않고 자연스럽게 주변을 배려하고 공감하는 태도를 취하면 다스림도 자연스럽게 이루어진다고 강조한다. 바꾸어 말하면 백성이 경제적 사회적 지위를 원하고 주장하면 다툼이 생기고 세상이 어지러워지니 이를 경계하고, 이런 욕망을 갖지 않게 다스리는 것이 본질적인 다스림이라 하였다. 그렇지만 자본주의 사회제도에서는 이는 불가능하다. 그러면 공산주의 경제제도에는 가능할까? 신체적 정신적 능력의 차이가 존재하고 수요와 공급의 양과 시간이 일치하지 않으면, 재능 있는 자가 그 재능을 발휘하고 자신의 존재에 필요한 자원의 양과 질을 먼저 소유하게 되므로 어떤 경제제도를 취하더라도 인간 세상에서는 욕망의 통제는 불가능하다. 다만 그 정도를 규제함으로써 공생의 본성을 구현함이 그나마 할 수 있는 제도적 장치가 아닐까?

다스림은 백성과 통치자와의 관계인데, 서로 영향력을 주고받는다. 이 영향력을 통치자가 일방적으로 행사하면 통치가 되고, 서로 자신의 욕망을 주장하지 않으며, 이루는 것에 집착하지 않고 피드백을 주고받으면 "이루려 하지 않고 행하면 곧 다스려지지 않는 것이 없다(爲無爲 則無不治)."가 되는 것이다. 이것이 시스템이 균형을 유지하여 시너지 효과를 이루게 하는 방법이다. 생태계에서 어느 하나의 부분이 지나치게 자신의 목적을 이루려고 과욕을 부리면 과부하로 해당 부분이 훼손되고, 결과로 전체 시스템이 부정적 영향을 받아 효과적인 기능을 다하지 못하게 된다.

4장
만물의 근원인 도의 존재

道, 沖而用之, 或不盈 淵兮. 似萬物之宗. 挫其銳, 解其紛, 和其光, 同其塵, 湛兮似或存. 吾不知誰之子, 象帝之先.

도는 심원하여 그것을 사용하는 어떤 경우에도 미치지 못하니 깊도다. 마치 만물의 근원인 듯하다. (도는) 그(만물의) 날카로움을 무디게 하고, 그 엉클어짐을 풀어내며, 그 빛에 조화하고, 그 티끌에 동화하니, 담담(차분하고 평온하다)하도다. 마치 존재하는 것 같구나. 나는 (도가) 누구의 아들인지 알지 못하나 상제보다 먼저인 듯하구나.

🐢 번역에 유의할 어휘

"道(도), 沖而用之(충이용지), 或不盈(혹불영) 淵兮(연혜). 似萬物之宗(사만물지종)"에서 沖(충) 은 "화하다, 담백하다, 공허하다, 심원하다" 등의 의미 중에서 뒤의 淵兮(연혜)라는 단어에 어울리는 뜻의 "심원하다"라고 번역한다. 여기서 之(지)는 지시대명사이고, 或(혹)은 "혹시, 어떤 경우, 있다, 의심하다, 미혹하다" 등이 의미 중에서 "어떤 경우에도", 盈(영)은 "차다, 충만하다, 남다, 채우다, 미치다, 이루다" 등의 의미 중에서 "미치다"라고 번역함이 앞의 "심원하다"와 문맥에서 어울린다. 그러면 이 문장은 "도는 심원하여 그것을 사용하는 어떤 경우에도 미치지 못하니 깊도다. 마치 만물의 근원인 듯하다."로 번역된다.

"挫其銳(좌기예), 解其紛(해기분), 和其光(화기광), 同其塵(동기진), 湛兮似或存(담혜사혹존)"에서 挫(좌)는 "무디게 하다", 塵은 "티끌", 同은 "한 가지, 함께, 같다, 동화하다" 등의 의미 중에서 "동화하다", 湛(담)은 "즐기다, 더디다, 맑다(잠), 편안하다(잠), 잠기다(침)" 등의 의미 중에서 "편안하다" 혹은 "담담하다"라고 번역한다. 그러면 이 문장은 "(도는) 그(만물의) 날카로움을 무디게 하고, 그 엉클어짐을 풀어내며, 그 빛에 조화하고, 그 티끌에 동화하니, 담담(차분하고 평온하다)하도다. 마치 존재하는 것 같구나."로 번역한다.

"吾不知誰之子(오부지수지자), 象帝之先(상제지선)"에서 象(상)은 "코끼리, 형상, 도리, 상징하다, 비슷하다" 등의 의미 중에서 "비슷하다", 帝(제)는 "상제(上帝)"라고 번역한다. 그러면 이 문장은 "나는 (도가) 누구의 아들인지 알지 못하나 상제보다 먼저 인 듯하구나"라고 번역된다.

◀)) 풀이

도(道)는 만물의 존재이유와 당위(當爲)의 근거로서 존재의 법칙이고 행위의 이치이다. 이 이치는 무엇이라 이름할 수 없으나 억지로 이름하여 도라고 하였을 뿐이다. 그러하니 이 이치를 도라고 하였지만 이 도라고 이름 붙인 도는 존재의 본질을 완전히 설명하지 못한다. 그래도 이를 설명하여야 하니 도라고 하였을 뿐이다.

만물의 존재와 생멸은 그 시원을 알 수 없고, 그 연속성도 알 수가 없으나, 억겁의 세월 동안 이 이치는 만물에 적용되어 존재하여 왔고, 앞으로도 그렇게 전개될 것이니 얼마나 깊고 깊은가? 그리고 존재하는 모든 물체는 서로가 엉킨 것 같아도 서로 생존의 질서를 유지하고, 서로의 관계를 상생의 도리로 풀어가니, 마치 함께 어울려 하나가 된 듯하다. 인간은 현상계에 존재하는 모든 사물들 속에서 그들이 타자와 다름을 통하여 자신의 존재를 상대적으로 확인한다. 식물이 아니고 동물이며, 파충류가 아니고 포유류이며, 가축이 아니고 사람이다. 혼재된 것 같지만 모두가 자기들만의 특성을 가지고 그들의 직분을 행하며 타자와 다른 존재 양식을 갖는다. 다시 말해, 엉킨 것 같으나 질서정연하다. 도(道)는 이들을 생겨나게 하고, 서로가 다른 기능을 수행하면서 의존적으로 존재하게 한다. 낮에는 햇볕이 들고 밤에는 어두움이 세상을 지배한다. 서로가 서로를 먹이로 하기도 하고, 경쟁하며 어지러움을 만들기도 하지만, 먼지가 가라 앉듯이 평온해지고 균형을 찾아간다. 이런 현상에는 인간이 감각하지는 못하지만 질서를 만들고 유지하게 하는 보이지 않는 손인 만물의 창조자이며 지배자가 있는 것 같다. 이를 두고 노자는 이 보이지 않는

손이 빛을 감추고 먼지 속에 섞여 있다고 하여 화광동진(和光同塵)이라 하였다.

　만물의 상호 의존적 조화관계는 평온하게 균형을 이루고 있으니 마치 질서를 부여하는 도가 있는 것 같고, 이는 만물의 근원인 듯하다. 이 도는 언제부터 어떻게 시작되었는지는 알 수가 없으나, 창조주인 상제(上帝)보다 먼저인 듯하다고 하였다. 이러한 도가 얼마나 깊고 연속적이며, 지속 가능한 것인지는 인간의 사고로는 미치지 않는 무량(無量)의 이치이고, 감각으로 느낄 수 없으니 "공(空)"이라 할 수 있을 것이다. 하지만 공(空)이라 하여 없는 것(無)은 아니고 인간의 감각으로는 느끼지 못할 뿐이다.

　이 장은 도의 존재와 영속성, 그 자연스러운 영향력을 설명하고 있다. 생명이나 물체는 태어나고 만들어지면, 그 기능이 존재하고 그 기능은 다른 사물과 연계하여 또 다른 기능을 만든다. 새로 만들어진 기능은 새로운 사물이나 정보를 만들어 서로 의존적인 관계로 존재한다. 그러나 계속 증가하는 것만은 아니고 스스로 자신의 에너지가 고갈되면 사그라져서 다른 존재의 토양이 되기도 한다. 이런 관계를 우리는 시스템이라고 하였다. 이 시스템의 생멸은 이를 다스리는 이치인 도(道)가 있으나, 이는 의도하지 않는 무위(無爲)로 사물을 존재(有)하게 하고(有以無爲) 무위로 일에 처하니(處無爲之事) 이룬 것이 없는 것 같고 비워진(空) 것 같다. 그러니 심원(深遠)하고 무량(無量)하다.

5장
인(仁)·불인(不仁), 공(空)·충(充)의 공존

天地不仁, 以萬物爲芻狗, 聖人不仁, 以百姓爲芻狗, 天地之間, 其猶橐

蘥乎. 虛而不屈, 動而愈出, 多言數窮, 不如守中.

　천지는 어질지 않아 만물을 하찮게 여기고, 성인은 자애롭지 않아
백성을 하찮게 생각하니, 하늘과 땅 사이는 가히 풀무와 피리 같구
나(猶). 공허하나 쇠퇴하지 않고 움직일수록 더욱(愈) 샘솟는다(出).
말이 많으면 자주 궁해지니 중(中)을 지키는 것만 못하다.

🐾 번역에 유의할 어휘

"天地不仁(천지불인), 以萬物爲芻狗(이만물위추구), 聖人不仁(성인불인)"에서 仁(인)은 "어질다, 인자하다, 자애롭다, 민감하다, 사랑하다, 불쌍히 여기다" 등의 의미 중에서 "天地不仁(천지불인)"에서는 "어질다", "聖人不仁(성인불인)"에서 仁(인)은 "자애롭다"라고 해석한다. 芻狗(추구)의 芻(추)는 "꼴, 짚, 기르다" 등의 의미이고, 狗(구)는 "개, 강아지" 등의 의미이니, 芻狗(추구)는 "쓸데없이 되어 버린 물건(物件), 제사에 쓰고 버리는 짚으로 만든 개"의 의미인데, 여기서는 "쓰고는 버리는 하찮은 물건"이라 해석한다. 爲(위)는 "하다, 되다, 속하다, 다스리다, 생각하다, 삼다, 배우다, 속하다" 등의 의미가 있으나, 여기서는 以~爲(이~위)로 사용되어 "생각하다, 여기다"라고 해석한다.

其猶橐籥乎(기유탁약호)에서 其(기)는 지시대명사로 天地之間(천지지간)을 지칭한다. 猶(유)는 "오히려, 가히, 다만, 이미, 그대로, 마땅히, 같다" 중에서 "가히 ~ 같다", 橐籥(탁약)의 橐(탁)은 "풀무", 籥(약)은 "피리"의 의미이니, 其猶橐籥乎(기유탁약호)는 "하늘과 땅 사이는 가히 풀무와 피리 같구나"라고 번역한다.

"虛而不屈(허이불굴), 動而愈出(동이유출)"에서 屈(굴)은 "굽히다, 움츠리다, 쇠퇴하다, 억누르다, 베다, 강하다" 등의 의미 중에서 "쇠퇴하다", 愈(유)는 "낫다, 뛰어나다, 고치다, 유쾌하다, 근심하다, 더욱" 중에서 "더욱", 出(출)은 "태어나다, 나가다, 돌려보내다, 내어주다, 버리다, 샘솟다" 등의 의미 중에서 "샘솟다"라고 해석하여, "虛而不屈(허이불굴), 動而愈出(동이유출)"은 "공허하나 쇠퇴하지 않고, 움직이면 더욱 샘솟는다"라고 번역한다.

◀) 풀이

이 장은 천지는 인자하지 않아서 그곳에서 자라는 만물은 쓰임새가 끝나면 그대로 버려져 방치하고, 성인도 자애롭지 않아 백성을 돌보지 않는다고 말한다. 하늘과 땅은 햇빛과 비를 내려 만물이 생겨나고 성장하는 터전이 되니, 천지를 어진 것이라 해야 할 것이다. 그런데 천지는 자신이 낳고 성장시킨 만물이 죽게 하는 환경도 만들고, 재해로 쓸려가거나 사라지게도 한다. 그러니 어진 것이 아니라고 할 수도 있다. 이는 천지를 지배하는 이치가 인자하지만 않고 무자비할 수도 있다는 것을 말한다. 마찬가지로 성인도 백성들을 인의(仁義)로서 기르고 다스려 행복하게 살 수 있게 하지만, 모두를 좋은 방향으로 인도하지 못하고 항상 그러하게 하지도 않으니 자애롭지 못하다. 이 또한 성인이 만백성에게 도를 행하여 행복하게 살 수 있게 하려 하지만, 이를 이루려 하지 않고 스스로 그러하게 무위(無爲)로 조건에 따르게 하니 무심(無心)코 대할 수밖에 없다. 이 장에서 노자는 천지나 성인의 도는 "無爲(무위)이고 無心(무심)"이라고 말한다. 이 無爲(무위)와 無心(무심)이 자연스러움이다. 여기서 유의해야 할 점은 천지가 만물이 생명이 다하면 죽게 내버려두는 것은 방치 같지만, 되돌려 보내는 것으로 다른 조건으로 쓰이게 하기 위함이다. 그리하여 다른 사물이 생겨나게 하는 토양이 되게 하는 것이니, 그 또한 연기(緣起)이고 의존적인 기능이라 할 수 있다.

다음은 하늘과 땅 사이는 풀무(橐, 탁)와 피리(籥, 약) 같다고 하였다. "橐籥(탁약)"은 "파이프오르간, 혹은 풍금"을 말한다. 하나 노자의 시절에는 이런 악기가 없었다. 풀무와 피리, 파이프 오르간 등은 속이 비었으면서 아름다운 소리를 만든다. 피리나 오르간이 비어 있음에도 아름다운 음률을 만들듯이 하늘과 땅 사이는 비어 있음에도 만물을 낳고 성장시키는 역할을 한다. 피리나 오르간은 비어 있음에도 찌그러지지 않고, 빈 공간에 공기가 움직이면 움직일수록 소리가 높아진다. 하늘과 땅 사이도 이와 같이 햇빛과 풍우 등 천지의 기운이 움직이면 만물이 생동한다. 그래서 가히 "橐籥(탁약, 풀무와 피리)"과 같다고 말한 것이다. 요약하면 비움(空)으로서 채운다(充)는 것이니, 공(空)과 충(充)은 대립되는 개념이지만 면도날의 양면과 같은 것이다. 이쪽이 되기도 하고 저쪽이 되기도 하니 순환하는 것이다.

"多言數窮(다언삭궁)"이라 함은 "말이 많으면 궁해지기 쉽다, 혹은 자주 궁해진다"는 뜻이다. 그래서 중도를 지키는 것만 못하다(不如守中)고 하였다. 말이란 개념을 표현한 것이다, 개념은 사물을 개괄하는 상징을 사용하여 추상화한 것이다. 추상함은 어떤 특성을 상상하여 파악하였다는 것으로 이는 본질 전체를 나타내는 것이 아니고 대표적인 일부의 특성만을 표현한 것이다. 그러니 말로 이름할 수 있으면 즉, 개념으로 표현하면 "이는 진정한 이름이 아니다(名可名 非常名)"에 해당한다. 진정한 본질이 아닌 개념화한 말이 많아지니 당연히 앞뒤가 맞지 않는 자충수를 두게 되어 궁해질 수밖에 없는 것이 아닌가?

중(中)을 지키는 것만 못하다(不如守中)에서 "中(중)"은 말은 쉬워도, 정의하기 어렵고 행하기도 어려운 단어이다. 중용 1장에 이런 구절이 있다. 기쁨, 노여움, 슬픔, 즐거움이 일어나지 않음을 중(中)이라 하고, 일어나서 모두가 절도에 알맞으면 화(和)라고 하니, 중(中)이라 하는 것은 천하의 기본이요, 화(和)라는 것은 달도(達道, 때와 장소에 관계없이 도에 막힘이 없음)이다. 中과 和에 이르면 천지가 제 자리를 잡고 만물이 잘 자라게 된다(喜怒哀樂之未發을 謂之中이오. 發而皆中節을 謂之和이니 中也者는 天下之本이오 和也者는 天下之達道也니라. 致中和이면 天地가 位焉하며 萬物이 育焉이니라). 중(中)은 희로애락의 정(情)이 성(性)의 상태에서 아직 정(情)의 상태로 발현하기 이전의 상태를 말하는데, 마음의 조용한 성(性)이 어느 한 쪽으로 치우침이 없는 상태이다. 다음은 중용해설서의 예이다.

마음을 물이라고 하면 성(性)은 물의 고요함(靜), 정(情)은 물의 흐름, 욕(欲)은 물의 파란이다(신역 대학·중용, 이기석·한용우 역, 홍신문화사, 1989.11, p. 268)

이와 같이 중(中)은 희로애락이 발현되지 않은 상태를 말하고, 화(和)는 희로애락의 느낌을 표현하더라도 절도에 알맞은 상태를 말한다. 절도에 알맞다는 것도 정의하기 어려운 말인데, 지나침과 모자람이 없이 자연스럽게 행한다는 의미일 것이다. 이렇게 희로애락의 표현을 절제하고 표현하더라도 요란스럽거나 부족함이 없이 환경과 조화(和)하면, 세상의 모든 일과 사물이 제자리에서 스스로 생장하고 자신의 직분을 다하게 될 것이라는 말이다. 말이 많아 궁해지지 않고 감정에 휘둘리지 않으며, 생멸과 순환의 이치에 따르면 마땅함에 가까워지는 것임을 설명하고 있다. 이것이 천지의 본질이고 자연의 도인 것이다.

이 장은 자연의 도는 어질고 인자하지 아니하니, 만사에 중(中)과 화(和)를 도모하여 인간의 본성에 충실한 삶을 살라는 것이다. 사람의 생존과 발달은 자신의 타고난 직분이다. 그리고 타인과 더불어 각자의 뜻을 이루고 정답게 사는 것이 공존의 지혜이다. 자존과 공존의 터전을 마련해 준 것은 자연의 너그러움이고 포용이기도 하지만, 생태계가 인간에게 함께 누리기를 원하는 요구이기도 하다. 인간과 자연은 생태계의 일원으로 서로 지나침과 모자람이 없어야 中和(중화)에 벗어남이 없게 된다. 그래야만 자존과 공존을 위한 자신의 직분과 공존의 지혜를 발휘하는 것이 된다. 자신의 발전을 추구하되 타인에게 해를 입히지 않아야 하고, 개발하되 환경에 누(累)를 만들어서는 안 된다. 결론적으로 자연은 인자하지 않으니 중화의 지혜인 공존의 이치는 인간이 지키고 가꾸어야 할 길이라는 것이다.

6장
면면히 이어지는 도

谷神不死, 是謂玄牝. 玄牝之門 是謂天地根, 綿綿若存, 用之不勤.

골짜기 신령의 영험은 죽지 않으니 이것을 깊고 아득한 계곡이라 부른다. 깊고 아득한 계곡의 문은 천지의 뿌리라 일컫고, 면면히 끊임없이 이어져 마치 존재하는 것 같으며, 사용되어도 힘들어하지(勤) 않는다.

🐾 번역에 유의할 어휘

이 장의 해석에서 중요한 부분은 谷神(곡신)과 玄牝(현빈)이다. 곡신은 "골짜기 귀신"이라 할 수 있겠지만, 뒤에 玄牝(현빈)이라 부른다고 하였으니, 현빈(아늑한 계곡)에 대비되는 해석이 필요하다. 神(신)은 "귀신, 신령, 정신, 해박한 사람, 영험하다, 신묘하다" 의미 중에서 玄牝(현빈)에 어울리게 "신령의 영험"이라 번역한다.

玄牝(현빈)의 玄(현)은 "아늑하다", 牝(빈)은 "암컷, 골짜기, 계곡" 중에서 물이 솟는 "계곡"이라 번역한다. 玄牝(현빈)은 유무의 대립적 긴장이 직면하고, 대립의 단면에서 통합이 이루어져 물이 솟아나듯 만물의 잉태와 창조의 신비함이 존재하는 상생의 장소이다. 이곳은 상상이 미치지 않는 아늑하게 멀고, 보일 듯 말 듯, 있는 듯 없는 듯하나, 형상이 나타나는 창조의 모습을 알리는 곳이다. 그러니 현빈은 신령의 영험이 죽지 않고 살아있는 신묘한 곳이다.

綿綿若存(면면약존)은 "면면히 끊임없이 이어져 마치 신령이 있는 것 같다"는 의미이다. 신령은 죽지 않고, 물이 샘솟듯 아늑한 곳에서 끊임없이 만물을 창조하여 내보내니, 비록 천지가 어질지 못해 기능을 다하고 쓸모 없게 된 것을 버릴지라도 새로운 것으로 채워지게 되는 것이다. 그리하여 세상은 언제나 제자리에서 아무 일도 없는 듯이 어우러져 순환하고 이어지니, 천지 사물의 생멸을 주관하는 신령이 있는 듯하다고 표현하였다.

用之不勤(용지불근)이란 사용하여도 힘들어하지 않다는 의미이다. 勤(근)은 "부지런하다, 괴로워하다, 힘쓰다, 근심하다"는 뜻인데, 이 중 "힘쓰다"와 "괴로워하다"를 양의적으로 해석하여 "힘들어하다"로 옮긴다. 여기서 之(지)는 지시대명사로 "곡신 혹은 현빈"이다. 이 말은 "用玄牝(용현빈)이나 不勤(불근)이다"라는 것이다. 그러면 아늑한 계곡은 사용하여도 힘들어하지 않는다는 뜻이 된다. 이것이 불멸의 道(도)이다. 즉, 이 신령함은 사용해도 끊임이 없고 부지런하지도 않고 힘들어하지도 않으며 고갈되지 않는다. 이것이 자연의 자기조직적인 순환이다.

혹자는 현빈을 여자의 성기라고 해석한 경우도 있는데, 이는 너무 많이 나간 것 같다. 노자가 만물의 기원을 찾고 원인을 찾으면서 아마도 가장 쉬운 방법이 인간의 잉태에서 찾으려 했음은 틀림이 없을 것이다. 그러나 노자가 구하고자 한 것은 사람을 포함한 만물의 창조와 등장에 대한 원인의 설명이다. 그래서 만물이 창조되는 곳을 여성의 성기로 표현한 것은 부적절하다. 계곡, 신령, 아늑함, 천지, 문, 뿌리, 면면함, 약존(若存), 불근(不勤) 등의 의미를 관통하는 단어는 창조이고 만물이다. 다만 계곡을 이야기한 것은 아늑함과 매우 작은 실마리에서 시작됨을 표현하려는 의도라고 해석함이 바람직하다.

◁ 풀이

계곡 신령의 영험은 죽지 않고 살아 있으니, 우리는 이 계곡을 만물이 아늑하게 나타나는(잉태하는) 골짜기라 부른다. 아늑하게 잉태하는 골짜기의 문, 이를 일컬어 천지의 뿌리라 한다. 죽지 않고 면면히 연결되어 끊임이 없는 듯하니, 사용해도 힘들지 않고 고갈되지 않는다고 하였다.

이 장은 아득하고 먼 작은 곳에는, 무(無)와 유(有)의 에너지가 하나가 되어 사물을 잉태하게 하고 생겨나게 하는 도가 행하여지는 창조의 문이 있는데, 이곳에서는 사물의 탄생이 이어지고 이어지니 실제로 도(道)가 존재하는 것 같다고 하였다. 계곡의 원점에서는 옹달샘에서 물이 솟아나듯 때가 되면 만물이 살아나오고, 시절이 바뀌어 만물이 쇠하게 되면 새로운 창조의 조건이 형성되어 유무(有無)의 조화로 사물을 잉태하고 생겨나게 한다. 이를 두고 면면히 이어진다고 하였고 사용하여도 힘들거나 고갈하지 않는다고 하였다. 이는 만물의 생장과 성쇠에는 도가 존재하고 행해지고 있음이다. 그리고 생로병사(生老病死)나 영고성쇠(榮枯盛衰)의 순환이 자연스레 행해지니, 이를 두고 도는 힘들거나 괴롭지 않고 면면히 이어진다고 말한 것이다.

계곡은 비어 있지만 비가 오면 물이 흐르는 골짜기이다. 비어 있음은 조건이 형성되면 채워질 수 있음을 의미한다. 수분이 증발하여 구름이 형성되고, 구름의 작은 물방울들이 서로 뭉쳐서 큰 물방울이 되면 무거워서 떨어지게 되는데 이것이 비다. 비가 오면 계곡에는 흐르는 물로 채워진다. 계곡은 물을 수용하지만 소유하지 않고 흘러보낸다. 이와 같이 계곡은 비움과 채움의 장소이다. 노자는 계곡을 창조의 신비가 존재하는 아득하고 신비한 곳으로 비유하였다.

1장에서 "무(無)로써 천지 시작의 묘함을 보려 하고, 유(有)로써 만물의 오고 감을 보려 한다"고 하였다(常無欲以觀其妙 상무욕이관기묘, 常有欲以觀其徼 상유욕이관기요). 천지 시작의 오묘함을 보이려(나타내려) 하는 무(無)와 만물의 오고 감(生滅)을 보이려(나타내려) 하는 유(有)는 이름은 다르지만, 같은 곳에서 나온다(同出, 1장)고 하였다. 이것이 만물의 생겨남이다. 이를 노자는 현(玄)하다고 하였다. 현(玄)은 아득하고 신비롭고, 그윽하고 오묘하며, 고요하고 깊다는 의미이다. 그러니 현빈(玄牝)은 신비하고 오묘한 창조의 장이다. 이성적으로 잘 설명되지 않지만, 만물은 존재하고 유(有)와 무(無), 생(生)과 사(死), 오고 감이 교차되어 면면히 연결되는 것도 분명하니 이들이 작용하는 공간이 있음도 분명하다. 그러니 이를 현빈(玄牝)이라 한 것이다. 동물에게는 암컷이 그 오묘한 곳을 가졌고, 식물은 꽃 속에 그 오묘함을 간직하였다. 거슬러 올라가면 우주는 빅뱅 이전의 어느 점에 그 창조의 오묘함을 가지고 있었다고 추정할 수 있다. 이들이 모두 현빈(玄牝)에 해당하는 곳이다.

노자가 계곡을 계(溪)로 표시하지 않고 빈(牝)으로 표현한 의미는 무엇일까? 빈(牝)은 암컷, 골짜기, 계곡의 의미를 갖는다. 노자는 그냥 물이 흐르는 계곡이 아니라 잉태하고 생명을 낳는 창조의 계곡을 말하고자 한 것 같다.

앞에서 언급한 바와 같이 현빈(玄牝)은 동물에게는 암컷의 성기일 수도 있으며, 식물에게는 꽃의 씨방이 될 수도 있을 것이다. 그리고 곡신(谷神)은 현빈을 관할하여 만물의 존재를 주재(主宰)하는 영험한 기운인 도(道)를 말한다.

7장
환경 적응과 공생

天長地久, 天地所以能長且久者, 以其不自生, 故能長生. 是以聖人後其身而身先, 外其身而身存, 非以其無私邪, 故能成其私.

하늘은 길고 땅은 오래되었다. 천지가 능히 길고 또 오래된 까닭은 스스로 살려고 하지 않기 때문이다. 고로 능히 오래 살게 된다. 이로 써 성인은 자신을 뒤로 함으로써 자신을 앞서게 하고, 자신을 잃어버림(外)으로써 자신을 보존하게 하니, 이는 사사로움이 없기 때문이 아닌가? 그리하여 능히 사사로움을 이루게 된다.

🔖 번역에 유의할 어휘

天長地久(천장지구)에서 久(구)는 "오래다, 길다, 오래 머무르다, 막다, 변하지 아니하다, 오랫동안" 등의 의미를 갖는데, 여기서는 하늘이 공간적으로 길다고 하였으니 땅은 시간적으로 "오랫동안 변하지 않는다"라고 번역함이 적절하다.

以其不自生(이기불자생)에서 自生(자생)은 "스스로 살다, 스스로 낳다, 스스로 생겨나다" 등의 의미를 갖는데, 여기서는 우주 만물이 서로 인연이 되어 생겨난다는 "연기(緣起)"나 함께 산다는 "공생(共生)"에 대립되고 비교되는 단어로 해석하는 것이 바람직하다. 그러니 "스스로 살다"라고 번역함이 적절하다.

外其身而身存(외기신이신존)에서 外(외)는 "바깥, 타인, 외국, 외가, 잊다, 버리다(棄也), 제외하다, 멀리하다" 등의 의미 중에서 여기서는 "잊어버리다", 而(이)는 "~로서"라고 번역한다. 그리고 身(신)은 "몸, 줄기, 나, 자기, 자신, 신분, 몸소" 등의 의미 중 "자신"의 의미가 적절하다. 그러면 外其身而身存(외기신이신존)는 "그 자신을 잊어버림으로써 자신을 보존한다"라고 번역한다. 非以其無私邪(비이기무사사)에서 邪(사)는 "私私롭다"의 뜻도 되지만 앞에 사사로움을 뜻하는 私(사)가 있음으로 여기서는 의문이나 반어를 나타내는 것으로 해석한다.

📢 풀이

"天長地久(천장지구)"에서 하늘이 길다고 함은 공간적으로 끝이 없다는 의미이고, 땅이 오래되었다고 함은 땅은 변함이 없어서 시간적으로 오래되었다는 것이다. 이렇게 하늘은 길고 땅이 변하지 않고 오래감은 천지가 스스로가 오래 살려고 힘쓰지 않았기 때문이라고 하였다. 또 성인(聖人)이 남들보다 앞서가는 이유는 자신을 앞세우려 하지 않고 뒤서게 하기 때문이라고 하였다. 그리고 자신의 존재를 잊고 내세우지 않으니 외부로부터 침해 받지 않고 자신을 보존할 수 있게 되는 것이니, 이것은 나서지 않고 사사로움을 추구하지 않기 때문에 지위나 명예와 같은 사사로움을 이룰 수 있게 된다는 것이다.

천지는 욕심을 내지 않고, 뭔가 이루려고 작용하지 않음에도 자연의 순리에 따라 자신이 이루고자 하는 바를 모두 이루니, 이 같은 사사로움이 어디 있겠는가? 성인도 마찬가지로 남들의 존경과 지위를 탐내지 않았음에도 성인의 지위와 명예를 얻고 존경도 얻었으니, 이 또한 사사로움을 얻었다고 할 수 있다. 천지와 성인은 모두 자신이 이를 추구하려 하지 않았고 자연의 도에 따라 스스로 행할 바만 행했을 따름이다. 이것이 작위 하지 않고 행하는 위무위(爲無爲)의 道이다.

이 장(章)은 지구가 끝없이 오래오래 영생하고, 만물이 스스로 자신의 운명에 따라 대를 이어 살아가는 것은 스스로를 위해 노력한 결과가 아니고, 환경을 우호적으로 만들었기 때문이라 하였다. 환경을 우호적으로 만드는 방법은 자신의 존재를 드러내지 않음으로써 주변과 균형을 유지할 수 있음을 뜻한다. 이는 대상의 지향성을 존중하고, 더불어 공존하려 하니, 침해를 받지 않고 도움을 받게 되어 면면히 이어갈 수 있게 되는 것이다. 성인이 사랑과 겸손, 자비, 덕(德) 등을 실천하여 세인의 존경을 받는 것도 스스로 존경받기 위한 목적 추구의 삶이 아니었다는 것을 강조한다. 태양도 낮과 밤을 순환하여 나타나고, 계절도 사시사철이 순환하여 나타난다. 식물은 땅에서 움직이지 않으니 죽어도 다시 태어나서 그곳을 지킨다. 마치 대를 이어 영생하는 것 같다. 동물도 자신의 목적을 이루기 위해 이곳저곳 옮게 가며 살아가지만 후손에게 자신의 생명을 이어준다. 그러니 만물은 생명을 면면히 이어간다고 할 수 있다. 이것은 개체들의 노력이 아니라 자연스러운 결과이다. 아무리 용을 쓰더라도 자신의 영생은 가능하지 않다. 이런 존재의 생멸과 다른 존재로 이어지는 순환에는 법칙이 있으니, 이는 마치 주재자(主宰者)인 道가 있는 것 같아 보인다.

8장
순응과 공존의 도

上善若水, 水善利萬物而不爭, 處衆人之所惡, 故幾於道. 居善地, 心善淵, 與善仁, 言善信, 政善治, 事善能, 動善時, 夫唯不爭, 故無尤.

최상의 선은 물과 같다. 물은 만물을 잘 이롭게 하고 다투지 않는다. (물은) 많은 사람들이 싫어하는 곳에 처하니, 그러므로 도에 가깝다. 도의 거처(居)는 땅을 좋아하고, 도의 마음(道心)은 심연(심연의 고요함)을 좋아하며, 도의 사귐은 어진 이를 좋아하고, 도의 말은 신의를 좋아하며, 도의 정사(政事)는 다스리기(治)를 잘하고, 도의 일함(事)은 능하게 잘하며, 도의 움직임은 때를 잘 맞추니, 오직 다투지 않으므로 허물이 없다.

☞ 번역에 유의할 어휘

水善利萬物而不爭(수선이만물이부쟁)에서 水善(수선)을 단어로 해석할 수도 있지만, 善(선)을 부사로 해석하는 것이 적절하다. "물은 만물을 잘 이롭게 하고 다투지 않는다"라고 해석하는 것이 좋다.

處衆人之所惡(처중인지소악)은 앞 문장 水善(수선)에 연결하여 해석하는 것이 문맥에 어울린다. 그러면 "(水善)處衆人之所惡"는 "물은 뭇 사람들이 기피하는 곳에 잘 머문다"라고 번역된다.

故幾於道(고기어도)에서 幾(기)는 "이미, 몇, 얼마, 거의, 자주, 가깝다, 시작하다, 다하다" 등의 의미 중에서 "가깝다"라고 번역하고, 於(어)는 대상을 나타내는 어조사이다. 그러면 故幾於道(고기어도)는 "고로 도에 가깝다"라고 번역한다.

"居善地(거선지), 心善淵(심선연), 與善仁(여선인), 言善信(언선신), 正善治(정선치), 事善能(사선능), 動善時(동선시), 夫唯不爭(부유부쟁), 故無尤(고무우)" 부분의 해석은 두 가지 방법으로 할 수 있다. 첫째, 위에서 上善若水(상선약수)라 하고 이어서 水(물)에 대하여 설명하고, 이어서 故幾於道(고기어도)라고 하였으니, 다음은 도에 대한 설명이 이어져야할 것이라고 추측할 수 있다. 그러면 "居善地(거선지), 心善淵(심선연), 與善仁(여선인)"등은 "(道)居善地 (道)心善淵, (道)與善仁" 등으로 해석할 수 있다. 그러면 도(道)가 주어가 되고 "居, 心, 與, 言, 正事, 動"는 동사가 되며, "선지, 선연, 선인" 등은 목적어나 보어 혹은 부사가 된다. 그러면 善(선)은 형용사로 해석하여 "좋은, 착한, 옳은"등의 의미로 번역한다. 즉, "(道는)居善地, 心善淵, 與善仁, 言善信, 政善治, 事善能, 動善時, 夫唯不爭, 故無尤"가 된다. "(도는) 좋은 땅에 머무르고,

착한 근본(淵)을 생각하며, 착한 사람(仁=人)과 어울리고, 좋은 신용을 말하며, 올바른 다스림으로 정치를 하고, 좋은 인재를 섬기며, 좋은 시기에 움직인다."라고 번역된다.

둘째, 道(도)를 주어로 해석하지 않고 "居善地(거선지), 心善淵(심선연), 與善仁(여선인), 言善信(언선신)" 등에서 "居, 心, 與, 言" 등을 주어로 하되, 이 장의 주제에 맞게 "道居(도거), 道心(도심), 道與(도여), 道言(도언)" 등을 한 단어로 하여 해석하는 방법도 가능하다. 그러면 동사는 모두가 善(선)이 되며, "좋다 혹은 잘한다"로 번역된다. 해석하면, "도의 자리는 땅을 좋아하고, 도의 마음(道心)은 심연을 좋아하며, 도의 사귐은 어진 이를 좋아하고, 도의 말은 신의를 좋아하며, 도의 정사(政事)는 다스리기(治)를 잘하고, 도의 일함(事)은 능하게 잘하며, 도의 움직임은 때를 잘 맞춘다"라고 번역된다. 그런데 "도의 사귐, 도의 말, 도의 정치, 도의 일함" 등은 문맥이 매끄럽지 않다. 이는 동사 善(선)이 사람의 특성을 표현하는 용어이기 때문이다. 이를 의역하면 "도는 땅에 머물기를 좋아하고, 도는 깊은 연못과 같은 마음을 좋아하며, 도는 어진 사람과 사귀기를 좋아하고, 도는 신의로 말하기를 좋아하며, 도는 도리에 맞게 다스리기를 잘하고, 도는 능하게 일하기를 잘하며, 도는 때에 맞게 움직이기를 잘한다"가 된다.

또 도를 행하는 사람이 성인이니, 주어에 "도 → 성인"이라 바꾸어 보자. 즉, "도의 거처 → 성인의 거처" 등으로 바꾸어 보면 다음과 같다. "성인의 거처는 땅을 좋아하고, 성인의 마음은 심연을 좋아하며, 성인의 사귐은 어진 사람을 좋아하고, 성인의 말은 신의를 좋아하며, 성인의 정치는 도리를 좋아하고, 성인의 일은 능하게 하는 것을 좋아하며, 성인의 움직임은 시기(時期)를 좋아한다"라고 해석할 수도 있다.

이 장은 선은 물과 같고, 물은 도에 가깝다는 것을 논하고 있기 때문에 문장의 주어로 첫째, 도(道)로 해석하는 방법과 둘째, 물의 처함으로 해석하는 방법을 살펴보았다. 그런데 道(도)가 "좋은 땅(善地), 좋은 연못(善淵), 좋은 인재(善仁)" 등 "좋은 혹은 착한"으로 수식된 차별된 대상을 추구한다는 것은 道(도)의 본질에 적합하지 않다. 道(도)의 처함은 대상과 공존의 조건을 만드는 선택을 선호한다. 즉, 좋은 땅에 머물기를 추구한다고 하기보다 도의 거처는 땅을 좋아한다고 해석하는 것이 적절하다는 것이다. 그래서 위 두 가지 방법 중에서 주어를 "道(도)의 거처, 도의 마음, 도의 사귐 등" 道(도)의 처함을 주어로 보는 두 번째 방법이 적절한 해석이라 할 수 있다.

◀ 풀이

이 장의 풀이에서 유의할 점은 "상선은 물과 같다. …(중략)… 그러므로 도에 가깝다."고 한 부분과 다음 "도의 거처는 땅을 좋아하고, …(중략)… 오직 다투지 않으므로 허물이 없다."는 부분의 의미 연결을 어떻게 매끄럽게 할 것인가이다. 즉, 도에 가까운 물의 특성인 "생명의 시혜성(施惠性), 자정력, 적응력, 형평성, 비경쟁성, 수용성, 조건 적합성, 무위의 다스림, 효과적 대응력, 무차별성 등"을 "居善地(거선지), 心善淵(심선연), 與善仁(여선인), 言善信(언선신), 正善治(정선치), 事善能(사선능), 動善時(동선시), 夫唯不爭(부유부쟁)"과 부드럽게 연결하여야 한다는 것이다. 그 연결은 "물의 시혜성-땅의 시혜성, 물의 자정력-심연, 물의 수용성-어짊, 물의 조건 적합성-신의, 물의 무위한 다스림-정치, 물의 효과적 대응력-능함·적시, 형평성-부쟁(不爭)"으로 하면 바람직하다.

먼저 上善은 물과 같다고 하였다. 善(선)을 물에 비유한 것은 물의 특성이 환경에 잘 적응하고, 상황의 높고 낮음에 무관하게 균형을 유지하며, 시간이 경과하면 아무리 더러운 물도 스스로를 정화하는 능력을 갖고 있기 때문이다. 그리고 물은 생명의 원천이기도 하고 생명을 유지하게 하는 자양분이기도 하다. 이와 같이 물은 생명의 시혜성(施惠性), 적응력, 형평성, 비경쟁성, 자정력, 무차별성 등으로 만물을 이롭게 하니 착한 것 중에서 가장 착한 것이 되는 것이다. 그러니 上善(상선)이라 하였다. 그리고 이런 특성들은 만물을 존재케 하고 마땅히 해야 할 바를 행하게 하는 道(도)와 유사하므로 "그러므로 도에 가깝다(故幾於道 고기어도)"라고 한 것이다.

(도)거선지(道居善地)에서 도의 거처는 땅을 좋아한다고 함은 하늘과 땅 사이는 "玄牝之門(현빈지문, 아늑한 계곡의 문)"이 존재하여 만물을 창조하는 곳이 되고, 최고의 선(善)인 물이 존재하여 덕(德)을 베풀 곳임으로 도가 땅을 좋아함은 당연한 설명이다. 땅은 물처럼 낮은 곳에 처하여 만물이 탄생하는 기반을 조성하고, 성장할 수 있는 토양과 영양분을 제공한다. 이렇게 땅은 어짊과 포용의 덕성으로 선을 실행하니 도가 머물기를 좋아한다고 한 것이다. 상선은 물과 같다고 말하면서 도가 땅에 거처하기를 좋아한다고 한 것은 땅의 물과 같이 만물에 혜택을 주기 때문이다.

"도심은 심연을 좋아한다(心善淵)"고 함은 4장에서 "깊도다. 마치 만물의 근원인 듯하다(淵兮, 似萬物之宗)"란 표현에서도 알 수 있다. 도는 항상 근원의 이치에 머물면서 만물을 아늑하게 나타내는 깊은 곳에 머무니 이를 깊은 연못이라 한 것이다. 그리고 도는 있는 듯 없는 듯, 끝이 보이지 않고 생각이 미치지 않는 심원한 것이니, 이를 표현 하여 道心(도심)은 심연(근본)을 좋아한다고 한 것이다. 여기서는 심연 의 자정능력을 상선인 물의 기능과 비교하여 설명하고 있다.

與善仁(여선인)은 "사귐은 어진이를 좋아한다"는 뜻이다. 이 장은 상 선(上善)은 물과 같고, 물은 도와 가깝다는 것을 설명하는 장이다. 그 러니 성인의 사귐은 어진이를 좋아한다고 함은, 물(선)도 어진이와 사 귀기를 좋아한다는 뜻이다. 여기서 善(선), 仁(인), 德(덕)에 관하여 좀 더 살펴볼 필요가 있다. 善(선)은 "착하다, 좋다"란 의미를 가지는데, 이는 느낌에 대한 개념어이다. 반면에 仁(인)은 "어질다"는 의미로 공 감의 행위를 나타내는 개념어이고, 德(덕)도 어질고 포용적이고 베푸 는 행위를 나타내는 개념어이다. 이는 仁(인)과 德(덕)의 행위를 하면 선(善)하다고 말할 수 있다는 것이다. 이를 다르게 말하면, 인과 덕을 행하면 선에 도달하고, 선에 도달하면 도에 가까워진다는 것이다. 그 러하니 선(善), 즉 공감하는 인(仁)과 베푸는 덕(德)을 행함은 인간이 도달해야 할 최고의 가치이고 본성이다. 여기서는 물이 갖는 낮은 곳에 처하여 수용하고 베푸는 특성, 즉 수용성과 시혜성을 어짊(仁) 과 비교하여 설명하고 있다.

言善信(언선신)은 "도(성인)의 말씀은 신의를 좋아한다"는 뜻이다. 신 의(信義)는 믿음이고, 이 믿음은 인간관계에서 서로 상대방에 대한 기대이다. 信은 亻(=人 인)과 言(언)의 결합어로서 사람이 하는 말에 거짓이 없음을 말할 때 쓴다. 거짓이 없다는 것은 마음과 말이 같다는 것이며, 의심할 여지가 없이 기대한 바와 같다는 것이다. 다른 말로 하면 정직하다는 것이다. 그래서 믿음을 얻으려면 정직해야 한다. 정직하게 말함은 있는 그대로 사실대로 자신의 의견이나 희망을 보태지 않고 말함이다. 도는 무위로 작용한다. 무위로 작용함은 있는 그대로 작용한다는 것을 말한다. 그래서 도는 있는 그대로를 말하는 것 즉, 정직하게 말하는 것을 좋아한다. 이를 도의 말씀은 신의를 좋아한다고 하였다. 물은 주어진 조건을 있는 그대로 수용하는 조건 적합성을 가진다. 즉, 대상의 처함을 자신의 처함으로 만든다. 그러니 얼마나 정직한가? 대상의 입장에서 이만큼 신의 있는 것이 없을 것이다. 그러니 도는 물을 좋아하듯이 신의를 좋아한다.

政善治(정선치)는 도(성인)의 정사(政事)는 다스리기(治)를 잘 한다는 뜻이다. 잘 다스린다는 것은 도리에 맞게 다스리는 것이다. 도리는 마땅히 해야 할 바른 길을 말한다. 정치의 바른 길이 무엇이겠는가? 당연히 백성을 편안하게 다스리는 것이다. 이것이 정치의 존재 이유이다. 백성이 편하다 함은 건강하게 자신의 일에 종사함을 말한다. 제3장에서 "爲無爲(위무위) 則無不治(즉무불치)"라고 하였다. 무위(無爲)로서 다스리면 다스려 지지 않음이 없다는 뜻이다. 백성을 자신의 직분과 자신의 능력에 따라 일하게 하고 가사를 돌볼 수 있게 정치가 작위적인 다스림을 줄이면, 자연히 백성은 자신이 추구하는 지향성에 따라 삶을 여유롭게 영위할 것이다. 이렇게 여유로움을 주는 정치가 자연스런 정치의 도리이다. 편안한 삶은 배부른 삶도 아니고, 강요된 삶도 아니며, 재력가나 권세가로서의 삶도 아니고, 자유와 여유, 나눔의 삶이다. 이런 정치가 도리를 좋아하는 정치이다. 물은 무차별적으로 욕심 없이 만물의 생장을 다스린다. 이는 물과 같이 이루고자 함이 없이 다스리면 다스리지 못할 것이 없다(無爲之治면 無不治)는 것을 설명하고 있다.

事善能(사선능)은 도(성인)의 일은 능하게 하는 것을 좋아한다는 뜻이다. 無爲(무위)라 하여 일 하지 않는다는 것이 아니라 반드시 이루려 하지 않고 집착하여 일하지 않는다는 것이다. 이는 위에서 말한 바와 같이 구속되지 않고 편안한 마음의 여유와 능력에 맞추어 일한다는 것이다. 능력보다 과욕을 갖게 되면 일은 즐거운 것이 아니라 부담스럽고, 하기 싫은 것이 되어 마음이 상하고 몸이 상하는 결과를 만든다. 그러니 일은 능하게 할 수 있는 정도가 자신을 일에서 해방시켜 주고 여유를 찾게 만든다. 이것이 물과 같은 선이고, 도에 가까운 도심(道心)이고 도행(道行)이다. 물은 자기 중심적이지 않고 대상의 조건에 따라 변하니 욕심이 없다. 도 또한 물과 같이 대상의 조건에 부합하는 일의 처리를 좋아한다. 그러니 대상의 입장에서는 능하게 일하는 것이 된다.

動善時(동선시)는 성인 혹은 도의 움직임은 시기를 잘 맞춘다는 뜻이다. 이 말은 성인은 때를 맞추어 움직인다는 의미로 시절에 따라 씨를 뿌릴 시기가 있고, 추수할 시기가 있듯이 모든 일에는 그 일에 적합한 시기가 있다는 것이다. 시기에 맞게 일하면 일이 순조롭게 진척되나 시기에 맞지 않으면 기대한 성과를 거둘 수 없다. 때를 알맞게 맞추어 움직인다는 것은 기다림과 집중의 산물이다. 그렇다고 마냥 기다린다고 적시를 알 수 있는 것은 아니다. 적시를 안다는 것은 통찰력을 필요로 한다. 씨앗을 뿌릴 사람은 밭을 갈고 거름을 주어 씨앗을 뿌릴 수 있게 준비하고 있다가 기온이나 습도가 발아에 적당하다고 생각되면 씨앗을 뿌린다. 즉, 적시는 필요한 조건이 갖춰진 상황을 말하지만, 움직임을 위한 준비가 되어있어야 적시인 기회를 잡을 수 있다. 물은 자연의 조건에 따라 만들어지고 조건에 따라 흐르고 멈추며, 모양을 바꾸기도 하고 완급이 변하기도 한다. 이 모두를 정하는 것은 오직 조건이다. 조건이 요구하면 그 시기를 절대로 놓치지 않는다. 물은 물을 만들고 사라지게 하는 기후조건, 흐르고 고이게 하는 지형조건 등이 요구하는 시기에 맞춰 움직인다. 이런 것이 도의 움직임이다.

"夫唯不爭(부유부쟁), 故無尤(고무우)"은 오직 다투지 않는구나. 고로 허물이 없다는 뜻이다. 夫唯(부유)에서 夫(부)는 감탄사로 唯(유)는 부사로 해석하였다. 물이 다투지 않는다고 함은 낮은 곳으로 흐르고, 장애물이 있으면 돌아서 내려가며, 웅덩이가 있으면 머물고, 채울 곳이 있으면 채우는 특성들을 말하는 것이다. 즉, 환경에 잘 적응한다는 것이다. 이렇게 환경이 정해준 조건에 따라 처하니 허물이 있을 수 있겠는가? 자연의 섭리에 따라 정해진 대로 처신하니 다툼이나 허물이 없음은 너무도 당연하다.

이 장은 물과 같이 자연의 섭리에 적응하면 다툼이 없어서 편안히 삶을 영위할 수 있다는 점을 강조하고 있다. 노자는 물의 생명에 대한 시혜성, 비경쟁성을 강조하며 선과 같다고 하고, 무차별성과 형평성, 그리고 베풂을 드러내어 도에 가깝다고 한 것은 만물의 상생과 상존에 초점을 맞춘 것이라 할 수 있다. 자연계의 법칙은 상생과 상존이니 그에 초점을 둔 도는 자연계의 존재와 당위의 근거이다. 그러나 인간은 조금 다르다. 과연 인간이 물과 같이 자연계의 법칙에 따라 정해진 조건대로 사는 것이 본성에 맞는 것일까?

사람은 무궁한 가능태(可能態, 아리스토텔레스(Aristoteles)가 사물의 생성을 설명하면서 사용한 개념. 아리스토텔레스는 사물이 가능적 존재인 가능태(可能態)에서 현실적 존재인 현실태(現實態)로 발전한다고 주장했다.)를 가지고 세상에 나왔다. 그 가능태의 발로가 인류문화의 형성이고, 인류가 멸종하지 않고 생존을 지속할 수 있었던 이유이다. 인간은 물과 같이 대상에 맞추어 자신의 모양을 바꾸어 적응하기보다 상황에 따라 대상을 바꾸기도 하고, 조건이 열악하면 자신이 변하기도 하며, 환경과 상호작용 하면서 적응한다. 물은 대상과의 관계에서 수동적이고 장기적인 작용으로 대상을 변화시킨다면, 인간은 능동적이고 단기적인 작용으로 대상의 변화를 주도한다. 자연의 법칙은 상존 상생하면서 인간은 인간답게 물은 물답게, 동물은 동물답게, 식물은 식물답게 존재하고 행하는 자연의 이치에 따르는 것이다. 그러니 노자가 말한 것처럼 물의 특성인 상존과 상생을 위한 적응력과 시혜성, 비경쟁성 등을 공존의 지혜로 활용하는 것이 바람직한 태도이다. 여기서 상존·상생과 공존·공생의 개념을 분명히 할 필요가 있다. 상존·상생의 相(상)은 "서로, 바탕, 도움, 모양, 자세히 보다, 돕다, 다스리다, 가리다, 따르다" 등의 의미를 갖는다. 반면, 공존·공생의 共(공)은 "한가지, 함께, 같이, 하나로 합하여, 함께 하다, 공경하다" 등의 의미를 갖는다. 그러니 상존·상생은 개별적 관점에서 서로 존재하고 살아간다는 것이고, 공존·공생은 여럿의 관점에서 함께 다같이 존재하고 살아간다는 의미이다. 그러하니 인간의 자연에 대한 관계는 각자도생(各自圖生)의 길인 상존과 상생이라면, 노자가 말하는 도(道)는 공존과 공생의 전체적인 조화가 아닐까?

물 흐름의 특성을 연기(緣起, 현상의 생성과 소멸에는 서로가 서로의 조건이 된다는 상호 의존성에 대한 불교의 용어)에 비추어 생각해 보자. 물은 높은 곳에서 낮은 곳으로 흐르고, 흐르다가 장애물이 있으면 돌아서 내려가며, 깊은 곳이 있으면 채워서 머물고, 그리고도 여유가 있으면 넘쳐 흐른다. 이런 현상을 한 마디로 정리하면 자연스럽다고할 수 있다. 주어진 조건에 맞추어 스스로 그러한 대로 즉, 주어진조건대로 맞춰서 흐르니 자연스럽다는 것이다. 물의 흐름은 물과 자연조건이 서로 의존적으로 만드는 현상이다. 물이 낮은 곳으로 이동하는 현상은 물의 유동성과 물의 중력이 장소의 모양이나 형편에 따라 정해진다. 시간이 흐르면 물의 흐름은 장소가 갖는 조건을 변화시키다. 막힌 곳은 뚫고, 굽은 곳은 바르게 하며, 바르게 흐르다가퇴적층을 만들어 구부려져 흐르기도 한다. 이와 같이 물의 흐름은시간의 흐름에 따라 장기적으로 서로가 서로의 조건이 되어 대상에변화를 만들어 간다. 그래서 연기(緣起)라고 말하는 것이다. 세상사도 마찬가지다. 자신의 의지나 욕망대로 이루어지는 것이 아니고, 그대상과 공존의 방향으로 이루어지는 것이니, 욕망이 모두 원하는 대로 다 이루어질 수 없다.

자신과 환경과의 의존적 관계를 규정하는 것이 피드백이다. 이미정해진 흐름의 방향으로 추진력을 보내면 대상으로부터 반작용이 일어나 흐름에 방해를 만들고, 작용과 반작용의 힘은 중화되어 새로운 방향을 만들어 낸다. 힘으로 표현하면 작용과 반작용이지만, 이를 정보로 표시하면 입력과 피드백, 그리고 출력이다. 어떤 힘의 작용도 반작용이 있고, 어떤 정보나 자극도 반응을 통한 피드백이 있으며, 여기에 대응하는 처리 활동이 없을 수 없다. 피드백을 주는 대상은 직접적인 관계에 있는 사물이지만, 그 외 같은 생태계에 있는 모든 사물들도 각자의 피드백을 만든다. 생태계에서 하나의 작용은 직접적인 반작용 외에도 수많은 간접적인 반작용이 일어난다. 작용의 크기나 지속 정도에 따라 반작용의 범위, 강도, 시기 등이 다르다. 초기의 피드백과 진행과정에서의 피드백이 다르다. 시간의 경과에 따른 누적되는 피드백을 간과하면 사고가 발생한다. 의존성이 없는 듯한 관계가 갑자기 의존성이 큰 관계로 부상하는 것이 사고이다. 정치에서도 놓치기 쉬운 것이 작은 변화의 누적이다. 물방울이 바위를 뚫는다(수적천석 水滴穿石)는 말과 같다.

비가 오면 물이 고이다가 흐르기 시작하고, 흐르는 시냇물은 홍수를 만든다. 홍수는 둑을 범람하여 주변을 휩쓸고 파괴한다. 물은 홍수가 일어나기 전까지는 우호적인 작용을 한다. 하지만 홍수가 일어나면 파괴자가 된다. 홍수도 上善若水(상선약수)에 해당될까? 인간에게 홍수는 善(선)이 아니다. 그러나 자연의 입장에서는 막힌 곳을 뚫고, 지저분한 것을 청소하니 善(선)이라 할 수도 있다. 이와 같이 善(선)은 입장에 따라 달라질 수 있다. 그런 점 때문에 2장에서 모두 선은 선하려는 것이라 알고 있으나, 이는 선하지 않을 따름이다(皆知善之爲善 斯不善已)이라 하였다. 즉, 의도적으로 행하는 선은 대상의 입장이 고려되지 않을 수 있기 때문에 대상의 입장에서는 선이 아닐 수 있으니 선이 아니다는 뜻이다. 같은 맥락에서 인간계에서의 선은 자연계에서 선이 아닐 수 있음이다. 이 점은 인간계에서 각자도생 하려는 의도적인 선은 공존·공생을 추구하는 자연계에서는 선이 아닐 수 있음을 의미한다. 인간계는 자연계의 하위 시스템이니 시스템의 계층이 다르고, 계층에 따라 목적이 다르니 계층별 선악이 다르다는 점을 말하고 있다. 이 말은 부분의 선이 전체의 선이 아닐 수도 있다는 것이다.

천지 만물의 존재와 당위의 근거가 되는 道(도)는 어느 한쪽에서 선이 되고, 어느 한 쪽에서는 악이 되어서는 안 된다. 그리고 어느 하나에는 이롭고 다른 하나에는 해가 되어서도 안 된다. 그러니 道(도)는 선도 없고 악도 없다(無善無惡). 예를 들면 항암제는 암을 치료하니 암에 걸린 부위에는 이롭다. 하지만 위장이나 다른 부위에 부작용이 생긴다. 암에 걸린 부위에는 선이나 부작용이 생긴 부위에는 선이 아니다. 암에 걸리게 만든 조건, 치료제를 사용하는 조건, 부작용이 일어나는 조건, 혹은 적응의 조건 등, 다른 사건이 일어날 수 있는 상황을 만든다. 아마 생의 종지부를 향하는 과정의 일환일 것이다. 도는 생명을 잉태하게 하였으니 선하다고 할 수 있겠지만, 죽음으로 다가감을 막아주지 못하니 당사자에게는 선하다고 할 수 없다. 그리고 생존하는 동안 다른 생명체를 영양분으로 섭취하였으니, 우리의 식단에 오른 생명체의 입장에서는 선이라 할 수 없다. 그래도 먹이 사슬은 자연계를 유지하는 법칙이고, 이는 만물의 존재와 당위의 근거에 해당하니 도(道)에 해당한다. 그러니 무선무악(無善無惡) 하다고 한 것이다. 물 또한 무차별성과 형평성, 하위(下位)지향성, 수용성 등은 도의 무선무악한 점과 일맥상통하니, 노자는 이를 上善(상선)이라 하고 도에 가까운 것이라 하였다. 여기서 유의할 점은 선(善)과 상선(上善)의 차이이다. 아마 노자는 각자도생 하는 객체를 공감하고 배려하는 상생과 상존을 선이라 하고, 물과 같이 무차별적 형평성과 시혜성 등 공존과 공생의 가치를 상선(上善)이라 한 것 같다.

9장
허물을 남기는 과욕

持而盈之, 不如其已, 揣而銳之, 不可長保, 金玉滿堂, 莫之能守, 富貴而
驕, 自遺其咎, 功逐身退, 天之道

　가지고서 그것을 가득 채우는 것은 그치는(已) 것만 못하다. 때려서 예리하게 하면 오래 보전하지 못한다. 금과 옥이 집에 가득하면 능히 지키지 못하고, 부유하고 지위가 높으면서 교만하면 스스로 그 허물을 남기게 되니, 공을 이루고 몸은 물러나는 것이 하늘의 도이다.

🐚 번역에 유의할 어휘

持而盈之(지이영지), 不如其已(불여기이), 揣而銳之(추이예지)에서 盈 (영)은 "가득하다, 충만하다, 차다, 채우다" 등의 의미이니 "가득 채우 다"라고 번역한다. 之(지)와 其(기)는 지시대명사이고, 已(이)는 "이미, 벌써, 너무, 반드시, 써, 이것, 말다, 그치다, 그만두다" 등의 의미 중 에서 "그치자, 그만두다"의 뜻이다. 揣(췌, 추)는 "헤아리다(췌), 시험하 다, 탐색하다, 가지다, 때리다(추)" 등의 의미 중에서 "때리다"라고 옮 긴다.

🔊 풀이

재물을 가지고도 만족하지 못하고 계속 욕심을 부리고 가득 채우 려고 하는 것은 중지함만 못하다. 가지면 가질수록 갖고 싶은 욕망 은 계속하여 일어난다. 하나를 가지면 둘을 갖고 싶고, 둘을 가지면 셋을 갖고 싶은 것이 인간의 끝없는 욕망이다. 채우고 채워도 끝이 없으니 그만두는 것만 못하다.

예리한 것은 쉽게 무디어져 예리함을 보전하기 어렵다. 예리하면 많이 사용하게 되어 무디어지고, 보전이 어렵다. 예리함은 남을 다치 게 하니, 모난 돌이 정 맞듯이 다듬어지기 마련이다. 타의 추종을 불 허할 정도로 머리도 밝고 똑똑한 사람이 지나치게 자기주장이 강하 면 사회생활에서 적응하지 못하는 경우가 있을 수 있다. 이런 사람 은 자기 완결적 일을 하면 문제가 없으나, 협업을 해야 할 경우는 주 변 사람들에게 상처를 주기 쉬워서 주변 사람들이 이런 사람을 피하 고, 따돌리니 타인의 도움을 받기 어렵다. 사회생활에서 독불장군은 여러 사람의 공격을 받기 쉬워 무너지기 쉽다. 그러니 예리함은 보전하기 어려운 것이 된다.

3대 부자 없다는 말이 있다. 재물을 집안 가득하게 모은 사람은 아까워서 소비하지 못한다. 어려웠던 때를 생각하며 소비는커녕 계속 근검 절약하는 생활을 계속한다. 그러나 어려움을 모르고 자란 자손은 소비의 맛과 재미를 알고 향락에 빠지기 쉽다. 향락은 뇌의 쾌락 중추를 자극하여 습관이 되기 쉽다. 이런 습관에 빠지면 헤어나기 어렵고 심하면 중독이 될 수도 있다. 그러니 부는 3대를 잇기 어려운 법이고 지키기 어려운 것이다.

부(富)에 더하여 신분이 높은 귀(貴)한 몸이 되면 교만하기 쉽다. 많이 가졌다는 것은 좋은 것을 소비할 수 있어서 의식주에서 남보다 사치스러운 생활을 하게 되니 우월감을 느끼기 마련이다. 여기에 더하여 버슬을 하고 관리가 되어 평민을 다스리는 신분이 되면 잘난 체하고 뽐내고 건방진 행동을 하기 쉽다. 이를 교만이라 한다. 잘난 체하고 건방지니 어떤 사람이든 비웃거나 얕보게 될 것이다. 이는 부귀로 인한 교만이 허물이 된 것이다. 부귀는 이루기 어렵다. 부와 귀가 존재하는 것은 빈(貧)과 천(賤)이 있기에 가능하다. 빈에서 부가 나고, 천에서 귀가 났음을 알면, 빈이 부의 기반이고, 천이 귀의 기반임을 알 수 있다. 노자는 빈천과 공존의 관계를 유지하는 것이 부귀를 유지하는 법임을 말하는 것이 아닐까?

부귀를 이루면, 이를 성취하게 한 원류를 생각해 보고, 이런 이룸의 바탕에는 상대적 박탈감을 느끼는 자들의 존재가 있었음을 깨달아야 한다. 기업으로 부를 이룬 사람들은 그들이 만든 재화를 소비

해준 소비자들이 자신들의 부의 원천임을 알고, 관리가 된 사람들은 국민이 자신들 존재의 기초임을 알아서 그에 합당한 사명감과 행동의 당위성을 찾아야 한다. 이런 존재들 간의 상호 의존적인 점과 그들의 기능, 부분과 전체의 공존 등의 메시지가 노자를 통해서 배울 점이다. 이 방법을 노자는 "공을 이루되 몸은 물러나라, 이것이 하늘의 도이다(功遂身退, 天之道)"라고 하였다. 물러나서 공(功)의 원천이고 공(功)의 기초가 된 곳으로 몸을 낮추는 것이 공존의 지혜임을 노자는 제시하고 있다. 이를 2장에서 유와 무는 서로 생겨나고(유무상생 有無相生), 높고 낮음은 서로 기댄다(고하상경 高下相傾)고 하였다.

10장
대상의 지향성 존중이 현덕(玄德)

載營魄抱一, 能無離乎, 專氣致柔, 能嬰兒乎. 滌除玄覽, 能無疵乎, 愛民治國, 能無知乎, 天門開闔, 能無雌乎, 明白四達, 能無爲乎, 生之畜之, 生而不有, 爲而不恃, 長而不宰, 是謂玄德.

집(營)과 몸(魄)을 갈무리하여(載) 하나로 둘러싼다고 떨어지지 않게 할 수 있겠는가? 기를 마음대로 하여 유연함을 이룬다고 갓난아이 같이 될 수 있겠는가? 검게 보임을 씻어 없앤다고 (실체의) 흠(疵)을 없앨 수 있겠는가? 백성을 사랑하고 국가를 다스린다고 하여 능히 앎을 드러내지 않게 할 수 있겠는가? 하늘의 문이 열리고 닫힌다고 능히 새를 없앨 수 있겠는가? 모든 방면(四方)에 능숙함이 명백함에도 능히 이루려 하지 않겠는가? 낳고 기르되 낳은 것을 소유하지 않고, 이루되 자랑하지 않으며, 지위가 높더라도 다스리지 않으면, 이를 깊고 큰 덕(玄德)이라 한다.

🐾 번역에 유의할 어휘

이 장의 번역은 해설서마다 상당한 차이를 보인다. 문제는 노자가 쓴 글자를 글자의 뜻으로 해석하지 않고 해설자의 마음대로 지어내거나 자전(字典)에도 없는 뜻을 만들어서 해석하는 것은 잘못이다. 노자가 쓴 글자를 자전에 있는 의미로 해석할 수 있음에도 왜 그렇게 자의적인 해석을 하는지 의문이 든다.

載營魄抱一(재영백포일)에서 營(영)의 자원(字源)은 "가옥"을 뜻하는 宮(궁)자에 火(화)자를 결합한 것으로 집에 불을 켜고 밤새워 일하는 모습을 표현한 것이라 한다. 의미는 "경영하다, 짓다, 다스리다, 계획하다, 재다, 갈다, 진영, 주택" 등인데, 여기서는 "집"이라 옮긴다. 같은 문장에서 하나로 둘러싼다는 "抱一(포일)"이란 단어가 있으니, 營(영)은 당연히 물건으로 해석해야 하므로, "집"이라 옮긴다. 그러나 대부분의 해설서는 사전에 있는 뜻을 취하지 않고 영혼이라고 번역하고 있다. 魄(백)은 "넋(정신이나 마음), 몸, 달, 모양" 등의 의미 중에서 "넋 혹은 몸"이라 해석한다. 그리하여 이 문장의 번역은 "집과 몸(마음)을 갈무리하여(載) 하나로 둘러싼다고 떨어지지(離) 않게 할 수 있겠는가? 즉, 할 수 없다."라는 뜻이다.

"專氣致柔(전기치유)"에서 專(전)은 "마음대로 하다"는 뜻으로 해석하여야 한다. 그러면 "專氣致柔(전기치유) 能嬰兒乎(능영아호)는 "기를 마음대로 조절하여 유연하게 한다고 능히 갓난아이 같이 할 수 있겠는가?"라고 옮길 수 있다.

滌除玄覽(척제현람)에서 滌除(척제)는 "씻어 없앰"의 뜻이다. 玄覽(현람)에서 玄(현)은 "검다, 검붉다, 오묘하다, 깊다, 고요하다, 멀다, 아득하다, 짙다, 크다, 통달하다" 등의 의미 중에서 "검다", 覽(람)은 監(볼 감)자와 見(볼 견)자가 결합한 모습이다. 監(감)자는 세숫대야에 비친 자신을 바라보는 모습을 그린 것으로 "거울, 비추어 보다, 보다, 살피다"라는 뜻을 갖고 있다. 이렇게 "보다"라는 뜻을 가진 監자에 다시 "보다, 나타나다"라는 뜻의 見(견)자를 더한 것이니 매우 자세히 본다는 뜻이라 한다. 그러니 玄覽(현람)은 "검게 보임"이라고 하든지 아니면 覽(람)을 監(볼 감)이라 해석하여 "검게 거울에 보이는 것"이라 옮길 수 있다. 그러면 滌除玄覽(척제현람)은 "검게 보임을 씻어 없앤다" 혹은 "검게 거울에 보이는 것을 씻어 없앤다"라고 번역된다. 여기서는 볼 람(覽)자의 의미에 충실하고자 전자를 택한다. "能無疵乎(능무자호)"는 "능히 흠(疵)이 없게 할 수 있겠는가?"로 해석된다. 그러면 "滌除玄覽(척제현람) 能無疵乎(능무자호)"는 "검게 보임을 씻어 없앤다고 (실체의) 흠(疵)을 없앨 수 있겠는가?"라고 옮길 수 있다.

能無知乎(능무지호)에서 知(지)는 "알다, 드러내다" 등의 의미이므로 "앎을 드러내다"라고 옮긴다.

"天門開闔(천문개합), 能無雌乎(능무자호)"에서 雌(자)는 "새 혹은 암컷"의 의미 중에서 "새", 無(무)는 "없다"의 뜻으로 번역하여, "하늘의 문이 열리고 닫힌다고 능히 새를 없앨 수 있겠는가?"라고 옮긴다.

"明白四達(명백사달), 能無爲乎(능무위호)"에서 達(달)은 "통달하다, 통하다, 이르다, 환하게 알다, 전하다, 이루다, 능숙하다" 등의 의미 중에서 "능숙하다"라고 해석하면, 이 문장은 "모든 방면(四方)에 능숙함이 명백함에도 능히 이루려 하지 않겠는가?"라고 번역된다.

"爲而不恃(위이불시) 長而不宰(장이부재) 是謂玄德(시위현덕)"에서 爲

(위)는 "이루다", 長(장)은 "길다, 낫다, 자라다, 높다, 어른, 길이, 우두머리" 등의 의미 중에서 "우두머리", 宰(재)는 "재상, 가신, 우두머리, 주재자, 주관하다, 다스리다" 등의 의미 중에서 "다스리다"라고 번역하여 "이루되 자랑하지 않고 우두머리임에도 다스리지 않으면 이를 깊고 큰 덕(玄德)이라 한다"라고 옮긴다. 여기서 玄德(현덕)은 "속 깊이 간직하여 드러내지 않는 덕, 천지(天地)의 깊고 묘한 도리(道理), 큰 덕, 현묘한 덕, 오묘한 덕" 등으로 해석되기도 하지만, 여기서는 "깊고 큰 덕"이라 해석하였다.

◁》 풀이

이 장의 해석은 조금 어렵다. 노자의 도덕경을 해석함에 있어서 주의해야 할 점은 가능하면 글자와 문장의 의미에 충실하여야 한다. 이 말은 자의적인 해석은 바람직하지 않다는 뜻이다. 그리고 문맥이 연결되어야 한다는 점이다. 노자의 글은 현실을 인간 중심이 아닌 자연 중심의 개념으로 함축하여 표현하였기에 인간 중심으로 보면 앞뒤 의미의 연결이 애매한 부분이 간혹 있어 보인다. 이는 애매한 것이 아니라 이해의 틀이 노자와 다르기 때문일 것이다. 이 장의 해석에도 이점을 유의해야 할 것이다.

"집(營)과 몸(魄, 마음)을 갈무리하여(載) 하나로 둘러싼다고 떨어지지(離) 않게 할 수 있겠는가?"라고 하였다. 이 말은 하나가 될 수 없는 것을 억지로 하나로 묶는다고 묶인 상태를 유지할 수 있는 것이 아니다는 뜻이다. 세상사는 조작하여도 이루어지지 않는 것이 있다. 만물은 하나로 기능할 수 있는 것이 있고 융합하여야 하나로 기능하는 것이 있다. 이들의 기능은 개체의 지향성과 환경의 필요에 의하여 자연적으로 선택되는 것이지 사람이 의도적으로 조작하여 이루어지는 것이 아니다.

"기를 마음대로 조절하여 유연하게 한다고 능히 갓난아이같이 할 수 있겠는가?(專氣致柔, 能嬰兒乎)"라고 하였다. 이 문장은 자연의 변화는 불가역적임을 말하고 있다. 그리고 성장 과정에서 시기별로 발달에 필요한 조건이 있고 이 조건을 갖추어야 다음조건으로 진행한다. 갓난아이는 갓난아이의 유연성을 갖추어야 유아로 성장하고, 유아는 유아의 조건을 갖추어야 아동으로, 아동은 아동의 조건을 갖추어야 청소년으로 성장하게 된다. 이런 조건들은 자연적으로 갖추어지는 것이지 억지로 만들어지는 것은 아니다. 유연하다고 갓난아이처럼 될 수 없듯이 아이가 덩치만 크다고 어른이 될 수 없음과 같은 이치이다.

"검게 보임을 씻어 낸다고 능히 흠(疵)을 없앨 수 있겠는가?(滌除玄覽, 能無疵乎)"라고 하였다. "얼룩을 씻어 없앤다고 얼룩 속의 흠을 없앨 수 있겠는가?"라고 이해하면 된다. 검게 보인다고 함은 두 가지로 해석할 수 있다. 첫째는 대상에 대한 주체의 느낌과 평가가 검게 보인다는 것이다. 주체의 느낌과 평가는 사람에 따라 다를 수 있고, 상황에 따라 다를 수 있다. 이 평가를 씻어 없앤다고 그 실제의 대상이 갖는 결점이니 흠이 달라지는 것은 아니다. 두 번째는 주체가 상대방에게 검게 보인다는 것으로 해석하는 방법이다. 즉, 자신의 결점을 씻어 숨긴다고 그 흠을 없앨 수 있겠느냐는 뜻이 된다. 어느 쪽으로 해석하더라도 시각적인 느낌과 평가를 씻어 낸다고 실체에 있는 흠을 씻을 수 없다는 것이니 해석에 큰 차이는 없다.

"백성을 사랑하고 나라를 다스린다고 하여 능히 앎을 드러내지 않게 할 수 있겠는가? (愛民治國, 能無知乎)"라고 하였다. 여기서 "知(지)"를 "알다, 알리다, 알게 하다, 드러내다, 맡다, 주관하다" 등의 의미 중에서 "알다"와 "드러내다"의 의미를 합쳐 "앎을 드러내다"라고 번역하였다. "알지 못하게 한다"라고 번역하면 백성을 무식하게 한다는 뜻이 되고, "알리지 못하게 한다"라고 해석하면 언론을 통제한다는 의미가 된다. 이런 다스림은 백성을 사랑하는 다스림이 아니다. 여기서는 백성을 사랑하고 나라를 다스리는 것과 관련되므로 백성의 지향성을 통제할 수 없다는 의미로 해석하는 것이 바람직하다. 그런데 왜 백성을 사랑하면서 그 지향성을 통제하려 할까? 백성 간의 균형과 조화를 고려하려는 것이다. 똑똑한 백성이 자기 주장이 강하고 앎을 드러내기를 좋아하면 경쟁과 다툼을 유발하기 때문에 이들의 지향성을 제어하여 백성들 간의 조화를 도모하고 싶지만 어렵다는 것이다. 즉 똑똑하거나 지혜로움을 통제하지 못한다는 뜻이다.

"하늘의 문이 열리고 닫힘이 능히 새를 없앨 수 있겠는가?(天門開闔, 能無雌乎)"라고 하였다. 쉽게 말하면 새를 잡으려면 새를 잡는 도구가 필요한 것이지, 새를 없애기 위하여 하늘을 여닫을 필요까지는 없고, 설사 그렇게 하더라도 하늘의 기능으로 새의 존재를 제어할 수는 없다는 뜻이기도 하다. 물론 하늘은 간접적으로 새의 생태에 영향을 미칠 수는 있지만, 직접적으로 영향력을 행사할 수 없다는 것이다. 하늘도 조그만 생물의 존재에 영향력을 행사할 수 없음은 만물의 존재와 생존은 자연의 도에 의한다는 것이지 어느 누구의 의도

에 영향을 받지 않는다는 것이다. 하늘에는 하늘의 도가 있고, 새에
는 새의 도가 있듯이 세상 만물은 모두 존재의 이유가 있고 해야 할
행위의 도리가 있다. 이것이 사물이 갖는 본성이다.

　"모든 방면(四方)에 능숙함이 명백함에도 능히 이루려 하지 않겠는
가?(明白四達, 能無爲乎)"라고 하였다. 이 말은 하고자 하는 일에 대해
환히 알고 있고 능숙하게 할 수 있으면 당연히 이루고자 하는 욕심
이 생길 것이라는 뜻이다. 일의 수행방법을 잘 알고 있어서 막힘이
없고, 문제를 충분히 잘 해결할 수 있으니 그냥 하기만 하면 좋은 결
과를 얻을 수 있다. 이런 경우에도 자신의 이기심을 버리고 공존의
도를 추구할 수 있겠느냐고 질문하고 있다.

　"낳고 기르되 낳은 것을 소유하지 않을 수 있겠는가?(生之畜之, 生而
不有) 이루되 자랑하지 않으며 지위가 높더라도 다스리지 않으면 이
를 깊고 큰 덕(玄德)이라 한다(爲而不恃, 長而不宰, 是謂玄德)."라고 하였
다. 대상의 지향성을 존중하고, 독립된 개체로 그 존재를 인정하고
수용하며, 원활하게 기능하게 도우니 이것이 공존과 공생의 지혜이
고 어질고 포용적인 깊고 큰 덕(德)이다. 이것이 아득히 잉태되고 자
라는 현묘한 자연의 이치이다.

　이 장에 등장하는 상황들을 열거해 보면 전반부는 집과 몸을 하
나로 묶어도 떨어짐, 기를 조절하여 유연하게 되더라도 영아처럼 되
지 않고, 검게 보임을 씻어내도 실물의 흠은 그대로 있으며, 백성을
사랑하고 다스려도 앎을 통제할 수 없고, 하늘 여닫는다고 새를 없
앨 수 없다고 하였다. 이들은 개체가 갖는 천부의 지향성은 인력으
로 조절할 수 없다는 뜻이다. 이 장의 후반부는 쉽게 처리할 수 있어

도 욕심내지 않아야 하고, 낳고 길러도 소유하지 않아야 하며, 이루더라도 자랑하지 말고, 지위가 높더라도 다스리지 않아야 한다고 말하고, 이를 현덕(玄德)이라 하였다. 열거된 상황은 모두 조건절과 주절로 구성되어 있는데, 조건절은 조작적인 행위를 말하고, 주절은 결과를 나타낸다. 노자는 조건절의 행위로 주절의 결과를 얻을 수 없고, 의도적으로 얻어서는 안 된다고 말한다. 만물에는 각기 그 지향성인 도(道)가 있다. 즉, 각자 존재의 이유가 있고 해야 할 사명과 도리가 있다는 뜻이다. 각자의 존재나 기능은 그가 존재하는 환경의 필요에 의하여 탄생되고 기능하는 것이다. 억지로 만든다고 존재가 만들어지는 것이 아니고 작위로 존재를 없앤다고 없어지는 것이 아니다. 필요 없는 존재는 스스로 없어지고, 필요한 기능은 저절로 생겨난다. 이것이 진화이고 자연선택의 길이다. 이를 도(道)라고 할 수 있다.

11장
부분과 전체의 관계

三十輻 共一轂, 當其無, 有車之用, 埏埴以爲器, 當其無, 有器之用, 鑿
戶牖以爲室, 當其無, 有室之用, 故有之以爲利, 無之以爲用.

　서른 개의 바큇살이 바퀴통에 꽂혀 하나로 합쳐지니(共), 당연히
그것은 없어져 수레의 쓰임을 얻고, 찰흙(埴)을 이겨(埏) 그릇이 되게
하니 당연히 그것은 없어져 그릇의 쓰임을 얻으며(有), 주량(戶)과 들
창(牖)을 깎아서(鑿) 집이 되게 하니 당연히 그것은 없어져 집의 쓰임
을 얻는다. 고로 있음이 이롭다고 생각하는(以爲) 것은 그것이 없어
져 쓰임이 되었기(爲) 때문이다(以).

이 장의 번역에서 주의할 곳은 "當其無(당기무), 有車之用(유차지용)"에서 當其無(당기무)의 해석이다. 當(당)은 여러 가지 의미 중에서 여기서는 부사 "당연히"라고 옮긴다. 其(기)는 "그, 그것"의 의미로서 "三十輻(서른 개의 바큇살)"을 지칭하는 지시대명사이다. 다음의 無(무)는 동사이다. 그러면 當其無(당기무)는 "당연히 그것이 없다"라고 해석되고 다음에 연결되는 有車之用(유차지용)의 주어나 부사절이 된다. 그리고 有車之用(유차지용)의 有(유)는 동사로, 車之用(차지용)은 목적어가 된다. 이때 有(유)는 "있다, 존재하다, 얻다(得也), 가지다" 등으로 옮길 수 있다. 有(유)를 "얻다"라고 해석하면 "수레의 용도를 얻다"라고 번역되고, "가지다"라고 해석하면 "당연히 그것은 없어져 수레의 쓰임을 가진다."로 해석한다.

그리고 "故(고) 有之以爲利(유지이위이), 無之以爲用(무지이위용)"에서 之(지)의 해석은 주격조사로, 앞의 以爲(이위)는 "~으로(라고) 생각하다", 뒤의 以(이)는 "때문이다", 뒤의 爲(위)는 "되다, 있다"라고 해석하여 "고로 있음이 이롭다고 생각하는 것은 그것이 없어져 쓰임이 되었기(爲) 때문이다."라고 옮긴다.

바큇살은 바퀴통에 꽂혀 바퀴의 테두리와 연결되고, 바퀴통은 축에 고정되어 회전한다. 서른 개의 바큇살이 바퀴통에 꽂혀 하나로 고정되면, 바큇살은 바퀴에 일체가 되어 바퀴로 굴러가게 작동한다. 즉, 바퀴의 쓰임새가 있게 된 것이다. 부분이 모여 하나가 되면, 부분은 전체에 일체가 되어 그 속으로 사라지고 전체의 구조가 목적하는 기능을 하게 된다. 다시 말해 섞여서 하나가 되는(混而爲一) 기능 구조인 시스템이 된다.

찰흙을 이겨 토기를 만드니 찰흙은 변하여 그릇이 되었고, 그릇은 그 쓰임에 따라 기능하게 된다. 그릇은 그릇일 뿐 찰흙은 아니다. 그러니 찰흙이 없어졌다고 하는 것이다. 또 기둥과 들보를 깎고, 들창을 끼우니 집이 완성되고, 집은 사람의 거처가 된다. 기둥과 들보, 들창은 집을 이루는 부품으로 집 속에 묻히고, 집만이 나타난다. 그러니 부품이 전체의 구성품으로 사라져야 전체인 집이 기능을 하게 된다는 것이다.

바큇살과 바퀴, 찰흙과 그릇, 기둥·들보·들창 등과 집은 부품과 완성품의 관계이다. 부품은 완성품을 만들기 위한 재료이다. 재료는 제조의 공정에 따라 그 물성이 변화하기도 하고 그 물성을 유지하면서 완성품의 부분으로 이용되기도 한다. 물성이 변하는 것을 화학적 반응이라 한다. 물성이 변하지 않는 것은 형태가 변하여 조립된다. 아래 그림에서 보는 바와 같이 바큇살은 바퀴통과 바퀴 테두리 사이에 끼워져서 바퀴를 만드는 부품이다. 이런 부품들이 완성품의 재료가 되어 완성품이 만들어지면 부품은 전체 완성품의 일부분이 되어 완성품과 일체가 된다. 이렇게 만들어진 일체의 완성품은 그 일체로서 기능을 수행한다. 이런 부품과 부품들로 조합된 물리적 구조는 기능적인 측면에서 보면 기능구조가 된다. 즉, 바큇살은 바퀴에서 버팀의 기능을 하고, 바퀴의 테두리는 땅과 마찰 기능을 하며, 바퀴통은 회전 기능을 하여 바퀴는 수레를 이동하기 쉽게 기능한다. 이런 기능 구조를 시스템이라 한다.

노자는 이 기능구조를 통하여 만물의 존재방식을 설명하고 있는데, 이 존재방식은 개체로서 존재와 전체의 부분으로서 기능하는 형식을 말한다. 노자가 설명하고 있는 것은 상호관계와 이들의 의존성이다. 바퀴는 부품들의 기능이 서로 의존적으로 기능함으로써 기능한다. 바큇살의 버팀, 테두리의 마찰, 바퀴통의 회전과 맞물림 등의 기능이 서로 의존적으로 작동하여 수레는 이동이라는 기능을 수행한다. 어느 하나라도 그 기능을 수행하지 못하면 수레는 굴러갈 수 없게 된다. 이 의존적으로 기능함이 수레의 속성이고 수레가 갖는 본성이다.

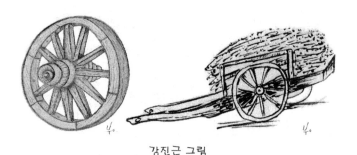

강진근 그림

그러므로 있음이 이롭다고 생각되는 것은 그것이 없어져 쓰임이 되었기 때문이라 하였다. 여기서 있다(有)고 함은 전체로서 기능하는 용도(쓰임)가 있다는 말이고, 용도가 있음은 사용하는 사람에게 이로움을 준다는 뜻이다. 그리고 없어짐(無)이라고 함은 부품이 전체 속으로 묻히거나 변화하여 전체의 부분으로 사라짐을 말한다. 전체가 원만하게 기능하려면, 부분이 전체 속에 묻혀 부분으로서 기능을 하여야 한다는 것이다.

여러 해설서에서 이 장(章)을 구조적 공간이 있기에 쓰임이 있다는 식으로 공간과 비움을 강조하여 설명하고 있으나, 이런 해석은 바람직하지 않다. 여기서 노자는 사물은 더 복잡한 형체의 부분으로 쓰임이 된다는 것을 일관되게 설명하고 있다. 전체의 부분으로 쓰이는 변화의 과정에서 당초의 사물은 그 형체가 전체의 부분으로 바뀌니, 노자는 그것이 없어졌다고 하였을 뿐이다. 그것이 없어졌으니 당연히 다른 형태를 갖추었고, 그 다른 형태는 다른 기능(쓰임)을 있게 하였다고 한 것이다. 이를 두고 일부 해설서에서 비움이 있어서 "유(有)"가 있다고 하는 등의 해석은 좀 많이 나간 듯하다.

이 장은 부분과 전체의 관계를 논하고 부분이 전체에 이바지하고 나면 부분 자체로서 가치는 사라지고 전체의 일부분으로서 기능하게 된다는 것이다. 부분과 전체의 관계는 서로 의존적이고, 의존적인 관계를 전체의 목적에 이바지하게 하는 연결고리는 구조이다. 물론 이들 부분들도 그 자체로서는 하나의 전체성과 기능을 갖는다. 이런 관계를 갖는 전체가 시스템이다. 즉 독립적인 부분들이 모여서 새로운 목적을 달성하기 위해 기능하는 구조체를 시스템이라 한다. 시스템의 특성에 관해서는 3편에서 다시 설명될 것이다.

12장
감각적인 욕망보다 본질인 마음 다스림

五色令人目盲, 五音令人耳聾, 五味令人口爽, 馳騁畋獵 令人心發狂, 難得之貨令人行妨, 是以聖人爲腹不爲目, 故去彼取此.

오색은 사람의 눈을 멀게 하고 오음은 사람의 귀를 먹게 하며, 오미는 사람의 입을 상하게 하고 말을 타고 달리면서(馳騁) 사냥하는(畋獵) 것은 사람의 마음을 발광하게 하며, 얻기 어려운 재화는 사람의 행동을 방해하니(妨), 이로써 성인은 마음을 다스리지 눈(보는 것)을 다스리지 않는다. 그러므로 저것을 버리고 이것을 취한다.

🐟 번역에 유의할 어휘

是以聖人爲腹不爲目(시이성인위복불위목)에서 爲(위)는 "하다, 위하다, 다스리다, 되다, 이루어지다, 삼다, 배우다, 있다, 행위" 등의 의미 중에서 "다스리다"라고 해석하고, 腹(복)은 "배, 마음, 중심, 앞, 껴안다, 받아들이다, (아이를)배다" 등의 의미 중에서 "마음"이라 해석한다.

이 부분에 대한 왕필의 주석은 "爲腹(마음을 다스린다는 것) 은 사물로서 자신을 다스리는 것이고, 爲目(보는 것을 다스린다는 것)은 사물로 자신을 부리는 것(爲腹者以物養己, 爲目者以物役己)"라고 하였다. 기존의 해설서에는 "배를 위하다, 먹여 살리다 혹은 배가 되다" 등으로 해석하기도 한다. 爲目(위목)은 "보는 것을 다스린다"라고 해석한다. 是以聖人爲腹不爲目(시이성인위복불위목)는 "그러므로 성인은 마음을 다스리고, 보는 것을 다스리지 않는다"라고 해석한다.

故去彼取此(고거피취차)에서 거(去)는 "버리다 혹은 피하다"라고 옮기고, 지시대명사 피(彼)는 "보이는 것을 다스림(爲目)"을 받고, 지시대명사 차(此)는 "마음을 다스리는 것(爲腹)"을 받는다.

🔊 풀이

이 장에서 오색, 오음, 오미, 사냥, 재화 등은 허황된 욕망을 불러일으켜 사람을 피폐하게 하니 경계하여야 함을 강조하고 있다. 오색은 청색, 황색, 적색, 백색, 흑색으로 눈으로 보는 휘황찬란한 외부세계를 말한다. 네온사인처럼 화려한 외부세계를 쫓아가면 그 화려함이 자신의 눈을 멀게 하여 외부세계를 구성하는 요소들의 지향성을 볼 수 없게 한다. 오색은 배경색이 있어야 찬란하게 빛난다. 배경색이 없으면 오색도 빛을 잃게 된다. 유무생생(有無相生)과 같이 전경은 배경이 있어야 함을 말하는 것이다. 세상에는 호화스럽고 화려함 보다 간단하고 검소한 것이 미덕으로 통한다.

오음은 궁(宮), 상(商), 각(角), 치(徵), 우(羽)로 즐거운 음악을 말하고, 오미는 단맛, 신맛, 쓴맛, 짠맛, 매운맛으로 맛있는 음식을 의미한다. 이런 쾌감을 주는 음악과 맛은 모두 감각을 자극하는 것으로 뇌의 보상중추가 관여한다. 감각적인 행동은 뇌의 보상중추(=쾌락중추)를 자극하여 도파민을 분비하게 하여 쾌감과 보상감을 느끼게 한다. 쾌감에 젖어 들면 계속 그 쾌감을 찾게 되어 중독으로 진입하게 된다. 즉, 감각으로 인해 마음이 침식되는 것이다. 말을 타고 달리며 짐승을 잡는 사냥이나 보화를 탐닉하는 것도 같은 맥락에서 감각이 마음을 잠식해 가는 욕망 추구 행동이다.

성인은 마음을 다스리고, 눈(目)을 다스리지 않는다고 함에서 "눈을 다스림"은 눈으로 보고, 본 것을 좋고 나쁨으로 구분하여 품평하는 것을 말한다. 이때 눈(目)은 "본다는 감각"의 의미를 갖기에 "보는 것"이라 해석한다. 오색, 오음, 오미 등은 화려한 색, 마음을 흔드는 음, 혀를 춤추게 하는 맛, 격정적인 치달음, 금은보화 등은 모두가 말초감각을 자극하여 마음을 어지럽히는 것들이다. 마음을 어지럽힌다고 함은 감각이 마음을 통제한다는 의미이다. 즉, 감각에 휘둘려 욕망의 노예가 된다는 의미이다. 그러니 성인은 욕망의 노예가 되는 감각적인 "爲目(보는 것을 다스리는 것)"을 피하고, 본질적인 "爲腹(마음을 다스리는 것)"을 취하겠다는 것이다.

11장에서 부분과 전체의 관계를 언급하면서 바큇살이 바퀴통에 박혀 바퀴가 되면, 바퀴로서 굴러가는 기능을 한다고 하였다. 이와 같이 눈, 코, 혀, 귀 등의 감각기관으로 입력되는 정보는 뇌에 저장되어 있는 기억 정보를 참조하고 변화를 예측하여 자신의 생존과 발달에 도움이 되는 판단을 하게 한다. 즉, 감각정보는 뇌에서 처리하여 새로운 목적에 기여할 수 있게 가공되고 처리된다. 감각정보가 수레의 바퀏살이라면, 판단하여 결정한 정보는 수레바퀴를 굴러 이동하는 기능과 같다고 할 수 있다. 인간은 감각계, 중추 신경계, 의식계, 호흡계, 소화계, 근골격계 등으로 구성된 유기체이다. 각각의 부분 시스템은 전체 시스템을 관장하는 두뇌의 의사결정에 따라서 신체의 안전과 정신적 정체성을 유지한다. 이런 기능을 유지하기 위한 정보의 판단기준은 오직 자신의 생존과 장기적인 발달이라는 가치이다. 이 가치는 이기적인 면이 강하여 자신을 존재하게 해준 주변을 잃기 쉽다. 중요한 것은 주변의 지지가 없으면 자신의 생존과 발달을 담보하기 어렵다는 것이다. 그러니 인간의 본성인 공존의 가치를 망각하면 안된다. 이기적 가치와 공존의 가치는 상호 의존적이니 공존의 가치를 등한시하면 이기적인 가치도 실현할 수 없게 된다. 그러므로 감각적이고 쾌락적이며, 단기적인 욕망이 판단의 기준이 되면 자신의 생존과 발달에 도움이 되지 않고, 공존의 본성을 시현하는 데도 도움이 되지 않는다. 이것이 노자가 이 장에서 강조하는 바이다.

13장
우호적 환경 조성

寵辱若驚, 貴大患若身. 何謂寵辱若驚, 寵爲下, 得之若驚, 失之若驚, 是謂寵辱若驚. 何謂貴大患若身. 吾所以有大患者, 爲吾有身. 及吾無身, 吾有何患. 故貴以身爲天下, 若可寄天下, 愛以身爲天下, 若可託天下.

영예와 욕됨에 놀라는 듯하고 큰 재앙을 몸과 같이 귀하게 여겨라. 영예와 욕됨에 놀란 듯하다고 함은 무슨 말인가? 영예는 내려지게 될 것이니 얻더라도 놀란 듯하고, 그것을 잃더라도 놀란 듯해라. 이것이 영예와 욕됨을 놀란 듯하다고 말하는 것이다. 큰 근심을 몸과 같이 귀하게 여기라는 것은 무슨 말인가? 내가 큰 질병을 갖게 된 것은 내가 몸을 갖고 있기 때문이다. 내게 몸이 없음에 이르면 어찌 질병이 있겠는가? 그러므로 몸을 천하와 같이 귀하게 여기니, 이에(若) 천하를 맡길 수 있고, 몸을 천하와 같이 사랑하니, 이에(若) 천하를 위탁할 수 있다.

🐢 번역에 유의할 어휘

寵辱若驚(총욕약경)에서 寵(총)은 "사랑하다, 괴다, 교만하다, 높이다, 총애, 영예" 등의 의미 중에서 "영예"라고 번역한다. 총애로 번역할 수도 있지만, 寵(총)과 辱(욕)이 서로 모순관계를 나타내려면 영예와 욕됨으로 번역하는 것이 좋다.

寵爲下(총위하)에서 下(하)는 "아래, 아랫사람, 하급, 조건, 내리다, 낮아지다, 떨어지다, 없애다" 등의 의미 중에서 "내려지다", 爲(위)는 "되다"라고 해석하여 "영예는 내려지게 된다"라고 번역한다.

吾所以有大患者(오소이유대환자), 爲吾有身(위오유신)에서 所以(소이)는 "~까닭(이유)은 ~때문이다", 患(환)은 "근심, 병, 질병, 재앙, 근심하다, 미워하다, 앓다" 등의 의미 중에서 "질병", 有(유)는 "있다, 가지다", 爲(위)는 "위하다"라고 옮기면, 이 문장은 "내가 큰 질환을 갖게 된 까닭은 나를 위해 몸을 갖고 있음이다"이고, 의역하면 "내가 큰 질병을 갖게 된 것은 내가 몸을 갖고 있기 때문이다."라고 번역된다. 왕필의 주석에는 爲吾有身(위오유신)을 "由有其身也(유유기신야)"라고 하여 "그 몸이 있음에 말미암은 것"이라 하였음을 유의할 부분이다.

故貴以身爲天下(고귀이신위천하), 若可寄天下(약가기천하), 愛以身爲天下(애이신위천하), 若可託天下(약가탁천하)에서 "以 a 爲 b"는 "a를 b로 여기다", 若(약)은 "같다, 어리다, 이와 같다, 좇다, 너, 만약, 및, 이에" 등의 의미 중에서 "이에"라고 해석하면, 이 문장은 "그러므로 몸을 천하와 같이 귀하게 여기니, 이에 천하를 맡길 수 있고, 몸을 천하와 같이 사랑하니, 이에 천하를 위탁할 수 있다."라고 번역한다. 위에서 큰 재앙을 몸과 같이 귀하게 여기라고(貴大患若身) 하였으니 貴以身爲

天下(귀이신위천하)에서 貴(귀)는 몸이 귀하다는 것이나, 문맥을 고려하면 이 문장은 "천하를 몸과 같이 귀하게 여기고 사랑하면, 천하를 위탁하여 맡길 수 있다."라고 해석함이 바람직하다.

◀♪ 풀이

남다른 영예를 얻거나 귀여움과 사랑을 받는 것과 수모나 욕을 당하는 것은 동전의 양면과 같은 것이다. 이에 대한 왕필의 주석은 "총애 뒤에는 반드시 수모가 따르고 영예로움에는 필히 걱정거리가 생기게 되니 총애와 수모는 같은 것이며, 영예로움과 재앙도 동일하다(寵必有辱 榮必有患 (寵)辱等 榮患同也)"라고 하였다. 그리고 "신하 된 이로 총애와 굴욕, 영예로움과 걱정거리에 처해서(得) 놀란 듯이 하면, 천하는 혼란스러움으로 채우지(足) 않게 된다(爲下得寵辱榮患若驚 則不足以亂天下也))."라고 하였다. 여기서 足(족)은 "발, 뿌리, 산기슭, 가다, 족하다, 싫증나다, 채우다, 이루다, 밟다" 등의 의미 중에서 "밟다 혹은 채우다"라고 번역한다. 놀란 것 같이 하라 함은 놀란 마음과 같이 조심스럽고 신중하며 겸손한 태도를 가지라는 뜻이다.

큰 질병을 몸과 같이 귀하게 여기라고 함은 질병을 통하여 질병의 원인이 무엇인지를 알고, 이 원인의 뿌리는 어떤 조건에서 연유되었으며, 그 조건은 자신과 어떤 관계로 연결되어 자신에게 질병을 일어나게 하였는지를 살펴서 이를 제거하여 다시는 이런 일로 질병이 생기지 않게 하라는 말이다. 대부분의 질병은 자신이 질병의 조건을 형성하였기에 발병한다. 이 조건만 바꾸면 질병은 강건함으로 역전될 수도 있다. 말하자면 전화위복의 계기를 만들자는 뜻이다. 전화위복은 이러한 질병과 강건함의 터전인 몸의 지향성을 북돋아주어야 이루어질 수 있다. 그리고 몸의 지향성은 환경과 상호작용하니 환경의 변화에 적절하게 대응하여야 할 것이다. 흔히들 화복이 반복되는 역전의 예로 "새옹지마(塞翁之馬)"라는 고사를 들곤 한다.

새옹지마란 고사는 "옛날에 새옹이 기르던 말이 오랑캐 땅으로 달아나서 노인이 낙심하였는데, 그 후에 달아났던 말이 준마를 한 필 끌고 와서 그 덕분에 훌륭한 말을 얻게 되었으나, 아들이 그 준마를 타다가 떨어져서 다리가 부러져 노인이 다시 낙심하였다. 그런데 그로 인하여 아들이 전쟁에 나가지 않아 죽음을 면할 수 있었다"는 이야기에서 유래한다.

이 고사에서 새옹의 화복(禍福)을 결정한 것은 준마를 있게 한 오랑캐 땅, 아들의 낙상, 전쟁 등이다. 오랑캐의 땅, 승마, 전쟁 등은 새옹의 생활환경으로 새옹이 어떻게 유·불리를 관리할 수 없는 것들이다. 환경이 우호적이면 복(福)이 오고, 비우호적이면 화(禍)가 온다. 그러니 화를 통하여 비우호적인 환경을 우호적으로 관리하면 전화위복이 되고, 복을 통하여 우호적인 환경을 비우호적으로 관리하면 설상가상의 화(禍)가 된다. 이러한 환경의 변화는 당사자가 인적·물적 환경을 얼마나 귀하게 여기고, 변화를 얼마나 겸손하게 수용하며, 환경을 있는 그대로 긍정적으로 인식하고 자신을 있는 그대로 개방하고 있으며, 과욕하지 않은 분별력을 발휘하는지에 따라 환경은 우호적으로 될 수도 있고, 비우호적으로 변할 수도 있다. 이런 환경에 대한 태도는 하루, 이틀에 해결할 수 있는 문제가 아니고 장기적인 관점에서 대처하여야 한다. 그러면 우호적인 환경은 운으로 작용하여

기회를 만들어 준다.

새옹의 경우도 말을 괴롭히거나 가혹하게 대하였다면 말이 돌아오지 않았을 것이고, 아들이 말을 다루는데 조심성이 있었다면 다치지 않았을 것이며, 전쟁에 나가서 공을 세울 수도 있지 않았을까? 물론 고사처럼 전쟁에 나가지 않아서 목숨을 유지할 수 있어서 복이라 하지만, 이것이 복인지 아닌지는 장기적 관점에서 보아야 할 것이다. 이런 점에서 노자는 세상사를 대함에 있어 의지, 주장, 감정, 욕망 등에 좌우되지 말고 마음의 중심을 튼튼하게(强其腹) 하여 놀란 마음과 같이 신중하고 겸손하게 대할 것이며, 설사 재앙이나 질병이 생기더라도 자신의 몸처럼 귀하게 여기라고 강조하고 있다. 그리고 만사를 조심스럽고 겸손하며, 신중하게 대하고, 그 결과를 자신의 몸과 같이 귀하게 여기고 아끼면 천하를 맡아 다스릴 수 있는 사람이 된다고 하였다. 질병을 자신의 몸과 같이 소중하게 처리한다는 것은 질병의 원인이 된 환경을 몸과 같이 소중하고 우호적으로 관리한다는 뜻이다. 이렇게 사물을 소중하게 대하는 것을 59장에서는 아낌(嗇)이라고 하였다. 이런 아낌을 통하여 환경이 우호적으로 변한다면, 이는 주변이 자신을 지지한다는 것이며, 환경의 지지를 받는다는 것은 이미 천하의 주인이 된다는 것이고, 천하의 다스림을 맡은 것이라 할 수 있다.

요즈음 세태는 돈이 삶의 수단을 넘어서 목적이 되는 듯하다. 그러니 돈을 얻기 위해 안달복달하는 것이 흔한 일이 되었다. 심지어는 굴욕을 감내하면서도 돈에 목말라하기도 한다. 그런데 돈의 출처는 어디일까? 타인이 돈을 지출하여야 누군가 돈을 얻게 된다. 타인이란 어디에 있는가? 환경이다. 환경이 비우호적이면 아무리 돈을 얻고자 하여도 불가능하다. 비록 일시적 속임으로 얻을 수 있다 하더라도 장기적으로 반드시 재앙이 되어 돌아온다. 술집(클럽)에서 마약으로 여성을 혼미케 하여 성폭행을 가하였다는 기사는 세인들을 당혹하게 하였었다. 이런 비도덕적인 방법으로 돈을 얻는다는 것은 환경에 악(惡)을 팔아서 돈을 버는 것이다. 환경은 악을 감내할까? 반드시 환경의 보복이 되돌아온다. 이것이 환경의 조작과 보복이다. 환경이란 생태계는 공존 공생의 터전이다. 돈을 얻더라도 공생의 도리를 다하고 얻어야 하는 것이다. 그래야 마음이 편안해진다.

14장
도의 작용 이(夷)·희(希)·미(微)

視之不見, 名曰夷, 聽之不聞, 名曰希, 搏之不得, 名曰微. 此三者, 不可
致詰, 故混而爲一. 其上不皦, 其下不昧, 繩繩不可名, 復歸於無物, 是
謂無狀之狀. 無物之象, 是謂恍惚. 迎之不見其首, 隨之不見其後, 執古
之道, 以御今之有, 能知古始, 是謂道紀.

　보아도 보이지 않음을 이름하여 이(夷)라고 하고, 들어도 들리지 않
음을 이름하여 희(希)라고 하며, 잡아도 얻지 못함을 이름하여 미(微)
라고 한다. 이 세 가지는 따져서 이를 수 없으므로 섞여서 하나로 된
다. 그 위는 밝지 않고 그 아래는 어둡지 않으며, 이어지고 이어져서
이름을 붙일 수 없으니, 물이 아닌 상태(無物)로 돌아간다. 이것을 형
상(狀)이 나타나지(狀) 않는다고 말한다. 물건의 형상(象)이 없는 것을
황홀(恍惚)이라 한다. 맞이하려 하면 그 머리를 볼 수 없고, 따르려
하면 그 뒤를 볼 수 없으니, 옛날의 도(道)를 잡아 지금의 유(有)를 다
스림으로써 능히 옛 시원을 알 수 있게 된다. 이것을 도(道)의 실마리
(紀)라 한다.

🐾 번역에 유의할 어휘

視之不見(시지불견) 聽之不聞(청지불문) 搏之不得(박지불득)에서 之(지)는 접속사 而(이)로 해석하여 "~지만, ~라고 해도"라고 옮긴다.

其上不皦(기상불교), 其下不昧(기하불매), 繩繩不可名(승승불가명)의 其(기)는 위 문장의 혼이위일(混而爲一)이다. 皦(교)는 "옥석의 흰 빛, 희다, 밝다, 또렷하다" 등의 의미에서 "밝다"라고 옮겨, 전체문장은 "그 위는 밝지 않고 그 아래는 어둡지 않아서, 이어지고 이어져 이름을 붙일 수 없다"라고 번역한다. 승승(繩繩)은 앞 6장에서 설명한 "면면(綿綿)"과 유사한 개념으로 새끼줄처럼 꼬여서 이어지고 이어진 상태를 뜻한다. 繩(승)은 가늘게 비비거나 꼬아서 만든 끈을 말하며, 이 끈은 아래 위가 뒤바뀌며, 오르거니 내리거니 하면서 이어지고 또 이어 진다. 그러니 그 위는 밝지 않고 그 아래는 어둡지 않다고 하였다.

是謂無狀之狀(시위무상지상)에서 지시대명사 是(시)는 무물(無物)을 지칭하여, 이 문장은 "이것(無物)은 형상(狀)이 나타나지(狀) 않는 것을 말한다"라고 번역한다. 여기서 狀(상)은 "형상, 모양, 용모, 형용하다, 나타내다, 모방하다" 등의 의미를 갖는데, 앞에 쓴 狀(상)은 "형상", 뒤에 쓴 狀(상)은 동사 "나타나다", 之(지)는 주격조사로 번역한다. 내부분의 해설서에서 "형상이 없는 형상"이라고 번역하고 있는데, 이는 논리적으로 적합하지 않은 표현이다. 무물에 복귀한다(復歸於無物)고 하고 "이(無物)를 형상이 없는 형상"이라고 함이 논리적으로 부드럽지 않다. 그러므로 "이(無物)를 형상이 보이지 않다 혹은 형상이 나타나지 않다 라고 말한다"고 번역함이 바람직하다. 무물(無物)은 "대상 혹은 물이 없다"라는 의미라고 할 수도 있고, "물(物)이 아니다"라고 할 수도 있다. 위 문장에서 감각할 수 없음과 정함이 없다고 하였으니 "물건이 없다"라고 하기보다는 "물건이 아니다 혹은 대상이 없다"라고 해석하는 것이 옳다.

"無物之象(무물지상), 是謂恍惚(시위황홀)"은 "물건의 象(상)이 없는 것, 이것을 황홀(恍惚; 미묘하여 헤아려 알기 어려움)이라 말한다"라고 번역한다. 象(상)은 "코끼리, 형상, 얼굴, 징후, 도리, 점괘, 상징하다, 그리다, 표현하다" 등의 의미를 갖는데, 여기서는 "상징, 표상, 심상" 등 경험한 현상을 기억 속에서 재생하는 것을 의미한다. 즉, 감각할 수 없어 표상을 만들 수 없으나 어슴푸레하고 흐릿하게 보이는 듯한 상태를 황홀이라 한다. 이 부분도 "물건이 없는 형상"이라 번역하는 경우가 많은데, "물건의 상이 없다"라고 번역함이 바람직하다. 무물(無物)은 "물건이 없는 형상"이라고 하기보다 "물건의 형상이 없다"라고 함이 맞는 표현이기 때문이다.

"迎之不見其首(영지불견기수), 隨之不見其後(수지불견기후), 執古之道(집고지도), 以御今之有(이어금지유), 能知古始(능지고시), 是謂道紀(시위도기)"에서 御(어)를 "다스리다, 거느리다, 드리다, 맞다(아), 영접하다(아)" 등의 의미 중 "다스리다"라고 옮기면, 이 문장은 "맞이하려 하면 그 머리를 볼 수 없고, 따르려 하면 그 뒤를 볼 수 없으니, 옛날의 도(道)를 잡아 지금의 유(有)를 다스림으로써 능히 옛 시원을 알 수 있게 된다. 이것을 道(도)의 실마리(紀)라고 한다"라고 번역된다. 紀(기)는 "벼리, 해, 세월, 지질의 연대, 밑바탕, 실마리, 단서, 법, 도덕, 규율, 터, 적다" 등이 의미 중에서 "실마리 혹은 단서"라고 옮긴다.

◀)) 풀이

이 장은 도는 무형임을 설명한다. 그리고 도가 사물에 시현되는 과정, 즉 무형으로 유형의 사물에 적용되는 과정을 살펴봄으로써 도의 실마리를 찾는다고 설명하고 있다. 첫 부분은 도의 초감각적임에 관한 설명으로 시각으로 보려고 해도 볼 수 없고, 청각으로 들으려고 해도 들을 수 없으며, 촉각으로 잡으려고 해도 잡을 수 없다고 설명하고, 이를 이(夷), 희(希), 미(微)라 하였다.

사물을 볼 수 있게 하는 것이 색(色)이다. 볼 수 없다면 색이 없다는 것이다. 색이 없어 볼 수 없는 것을 夷(이)라고 하였는데, 夷(이)는 "오랑캐, 동방종족, 잘못, 평평하다, 온화하다, 기뻐하다, 크다" 등의 의미인데, 이들 중에는 볼 수 없다는 의미는 없다. 그런데 왜 노자는 夷(이)라고 기록하였을까? 夷(이)의 어원은 중국 변방에 거주하던 유목민족(오랑캐)을 뜻하던 글자라고 한다. 아마 유목민들은 주거가 일정하지 않아 있는 듯한데 없고, 본 듯한데 찾으면 보이지 않았을 것이다. 즉, 있는 것도 같고 없는 것도 같음을 의미한다. 그래서 노자는 유목민족을 의미하는 夷(이)로서 보려고 해도 볼 수 없는 것(視之不見)을 비유한 것이 아닐까?

희(希)는 "바라다, 드물다, 성기다, 적다" 등의 의미 중에서 "들으려 해도 들리지 않음(聽之不聞)"과 연결하여 유추하면, "소리가 없는 듯이 작다"는 의미인 듯하다. 이것도 고주파와 같이 인간이 들을 수 없는 주파수의 영역이 있는 것과 같은 맥락이다.

미(微)는 "작다, 없다, 어렴풋하다, 어둡다"의 뜻 중에서 "잡아도 얻지 못함(搏之不得)"과 연결하여 유추하면, "잡히지 않을 정도로 작아

없는 듯한 것"을 의미하는 듯하다. 공기도 그러하고, 원자나 분자도 그러하다. 분명히 존재하지만 너무 작아서 잡히지 않는 것이 있음은 확실하다.

이 세 가지는 따져서 이를 수 없음으로 섞여서 하나가 된다(此三者, 不可致詰, 故混而爲一).”라고 한다. 이는 “이(夷), 희(希), 미(微)” 세 가지는 감각할 수 없어 그 각각의 유무를 감각으로 따질 수 없으니 함께 섞여서 하나가 된다고 하였다. 여기서 詰(힐)은 “따지다”는 의미인데, 이는 캐물어서 분명한 답을 요구하는 것을 말한다. 즉 이 삼자는 의식과 이성으로는 따져 분별할 수 없으므로 뭉뚱그려서 하나가 된다는 것이다. 여기서 그 존재를 따지고 해석하여 설명할 수 없는 뭉뚱그려진 하나는 만물을 존재하게 하고 작동하게 하는 만물의 존재 근거인 도를 말한다.

“그 위는 밝지 않고 그 아래는 어둡지 않아서, 이어지고 이어져 이름을 붙일 수 없다(其上不皦, 其下不昧, 繩繩不可名).”라고 하였다. 위는 밝지 않고 그 아래는 어둡지 않으며, 꼬여서 아래와 위가 바뀌니, 밝지 않은 것이 되었다가 어둡지 않은 것이 된다는 것이다. 이는 정해짐이 없는 것이 이어지고 이어져 시작과 끝을 알 수 없으니 이름을 붙일 수 없다는 것이다. 즉, 공간을 차지한 듯하나 그 수량, 소리, 냄새, 맛, 촉감 등으로 인식할 수 없으니 그 모양을 상상할 수 없고, 상상할 수 없으니 표상을 만들지 못하고, 표상이 없으니 이름을 붙이거나 설명할 수 없다.

“물이 아닌 상태(無物)로 돌아가니, 이것(無物)은 형상(狀)이 나타나지(狀) 않는다고 말한다(復歸於無物, 是謂無狀之狀).”고 하였다. 이는 감각으로 알 수 없는 대상이므로 의식으로 표상을 정의할 수 없어서 물이 아닌 상태(無物)라고 한 것이다. 무물(無物)은 "대상 혹은 물이 없다"라는 의미라고 할 수도 있고, "물(物)이 아니다"라고 할 수도 있다. 위 문장에서 존재하는데도 감각할 수 없음과 정함이 없다고 하였으니 "물건이 없다"고 하기보다는 "물건이 아니다"라고 해석하는 것이 옳다.

감각할 수 있는 사물은 모두 이름이 있다. 그런데 이름이 없으니 물건이 아니라고 한 것이다. 형상이 있고 공간을 차지하고 있으면, 감각할 수 있으므로 이에 대한 개념이 정의되고 상징이 만들어져 인식할 수 있으며 소통할 수 있게 된다. 개념이 정의되고 상징으로 인식하면, 이름이 지어지게 되므로 인식 가능한 사물은 모두 이름을 갖게 된다. 그러니 물건은 모두 이름을 갖고, 이름이 없으면 존재하지 않거나 존재하더라도 인간이 인식하지 못한 것에 해당한다. 여기서 무물(無物)이라 한 것은 그 존재는 희미하게 있는 것 같으나, 감각으로 인식할 수 없는 것을 말한다. 즉, 이것이 위에서 말한 이(夷), 희(希), 미(微)한 것이 섞이어 하나가 된 것을(混而爲一) 말한다. 혼이위일(混而爲一)하다고 하였는데, 시각·청각·후각·미각·촉각 등 개별적 감각으로는 인식하지 못하니 개별적으로 따질 수 없고 그 이름도 정할 수 없다는 것이다. 그런데 대상이 없다고 하려해도 거기에서 물(物)이 생겨나니 없다고 할 수도 없다. 그러하여 개별감각으로 따질 수 없는 비감각적 존재를 인정하게 된다. 그렇다고 대상이 있다고 하려 하니 그 모양을 볼 수 없어 형상이 나타나지 않는다(無狀之狀)고 하였다. 마치 투명인간과 같은 존재를 말한다.

"물건의 象(상)이 없는 것, 이것을 황홀(恍惚)이라 말한다(無物之象, 是謂恍惚)"라고 하였다. 소자유(蘇子由)가 노자익(老子翼)에서 狀(상)은 드러난 모양이고, 象(상)은 숨어 있는 모양이라고 말하였다. 그래서 형상(狀)이 나타나지(狀) 않는다(無)고 말하고, 물건(物)의 상(象)이 없다(無)고 표현하였다. 숨어 있는 모양은 있다는 것이다. 다만 숨어 있어 알 수가 없다는 의미이다. 분명한 것은 작용하고 있다고 짐작하는 것이다. 숨어서 작용하는 것, 이를 이 장 마지막에서 도(道)의 기원(실마리)이라고 하였다. 성리학에서는 이를 이(理)라고 한다.

상(象)이 없는 것을 황홀(恍惚)하다고 한 것은 그 존재가 미묘하여 헤아리기 어렵고 어슴푸레하여 분명치 아니하여 감각할 수 없으나, 그 묘함을 짐작하면 경이롭기 그지없음을 말함이다. 모양이 없고 감각할 수 없는 에너지인 무(無)가 유(有)와 동거하면, 눈이 부시고 어릿어릿하며 미묘한 상태가 이루어지니, 이 오묘함은 헤아려 알기 어려운 것이라 그저 황홀하다고 한 것이다. 이 황홀함 속에서 조건이 형성되면 그윽하게 상이 나타나게 되니, 이것이 모양이 되고 생명이 되어 면면히 이어가게 된다. 이러한 해석은 1장에서 "有와 無는 같은 곳에서 나와서(생겨나서)이름이 달라진 것이다. 같은 곳 그곳은 그윽하다고 말하니, 그윽하고 그윽하니 천지 만물의 미묘한 시작의 문이다 (此兩者 同 出而異名. 同 謂之玄 玄之又玄 衆妙之門)"에 바탕을 둔 것이다.

"맞이하려 하면 그 머리를 볼 수 없고, 따르려 하면 그 뒤를 볼 수 없으니, 옛날의 도(道)를 잡아 지금의 유(有)를 다스림으로써 능히 옛 시원을 알 수 있게 된다. 이것을 道의 실마리 단서(端緖)라 한다(迎之

不見其首, 隨之不見其後, 執古之道, 以御今之有, 能知古始, 是謂道紀)"라고 하였다. 이 말은 도의 실체는 감각으로 알 수 없으나, 존재의 시원을 찾는 방식으로 도를 파악하여 이를 현재 존재에 적용하면, 능히 존재의 원인과 존재방식을 알 수 있을 것이니, 이것이 道(도)의 실마리라고 한 것이다. 모든 존재는 알 수 없는 원인에 의하여 탄생하고, 알 수 없는 작용에 의하여 기능하고 있으니, 이는 감각할 수 없는 무엇이 존재의 등장과 기능, 그리고 사라짐을 관장하고 있는 것인 바, 이를 도라고 하였다. 그러니 현재 존재의 원인을 발생의 과정을 통하여 추정하여 살펴보고, 그 과정을 관장하는 힘을 찾을 수 있다면, 이 힘은 현존의 발생과 존재의 기능에도 작용할 것이므로 이 작용이 도(道)의 실마리가 된다. 이 실마리를 찾는 것을 요즈음 학문으로 말하면 발생학이다. 이런 관점에서 보면 노자는 발생학 원조라고 할 수 있다.

　이 장은 감각할 수 없는 도의 존재와 그 존재의 오묘함을 말하고 있다. 감각으로 도의 실체는 접근이 불가하지만, 사물이 생겨나고 활동하는 데는 그 시원이 있고 작용을 촉발하는 것이 있을 것이니, 이를 없다고 할 수 없을 것이다. 있긴 있는 것 같은데 이를 감각할 수 없으니 인간의 인식으로는 있다고 할 수도 없는 실정이다. 그런데 어떤 힘의 작용이 없이는 만물의 존재가 생겨날 수 없음은 당연한 것이니, 이를 인지하는 방법으로 개념을 만들어 이를 道(도)라고 하였다.

15장
도는 공존의 조건(豫, 猶, 儼, 渙, 敦, 曠, 混)

古之善爲道者, 微妙玄通, 深不可識. 夫唯不可識, 故强爲之容, 豫焉若冬涉川, 猶兮若畏四隣, 儼兮其若客, 渙兮若氷之將釋, 敦兮其若樸, 曠兮其若谷, 混兮其若濁. 孰能濁以靜之徐淸, 孰能安以久動之徐生. 保此道者, 不欲盈. 夫唯不盈, 故能蔽不新成

옛날에 도를 잘 행하는 자는 미묘하고 넓게 통달하여 그 깊이를 가히 알 수 없다. 대체로 알 수 없음으로 억지로 그 모양을 생각하면(爲), 머뭇거림이 마치 겨울에 내를 건너는 것 같고, 망설임은 사방을 두려워하는 것 같으며, 공손함은 마치 그가 손님인 것 같고, 풀어짐은 마치 얼음이 막 녹는 것 같으며, 도타움은 마치 그가 순박한 것 같고, 공허함은 마치 그가 골짜기인 것 같으며, 뒤섞임은 마치 그가 혼탁한 것 같다. 누가 능히 탁함을 고요하게 하여 서서히 맑게 할 수 있으며, 누가 능히 안정된 것을 오래 움직여 서서히 생겨나게 할 수 있겠는가? 이 도를 유지하려는 자는 채우려 하지 않고, 대체로 채우지 않기 때문에 능히 덮어둘 뿐 새로 만들지 않는다.

🐾 번역에 유의할 어휘

故强爲之容(고강위지용)에서 之(지)는 지시대명사로 "이, 그"의 의미인 바, "그러므로 억지로 그 모양을 생각하다"라고 옮긴다. "豫焉若冬涉川(예언약동섭천), 猶兮若畏四隣(유혜약외사린), 儼兮其若客(엄혜기약객), 渙兮若氷之將釋(환혜약빙지장석), 敦兮其若樸(돈혜기약박), 曠兮其若谷(광혜기약곡), 混兮其若濁(혼혜기약탁)"에서 豫(예)는 "머뭇거리다", 猶(유)는 "망설이다", 儼(엄)은 "공손하다", 渙(환)은 "풀리다", 敦(돈)은 "도탑다", 曠(광)은 "공허하다"라고 옮기고, 焉(언)과 兮(혜)는 감탄을 나타내는 종결사로 해석하여 "~이여"라고 번역하며, 其(기)는 지시대명사로 번역한다.

孰能濁以靜之徐淸(숙능탁이정지서청), 孰能安以久動之徐生(숙능안이구동지서생)에서 孰(숙)은 의문사로 "누구", 濁(탁)은 목적어로 "혼탁", 以(이)는 "하게하다" 사역의 뜻, 之(지)는 순접의 "그리고(而)"이다. 이 문장은 "누가 능히 탁함을 고요하게 하여 서서히 맑게 할 수 있으며, 누가 능히 안정된 것을 오래 움직여 서서히 생겨나게 할 수 있겠는가?"라고 옮긴다. 이 부분도 오역(誤譯)이 많은 부분 중에 하나이다.

🔊 풀이

이 장은 도를 행하는 자의 특성을 논하고 있다. 개괄적으로 도를 잘 행하는 자는 미묘(微妙)하고 넓게(玄) 통달(通)한다고 하였다. 미묘하다는 말은 은밀하고 그윽하며 정교하고 빼어난 것을 의미하고, 넓게(玄) 통달(通)하다고 함은 사물의 이치나 지식, 기술을 훤히 알고 있고 능란하게 수행하는 것을 의미한다. 미묘현통(微妙玄通)하다고 함은 있는 듯 없는 듯 하면서도 만사를 훤히 통달하여 못함이 없는 것을 말한다. 만사에 통달하니 그 깊이를 인간의 능력으로는 가름할 수 없고, 깊이를 모르고 이를 말로써 설명하려 하니 억지가 되어 그 외양만 설명하게 된다는 것이다.

이 미묘현통(微妙玄通)한 자의 특성을 나열해 보면 다음과 같다. 행동의 특성으로 머뭇거림은 겨울의 시냇물 건너기, 망설임은 이웃에 대한 두려움, 공손함은 손님, 풀어짐은 해빙, 도타움(인정 많음)은 순박함, 공허함은 골짜기, 뒤섞임은 혼탁함과 같다고 하였다. 왕필은 여기서 "무엇 같아(若) 보인다(道觀)고 한 것은 그 형상(容象)을 알(得) 수 없고, 이름(名)을 나타낼(形) 수 없음을 말한다(凡此觀若, 皆言其容象不可得而形名也)"고 주석하였다. 그러나 이름을 짓지 않고 개념화하지 않고는 설명할 수 없는 것이니 언어로 표현할 수밖에 없는 것이다.

노자가 "~와 같아 보인다"는 비교를 통하여 설명하고자 한 것은 사물은 주체가 되든 객체가 되든 각자 존재의 근거인 道(도)가 있는데, 이 도는 대상의 상태를 고려하고 대상의 지향성과 조화하여 상생하게 한다는 것이다. 노자의 이야기를 들어 보자.

도를 잘 행하는 사람은 얼음 위를 걸을 때 머뭇거림(豫)으로 총욕약경(寵辱若驚, 영예나 욕됨에 놀라는 듯하라)에서와 같은 조심스러움을 견지하라고 말한다. 즉, 영예를 얻거나 굴욕을 당할 때나 놀란 듯이 조심스럽게 행동해야 한다는 것이다. 영예를 얻으면 누가 이런 사랑을 주었을까 하고 마치 받으면 안 될 것을 받은 듯 놀라며 감사하고, 굴욕을 당하면 자신이 큰 잘 못을 한 것처럼 놀래며 자신을 성찰하는 조심스러운 태도를 가지라는 조언이다. 겨울에 개울을 건널 때,

얼음의 상태를 보면서 건널지 말지를 결정하지 못하고 머뭇거리다가 발을 내딛고는 얼음이 깨지면 어쩌지 하고 놀란 듯한 마음으로 걸음을 옮길까 말까 하며 망설이곤 한다. 이와 같이 위험을 예견하면서 행동은 조심스럽게 해야 한다고 하였다.

사방을 두려워하듯이 망설이는 것 같다고 한 것에 대한 왕필의 주석은 "사방에서 중앙에 있는 주인을 공격해 오니, 주인은 망설여서 달릴 방향을 모르는 듯하다(然). 높은 덕을 지닌 사람은 그 단서와 조짐을 분간할(覩) 수 없고, 그의 의향을 알 수 없는 듯함이 또한 이와 같다(四隣合攻中央之主, 猶然不知所趣向者也, 上德之人, 其端兆不可覩, (意)趣不可見, 亦猶此也)."고 하였다. 즉, 높은 덕을 지닌 사람의 행동은 침입하는 적의 공격에 빠져나갈 방향을 몰라서 머뭇거리면서 경계심을 놓지 않듯이, 그의 행동의 방향이나 의향을 알 수 없을 정도로 망설이고 미적거리며 신중하게 한다는 의미이다. 바꾸어 말하면 이웃을 어렵고 두려워하듯이 대하라는 말이다.

공손(儼)해야 함을 설명하면서 손님이 주인을 대하는 것 같이 하라고 한다. 타인의 집에 손님으로 방문하였을 경우를 상정하여 보자. 모든 상황이 익숙하지 않으니 혹시나 예의에 벗어나는 행동을 할까 조심하게 되고, 자신의 행동이 주인의 뜻에 거슬리지 않을까 신중하여 진다. 그러니 행동이나 말투가 주인의 뜻에 반하지 않도록 하고, 가능하면 주인의 의도나 감정에 경의를 표하려 한다. 이와 같이 주인에게 존중의 태도를 보이고, 겸손하게 자신을 낮추어 내세우지 않으며, 예의를 지키는 자세로 대하는 것을 공손하다고 하였다.

환(渙)은 얼음이 해빙하여 녹아내리 듯이 풀어진다고 해석하였다.

이 "풀어짐"을 다르게 표현하면 "마음의 빗장을 풀고 타인을 수용하는 것"이라고 해석하여야 옳을 것이다. 마음의 빗장은 얼음이고, 녹는 것은 타인의 다름(자신과 차이)과 온기를 받아들인다는 수용을 뜻하며, 풀어진다 함은 외부의 사물을 수용하여 이해하고 공감하는 것을 말한다. 세상에는 자신만이 오직 타인과 다르게 존재한다. 그 차이가 당신이고 또 다른 차이가 타인의 존재다. 차이가 없으면 당신도 타인도 존재하지 않는다. 만물은 모두 다른 모양을 가지고 다른 방식으로 존재한다. 다만 유사할 수 있는 다름이다. 그래서 천상천하 유아독존(唯我獨尊)이라 할까? 동·식물의 DNA는 상당부분이 같고, 특히 동물들의 DNA는 대체로 같다고 한다. 다만 조금의 차이가 사람이 되고, 원숭이가 되며, 소와 돼지도 된다고 하니 얼마나 놀라운 일인가? 이 조금의 차이를 우리는 알면서도 타인이 자기와 같이 생각하고 행동해 주기를 바라며, 마치 같은 것처럼 판단하려 한다. 그러고는 다르다고 비판하려 한다. 이런 차이를 인정함에 있어, 마음의 빗장을 풀고 공감하라고 노자는 조언하고 있다.

도타움(敦)은 그(其)가 순박한 것 같다고 하였다. 도타움은 "관계에서 사랑이나 인정이 많고 깊다"는 뜻이다. 그 사람이 도타운 것은 그가 순박하기 때문이라는 말이다. 이 장(章)은 앞에서도 말하였듯이 객체를 대하는 태도를 도(道)를 잘 행하는 사람의 행동을 통하여 설명한다. 사람은 관계 속에 산다. 이 관계는 정이 오가는 정신에너지의 공간이고, 거래가 형성되어 물건이 오가는 공간이다. 이 공간을 이어주는 끈은 마음이다. 이 마음이 따뜻하면 정(情)이고, 차가우면 미움이다. 정은 가까워지는 것이고 사랑이며, 미움은 멀어지는 것이고 이별이다. 사람의 사랑과 정은 거짓이나 꾸밈이 없이 순수해야 길고 깊어진다. 그래야 다름을 인정하고 포용할 수 있다. 이를 순박하다고 한다. 그래서 도타운 것은 순박하다고 한 것이다.

넓고 공허함(曠)을 설명하려고 텅 빈 골짜기를 비유하고 있다. 이 장은 객체와의 관계를 설명하면서 머뭇거림(예豫), 조심스러움(유猶), 공손함(엄儼), 풀어짐(환渙), 도타움(돈敦), 공허함(광曠), 뒤섞임(혼混)을 거론하고 있다. 豫·猶·儼(예·유·엄)은 행위에 관한 것이고, 渙·敦은 태도에, 曠과 混은 상황을 대하는 관점에 관한 것이다. 텅 빈 골짜기(谷)는 넓고 공허하여(曠) 사물이 생겨나서 자라고 사라짐을 이어가는 곳이니, 항상 너그럽고 포용적이다. 계곡은 산으로 만들어진 공간이고, 이 공간은 자연이 만들었고 자연을 만들어 간다. 이곳은 누구의 의도나 욕망이 작용하지 않지만, 만물은 생겨나고 무성하게 자라서 자신의 직분을 다한다. 그러니 이곳은 도가 실현되는 곳이라 할 수 있다. 텅 빈 골짜기는 빈 것이 아니고, 채우기 위해 비워지는 곳이고, 비우기 위해 채워지는 곳이니, 섞이고 순환하는 곳이다. 이런 작용이 무위로 행해지니 도를 잘 행하는 자에 비유한 것이다. 이와 같이 도를 잘 행하는 사람은 무욕으로 만물을 생겨나게 하고 성장하게 하며 직분을 다하게 하는 조력자이다. 만물에게 그러한데 하물며 인간에게는 어떠하겠는가? 차면 비워지고 비워지면 채워진다는 관점을 가지면 무욕이 가능하여 진다는 점을 계곡으로 비유하여 설명하고 있다.

노자는 도를 잘 행하는 사람의 뒤섞임(混)은 마치 그가 혼탁한 것 같다고 말한다. 그렇다고 그가 실제로 뒤섞여 있다고 하지 않고, 그런 것 같다고 하였다. 이 말은 뒤섞여 혼탁한 것 같지만 맑게 정화한다는 뜻으로 받아들여야 한다. 혼탁한 웅덩이는 얼마 지나지 않아 스스로 맑아진다. 그리고 이곳 저곳에서 혼탁한 물을 받아들이고 정화하여 내보낸다. 이런 작용에는 시간이 필수적 요소이다. 우주가 생겨남도 그렇고 만물이 생장함도 그렇다. 시간은 시스템이 작동되게 하고, 무질서가 발생하여 사그라지게 한다. 스스로 정화하기도 하고 스스로 무질서 속으로 사라지기도 한다. 사라졌다고 없어짐이 아니고 또 다른 형태로 모습이 바뀌어 등장한다. 이렇게 생(生)과 사멸(死滅)을 만드는 작용을 우리는 도라고 한다. 그래서 우주에는 우주의 도가 있고, 인간에게는 인간의 도가 있으며, 각 사물에는 각 사물의 도가 있다. 이들은 모여서 섞이고, 섞여서 만들어진 하나의 실체는 기능을 하면서 또 다른 실체의 부분이 되어 작동하고, 전체를 만들어 함께 기능한다. 이런 것을 시스템이라 한다. 웅덩이도 자연시스템의 일부이다. 자연에서 웅덩이가 하는 기능을 인간 사회에서는 도를 행하는 사람이 감당한다. 이런 측면에서 보면 진정한 지도자는 백성의 아픈 마음을 쓰다듬고 정화시켜주며, 희망과 편안함을 주는 어른이어야 한다.

노자는 누가 능히 탁함을 고요하게 하여 서서히 맑게 할 수 있으며, 누가 능히 안정된 것을 오래 움직여 서서히 생겨나게 할 수 있겠는가? 라고 말한다. 왕필은 주석에서 "무릇 어두움이 다스려지면 사물은 밝음을 얻고, 탁함이 고요하게 되면 사물은 맑음을 얻으며, 안정됨이 움직이게 되면 사물은 생명을 얻는다. 이것이 스스로 그러한 자연의 도이다. 누가 할 수 있겠는가 라는 것은 그 어려움을 말한 것이다. 서서히 라고 함은 자세하고 신중함이다(夫晦以理 物則得明, 濁以靜 物則得淸, 安以動 物則得生, 此自然之道也, 孰能者, 言其難也. 徐者, 詳愼也)."라고 하였다.

이를 좀더 설명하면, 어두움이 밝음이 되고 탁함이 맑음이 되니, 이는 대립적인 개념의 순환을 말한다. 탁한 물과 맑은 물이 다른 물이 아니라 같은 웅덩이의 같은 물이다. 밤에는 어둡고 낮에는 밝다. 밤과 낮이 존재하는 공간은 다른 공간이 아니고 같은 공간이다. 이 대립적 개념의 순환은 꼬인 새끼줄처럼 아래와 위가 바뀌면서 이어지고 이어지니 이것을 자연의 도라고 하였다. 그믐달이 지고 나면 초승달이 생겨나고, 보름달이 되었다가 또 그믐달이 된다. 같은 하늘의 변화이나 순환할 뿐이다. 왜 스스로 안정되고 정화되는 것일까? 우리는 이를 자연의 섭리라고 할 수 있다. 이 섭리가 자연의 도(道)이다. 스스로 조직화하고 공존의 조건을 만들고 공존의 질서를 회복하게 하는 자연계를 지배한 원리 원칙, 즉 이것이 바로 자연의 지향성이고 도이다.

이 자연의 도는 조작하지 않아도 스스로 자신의 존재 이유인 환경이 만든 조건에 따라 등장하고 기능한다. 스스로 등장하고 기능한다고 함은 사물은 생겨나면서 이미 그 원인을 소지하고 있다는 말이다. 웅덩이 물처럼 맑음과 탁함의 소인(素因)을 같이 가지고 있는 것이다. 그러니 채우려 하지 않고, 새로 만들려 하지 않으며, 그냥 덮어두어도 스스로 필요에 따라 자신의 존재를 다스린다는 것이다. 이는 무위의 도를 말하는 것이고 유무상생(有無相生)의 도를 말함이다.

이 장에서는 도를 잘 행하는 사람의 특성을 설명하고 있는데, 도

(道)를 잘 행한다는 것은 무욕 무심을 전제로 한다. 무욕이어야 무위할 수 있기 때문이다. 머뭇거림(예豫), 망설임(유猶), 공손함(엄儼), 풀어짐(환渙), 도타움(돈敦), 공허함(광曠), 뒤섞임(혼混) 등은 이 무욕의 행위나 태도, 관점에 해당된다. 이것들은 대상을 대상의 입장에서 그 존재와 기능을 이해하고 공감하며 상호 의존적인 관계로 대하는 방법들로써 만물이 상생하고 공존하는 도의 본질에 속한다.

이 장의 내용을 지도자의 덕목에 비교하여 보면, 지도자는 사물을 대할 때 조심하여 머뭇거리는 것 같이 하고, 이웃은 어렵고 두려워하는 것 같이 대하며, 사람을 대할 때는 손님을 대하듯 공손하고, 대인관계에 문제가 있으면 공감하고 인정을 베풀 것이며, 마음가짐은 자유롭되 세속에 화광동진하여 대상의 마음으로 모든 구성원을 품어 융화하고, 소통하여 갈등을 치유함으로써 통합할 수 있게 하여야 한다. 그리고 지도자는 물이 정화되듯이 탁한 사회도 정화될 수 있게 하고, 사물이 생겨나게 하듯이 개인이나 사회가 갖고 있는 잠재력을 일깨우도록 작용하여야 한다고 일러준다.

16장
천명과 늘 그러함을 알면 도에 이름

致虛極, 守靜篤, 萬物竝作, 吾以觀復, 夫物芸芸, 各復歸其根, 歸根曰靜, 是謂復命, 復命曰常. 知常曰明, 不知常, 妄作凶, 知常容, 容乃公, 公乃王, 王乃天, 天乃道, 道乃久, 沒身不殆.

비움에 이름이 극진하고 고요함을 지킴이 돈독하면, 만물이 함께 일어나지만 나는 되돌아감을 보게 된다. 무릇 사물이 무성하여도 각각 그 근원(根)으로 돌아가니, 근원으로 되돌아감을 고요함(靜)이라 한다. 이를(고요함) 일컬어 천명(命)에 머무른다(復)고 하고, 천명에 머무름을 늘 그러함(常)라고 한다. 늘 그러한 상(常)을 아는 것을 밝음(明)이라고 한다. 상(常)을 모르면 망령되게 흉한 일을 하게 되고, 상(常)을 알면 포용한다. 포용함(容)은 공평함과 같고, 공평함(公)은 왕과 같으며, 왕은 하늘과 같고, 하늘은 道와 같으며, 도는 영원함(久)과 같으니 몸이 없어져도 위태롭지 않다.

🍂 번역에 유의할 어휘

"致虛極(치허극), 守靜篤(수정독), 萬物竝作(만물병작)"은 致虛(치허)와 守靜(수정)을 주어로 하여, "비움에 이름이 지극하고 고요함을 지킴이 돈독하면, 만물이 함께 일어난다"로 번역한다. 吾以觀復(오이관복)에서 以(이)는 사역동사로 "하게 되다"라고 옮긴다.

"各復歸其根(각복귀기근), 歸根曰靜(귀근왈정), 是謂復命(시위복명), 復命曰常(복명왈상)"에서 復歸(복귀)는 "원래 상태로 되돌아 가다", 根(근)은 "근원", 命(명)은 "天命(천명)", 復命(복명)의 復(복)은 "회복하다, 돌아가다, 고하다, 갚다, 겹치다, 머무르다, 실천하다" 등의 의미 중에서 "머무르다"라고 번역하는데, 이는 고요함은 동적 상태라 하기보다 동작이 멈춘 상태를 의미하기 때문이다. 是(시)는 지시대명사로 고요함(靜)을 지칭한다. 그러면 이 문장은 "각각 그 근원(根)으로 되돌아간다. 근원으로 돌아가는 것을 고요함(靜)이라 하고, 이를(靜) 일컬어 천명(命)에 머무른다고 하며, 천명에 머무름을 늘 그러함(常)라고 한다"로 번역된다.

"容乃公(용내공), 公乃王(공내왕), 王乃天(왕내천), 天乃道(천내도), 道乃久(도내구)"에서 容(용)은 "얼굴, 몸가짐, 속내, 담다, 용납하다, 받아들이다" 등의 의미 중에서 "받아들이다 즉 포용하다", 乃(내)는 "곧, 혹은 바꾸어 말하면, ~와 같다", 公(공)은 "공평하다, 함께 하다, 공적인 것, 존칭, 여럿, 제후" 등의 의미 중에서 "공평하다"라고 해석하여 "포용함은 공평함과 같고, 공평함은 왕과 같으며, 왕은 하늘과 같고, 하늘은 道와 같으며, 도는 영원함(久)과 같으니 몸이 없어져도 위태롭지 않다."로 번역한다.

沒身不殆(몰신불태)에서 殆(태)는 "거의, 장차, 마땅히, 위태하다, 위태롭게 하다, 해치다, 피곤하다" 등의 의미인데, "죽음"을 뜻하는 歹(알)자와 台(태)자를 결합해 "거의 죽음에 이르다" 즉 "위태롭다"라는 뜻을 표현한 글자이다. 그러니 "사라지다"라고 해석해도 괜찮다.

◁» 풀이

이 장은 도의 작용과정을 만물의 생장성쇠(生長盛衰)와 천명(天命)의 시현 과정으로 엮어서 풀이한다. 노자의 도는 유무상생(有無相生)에서 출발한다. 혹자는 무에서 유가 태어난다고 하지만, 어느 것이 먼저라고 하기보다 서로가 원인과 조건이 되어 성립한다는 연기(緣起)라고 봄이 옳을 것이다. 그래야 유무가 상생한다는 뜻에도 합치한다. 어쨌든 무(無)는 허함(虛)의 극치이니 비움(虛)을 지극히 하면 아상(我相=나에 집착하는 자아)이 없어지고, 아상이 없어지니 무아(無我)가 되어 공(空)의 상태에 이르려 고요함에 이른다. 고요함에 조건이 변하여 한 점 움직임이 일어나 유무가 상생하면 만물이 잉태되고 탄생하여 성장한다. 15장에서 탁함을 고요하게 하여 서서히 맑게 하고, 안정된 것을 오래 움직여 서서히 생겨나게 한다고 하였듯이 고요함이 움직여 서서히 만물이 잉태된다는 것이다. 이를 이 장(章)에서는 비움에 이르기를 지극히 하고 고요함을 지키기를 정성껏 하면 만물이 함께 일어난다(致虛極, 守靜篤, 萬物竝作)고 한 것이다. 함께 일어난다고 함(竝作)은 서로가 조건이 되고 상호작용하여 같이 생성한다는 말이니 상생(相生)과 같은 의미이다.

여기서 유의할 점은 고요하다는 靜(정)에 대한 개념이다. 靜(정)자는 靑(푸를 청)자와 爭(다툴 쟁)자가 결합한 모습이다. 爭(쟁)자는 서로 다투는 모습을 그린 것으로 "다투다"라는 뜻이 있고, 靑(정)자는 "푸르다"와 "고요하다"라는 뜻이 있다. 그러니 靜자는 "고요함"을 표현하기 위해 경쟁과 다툼 이후의 고요하고 잠잠한 상태를 비교하여 표현한 것이다. 이 말은 고요함 속에는 이미 경쟁의 움직임이 내재되어 있다는 말이다. 그러니 노자가 설명하고자 하는 致虛(치허)와 守靜(수정)에서의 靜(정)은 글자 자체의 의미를 뛰어 넘어 대상에 동화(同和)됨을 내포하고 있다. 비움이 지극하여 공(空)의 상태가 되면, 자신은 만물에 동화되어 자연의 일부가 되고 화광동진(和光同塵)의 상태가 되어 자신이 자신임을 의식하지 않는 상태가 된다. 이때의 고요함은 만물과 소통하는 상태의 고요이고, 자신의 욕구를 의식하지 않고 우주의 섭리에 따르는 고요함이다. 공(空) 혹은 無(무)의 상태로 만물에 동화됨을 근원으로 돌아간다고 하고, 이를 고요함이라 하였다. 근원으로 돌아간다고 함은 자아의식이 기능하지 않던 상태로 복귀함을 의미한다. 어쩌면 감각기관이 외부환경을 외부로 구분하지 못하는 상태일 수도 있을 것이다. 구분 의식이 기능하지 않아 자타의 구분이 분명치 아니하니 고요한 상태가 되는 것이다. 이 상태는 물아일체의 상태이고, 사물을 있는 그대로 왜곡됨이 없이 볼 수 있는 순간이라 할 수 있다. 물아일체가 되면 대상이 지향성과 자신의 지향성이 같아지는 상태가 되니 도에 가까워졌다고 할 수 있다.

고요한 상태에서 조건이 형성되어 의식이 작동하면 구분이 생기고, 구분은 다름을 만들어 비교하고 경쟁하게 하여 변화로 발전하게 된다. 비교하고 경쟁하는 마음의 작용은 호·불호, 쾌·불쾌, 편·불편 등으로 변한다. 마음이 호·불호, 쾌·불쾌, 편·불편을 느끼면 이는 기쁨(喜)·노여움(怒)·슬픔(哀)·즐거움(樂)·사랑(愛)·미움(惡)·욕심(欲)등으로 이어지고, 시간의 경과하면 감정들은 평상심을 찾는다. 나아가 평상심이 지극한 비움에 도달하면 고요한 상태로 변하게 된다. 이런 과정을 노자는 그 근원으로 돌아왔다(復歸其根)고 하였다.

이런 변화는 위에서 언급한 바와 같이 사람의 마음에만 있는 것이 아니고, 만물(物)에도 작용한다. 만물은 환경의 변화에 따라 무성하게 자라지만, 계절이 바뀌면 다시 사그라지는(衰) 과정으로 진입하게 되고, 결국에는 뿌리만 남게 되어 본래의 모습으로 돌아간다. 뿌리인 근원으로 돌아감을 복귀한다고 표현함은 원래의 모습으로 돌아왔다는 의미와, 다시 순환하여 봄이 오면 생장할 것이라는 의미를 함께 내포하고 있다. 근원으로 복귀하니 공허하여 고요해지고, 고요하니 일어나기 이전의 본래 제자리로 되돌아온 것이 된다. 이것을 사물이 본래부터 가지고 있던 고유한 본성인 천명(命)을 회복한 것이라 하였다.

천명(命)을 회복하여 거기에 머무는 것을 늘 그러함(常)이라 하였다. 천명에 머문다고 함은 천명을 따름을 포함한다. 이는 모든 사물이 시스템으로써 상호 의존적인 구조를 갖고 의존적으로 기능하고 있음을 알고 시스템의 법칙에 따름을 안다는 것이다. 시간의 흐름에 따른 순환의 법칙도 자연시스템의 법칙이다. 생장성쇠는 예전에도 그러하였듯이 계절에 따라 순환하는 것이고 앞으로도 그럴 것이다. 이는 여전함이요, 한결같음이며, 떳떳함이고 변함없이 늘 그러함이니 이를 상(常)이라 한다.

여기서 상(常)은 어느 일정한 순간을 말함이 아니고 변화하는 흐름의 늘 그러함과 본성에 따르는 마땅함을 말한다. 즉, 본성에 따른 생장성쇠(生長盛衰)의 흐름은 당연히 그러해야 할 바 당위이다. 쉽게 말하면, 만물은 환경의 조건에 따라 생겨나서 무성해졌다가 시들어서 죽어갈 것이고, 이 변화는 늘 있어 왔고 미래에도 늘 그러할 것이라는 뜻이다. 초승달은 보름달이 되고, 보름달은 그믐달이 되어 사그라졌다가 다시 초승달로 생겨나는 것과 같다.

이 부분에 대한 왕필의 주석에는 "허정(虛靜)함으로써 만물의 되돌아감을 본다. 무릇 있음(有)은 빔(虛)에 기대어 일어나고 움직임(動)은 고요함(靜)에 기대어 일어나며, 고로 만물은 비록 함께 움직이고 만들어지지만, 마침내 허정(虛靜)으로 복귀하니, 이것이 사물의 지극함이고 도타움이다(以虛靜觀其反復. 凡有起於虛, 動起於靜, 故萬物雖并動作, 卒復歸於虛靜, 是物之極篤也)"라고 하였다. 이 문장의 於(어)는 "기대다, 의지하다"라고 해석해야 한다. 그래야 유무상생(有無相生)에 맞는 해석이다.

늘 그러함(常)을 아는 것을 밝음(明)이라 하고, 모르면 망령되게 흉한 일을 하게 되고, 늘 그러함을 알면 포용한다(知常曰明, 不知常, 妄作凶, 知常容)고 하였다. 이는 순환의 도를 알면 작위 하지 않고 고요함이 움직이기를 기다릴 텐데 욕심에 급하게 일어나면, 환경의 균형이 깨지게 되어 환경으로부터 흉한 일을 당하게 된다는 것이다. 그러니 순환의 도를 아는 것 즉, 늘 그러함을 아는 것이 이치에 밝은 것이다. 이렇게 늘 그러함을 알면 욕망에 치우치지 않고 균형을 유지하며, 스스로 작동될 때를 기다리게 되니 이를 포용한다고 하는 것이다. 늘 그러함을 아는 것은 그러할 변화를 예측한다는 의미로 통찰할 수 있음을 뜻한다. 욕망을 버리고 통찰하고 기다리며 균형을 유지한다는 것은 환경이 늘 그러하듯이 존재하고 기능함을 포용하는 것이다.

노자는 포용함은 공평함과 같다고 하였다(容乃公). 용내공(容乃公)에서 내(乃)는 "곧, 혹은 바꾸어 말하면, ~와 같다"라고 해석하였다. 왜 포용함이 공평한 것과 같을까? 포용은 대상을 너그럽게 감싸주거나 받아들임을 의미한다. 타인을 수용함은 자신과 차이를 인정한다는 것이고, 다름을 이해하고 공감한다는 말이다. 상태나 처한 상항의 다름, 그리고 행동이나 표현의 차이를 인정함은 자신과 동등한 위상으로 인정하는 것이니 공평하다는 것을 인정하는 것이 된다. 그리고 포용은 위에서 언급한 바와 같이 자기 중심의 욕망을 버리고 변화의 흐름을 통찰함으로써 관계에서 균형을 유지하고 환경의 존재와 기능도 인정하고 수용하는 것인 바, 이는 현재의 환경과 그 흐름을 있는 그대로 받아들인다는 것이다. 환경과 타인을 있는 그대로 인정하고 수용함으로써 대상에 자신의 욕망을 강요하거나 지배하려 하지 않으니 공평하고 정의롭다고 할 수 있을 것이다.

노자는 공평함은 왕과 같고, 왕은 하늘과 같다고 하였다. 공평함은 사사로움이 없이 만물을 포용하게 하여 영향력이 미치지 않는 곳이 없게 하니, 천하를 다스리는 왕과 같다는 의미이다. 천하를 다스릴 수 있는 왕은 곧 공평 무사하여 하늘의 도를 하늘과 같이 시현할 수 있어야 한다. 그러니 하늘이 왕에게 다스리는 지역의 사물과 사람을 관장할 수 있는 권한을 주는 것이다. 이 점에 대해서 왕필은

"두루 미치지 못하는 바가 없으면 이에 하늘과 같아짐에 이르게 된다(無所不周普, 則乃至於同乎天也)."라고 주석하였다.

　왕이 하늘과 같다는 점은 동양철학에서 천자(天子)와 왕(王)이 천명(天命)의 집행자 혹은 대리인으로 변하는 과정을 살펴보아야 이해할 수 있는 부분이다. 인간이 사회생활을 하게 됨에 따라 자신의 존재 근거를 찾게 되는데, 처음에는 개인의 신분에서 부모를 찾고, 다음은 가족의 일원으로서 가족의 존재에 대한 근거를 찾게 된다. 이것이 혈연에 근거한 조상신을 찾는 이유이다. 나아가 자신의 사회적 신분이 가족을 넘어 지역사회의 신분으로 상승하게 되면서 혈연을 정당화시켜주는 조상신보다 상위의 근거를 찾게 된다. 이런 경향은 조상신에서 상제 혹은 천명의 등장을 합리화하고 촉진하게 된다. 같은 맥락에서 왕은 세상을 지배하는 하늘의 명을 받은 자이니 왕은 하늘의 지배를 위탁 받아 세상을 지배하는 것으로 합리화한 것이다. 이런 지배의 논리가 성립하려면 왕을 제외한 모든 백성은 공평하여야 하고, 왕은 옳고 선한 행위를 하는 공평하고 공정한 사람이어야 한다. 이런 점에서 공평 무사하니 왕과 같다고 한 것이다.

　"하늘은 道와 같다(天乃道)"라고 함을 이해하기 위해서는 "천명(天命)"에 대하여 살펴보아야 한다. 천명은 하늘과 인간의 관계에서 하늘이 인간을 포함한 사물에게 한 명령이다. 하늘이 인간에게 명령한다는 것은 말이 되지 않는다. 그러나 중국의 춘추전국시대(BC770 ~ BC221)에는 그랬었다. 당시에는 이 지상세계를 제대로 기능하게 하는 정당성과 힘은 모두 하늘에서 온다고 생각하였다. 하늘은 인간의 삶을 결정하는 빛, 물, 바람, 공기를 제공하니 하늘이 없으면 인간은 생명을 유지할 수 없다. 하늘이 인간의 생사여탈권(生死與奪權)을 행사할 수 있으니, 하늘이 인간의 지배자인 것은 당연한 것이 아닌가? 그러니 사람은 지배자인 하늘의 뜻 즉, "천명"을 따르려 했던 것이다. 이런 사고 방식을 정치인인 왕이 자신의 존재의 타당성을 합리화하는데 이용하게 되었다. 즉, 자신을 하늘의 아들인 천자라고 하게 된 것이다.

위에서 언급한 바에 따라 천명은 인간 존재의 근원이고 인간다움의 기준이 되며 진리의 법칙이 된다. 사람은 하늘이 만물에게 온전한 생을 누리게 할 것이라고 생각한다. 이는 선의(善意)의 하늘을 상정한 것이다. 그런데 사람의 자질은 천차만별하여 모두가 온전한 삶을 영위하지 아니하니, 하늘은 정의롭고 덕(德)이 있는 사람을 그 대리인으로 정하고, 그 대리인으로 하여금 자신의 의지를 실행하게 맡기게 된 것이라 믿게 만들었다. 이것이 군왕인 천자(天子)의 존재 근거가 된다. 천자는 하늘과 같이 하늘의 도를 집행해야 하니, 집행할 수 있는 권력이 필요하게 되므로 이 권력을 강화하는 데 심혈을 기울이게 된다.

도는 영원함과 같으니 몸이 없어져도 위태롭지 않다(道乃久, 沒身不殆)고 하였다. 도와 같은 하늘은 순환하는 사계절을 만들고, 빛으로 사물의 생장성쇠를 관장하며, 비를 내려 인간을 포함한 사물의 등장과 사라짐을 관장한다. 인간의 사고로는 하늘이야 말로 당연히 자연의 섭리를 지배하는 절대자임에 틀림이 없다. 그러니 이 하늘의 섭리는 도(道)와 같은 것이다. 그리고 하늘은 인간의 생각이 미치는 태초부터 있었고 이제까지도 있었으니 당연히 언제나 영구히 존재할 것이라는 점도 너무나 자명하다. 그리하여 오래 지속된다고 하였고, 그 속에 몸담고 있는 사물은 오고 가더라도 하늘의 도는 위태롭지 않다고 하였다.

17장
무위(無爲)의 정치

太上下知有之, 其次親而譽之, 其次畏之, 其次侮之, 信不足有不信, 悠兮其貴言, 功成事遂, 百姓皆謂我自然.

　최상의 군주는 백성이(下) 그가(之) 있음을 알 뿐이고, 그다음의 군주는 (백성이) 그를 가까이하고 칭찬하며(譽), 그다음의 군주는 그를 두려워하고, 그다음은 그를 업신여긴다(侮). 믿음이 부족하여 불신하게 된 것이다. 그가 말을 귀하게 여겼는지 근심이 되는구나. (군주가) 공을 이루고 일을 성취하면, 백성들은 모두 우리가 스스로 그러하게 한 것이라고 말한다.

📣 번역에 유의할 어휘

太上下知有之(태상하지유지)에서 太上(태상)은 "천자, 최상의 군주"이고, 下(하)는 "아랫사람"이니 "백성"이라 옮겨, "최상의 군주는 백성이 그가 있음을 알뿐이다"라고 번역한다.

悠兮其貴言(유혜기귀언)에서 悠(유)는 "멀다, 근심하다, 한가하다, 생각하다" 등의 의미 중에서 "근심하다", 其(기)는 "그"로 옮기면, "그가 말을 귀하게 여겼는지 근심이 되는구나"라고 번역된다.

功成事遂(공성사수)에서 주어가 태상인 군주인지 아니면 다음에 연결되는 백성인지 분명하지 않다. 다음 문장의 문맥으로 유추하면 군주를 주어라고 보는 것이 바람직하다. 百姓皆謂我自然(백성개위아자연)에서 我自然(아자연)의 해석이 난감하다. 功成事遂(공성사수)와 연결하여 의미의 흐름을 보면 무위로 행한 군주의 공과 성취는 부지불식간에 이루어짐으로 백성은 일이 성취된 까닭을 모르고 일이 저절로 그렇게 되었다고 말한다는 내용으로 해석하는 것이 바람직하다. 여기서 然(연)은 "그러하다, 그러하게 하다, 명백하다, ~이다, 듯하다, 허락하다" 등의 의미 중에서 "그러하게 하다"로 옮긴다. 그러면 (군주가 무위로) 공을 이루고 일을 성취하면, 백성들은 모두 우리가 스스로 그러하게 한 것이라고 말한다.

🔊 풀이

16장은 도(道)의 근원을 찾아가는 과정을 고요함(靜)에서 시작하여 천명(命) ⇨ 늘 그러함(常) ⇨ 밝음(明) ⇨ 포용(包容) ⇨ 공평(公) ⇨ 왕 ⇨ 하늘 ⇨ 도(道)에 이르기까지 이기심을 비우고 공존의 법칙에 따르는 것으로 설명하였다. 이번 장에서는 도(道)에서 멀어지는 현상을 설명하고 있다.

최상의 군주는 존재하되 백성은 그가 어떻게 무엇을 하는지를 모르게 다스린다고 하였다. 4장에서 "무위로 다스리면 다스려지지 않음이 없다(爲無爲 則無不治)"라고 한 바와 같이 군주가 도에 따라 정치를 하면 백성은 불안이나 걱정이 없고, 불편함이 없으니 그냥 군주가 있다고 알 뿐이다. 군주는 자신의 존재를 알릴 필요도 없고, 공평하고 사사롭지 않으며, 과오가 없으니 특별히 백성 앞에 나설 이유가 없을 것이다. 물 흐르듯 무위로 만물에 공평하게 시혜를 베푸니 어느 곳의 어떤 백성이나 그의 온기가 전해지고, 스며들어 녹이지 못함이 없게 된다.

그다음의 군주는 공정을 표방한 정치를 구현하려 한다. 공정의 기준은 주로 선악의 구분에 의하고 선악의 기준으로는 주로 평등을 이용하려 한다. 이런 규범에 의한 판단은 이분법적인 구분으로 편가르기를 하는 이념논쟁으로 직결되기 쉽다. 공평을 표방하지만 규범에 의한 이분법적 구분은 결국 공평이 아닌 불공평으로 나누어 진다. 포용은 공(公)이라 했던 구절을 실감나게 하는 대목이다. 선(善)이란 명분으로 백성 가까이 다가가니 백성은 군주가 가까이서 사신들을 위한다는 마음에 친근감을 느끼고 칭찬을 하게 된다. 이런 군주의 다스림은 규범에 의한 유위(有爲)의 다스림으로 선정(善政)을 베풀려 하는 것이니 겉으로 보기에는 좋은 군주인 것 같다. 이런 군주가 직접 백성에 다가가 자신의 의도를 강조하고 자신의 의도대로 일을 진행하면, 공정의 문제가 제기될 수 있고, 친소(親疏)의 관계가 불거질 수 있어 도리어 부작용이 생길 수 있다. 그러니 이런 군주는 최상의 군주는 아니라고 한 것이다.

그다음의 군주는 무위의 도(道)에서 멀어지고, 작위적인 인의(仁義)에서도 멀어진 경우로 백성에게 선정(善政)을 베풀지 못한다. 백성의 기대에 미치지 못하는 군주지만, 위엄만은 지키려 하므로 탄압으로 다스리려 한다. 그런 결과로 백성들은 그를 두려워하게 된다. 이런 군주가 사용하는 통치의 수단은 권력이다.

마지막에 해당하는 군주는 백성으로부터 업신여김을 당하는 자이다. 이런 군주는 선정도 베풀지 못하고 군주의 위엄도 유지하지 못하며, 사사로운 이익을 앞세우고 공정하지 못하므로 백성은 그를 업신여기며 피하려 한다. 왕필은 "올바름(正)으로 백성을 가지런하게 할수는 없어, 지모(智)를 부려서 나라를 다스리니, 아랫사람들이 그것을 피할 줄 알아서 그 명령을 따르지 않는다. 그러므로 그를 업신여긴다(不能以正齊民, 而以智治國, 下知避之, 其令不從, 故曰侮之也.)"고 주석하였다. 공정하게 백성을 다스리지 못하고 꾀(智)를 부려서 다스리면 백성은 피해의식을 느끼고, 정책에 불복하여 반기를 들며, 군주를 낮추어 보거나 하찮게 여기게 되는 경우를 말한다. 이런 군주를 이름을 붙이자면 "비윤리적 군주"라 할 수 있다.

믿음이 부족하면 불신이 생긴다고 하였다. 불신은 기대에 미치지 못하면 생긴다. 기대에 미치지 못함이 누적되면 불신의 정도가 점점 고조된다. 백성의 군주에 대한 기대, 가족의 가장에 대한 기대, 부인의 남편에 대한 기대 등등, 사회생활에는 각자의 기대역할이 있다. 이 기대 역할은 가족, 씨족, 국가 등의 집단의 구성원인 당사자가 집단으로부터 부여받은 역할에 대한 바램이다. 어떤 집단이든지 집단을 구성하는 부분이 그 역할을 수행하지 못하면, 집단 전체가 올바르게 기능하지 못하게 된다. 부품의 고장이 기계를 정지시킴과 같은 논리이다. 이것이 의존적인 기능 구조인 시스템이 갖는 특성이다. 의존적인 기능구조에서 어느 부분에 대한 신뢰가 부족하거나 불신을 하게 되면 의존의 정도가 변하게 되고, 이 변화는 다른 부분에 과부하를 조장하기도 하고, 전체 구조에 불균형을 만들기도 하여, 효율을 떨어뜨리거나 아예 기능을 못하게 하기도 한다. 믿음의 근거가 무엇일까? 입으로 뱉은 말을 실제로 수행하는지 않는지에 따라 신뢰와 불신이 결정된다. 말이 그만큼 중요하다는 뜻이다. 그리고 말을 하면 반드시 상대방은 자신의 유·불리에 따라 반응을 보이는데, 이 반응에 따라 자신의 주장을 다시 바꾸면 거짓이 되니 당초의 주장을 바꿀 수 없다. 그러니 "그가 말을 귀하게 여겼는지 근심이 되는구나"라고 하였다.

"(군주가) 공을 이루고 일을 성취하면, 백성은 모두 우리가 스스로 그러하게 한 것이라고 말한다(功成事遂, 百姓皆謂我自然.)"라고 하였다. 이 말은 전체의 문맥으로 보아 군주가 좋은 군주이든 나쁜 군주이든 관계없이 백성은 아전인수격으로 우리가 스스로 그러하게 했다고 말한다는 것이다. 쉽게 말하면 백성은 군주가 성취한 일도 자신들이 그러하도록 하였기에 군주가 그렇게 했다고 말한다는 뜻이다. 군주가 무위의 다스림(無爲之治)으로 일에 처하여 백성에게 도움이 되는 사업을 하면 백성들은 그 결과를 마치 자신들의 성취인양 자랑스럽게 생각하게 된다. 이렇게 되면 백성은 그 군주가 무슨 작용을 하였는지는 모르고 자존감이 높아져서 기뻐할 것이다. 그러면 최상의 군주가 될 것이다.

이 장은 간단하지만 내용은 그렇게 간단하지 않다. 지도자가 어떻게 행동하는지에 따라 그 명성(名聲)이 완전히 달라짐을 명료하게 설명하고 있다. 노자는 이들을 무위의 지도자, 옳고 그름을 중시하는 규범에 의한 지도자, 권력중심의 지도자, 비윤리적 지도자 등으로 구분한다. 그리고 신뢰와 불신의 가름하는 말의 중요성과 백성을 섬기는 무위의 다스림을 강조한다.

시스템은 무엇을 입력하는지에 따라 출력이 변한다. 지도자가 어떤 내용을 입력하는지에 따라 그의 평판이 결정된다. 그 평판은 국민이 하는 것이다. 물론 그 평판은 국민의 이념적 편향성이나 정서에 따라 다양한 형태를 나타낸다. 그리고 그 평판은 다시 피드백 되어 지도자에게 되돌아오고 지도자는 입력을 수정하게 된다. 그런데 대부분의 지도자는 이 당연한 피드백 정보를 수용하지 않을 뿐만 아니라 입력을 수정하려 하지 않는다. 그러니 결과는 불신으로 이어지고 불신은 업신여김으로 연결되는 것이다. 그런 결과가 보이는데도 왜 수용하지 않을까? 이념의 장벽, 인의 장막, 집단의 이기심, 사심 등, 다양한 걸림돌이 있기 때문이리라. 그런데 지도자는 이런 장애물을 장애물이라 생각하지 않고 우군(友軍)이라고 생각하는 경향이 강하다. 사실 이들은 내부의 적이다. 내부의 적을 자기 편으로 알고 그들 집단만의 경기를 하고 있는 것이다. 긍정적이고 개방적인 관점이 필요한 대목이다.

피드백을 인지하고 바로 수정하여 입력하면 결과를 바로잡기 쉬우나, 시간이 걸리면 시스템의 처리체계가 고착하여 수정이 잘 되지 않는 것이 사회시스템의 특색이다. 그러니 고착되고 난 후에 입력을 수정하여도 결과는 잘 수정되지 않음을 지도자는 반드시 고려해야 할 것이다. 시스템에서 시간은 변화를 잉태하는 변수이자 자원이다. 시간은 물리적 순간일 수도 있지만 기회이자 소비이고 망각의 자원일 수도 있다. 시간을 잡는 것이 선택이고 집중이며, 변화이다.

18장
도의 붕괴와 규범의 등장

大道廢有仁義, 慧智出有大僞, 六親不和有孝慈, 國家昏亂有忠臣.

 큰 도가 무너지니 어짊과 의로움이 있고, 밝은 지혜가 나타나니 심한 거짓(大僞)이 있으며, 육친이 화합하지 못하니 효와 자비가 있으며, 국가가 혼란스러우니 충신이 있다.

🐟 번역에 유의할 어휘

慧智出有大僞(혜지출유대위)에서 僞(위)는 "거짓, 잘못, 작위(作爲), 속이다, 잘못되다(와), 틀리다(와), 고치다(와)" 등의 의미 중에서 "거짓, 작위(作爲)"로 해석하는 것이 바람직하다. 자전에 僞(위)자는 人(사람인)자에 코끼리를 길들이는 모습에서 "~하도록 하다"라는 뜻을 가진 爲(위)자를 결합해 인간이 인위적으로 코끼리를 길들이는 것처럼 자연스럽지 못한 행위를 하게 한다는 의미에서 "거짓"을 뜻하게 되었다고 한다. 이는 인간이 대상을 자신의 의도대로 하게 하는 작위적인 행위를 말하는 것이다. 노자익의 여길보(呂吉甫) 주석에서는 僞(위)는 德(덕)의 반대다(僞者德之反 위자덕지반)라고 하였다. 노자가 말하는 德(덕)은 道(도)가 세상의 사물에 시현된 것을 말하는 것으로 사물의 本性(본성)이라 할 수 있다. 그러니 僞(위)가 德(덕)의 반대라고 함은 "작위는 본성의 반대"라고 해석할 수 있다. 지혜로 대처함은 인간의 하고자 하는 욕심인 의도가 반영된 추구 행위이므로 공존의 질서인 본성에는 합당하지 않는다는 뜻이 된다. 大(대)는 "크다, 심하다, 높다, 훌륭하다, 자랑하다, 많다, 중요시하다" 등의 의미 중에서 "크다, 혹은 심하다"라고 옮긴다.

🔊 풀이

큰 도가 무너지니 인의(仁義)가 있다는 말은 대상의 지향성을 포용하고 공감하며 주객이 조화롭게 공존토록 하는 질서의 틀인 도가 무너지면 인위적으로 질서를 유지하기 위하여 규범이 등장하게 된다는 것이다. 이 규범은 타인의 어려움을 측은하게 느끼라고 하고, 이것은 옳고 저것은 잘못이니 하지 마라는 등의 규제가 등장하게 된다는 것이다. 이런 규범이 등장함은 이미 도는 어느 정도 무너진 상태라고 봄이 타당하다. 이 작위적 규범은 선(善)을 표방하는 행위규범으로 인(仁)과 의(義)에 의한 선과 악, 옳고 그름의 구분이다. 도에 의한 다스림은 대상의 지향성에 조화하는 능동적인 방식이라면, 규범에 의한 다스림은 백성의 수동적인 면이 강조되는 방식이다. 능동적이면 스스로 옳고 그름에 대한 관심과 피드백을 통한 자기검열이나 자기조정이 가능하나, 수동적일 경우는 타인이나 제도에 의한 피드백을 받기 때문에 상과 벌의 관계가 등장하게 되고 우월적인 지위를 가진 자와 열등한 지위를 가진 자의 구별이 확연하여진다. 이런 구분은 백성을 공평하지 않게 만들고 차등을 만들어 양극화 현상이 일어나는 계기가 될 수 있다.

밝은 지혜가 나타나니 큰 거짓(혹은 작위)이 있다(慧智出有大僞)고 하였다. 인의(仁義)로서 선정(善政)을 펼치려고 선악과 옳고 그름의 규범을 만들면, 이 규범을 통해서 하고자 하는 바가 드러나고, 어떤 행위가 규범에 어떻게 위배되는지를 명백하게 알려준다. 그러니 이 규범에 위배되지 않거나 피할 수 있는 방법을 생각하게 되니 이것이 지혜이다. 지혜로운 방법이 나타나면, 이에 대응하여 거짓 혹은 인위적이고 의도적인 행위가 생겨난다고 하였다. 쉽게 말하면 지혜라는 작용은 인간의 의지가 반영된 것이고, 이기성에 바탕을 둔 의도적인 문제해결 방법이므로 대상의 입장에서 공존의 태도는 아닐 수 있다는 것이다. 그러니 이 문제해결의 지혜에 대응하는 인위적인 대응책으로 거짓이나 의도적 행위가 나타난다는 것이다.

육친은 부자, 형제, 부부이다. 가족을 말한다. 가족이 화목하지 못하면 효성과 자비로움이 있다고 하였다. 가족이 서로 뜻이 맞고 정답게 지낸다면 구태여 의도적으로 부모를 잘 섬길 이유가 없다. 부모와 자식이 각자의 위치에서 서로 사랑하고 배려해 주고 감싸주는데 특별히 자식이 부모를 위해 효도라며 특별히 정성껏 섬길 이유가 있겠는가? 그러나 가족이 화목하지 못하여 서로 다투고, 대립하여 갈등하며, 의견충돌로 알력이 끊이지 않으면 자식은 부모께 도리를 다하지 못함에 죄송스러움을 느끼며 효를 행하려 할 것이다. 반대로 부모도 이런 자식을 가엽게 여기고 자애로움을 베풀어 괴로움을 해소하려 할 것이다.

나라가 태평하면 백성과 관료들은 각자 맡은 바 직분을 충실히 수행하여 모두가 만족스러운데, 백성이 임금이나 나라에 대하여 특별이 마음에서 우러나오는 정성을 보일 필요가 있겠는가? 나라가 어지럽고 혼란스러우면 각자 맡은 바 직분은 제대로 작동하지 않고, 여기 저기서 경제적·신체적·정신적 불만이 터져 나와 임금은 어리둥절하여 지고 곤란을 겪게 된다. 이런 어려운 시기를 만나면 진짜 나라와 임금을 사랑하고 정성껏 보살피려는 충신이 나타나게 되는 것이다.

이 장에서 노자가 말하고자 한 바는 무엇일까? 그냥 세상이 도에서 벗어나면 자생적으로 사회질서를 부양하는 회복력이 생긴다는 것을 말하려는 것일까? 노자는 무위의 대도(大道)와 인·의(仁·義), 지혜와 인위(人爲), 가족불화와 효도·자애, 국가 혼란과 충신 등의 개념을 통해, 도에 의한 자연적 질서와 가치에 의한 인위적 질서를 대비하고 있다.

도에 의한 사회질서는 전체인 자연질서 속에 부분으로 존재하고, 부분 간에 서로 대상의 지향성을 배려하고 상호작용하는 것이 바람직하다고 함에 비해, 인위적인 질서는 자연을 지배하는 인간의 이기성에 바탕을 둔 자연과 인간, 인간과 인간의 균형을 논의의 대상으로 하고 있다. 인간 삶의 기초인 경제 활동이 자연에 바탕을 두었을 때는 인간은 자연의 일부에 불과하였고, 자연과 인간은 평등한 관계였다. 그러나 인간의 경제활동이 자연을 거래의 대상으로 삼고, 자연을 가공한 상품이 교환의 대상이 되고, 이를 대량으로 가공할 수 있는 기술이 등장함에 따라 자연이 인간의 생활에 직접적으로 미치는 영향이 감소하게 되었다. 그리하여 인간은 자연에서 벗어나 자기들의 지혜로 경제생활을 하게 된 것이다. 이런 결과로 자연과 공존이라는 자연 의존적 가치의 틀에서는 벗어났지만, 새로운 의존관계인 사회생활에서 오는 혼란을 방지하기 위해 질서유지가 필요하게 되었다. 즉, 사회질서유지를 위한 규범이 필요하게 되었다. 이것이 인간의 공존, 즉 자신과 타인간의 공존의 관계를 유지할 규범이 필요하게 된 이유이다. 이 규범이 선악(善惡)이고, 옳고 그름(是非)이다. 선악과 시비(是非)를 인간에 적용한 것이 인의(仁義)이다.

이 인의(仁義)나 시비(是非)는 도덕적 이상주의의 명분이 되었다. 특히 옳고 그름은 정의(正義)나 공정(公正)을 표방하고, 이로써 선악(善惡)을 이분법으로 재단하려 한다. 지도자가 이런 이분법적인 규범을 이념으로 하여 정치를 하게 되면, 국민과 국론은 분열되어 여론의 싸움터가 되고, 국민을 분노의 도가니로 몰아가게 된다. 그리하여 국력은 낭비되고, 국민의 성취욕이나 창의력은 매몰되며, 기업가의 기업가 정신은 고개를 떨구고 숨어버리고, 기업가의 의욕상실은 투자 절벽을 만듦으로 근로자는 취업의 희망을 잃게 되고 사명감이나 신바람, 충성심, 희생정신 등 근로의욕을 상실하게 된다.

기본적으로 자신의 지향성을 중시하는 사람에게 의도적으로 어떤 이념이나 규범에 따르게 만드는 것은 공존이 아니라 공멸로 가는 지름길이다. 과거 구소련의 붕괴가 그 대표적인 예이다. 사회지도자들은 이 점을 반드시 유의하여야 할 것이다. 인간은 지능을 가진 동물이다. 지능을 가진다고 함은 성공과 실패를 통해 얻은 경험을 기억하고, 이 기억을 바탕으로 하고자 하는 바를 추구하는 욕구를 가진다. 이 욕구는 생리적으로 자신의 존재를 유지하고, 내 마음대로 하고 싶어 하며, 인정받고 싶어 하고, 사물을 이해하고 싶어 한다는 것이다. 이런 욕구 추구를 방해하면 반대하고 저항하며 투쟁하고 분노한다. 이들 욕구의 대상은 자유, 재물, 권력, 명성, 색, 음식 등 다양하다. 분명한 것은 인간은 자유를 구속받지 않으려 하고 욕구의 실현을 인정받으려 한다. 그 이유는 욕구 추구 행동은 각 개인의 개성이고, 정체성이며, 사회발전의 기초가 되는 다양성이기 때문이다. 그러므로 이 다양성은 이분법적으로 재단될 수 없다.

자연 중심의 생태계에서 인간 중심의 생태계로 바뀌면서 자연 의존적인 틀에서 사회 의존적인 틀로 공존의 대상에 대한 변화가 일어나고, 이 공존의 대상이 자연에서 사회로, 사회에서 집단으로 변화함에 따라 인간은 그들 특유의 기능인 지능을 활용하여 인의, 도덕, 법, 이념 등의 인위적 규범을 만들어 질서 유지를 도모하려 한다. 하지만 인간의 이기성은 매우 다양한 형태로 존재하므로 이들을 어떤 개념이나 규범으로 통괄하기 어렵다는 것은 당연하다. 그리하니 다시 근원적 해결책으로 복귀하여 다양성과 개별성이 존중되는 자연의 도에서 치유의 방편을 찾고 있는 것이 현실이다. 노자를 공부하는 것도 이런 방편의 일부이다.

사회라는 생태계는 그 생태계를 이루는 물리적 구성 요소와 그들이 갖는 에너지가 있다. 이 에너지는 물리적 요소를 전체로 묶어주는 끈이며, 응집력이다. 이 끈의 작용은 우주의 인력이나 별들의 중력과 같이 서로 당기고 밀며, 위치를 고정해 주고 이동할 수 있게 동력을 제공한다. 이것이 우주가 자전하고 공전하며 순환하는 방식이다. 인간사회의 질서도 이와 같이 보이지 않는 끈의 힘으로 당기고 밀며, 자존과 공존의 묘를 유지하고 있다. 이것이 자연이고 道이다. 이 자연의 도에서 조금의 빈틈이 생기면 부의 엔트로피로 다른 작용이 일어나 그 틈을 메워 줌으로써 균형을 회복하게 하는 것이다. 이것은 시스템의 특성 중 하나인 피드백을 통한 수정작업이다. 이 회복력에 어떤 힘이 인위적이고 이기적으로 작용하게 되면 공존의 질서는 방향을 잃게 되어 저항과 반대에 휘말리게 된다. 그리하여 환경은 그 당사자를 위태롭게 만들고 결국에는 공존의 대상에서 몰아내는 결과를 만든다. 이런 과정은 전체의 입장에는 시스템의 자생 활동이고, 몰려난 개인의 입장에서는 재난이 되는 것이다.

19장
규범과 욕심에서 벗어나 고요함 회복

絶聖棄智, 民利百倍, 絶仁棄義, 民復孝慈, 絶巧棄利, 盜賊無有. 此三
者以爲文不足, 故令有所屬, 見素抱樸, 少私寡欲. 絶學無憂.

   성스러움(聖)을 끊고 지혜(智)를 버리면, 백성의 이로움이 백배가 되
고, 인(仁)을 끊고 의(義)를 버리면, 백성이 효성과 자애로움을 회복하
게 되며, 기교를 끊고 이로움을 버리면, 도적이 있지 않을 것이다. 이
세 가지는 마음에 새길 글(文)로는 부족하다고 생각되므로 붙이는
(屬) 바가 있게 하였다. 바탕을 보고 소박함을 품으며, 사사로움을 줄
여 욕망을 적게 하고, 배움을 끊어 근심을 없게 한다.

🔊 번역에 유의할 어휘

此三者以爲文不足(차삼자이위문부족), 故令有所屬(고령유소속)에서 以爲(이위)는 "~라고 생각하다", 令(령)은 사역동사, 屬(속)은 "붙다, 부착하다"의 의미로 옮긴다. 文(문)은 갑골문에 팔을 벌리고 있는 사람의 가슴에 ✕ 모양의 문양이 그려져 있었다. 이것은 몸에 새긴 "문신"을 표현한 것이다. 그래서 文자의 본래 의미는 "몸에 새기다"라고 한다. 이에 근거하면 文(문)은 "가슴에 새겨 간직하다. 마음에 새기다. 혹은 기억하다"라고 해석한다. 이를 의역하면 "마음에 새길 글"이라고 함이 좋을 것 같다. 문장 전체를 번역하면, "이 세 가지는 기억할 글로는 부족하다고 생각되므로 붙이는(屬) 바가 있게 하였다"이다. 여기서 此三者(차삼자)는 앞에서 열거한 절성기지(絶聖棄智), 절인기의(絶仁棄義), 절교기리(絶巧棄利)이고, 붙이는 바는 아래에 연결되는 見素抱樸(견소포박), 少私寡欲(소사과욕). 絶學無憂(절학무우)이다. 번역하면, "바탕을 보고 소박함을 품으며, 사사로움을 줄여 욕망을 적게 하고, 배움을 끊어 근심을 없앤다"이다. 見素抱樸(견소포박)에서 見(견)은 "보다", 素(소)는 원초적 속성을 나타내는 "바탕, 처음, 근본"을 뜻한다.

🔊 풀이

세상이 어지러운 것은 모든 존재가 본성을 잃고, 생겨날 때 조건으로 지어진 마땅히 행해야 할 바를 행하지 않기 때문이다. 만물은 자신이 해야 할 바를 다하기 위해서는 본성을 알고 이를 회복하면 되는 것이다. 이는 기계가 고장 나면 전체를 분해하여 고장 난 곳을 찾고 이를 수리하여 다시 조립하는 것과 같은 이치이다. 노자는 본성을 회복하는 방법으로 그 근본으로 돌아가 고요함을 찾는 것이라 하였다. 그 근본은 타고날 당시의 조건에 부합하는 존재의 사명인 본성이다. 그리고 본성을 유지하는 것은 작위적인 욕심이 아니라 공존의 조건에 따르는 것이다. 이것이 도이다. 그러나 시간은 변화를 만들고 변화는 적응을 위한 작위를 만든다. 이런 작위적 적응에는 성스러움, 지혜, 인의, 기교, 이로움의 추구 등이 있다. 이런 적응적 대응 행동은 이기적인 속성을 갖기 마련이고, 이런 이기성은 본성에서 더욱 벗어나게 함으로써 함께 하는 존재들에 나쁜 영향을 미치게 되니, 환경으로부터 압력을 받게 된다. 바꾸어 말하면 수리가 필요한 시기가 되었다는 말이다. 수리는 작위적인 요소들을 걷어내고 본성을 찾는 것이다. 그 과정의 시작은 비움으로 고요함을 찾는 것이다.

절성기지(絶聖棄智)에서 聖(성)은 "성인, 임금, 걸출한 인물, 슬기, 뛰어난 재능, 성스럽다" 등의 의미 중에서 "성스러움"이라 옮긴다. 이 장에서 주어는 아마 임금일 가능성이 높다. 자신을 성스럽고 지혜롭다고 생각할 수 있는 사람은 임금밖에 없기 때문이다. 3장에서 현자를 떠받들지 않으면 백성은 다투지 않는다(不尙賢 使民不爭)고 하였는데, 임금이 자신이 성스럽고 재주가 뛰어나다고 생각하면 나라는 전쟁을 하게 된다는 의미가 된다. 그러니 성스러움을 끊고, 지혜를 버리면 백성은 이익이 백배가 된다고 한 것이다.

이 장에서 성스러움과 지혜, 어짊(仁)과 의로움(義), 기교(巧)와 이로움(利)를 끊고 버린다는 것은 작위(作爲, 보이기 위해서 의식적으로 하는 행위)의 욕심에서 벗어나, 근본으로 돌아가 고요함을 찾고자 함이다. 16장에서 비움을 지극히 하여 근본(根)으로 돌아감을 고요함(靜)이라 하고 고요함을 천명(命)에 머문다고 하며, 천명을 머무름을 늘 그러함(常)이라 하였다(歸根日靜, 靜日復命, 復命日常). 천명은 곧 본성이니 작위적인 성스러움과 지혜, 어짊(仁)과 의로움(義), 기교(巧)와 이로움(利)를 끊고 버리면, 즉 지극한 비움에 이르며(致虛極), 고요함을 얻게 되어 천명인 본성을 회복하게 된다는 것을 설명하고 있는 것이다.

본성을 회복하면 작위적인 규범에서 벗어나 대상과 동조할 수 있음으로 착해야(善) 한다는 억눌림에서 자유를 찾게 되고, 아름다워야(美) 한다는 속박에서 순박함을 찾을 수 있을 것이다. 그리고 기교와 이익을 좇는 마음을 버리면 재물, 명예, 권력 등의 소유욕에서 벗어날 수 있어서 욕심의 얽매임에서 해방될 수 있다.

그 결과로 백성의 이로움은 백배가 되고, 효성과 자애로움을 회복하며, 도적이 있을 수 없다고 하였다. 이 말이 맞는 말일까? 맞는 말이기도 하지만 이룰 수 없는 말이기도 하니, 아마 틀린 말이라고 해야 할 것이다. 왜냐하면 이런 생활은 즉, 욕심이나 인위적인 규범에서 벗어난 자유로운 생활은 자연상태에서만 가능하기 때문이다. 지금의 세상을 사는 인간은 자연생활을 하는 것이 아니고 사회생활을 한다. 자연상태에서의 생활은 아프리카 밀림의 자연에서 동물이 생활하는 것과 같은 생활을 말하는 것이다. 사람과 동물이 다른 점은 동물은 본능적 인식과 반응을 하는 본능적인 생활을 하고, 인간은 불과 도구를 만들어 사용하면서 본능보다 발달한 지능을 이용하여 저장이 가능한 상품을 만들고 소비하는 지적 생활인 사회생활을 하고 있다는 것이다. 발달된 지적 생활은 문화로 축적되고 계승되어 인간의 무의식에 뿌리를 내리고 있다. 이런 상태에서 어떻게 자연으로 돌아갈 수 있겠는가? 불가능이 아니라, 있을 수 없는 생각이다.

그렇다고 본성을 회복하자는 말들이 모두 이용 가치가 없는 버릴 말일까? 아니다. 복잡하게 얽히고설킨 생활에서 오는 번잡함에서 오는 스트레스로 머리가 아플 때 고요함을 찾으려면 노자에게서 길을 찾아보는 것도 매우 좋은 치유책이 될 수 있을 것이다. "나는 자연인이다"라는 TV 프로그램이 있다. 거기에 출연하는 분들은 모두가 편안하고 행복하다고 한다. 어쩌면 이해하기 어려운 부분도 많이 있을 것이다. 하지만 그들이 느끼는 편안한 마음은 사실이라고 생각된다. 물론 그들도 노자가 말한 기교와 이익에서 벗어나지 못하였고, 고요함도 얻었다고 할 수도 없으니 완전한 자연인이라고 할 수는 없을 것이다.

그런데 노자는 인위적이고 규범적인 생활에서 벗어나기 위하여 기억할 글로써 이 세 가지(絶聖棄智, 絶仁棄義, 絶巧棄利)로는 부족하다고 생각하여 세 가지를 더 첨가하였다. 첨가하여 붙이는 바는 "見素抱樸(소견포박), 少私寡欲(소사과욕), 絶學無憂(절학무우)"이다. 즉, 바탕을 보고 소박함을 품으며, 사사로움을 줄이고 욕망을 적게 하며, 배움을 끊고 근심을 없게 하라고 하였다. 앞에서 말한 세 가지는 외부관계에 근거한 내용으로 본성회복에 부족함이 있으니, 추가로 세 가지 내적인 마음가짐을 거론한 것이다.

바탕을 보고 소박함을 품으라고 하였는데 바탕과 소박함은 무엇일까? 바탕을 보라고 함은 쉽게 말해, 가지를 보지 말고 뿌리와 줄기를 보라는 말이다. 대상의 역동적인 움직임보다는 본성을 보고 감추고 있는 지향성을 파악하라는 뜻이다. 바탕은 원초적 속성이니 표면에 나타나는 것보다 사물의 기초를 이루는 근거이다. 이를 다음 장(20장)에서는 "근본으로 생활하라(食母, 식모)"라고 하였다. 그리고 "소박함을 품어라"고 하였다. 소박은 간단하고 거짓과 꾸밈이 없고 인정이 많다는 말이다. 선과 악, 미와 추(美·醜), 유능과 무능 등의 좋고 나쁨의 평가에 의한 구분을 없애고, 그 구분을 없앤 자리에 거짓과 꾸밈이 없는 자기 수용과 긍정으로 채우라는 말이다.

그리고 사사로움을 줄이고 욕망을 적게 하라고 하였다(少私寡欲). 즉, 사적인 욕망을 줄이라는 말이다. 욕망은 어떤 대상에 집착함을 말하는데, 주로 소유욕으로 대변된다. "내 것"과 "좋고 나쁨"에 대한 구별이 그 뿌리이다. 이 두 가지에서 벗어나야 사욕에서 자유로울 수 있다. "모두의 것, 그게 그것이야" 하는 마음이 필요한 것 같다.

마지막 "絶學無憂(절학무우)"는 여러 해설서에는 다음 20장 첫 부분에 포함하고 있는데, 문맥으로 보아 이번 장에 붙이는 것이 합당하다. 이유는 절성기지(絶聖棄智), 절인기의(絶仁棄義), 절교기리(絶巧棄利) 세 가지와 소견포박(見素抱樸), 소사과욕(少私寡欲), 절학무우(絶學無憂) 세 가지는 서로 대응관계에 있기 때문이다. 즉, 절성기지(絶聖棄智)-소견포박(見素抱樸), 절인기의(絶仁棄義)-절학무우(絶學無憂), 절교기리(絶巧棄利)-소사과욕(少私寡欲)은 의미상으로 서로 대응적인 관계라는 말이다.

앞 세 가지(절성기지 絶聖棄智, 절인기의 絶仁棄義, 절교기리 絶巧棄利)로는 인위적이고 규범적인 생활에서 벗어나기 위한 기억할 글, 즉 금언

(金言)이나 명언(名言)으로는 부족하다고 생각하여 세 가지를 더 첨가하였다. 첨가하여 붙이는 바는 "見素抱樸(소견포박), 少私寡欲(소사과욕), 絶學無憂(절학무우)"이다.

"絶學無憂(절학무우)"는 배움을 끊고 근심을 없애라는 말이다. 즉, "많이 배워 많이 알면, 아는 것이 병이다"는 말과 같다. 이 어구도 규범과 지혜에서 벗어나라는 말과 같은 맥락이다. 學(학)은 배움이다. 특히 노자의 당시는 배움의 대상은 도덕이고 문화관련 지식이며 논리라고 할 수 있다. 논리는 도덕과 문화관련 지식을 이기적으로 사용하는 방법이다. 그러니 공존의 질서에 영향을 미치게 되는 것이고 걱정을 만드는 요인이 된다. 도덕과 지식도 규범과 지혜에 속하며 근본적으로 소유(所有)의 수단으로 마음을 번잡하게 한다. 현대인의 입장에서는 배움을 끊으라는 말은 이해하기 어려울 것이다. 하지만 2500여년 전 문화관련 지식이 성인의 가르침과 인의예지(仁義禮智)의 규범적인 내용이었음을 고려한면 쉽게 이해할 수 있을 것이다.

이 장은 작위적이고 규범적인 사회생활의 어지러움에서 벗어나기 위해 욕심을 버리고 내면의 고요함을 찾아 자연상태로 회귀해 보라는 가르침을 준다. 물론 현대인이 자연상태로 돌아갈 수 없음은 너무도 자명한 이치이다. 그러함에도 때때로 그렇게 해보면, 대단히 좋은 치유력이 있을 것으로 생각된다. 모든 "앎과 규범"의 지각에서 벗어나고, "내 것"이라는 소유에서 자유로우면 자연인이 되지 않을까?

20장
사회적 삶과 자연적 삶

唯之與阿, 相去幾何, 善之與惡, 相去若何. 人之所畏, 不可不畏. 荒兮
其未央哉. 衆人熙熙, 如享太牢, 如春登臺, 我獨泊兮其未兆, 如嬰兒之
未孩. 儽儽兮若無所歸. 衆人皆有餘, 而我獨若遺. 我愚人之心也哉. 沌
沌兮. 俗人昭昭, 我獨昏昏. 俗人察察, 我獨悶悶. 澹兮其若海, 飂兮若
無止. 衆人皆有以, 而我獨頑似鄙, 我獨異於人, 而貴食母.

"예"와 "응"의 그 거리가 얼마나 되며, 선과 악의 거리는 어떠한가?
사람들이 조심하는(畏) 바를 조심하지 않을 수 없다. 황당하게도 그
것의 차이(其)는 선명하지(央) 않구나. 사람들이 기뻐하니, 나라에서
큰제사를 드리는 것 같고, 봄에 누대에 오르는 것 같은데, 나만 홀로
머무는 구나. 마땅히(其) 어떤 조짐도 없으니, 웃지 않는 영아와 같구
나. 고달픔이여, 돌아갈 곳이 없는 것 같구나. 사람들은 모두 여유가
있는데, 나만 홀로 버려진 것 같다. 나는 어리석은 사람의 마음이구
나. 어리석고 우매하도다. 세상 사람들은 밝고 밝은데 나 홀로 어둡
고 어둡다. 세상 사람들은 살펴서 알고 있는데, 나 혼자 답답하구나.
담백함이여 그것은 바다와 같도다. 바람소리로다 거침이 없는 것 같
구나. 세상 사람들은 모두 쓸모가 있는데 나만 홀로 완고하고 고루

한 것 같고, 나만 홀로 사람들과 달리 근본(母)으로 생활하는(食) 것을 귀하게 여긴다.

🔖 번역에 유의할 어휘

唯之與阿(유지여아)에서 唯(유)는 "오직, 비록 ~하더라도, 예, 생각하다, '예'라고 공손히 답하다, 누구(수)" 등의 의미 중에서 "예라고 공손히 답하다", 之(지)는 而(이)와 같은 접속사이고, 與(여)는 "더불어", 阿(아)는 "언덕, 대답하는 소리, 기슭" 등의 의미 중에서 "응"라고 옮긴다. 그러면 唯之與阿(유지여아)는 "예와 더불어 응"이라고 번역한다. 相去幾何(상거기하), 相去若何(상거약하)에서 相去(상거)는 "서로 떨어짐", 幾何(기하)는 "얼마", 若何(약하)는 "어떠함"이다.

荒兮其未央哉(황혜기미앙재)에서 荒兮(황혜)는 "황당하구나", 其(기)는 지시대명사로 앞 문장의 예와 응, 선과 악의 차이를 지칭하는 "그것", 央(앙)은 "가운데, 재앙, 넓은 모양, 선명하다, 요구하다" 등의 의미 중에서 "선명하다", 哉(재)는 감탄을 나타내는 종미사로 번역하면 "황당하게도 그들의 차이는 선명하지 않구나"이다. 대부분의 해설서에서 "끝이 없구나 혹은 다함이 없구나"라고 번역하고 있지만, 문맥과 글자의 뜻에 충실 하려면 "선명하지 않다"로 번역하는 것이 바람직하다. 享(향)은 "누리다, 드리다, 제사 지내다, 마땅하다, 연회, 제사" 등의 의미에서 "제사 드리다", 太牢(태뢰)는 "나라 제사에 소, 양, 돼지를 통째로 제물(祭物)로 바치던 일, 대뢰(大牢)"이다.

我愚人之心也哉(아우인지심야재)에서 之(지)는 소유격조사, 也哉(야재)는 감탄을 나타내는 종미사이다. 이 문장은 "나는 어리석은 사람의 마음이구나'라고 번역한다.

而我獨頑似鄙(이아독완사비)에서 而(이)는 역접의 "그러나", 頑(완)은 부사로 "완고하게", 似(사)는 동사로 "같다", 鄙(비)는 융통성이 없는 "고루하다"라고 옮기면, "나만 홀로 완고하여 고루한 것 같다"이다. 而 貴食母(이귀식모)를 대부분의 해설서에서 "어미(母) 먹기(食)를 귀하게 여긴다"라고 해석하고 있는데, 이는 말이 안 되는 번역이다. 모(母)는 "근본 혹은 근원"의 뜻이 있고, 식(食)은 "생활, ~을 바탕으로 살아가다"는 뜻이 있으므로, "근본(母)으로 생활하는(食) 것을 귀하게 여긴다"라고 해석해야 한다.

◀») 풀이

이 장은 서민들의 일상생활과 도를 따르며 현실에서 벗어나 초연 (超然)한 생활을 하는 사람의 모습을 비교하여 설명하고 있다. 한 마디로 말해, 노자는 道(도)를 따르는 삶이 비현실적이고 어리석은 것 같다고 말하면서도, 그러한 삶이 귀한 것이라고 마무리한다. 노자는 비현실적인 삶을 의미 있는 삶이라 하지만, 세인이 보기에는 세상을 등진 사람의 삶이라고 할 것이다. 자연적인 생활과 사회적인 생활의 차이라고 생각된다. 이는 삶의 방식에서 오는 차이이다. 어떤 차이가 있는지 그리고 자연적인 삶이 어떤 의미를 전해주는지 살펴보자.

"예"라고 공손히 대답하는 것과 "응"이라고 건성으로 대답하는 것의 차이는 무엇인가? "예"라고 하면 공손하고 예의 바른 언행이 되고, "응"이라고 대답하면 상대방의 의사에 성의가 없고 상대방을 아랫사람 대하는 듯한 태도라서 예의에 벗어나는 듯한 언행이 된다.

이 두 대답의 차이는 사람이 정한 예의라는 규범이고 관습이다. 영어에서 "예"나 "응"에 대응하는 말은 "yes"이다. 동 서양 문화의 차이이다. 내용은 둘 다 긍정을 표현한 것으로 같은데, 문화가 다르고 대답에 사용된 말의 형식과 상황이 다른 것뿐이다.

또 "선하다는 것"과 "악하다는 것"의 차이는 어떤 것인가? 선과 악은 규범에 맞느냐의 문제이다. 언행이 규범에 맞으면 선이고, 어긋나면 악에 해당한다. 규범은 사회생활에서 공동체가 원만하게 유지될 수 있게 만든 기준이다. 이는 집단 생활이 아닌 자연생활에서는 필요하지 않는 것이다. 이 기준은 사회환경이 변하면 언제든 바뀐다. 쉬운 예로 "남여칠세부동석(男女七歲不同席)"이란 말을 생각하여 보면 이해가 쉬울 것이다. 그러면 선과 악의 거리는 어떠한가? 답은 정하기 나름이다. 변하고 정하기 나름이면 선과 악 두 개념의 거리는 절대적이지 않고, 있을 수도 있고 없을 수도 있는 것이 된다. 이렇게 기준에 따라 변하는 "정하기 나름인 것"을 기준으로 하여 이에 맞게 살아야 한다고 강요한다. 강요하니 사람들은 조심스러운 바가 있다고 하였고, 기준에서 벗어나지 않게 조심하지 않을 수 없다고 한 것이다.

봄철의 관광 명소를 상상해 보자. 맛있게 먹고 웃으며 즐기는 것이 세상 사람들의 일반적인 모습이다. 이런 모습을 보는 수행자는 혼자이고 웃고 즐길 조짐도 없으며, 세상사에 휘둘리지 않는 자신의 모습을 젖먹이가 좋고 즐거운 상황을 즐거움으로 느끼지 못하여 웃지 않는 것과 같다고 하였다(如嬰兒之未孩). 감정에 무디고 의식주의 얽매임에 초연하니, 몸은 고달프고 거처는 정한 바가 없는 듯하며,

마음은 물질을 쫓아 무엇을 하려 하지 않으니 돌아갈 곳이 없는 것 같다. 그리하여 "고달프고 고달프도다. 돌아갈 곳이 없는 것 같구나 (儽儽兮若無所歸.)"라고 하였다.

세상 사람들은 재물과 명예를 쫓아 소유한 것이 많고 여유롭지만, 도를 따르는 사람은 만물의 이치나 조건에 몸을 맡기고 지혜로 소유물을 쫓지 않으니, 가진 것이 없어 마음껏 먹고 즐길 것이 없고, 감각적인 즐거움에서 초탈하니 함께 할 동료도 드물어 홀로 버려진 것 같이 느끼게 될 것이다. 세상 사람들은 소유할 것을 목표로 정하고 이를 성취하기 위해 꾀를 부리고 정신을 집중하여 매진하며, 얻는 것과 잃는 것의 구분을 명확히 하고, 문제를 참신하게 해결하는 것을 지혜롭다고 한다. 그러나 도를 따르는 사람은 꾀를 부리지 않고 물욕에서 초연하며, 얻고 잃는 것에 무덤덤하고, 문제를 문제로 인식하지 못하니 어리석다고 하였다. 일반인의 관점에서 도를 따르는 사람을 보면 어리석어 보인다. 그리하여 "나는 어리석은 사람의 마음이구나. 우매하고 우매하도다(我愚人之心也哉. 沌沌兮)"라고 하였다. 하지만 이렇게 말한 자신은 어리석음을 현명함으로, 우둔함은 명석함이라 이해하지 않을까?

세상 사람들은 밝고 밝다(俗人昭昭)고 강조하였다. 밝다고 함은 기쁨으로 표정이 밝다는 뜻과 지혜가 있어서 문제를 잘 인식하고 해결책을 잘 찾는 사리에 밝다는 의미를 포함하고 있다. 기분이 밝고 좋은 감정은 욕구를 만족하고 있음이고, 이는 생리적인 의·식·주의 안정적 소유와 자신의 가치를 인정받고, 미래에 대한 희망을 가지고 있음을 뜻한다. 반면에 도에 따라 생활하는 사람은 물욕이 없어서의·식·주를 가볍게 생각하고, 자신의 가치를 타인으로부터 인정받으려 하지 않으니, 희로애락의 감정에 일희일비(一喜一悲)하여 휘둘리지 않고, 미래를 자연의 섭리인 순환과 늘 그러함(常)으로 바라본다. 그러므로 이들은 반드시 가야 할 길도, 반드시 얻어야 할 가치도 없다. 그저 오고 감이 있고, 머물고 사라짐이 있을 뿐이다. 희망이래야 인연에 충실하고, 인연을 귀하게 여기며 자유를 얻는 것이다. 그러하니 세상 사람들의 기준에 비춰진 자신의 모습은 어둡고 어두울 수밖에 없는 것이다. 하지만 이들은 내부에서 외부의 자연으로 연결된 에너지와 외부에서 내부로 유입되는 에너지가 하나로 통합되어 스스로 타오르는 황홀경을 찾는다. 이들이 사는 삶은 인간을 넘어 만물과 소통하고 사랑하며 만물의 일부가 된다. 그러하니 이들은 어두운 혼혼(昏昏)한 사람이 아니고, 밝고 밝아 소소(昭昭)한 사람이고, 깨닫지 못하는 답답(悶悶)한 사람이 아니라, 살펴서 알고 있는 찰찰(察察)한 사람이 되는 것이다. 규범, 얽매임, 소유, 지혜에서 벗어나니 간단, 깨끗, 순수, 자유 등을 얻고, 만물과의 인연을 소중히 여기되 얽매이지 않으니 담백함이 바다와 같다고 한 것이다(澹兮其若海). 얽매임이 없고 자유로우니 거침이 없어 바람소리와 같은 것이 된다(飂兮若無止).

세상 사람들은 자신의 재능을 발휘하여 사회의 발전에 쓰임새(以)를 찾고, 그 쓰임새에 기여하려 노력한다. 하지만 도를 쫓는 사람은 사회의 쓰임새보다 자연계에서의 쓰임을 중시하고 그에 따르려 한다. 인간 사회의 측면에서 보면 완고하고 고루한 사람에 해당된다. 그러니 나만 홀로 완고하고 고루하구나(衆人皆有以, 而我獨頑似鄙)라고 하였다. 자연계와 더불어 사는 삶이라는 측면에서 이들의 삶을 살펴보면, 어리석지도 않고 고루하지도 않다. 다른 동식물과 같이 자연의 쓰임으로 그들의 삶을 살아갈 뿐이다. 이런 생활을 "나는 다른 사람들과 달리 근본(母)으로 생활하는(食) 것을 귀하게 여긴다(我獨異於人, 而貴食母)"라고 표현하였다. 而貴食母(이귀식모)에서 모(母)는 "근본 혹은 근원"의 뜻이 있고, 식(食)은 "생활, ~을 바탕으로 살아가다"는 뜻임에 유의해야 한다.

이 장에서 노자는 사회생활을 하는 일반인의 삶과 도를 따르는 자연적인 삶의 비교를 통하여, 규범으로 정한 얽매임에서 벗어나 바다와 같이 넓고 깊게 소통하고, 바람과 같이 거침없고 자유롭게 사는 삶이 귀한 삶이라고 설명하고 있다. 그리고 2500여년 전 노자 자신은 이런 자유로움을 근본으로 하여 생활한다고 하였다. 인간은 본래 자연적인 생활에서 출발하였으니, 그런 삶이 근본이 됨은 틀림이 없다. 하지만 인간의 조상이 물고기였다고 하여 지금 물고기와 같은 생활을 할 수 없듯이 지능의 발달로 진화해온 문명생활을 두고 근본으로 돌아갈 수도 없음은 너무도 자명한 것이다. 그렇더라도 문명생활에서 문제가 발생하여 해결하기 어려운 국면에 처하면, 간혹 그 근원으로 돌아가 노자의 말에 귀를 기울여 보는 것도 좋은 해결책을 찾을 방법이 되지 않을까?

21장
도의 시현과정을 통한 만물의 생성

孔德之容, 惟道是從, 道之爲物, 惟恍惟惚, 惚兮恍兮, 其中有象, 恍兮惚兮, 其中有物, 窈兮冥兮, 其中有精, 其精甚眞, 其中有信, 自古及今, 其名不去, 以閱衆甫, 吾何以知衆甫之然哉, 以此

큰 덕의 모습(容)은 오직 도(道) 이것을 따른다. 도가 만물(物)을 이루는(爲) 것은 오직 으슴푸레하고(恍) 오직 흐릿하다(惚). 흐릿하고 으슴푸레하도다. 그 가운데 조짐(象)이 있으니, 으슴푸레하고 흐릿하도다. 그 가운데 어떤 물질(物)이 있고, 그윽하고 어둡도다. 그 가운데 원기(精)가 있고, 그 원기는 매우 진실하며, 그중에 징표가 있으니, 예부터 지금까지 그 이름이 사라지지 않는다. 만물(衆)의 시작(甫)을 살핌으로써, 내가 어떻게 만물의 시작이 그러함을 안다고 생각할(以) 수 있겠는가? 이것으로 안다.

🗨 번역에 유의할 어휘

孔德之容(공덕지용)에서 孔(공)은 "구멍, 공자의 약칭, 공작새, 매우, 비다, 깊다, 크다" 등의 의미 중에서 혹자는 "크다", 혹자는 "비다"라고 옮긴다. 여기서는 "크다"로 옮긴다. 이유는 다음 문장에서 "덕은 오직 도를 따른다"고 하였는데, 도는 크다(大)고 하였으니 당연히 덕도 크다고 해석하는 것이 맞다. 다만 도가 작용하는 곳은 비워지고 채워지는 공간이라는 점은 유의할 필요가 있다. 그리고 38장에서 上德(상덕)과 下德(하덕)을 구분하여 덕의 자연성, 개별성, 그리고 규범성을 구분하였듯이 큰 덕이 있으면 작은 덕이 있음을 암시한 것이다. 덕은 도가 개별 사물에 분화되어 본성으로 자리잡게 하는 것이라 생각하면 바람직하다. 그래야 도와 덕의 관계인 계층이 분명해진다. 도와 덕, 그리고 인의예지의 관계는 존재와 당위의 도리 혹은 도덕률 시스템의 상·하위 계층에 해당된다.

그래서 孔德之容(공덕지용)는 "큰 덕의 모습"이라 옮긴다. 간혹 "큰 덕을 지닌 사람의 모습"이라고 번역한 해설서도 있는데, "이 장은 도가 만물에 적용되는 과정을 설명하고 있고, 도를 따르는 것을 德(덕)이라고 설명하므로 德(덕)을 사람으로 한정하는 것은 바람직하지 않다. 이는 이어지는 다음 문장에서 분명히 설명되고 있다. "惟道是從(유도시종)"에서 是(시)는 지시대명사로 道를 받아 강조하고 있다. 그리하여 이 문장은 "큰 덕의 모습은 오직(惟) 도(道) 이것을(是) 따르는 것이다."라고 옮긴다.

"道之爲物(도지위물)"에서 之(지)는 주격조사, 爲(위)는 "이루다"라고 옮기면, 이 문장은 "도가 만물(物)을 이루는(爲) 것"이라고 번역된다.

惚兮恍兮(홀혜황혜)은 으슴푸레하고(恍) 오직 흐릿하다(惚) 이다. 즉, 도가 만물에 시현되는 모습은 매우 으슴푸레하고 그윽하여 이를 황홀이라 하였다.

其中有象(기중유상)의 其(기)는 황홀이고, 象(상)은 "코끼리, 상아, 형상, 징후, 상징하다, 유추하다, 그리다" 등의 의미 중에서 "징후 혹은 조짐"라고 번역한다. 그러면 其中有象(기중유상)은 "그 가운데 조짐이 있다"라고 번역된다. 象(상)을 "형상"이라 번역하지 않고 "징후 혹은 조짐"이라 번역하는 것은 14장에서 "물건의 상(象)이 없는 것을 황홀(恍惚)이라 한다(無物之象, 是謂恍惚)"이라고 하였기 때문이다. 상이 없는 것을 황홀이라고 하였는데, 여기서 그 중에 형상(形象)이 있다고 함은 논리에 맞지 않는다.

其中有物(기중유물), 窈兮冥兮(유혜명혜), 其中有精(기중유정), 其精甚眞(기정심진), 其中有信(기중유신)에서 其中(기중)의 其(기)가 무엇을 지칭하는지 살펴볼 필요가 있다. 앞 문장의 내용을 받아 其中有物(기중유물)의 其(기)는 象(상), 其中有精(기중유정)의 其(기)는 앞의 物(물), 其精甚眞(기정심진)의 其(기)는 "그", 其中有信(기중유신)의 其(기)는 眞(진)을 지칭한다. 信(신)은 "신표"를 말한다. 信(신)은 "믿다, 맡기다, 신봉하다, 성실하다, 신의, 신표, 편지, 기호" 등의 뜻이 있지만, 여기서는 도(道)가 시현되어 사물이 생겨나는 과정으로 원기가 조건에 부합하여 즉, 그 조건에 매우 진실하면 그 신(信)을 이룬다고 설명하고 있으니 "신표"라고 옮기는 것이 바람직하다. 其名不去(기명불거)에서 其名(기명)는 도의 작용으로 생겨난 사물의 이름을 뜻한다. 혹자는 道(도)라고 하는데 그렇지 않다. 여기서는 도가 작용하는 일련의 과정을 거친 결과로 사물이 생겨났음을 설명하고 있고, "도의 이름, 혹은 도라는 이름"이라고 옮기면 도가 이름이 있는 것이 되니 어색하다.

以閱衆甫(이열중보)에서 以(이)는 "~함으로써", 閱(열)은 "살펴보다", 衆(중)은 "무리, 만물", 甫(보)는 "시작, 처음(始也)"을 뜻한다. 吾何以知衆甫之然哉, 以此(오하이지중보지연재, 이차)에서 何~哉(하~재)는 반어적 감탄, 以(이)는 "생각하다"라고 옮긴다. 以此(이차)에서 此(차)는 道(도)를 말한다. 이들을 연결하여 번역하면 "만물의 시작을 살펴본다고, 내가 어떻게 만물의 시작이 그러함을 안다고 생각할 수 있겠는가? 이로써이다. 즉, 이것(道)으로 안다"이다.

◀웰 풀이

이 장은 道(도)가 德(덕)을 통하여 만물에 시현되는 과정을 설명하고 있다. 만물을 생겨나게 하는 곳은 인간의 오감이 잘 닿지 않는 곳이다. 이를 6장에서는 "깊고 아득한 계곡의 문은 천지의 뿌리(玄牝之門 是謂天地根)"이라고 하였다. 또 14장에서는, 보려고 해도 보이지 않고, 들으려 해도 들리지 않으며, 잡으려고 해도 얻지 못한다고 하였다. 이것을 형상이 나타나지 않는다고 말한다. 물건의 상(象)이 없는 것을 황홀(恍惚)이라 하였다(是謂無狀之狀, 無物之象, 是謂恍惚). 恍(황)자는 "마음 심(忄)"에 "빛 광(光)"자를 결합한 글자로 마음에 빛이 어슴푸레하게 나타나는 것 같은 것을 말하고, 惚(홀)은 "마음 심(忄)"에 "갑자기, 문득, 잊다, 멸하다"등의 의미를 가진 "갑자기 사라질 忽(홀)"자를 결합한 글자로 있는 듯하다가 사라지는 것 같은 흐릿함을 뜻한다.

"황홀함 속에 어떤 존재(物)가 생겨나는 조짐(象)이 있고, 으슴푸레하고 흐릿한 조짐 가운데 어떤 대상(物)이 있다. 그윽하고 어두운(窈冥) 대상에는 원기(精)가 있다"고 하였다. 여기서 황홀함은 어슴푸레하고 흐릿한 안개와 같은 상태라면, 요명(窈冥)함은 어둑함 혹은 어스름한 상태로 황홀보다는 짙은 그림자가 있는 듯한 상태로 잉태의 조건이 형성되고 있음을 말한다. 그림자와 같은 어스름한 상태 속에 있는 정(精)은 정기(精氣) 혹은 원기(元氣)이니, 유무(有無)가 상생(相生)하는 근본 에너지인 기운이다. 이 원기는 필요한 조건이 형성되면, 홀연히 작용을 일어나게 하는 에너지이다. 감각할 수 없는 요소들은 결합할 수 있게 시간이나 에너지 등의 조건이 갖추어 지면 어떤 물질이 문득 생겨나게 된다. 예를 들면, 빅뱅설에서 우주를 떠돌던 수소, 헬륨 등의 가스가 번개와 같은 에너지의 작용으로 유기물이 형성되었던 것과 같은 논리이다.

이 원기가 머무는 곳은 그윽하고 어둡다(窈冥)고 하였다. 조건이 형성되어 유가 무를 품으면 황홀함 속에서 조짐이 일어나고 조짐은 조건에 따라 물(物)로 생겨나며, 물은 그윽하고 어둑함(窈冥) 속에서 그 원기가 진실해 지면, 그 중에 징표(信)가 있다고 노자는 말한다. 매우 진실하여 징표가 있다고 함은 이미 이 원기가 움직여 사물로 태어나 실제로 존재하고 있음이니, 진실한 것이고 징표가 된 것이다. 이로써 道(도)의 작용은 실재를 생겨나게 한다. 1장 풀이에서 우주가 빅뱅에서 탄생하였음을 설명하였다. 태초에 우리가 가름할 수 없는 한 점 에너지가 대폭발 하여 시공간이 만들어졌고, 그 후 별들이 생성되었으며, 수소와 헬륨 등의 가스가 유기물이 되고 다시 단세포를 만들며, 헤아릴 수없이 많은 돌연변이를 거쳐서 생명이 탄생하였다고 하였다.

이런 사실들이 황홀함을 설명하고 있다고 볼 수 있고, 우리가 접하는 현실적인 생명의 잉태와 탄생의 장면에서도 이를 추측할 수 있다. 단백질이 세포로 변하고 세포가 또 자신을 복제하여 다른 세포를 만들며, 이런 과정들을 통하여 생명이 만들어진다는 것은 과학이다. 이 과정은 조건들의 작용으로 필요에 응하는 성질인 본성이 시현된 것이고, 황홀함 속에서 유무상생으로 조짐이 만들어져 원기가 움직이면, 원기는 조건에 따라 자기증식을 통해 징표를 만든다. 이를 노자는 도의 작용이라고 하였다. 마치 종교에서 창조주를 말하는 것과 유사한 것이다.

"예부터 지금까지 그 이름이 사라지지 않는다(自古及今, 其名不去)"라고 하였는데, "그 이름"의 "그"는 무엇을 지칭하는 것일까? 物(물)이다. 번역에 유의할 어휘에서 설명하였지만 이를 좀더 확실히 하기 위해 앞에서 나열된 기(其)가 지칭하는 것을 좀더 살펴보자. 其中有象(기중유상)에서 其(기)는 황홀(恍惚)을, 其中有物(기중유물)에서 其(기)는 象(상)을, 其中有精(기중유정)에서 其(기)는 物(물)을, 其中有信의 其(기)는 眞(진)을 말한다. 노자는 점진적으로 좁혀서 탄생의 과정을 상세히 설명하고 있다. 이는 황홀(恍惚)에서 조짐(象)으로, 조짐(象)에서 물질(物)로, 물질(物)에서 정(精)으로, 정(精)에서 진(眞)으로, 진(眞)에서 신(信)으로, 신(信)은 만물의 이름(名)으로 존재가 생겨나는 과정이다.

이 과정을 이해를 돕기 위해 시각적으로 좀더 설명해 보면 다음과 같다. 처음 도가 만물에 작용하는 과정은 흐릿하고 희미한 시·공간이 존재하고, 이 시·공간에 범우주적 조건이 작용하여 어렴풋한 아른거림이 만들어지면, 이 공간은 어릿어릿하여 황홀하다. 이 아른거림이 꼬이고 뭉쳐서 하나가 되면 으슴푸레한 그림자 같은 대상이 나타난다. 이 아른거림이 조짐인 상(象)이고, 꼬여서 그림자 같은 어둑한 대상이 생기면 이것이 물질인 물(物)이다. 물질(物)은 원기인 정(精)을 품는다. 여기까지는 잉태의 과정에 속한다.

다음의 정(精) ⇨ 진(眞) ⇨ 신(信)의 과정은 성장의 과정이다. 원기인 생명 에너지가 환경의 조건에 부합하면 자기증식을 하는데, 조건에 부합한다는 것은 조건에 매우 진실하게 맞는다는 것이니 진(眞)하다는 것이다. 그리고 조건에 매우 진실하게 부합한다는 것은 조건들의 상호작용으로 어떤 새로운 능동성을 창조한다는 것이다. 이 능동성은 지향성을 갖고 자기증식을 하여 지향성의 신표를 남긴다. 이 과정은 도(道)의 시현과정이고, 덕(德)이 펼쳐지는 과정이다. 이런 과정을 통해 생겨난 만물에는 각각의 이름이 붙어지니 그 이름은 사라지지 않는다고 하였다.

만물(衆)의 시작(甫)을 살펴봄(閱)으로써, 내가 어떻게 만물의 시작이 그러함을 안다고 생각할 수 있겠는가(以閱衆甫, 吾何以知衆甫之然哉)? 이로써이다(以此). 이 문장에서 그러함은 황홀에서 시작하여 상(象), 물질(物), 정(精), 신(信)으로 이어지는 과정으로 외적 지향성인 환경 조건과 내적 지향성인 자기증식 조건이 부합하여 이루어지는 일련의 상호작용 과정이다. 노자는 만물의 시작을 자세히 살펴본다고 어찌 그 시작을 알 수 있겠는가 마는, 道(도)의 존재를 통하여 알 수 있게 되었다는 것이다. 즉, 도가 황홀함에서 시작하여 상(象), 물(物), 정

(精), 신(信)의 작용과정을 거쳐 시현되는 것에서 그 실마리를 찾았다고 설명하고 있는 것이다. 이 말은 도를 통하여 만물의 시작함이 그러함을 알게 되었다는 말이다. 여기서 노자는 살펴보는 것과 아는 것은 다르다고 말하고, 살펴본다고 다 알 수 있는 것인 아닌데, 자신은 도가 작용함을 알아냈다는 뜻이다.

이 장에서는 도가 만물의 생성 과정에 작용한다고 설명한다. 이는 시스템의 처리체계와 같은 개념이다. 신체의 감각기관을 통한 감각입력은 신경체계를 따라 대뇌에 입력되고, 뇌에서 일련의 처리과정을 통하여 운동신호를 만들며, 이 신호는 운동신경을 통하여 신체의 부위를 작동하게 한다. 이런 작동원리와 같이, 도(道)도 블랙박스와 같은 황홀한 부분을 관장하여 만물을 탄생하게 한다는 것이다. 이를 이해하기 쉽게 풀어보면, 블랙박스 안에는 도(道)가 유(有)와 무(無)로써 작용하는데, 무는 외부의 환경 지향성을 수용하여 방향성을 얻고 유는 품고 있던 물질 에너지의 구심력을 이용하여 무의 방향성을 수용하면 개체인 체계가 이루어진다. 이 과정이 노자의 발상으로 보면, 상(象), 물(物), 정(精), 신(信)의 작용 과정이라고 할 수 있을 것이다.

우리의 일상생활도 우리가 잘 알지는 못하지만 이런 처리체계가 작동되고 있다. 사회제도가 그렇고 자연 생태계가 그러하며 개인과 집단, 개인과 환경 등의 관계가 그렇다. 이와 같이 서로 의존적으로 기능하는 처리체계를 가진 관계의 구조를 시스템이라 한다. 이들 시스템은 우리가 잘 인지하고 있는 것도 많지만, 인지하지 못하는 유기적인 관계들도 있다. 또 시공간에 따라 작동할 때도 있고 작동하지 않을 때도 있기에 인지하지 못하는 경우도 많다. 예를 들면 우리가 대중교통수단을 이용할 경우 탑승과 동시에 우리는 버스라는 운송 시스템의 부분이 된다. 이런 사실들은 개인에 따라 인지의 정도가 다르다.

22장
변증법적 변화와 무위(無爲)의 본성회복

曲則全, 枉則直, 窪則盈, 敝則新, 少則得, 多則惑, 是以聖人抱一爲天下式, 不自見, 故明, 不自是, 故彰, 不自伐, 故有功, 不自矜, 故長, 夫唯不爭, 故天下莫能與之爭, 古之所謂曲則全者, 豈虛言哉, 誠全而歸之.

굽어지면 온전해지고 휘어지면 곧아지며, 우묵해지면 채워지고 낡아지면 새로워지며, 줄어들면 얻어지고 많아지면 미혹된다. 이것 때문에 성인은 하나를 품어서 천하의 준칙으로 삼는다. 스스로 드러내지 않으므로 밝고, 스스로 옳다고 하지 않으므로 밝게 드러나며, 스스로 자랑하지 않으니 공이 있고, 스스로 과시하지 않으니 어른이된다. 오직 다투지 않는 고로 천하도 능히 그에게는 다투려 하지 않으니 옛날에 이른바 "굽어지면 온전해진다"는 말이 어찌 허언이겠는가? 온전해짐에 정성을 다하면 이것(온전함)으로 돌아간다.

🐟 번역에 유의할 어휘

번역에서 유의해야 할 어휘는 "則(즉)"의 번역과 "曲(곡), 全(전), 枉(왕), 直(직), 窪(와), 盈(영)" 등을 동사로 번역할 것인지 명사로 번역할 것인지의 판단, 마지막 문장 "誠全而歸之(성전이귀지)"에서 誠全(성전)과 而(이), 그리고 之(지) 등이다. 則(즉)은 "~하면"이라 번역하였다. "曲(곡), 全(전), 枉(왕), 直(직), 窪(와), 盈(영)" 등은 동사로 번역하였다. 명사로 번역하면 개념을 인과관계로 묶어버리는 결과를 초래하지만, 동사로 해석하면 "굽어지면"과 같이 굽어지는 때를 강조하기에 상관관계를 의미하게 된다.

是以聖人抱一爲天下式(시이성인포일위천하식)에서 抱(포)는 "안다, 품다"의 의미이다. 一(일)은 "하나, 일, 첫째, 처음, 오로지, 온전, 한결같은, 순일(純一), 정성(誠), 잠시"등의 의미를 갖는데 이런 의미들은 "시작, 유일, 모두, 근본"이라 요약된다. 그러므로 抱一(포일)은 "처음의 근본(하나)을 품다"라고 번역하였다. 앞장에서 知衆甫之然(만물의 시작이 그러함을 안다)라 하였듯이 抱一(포일)은 知衆甫(만물의 시작을 안다)과 유사한 내용이다.

"誠全而歸之(성전이귀지)"의 誠全(성전)에서 誠(성)을 동사로 해석하면 "온전에 정성을 다하면"이 되고, 誠(성)을 부사로 보면 "진실로 온전하면"이라 번역된다. 여기서는 뒤 문장의 "이것으로 돌아간다" 함을 고려하여 정성을 다하는 행위에 중점을 두어 "온전에 정성을 다하면"이라 번역하였다. 그리고 이 문장의 而(이)는 則(즉, ~하면)으로, 之(지)는 근칭의 지시대명사로서 "이것"이라 번역하였다. 이것이 지칭하는 것은 가깝게는 온전함(全)이고, 멀게는 덕(德)이라 할 수 있다.

◁» 풀이

이 장은 어떤 변화가 사물을 본성에서 벗어나게 하더라도 결국에는 본성으로 회귀한다고 설명한다. 사물은 자신이 갖고 있는 유연성으로 환경에 적응하게 된다. 이 말은 적응의 과정에서 약간의 저항이 있더라도 개체가 가진 유연성으로 환경과의 괴리를 극복한다는 뜻이다. 예를 들어 대나무 막대기에 힘을 가하여 구부려 보자. 그러면 반듯하던 모양에서 휘어진 모양으로 바뀔 것이다. 반듯한 모양을 하든 굽게 휘어진 모양을 하든 모양에 무관하게 실체는 대나무 막대기이다. 단지 시간에 따라 변화한 차이가 있을 뿐이다. 또 한쪽은 구부러지고, 휘어지고, 우묵하고, 낡고, 줄어들었거나 증가된 형태 등일 수 있고, 다른 한쪽은 온전하고, 곧고, 채워지고, 새로워지고, 얻어지고, 어수선해진 형태 등일 수도 있을 것이다. 이들 두 부류의 형태는 분명히 다르고, 명백히 차이가 존재한다. 그런데 이 차이는 시간이 지남에 따라 조정되어 균형으로 수렴한다. 이 균형은 자연의 상태로서 그 사물의 본질에 해당한다. 위의 대나무 막대기는 본성에 따라 반듯하게 본래대로 된다.

이 회귀의 과정을 노자는 포일(抱一)이라 하고, 천하의 준칙(爲天下式)이라 하였다. 즉, 그 사물의 지향성인 본성으로 돌아가 처음처럼 되는 것을 만물의 이치라고 하였다. 앞에서도 언급한 바와 같이 여기서 하나(一)는 사물의 뿌리가 되는 처음 시작인 근본이고, 그 지향성인 본성이며, 넓게는 도(道)를 의미한다. 그러니 성인이 품어서 법식으로 삼은 하나는 본성이고 덕(德)이다. 성인은 도를 시현하는 개별화한 덕을 품지만, 도를 따르지 도를 품지는 않는다.

하나를 품는다고 함은 하나를 선택하고 하나를 버림(抛一)과 같다. 휘어진 형태가 곧은 형태가 되었으니 하나로 껴안은 것이기도 하지만, 휘어진 형태를 버리고 곧은 형태를 택한 것이기도 하다. 회귀하는 포일(抱一)의 과정은 동태적인 설명이고, 하나를 선택하고 하나를 버림(抛一)은 정태적 설명이다. 抱一(포일, 포용)과 抛一(포일, 던짐/버림)은 말은 다르나 내용은 같은 것이다. 그래서 두 개념은 시간의 차이를 두고 있지만, 같이 동거(同居)한다고 할 수 있다. 자연에서 생활하는 사물에서 이 과정은 자연적이나, 사회생활을 하는 인간에게 이 과정은 자연선택의 과정이 아니고 정성을 다하는 인간의 선택이다. 이 인간의 선택과정을 노자는 다음과 같이 설명하고 있다.

"스스로 드러내지(見) 않으므로 밝고(明), 스스로 옳다고(是) 하지 않으므로 드러나며(彰), 스스로 자랑하지(伐) 않으니 공(功)이 있고, 스스로 과시하지(矜) 않으니 어른(長)이 된다"고 하였다. 드러내지 않고, 옳다고 주장하지 않고, 자랑하지 않고, 과시하지 않는다고 함은 본성에 따라 선택한다는 것이다. 즉, 적극적으로 이루려 작위 하지 말라는 의미이다. 그렇다고 소극적으로 물러나거나 하지 말라는 뜻은 아니다. 그냥 있는 그대로 조건에 따라 스스로 그러하게 하라는 것이고, 자신에게 유리하게 의도적으로 행하지 말고 무위(無爲)로서 행하라는 의미이다. 이렇게 하면 스스로 밝고, 드러나고, 공이 되고, 어른(지도자)이 된다.

오직 다투려 하지 않는 고로 천하도 능히 그에게는 다투려 하지 않는다(夫唯不爭, 故天下莫能與之爭). 이 문장에서 "之(지)"는 근칭의 지시대명사이나, 여기서는 객관적으로 "그"라고 해석하고, "與(여)"는

"於(어)"로 해석하여 "여지(與之)"를 "그에게는"이라고 옮긴다. 작위적으로 일을 처리하지 않음으로 환경에 영향을 미치지 않아 분쟁이 일어날 수 없으며, 다투려 하지 않으니 당연히 상대방도 그에게는 다투려 하지 않게 되는 것이다. 요약하면 우호적 환경을 조성하라는 것이다.

이와 같이 사물과의 관계에서는 자연환경에 적응할 수 있게 자연의 선택을 존중하고, 인간관계에서는 사회환경에 적응할 수 있게 위무위(爲無爲)로 일에 대처하여 사회환경의 요구에 응하면 다툼이 없고, 이룬 공(功)이 저절로 드러나 지도자의 반열에 나아갈 수 있게 된다는 것이다. 이에 "굽어지면 온전해진다"는 옛말은 환경의 요구에 위무위(爲無爲)로 처하면, 굽어지고 휘어져도 온전함과 곧음을 유지할 수 있다는 뜻이 된다. 즉, 본성으로 돌아온다는 뜻이다. 다만 사회환경은 자연선택과는 달리 인간이 선택해야 하는 바, 환경의 요구를 존중하고 지극한 정성을 다하여야 이것으로 돌아간다고 하였다. 여기서 이것(之)은 자연환경과 사회환경을 면면히 이어지게 하는 균형이고 늘 그러한 상(常)이며, 사물의 본성이다. 여기서는 온전함이라 할 수도 있지만, 도가 개별 사물에 시현되어 나타난 것이니 본성 혹은 덕(德)이라 함이 적당할 것이다. 자연환경과 사회환경이 면면히 이어지고, 구성 부분들이 그들의 타고난 본성을 충분히 시현할 수 있게 되려면, 부분들이 도의 이치를 따라야 하는 것인데, 자연상태에서의 사물은 자연선택을 하므로 이에 무관하나, 지능을 가진 인간은 이치에 따를 것인지 아닌지를 자신이 선택하므로 지극한 정성이 필요하다는 것이다. 지극한 정성을 다하면 본성에 접근 가능하다는 것을 이것으로 돌아간다고 하였다. 만약 정성을 다하지 않으면 주변 대상의 지향성을 침해하게 되어 환경의 조건이 주체가 본성을 회복하고자 하여도 본성으로 돌아갈 수 없게 조건을 형성한다.

자연상태에서의 사물의 생활은 본성과 본능에 의하여 선택되고 연결되어 순환하는 시스템이다. 이 자연생태는 토양과 대기 등의 자연환경(물질계), 식물생태계, 동물생태계로 크게 분류할 수 있다. 물질계는 질량에너지의 변화로 쇠퇴해 간다. 반면, 동·식물계에서 시스템을 관장하는 에너지는 생명이고, 생명은 자기조직화라는 유전적 에너지로 자기증식을 기하는 본성을 가지고 있다. 이 본성은 지능보다 본능에 의해 작동되고 진화한다.

특히 사회생활을 하는 인간 본성의 기능적 측면은 본능과 지능으로 구분할 수 있는데, 본성을 구성하는 의식의 내용은 지(智)·정(情)·의(意)로 구분할 수 있고, 의식의 기능은 에너지계, 기억계, 처리계로 나눌 수 있다. 외부 자극에 대처하는 인간의 사회생활은 인식과 반응이 선택되고 처리되는 체계이다. 이 처리시스템은 자극-인식-반응의 과정으로 피드백 특성을 가진 정보처리시스템이다. 기억계는 작업기억과 장기기억으로 정보를 저장하고 인출하는 체계이다. 처리계와 기억계를 작동하게 하는 것은 심리에너지로 감정, 불안, 욕구와 효능감 등 주의 집중과 관련된다(p. 605, 자극의 인식과 반응 모델 그림 참조). 이들 에너지계, 처리계, 기억계를 자아시스템 혹은 의식계이라고 한다. 이 시스템에서 에너지를 주입하고 지향성을 관장하는 심리에너지가 감정과 욕구, 불안 등이다. 즉, 감정이나 욕구, 불안 등이 외부 자극과 상호작용하여 동인으로 작용한다는 말이다. 위에서 말한 도에 접근하려면 이 심리에너지가 도를 따르도록 지극한 정성을 다하여야 한다는 것이다. 즉, 개체의 지향성이 욕구를 추구하지 않고 환경과 조화할 수 있게 대상의 마음으로 대상의 지향성에 동조하게 정성을 쏟아야 한다는 말이다. 바꾸어 말하면 작위(作爲)하지 않는 무위(無爲)로 행하여야 한다는 것이다. 자극의 인식과 반응 모델(p. 605)을 참조하여 부연하면, 심리에너지인 욕구/불안/정서 등은 기억계에 저장된 가치기준과 비교하여 발동하게 되는데, 기억계의 가치체계를 바꾸면 심리에너지도 바꿀 수 있다. 이 가치기준을 이기적인 자신의 지향성과 대상의 지향성이 조화로운 수준으로 바꾸면 대상과 동조할 수 있게 될 것이다.

위에서 언급한 시스템은 정신과 관련된 자아시스템이고 이외에 신체 시스템으로 생명을 유지하기 위하여 작동하는 물질대사체계로 호흡계, 소화계, 심혈관계, 근골격계 등이 있다.

23장
주객(主客)의 상응(相應)

希言自然, 飄風不終朝, 驟雨不終日, 孰爲此者, 天地, 天地尚不能久, 而
況於人乎, 故從事於道者, 道者同於道, 德者同於德, 失者同於失. 同於
道者, 道亦樂得之, 同於德者, 德亦樂得之, 同於失者, 失亦樂得之. 信不
足焉, 有不信焉.

자연은 계책(言)이 없는 듯하다. 회오리바람은 아침 내내 불지 않으
며, 소나기는 하루 종일 내리지 않으니, 누가 이렇게 하겠는가? 천지
가 그렇게 한다. 천지의 동조(同調) 또한(尚) 오래 지속할 수 없는데,
그런데 하물며(況) 사람은 어떠하겠는가(乎)? 그러므로 도(道)라는 것
에 매달리는(從事) 사람(道者)은 도와 동조하고, 덕에 매달리는 자는
덕과 동조하며, 그릇됨(失)에 매달리는 사람은 그릇됨에 동조한다.
도와 동조하려 하면 도(道) 역시 그를 기꺼이(樂) 맞이하고(得), 덕(德)
과 동조하려 하면 덕 역시 그를 기꺼이 맞이하며, 그릇됨(失)과 동조
하려 하면, 그릇됨 역시 그를 기꺼이 맞이한다. 그것(道)에 대한 믿음
이 부족하면, 그것(信)에 대한 불신을 갖는다.

🐾 번역에 유의할 어휘

希言自然(희언자연)은 간단히 "希言(희언)은 自然(자연)이다"로 번역된다. 그런데 이 번역은 매우 어색하다. 아마 이 어귀는 주어와 술어가 도치된 것 같다. 自然希言(자연희언)으로 바꾸어 번역하면 "자연은 말이 드물다"라고 번역할 수 있다. 言(언)은 "말, 견해, 맹서, 계책"등의 의미를 갖는데, 말은 의도한 바를 표현하는 것이니 "의도적인 판단과 선택", 즉 "계책"을 의미한다. 또 자연과 대립적인 개념의 짝을 이루려면 "계책"이라 옮기는 것이 바람직하다. 그러므로 希言自然(희언자연)은 "자연은 계책이 드물다"로 번역한다. 그리고 뒤에 연결되는 문장이 "회오리바람은 아침 내내 불지 않고, 소나기는 하루 종일 내리지 않는다(飄風不終朝, 驟雨不終日)"라고 하였으니, "자연은 계책이 드물다"라고 번역하는 것이 문맥에 맞을 것이다. 이를 의역하면 "자연은 계책이 없는 듯하다"이다.

天地尙不能久(천지상불능구)에서 天地(천지)는 단순한 하늘과 땅이 아니고 "하늘과 땅의 동조", 라고 해석해야 한다. 그 이유는 앞에서 "누가 비나 바람이 오래 지속하지 못하게 하였는가(孰爲此者 숙위차자)"라고 묻고 천지(天地)가 그랬다고 했기 때문이다. 이는 하늘은 비와 바람을 만들고 땅은 하늘에 동조하여 이를 수용하여야 오래 지속할 수 있다는 것을 의미한다. 尙(상)은 "오히려, 또한, 아직, 짝(配), 숭상하다, 주관하다" 중에서 "짝, 또한"이라 옮긴다. 그러면 天地尙不能久(천지상불능구)는 "하늘과 땅의 동조 또한(尙) 오래 지속할 수 없다"라고 번역된다. 그리고 다음에 연결되는 문장에서 同(동)자도 이런 관점으로 해석하여 "동조하다, 회동하다, 화합하다, 상응하다"라고 옮기는 것이 바람직하다.

而況於人乎(이황어인호)에서 而(이)는 "그런데", 況(황)은 "하물며", 乎(호)는 의문 또는 반어적 표현으로 "~는가?"라고 옮긴다. 그러면 而況於人乎(아황어인호)는 "그런데 하물며 사람은 어떠하겠는가?"로 번역된다.

"故從事於道者(고종사어도자), 道者同於道(도자동어도), (從事於德者,) 德者同於德(덕자동어덕), (從事於失者,) 失亦樂得之(실역락득지)"에서 괄호 부분 "從事於德者(종사어덕자), 從事於失者(종사동어실자)"이 생략되어 있다. 終朝(종조)와 終日(종일)은 아침나절 내내, 하루 종일로 번역한다. 從事(종사)는 쫓아서 섬긴다는 뜻이니 "매달린다", 失(실)은 "과실, 실수, 그릇됨"이라 옮긴다.

"同於道者(동어도자), 道亦樂得之(도역락득지)"에서 樂(락)은 "기꺼이", 得(득)은 "얻다, 만족하다, 잡다(捕也), 상득하다(契合), 깨닫다, 이르다, 만나다" 등의 의미 중에서 "상득하다"라고 옮긴다. 상득(相得)하다는 서로 뜻이 맞아서 잘 통하는 상태에 있다는 뜻이니, 여기서는 "맞이하다"라고 옮긴다. 그러면 이 문장은 "도와 같아지려 하면, 도 역시 기꺼이 그를 맞이한다."라고 번역한다.

"信不足焉(신부족언), 有不信焉(유불신언)"에서 焉(언)은 종미사(終尾詞)인데 위에서 서술한 어구를 받아서 지시 또는 암시하니, 여기서는 "그것에, 혹은 그것을"이라 옮긴다. 그 지칭대상은 앞의 焉(언)은 道(도)나 德(덕)이고, 뒤의 焉(언)은 앞의 信(신)이다. 有(유)는 "있다, 가지다, 소지하다" 등의 의미이니 이 문장은 "그것에 대한 믿음이 부족하면, 그것에 대하여 불신을 갖는다."라고 옮긴다. 추구하는 대상과 상호작용은 믿음(信)의 정도에 따라 동조의 효과가 결정되니, 주체가 추구하는 대상에 대한 믿음이 부족하면, 대상도 주체를 불신하게 되어 상응의 정도가 미달하게 된다는 의미이다.

🔊 풀이

이 장의 해석은 매우 어렵다. 전체적인 주제는 세상사는 주객(主客)이 상관적으로 동조하여 반응한다는 것이다. 그 내용은 다음과 같다. 자연은 계책이 없어서 풍우가 오랫동안 지속되지 않는다. 이는 하늘과 땅이 오래도록 지속하여 동조하지 못하기 때문이다. 하늘과 땅(天地)의 동조가 그러하듯 사람이 대상을 추구하는 것도 그러하다. 추구의 대상인 도나 덕, 그릇됨은 사람이 추구하는 정도에 따라서 동조한다. 이는 사람만이 그 대상을 추구하는 것이 아니고, 대상도 사람이 추구하는 바에 따라 의존적으로 동조(同調)하여 반응(反應)을 한다는 것이다. 즉, 주객이 상호 의존적으로 반응한다는 상응(相應)을 뜻한다. 이 상응의 정도는 주체의 대상에 대한 믿음의 정도에 의존한다. 이를 노자는 대상에 대한 믿음(信)이 부족하면, 대상도 이를(焉) 불신(不信)한다고 하였다. 위와 같이 해석하여야 이 장 전체가 의미의 일관성을 갖는다.

"자연은 계책(言)이 없는 듯하다. 회오리바람은 아침 내내 불지 않으며, 소나기는 하루 종일 내리지 않으니, 누가 이렇게 하겠는가? 천지가 그렇게 한다. 하늘과 땅의 동조 또한(尙) 오래 지속할 수 없는데, 하물며 사람은 어떠하겠는가?(希言自然, 飄風不終朝, 驟雨不終日, 孰爲此者, 天地, 天地尙不能久, 而況於人乎.)"라고 하였다.

자연의 기후 변화는 천지의 조화이듯이, 사람이 하는 일도 사람과 대상의 상응에 의한다는 점에 대하여 설명하고 있다. 폭우나 폭풍을 관장하는 천지도 이들을 계속하게 계책할 수 없는데, 하물며 사람이 대상과의 관계를 어찌 마음대로 할 수 있겠는가? 새끼줄 같이 아래위가 바뀌며 면면히 이어지는 것이 자연의 지향성인 도이다(14장). 아래위가 바뀌는 것은 주변 조건의 변화에 의한다. 풍우(風雨)의 변화도 하늘과 땅 사이의 기후 조건이 바뀐 것에 그 원인이 있다. 비도 오고, 바람도 불며, 화창하고 따뜻하기도 하다가 춥고 덥기도 한 것이 자연이다. 변한다는 것만이 오직 변하지 않는 것이다. 이 변화가 스스로 그러함(自然)이고 늘 그러함(常然)이다. 스스로 그러함(自然)과 늘 그러함(常)의 이어짐은 상호 의존관계에 있는 사물의 필요를 피드백 받고 이에 따라 반응하기 때문이다. 즉, 조건인 필요에 따라 생겨나고 반응하는 것이다. 이 조건은 계책에 의한 것이 아니니, 자연은 계책이 없는 듯하다고 말하였다. 회오리 바람이나 소나기가 계속되지 않고 멈추게 한 것은 하늘과 땅의 사이의 대기상태와 수온의 상응관계가 변하였기 때문이다. 마찬가지로 사람이 하는 활동도 사람의 의도와 그 환경 조건의 상응에 따라 변한다.

사람에게 변화도 자연에서의 변화와 같이 조건-반응 관계이면 좋겠는데, 인간은 조건에 따라 반응하기도 하지만, 지능과 욕심에 따라 이기적이고 주도적으로 변화를 추구함으로써 공존의 본성에서 벗어나게 된다. 그러나 본성에서 벗어나더라도 시간의 경과에 따라 본성을 회복하며 이어져 간다. 이와 같이 환경변화에 의존적인 관계를 갖는 사물이 본성에 충실하고, 환경의 일원으로써 본래의 사명을 다하기 위해서는 본성에 대한 믿음이 필요하다. 본성에 대한 믿음은 이기심에 의한 의도적인 행위에서 벗어나 타인의 다름을 수용하고 공감하여 다름과 동조함으로써 갈등을 없애고 믿음과 조화를 만들게 한다. 이것을 노자는 도와 동조한다고 하였다. 이는 자연의 지향성에 동조하는 것이다.

14장에서 "들으려 해도 들리지 않음을 이름하여 희(希)라고 한다(聽之不聞, 名曰希)"라고 하였다. 청각으로는 들을 수 없는 소리가 자연의 소리이고 도(道)의 소리이다. 도의 소리는 우주 만물의 지향성이 조화된 상응의 소리이다. 이 소리는 인간의 감각을 초월하여 인간에게는 들리지 않는 도의 소통 작용이다. 회오리바람이 불다가 그치고, 소나기가 내리다가 그치는 것은 천지를 관장하는 도의 작용이며, 이는 들리지 않는 도의 소리에 의한 상응작용과 같아 보인다. 천지에도 상응하는 도의 작용에 따라 소나기나 회오리바람이 오기도 하고 가기도 하는데, 사람의 선택이 변함이야 말해 뭐하겠는가? 이러한 맥락에서 "希言自然"을 해석하면 "자연은 계책이 없는 듯하다"라고 해야 할 것이다.

사람의 선택도 조건의 변화에 따라 변하기 마련이다. 이 조건은 그가 어떤 것에 정신에너지를 쏟느냐에 따라 그가 지향하고자 하는 바가 달라진다는 점과 주어지는 주변 환경의 조건을 말한다. 그리하여 도(道)에 매달리는(從事) 사람은 도와 동조하고, 덕(德)에 매달리는 자는 덕과 동조하며, 그릇됨(失)에 매달리는 사람은 그릇됨과 동조한다고 하였다. 도에 동조한다고 함은 도에 따라 인식하고, 도에 따라 반응하며, 도에 맞게 행동한다는 것을 말한다. 이렇게 도를 따르는 과정 즉, 도와 동조하기 위한 의식의 집중은 대상과 서로 다른 지향성의 차이를 에너지로 하여 유무가 상생하듯 대립면을 형성하고, 섞여서 하나가 되는 혼이위일(混而爲一)하여 동조하게 되는 것이다. 이 과정을 설명하여 도에 동조하려 하면 도(道) 역시 기꺼이 그를 맞이한다고 하였다. 즉, 기꺼이 대립면에서 직면하여 같이 뜻을 맞추어(相得) 동조하는 것이다. 이와 같은 방법으로 덕(德)과 동조하려 하면, 덕 역시 그를 기꺼이 상득하여 주고, 그릇됨(失)과 동조하려 하면, 그릇됨 역시 그를 기꺼이 상득하여 준다는 뜻이다. 선악과 미추 역시 사람이 하려고 선택한 바와 같은 결과가 이루어진다는 것이다.

　사람은 자신이 믿고 잘 할 수 있고 좋아하는 것을 선택한다. 이들이 도를 믿으면 도를 선택하고, 덕을 믿으면 덕을 선택하며, 유흥이나 쾌락을 좋아하면 유흥이나 쾌락을 선택할 것이다. 그래서 노자는 도를 선택하지 않음은 도에 대한 믿음이 부족한 것 즉, 불신에 의한 것이라고 하였다. 인간의 정신세계인 자아시스템은 정신에너지가 무엇을 선택하고 무엇을 입력하느냐에 따라 다른 결과를 만든다. 자아시스템의 에너지가 도를 지향하게 작동하면 도를 따르는 행동을 하게 되고, 상대방이나 대상에 불만이 있으면 저항하거나 다투려는 정신에너지가 작동하여 다툼이 일어난다. 핸들을 어느 방향으로 돌릴 것인가는 자신의 판단이다. 도를 택하고 무위로 환경 친화적인 생활을 한다면 환경은 우호적으로 반응하여 기꺼이 행운을 되돌려줄 것이다. 반대로 환경에 비우호적으로 반응하면 환경은 불각 중에 역습을 시작하고 불운을 던져줄 것이다. 이런 비우호적 환경의 공격은 환경의 입장에서는 자존을 위한 몸부림이고, 새로운 균형을 찾기 위한 방법인 것이다. 이 장은 유기체는 환경에 의해 형성되는 조건에 적응하게 되므로 환경에게 이로움을 주어야 환경도 개체에게 이로움을 준다는 점을 강조하고 있다. 즉, 환경은 콩 심은 데 콩 나고 팥 심은 데 팥 나는 것처럼 받은 대로 돌려준다.

노자는 자연 변화의 역동성을 환경의 상호 의존성에서 찾았다. 비나 바람의 일어남과 그침을 하늘과 땅의 상응에 의하여 조절된다고 본 것이다. 하늘에서 풍우가 만들어짐은 땅이 하늘의 뜻에 동조하거나, 반대로 땅의 풍우에 대한 열망에 하늘이 동조하여야 이루어진다는 설명이다. 그러하니 어느 한쪽이 추구하는 대상에 대한 믿음의 부족이 생기면, 대상도 불신으로 상응한다는 것이다. 상응을 위한 통신은 믿음(信)이다. 그러니 信(신)은 그 징표이다.

24장
군더더기 행동을 만드는 욕심

企者不立, 跨者不行, 自見者不明, 自是者不彰, 自伐者無功, 自矜者不
長, 其在道也曰餘食贅行, 物或惡之, 故有道者不處.

　발돋움한 사람은 제대로 서 있지 못하고, 가랑이를 크게 벌리고 걷는 사람은 제대로 걸을 수 없다. 스스로 드러내는(見) 자는 밝지 못하고, 스스로 옳다고 하는 자는 드러내지 않으며, 스스로 자랑하는 자는 공이 없고, 스스로 교만한 자는 지도자가 되지 못한다. 그것은 도에 있어서 먹다 남은 음식과 군더더기 행동이라 한다. 사람(物)은 혹(或) 이를 싫어하므로 도를 아는(有) 자는 거기에 처하지 않는다.

企者不立(기자불립), 跨者不行(과자불행)에서 企(기)는 "꾀하다, 도모하다, 발돋움하다, 계획하다, 기도하다, 바라다" 등의 의미 중에서 "발돋움하다"라고 옮기고, 跨(과)는 "넘다, 타고 넘다, 걸터앉다, 사타구니, 머뭇거리다(踦踦-)" 등의 의미인데, 蘇子由(소자유)는 노자익에서 "가랑이를 크게 벌려서 걷는 걸음"이라고 하였으니 이에 따른다. 발돋움은 서있는 방법의 하나이고, 가랑이를 크게 벌린 걸음도 가는 형태의 하나이지만, 이들은 더 높게 서고, 더 빨리 걷기 위한 욕심으로 행한 행위이다. 이런 행위는 오래 서있거나 걸을 수 있는 방법은 아니고 불편한 방법의 하나이다.

其在道也曰餘食贅行(기재도야왈여식췌행)에서 其(기)는 지시대명사로 自見(자견), 自是(자시), 自伐(자벌), 自矜(자긍)을 지칭하고, 也(야)는 문중에서 위 어구를 강조한다. 번역하면 "그것은 도에 있어서 먹다 남은 음식과 군더더기 행동이라 한다"라고 번역한다. 物或惡之(물혹악지)에서 物(물)은 "물건, 만물, 사물, 사무, 재물, 종류, 얼룩소, 사람, 살피다, 헤아리다" 등의 의미 중에서 "사람"이고, 之(지)는 지시대명사로 "먹다 남은 음식과 군더더기 행동"을 받는다. 有道者不處(유도자불처)에서 有(유)는 "있다, 가지다, 많다, 알다, 소유" 등의 의미 중에서 "알다"라고 옮겨 "도를 아는(有) 자는 거기에 처하지 않는다"라고 번역한다.

발돋움한 사람은 제대로 서 있지 못하고, 가랑이를 크게 벌리고 걷는 사람은 제대로 갈 수 없다고 함은 부자연스럽고 본질에서 벗어난 행동은 제대로 일을 성사시킬 수 없다는 말이다. 企(기)는 남보다 크게 보이려고 발뒤꿈치를 드는 것을 뜻하고, 跨(과)는 가랑이를 크게 벌리고 걷는 것을 말한다. 그러나 이렇게 하여서는 오래 제대로 서 있을 수 없고, 멀리 오래 걸어갈 수 없다. 이런 불편한 행동은 일시적이고 몸의 균형을 망가뜨려 장기적으로는 해를 입게 된다. 서 있으려면 발바닥 전체를 사용해야 하고, 걸어가려면 자연스런 보폭으로 균형을 유지하고 걸어야 한다. 즉, 하고자 하는 바에 따라 필요한 부분을 활용하여 그에 합당한 기능으로 행해야 하는 것이다. 발돋움은 서 있으려는 데 필요한 마땅한 기능이 아니고, 가랑이를 크게 벌리고 걷는 것도 걷는 데 적절한 기능이 아니다.

하지만 요즈음 세대는 하이힐이라는 높은 구두를 신고, 편하고 자연스러운 걸음보다 키를 크게 보임으로써 아름다움을 추구하는 것이 일반적이다. 이러함은 옛날 자연생활에서 추구하던 가치는 자기중심의 편안함이었는데, 현대의 사회생활에서 추구가치는 무리에서의 비교우위를 차지하려는 아름다움이기 때문이다. 그러니 이를 자연스럽지 않다고 나쁘다고 할 수도 없다. 사회생활 자체가 그런 가치를 중시하고 있으니 어찌 하겠는가? 자신의 편안함을 아름다움과 교환한 것이라 함이 좋을 것이다. 다만 장기적 관점에서 몸을 돌봄도 잊지 않았으면 좋겠다. 개인의 편안함보다 아름답다는 사회적 평가가 가치판단의 기준이 되었으니 어찌하겠는가?

스스로 드러내는(見) 자는 밝지(明) 못하다고 하였다. 16장에서 밝음(明)은 늘 그러함(常)을 아는 것(知常日明)이라 하였다. 그런데 이 장에서 스스로를 드러내는 것을 밝지 못하다고 하였으니, 스스로를 드러내는 것은 늘 그러함(常)을 알지 못하는 것에 해당한다. 스스로 드러냄은 대상의 지향성과 조화를 해칠 수 있다. 조화롭지 못함은 상호 의존적인 관계에 불균형을 초래할 수 있으니 고요함이나 늘 그러함에 머물지 못하므로 밝지 않다고 한 것이다.

사회생활에 몸담은 이상 어느 누구도 세파에 때묻지 않은 사람은 없다. 이들은 이기적이고 의도적인 욕심을 비우기 위해 많은 노력도 하지 않고, 고요함을 지키기 위해 정성을 다할 마음의 여유도 없다. 이들은 자신을 드러내 보여 인정을 받고 싶어하며, 이런 과정에서 깨끗하지 않은 어두운 면을 노출하기도 한다. 이들은 경쟁사회에서 의식주를 해결해야 하고 자신의 미래를 열어 나가야 하므로 자신의 능력과 의지를 드러내 보이고 외부의 평가를 받아야 한다. 이들에게 중요한 것은 자신의 능력과 그에 대한 좋은 평가이니 이들의 행동은 항상 공존의 본성보다 자신에게 유리함에 기초를 둔다. 그러니 당연히 밝다고 할 수 없을 것이다. 그런데 현대인은 그렇게 해야 성공할 수 있다고 생각한다. 성공을 인생의 가치로 생각하면 자신을 드러내 인정을 받아야 하는 것이니, 자신을 드러내는 것은 밝은 것이 아닌가? 이 문제를 노자는 어떻게 대답할까? 아마 노자는 자신을 포장하지 말고 있는 그대로 타인이나 대상의 지향성에 나쁜 영향을 미치지 않게 정직할 것을 요구하지 않을까?

스스로 옳다고(是) 하는 자는 드러나지(彰) 않으며, 스스로 자랑하는(伐) 자는 공이 없고, 스스로 교만한(矜) 자는 지도자(長)가 되지 못한다고 하였다. 옳고 그름의 구분은 기준이 있어야 가능하다. 이 기준은 대부분이 사람이 사람을 위하여 정한 것이고, 그 시대에 적합한 것이다. 그 시대의 사람을 위한 것이기에 옛날 기준으로 현재를 재단할 수 없다. 여러 집단 사이의 이념이 다르면, 옳고 그름을 판단도 달라진다. 노자는 규범으로 정한 바에 따라 옳고 그름을 구분하는 것을 도(道)가 아니라고 수차 강조한다. 스스로를 옳다고 하는 자는 드러나지 않는다고 하였다. 스스로의 판단이 옳다고 함은 이기적인 자신의 선호도가 개입되었을 수 있고, 자신의 판단이 대상의 지향성에 영향을 미칠 수 있음을 염려한 것이라 할 수 있다. 여러 사람이 모두다 자신의 선호도가 개입된 판단이 옳다고 하면, 어찌할 것인가? 다툼이 일어나게 된다. 그러니 자신의 옳음을 드러내지 않는다고 한 것이다.

위와 같은 맥락에서 보면, 스스로 자랑하고 스스로 교만한 자도 자기만의 가치 기준에서 잘한 것이고 잘난 것이니, 이를 자랑하고 교만한다고 공이 되고 지도자가 될 수 있는 것은 아니다. 잘한 일은 자랑하지 않고 가만히 있어도 주변에서 칭송하며 인정해 줄 것이고, 잘난 사람이 조용히 자신을 돌보면 그의 겸손함을 남들이 알아보고 지도자로 숭상할 것이다. 잘나고, 잘하고, 옳은 것과 같은 기준들은 상대적 비교에 의한 것으로 절대성이 없으니 상시로 변한다. 평가와 판단은 자기가 정한 기준이 아니라 외부 환경의 기준에 의한 것이어야 한다.

자신만의 닫힌 울타리 안에서 정한 기준으로 가치를 판단하고 그에 따라 하는 행동은 도를 행하는 입장에서 보면 군더더기에 불과하다. 과욕으로 음식을 많이 준비하고 다 먹지 못하면 음식 쓰레기를 남기듯이 욕심으로 행하는 행동은 쓸데없는 행동이 된다. 이런 쓸데 없이 필요 이상의 덧붙은 행동을 군더더기 행동(贅行), 사족(蛇足), 군 짓이라 하였다. 이런 행동에는 모두 이기적 욕망이 도사리고 있기 때 문에 주변의 사물에 나쁜 영향을 미치거나 그 지향성을 방해할 수 있다. 그래서 만물이나 사람도 과욕으로 추구하는 행동을 싫어한다.

자연 속에서 사람들과 더불어 사회생활을 하는 사람은 자연과 사 회의 틀에서 벗어날 수 없다. 즉, 개인은 자연시스템의 일원이고 사회 시스템의 일원이다. 시스템은 상호 의존적인 기능 구조이므로 외부 의 피드백에 의하여 존재를 확인하고 자신의 기능을 평가받는다. 자 기만의 세상인 자기 방에서 아무리 잘났다고 소리쳐도 알아주는 사 람이 없다. 전체에 기여하는 것이 공(功)이고, 전체의 신임을 받아야 지도자가 된다. 부분은 전체의 틀에 갇힌다는 의미이다. 그러니 부 분인 개인은 전체인 사회나 자연에서 피드백을 받을 수 있게 소통의 통로를 열어놓고 있어야 한다. 즉, 열린 마음, 개방적 태도가 필요하 고, 타자의 지향성 변화에 피드백의 초점을 맞추어야 한다.

25장
도의 존재와 스스로 그러한 도의 작용

有物混成 先天地生, 寂兮廖兮. 獨立不改, 周行而不殆, 可以爲天下母.
吾不知其名, 字之曰道, 强爲之名曰大. 大曰逝, 逝曰遠, 遠曰反. 故道
大, 天大, 地大, 王亦大, 域中有四大, 而王居其一焉. 人法地, 地法天,
天法道, 道法自然.

뒤섞여 이루어진 혼성물(物)이 있었는데, 하늘과 땅보다 먼저 생겨
났다. 고요하고 공허하구다. (어떤 것이) 변함없이 홀로 존재하며 두루
행하지만(行) 지치지(殆) 않으니, 천하의 어미(母)인 듯하다. 나는 그
이름을 알지 못하여 그것을 글자로 도(道)라 쓰고, 굳이 이름을 붙여
크다(大)라고 한다. 큰 것(大)은 멀리 가는 것(逝)이요, 멀리 감은 멀어
지는 것(遠)이며, 멀어짐은 돌아오는(反) 것이다. 고로 도(道)는 크고,
하늘(天)도 크고, 땅(地)도 크고, 왕(王)도 역시 크다. 이 세상(域中)에
는 4가지 큰 것이 있으니, 왕도 그중 하나에 해당한다. 사람은 땅의
이치를 따르고(法), 땅은 하늘의 이치를 따르며, 하늘은 도의 이치를
따르고, 도는 스스로 그러함을 따른다.

🐏 번역에 유의할 어휘

有物混成(유물혼성)에서 물(物)은 "물건, 만물, 무리(類也=輩也), 사물, 사무, 재물, 종류(種類), 얼룩소, 사람, 살피다" 등의 의미 중에서 "물건과 무리"를 양의적으로 해석하여 "혼성물"이라 옮긴다.

獨立不改(독립불개)의 해석에 어려움은 먼저 주어가 없고, 다음은 앞 문장과 의미 연결이 되지 않음이다. "이런 상태에 어떤 것이"라는 연결구와 가상 주어를 덧붙여 앞 문장과 의미를 연결하면 "(어떤 것이) 변함없이 홀로 존재하다"라고 번역된다.

周行而不殆(주행이불태)에서 "行(행)은 "행하다, 다니다, 쓰이다, 돌다, 가다" 중에서 "행하다"라고 해석함이 좋다. 不殆(불태)의 殆(태)는 "거의, 장차, 마땅히, 위태하다, 해치다, 피곤하다, 지치다, 두려워하다, 게으르다" 등의 의미이나, 다음에 천하의 어머니(母)인 듯하다(可以爲天下母)로 연결되니, 어머니의 근면함과 희생정신의 의미를 연결하여 "지치다"라고 옮긴다. "可以爲天下母(가이위천하모)"에서 以爲(이위)는 "~이라 생각한다"이니, 可以爲(가이위)는 "~이라 생각할 수 있다"라고 번역한다. 母(모)는 "어미 혹은 근본"이라 옮긴다.

"强爲之名曰大(강위지면왈대)"에서 大(대)는 형용사로 해석하면 "크다"이고, 명사로 해석하면 "큰 것, 큼"이 되는데, 여기서는 무엇이라 이름하여 전체를 규정하는 것보다 그냥 "크다"라고 해석함이 바람직하다.

大曰逝(대왈서) 逝曰遠(서왈원)에서 逝(서)는 "가다, 죽다, 달리다" 등의 의미인데, 이 글자의 자원(字源)은 辶(쉬엄쉬엄 갈 착)자와 折(꺾을 절)자가 결합한 것으로 "가는 길이 끊어지다"라는 뜻에서 "죽다"는 의미가 생긴 것이다. 그러므로 逝(서)의 뜻인 "가다"는 "멀리 떠나다"는 것으로 해석해야 한다. 여기서는 "멀리 간다"라고 옮긴다. 遠(원)은 자원(字源)에 "멀어지다", 오래 멀리 갔으니 "멀어지다"라고 한 것이다.

"域中有四大(역중유사대)"에서 域(역)은 "영역"의 의미이나, 여기서는 도, 하늘, 땅, 왕을 포함하는 개념의 영역인데, 도(道)을 이름을 붙일 수 없이 큰 것이라 하였으니, 이 영역도 이름하기 어려운 영역이다. 그래서 여기서는 域中(역중)을 그냥 "거기, 혹은 이 세상"이라고 지칭하는 것이 좋다.

法(법)은 "본받는다(效)"는 의미이다. "본받는다"는 말은 "본보기로 하여 그에 따른다"는 말이니 "따른다"라고 옮겨도 된다. 노자는 어떤 규범을 정하고 그에 얽매는 직선적인 사고(思考)를 좋아하지 않는다. 그래서 道法自然(도법자연)에서 자연은 명사로 번역하지 않고 자연의 이치(理致)인 "스스로 그러함"이라 번역해야 논리에 맞는다. 그리고 도(道)는 자연의 이치이고 만물의 존재 근거이니, 도와 자연은 동시적이지 어느 쪽이 결과물가 되어서는 안 된다. 이런 논리로 법은 "따른다", 자연은 "스스로 그러함"이라 옮기고, 人法地(인법지)·地法天(지법천)·天法道(천법도)에서 人·地·天(인·지·천)이 그냥 "땅·하늘·도"를 따르는 것이 아니고 이들의 지향성인 따르는 것이니 "땅·하늘·도의 이치"라고 옮겨야 바람직하다.

◁» 풀이

"有物混成(유물혼성), 先天地生(선천지생)"을 직역하면 "뒤섞여 이루어진 혼성물이 있는데, 하늘과 땅보다 먼저 생겨났다" 이다. 쉽게 말하면, 하늘과 땅보다 먼저 생겨난 혼성물이 있었다. 요즈음의 상식으로 말하면 지구가 생성되기 전의 상태, 즉 천지창조 이전의 상태를 말한다. 그런데 번역에 유의할 어휘에서 언급한 바와 같이 다음에 연결되는 "변함없이 홀로 존재한다(獨立不改)"와 의미가 연결되지 않는다. 그렇다고 하여 앞 문장의 혼성물(物)을 주어로 할 수 없다. 이유는 이 장은 도의 작용을 설명하고 있음으로 혼성물을 주어로 하면 "도(道)=혼성물(物)"이 되어 초감각적 도가 물건으로 전락하기 때문이다. 그러니 할 수 없이 연결어구와 가상의 주어 "어떤 것이"라는 어구를 덧붙여 해석한다.

혼성물의 상태는 빅뱅이후의 시공간인 가스상태를 말함이다. 다음에서 고요하고 공허하다고 하였으니 빅뱅이후의 시공간이라 해석함이 바람직하다. 이렇게 해석하면 "고요하고 공허한 상태에서 어떤 것이 변함없이 홀로 존재하며 두루 행하지만(行) 지치지(殆) 않으니, 천하의 어미(母)인 듯하다."로 연결된다.

이 고요하고 공허한 상태에 홀로 변하지 않고 존재하는 무엇이 있었는데, 이는 형체가 없고 소리도 없으며, 잡히지 않지만, 작용하여 만물을 생겨나게 하였다. 이 창조의 공간을 다스리는 힘의 소유자가 있었으니, 이는 천하를 만드는 근본이고 거기에서 만물이 생겨나니 어머니가 아니고 누구이겠는가? 변함없이 홀로 존재하여 모든 존재에 두루 작용하지만, 지치지 않고 바닥이 드러나지 않는다. 홀로 존재한다고 하였지만 두루 영향을 미치니 홀로 있는 것 같지 않고, 두루 영향을 미친다고 하지만, 영향을 미치지 않는 것 같아 보인다. 있는 듯 없는 듯하니 이름이 없다. 그럼에도 만물을 생겨나게 하니, 그 이름을 어머니라고도 하지 않고 어머니인 듯하다고 한 것이다. 이름을 지으려면 모양이나 소리가 있어 감각할 수 있어야 개념화할 수 있는데 소리, 형태, 촉감도 없으니 개념을 정할 기준이 없어 이름을 지을 수 없다고 한 것이다. 그런데 감각할 수 없을 따름이지 작용의 결과로 만물이 존재하니 이를 부인할 수도 없다. 그리하여 글자로 표현한 것이 도(道)이고 억지로 이름을 지어 "크다(大)"라고 하였다. 도(道)는 만물이 걸어온 길이고 걸어갈 길이다. 그러니 길도(道)이다.

왜 도(道)를 "크다(大)"라고 이름을 지었을까? 도로 말미암아 천지(天地)가 생겨나고, 다른 만물도 생겨났으며, 도(道)는 시공간을 채우고 있으니 큰 것은 맞는데, 처음과 끝이 없으니 얼마나 큰지를 감각으로 알 수 없어 어떻다고 설명할 수 없다. 그러니 "크다"고 말할 뿐이다. 크다고 하였지만 보이지 않는다. 보이지 않음은 끝없이 멀다는 것이다. 즉, 크다는 것은 길이, 높이, 넓이, 부피의 경계를 한정할 수 없는 것을 말하므로 이를 계량하려면 생각을 멀리 보내야 한다. 그래서 "크다는 것은 멀리 간다"라고 하였다. 멀리 가는 것은 오래도록 가야만 닿는 곳이다. 그러니 멀리 가는 것은 멀어지는 것이라 하고, 멀어짐은 다시 돌아오게 만든다. 오고 감은 유무상생(有無相生), 장단상형(長短相形), 고하상경(高下相傾) 등과 같이 대립적 개념으로 서로의 차이가 만든 긴장의 에너지가 반전을 만드는 것이다. 그러니 오래 감은 다시 반전하여 돌아오게 함이다. 간다는 것은 돌아옴의 싹을 잉태하고, 멀리 가면 갈수록 돌아옴의 싹은 자라나고, 돌아옴의 에너지를 점점 더 축적해 반전을 시도하게 된다는 것을 말함이다.

도는 크기 때문에 하늘, 땅, 왕 등 세상을 다스리는 영향력을 가진 사물의 근본으로 존재한다. 하늘과 땅을 포함한 모든 존재는 자신의 의도에 따라 생겨난 것이 아니고, 서로가 서로의 원인과 조건이 되어 의존적으로 생겨난 것이다. 그러니 그들의 존재방식도 서로의 필요에 부응하여야 공존의 틀에서 벗어나지 않고 조정하고 조절되어 오고 가게 되는 것이다. 이 상생과 공존의 틀이 도리나 이치이고 여기서 말하는 도(道)이다. 이 상생과 공존의 틀은 전체와 부분의 관계로 얽혀 있는데, 부분은 전체의 필요에 응해서 생겨난 것이니 당연히 전체에 기여하고 의존하는 기능을 하여야 한다. 이 전체에 기여하는 기능이 사물이 존재하는 이유이다. 전체의 부분들은 서로 의존적이어서 정보를 교환하고 조건이 되기도 하고 원인이 되기도 하며, 얽혀 일어난다고 하여 연기(緣起)한다고 한다. 노자는 이런 상존의 이치를 "사람은 땅을 따르고, 하늘은 도를 따르며, 도는 스스로 그러함을 따른다"고 하였다. 여기서 "따른다(法)"는 말은 "전체의 필요를 인식하고 조건에 반응한다"라고 해석하여야 할 것이다. 즉, 사람이 땅의 필요를 인식하고 반응하고, 하늘은 도의 필요를 인식하고 반응하며, 도는 자연의 조건을 인식하고 반응한다. 이렇게 되면 땅은 사람에게 걸을 수 있게 조건을 제공할 뿐만 아니라 삶을 영위할 수 있게 풍부한 산물을 공급할 것이고, 도는 하늘이 그 기능을 원만하게 행할 수 있게 할 것이며, 자연의 스스로 그러함은 도가 만물을 존재케 하고 원만하게 작동하게 할 것이다.

26장
고요함의 여유로 일의 경중 판단

重爲輕根, 靜爲躁君, 是以聖人終日行不離輜重, 雖有榮觀, 燕處超然, 奈何萬乘之主而以身輕天下, 輕則失本, 躁則失君.

무거움은 가벼움의 뿌리가 되고 고요함은 조급함을 다스리는 군주가 된다. 이 때문에 성인은 종일 가더라도 무거운 짐수레를 떠나지 않으며, 비록 아름다운 볼거리가 있더라도 편안히(燕) 초연하게 처신한다. 어찌 만승의 주인으로서 몸소(身) 천하를 가볍게 생각(以)하겠는가? 가벼우면 뿌리를 잃고, 조급하면 임금의 지위를 잃게 된다.

🗨 번역에 유의할 어휘

靜爲躁君(정위조군)에서 君(군)은 尹(다스릴 윤)자와 口(입 구)자가 결합하여 명령을 내리는 모습을 글자화 한 것으로 다스리는 사람, 즉 "임금, 군주"을 뜻한다. 그러므로 靜爲躁君(정위조군)의 직역은 "고요함이 조급함의 임금이 된다"이고, 의역하면 "고요함이 조급함을 다스리는 임금이 된다"이다. 是以聖人終日行不離輜重(시이성인종일행불리치중)에서 輜重(치중)은 "수레에 실은 짐, 군수품"을 의미하는데, 여기서는 輜(치)와 重(중)을 각각 해석하여 "짐을 실은 수레, 혹은 무거운 짐수레"라고 옮긴다.

奈何萬乘之主而以身輕天下(내하만승지주이이신경천하)에서 奈何(내하)는 의문사로 "어떻게", 而(이)는 자격과 신분을 나타내 "~로서", 以(이)는 "~써, ~부터, ~을 ~로 하다, ~라 여기다(생각하다)" 등의 의미 중에서 "~로 생각하다", 身(신)은 "몸소"라고 해석하면, "만승의 주인으로서 몸소(身) 천하를 가볍게 생각(以)하겠는가"가 된다.

躁則失君(조즉실군)에서 君(군)은 왕필의 주석에 따라 "君位(군위)"라고 해석하여 "조급하면 임금의 직위를 잃게 된다"고 번역한다. 아니면 君(군)을 "다스림"이라 해석하여 "조급하면 다스림을 잃게 된다"라고 해석해도 괜찮다. 대부분의 해설서에서 "조급하면 군주를 잃게 된다"라고 번역하고 있는데, 그러면 백성이 조급하면 임금을 잃게 된다는 의미가 되어 문맥에 맞지 않다. 앞 문장에서 "어찌 만승의 주인으로서 몸소(身) 천하를 가볍게 생각(以)하겠는가?(奈何萬乘之主, 而以身輕天下)"라고 하였음은 躁則失君(조즉실군)의 주체는 통치자라는 의미이다. 그러니 통치자가 조급하면 그 지위를 잃게 된다고 번역하는 것이 논리적이다.

🔊 풀이

고요한 마음가짐의 중요성을 설명하기 위해 무거움이 가벼움의 뿌리가 된다고 하였다. 아래 왕필의 주석에서 보듯이 무거운 것이 가벼운 것을, 큰 것이 작은 것을 지탱할 수 있듯이 사람도 움직이지 않는 것이 움직이는 것을 다스릴 수 있다고 하였다. 요즈음 말로 하자면 질량이 큰 것이 에너지가 크다는 것이다. 이를 크고 무거운 것이 작고 가벼운 것의 뿌리라고 하였다. 사람의 마음도 조용하고 잠잠한 고요가 시끄럽고 급한 것보다 일의 중심을 잡을 수 있게 하고, 시작과 끝을 통찰할 수 있게 한다. 시끄럽고 급하면 사태를 정확하게 파악하지 못하고 반응에 치중하여 경솔한 판단을 하게 한다. 반면에 고요한 상태를 유지하는 사람은 주변 상황의 흐름을 통찰하고 현재의 문제를 변화의 측면에서 파악할 수 있는 여유를 갖는다. 여유는 사태의 경중과 정보를 비교·대조·예측할 수 있는 시간을 얻게 하고, 관련된 이해관계자들의 피드백을 받을 수 있게 하며 공존과 공생의 도리에 어긋나지 않게 판단할 수 있게 한다. 고요함은 여유를 갖게 하고, 여유는 시끄럽고 조급함을 다스리게 된다. 이 말은 일상생활에서 지침이 될 만한 매우 중요한 내용이다. 머리가 총명하고 문제해결의 지혜를 가지고 있다고 하더라도 고요한 마음을 갖지 못하면 조급함에 처하여 일을 그르칠 수 있다. 급할수록 고요함을 찾도록 노력하고, 가능하면 하루에 일정한 시간대를 정하여 고요함을 즐기는 것도 삶에 활력소가 될 것이다. 다음은 왕필의 주석(왕필의 노자주, 왕필 저, 임재우 역, 한길사, p. 134)이다.

　무릇 사물은 가벼운 것이 무거운 것을 실을 수 없고, 작은 것이 큰 것을 진압할 수 없다. 가지 않는 사람이 가는 사람을 부리고, 움직이지 않는 것은 움직이는 것을 제어한다. 그래서 무거움은 반드시 가벼움의 뿌리가 되고, 고요함은 조급함의 다스림이 된다(凡物, 輕不能載重, 小不能鎭大, 不行者使行, 不動者制動, 是以重必爲輕根, 精必爲躁君也)

　성인(聖人)은 중요한 것을 다스리고, 감각적인 즐거움에 초연하며, 여유롭고 편안한 마음을 유지하려 한다. 천자 또한 천하를 가볍게 생각하지 않는다. 마음이 반응적으로 가벼이 흔들리면 감각하는 모든 것이 흔들리게 된다. 빨간 안경을 쓰면 만물이 빨갛게 보이는 것과 같다. 감각적인 즐거움에 마음을 빼앗기면 그런 마음으로 만물을 감각하게 된다. 그리하여 중요한 것을 중요하지 않은 것으로 보게 된다. 길거리에 떠들썩한 볼거리가 있어도 신경을 쓰지 않고 짐수레에 감각을 집중하고 운반에 전념한다는 것이다. 만승의 주인(萬乘之主)인 천자(天子)도 경망하면 백성과 신하가 그를 가벼이 보아 의지하려 하지 않으니, 그 뿌리인 백성을 잃게 되고, 신하가 조급하면 천자의 신임을 받지 못하여 버림을 받게 된다. 그러하니 천자라도 천하를 가벼이 보지 않는다. 그래서 주변의 시끄러움을 편안하고 고요한 마음으로 인지하고, 여유롭게 정리하여 경중을 가려서 대처하는 것이 다스림의 핵심이다. 이를 노자는 고요함이 조급함을 다스리는 군주(君)가 되고(靜爲躁君), 조급함을 다스리지 못하면 임금의 지위도 잃게 된다고 하였다.

27장
대상의 지향성과 대립개념의 조화

善行無轍迹, 善言無瑕謫, 善數不用籌策, 善閉無關楗而不可開, 善結無繩約而不可解, 是以聖人常善救人, 故無棄人, 常善救物, 故無棄物, 是謂襲明, 故善人者, 不善人之師, 不善人者, 善人之資, 不貴其師, 不愛其資, 雖智大迷, 是謂要妙.

착한 행실은 흔적을 남기지 않고, 좋은 말은 허물이 없으며, 좋은 셈은 산가지와 장부를 쓰지 않고, 좋은 잠김은 빗장과 자물쇠를 쓰지 않아도 열지 못하게 하며, 좋은 매듭은 줄로 묶지 않아도 풀 수 없게 한다. 이 때문에(대상의 지향성에 조화하여 대상이 스스로 행하게 함으로써) 성인은 항상 사람을 잘 구원하니 사람을 멀리 내치지 않으며, 항상 물건을 잘 고치므로 물건을 버리지 않으니, 이것을 조화로운 밝음(襲明)이라 말한다. 고로(조화로움으로 사물의 본성을 밝혀 알게 됨으로써) 착한 사람은 착하지 않은 사람의 스승이 되고, 착하지 않은 사람은 착한 사람의 바탕(資)이 된다. 그 스승을 귀하게 여기지 않고 그 바탕을 사랑하지 않으면, 비록 지혜로워도 크게 미혹하게 되니, 이것을(객체라는 근본을 잃으면 주체도 길을 잃는다는 것을) 근본적인 오묘함(要妙)이라 한다.

🗨 번역에 유의할 어휘

이 장의 번역도 쉽지 않다. "善行(선행), 善言(선언), 善數(선수), 善閉(선폐), 善結(선결)" 등은 두 가지로 옮길 수 있다. 첫째는 善(선)은 "좋은"이라는 수식어로, 行(행)·言(언)·數(수)·閉(폐)·結(결) 등은 주제어로 해석하는 방법으로 "좋은 행동, 좋은 말(교훈), 좋은 셈, 좋은 닫침, 좋은 매듭"이라 옮겨 사람이 행한 결과를 강조하는 방법이다. 두 번째는 "善行(선행), 善言(선언), 善數(선수), 善閉(선폐), 善結(선결)"에 "者(자)"를 추가하고 善(선)을 "잘"이라 옮기면, "잘 다니는 사람, 말을 잘하는 사람, 계산을 잘하는 사람" 등으로 행위자를 강조하여 번역하는 방법이다. 대부분의 해설서가 두 번째 방법을 선택하고 있다. 그러나 여기서는 첫째 방법으로 번역하고 풀이 한다. 이유는 군더더기를 없애고 노자의 글 자체를 그대로 이해하기 위함이다. 중요한 것은 이 장이 대상의 지향성에 순응함을 강조하고 있다는 점이다, 이 점에 대해서는 풀이에서 설명할 것이다.

善行無轍迹(선행무철적)에서 善行(선행)은 "착한 행실 혹은 좋은 행실", 轍迹(철적)은 "수레바퀴의 자국"이니, "착한 행실은 바퀴자국이 없다"라고 번역할 수 있다. 그런데 이 말은 논리에 맞지 않다. 그래서 의역하면 "착한 행실은 흔적이 없다"이다.

"救人(구인)과 棄人(기인)"를 대립된 개념으로 만들려면, 救(구)는 "구원하다 혹은 치료하다", 棄(기)는 "멀리 내치다"라고 옮긴다. 또 "救物(구물)와 棄物(기물)"를 대립된 개념으로 연결하려면 救(구)는 "고치다", 棄(기)는 "버리다"라고 옮긴다.

다음으로 유의할 어휘는 襲明(습명)과 要妙(요묘)이다. 襲明(습명)에서 襲(습)은 "엄습하다, 치다, 인습하다, 잇다, 인하다, 거듭하다, 익숙해지다, 조화되다" 등이 다양한 의미를 지니고 있다. 이 중에서 어느 것을 택해도 문맥과 잘 어울리지 않는다. "善行(선행), 善言(선언), 善數(선수), 善閉(선폐), 善結(선결), 善救人(선구인), 善救物(선구물)"의 공통분모가 되는 개념은 무엇일까? 쉽게 생각하면 善明(선명, 훌륭한 밝음)이리라. 그런데 襲明(습명)이라 하였다. 위에서 열거한 "좋은"에 해당하는 善(선)을 포괄할 수 있는 襲(습)의 의미를 찾아야 한다. 사람이 행한 좋은 결과물은 어떤 것일까? 좋다는 의미의 주인공은 누구일까? 행위자일까 아니면 행위의 객체일까? 노자는 이 책에서 자연한 상생과 공존을 말한다. 그러면 여기서 좋다고 함은 행위자에게도 좋아야 하고 대상에게도 좋아야 한다. 이에 합당한 襲(습)의 의미는 "조화(調和)"이다. 조화로움은 개체들 간의 어울림의 의미이다. 이 장에서 노자가 말하고 있는 문맥의 요점도 주체의 작용이 무위로 행해져 (爲無爲) 행위가 일어나지 않은 듯하고, 있는 듯 없는 듯하여 행위의 유무를 느끼지 못하게 행하라는 것이라 생각된다. 즉, 행위의 결과가 대상에 유익하게 작용하여 조화로워야 한다는 것이다. 그러니 襲(습)의 의미는 "조화되다"라고 해석하는 것이 바람직하다. 그러면 襲明(습명)의 번역은 "조화로운 밝음"이라 하는 것이 좋을 것 같다. 襲明(습명)의 번역은 번역자에 따라 "밝음을 잇는다", "밝음을 답습한다", 밝음을 싼다" 등 다양하지만, 이 장에서 언급하고 있는 대립 개념의 차이 극복을 고려하면 "조화로운 밝음"이라 번역함이 올바르다고 생각된다.

雖智大迷(수지대미) 是謂要妙(시위요묘)에서 迷(미)는 "미혹하다, 헷갈리다, 헤매다, 길을 잃다, 빠지다" 등의 의미 중에서 "미혹하다"라고 옮긴다. 妙(묘)는 그 뜻을 정확히 알 수 없다. 이 알 수 없음이 그 뜻이다. 이 단어가 쓰인 문장의 맥락으로 보면 "善(선)"과 "不善(불선)"이 서로 바탕 되고, 스승이 된다고 함이다. 서로의 지향성이 그 근본이 된다는 의미이다. 그래서 要(요)는 "근본"이라 해석하고, 妙(묘)는 알 수 없으니 "오묘하다"라고 해석한다. 그리하여 要妙(요묘)는 "근본적인 오묘함"이라 하였다.

◀》 풀이

이 장의 풀이는 먼저 문맥의 연결을 설명한 다음에 부분으로나 누어서 설명한다. 먼저 이 장은 문맥의 연결이 매우 어렵다. 첫 부분은 좋은 행위 혹은 잘한 행위에 대하여 언급하고, 그다음에 연결되는 문장이 이렇게 해서(是以) "성인은 항상 사람을 잘 구원하니 사람을 멀리 내치지 않으며, 항상 물건을 잘 고치므로 물건을 버리지 않으니, 이것을 조화로운 밝음(襲明)이라 말한다."이다. 이렇게 해서(是以)라는 연결구가 무슨 의미인지 알기가 어렵다. 앞 부분 "善行(선행), 善言(선언), 善數(선수), 善閉(선폐), 善結(선결)" 등의 주제어는 "선(善)한 행동"인데, 이 말이 어떤 개념을 의미하는 것일까? 어떤 의미이길래 흔적, 허물이 없고 주산이나 자물쇠가 필요하지 않을까? 스스로 그러하면 가능하다. 스스로 그러함을 전제로 하면, 이들 선행·선언·선수 등의 내용을 포괄하여 일반화할 수 있는 개념은 행위의 객체인 대상이 주어진 조건에 따라 자신의 지향성을 스스로 그러하게 만든다는 것이라 할 수 있다. 이 말은 조건을 만들어 주면 스스로 그러하게 된다는 것이니 도(道)에 따른다는 의미이다. 그러면 연결구인 是以(이렇게 해서)는 "이렇게 도에 따라서" 혹은 "객체의 지향성과 조화하여"라고 이해할 수 있다. 즉, "성인(聖人)은 상대의 지향성과 조화하니 항상 사람을 잘 구원하니 사람을 멀리 내치지 않으며, 그리고 (성인은 물건의 지향성과 조화하여) 항상 물건을 잘 고치므로 물건을 버리지 않으니, 이것을 조화로운 밝음(襲明)이라 말한다."라고 해석할 수 있다. 조화롭다는 말은 지향성의 상호작용으로 상생의 도리가 된다는 말이다.

그리고 다음에 "고로 착한 사람은 착하지 않은 사람의 스승이 되고, 착하지 않은 사람은 착한 사람의 바탕(資)이 된다"로 연결된다. 여기서 "고로(故)"라고 함은 "조화로움으로 사물의 본성을 밝힘, 즉 습명"을 말한다. 그러면 "사물의 조화로움인 본성을 밝혀 알게 됨으로써, 착한 사람은 착하지 않은 사람의 스승이 되고,…"로 연결된다. 본성은 도에 따르는 것이고, 도는 서로의 지향성의 상호작용에 따르는 것이니, 착한 사람과 착하지 않은 사람의 관계는 서로 존재와 당위의 조건이라 할 수 있다. 그러니 주객의 관계는 스승이 되기도 하고 바탕이 되기도 한다고 한 것이다.

끝부분에서 "그 스승을 귀하게 여기지 않고 그 바탕을 사랑하지 않으면, 비록 지혜로워도 크게 미혹하게 되니, 이것을 근본적인 오묘함(要妙)이라 한다."라고 하였다. 객체인 대상을 근본으로 여기지 않고 귀하게 여기지도 않는다는 뜻이니, 위 문장은 객체라는 근본을 잃으면 주체도 길을 잃는다는 것이다. 이것이 "근본적인 오묘함"이라 한 것이다.

이제까지는 전체적인 문맥에서 살펴보았다. 다음은 이 장을 부분별로 나누어서 살펴보고자 한다. 첫 부분은 우리가 잘한다고 하는 행위들의 잘함이 어떤 의미인지를 설명하고 있다. "善行(선행), 善言(선언), 善數(선수), 善閉(선폐), 善結(선결)"에서 잘함(善)은 각각 "자국, 흠, 주산, 빗장, 줄 묶음 등이 없다"고 하였다. 善行(선행), 善言(선언), 善數(선수) 등은 주변 환경 요소들의 지향성에 유익함을 주는 것이고, 善閉(선폐), 善結(선결)은 잠그거나 묶을 필요가 없다는 말이다. 부연하면, 빗장을 쓰지 않았으니 잠그지 않았다는 것이고, 잠그지 않았으니 열 필요가 없다는 것이다. 그리고 "善救人(선구인), 善救物(선구물)"에서 잘한(善) 구원은 도움을 주는 것이고, 잘한 고침 또한 대상에게 유익하게 하는 것이니 내치거나 버릴 이유가 없게 된 것이다. 문을 닫을 이유가 없게 하여 닫지 않으면 열 필요가 없고, 매듭을 만들 필요가 없게 하여 매듭을 만들지 않으면 풀 이유가 없다. 객체인 문의 여닫음은 객체인 문이 환경의 지향성에 동조하게 하면 되는 것이고, 주체 또한 이에 동조하면 여닫을 필요가 없어진다. 매듭도 이와 같다. 사람을 구원하는 것도 구원받는 사람의 지향성에 합당하게 행하면 되고 그의 지향성에 의존하여 내칠 것인지를 선택하면 되는 것이다. 객체인 물건도 그 존재를 인정하고 그 본래의 모습으로 만드는 것이 본성을 찾도록 하는 것이니, 고쳐서 쓰면 되는 것이다. 그러니 버릴 물건이 있겠는가?

이와 같이 객체인 환경과 대상의 지향성에 도움을 주거나 유익하게 하면 객체는 스스로 그러하게 그 지향성에 따른다. 이것이 무위자연이고 우호적인 환경의 조성이다. 주체의 지향성과 객체의 지향성이 조화로우면 서로 동조하여 같아진다. 그러니 구별이 사라지게 된다. 즉, 좋고 나쁨, 선하고 악함, 잘하고 못함 등의 구분이 사라지게 되면, 잘잘못은 하나로 같아진다. 그런데 대립된 개념의 차이를 극복하여 같게 만든다는 것이 가능한가? 불가능하다고 말함이 옳을 것이다. 그러나 대립된 개념의 등장 배경을 살펴보면 반드시 그 개념이나 행동이 나타나게 된 이유가 있을 것이다. 그 이유를 인정하면 그 존재를 인정하게 된다. 그 존재의 이유는 당사자나 관련된 환경의 필요에 의한 것이다. 그렇게 하지 않으면 안 되었을 필요를 인정하면 두 대립된 개념이나 행동은 우리가 설정한 호·불호나 선·악의 기준에 의한 "잘못"이란 평가에서 "필요에 의한 것으로" 인지를 바꾸게 된다. 이렇게 행위나 존재의 이유를 수용하고 공감하는 것이 호·불호나 선·악이라는 평가 개념을 아우르는 공존의 도(道)에 따르는 지각이고, 모든 존재가 스스로 그러한 조건들에 의해 규정되고 있음을 깨닫는 것이 정각(正覺, 올바른 깨달음)이다. 덧붙이면, 선·악이나 호·불호 등은 그 뿌리가 사람의 마음이니, 그 마음의 뿌리를 다스리는 것이 깨달음의 방법이 된다.

성인(聖人)은 주체와 객체 간의 지향성을 조화롭게 조절하니, 구별과 다름은 차이가 아니라 스스로 그러함에 불가한 것이 되는 것이다. 이렇게 자신을 객체에 동화시켜 다름을 서로 존재의 근원으로 수용하고 공감하면, 이를 극복할 수 있다. 객체의 본성인 지향성을 알고 이에 동화하는 것을 노자는 조화로운 밝음(襲明)이라 하였다.

밝음은 빛으로 사물의 실체를 나타나게 한다(52장). "襲明(습명)"에서의 밝음도 사물 스스로의 존재와 본성을 나타나게 하는 밝음이다.

16장에서 밝음(明)은 고요함을 얻어 본성(혹은 天命)이 늘 그러함을 아는 것이라 하였었다. 밝다는 것은 막힘이 없이 환하게 볼 수 있는 상태를 말한다. 마음이 밝다는 것은 감각에 막힘이 없어 있는 그대로를 느낄 수 있다는 의미이니, 대상이 갖는 본성이나 처한 상황 등을 대상의 입장에서 감각하고 판단할 수 있는 것을 말한다. 그러니 주체가 갖는 밝음은 항상 고요함을 유지하고 본성에 머물며 대상의 본성과 변화를 지각하고 있음을 말한다. 변화를 본성의 틀 안에서 감각하고 대상을 주체의 기준에서 평가하지 않고, 대상의 입장에서 평가하고 공감하니 동화할 수 있게 되는 것이다. 예를 들면 A가 100점을 받고, B가 90점을 받았다고 할 때, B가 받은 90점을 B 자신은 100점이라고 생각한다면 A와 B는 차이가 없어진다는 말이다. A도 B의 입장을 수용하여 "그래 B입장에서는 90점도 충분히 100점이라 할 수 있어" 하고 인정하면 되는 것이다. 이렇게 되면 차이는 사라지고 조화로움만이 있게 된다. 항상 그러하니 조화롭다고 말한 것이다.

착한 사람은 착하지 않은 사람의 스승이 되고, 착하지 않은 사람은 착한 사람의 바탕(資)이 된다고 하였다. 착한 사람과 착하지 않은 사람을 대립된 개념으로 설정하여, 서로의 개념에 대조하여 그 개념의 뜻을 밝히고 있다. 즉, 대립된 두 개념의 차이를 설명함으로써 본래 개념을 설명하는 방식을 택하고 있다. 착한 사람과 착하지 않은 사람은 다르다. 어떤 사람이 착한 사람인지를 알려면 비교 대상이 되는 착하지 않은 사람을 대조하여 설명하면 쉽게 설명이 된다. 그러하니 착하지 않음은 착함을 설명하는 바탕이 되는 것이다. 현실에서도 두 개념은 서로 비교되어 판단되고, 그를 기준으로 하여 행동한다.

그리고 착함은 착하지 않음이 스승이 된다고 함도 같은 의미이다. 자신의 행동이 착하지 않다는 것은 착한 행동을 기준으로 알게 되고, 알게 되면 이를 본받아 하게 되니 스승이 된다고 한 것이다.

　그 스승을 귀하게 여기지 않고 그 바탕을 소중히 하지 않으면, 비록 지혜로워도 크게 미혹하게 되니, 이것을 근본적인 오묘함(要妙)이라 한다. 이 구절의 해석에서 가장 중요한 어휘는 "요묘(要妙)"일 것이다. 선과 악은 서로의 스승이고 바탕인데, 이들을 귀하고 소중히 하지 않으면, 사물의 이치를 알고 잘 처리하는 사람일지라도 길을 잃어 헤매게 된다는 말이다. 왜 그럴까? 대립되는 개념이 없어서 비교의 대상이 없다는 말이다. 악(惡)이 없으면 선(善)도 없다. 마찬가지로 나쁨이 없으면 좋음도 없다. 모두가 선일 수도 있고 모두가 악일 수도 있다. 구별이 사라진다는 의미이다. 그러니 헤맬 수밖에 없는 것이다. 선에게는 악이 자신의 존재를 만들어준 중요한 존재인 것이다. 그러니 존재의 바탕이 된 것이다. 반대로, 악이 선을 스승으로 본받지 않으면, 공존의 도(道)에서 벗어나 모두가 멸망하는 길로 나아가게 된다. 악만 존재하는 세상이 존재할 수 있을까? 쉽게 생각하여 보자. 파멸만 가능할 것이다. 그러하니 서로 대립된 서로가 서로의 객체라는 근본을 잃으면 주체도 길을 잃는다. 이것이 "근본적인 오묘함"이라 한 것이다. 근본적이라 함은 존재와 당위의 문제이기 때문이고, 오묘하다 함은 대립되는 다름의 차이를 품어야 자신이 존재하기 때문이다. 즉, 왜 자신의 존재를 절대적으로 설명하지 못하고 상대적이고 대립적인 존재를 차용하여야 설명이 되는지 알기 어렵다는 점 때문에 오묘하다는 뜻이다.

28장
대립개념의 통합으로 새로움 창조

知其雄, 守其雌, 爲天下谿, 爲天下谿, 常德不離, 復歸於嬰兒. 知其白, 守其黑, 爲天下式, 爲天下式, 常德不忒, 復歸於無極. 知其榮, 守其辱, 爲天下谷, 爲天下谷, 常德乃足, 復歸於樸. 樸散則爲器. 聖人用之, 則爲官長, 故大制不割.

　그 수컷(의 특성)을 알아서 주관하고(知) 그 암컷(의 특성)을 지키고 다스려(守) 천하를 계곡으로 삼는다(爲). 천하를 계곡으로 삼으면, 항상 덕이 떠나지 않으니, (천하는) 갓난아이로 돌아간다. 흰 것을 알고 그 검은 것을 지켜 (덕이) 천하를 법식으로 다스린다(爲). 천하를 법식으로 다스리면 항상 덕이 변하지 않아서 무극으로 돌아간다. 그 영예로움을 알고 그 욕됨을 지켜 천하를 골짜기로 삼게(爲) 되고, 천하를 골짜기로 삼게 되면 항상 덕이 넉넉하여 천하는 순박함(樸)으로 돌아간다. 순박함이 흩어지면 쓰임(器)이 되니, 성인은 그것을 사용하여 관(官)의 지도자가 된다. 그러므로 큰 만듦(세상)은 나눔이 없다.

🐟 번역에 유의할 어휘

이 장의 해석은 난해하다. 어려운 점은 주어를 찾기 어렵기 때문에 전체의 맥락을 총괄할 개념을 알기 어렵다는 것이다. 노자는 어려우면 쉽게 하라고 말한다. 그러니 이 장도 쉽게 해석하자. 먼저 전체적인 맥락은 "도(道)는 덕(德)을 통하여 대립된 개념을 통합하여 만물을 창조함으로써 새로운 쓰임이 되게 한다"는 것이다. 이 맥락에서 생략된 주어가 덕(德)이라고 해석하면, 각 문장들은 쉽게 접근할 수 있을 것이다. 이 장에서 사용되는 대립되는 개념들은 암수(雌雄), 흑백(黑白), 영욕(榮辱)이다.

먼저 知其雄(지기웅), 守其雌(수기자), 爲天下谿(위천하계)에서 知(지)는 "알다, 나타내다, 드러내다, 맡다, 주재하다, 주관하다" 등의 의미 중에서 "알고 주관하다"라고 옮긴다. 知(지)는 사물을 인식하고 판단하는 정신 작용을 나타내는데 여기서 인식의 대상은 수컷의 특성이다. 아래 문장 "知其白(지기백)", 그리고 "知其榮(지기영)"에서 인식의 대상은 흰 것과 영예이다. 知其雄, 知其白, 知其榮에서 其雄(기웅)·其白(기백)·其榮(기영)는 단순히 수컷·흰 것·영예가 아니라, 수컷의 특성·흰 것의 특성·영예의 특성을 은유적으로 표현한 것이므로 여기서 知(지)는 단순히 아는 것이라고 하기보다 알 뿐만 아니라 그 특성을 주관하여 시현할 수 있음을 뜻한다. 그래야만 道(도)의 시현인 德(덕)이 펼쳐질 수 있게 되는 것이다. 그러니 여기서 知(지)는 "알다, 주관하다"의 양의적(兩意的)인 "알고 주관하다"라고 번역하였다. 그리고 守其雌(수기자) 守其黑(수기흑) 守其辱(수기욕)에서 守(수)는 "지키다, 다스리다, 손에 넣다, 직무" 등의 의미 중에서 암컷의 특성, 검은 것의 특성, 욕됨의 특성을 단순히 지킨다는 의미를 뛰어 넘어 "지켜 다스리다" 로 번역한다. 이렇게 知(지)는 "알고 주관하다", 守(수)는 "지켜 다스리다"라고 번역하는 데에는 다음에 연결되는 주절에서 천하를 계곡으로 삼고(爲天下谿 위천하계) 천하를 법식으로 다스리며(爲天下式 위천하식), 천하를 골짜기로 삼는다(爲天下谷 위천하곡)고 하였기 때문이다. 爲(위)는 "하다, 삼다, 다스리다, 되다, 생각하다, 위하다" 등의 의미이나 여기서는 "삼다, 혹은 다스리다"라고 옮긴다.

수컷과 암컷 등의 대립되는 개념이 통합되어 하나가 되려면 그 기능을 주도적으로 작동할 수 있게 하여야 한다. 수컷의 특성을 알 뿐만 아니라 이를 주도적으로 운용할 수 있는 능력이 있어야 하고, 암컷의 특성도 이를 운용할 수 있어야 이 특성들이 통합되어 계곡이란 창조하는 기능을 가진 곳을 이룰 수 있는 것이다. 여기서 계곡이란 대립되는 두 기능이 통합되는 곳이다.

그런데 여기서 주어는 무엇일까? 무엇이 수컷의 특성을 알고 주관하며, 암컷의 특성을 지키고 다스리는 것이며, 무엇이 천하를 계곡으로 삼는다(爲)는 것일까? 문장에서 파악하자면, 주절인 常德不離 復歸於嬰兒(상덕불리 복귀어영아)에서 주어 德(덕)이 조건절의 주어라고 봄이 타당할 것이다. 그리고 전체의 문맥에서도 암수의 특성을 알고 주관하며 다스릴 수 있는 것은 덕(德)뿐이다. 그러면 爲天下谿(위천하계)는 "(덕은) 천하를 계곡으로 삼다, 혹은 (덕은) 천하를 계곡이 되게 한다"라고 번역해야 한다. 천하를 계곡으로 삼으면 천하의 모든 곳은 창조의 장소가 된다. 대부분의 해설서에서 "(덕이) 천하의 계곡이 된다, 혹은 (암수가) 천하의 계곡이 된다"고 번역하고 있다. 그러면 덕

(德)이나 암수가 계곡이 된다는 논리이다. 덕은 계곡을 이용하여 만물을 창조하지만 직접 창조하지 않으며, 암수도 융합하지 않고 혼자로는 만물을 창조하지 못한다. 그리고 다음 문장에서 덕이 떠나지 않는다고 하였으니 덕은 직접 계곡이 된 것이 아니고 계곡에 머문다는 것이다. 그러니 "덕이 천하의 계곡이 된다"는 등의 해석은 논리적으로 어색하다.

爲天下谿(위천하계), 常德不離(상덕불리), 復歸於嬰兒(복귀어영아)의 문맥도 해석하기 어려운 부분이다. 爲天下谿(위천하계), 常德不離(상덕불리)는 조건절이고, 復歸於嬰兒(복귀어영아)은 주절이다. 여기서 유의할 점은 주절 復歸於嬰兒(복귀어영아)의 주어는 피창조물인 "만물"이라는 점이다. 그리고 復歸는 다시 원상태로 돌아간다는 뜻인데, 여기서는 다시 영아에게로 돌아간다고 하였다. 이는 천하가 영아의 상태로 돌아간다는 말이다. 즉, 천하를 계곡으로 삼으니 천하라는 계곡에서 암수의 융합이 이루어져 만물은 창조의 상태인 영아의 상태로 돌아간다.

"爲天下式(위천하식), 常德不忒(상덕불특), 復歸於無極(복귀어무극)"에서 爲(위)를 "다스리다"라고 옮겨 "천하를 법식으로 다스리면(爲) 덕이 변하지 않아서 천하는 무극으로 돌아간다"라고 빈역된다. "爲天下谷(위천하곡), 常德乃足(상덕내족), 復歸於樸(복귀어박)"의 번역도 같은 방식이다. 여기서 유의할 점은 주어인 덕(德)이 생략되었다는 점이다. 덕이 생략되었다고 보면, 다른 해설서에서는 "(덕이) 천하의 법식이 되다. 천하의 골짜기가 되다"라는 번역은 바람직하지 않다. 이유는 덕은 법식을 만들지만, 직접 법식이 되지는 않기 때문이다. 즉 천하를 계곡으로 삼을 수 있으나, 법식이 될 수는 없다는 뜻이다. 그러니 논리적인 번역은 아닌 것 같다.

樸散則爲器(박산즉위기)의 번역도 까다로운 부분이다. 직역하면 "통나무가 깨어지면 그릇이 된다"이다. 樸散則爲器(박산즉위기)는 비유적인 표현인데, 이를 의역하기 위해 어휘의 의미를 살펴보면, 樸(박)은 "순박함", 器(기)는 "그릇, 도구, 쓰이다, 중히 여기다, 기량" 등의 의미 중에서 "쓰다, 쓰임"이다. 그러면 이 문장은 "천하의 골짜기가 됨은 항상 덕이 이에(乃) 넉넉하여 순박함(樸)으로 돌아간다. 순박함이 흩어지면 쓰임(器)이 된다(爲)"라고 번역된다.

글의 순서를 나열해 보면, "덕이 사물의 탄생의 공간에 머무르면 천하는 영아로 복귀하고, 덕이 사물의 존재방식에 머무르면 천하는 불변의 무극으로 복귀하며, 덕이 사물의 쓰임에 넉넉해 지면 천하는 순박으로 복귀함으로 성인이 이를 사용하여 관(官)의 수장이 된다"로 연결된다. 이 연결의 대미는 大制不割(대제불할)이다. 영아, 무극, 순박은 모두 유무상생의 시공간에서 막 태어나 본성에 충만함을 상정하고 있고, 이때는 옳고 그름이나 잘잘못 등의 구분이 일어나기 이전의 상태를 상정하고 있다. 이 시공간을 다스리는 것은 오직 도(道)를 따르는 덕(德)이다. 도는 시비나 선악을 구별하지 않고 조건에 따라 생겨난 것이니 스스로 그러하도록 놓아둘 뿐이다. 그러니 도와 덕으로 만들어진 큰 만듦은 잘라 나누지 않는다(大制不割)고 한 것이다. 不割(불할)이라 쓰고 융합이라 해석해도 무리는 없다. 그러면 큰도는 융합을 만든다고 해석할 수 있다.

🔊 풀이

　부분으로 나누어 풀이하기에 앞서 번역에 유의할 어휘에서 언급한 전체 맥락을 한번 더 강조하고자 한다. 먼저 전체의 맥락은 "도(道)는 대립된 개념을 통합하여 새로운 쓰임을 창조한다"는 것이다. 노자가 사용한 대립되는 개념들은 암수(雌雄), 흑백(黑白), 영욕(榮辱)이다. 이들 대립 개념이 통합되는 공간은 계곡, 법식, 골짜기이다. 계곡에는 도(道)를 시현하는 덕(德)이 상존하여 존재의 등장을 관장한다. 법식은 사물의 공존 방식인 당위를 관장하여 변하지 않는 덕으로 흑백을 다스려 통합한다. 이런 시비의 다스림은 극한의 대립을 없게 하여 공존하게 한다. 골짜기는 대립개념의 포용과 상생을 관장하고 다스리고 통합하여 새로운 쓰임을 창조한다. 이 세상은 보는 관점에 따라 골짜기가 아닌 곳이 없듯이 세상사 또한 대립개념이 아닌 것이 없다. 영예와 욕됨도 그러하다. 그러니 대립개념을 좌우 날개로 삼아 통합하여 넉넉하게 활용하면 천하는 순박함으로 돌아간다. 이렇게 다스려진 쓰임은 순박하여 이를 공무에 사용하면 지도자가 된다고 하였다. 이렇게 큰 도는 대립개념의 통합(不割)을 만든다(制).

　이 장은 은유적 표현이 계속 연결되어 있어서 이해하기 어렵다. 그러나 전체의 주어가 덕(德)이라는 점을 이해하면 해석이 훨씬 쉬워진다. 그리고 전체 문맥의 흐름을 이해하면 해석이 더욱 용이하다. 전체의 문맥은 위 유의할 어휘에서 언급한 바와 같이 첫 부분 復歸於嬰兒(복귀어영아)까지는 천지 창조에 관한 덕(德)의 작용을 설명하고, 두 번째 부분 復歸於無極(복귀어무극)까지는 사물의 존재 방식에 관한 설명이며, 세 번째 부분 復歸於樸(복귀어박)까지는 사물의 관계에 관한 설명이며, 마지막 부분은 덕이 천하에 펼쳐지면 천하는 나눔이 없다고 마무리한다.

첫 부분에서 (德이) 그 수컷(의 특성)을 알아 주관하고(知) 그 암컷(의 특성)을 지켜 다스려(守) 천하를 계곡으로 삼는다(爲)고 하였다. 여기서 계곡으로 삼은 천하는 창조의 공간이 된다는 의미이다. 이 창조의 공간에서 도(道)의 작용인 덕(德)이 수컷은 특성인 양(陽)의 본성을 알아 주관하고, 암컷의 특성인 음(陰)의 본성을 지켜 다스리면, 음양이 조화하여 만물이 잉태되고 탄생하게 된다. 잉태의 순간은 음양이 분리되지 않고 융합한다. 덕은 항상 이 공간에 머물러서 도를 시현하니, 이를 덕(德)이 떠나지 않는다고 한 것이다. 달리 말하면, 천하를 계곡으로 삼는다고 함은 항상 덕(德)이 떠나거나 흩어지지 않고 천하라는 계곡에 함께하며 만물을 창조한다는 것이니, 만물은 갓 태어나 영아가 된다는 것이다. 이를 여기서는 영아로 돌아간다고 표현하였다.

두 번째 부분에서 덕(德)은 그 흰 것을 알아 드러나게 하고, 그 검은 것을 지키고 다스려, 천하를 법식으로 다스리게(爲) 된다고 하였다. 덕이 희고 밝은 면을 알아 드러나게 하고, 검고 어두운 면을 지켜 다스리면, 덕은 천하를 법식으로 다스리게 되는 것이다. 式(식)의 자원(字源)은 장인이 물건을 만들 때 사용하는 일정한 방식에서 유래된 것인데, 여기서는 법률이나 규칙이라 하기보다는 사물이 공존하는 법식, 제도, 의식 등을 말한다. 사물이 공존하는 존재 방식인 문화나 의식, 제도 등은 밝은 면이 있는가 하면 동시에 어두운 면도 가지고 있다. 밝은 면은 개체나 집단의 지향성을 촉진하도록 작용하지만, 어두운 면은 지향성을 멈추게 하고 쉬게 하며, 변화하는 조건에 부합하지 않아 부작용을 만들기도 한다. 하지만 이런 어두운 면도 있어야 밝은 면이 있으니 이 또한 필요한 것이다. 즉, 밤이 있어야 낮이 있는 것과 같다. 그러니 어두운 밤도 지켜 다스려야 하는 것이다. 다만 양면이 본성에 따라 작동하여야 한다. 그렇지 못하고 균형이 깨어지면 즉, 어긋나게 되어 법식(式)이 균형을 잃으면 사고나 부작용이 발생하고 어떤 개체나 집단은 상처를 입게 된다. 그러니 밝고 어두움이 섞여서 존재하는 방식이 기준에 어긋나지 않게 즉, 사물의 본성에 어긋나지 않게 밝히고 다스려, 항상 덕이 사물의 존재방식이 변하지 않고 본성을 시현할 수 있게 하면, 천하는 근원의 기운인 무극을 회복하여 통합과 상생을 유지할 수 있다고 하였다.

사물의 존재방식으로써 덕은 도의 시현이고 당위(當爲)이니 변하지 않는다(不忒 불특). 이 방식이 불변이어야 천하는 본성의 상태로 존재하고 근원적인 기운인 무극(無極)으로 복귀한다는 것이다. 여기서 무극이라 함은 천지 만물(天地萬物)이 생겨나기 전에 있었던 혼돈 상태에서 만물 생성의 근원이 된 하나의 기운을 말하는데, 아무것도 없는 상태이므로 무극이라 하고 이를 태극(太極)이라고도 한다. 그런데 왜 덕(德)이 변하지 않으면 무극(無極)으로 돌아간다고 하였을까?

덕은 도를 사물에 시현하는 것이다. 덕의 뿌리는 도이니, 덕이 변하지 않는다고 함은 도가 계속 시현되고 있음이다. 도는 무극에서 유무상생 하여 만물을 존재케 하니, 덕이 변하지 않으면 만물은 태초의 발생단계인 무극의 태생적 기초를 간직하고 있다고 할 수 있다. 이 말은 시간을 과거로 거슬러 올라가 도와 덕, 그리고 무극의 관계를 살펴보면, 덕(德)이 존재하면 도(道)의 작용이 있고, 도(道)의 작용이 있으면 도가 작용하기 이전의 상태인 무극(無極)의 상태가 있었다는 뜻이다. 이는 대립된 개념이 생기기 전의 무극의 통합된 상태가 갖고 있었던 에너지가 덕의 작용으로 현재에까지 작용하고 있다는 의미이다. 그리하여 노자는 덕이 변하지 않고 현재에 작용하고 있으니, 무극의 상태에서 갖고 있던 통합의 특성이 본성에 내재되어 현재에도 시현되고 있다는 것이다. 그리고 이 내재되어 있는 통합의 특성에 복귀할 수 있으니 흑백(시·비, 평·불평, 정·부 등)의 분할로 인한 부작용을 잠재울 수도 있다는 점을 설명하고 있는 것이다.

세 번째 부분에서 덕(德)은 천하에 영예로움(榮)을 알아 드러내고, 욕됨(辱)을 지키고 다스려, 천하를 골짜기로 삼는다(爲)고 하였다. 이 부분도 위의 흑백(黑白)과 같이 사물의 존재 방식에 관한 설명이다. 흑백을 알고 다스린다는 것은 법식이란 행위의 틀로서 행위 자체의 다스림에 관한 설명이다. 반면에 영욕(榮辱)을 알고 다스린다는 것은 행위의 결과를 공감이란 넉넉함으로 다스리면 순박함으로 이끌 수 있음을 설명하고 있다.

앞 27장에서 선(善)은 불선(不善)의 스승이 되고, 불선은 선의 바탕이 된다고 하였다. 서로 대립된 개념은 서로 의존적으로 존재가 성립되고 확인되므로 상생(相生)하는 것이다. 마찬가지로 영예와 욕됨은 서로 대립 면에서 긴장이 조성되고 에너지가 결집하여 직면하게 된다. 이 긴장된 대립 면에 에너지가 직면하면, 긴장(緊張)은 섞임으로 반전한다. 이런 긴장의 대립 면이 골짜기에 해당된다. 이곳에는 두 개념이 섞여서 하나로 존재하나, 구분이 일어나면 차이를 만들고, 차이는 반전의 에너지가 되어 움직임을 만들며 움직임은 서로 대치되고 직면하여 섞이고 혼합하여 하나로 꼬여진다. 마치 밝은 물과 흐린 물이 서로 섞이는 것과 같다. 곡(谷)의 금문은 ☲ 모양으로 위의 모양은 물이 흘러내리는 모양이고 아래의 □ 모양은 물이 흘러 나가는 출구의 모양으로 계곡 사이로 물이 흐르는 모습을 표현한 것이라 한다. 그러니 여기서 골짜기는 다름이 합쳐지고 섞여 서로를 수용하고 포용하며 공감하여 하나가 되는 공간이다.

이 부분에 언급된 영예와 욕됨은 사물의 관계에서 대상을 평가하는 관점에서 형성되는 개념이다. 관계에서 영예는 훌륭하다고 인정받는 것이고, 욕됨은 수취, 모욕, 불쾌 등의 평가를 받는 것을 말한다. 그러니 여기서 골짜기는 관계에서 발생하는 선·악, 시·비, 편·불편, 쾌·불쾌 등의 감정이 대치하여 만드는 골짜기로 이쪽 저쪽 감정의 물이 섞이는 곳을 말한다. 이 골짜기는 관계에서 일어나는 상반된 감정을 만드는 조건들을 공존이란 본성에 근거하여 융합하고 순화하면 순박함으로 복귀한다. 그러므로 復歸於樸(복귀어박)이라 한 것이다. 여기서 섞어 순화하게 하는 것은 수용이고 공감이며, 밝음(明)이고 56장의 현동(玄同)이다.

네 번째 부분에서 순박함이 흩어지면 쓰임(器)이 되니(爲), 성인은 그것을 사용하여 관(官)의 지도자가 된다고 하였다. 순박함은 꾸밈이 없어 때묻지 않고, 정이 많으며 착한 것을 말하고, 무위로 생활하는 자연스런 특성을 말한다. 이런 순박함이 흩어지면 쓰임이 된다고 한 것은 순박한 사람이 그릇처럼 도처로 흩어져 도(道)의 인도자(引導者)로 쓰임이 됨을 말하는 것이다. 비유하면 통나무가 깨어져 그릇으로 만들어지고, 이를 여러 사람이 유용하게 사용하는 것과 같다. 이와 같이 순박한 품성도 여러 사람에게 나누어져 전파(傳播)되면, 도를 따르고 수행할 수 있는 순박한 사람들도 많아지는 것이니 쓰임이 있다는 것이다. 즉, 성인(聖人)은 도를 따르는 그들을 등용함으로써 (用) 자신은 관(官)의 지도자가 될 수 있고, 도인 정치도 가능하게 된다.

그러므로 "큰 만듦은 나누지 않는다(大制不割)"라고 하였다. 앞에서 언급한 바와 같이 이 장의 첫 부분은 유무상생(有無相生)의 도(道)의 공간 즉, 덕(德)이 펼쳐지는 창조의 공간에 관한 설명인데, 이를 계곡으로 표현하고 있다. 이곳은 만물이 생겨나기 이전의 섞여서 하나가 된 혼이위일(混而爲一)의 공간을 말하므로 나누어진 구별이 없는 상태이다. 다음 부분들은 존재방식과 존재들 간의 관계와 쓰임에 관하여 설명하고 있는데, 존재 방식은 본성에 따른 방법을, 관계는 순박함을, 쓰임은 순박함이 펼쳐지는 나눔을 통해 덕이 시현된다고 설명하고 있다. 그리고 마지막 부분에서 도를 체득한 성인은 사물을 본성에 따라 쓰이게 다스리니 관의 수장이 된다고 말하고, 이렇게 덕으로 펼쳐지는 세상은 나눔에 의한 다툼이 없다고 말하고 있다.

덕으로 펼쳐진 "대제(大制)"는 직역하면 "큰 만듦"이고 의역하면 "세상"이 된다. 이 장 전체의 내용을 한 마디로 요약한다면 "大制不割(큰 만듦은 나누지 않는다)"이라 할 수 있는데, 이는 "덕이 펼친 이 세상은 나눔으로 인한 다툼이 없다"로 해석함이 좋다. 이 말에서 大制(대제)는 "큰 덕(德)이 펼친 세상 혹은 큰 덕이 지배하는 세상"을 의미하고, 이 덕(德)은 만물을 소생케 하고, 만물을 본성에 따라 존재케 하며,

만물의 관계는 본성에 따른 순박함을 유지케 하며, 순박함을 천하에 펼쳐 시현되게 한다는 것이다.

이러하니 큰 만듦인 세상은 덕(德)이란 끈으로 연결되어 있고, 덕은 태초의 무극에서 파생된 에너지와 연결되어 있다. 이 장은 현세에서도 사물에 내재되어 있는 이 무극의 에너지를 회복하면 나눔으로 인한 대립에서 통합으로 나아갈 수 있다는 것을 설명하고 있는 것이다. 그 절차는 섞어져서 대상의 마음 되기, 이해, 수용, 공감, 현동, 베풂으로 덕(德)이 행해지는 과정이고, 섞어지려면 더불어 산다는 공존의 본성을 회복하는 것이 중요한 요인이 된다.

이 과정들을 시스템 관점에서 보면, 어떤 개체가 전체의 부분으로써 기능을 하기 위해서는 환경에 대한 감각을 필요로 하는데, 이 감각은 피드백을 통하여 이루어지고, 이 피드백은 대상의 지향성을 인지하고 이를 자신의 지향성에 섞어서 반영하는 것이며, 이는 자신의 지향성을 수정하여 처리하는 과정이다.

29장
환경의 필요에 따르는 세상사

將欲取天下而爲之, 吾見其不得已, 天下神器, 不可爲也, 爲者敗之, 執者失之, 故物, 或行或隨, 或噓或吹, 或强或羸, 或挫或隳, 是以聖人去甚, 去奢, 去泰.

    장차 천하를 가지겠다고 그것을 이루려(爲) 하면, 나는 그것은 이루지 못할 뿐이라 본다. 천하는 신비스러운 그릇이라 다스릴(爲) 수 없다. 도모하는 자는 패하고, 잡으려 하는 자는 잃는다. 고로(사람의 의도대로 되는 것이 아니니) 사물은 혹 앞서가기도 하고 혹 뒤따르기도 하며, 혹 가늘게 불기도 하고 세게 불기도 한다. 혹 강하기도 하고 혹 약하기도 하며, 혹 꺾이기도 하고 혹 무너뜨리기도 한다. 그리하여 성인은 심함, 사치함, 교만함(泰)을 버린다.

🐾 번역에 유의할 어휘

吾見其不得已(오견기불득이)에서 已(이)는 "~뿐", 或行或隨(혹행혹수)에서 行(행)은 "가다"의 뜻이나 뒤에 이에 대비되는 "따르다"는 의미의 隨(수)가 있으니 "앞서가다"라고 번역한다. 或噓或吹(혹허혹취)에서 噓(허)은 입을 약간 벌리고 "호" 하고 가볍게 부는 것, 吹(취)는 하품하듯이 입을 크게 벌리고 "후" 하고 부는 것으로 번역하였다. 天下神器(천하신기)는 천하는 신이 만든 그릇이라 할 수도 있고, 신묘한 그릇 혹은 신비스러운 그릇이라 할 수도 있다. 여기서는 도의 영역이라는 점을 강조하여 그냥 "신비스러운 그릇"이라 한다. 去泰(거태)에서 泰(태)는 "크다, 심하다, 편안하다, 교만하다" 등의 뜻이 있으나, "심하다"는 去甚(거심)과 중복됨으로 "교만하다"로 번역한다.

🔊 풀이

이 장은 "세상은 사람의 의도대로 되는 것이 아니니 과분한 것에 힘쓰지 말라. 분에 넘치는 것을 얻으려 하면 잃게 된다. 세상사는 환경의 필요에 따라 이루어진다"라고 요약된다. 천하는 자연의 이치인 도에 따라 운행되는 곳이다. 자연의 이치에 따라 운행되는 것은 우주의 존재가 그렇고, 태양계의 운행이 그러하며, 사계절과 밤과 낮의 순환이 그러하고, 눈비나 바람의 움직임이 그러하다. 그러니 천하는 인간의 능력이 미치지 않는 신기한 그릇(神器)이다. 이 신기(神器)의 존재와 그 작동 방식은 인간의 능력으로는 아직 모든 부분을 감각하고 지각하지 못하지만, 설사 인지하더라도 이를 이론적으로 규명하여 설명하지 못할 뿐만 아니라 이를 제어하지 못한다. 특히 우주의 존재와 운행 등은 인간의 지식으로 아직 밝혀야 할 것이 많은 분야이다. 멀리 우주가 아니더라도 아직 해결하지 못하는 환경문제가 얼마나 많은가? 인류가 저지른 방사능 문제, 지구 온난화 문제, 이산화탄소 문제, 산업 쓰레기 문제, 전염병 등 아직 해결의 실마리를 찾지 못하는 것이 부지기수이다. 이런 문제들은 인류가 호사를 쫓다가 결국엔 그들의 생존을 위협하는 요인으로 등장한 자연의 역습이다. 이런 것들은 인류가 이루고자 하는 욕심으로 만든 재앙이며, 감당하기에 과분한 것들이다. 과연 인류의 욕심으로 만든 호사가 인간의 본성인 공존에 기여하고 개인의 행복에 기여하였을까? 재앙이 될 호사를 가진들 뭐하겠는가?

작위(作爲)로 이룬 성과는 일시적이고 장기적으로는 성과라고 하기보다 재앙이 되기 쉽다. 그 이유는 의도적으로 추구하여 이룬 성취는 환경의 요구에 의한 것이 아니고, 환경을 이용하려고 개발한 것이기 때문에 환경에 변화를 만들고 환경에 악영향을 미친 것이기 때문이다. 큰 틀에서 보면 사람의 힘에 의해 억지로 만든 변화는 장기적으로 환경의 상호작용에 의하여 조정되어 당초의 성과는 무너질 수 있다. 직장인의 근무시간을 조정하면, 직원의 업무 강도, 가정생활, 그리고 주변 상권 등에 영향을 미치게 되는 것도 같은 맥락이다. 또 홍수 방지나 수자원 개발을 위해 댐을 건설하면 안개가 많아지고 주변지역의 기온이 현저히 떨어지는 것이 좋은 예이다.

생태계에서 저절로 일어나는 변화는 생태계 내·외의 상호작용에 의해 발생되는 것으로 생태계의 필요를 행동으로 보여주는 것인 바, 거부한다고 해결할 수 있는 것이 아니다. 그럼에도 인간의 욕망은 끝이 없어 이 세상을 손에 넣으려는 정복자도 있었고, 자신의 뜻이 마치 도심(道心)인양 천하의 마음을 훔치려는 사람도 있다. 작게는 지역에서 가까이는 동료 중에서도 작위적인 마음으로 주변이나 자연을 이용하려는 사람을 흔히 볼 수 있다. 그러나 이런 마음가짐은 모두가 개인이나 집단의 소유욕에 불가하다. 노자는 그런 것들은 이루어질 수 없는 것이라 단정적으로 말한다. 천하를 정복하고 훔치려는 자로서 성공한 사례가 있었는가? 설사 성공하였더라도 일시적이다. 결국에는 실패로 돌아간다. 소유에 집착한 과욕은 반드시 잃게 된다. 과욕은 분수를 모르고 능력에 대한 분별력이 없음이다.

그러므로, 사물은 혹 앞서가기도 하고 혹 뒤따르기도 하며, 혹 호호하고 따뜻하게 불기도 하고 후하고 찬 바람을 강하게 불기도 한다. 혹 강하기도 하고 혹 약하기도 하며, 혹 꺾이기도 하고 혹 무너뜨리기도 한다고 하였다. 이런 상태가 천하와 만물의 존재 방식이다. 여기서 그러므로(故)라고 함은 "사람의 의도대로 되는 것이 아니니"라는 뜻이다. 이 신기(神器)인 천하에는 인간의 의도적인 노력이 의도대로 통하지 않는다. 이 신기한 그릇(神器)인 세상을 지배하는 이치는 스스로 그러함(自然)이니, 만물은 다양한 자기만의 논리로 존재한다. 자기만의 논리는 자기만의 지향성이고, 자유이며 본능이다. 자유는 외부에 구속되지 않고 얽매이지 않으며 자기 의지대로 하는 것이다. 그런데 사람은 지능을 가지고 이기적인 욕구를 자기만의 논리로 추구하니 자연의 스스로 그러함(自然함)과는 다르다. 인간은 의지라는 명목으로 스스로를 강제하나, 자연은 상호조절적이다. 상호조절적이라 함은 주변의 조건에 따라 서로 스스로를 조절한다는 의미이다.

여기서 자유(自由)를 적극적으로 해석하여 공존의 본성을 쫓는 의지라고 한정한다면, 자연의 스스로 그러함과 다름이 없을 것이다. 그렇지 못하고 공존의 본성에서 벗어나 자신의 의지만 쫓는 자유는 무책임한 방종이다. 본성을 쫓는 그러함은 상생(相生)이니, 자연의 다양한 조건들에 의해 생겨나고, 다른 사물의 생겨남에 조건이 된다. 여기서 조건이라 함은 서로의 필요이고 상생의 환경을 말한다. 만물의 잉태와 탄생, 그리고 적응하고 생존함은 서로의 필요에 의한 것이고, 주어진 조건에 맞기 때문이다. 이것이 사물의 존재 이유이니 필요가 없는 사물은 없다. 필요가 없거나 조건에 맞지 않으면 사라지는 것이 자연의 이치이다. 이 이치는 자연이기도 하지만 자유(自由)이기도 하다. 자연 선택에 의한 생존이기도 하지만, 부적응으로 사라짐도 오래되고 누적된 선택의 결과라고 할 수 있기 때문이다. 자연에서의 사라짐은 다른 필요나 조건을 만들고, 다른 탄생을 만들기 때문에 (과거 선택의 누적된 결과로) 사라짐에도 자유라는 말을 사용한 것이다. 공간에서 존재의 사라짐은 시간적으로는 물질의 변화로서 다른 형태의 존재로 이어진다. 아마 이것이 불교에서는 말하는 윤회가 아닐까? 이런 자연의 자유로운 모습을 노자는 사물은 혹 앞서가고 뒤따르며, 혹 강하고 약하며, 혹 꺾이고 무너뜨린다고 하였다.

그리하여 성인은 심함(甚), 사치함(奢), 교만함(泰)을 버린다(去)고 한다. 심하고 사치스럽고 교만한 것은 모두가 작위적인 욕망추구행위로 도(道)에 어긋나니 스스로 적응에 문제를 만들게 된다. 본성과 현실의 차이가 크면 클수록 차이로 발생하는 변화의 에너지도 커서, 변화도 크고 그 속도도 빨라진다. 만물의 스스로 그러함은 서로가 서로의 조건이 된다. 서로가 조건이 되어 균형을 잡고, 조정되기도 하지만, 조정이 되지 않으면 가차없이 공격하여 균형으로 돌아가게 한다. 이런 이유로 성인은 심함(甚), 사치함(奢), 교만함(泰)을 버린다 (去)고 하였다.

30장
의도적이고 강제된 결실

以道佐人主者, 不以兵强天下. 其事好還, 師之所處, 荊棘生焉, 大軍之
後, 必有凶年. 善有果而已, 不敢以取强. 果而勿矜, 果而勿伐, 果而勿
驕, 果而不得已, 果而勿强. 物壯則老, 是謂不道, 不道早已.

　　도(道)로써 인주(임금)를 보좌하는 사람은 병력으로 천하를 강압하
게 하지 않는다. 그 일은 곧잘(好) 되돌아온다. 군대(師)가 머문 장소
에는 가시나무가 자라고 대군이 지나간 뒤에는 반드시 흉년이 든다.
착하고 정당함(善)은 결실을 소유할 뿐이지, 감히 강제로 취하게 하
지 않는다. 결실이 있어도 과시하지(矜) 않고, 결실이 있어도 자랑하
지(伐) 않으며, 결실이 있어도 교만하지(驕) 않고, 결실이 있어도 마지
못해 하며, 결실이 있어도 강제하지 않는다. 만물은 왕성하면 늙는
다. 이는(是=전쟁의 결실) 도가 아니다고 말한다. 도가 아님은(不道) 일
찍 그친다(已).

🐦 번역에 유의할 어휘

이 장의 해석에 유의할 것은 부득이 하여 도에서 벗어나 전쟁을 하면, 승부를 겨루어야 하고 그 결과가 좋으면 道(도)로 되돌아가서 백성을 다스려야 한다는 맥락을 이해하는 것이다. 해석에 주의할 어휘는 其事好還(기사호환), 善有果而已(선유과이이), 果而勿伐(과이물벌) 등이다.

"其事好還(기사호환)"에서 其(기)가 지칭하는 것은 "以兵强天下(이병강천하)"이니, 其事(기사)를 주어로, 好(호)는 부사로 "곧잘"이라 해석하여, "병력으로 천하를 강압하는 일은 곧잘 되돌아온다"라고 번역한다. 되돌아온다고 함은 앙갚음이 받는다는 말이다.

善有果而已(선유과이이) 不敢以取强(불감이취강)에서 善(선)은 "착하다, 좋다, 옳게 여기다, 착하고 올바르고 어질다, 잘하다, 착하고 정당하여 도덕적 기준에 맞는 것" 등의 의미 중에서 "착하고 정당하다", 果(과)는 "과실, 결과, 과감하다, 이루다, 실현하다" 등의 의미 중에서 "결실"이라고 옮긴다. 而가 문장의 끝에서 已와 합쳐지면 강력한 단정과 한정을 나타내므로 而已(이이)는 "~ 뿐이다"라고 옮기고, 以(이)는 사역으로 해석하면, "착하고 정당함(善)은 결실을 소유할 뿐이지, 감히 강제로 취하게 하지 않는다."라고 번역된다. 이 말은 전쟁에서 좋은 결실은 용병을 잘하는 것보다 도에 맞는 무위의 전법(69장)에 의한다는 뜻이다. 이렇게 번역해야 이 장 첫머리에서 "도(道)로써 인주(임금)를 보좌하는 사람은 병력으로 천하를 강압하지 않는다."라고 한 문맥에 맞는다. 아래 풀이에서 좀더 설명한다.

여러 주석이나 해설서에는 善有果而已(선유과이이)를 善者果而已(선자과이이)라고 적고 善者(선자)를 善用兵者(선용병자)로 해석하고 있다. 그리고 善有果而已(선유과이이)에서 善(선)을 善用兵者(선용병자)로 해석하여 "용병을 잘하는 자는 결실(果)을 소유할 뿐이다"라고 해석하기도 한다. 그러나 이는 도로써 임금을 보좌하고 병력으로 천하를 강제하지 않는다는 문맥에 맞지 않는다.

다음으로 果而勿伐(과이물벌)에서 伐(벌)은 "자랑하다"라고 옮기고 앞 구절의 矜(긍)은 "과시하다"로 번역한다. 伐(벌)을 응징하다 혹은 정벌하다라고 해석할 수 있으나, 22장에서도 矜(긍)과 함께 사용하여 "자랑하다"로 해석하였기에 통일을 기한다. 그리고 不敢以取强(불감이취강)에서 以(이)는 사역으로 번역하여 "감히 강제로 취하게 하지 않는다"라고 한다.

마지막으로 是謂不道(시위부도)에서 是(시)는 物壯則老(물장칙노)를 지칭한다고 볼 수 있지만, "物壯則老(물장칙노)는 不道(부도)이다"는 논리에 맞지 않는다. 이 장의 전체 맥락은 부득이 하여 병력으로 천하를 강압하여도 도로 복귀하라는 것이다. 이런 문맥에서 是(시)는 과실(果)을 의미한다. 대부분의 해설서에서 是(시)는 物壯則老(물장칙노)라고 하고, 왕필의 주석에는 壯(세차게 일어나는 暴興)을 의미한다고 하였으나, 사물이 왕성하면 늙는다고 함과 왕성함(壯)이 도가 아니라고 함은 논리에 맞지 않는다. 그러니 전쟁의 과실은 살생의 결과이기에 도가 아니라고 한 것이다. 그러면 是謂不道(시위부도)는 果謂不道(과위부도)가 되어 "전쟁의 과실은 도가 아니다라고 말한다."로 번역된다.

◀» 풀이

이 장의 내용을 쉽게 풀이하면 "도로써 임금을 보좌하는 것이 바람직하지만, 부득이하고 마지못해 전쟁을 하게 되면 전쟁에서 이겨야 하고, 이기고 나면 승자로서 자만하지 말고, 그 정복지를 도(道)로서 다스려야 한다. 만물이 세력이 왕성해지면 곧 쇠퇴하는 것과 같이, 전쟁에서 이기고 세력이 왕성하여도 곧 쇠퇴한다. 그리고 살생으로 얻은 전쟁의 과실은 도가 아니니(不道) 일찍 그친다"는 것이다.

앞 장에서 천하는 신기한 그릇이어서 사람이 작위적으로 도모할 수 있는 것이 아니므로, 천하를 도모하려는 자는 패하고 잡으려 하면 잃는다고 하였다. 그래서 스스로 균형을 유지하는 자연의 이치에 따라 과욕을 버리라고 하였다. 같은 맥락에서 이 장은 도로써 임금을 보좌하는 사람은 임금이 전쟁으로 천하를 도모함과 과욕을 삼가게 해야 한다고 하였다. 욕망으로 천하를 강점하였더라도, 차후에 세력이 기울어지게 되면, 피지배자들은 굴기하여 무력으로 잃은 땅을 회복하려 할 것이므로, 전쟁은 전쟁의 악순환을 되풀이하게 만든다. 이런 악순환은 국토를 황폐하게 하고, 백성의 생업을 피폐해지게 하며, 물자를 부족하게 하여 흉년이 들게 만든다.

"착하고 정당함(善)은 결실을 소유할 뿐이지, 감히 강제로 취하게 하지 않는다(善有果而已, 不敢以取强)."라고 하였다. 착하고 올바르며 어질고 좋은 것이 결실을 소유한다는 것은 도에 맞는 전략으로 전쟁에서 이긴다는 말이다. 그러니 전쟁에서 승리한다는 뜻으로 이해할 수 있지만, 이 승리는 살생에 의한 승리가 아니고 백성의 삶이 좋아지고 사물의 지향성이 조화하는 도(道)에 맞는 상황이 됨을 말한다. 여기서 전쟁의 결실(果)은 살생이 아닌 전략으로 얻은 승리라고 해석함이 올바르고, 부득이 하여 전쟁을 하면 그냥 이기면 되는 것이지 대상을 강제로 억압하지는 않는다는 의미로 해석함이 바람직하다.

그러니 강함, 즉 병력에 의존하는 용병에 의한 전략을 취하지 말라는 뜻이다. 이 점에 관해서는 69장에서 용병은 "나아감이 없는 나아감이고, 손잡이 없는 쇠뇌로 적을 물리치며, 없는 적을 쫓고, 없는 병기를 잡는 것이다(是謂行無行, 攘無臂, 仍無敵, 執無兵)"라고 하였다. 풀이하면 적을 공격하기 위해 나아감이 아니라 적이 후퇴하니 나아가는 것이고, 쇠뇌나 힘으로 물리치는 것이 아니라 스스로 물러나게 하는 것이며, 적을 쫓는 것이 아니라 적이 달아나니 따라가라고 한 것이다. 그리고 살생을 위해 병기를 잡는 것이 아니라 병기가 아닌 협상 등의 방법을 잡는다(執無兵)는 것이다. 왜 적은 물러나고 없어지는 것일까? 전쟁이 필요하지 않은 조건이 형성되었기 때문이다. 전쟁이 필요치 않는 조건을 만드는 것이 도에 맞는 용병법이다.

전쟁이 평정되어 좋은 결과를 얻었더라도 작위로 자신을 드러내지 않아야 선정이 물과 같이 백성에게 스며들 것이고, 백성들은 감로수를 마셔도 누구에게서 얻어 마시는 것이 아니라 스스로 얻은 것이라 생각할 수 있게 된다. 이런 일들을 노자는 결실은 있어도 자랑하지 말고(勿矜), 교만하지 말 것이며(勿驕), 부득이하게 한 것처럼 하고(不得已), 피지배자들을 강제하지 말라(勿强)고 하였다.

만물은 왕성하면 늙는다. 이것이 도이다. 해는 서쪽으로 기울고 달도 차면 이지러진다(日月盈昃). 세상 만사는 엔트로피의 작용으로 무질서가 증가하여 결국에는 사그라지고, 사그라짐은 다음의 탄생을 준비한다. 이는 관점에 따라 순환이 될 수도 있고 일시적 변화가 될 수도 있다. 무한한 시간의 개념으로 보면 사라짐을 통한 물질적 변화와 형태의 변화도 하나의 존재 패턴이라 할 수 있지 않을까? 단지 인간의 일생이란 짧은 기간의 관점에서는 이해할 수 없는 개념이지만 상상할 수는 있다. 어쨌든 만물은 왕성하였다가 쇠퇴한다. 작용이 있으면 반작용이 있다. 작용이 강하면 반작용도 강하다. 의도적인 작위(作爲)는 이런 반응을 수반한다.

노자는 "만물은 왕성하면 늙는다. 이것(果=전쟁의 결실)은 도가 아니다(物壯則老, 是謂不道)"라고 하였는데 여기서 是(이것)가 지칭하는 것은 物壯則老(물장즉노)이 아니고, 전쟁의 결실(果)이다. 전쟁은 병력으로 천하를 강압하는 것(以兵强於天下)이다. 무력을 사용하는 전쟁은 농토를 짓밟고 살생이 무자비하게 행해진다. 이런 전쟁을 통하여 승리하였다고 이것이 도가 될 수는 없다. 다만 승자는 피해를 줄였을 뿐이다. 그러니 좋은 것은 결실을 소유했을 뿐이라고 한 것이다. 도는 대상의 지향성에 유익하여야 한다고 하였었다. 대상을 짓밟고 살생을 하였으니 그 결과는 도가 아닌 것이다.

도가 아닌 것은 주변환경의 필요에 의하여 의존적으로 일어나는 것이 아니고 작위적으로 스스로 조건을 만들어 일어나기 때문이다. 이런 행위는 주변 환경의 의존적인 도움이나 호응을 받지 못하고 주변을 짓누르며 일어나므로 주변의 저항을 받게 된다. 그러니 도가 아닌 부도(不道)이다. 그리고 환경의 저항이 심하면 조기에 그칠 수밖에 없다. 자연의 지향성에 따르지 않으니 도가 아니라고 한 것이고, 도가 아니니 성하면 쇠한다는 자연의 일반적인 법칙에 따르지 않고 일찍 그칠 수밖에 없다고 한 것이다.

전쟁은 참전국의 국토와 물자, 병사와 그 가족관계에 치명적인 상처를 남길 뿐만 아니라, 이웃 국가와 관계에도 영향을 미친다. 즉 당사국이나 이웃 국가들의 정치, 경제, 사회, 문화 등에 막대하고 참혹한 영향을 미치므로 평화와 행복을 바라는 백성의 입장에서는 절대로 일어나서는 안될 사건이다. 이런 사건도 여러 요인들의 상호작용으로 일어나고 상호작용으로 전쟁이 수행되며, 매우 역동적이긴 하지만 구조를 갖고 있는 것이니 시스템의 일종이다, 전쟁에서 승리하려면 전쟁을 시스템으로 파악하고 어떻게 피드백체계를 구축할 것인지를 결정하는 것 즉, 전략과 전술을 결정하는 것이 승리의 결정적요인이다.

국소적으로 보면 전장은 하나의 부분시스템이고, 거국적으로 보면당사국의 정치·경제·사회·문화 등이 전쟁으로 연결되어 대치하는거대한 시스템이다. 이 거대 시스템은 두 국가라는 시스템이 대치하는 연결된 시스템이다. 전쟁의 승리와 패배라는 결과는 이 거대 시스템의 중간 산출물이라고 생각할 수도 있다. 한쪽의 승리는 다른 쪽의 패배로 연결되는 구조이다.

전쟁에서 투입요소는 물자와 병력이고, 산출물은 승리 혹은 패배,사상자, 시설과 재화의 파괴이다. 이 시스템의 처리체계는 맞붙는 싸움이다. 전략과 전술은 병기와 전략, 병사와 같이 서로 의존적인 투입 요소들의 시·공간적 배치이다. 이들을 환경인 조건에 따라 어떻게 엮어서 언제 어떻게 투입하느냐가 전략이고 전술이다. 투입요소들의 우월성과 운용, 그리고 예상되는 변화에 대한 대비가 승패의 관건이 된다. 특히 예상되는 변화에 대한 대비는 이 책 3편에서 다룰 피드포워드(feedforward)에 해당된다. 그리고 간과하기 쉬운 환경 조건인 시공간의 이해와 그 변화를 읽는 것이 매우 중요하다. 제갈공명의 적벽대전을 상기해보면 쉽게 이해할 수 있다.

이와 같이 세상의 모든 사건들은 서로 상호작용을 주고받는 시스템이다. 영향을 주고받는 관계를 시스템에서는 상호 의존적이라 한다. 영향을 주고받는 것은 물자를 교환하는 물리적 관계인 input-output의 연결구조이고, 또 정보를 주고받는 feedback의 연결구조이기도 하다. 세상이란 큰 시스템의 구성요소는 우주이고 세계의 국가들이다. 이 국가들 간에 전쟁이 발발하면 당사자인 두 국가는 무력으로 인한 피해를 입겠지만, 주변의 다른 국가들도 교역이나 왕래는 물론이고 정치·경제·사회·문화 등에 많은 영향을 받게 된다. 국가 간의 전쟁은 국가를 구성하는 정치·경제·사회·문화 등의 모든 시스템이 전쟁 체제로 돌입하게 되어 국민의 생활은 생업에서 전쟁으로 돌변하게 된다. 국가의 존재이유가 국민의 행복에 있다면 전쟁이란 돌발변수는 국민의 행복이란 틀에서 벗어나는 것이니 도리에 맞지 않는다. 시스템의 관점에서 보면, 도는 당해 시스템의 존재와 작동의 당위성인 기능이고 목적이라고 할 수 있고, 이 당위성은 상호 의존적 조건에 부합하여야 하는 것이다. 전쟁은 국가의 구성원인 국민의 지향성에 반하는 것이니 도리에 맞지 않다.

31장
상례에 따르는 전승(戰勝)

夫佳兵者, 不祥之器, 物或惡之, 故有道者不處. 君子居則貴左, 用兵則
貴右. 兵者, 不祥之器, 非君子之器. 不得已而用之, 恬淡爲上, 勝而不
美. 而美之者, 是樂殺人. 夫樂殺人者, 則不可得志於天下矣. 吉事尙左,
凶事尙右, 偏將軍居左, 上將軍居右, 言以喪禮處之. 殺人之衆, 以哀悲
泣之, 戰勝. 以喪禮處之.

무릇 좋은 병기는 상서롭지 않은 도구라 사람들(物)은 그것을 싫어
하는 것 같다(或). 고로 (병기는) 도를 갖춘 사람이 다스릴(處) 것은 아
니다. 군자가 자리를 잡을(居) 때에는(則) 좌측을 귀하게 여기고, 병기
를 사용할 땐 우측을 귀히 여긴다. 병기는 좋지 않은 도구로 군자의
도구는 아니다. 마지못해 그것을 사용하면 담담함을 으뜸으로 삼고,
이겨도 좋아하지(美) 않는다. 그러나 그것을 좋아하는 자, 이 자는
살인을 즐긴다. 무릇 살인을 즐기는 자라면 천하에서는 뜻을 이룰
(得) 수 없다. 좋은 일에는 좌측을 높이고, 흉사에는 우측을 높이니,
보좌하는 장군이 좌측에 앉고, 상장군은 우측에 앉으니, 상례로서
자리를 분별함(處)을 말한다. 죽은 사람이 많으면 슬픔과 설움으로
그에 울고, 전쟁에 이기더라도 상례로 그것을 처리한다.

🐟 번역에 유의할 어휘

번역에 유의할 어휘는 物或惡之(물혹악지)에서 物(물)과 或(혹), 故有道者不處(고유도자불처)에서 處(처), 君子居則貴左(군자거즉귀좌)에서 居(거), 非君子之器(바군자지기)에서 之(지), 而美之者(이미지자)에서 美(미) 등이다.

物或惡之(물혹악지)의 物(물)은 "물건, 만물, 사물, 일, 사람, 보다, 살피다" 등의 의미에서 "사람", 或(혹)은 불확정 추정의 표현으로 "~인 것 같다. 혹은 ~일지도 모른다"라고 해석한다. 번역하면 "사람들은 그것을 싫어하는 것 같다"이다.

故有道者不處(고유도자불처)에서 處(처)는 "곳, 처소, 때, 거주하다, 맡다, 다스리다, 처리하다, 분별하다" 등의 의미에서 "다스리다"라고 옮긴다. 번역하면 "고로 도를 갖춘 사람이 다스릴(處) 것은 아니다." 이다.

君子居則貴左(군자거즉귀좌)에서 居(거)는 "살다, 자리잡다, 앉다, 곳, 거처하는 곳" 등의 의미에서 "살다, 자리 잡다, 앉다"라고 해석할 수 있는데, 아래 구절에서 길사와 흉사에서 자리 배치를 설명하고 있기에 "자리잡다, 혹은 앉다"라고 옮긴다. 번역하면 "군자가 자리를 잡을 (居) 때에는(則) 좌측을 귀하게 여긴다."이다.

非君子之器(비군자지기)에서 之(지)는 "가다, 쓰다, 사용하다, ~가, ~의, ~과, 이에" 등의 의미에서 "~의"라고 옮기면, 이 문장은 "군자의 도구는 아니다."라고 번역된다. 恬淡(염담)은 "담담하고 담백함" 혹은 "욕심(慾心)이 없고 담백(淡白)함"이다.

勝而不美(승이불미) 而美之者(이미지자)에서 美(미)는 "아름답다, 맛있다, 즐기다, 좋다" 등의 의미에서 "좋다"라고 옮겨 "이겨도 좋아하지 않고, 그것을 좋아하는 자"라고 번역한다.

◁» 풀이

병기를 사용하는 것이 복되고 좋은 조짐은 아니므로 사람들은 이를 싫어한다. 하물며 도를 숭상하는 군자는 말할 필요가 없다. 그러나 다양한 사람과 사물이 존재하는 세상은 도에 어긋나는 사건도 다반사로 일어나니 전쟁도 피할 수 없는 사건 중에 하나이다. 피할 수 없으니 대응해야 하는데, 대응하더라도 고요하고 욕심 없고 깨끗한 마음(恬淡 염담)으로 병기를 다루라고 한다.

마지못해 전쟁에 임하여 승리를 하더라도 도에 어긋나는 일을 하였으니 즐거워할 것이 아니다. 전쟁을 즐기는 자가 있다면 아마 사람을 죽이는 것을 즐기는 사람일 것이다. 이런 사람은 반드시 자신의 뜻을 이루지 못한다. 전쟁은 살생이고, 전쟁은 과욕이며, 전쟁은 심한 것이고, 전쟁은 거칠게 일어난 것이니 도가 아니다. 살생은 인간의 본성인 공존의 파괴이고, 과욕은 환경의 파괴이다. 심함은 분별력의 상실이고, 거칠게 일어남은 균형의 침해이니 도가 아니다. 도가 아니면 반드시 오랫동안 가질 수 없고, 장기적으로는 반드시 도(道)로 수렴해 가는 것이 스스로 그러한 이치이다. 그러니 전쟁으로 일어서면 전쟁으로 망하게 된다. 이런 이치는 전쟁뿐만 아니라 주변 환경을 침해하는 행위에 모두 적용된다. 그러니 환경을 우호적으로 다스리는 것이 상서로운 기운을 형성하는 일이고, 운(運)을 만드는 일이다.

군자는 일상생활에서 자리를 잡아 앉을 때, 왼쪽을 상서로운 곳으로 생각한다. 사람들은 대부분 오른손으로 도구를 사용하여 동식물을 살생하거나 괴롭히는 행위를 한다. 싸움을 할 때도 오른 손이 먼저 나가서 타격하고, 밀고 당길 때도 주로 오른 손을 사용한다. 그런 까닭으로 길사에는 왼쪽을 받들고, 흉사에는 오른쪽을 받든다. 전쟁은 다툼이고 살생을 하는 행위이니 흉사이다. 그러니 오른쪽을 숭상하여 상장군이 오른쪽을 맞는다. 전쟁에서 승리를 하여도 길사로 생각하지 않고 사상자를 생각하여 상례(喪禮)와 같은 예(禮)로 처리한다. 왼쪽 오른쪽이 무슨 의미가 있으랴 마는 전쟁에 임하는 마음가짐이 전쟁은 해서도 안될 행위이고, 있어서는 안될 집단 살생 행위이니 절대로 숭상할 대상이 아닌 흉사라는 점을 강조하고 있다.

무력이나 완력은 왜 사용될까? 이는 분쟁을 해결할 수단으로 사용되고, 분쟁은 서로의 욕심으로 일어난다. 핑계 없는 무덤 없고, 사연 없는 인생 없다고 하지 않던가? 모든 일에는 이유가 있는데, 이 이유는 하고자 하는 의도의 소산이고, 의도는 욕구의 산물이다. 임금은 더 많은 재물과 호사를 누리고 싶고, 권력을 더 확고히 하고 싶어하며, 더 넓은 영토를 갖고 싶어한다. 하고 싶어하는 마음은 임금만이 아니라 누구나 갖고 있는 욕망이다. 욕망이 강해지면 계략이 동원되고, 계략은 행동으로 옮게 진다. 이것을 임금이 하면 국가 간의 전쟁이고, 닭이 하면 닭싸움이고, 개(犬)가 하면 개싸움이다. 싸움이 시작되면 오직 이기고자 하는 경쟁심만 작용한다. 싸움에는 선악의 구분이나 도덕, 공정, 정의 등의 가치는 무용지물이다. 그런데 무슨 자기 성찰이나 도(道)가 통하겠는가? 방법은 이런 일이 일어나지 않게 하

는 것이다. 싸움의 원인인 욕망을 없애는 것만이 평화를 지키는 방법
이다. 세계사는 영토 싸움과 종교적 다툼의 역사다. 영토 싸움은 권
력자의 욕심에서 유래한다. 이들에게서 백성에 대한 사랑이 있었을
까? 현대사는 영토 싸움에 경제력 싸움이 더해졌다. 무역전쟁은 국
민을 위한 것일까? 당사자 중 어느 일방이 욕심으로 대처하면 상대
방은 적어도 당할 수는 없으니 대응할 수밖에 다른 방법이 없고, 이
대응은 경쟁심으로 발전하게 되어 싸움은 깊어 가게 되는 것이다.

상처를 남기지 않는 승자만을 위한 싸움은 없다. 결론은 균형으로
수렴한다. 누군가 전체를 통찰할 수 있는 사람이 필요하다. 그리고
원인을 성찰하고 결과를 예측하며 전체를 통찰할 수 있는 방법이 요
구된다. 노자의 도와 덕이 필요한 대목이다.

32장
순박한 도의 작용

道常無名 樸雖小, 天下莫能臣也, 侯王若能守之, 萬物將自賓, 天地相合, 以降甘露, 民莫之令而自均. 始制有名, 名亦旣有, 夫亦將知止. 知止, 可以不殆, 譬道之在天下, 猶川谷之於江海.

　도는 항상 이름이 없고, 순박하여 비록 가볍게 여겨지지만(小), 천하가 능히 신하로 삼지 못하니, 후왕이 능히 그것을(之) 지킬(守) 수 있다면(若) 만물이 장차 스스로 따르고(賓), 천지가 서로 화합하여 감로를 내리게 되니, 백성은 명령을 쓰지(之) 않아도 스스로 따르게(均) 된다. (사물의) 시작은 이름을 있게(有名) 만들었으니, 이름은 또한 이미 있었을 뿐이고(亦). 그것은(夫) 역시 마침을 알려고 한 것이다. 마침을 안다는 것은 지치지 않게 한다. 비유하건대 도가 천하에 있음은 냇물과 골짜기가 강과 바다로 가는 것과 같다(猶).

🐟 번역에 유의할 어휘

번역에 유의할 어휘로는 道常無名 樸雖小(도상무명 박수소)에서 樸(박), 侯王若能守之(후왕약능수지)에서 若(약), 民莫之令而自均(민막지령이자균)에서 之(지)와 均(균/연), 始制有名(시제유명), 名亦旣有(명역기유), 夫亦將知止(부역장지지) 등이다.

樸(박)은 "순박하다, 통나무, 바탕" 등의 의미에서 "순박하다" 로 번역한다. 樸(박)은 앞에서 15장, 19장, 28장에서 언급되었고, 37장에서도 언급되는 글자이다. 대부분의 해설서에서 樸(박)을 "통나무 혹은 道(도)"로 번역하고 있으나, 여기서는 통나무가 갖는 개념인 "순박하다" 로 번역한다. 왜냐하면 德(덕)은 道(도)를 그대로 펼쳐내 개체에 본성을 부여하는 것이니, 이는 개체 자신의 의도와 무관한 것이기에 순박하다는 것이다. 순박(淳朴)은 거짓이나 꾸밈이 없이 순수하며 인정이 두터워 본래 그대로를 받아들이거나 시현하는 것을 의미한다. 본래 그대로 라는 말은 사물이 타고난 그대로 혹은 자연이 필요로 하는 조건 그대로를 따른다는 것이니 본성이나 덕을 표현한 것이다. 즉, 순박은 사물의 본성이요, 덕(德)이다. 그러므로 樸(박)을 "순박하다"로 번역한다.

그런데 道常無名(도상무명). 樸雖小(박수소), 天下莫能臣也(천하막능신야)의 번역이 어려움 점은 문맥이다. 이 문장은 "도는 항상 이름이 없다. 순박하고 비록 작지만, 천하가 능히 신하로 삼지 못한다."라고 번역되는데, 의미의 연결이 원만하지 않다. 문제는 "이름이 없다"와 "비록 작다"는 구절의 문맥 연결이다. 그리고 앞에서 도는 크다고 하였는데 작다고 하니 상반된다. 25장에서 "글자로 써 도(道)라 쓰고, 굳이 이름을 붙여 크다(大)라고 한다(字之日道, 强爲之名日大)"고 하였다. 그런데 작다고 할 수 있겠는가? 세상에는 이름 없는 존재는 없다. 이름이 없다는 것은 그다지 대수롭지 않아서 보잘것없다는 말이다. 노자는 이를 小(소)라고 표현한 것이다. 그러니 雖小(수소)에서 小(소)는 "작다, 적다, 좁다, 적다고 여기다, 가볍게 여기다, 주의하다, 어리다" 등의 의미 중에서 "가볍게 여기다"라고 옮기는 것이 바람직하다. 그러면 이 문장은 "도는 항상 이름이 없어 순박하고 비록 가볍게 여겨지지만, 천하가 능히 신하로 삼지 못한다"라고 번역된다. 이 부분에 대하여 34장에서 "항상 욕심이 없어 작고 하찮은 것으로 지칭할 수 있다(常無欲, 可名於小)"라고 하였음도 참고함이 좋을 듯하다.

樸雖小(박수소)의 주어를 순박 혹은 통나무(樸)라고 해석하여 "순박함 혹은 통나무는 비록 작지만"이라 번역한 해설서도 있는데, 이는 바람직하지 않다. 이유는 34장에서 "도는 작고 하찮은 것으로 지칭할 수 있다(可名於小)"라고 하였기 때문에 樸雖小(박수소)의 주어도 도(道)라고 해석함이 좋다고 생각된다.

侯王若能守之(후왕약능수지)에서 若(약)은 가정형을 나타내는 조동사이므로 "후왕이 만약 능히 그것을 지킬 수 있다면"이라 번역한다. 여기서 之(지)는 지시대명사로 道(도) 혹은 樸(박)을 지칭한다고 할 수 있다. 동사 守(수)가 "지키다, 다스리다, 머무르다" 등의 의미 중에서 "지키다"라고 옮긴다.

萬物將自賓(만물장자빈)에서 賓(빈)은 "손, 사위, 물가, 대접하다, 객지살이하다, 복종하다, 따르다" 등의 의미 중에서 "따르다"라고 옮긴다.

民莫之令而自均(민막지령이자균)에서 莫(막)은 부정을 나타내는 조동사이므로 之(지)는 동사로 해석하여 "가다, 쓰다, 사용하다, 이르다" 등의 의미 중에서 "쓰다, 사용하다", 均(균/연)은 "고르다, 평평하다, 따르다(연)" 등의 의미 중에서 "따르다"라고 옮긴다. 그러면 民莫之令而自均(민막지령이자연)은 "백성은 명령을 쓰지 않아도 스스로 따른다"라고 번역된다.

　始制有名(시제유명)은 주어가 始(시)이고 동사가 制(제)로, 有(유)는 "있다, 존재하다, 가지다, 소유, 혹, 어떤" 의미 중에서 "있다 혹은 어떤" 으로 하여 번역하면, "시작은 이름을 있게 만드는 것" 혹은 "시작은 어떤 이름을 만드는 것"이다. 名亦既有(명역기유)에서 亦(역)은 "또, 만약, ~도 역시, 다만 ~뿐, 이미" 등의 의미에서 "또한 ~뿐" 으로 하여 "이름은 또한 이미 있었을 뿐이다"라고 번역한다.

　夫亦將知止(부역장지지)에서 夫(부)는 지시대명사로 "그것", 將(장)미래를 표현하는 조동사로 해석하면 "그것은 역시 장차 마침을 알려는 것이다"이다. 여기서 그것은 "이름을 있게 만듦, 혹은 이름이 있음"을 지칭하는 것이다. 두 가지 중에 어느 쪽을 택해도 유사한 의미이다. 다음 연결되는 "장차 마침을 알려는 것"과 연결하여 살펴보면, "마침(止)"은 이름이 없어짐을 뜻하므로, 그것이 지칭하는 것은 "이름이 있게 만듦"이라 함이 부드럽다. 그리하여 "이름이 있게 만듦은 역시 장차 마침을 알려는 것이다"라고 해석함이 이해에 도움이 될 것이다.

　知止(지지)에서 止(지)의 쓰임은 大學(대학)의 經(경)에서 "대학의 도는 명덕을 밝히는 데 있고, 백성을 새롭게 하는 데 있으며, 지선에 머무는 데 있다(大學之道, 在明明德, 在新民, 在止於至善)"에서 마지막 부분의 在止於至善(재지어지선)에 있다. 여기서 止(지)는 至善(지선)에 이르다 혹은 마치다라는 의미보다 머문다라는 뜻이 강하다. 이 머문다는 것과 知止(지지)에서 "이르다 혹은 마치다"의 뜻은 조금 다른 의미이다. 대학에서는 최상의 선에 도달한 후 그곳에 머문다는 규범적 의미를 강조한 반면, 노자에서 "이르다 혹은 마치다"는 그곳에 도달하여 이름이 없어짐 즉, 다른 형태로 면면히 이어지기 위한 존재의 사라짐을 언급하고 있다.

◀》 풀이

도는 항상 이름이 없어 순박하고 비록 가볍게 여겨지지만 천하가 능히 신하로 삼지 못한다. 도는 인간의 감각으로는 인식할 수 없는 초감각적 실재이지만, 인식하지 못하니 보편적인 개념을 도출할 수 없어 이름을 정할 수 없는 것이다. 이 말은 이름이 있으면 그 이름으로 사물을 추상할 수 있는데 도(道)는 감각할 수 없어 이름이 없다고 한 것이다. 그런데 실제로 작용하고 있는 실재이니 이 실재를 근거로 하여 억지로 이름을 붙인 것이 도(道)이다. 그러니 이 도라는 이름은 완전한 이름이 아니다. 그렇다고 이름이 없는 것도 아니다. 이런 점 때문에 실재를 설명하려 하니 비유적인 방법을 사용할 수밖에 없다. 이 비유가 "大(대)" 혹은 "樸(박)"이다. 여기서 樸(박)을 사용함은 도의 특성을 설명하기 위함이다. 도(道)라고 하면 그 특성을 개념으로 추상할 수 없지만, 순박(樸)이라 하면 순박함의 의미를 추상할 수 있다는 뜻이다. 樸(박)은 여러 가지 의미가 있으나, 도의 특성 설명에 적당한 뜻은 "순박함"이다. 순박은 사사로운 욕심이 없이 순진하고 솔직하며 인정이 굳고 깊은 것을 의미한다. 도는 만물의 존재와 당위를

설명하는 개념인 바, 만물의 상생, 공생, 상존, 공존의 본성을 설명할
수 있어야 한다. 이 설명에 가장 적합한 단어가 "순박"이다. 그러니
순박함이 도의 쓰임(器)이 되는 것이다. 23장에서 "순박함이 흩어지
면 쓰임이 된다(樸散則爲器 박산즉위기)"라고 한 것도 이런 이유이다.

　도는 항상 이름이 없고, 순박하여 비록 가볍게 여겨지지만 천하가
능히 신하로 삼지 못하니, 후왕이 능히 그것을 지키면 만물이 장차
스스로 따른다(道常無名 樸雖小, 天下莫能臣也, 侯王若能守之, 萬物將自賓)
고 하였다. 도를 가볍게 여긴다고 한 것은 도가 이름이 없으니 보잘
것없어 보이기 때문이다. 도는 자연의 지향성이고 만물을 생겨나게
하고 기르는 이치이니, 천하가 비록 크다지만 이 도를 신하처럼 좌지
우지할 수 없다는 것이다. 그리고 후왕이 도를 지킨다고 함은 도에
따라 정치를 한다는 뜻이다. 도에 따른 정치는 국가의 지향성과 백
성의 지향성을 조화롭게 조정하여 백성으로 하여금 인간다운 삶을
영위하게 하는 것이다.

　이와 같이 도에 따른 정치는 백성의 삶을 윤택하게 하고, 선천적
재능을 발휘하게 하며, 백성에게 상호 의존적인 본성을 회복하게 하
여 공존의 가치를 실현하게 할 것이니, 모두가 스스로 따를 수밖에
없다. 그러면 만물도 자신이 타고난 천성을 자연의 순리에 따라 순
박하게 발휘하고, 같은 생태계에서 존재하는 사물을 공감하고 수용
하게 되니 세상은 태평성대를 이루게 된다. 세상 만물이 순박하게 자
연의 질서를 따르니 하늘과 땅도 이에 화답하여 감로(甘露)를 내리게
되고, 백성도 사사로움이 없으니 스스로 따르게 된다. 여기서 감로
(甘露)는 "단 이슬"인데 천하가 태평할 때에 하늘에서 내린다고 하니

태평성대(太平聖代)임을 이르는 말이다.

"(사물의) 시작은 이름을 있게(有名) 만들었으니, 이름은 또한 이미 있었을 뿐이고(亦), 그것은(夫) 역시 마침을 알려고 한 것이다(始制有名, 名亦既有, 夫亦將知止)."라고 하였다. 사물의 시작이 있었다는 것은 그 사물의 형상을 인지하였다는 것이고, 형상을 안다는 것은 사물의 속성을 안다는 뜻이다. 이는 그 사물의 상징과 개념을 안다는 것이고, 이에 이름을 부여했다는 말이다. 이를 시작은 사물의 이름을 있게 한다고 한 것이다.

유무가 서로 의존적으로 생겨나 섞여서 하나가 되면(混而爲一), 즉 공간의 물질 에너지가 시간 에너지와 적당한 조건을 만나면 잉태가 시작되고, 존재가 시작되면, 이름이 만들어지며, 이름이 만들어지면, 동시에 이름이 끝남도 같이 잉태되는 것이다. 생겨남은 사라짐의 양면성을 동시에 갖고 있음을 말한다. 시작을 알리는 이름은 본질이 아닌 실존을 설명하는 상징에 불과하니 "이름은 있을 뿐이다"라고 하였다. 그리고 이름은 생겨남과 사라짐의 양면성을 가지고 있으니, 사라짐을 알고 있음은 종착역을 알고 있음과 같아서 지루하거나 지치지(殆) 않게 되는 것이다. 비유하면, 천하에 도가 존재한다고 함은 냇물과 골짜기가 강이나 바다를 향하여 흘러가고 뻗어 있음과 같이 시작과 끝이 있음을 말하는 것이다. 즉, 물이 흘러 종착지인 강이나 바다로 가고, 골짜기도 뻗어가면 마지막에는 바다와 만나서 끝이 난다는 뜻이다. 이와 같이 만물은 종착지인 사라짐을 향하여 스스로 가고 있는 것이다. 여기서 조금 유의할 점은 도는 만물이 끝난다고 끝난 것이 아니고, 다른 조건을 만들어 시작을 잉태한다는 것이다. 이렇게 사라져서 다른 개체가 생겨날 수 있게 조건이 되고, 다시 생겨난 개체도 언젠가 다른 개체의 조건이 되어 사라지며, 이로써 다른 개체가 이어서 일어난다. 이렇게 계속 서로가 조건이 되거나 원인이 되어 다른 무엇이 일어나는 것이 연기(緣起)이다.

1장에서 무는 항상 천지 시작의 묘함을 보게 하려 하고, 유는 항상 만물 터전의 오고 감을 보게 하려 한다(常無 欲以觀其妙, 常有 欲以觀其徼)고 하였다. 이를 이 장(章)에서는 만물은 시작과 동시에 이름을 얻게 되고, 이름을 얻는다는 것은 이름이 사라진다는 양면성도 같이 얻게 되어 종착지를 알게 된다고 설명하고 있다. 즉, 이름으로 생겨남과 종착지 알게 한다고 함을 다르게 말하면, 세상에 왔다가 감(오고 감)을 알게 한다는 것과 같다.

이 장의 설명은 다음과 같이 요약할 수 있다. 자연의 지향성인 도에 따라 사물은 생겨나면 이름을 얻게 된다. 이름이 얻게 되면 그 이름이 끝나는 존재의 끝도 있음을 알게 된다. 종착지를 알게 되면 예정할 수 있으니 순조로움을 택할 수 있다. 그러니 사사로운 욕심이 없이 순진하고 솔직하며 인정이 많아 깊은 순박함을 지킬 수 있고, 존재의 끝인 사라짐도 준비할 수 있다. 노자는 이것이 도를 따르는 혹은 도를 수행하는 요체임을 설명하고 있다.

33장
본성에 따름이 자신을 이기는 것

知人者智, 自知者明, 勝人者有力, 自勝者强, 知足者富, 强行者有志, 不失其所者久, 死而不亡者壽.

   남을 아는 자는 지혜롭고, 스스로를 아는 자는 사리에 밝으며, 남을 이기는 자는 힘이 있고, 자기를 이기는 자는 강하다. 만족함을 아는 자는 부자이고, 힘써 행하는 자는 의지가 있으며, 그 도리를 잃지 않는 자는 변하지 아니하고, 죽어도 잊히지 않는 자는 오래 산다.

간단 명료한 문장들이라 표현만 조금 다듬으면 원만하게 번역할 수 있다. 明(명)은 밝다는 의미이나 "사리에 밝다, 혹은 똑똑하다" 로 번역한다. 不失其所者久(불실기소자구)의 所(소)는 "바, 것, 곳, 처소, 자리, 위치, 기초, 도리" 등의 의미에서 "도리", 久(구)는 "오래다, 길다, 오래 머무르다, 변하지 아니하다, 오래된, 기간" 등의 의미에서 "변하지 아니하다" 로 번역한다. 死而不亡者壽(사이불망자수)에서 亡(망)은 "망하다, 도망하다, 잃다, 없어지다, 죽다" 등의 의미 중에서 "잊혀지다" 로, 壽(수)는 "목숨, 수명, 장수, 오래 살다" 등의 의미에서 "오래 살다" 로 번역한다. 즉, 잊히지 않고 남아 있다는 뜻이다.

◀》 풀이

남을 아는 자는 지혜롭고(知人者智), 스스로를 아는 자는 사리에 밝다(自知者明) 고 하였다. 남을 아는 것은 외부의 대상을 아는 것이고, 자기를 아는 것은 내부의 성향과 자질, 능력을 아는 것이다. 안다는 것은 앎의 대상을 정의하고 다른 것과 구별하여 차이를 상징인 개념으로 설명할 수 있다는 것이다. 그러니 남을 안다는 것은 그 사람의 배경, 욕망, 능력, 관점, 태도 등에서 다른 사람과 차이를 설명할 수 있다는 것이니 지혜롭다고 할 수 있을 것이다. 여기서 지혜롭다(智)는 것은 분별적 능력으로 차이를 아는 것을 말한다.

자신을 안다는 것은 자신을 구성하는 신체·정신적 요소들을 안다는 것인데, 물리적 사실들은 감각으로 파악할 수 있는 것이지만, 정신의 주체인 자아를 안다는 것은 쉽지 않다. 자아를 구성하는 요소로는 신체적 특성, 경제적 사회적 배경, 성격(욕구, 효능감), 정신건강, 태도, 관점, 지적 능력 등이다. 이들 요소들을 개별적 혹은 통합적으로 설명할 수 있다는 것은, 자신의 정신상태가 공존이라는 본성의 기준에서 어떤 상태에 있는지를 알고 있다는 것이고, 자신이 지향할 바람직한 방향도 알 수 있다는 것이다. 이는 자신을 인간의 본성인 도의 방향으로 스스로 인도할 수 있다는 것이다. 이와 같이 본성을 깨닫고 공존 공생의 질서에 몸과 마음을 맡게 따를 수 있음을 사리 혹은 본성에 밝다(明)고 한다. 여기서 밝다(明)는 것은 자아를 숨김없이 드러낸다는 의미이다.

남을 이기는 자는 힘이 있고(勝人者有力), 자기를 이기는 자는 강하다(自勝者强)고 하였다. 이긴다고 함은 설명하기 어렵다. "이긴다"의 의미는 대상을 누르고 우위를 차지하는 것인데, 상대방을 이긴다고 함은 그를 누르고 우위를 차지한 것이니 경쟁에서 이긴다는 뜻이다. 경쟁에서 이기려면 힘이 상대방보다 강해야 하니, 물리적 힘이나 정신적 힘이 상대적으로 강해야 한다. 이를 노자는 힘이 있다고 표현하였다. 여기서 정신적 힘은 지적 능력을 말한다. 이 지적 능력은 자신을 보존하고 발달을 추구하는 자립능력, 타인과 더불어 사회생활을 할 수 있는 사회적 능력, 사물을 취급할 수 있는 재능 등을 말한다.

그러면 자기를 이긴다는 말은 무슨 뜻일까? 나를 이긴다는 것은 무엇이 나를 어떻게 이긴다는 것일까? 아마 나 속에 있는 "진정한 나"가 "허울인 나"를 이긴다는 말로 이해함이 옳을 것 같다. "진정한 나"는 인간의 본성인 도를 갖춘 나이다. "허울인 나"는 감각적으로나 인지적으로 호·불호, 쾌·불쾌, 편·불편 등을 추구하며 쌓아온 욕망으로 둘러싸인 현실적인 나를 말한다. 쉽게 말하면 욕망을 누르고 본성을 찾아 드러냄이 자신을 이기는 것이라 생각된다. 종족과 생명 보전을 위한 생리적 욕구, 내 마음대로 하고 싶은 자치욕, 남으로부터 인정과 사랑을 받고 싶은 친애욕, 세상을 이해하고 싶은 탐구욕 등에서 벗어나 "변함없이 있는 그대로 그렇고 그런 세상(如如함)"을 받아들이고 공감하며, 더불어 살아갈 공존의 대상으로 인식하고 존중하는 것이 자기를 이기는 것이 아닐까? 이러한 경지에 이르면 나는 나이기도 하지만 자연의 일부가 되어 사회나 자연의 것이 되는 것이다. 내 것이 아닌 나 혹은 자연과 사회의 일부인 나를 찾아 그 길을 가는 것이 나를 이기는 것이 아닐까? 자기부정만큼 어려운 일이 있을까? 의문과 질문이 쌓인다. 이긴다고 하였지만 이는 이기는 것이 아니고, 찾는 것이고 깨닫는 것이다. 앞에서 남을 이기는 것은 능력의 함양 즉, 채움을 수단으로 한다면, 자기를 이기는 것은 앎과 욕망을 버리는 비움을 수단으로 한다. 가진 것을 버리는 것이 채우는 것보다 어렵다는 것은 자기 관리가 쉽지 않다는 것을 말한다.

만족함을 아는 자는 부자이고(知足者富), 힘써 행하는 자는 의지가 있다(强行者有志)고 하였다. 만족 불만족의 기준은 자신이 만드는 것이다. 그 기준은 욕망의 수준인데, 이 욕망이란 것은 스스로 증식하는 것이라서 끝이 없이 성장한다. 그러니 현재에 만족하는 것이 그나마 좀더 이루기 쉽다. 모두가 다 그렇고 그런 것이니, 그냥 현재에 만족하면 즐겁고 부유하게 된다. 설사 그 수준이 남에게 못 미치고, 과거 수준에 미달하더라도 현재를 최고로 아는 것이 부유하게 되는 첩경이다. 무엇을 추구한다는 것은 하고자 하는 마음 즉, 뜻이 있다는 말이다. 하기 싫은 일을 열심히 하지는 않는다. 그러니 힘써 일하는 자는 뜻이나 의지가 있다고 한다.

그 도리를 잃지 않는 자는 변하지 않는다(不失其所者久)고 하였다. 도리는 사물의 존재 이유와 마땅히 해야 할 바를 의미한다. 도리(道理), 이치(理致) 등에서 이(理)는 사물의 존재 이유를 말하는 것으로 사물의 본성이다.

이렇게 설명해도 알기 어렵다. 앞에서 사물의 탄생은 환경의 필요에 의하여 환경이 만든 조건에 부응해서 잉태되고 태어난다고 한 바 있다. 그러나 그 필요나 조건을 흐릿하게 알긴 해도 정확히는 모른다. 태초에 우주가 만들어진 것은 빅뱅이 있었기 때문이고, 수소 헬륨 등이 작용하여 유기물이 생겨나고, 이들이 에너지에 반응하여 세포가 만들어지고, 이들이 동식물로 변하여 돌연변이를 거듭한 결과로 현재의 동식물이 만들어졌다고 한다. 어쨌든 현재의 존재들은 자신의 의지와 관계없이 환경이 만든 조건에 따라 등장한 것임에는 틀림이 없다. 그러니 이 조건이 사물들의 존재의 이유이고 본성이 됨은 당연한 것이다. 어느 하나의 조건만 없었다면 현재의 존재는 변했을 것이다. 아버지와 어머니의 만남에는 아주 하찮은 조건도 있었을 것이고, 만약 그 조건이 없었다면 현재의 우리는 태어나지 못하였을 것이니, 조건에 따라 태어났음은 틀림없는 사실이다. 인간 탄생의 필요와 조건은 종족의 보전이라 할 수 있다. 이 종족 보전에 필요한 조건은 공생 공존이다. 공생 공존이 없었다면 약육강식의 원시 생활에서 생존할 수 없었을 것이고, 인간이란 종족은 존재할 수 없었을 것이다. 이와 같이 모든 사물은 존재의 이유가 있고, 이것은 개별적이지 않고 보편적인 이치(理)이다.

이러한 존재이유를 알고 그에 합당한 행동을 하면 변하지 않고 오래 지속한다는 것이다. 이 말에서 변하지 않고 오래 산다는 것은 본성에 충실하면 종족은 오래 보존된다는 것과 같은 뜻이다. 왜냐하면 환경의 필요에 부응하니, 환경은 당해 개체를 바꿀 필요가 없고, 개체는 적응할 수 있게 된다는 것을 말한다.

죽어도 잊히지 않는 자는 오래 산다(死而不亡者壽)라고 하였다. 어떤 사람이 살아 생전에 도를 쫓아 이치에 벗어나지 않게 생활하였다면, 우호적인 환경을 조성하였을 것인 바, 사후에 주변 사람들이 마음속으로 그를 그리워하며 수시로 떠올릴 것이니, 죽어도 잊히지 않는다고 한 것이다. 그러니 그를 그리워하는 사람들의 마음속에는 살아 있음과 같으니 오래 산다고 한 것이다.

34장
만물이 따르는 무위의 대도(大道)

大道氾兮, 其可左右. 萬物恃之而生而不辭. 功成不名有, 衣養萬物而不
爲主. 常無欲, 可名於小. 萬物歸焉而不爲主, 可名於大. 以其終不自爲
大, 故能成其大.

　큰 도는 넓고 넓어 어찌(其) 왼쪽 오른쪽이라 할 수 있겠는가? 만
물이 그것에 의지하여 생겨나더라도 (大道는) 사양하지 않는다. (大道
는) 공을 이루고 이름을 소유하지(有) 않고, 만물을 덮어 기르되 주인
이 되지 않는다. (大道는) 항상 욕심이 없으니 작고 하찮은(小) 것으로
지칭될(名) 수 있다. 만물이 그를(焉) 따르지만(歸) 그 주인은 되지 않
으니, (도는) 큰 것으로 지칭될(名) 수 있다. 아마도(其) 항상 스스로
크게 이루려 하지 않기 때문에 능히 그것을 크게 이룬다.

🐟 번역에 유의할 어휘

번역상 유의할 어휘는 其可左右(기가좌우), 萬物恃之而生而不辭(만물시지이생이불사), 可名於小(가명어소), 萬物歸焉(만물귀언) 등이다.

其可左右(기가좌우)에서 其(기)는 "그것, 만약, 어찌, 장차, 이미, 이에" 등의 의미 중에서 의문을 나타내는 "어찌"라고 해석하여 "어찌 왼쪽 오른쪽이라 할 수 있겠는가?"라고 번역하였다. 대상이 한정적이지 않으니 좌와 우를 정할 수 없다는 말이다.

萬物恃之而生而不辭(만물시지이생이불사)에서 不辭(불사)의 주어는 도(大道)이다. 이는 之(지)가 지칭하는 것이 도이고, 다음 문장에서 공을 이룬 것도, 만물을 길러낸 것도 모두 도이기 때문이다. 그러면 "만물이 그것에 의지하여 생겨나더라도 (大道는 이를)사양하지 않는다."라고 번역된다.

可名於小(가명어소)에서 於(어)는 정도를 나타내는 전치사, 小(소)는 "적다, 작다, 좁다, 가볍게 여기다, 삼가다, 천하다(賤), 젊다" 등의 의미이니 "작고 하찮다"라고 옮겨 이 문장은 "작고 하찮은(小) 것으로 지칭될 수 있다."라고 번역한다. 여기서 주어는 생략된 도(道)이다.

萬物歸焉(만물귀언)에서 歸(귀)는 "돌아가다, 따르다, 맡기다, 마치다, 죽다" 등의 의미 중에서 "따르다"라고 해석한다. 焉(언)은 "어찌, 어디, ~보다 더, 이에, 이(지시 대명사), ~느냐? ~도다! 그러하다, ~와 같다" 등의 의미 중에서 지시대명사인 "이것, 여기"라고 번역되는데, 여기서는 道를 지칭한다. 그러므로 "만물은 도에게 돌아온다" 혹은 "만물은 도를 따른다"로 번역할 수 있는데, 도는 만물을 존재하게 하는 근거라는 점에서 "돌아온다"는 해석보다 "만물은 도를 따른다"는 해석이 논리적이다.

以其終不自爲大(이기종불자위대)에서 以(이)는 원인이나 이유, 其(기)는 "아마도", 自(자)는 "스스로", 終(종)은 "끝내, 항상"으로 옮기면 "아마도(其) 항상 스스로 크게 이루려 하지 않기 때문에"라고 번역된다.

◀》 풀이

"큰 도는 넓고 넓어(大道汜兮) 어찌(其) 왼쪽 오른쪽이라 할 수 있겠는가(其可左右)"라고 하였다. 큰 도는 넓고 넓어 아무 장애가 없으며, 두루 미치지 않음이 없으니 좌도 우도 없다고 말하고 있다. 도는 인간의 감각을 넘어 초감각적이라 대상을 정할 수 없는데, 어찌 좌우를 고정하여 정할 수 있겠는가? 고정되어 정해지지 않음은 소유할 수 없음과 같은 의미이다. 천하가 하나의 도를 바탕으로 하여 갖추어지는데, 어찌 좌우 구별이 필요하겠는가? 이 구절은 좌우가 없는 하나의 초감각적 도를 넓다고 하고, 이를 큰 도라고 하였다.

"만물이 그것(道)에 의지하여(恃) 생겨나더라도 (道는 이를) 사양하지 않는다(萬物恃之而生而不辭). 공을 이루고 이름을 소유하지(有) 않고(功成不名有), 만물을 덮어 기르되 주인이 되지 않는다(衣養萬物而不爲主)"라고 하였다. 도에 의존하여 만물이 생겨나게 하였음에도 도는 이를 뽐내거나, 만물이 자신을 이용함을 사양하지 않고, 그렇고 그런 것으로 수용하며, 공을 이루었음에도 공에 이름을 붙여 이를 소유하려 하지 않는다. 만물이 자라도록 작용하고, 자라서 본성을 발현하더라도, 자신이 이에 바탕이 되었음을 알리지 않고 주재하지 않으며, 주인이 되지 않는다고 하였다. 이로써 도가 무위로 작용하였음을 설명하고 있다.

"(도는)항상 욕심이 없어(常無欲) 작고 하찮은 것으로 이름할 수 있다(可名於小). 만물이 그에 따르지만(萬物歸焉) 그 주인은 되지 않는다(而不爲主)"라고 하였다. 常無欲可名於小(상무욕가명어소)를 한 문장으로 보아 無(무)를 주어로 할 수도 있겠지만, 여기서는 전체의 맥락을 고려하여 (道)常無欲(도상무욕), (道)可名於小(도가명어소)와 같이 道가 생략된 것으로 해석하였다. 於(어)는 정도를 나타내는 전치사이다. 도는 무위(無爲)를 행하니 당연히 욕심이 없다. 욕심이 없으니 소유한 것이 없다. 소유한 것이 없고 감각할 수 없으니 작고 하찮다고 이름 지을 수 있는 것이다. 하지만 가진 것이 없다고 하찮은 것이라 할 수 없다. 만물이 그로 말미암아 생겨나고 어느 곳이나 존재하니 어찌 하찮게 여기겠는가?

"만물이 그를(焉) 따르지만(歸) 그 주인은 되지 않으니(萬物歸焉而不爲主), (도는) 큰 것으로 이름할 수 있다(可名於大). 아마도(其) 항상 스스로 크게 이루려 하지 않기 때문에(以其終不自爲大) 능히 그것을 크게 이룬다(故能成其大)"라고 하였다. 만물을 생겨나게 하면서도 그 작용을 느끼지 못하니 미약한 것 같지만, 이루지 않음이 없고 크고 작은 만물이 모두 그를 따르니 크다고 이름할 수밖에 없다는 것이다. 이러하니 아마도(其) 항상 스스로 크게 이루려 하지 않기 때문에 즉, 욕심내지 않고 스스로 그러하게 함으로써 도는 그 대상을 능히 크게 이룬다고 한 것이다. 무위로 행하여 조건에 따라 스스로 그러하게 작용하니 우주 만물을 생겨나게 하는 것이다. 그러니 크게 이룬다고 한 것이다.

    대상의 크기에 관계없이 모든 만물은 전체의 부분으로써 직분을
다하니 세상은 균형을 유지하게 된다. 균형이 유지되니 각 부분들도
서로가 서로를 해치지 않고, 전체인 세상도 가야 할 길인 도를 따른
다. 이것이 도가 이룬 큰 세상이다. 도가 이룬 이 큰 세상에서 만물
은 대체로 제자리에서 본성을 유지하고 있지만, 개체의 존재나 삶은
우열이 있음도 사실이다. 이는 개체의 환경에 대한 적응의 문제이다.
환경의 필요에 적응하고 못하고는 자신이 만든 조건과 환경이 요구
하는 조건이 일치하지 않기 때문이다. 이를 우리는 운(運) 혹은 운수
(運數)라고 하기도 한다. 예를 들면, 밤이나 도토리가 어떤 것은 바
위 위에 떨어져서 뿌리를 내리지 못하여 죽고, 어떤 것은 땅에 떨
어져서 뿌리를 내리고 움을 틔우는 것과 같다. 이런 경우의 운(運)
은 운이라고 하기보다 자연 조건인 바람이나 바위의 위치 등의 조
건이다.

    노자의 말에서 현실로 돌아와서 생각하여 보자. 우주는 탄생되어
질량에 따라 중력을 갖게 되는데, 여러 별들의 중력은 인력(引力)으로
작용하여 서로 당기고 밀어서 별들의 운행이 시작된다. 즉, 탄생으로
만들어진 본분에 따라 작동하게 되었다는 말이다. 사람도 같은 운명
이다. 태어나면서 받은 본분에 따라 육체도 성장하고, 정신도 성숙
하여 성인이 되고 노인이 되며 언젠가는 되돌아간다. 이런 것이 만
물이 가는 길, 따르는 길, 돌아가는 길, 도(道)이다. 도(道)라는 글자
는 "길"의 의미도 갖는다. 길이란 사람이나 동물 등이 지나가는 땅
위의 일정한 너비의 공간으로 출발점과 도착점을 연결한 선이다. 도
(道)가 길인 것은 걸어가야 할 정해진 길, 혹은 어떤 전체 중에서 부

분으로서 기능해야 할 직분이 있다는 의미이다. 즉, 사람은 개체로서, 가족, 사회, 자연의 일원으로서 살아가야 할 길인 본분이 있다는 것이다. 다른 사물도 마찬가지로 개체로서 혹은 전체의 부분으로서 존재와 기능의 본분이 있다. 이런 점에서 도(道)를 도라고 이름하였음은 대단한 통찰이다.

대상이 은하계와 같이 큰 것이든, 박테리아와 같이 작은 미물이든 관계없이 자신의 직분인 환경의 필요에 따라 적응하고 기여하며 왔다가 간다. 작다고 이름이 없지 않고, 크다고 그 이름 때문에 큰 직분을 다하는 것은 아니다. 다만 그 직분을 다하면 그것이 완전한 것이 되고 큰 것을 이룸이 된다.

35장
부지불식이나 무한한 도의 시현

執大象天下往, 往而不害, 安平泰, 樂與餌 過客止, 道之出口, 淡乎其無味, 視之不足見, 聽之不足聞, 用之不足旣.

큰 형상을 잡고 천하로 나아간다. 나아가도 방해가 없으니 안정되고(安), 편안하고(平), 너그럽다(泰). 음악과 음식은 나그네를 멈추게하고, 도는 입에서 나오면(말로 표현되면) 담백하여 그것은 맛이 없다. 보아도 잘 보이지 않고, 들어도 잘 들리지 않으며, 사용해도 다 없어지지(旣) 않는다.

🐟 번역에 유의할 어휘

執大象(집대상) 天下往(천하왕)에서 大象(대상)은 번역에 유의할 단어이다. 노자익의 蘇子由(소자유) 주석에 의하면 "도(道)는 있는 것도 아니고, 없는 것도 아니다(非有非無). 그래서 큰 형상(大象)이라 한다"고 하였다(날개를 단 노자, 초횡 저, 이현주 역, 두레, 2015, p. 229). 그런데 大象(대상)은 도라고 하기보다 도의 시현으로 만들어진 공간이라 해석하는 것이 바람직하다. 이 점에 대해서는 아래 풀이에서 설명될 것이다. 어쨌든 執大象(집대상) 天下往(천하왕)은 "대상을 잡고 천하로 나아간다"로 번역한다.

道之出口(도지출구) 淡乎其無味(담호기무미)에서 之(지)는 주격조사이고, 乎(호)는 형용사 아래에서 부사 "하여"라고 해석하여 "도는 입에서 나오면(말로 표현되면) 담백하여 그것은 맛이 없다."로 번역한다. 혹자는 道之出口淡乎(도지출구담호), 其無味(기무미)로 읽어 "도의 출구는 담담하여 그 맛이 없다."로 번역하기도 한다. 그런데 다음에 연결되는 어휘가 맛(味), 보다(視), 듣다(聽), 쓰다(用) 등 감각에 관련된 단어로 문맥이 연결되므로 道之出口(도지출구)에서 出口(출구)를 한 단어로 해석하기 보다 道(도)는 주어로, 之(지)는 주격조사, 出(출)은 동사로 해석하는 것이 바람직하다. 그리고 口(구)는 "입, 어귀, 인구, 입구, 구멍, 말하다, 입 밖에 내다" 등의 의미를 가지므로 道之出口(도지출구)는 "도는 입에서 나와 말이 되니"라고 번역하고, 淡乎其無味(담호기무미)는 "맛이 없어 담백하구나"라고 번역해도 좋을 것이다. 視之不足見(시지부족견), 聽之不足聞(청지부족문), 用之不足旣(용지부족기)에서 之(지)는 순접의 "而(이)", 旣(기)는 "이미, 원래, 이윽고, 다하다, 다 없어

지다, 끝나다," 등의 의미 중에서 "다 없어지다"라고 해석한다. 足(족)
은 "발, 가다, 족하다, (분수를)지키다, 이루다, ~하게 하다" 등의 의미
이나, 여기서 不足(부족)는 "잘 ~하지 않다, 혹은 ~하게 하지 않다"라
고 옮긴다.

◀》 풀이

큰 형상(大象)을 잡고 천하로 나아간다. 나아가도 방해가 없으니 안
정되고(安), 편안하고(平), 너그럽다(泰)고 하였다. 도의 시현으로 생긴
대상(大象)을 잡는다는 말은 道(도)를 시현을 시작한다는 말이다.

도는 무(無)와 유(有)를 통하여 시현되기 시작하는데, 무(無)와 유
(有)는 시간과 공간이다. 그러니 도를 잡고 천하로 나아간다는 말은
도(道)의 시현이 시작됨을 의미한다. 천하는 무극의 에너지에서 시간
과 공간이 생겨남을 시작으로 순서에 따라 순조롭게 도(道)의 길을
따라 이루어진다. 시간은 볼 수 없고, 공간은 빛과 시간으로 나타나
지만 모양(象)이 없으니 무상이고, 감각으로 알 수 없을 정도이니 대
상(大象)이다. 시간은 보이지 않으나 나아간다. 나아가는 움직임은 태
초 무극의 에너지가 시간을 만났기 때문이다. 공간을 이루는 빛은
에너지의 변형(충돌)으로 이 빛이 나아감은 시간의 지나감이요 움직
임이다. 움직임은 에너지와 시간을 기초로 한다. 만약 시간이 없다
면 움직임은 존재하지 않을 것이다. 공간은 빛과 시간으로 형성되니
유(有)요, 시간은 보이지 않는 에너지이니 무(無)이다. 유(有)인 공간이
없으면 무(無)인 시간이 없고 시간이 없으면 공간이 없다. 그러니 시
간과 에너지는 동거(同居)한다고 할 수 있고, 유무(有無)는 상생(相生)

한다는 것이다.

1장에서 유(有)는 만물의 어미(萬物之母)라 이름하고, 무(無)는 천지의 시작(天地之始)이라 이름하였다. 공간에는 무수한 가능태(可能態)들이 자리잡고 있다. 조건이 맞으면 언제든지 형상이 만들어져 나타날 수 있다. 태초에 빅뱅으로 만들어진 수소와 헬륨 등의 가스가 빛과 시간 에너지의 작용으로 유기물이 되고, 여기서 동·식물이 만들어지듯이 암흑에너지와 암흑물질로 가득한 우주라는 공간에는 앞으로 어떤 형태의 생명이 등장할지는 아무도 모른다. 어쨌든 과거에 그러했듯이 미래에도 그러할 것이다. 그러니 도의 작용은 무극의 에너지에서 출발한 것이다. 도는 빛이 만든 공간에서 시간과 동거하는 에너지로 시현된다. 질량을 가진 입자가 존재하는 공간인 유(有)와 움직임을 만드는 시간과 동거하는 에너지인 무(無)가 상호 작용하면 만물이 탄생한다는 말이 된다. 그럴 듯하다.

도가 시간으로 만들어진 공간인 대상(大象)을 잡고 다스리며(執) 천하로 나아가면 꺼릴 것이 없고 걸림이 없다. 빛이 나아가고 시간이 움직이는 데 무슨 걸림이 있겠는가? 조건에 따라서 형상이 만들어지는 데 무슨 걸림이 있겠는가? 모든 것을 안고 포용하는 데 무슨 걸림이 있겠는가? 큰 에너지와 큰 공간이 조건을 만들고, 시간이 작용하면 크고 작은 것이 만들어지며, 큰 것은 작은 것을 품고 포용하며 나아가니, 여기에 방해될 것이 없음은 당연하고, 그러니 안정되고 편안하며, 너그러울 수밖에 없다. 여기서 대상을 잡는다고 함은 "도가 큰 형상(공간)을 가진다. 혹은 도는 큰 형상(공간)을 다스린다"로 해석해도 좋다. "執(집)"은 "잡다, 가지다, 맡아 다스리다, 처리하다" 등의 의미를 가진다. 여기서 빛과 시간, 그리고 공간을 유와 무의 개념에 관련시킴은 과학적인 설명이 아니라 이해를 돕기 위한 것이다. 어차피 유와 무의 개념은 비과학적인 것이니 이해를 위하여 해석을 조금 추가한다고 달라지지 않을 것이다. 도덕경의 공부는 인문학이다. 인문학은 인간이란 존재와 그 가치의 표현에 관한 학문이다. 사실관계를 증명하여 설명하는 과학이 아니고 상상력이 동원되는 개념을 논리로 설명하는 학문이다. 그러니 도덕경 해석은 상상력을 펼치는 놀이터가 되어야 한다.

대부분의 해설서에서 대상(大象)이 도(道)라고 말한다. 그런데 "象(상)"은 "코끼리, 형상, 천상, 상징하다, 그리다" 등의 의미로 "실재"라 할 수 있다. 도를 상(象)으로 은유하려면, 그 쓰임새나 모양으로 비유하여야 한다. 예를 들면 하나(一), 순박(樸) 등이 그렇다. 도(道)를 상(象)으로 은유하려면 "코끼리처럼 크다"이다. 비유나 은유는 암시이지 같다는 것은 아니다. 그러니 "대상(大象)=도(道)"라고 함은 비약이다. 대상(大象)은 도가 아니고 해석하자면 도로써 생겨난 공간(空間)이다. 그래야 대상은 무형(無形)이라는 말이 맞다(41장).

음악과 음식은 나그네를 멈추게 하고(樂與餌 過客止), 도가 입에서 나와 말이 되니 담백하여 그것은 맛이 없고(道之出口, 淡乎其無味), 보아도 잘 보이지 않고(視之不足見), 들어도 잘 들리지 않으며(聽之不足聞), 사용해도 다하지 않는다(用之不足旣)라고 하였다. 그런데 왜 음악과 음식은 나그네를 멈추게 한다(樂與餌 過客止)라고 하였을까? 입을 통하여 느끼는 자극인 소리나 맛은 감각적이라 오가는 나그네를 유인하여 오게 하기도 하고 떠나게 하기도 하지만, 같은 입을 통해 말해지는 도는 초감각적이라 맛이 없고, 들리지 않고, 모자람이 없으니 대상을 오게 하거나 가게 하지 않음을 설명하고 있다.

도는 초감각적임은 이미 1장에서 언급하였다. 道可道 非常道(도가도 비상도, 말할 수 있는 도는 불변의 도가 아니다.)라고 하였다. 이를 여기서는 도가 입에서 나와 말해지면 담백(淡)하여 맛이 없다고 한다. 입에서 나와 말해진다는 것은 "말로 표현하면"의 뜻이고, 담백(淡)하여 맛(味)이 없다는 말은 "하고자 하는 욕심이 없고 깨끗하고 맑아 그 의도(意圖)가 없고 그 의미(意味)가 없다"는 뜻이다. 그 의도와 의미가 없다고 함은 도는 공허하여 말로써 표현되고 느낄 수 있는 것이 아닌데, 억지로 이름을 붙이고 말로 표현하는 것이니, 본래 도가 갖는 의미를 표현할 수 없다는 것이다. 그러므로 음악이나 음식처럼 감각할 수 있는 것이 아니고, 담백하여 맛이 없는 것이니 맛을 느낄 수 있는 것도 아니며, 보아도 보이지 않고, 들어도 들을 수 없으며, 잡아도 잡히지 않는 것이라 하였다.

도가 시현된 결과로 천하 만물은 존재하지만, 감각적으로 도가 사용되었음을 알 수 없으니 그냥 그 결과만을 인지하고 암묵적으로 사용되었다고 추정하는 것이다. 쓰임 또한 감각할 수 없으나 세상은 그대로 지속되니 다함이 없다고 한 것이다.

36장
비움으로 채움, 미명(微明)

將欲歙之, 必固張之, 將欲弱之, 必固强之, 將欲廢之, 必固興之, 將欲奪之, 必固與之, 是謂微明, 柔弱勝剛强, 魚不可脫於淵, 國之利器不可以示人.

    거두어들이려고 하면 반드시 먼저(固) 펴야 하고, 약하게 하려 하면 반드시 먼저 강하게 하며, 폐지하려고 하면 반드시 먼저 흥하게 하고, 빼앗고자 하면 반드시 먼저 주어라. 이것을 숨기는(微) 밝음(明)이라 한다. 유약함이 굳셈과 강함을 이긴다. 물고기가 연못에서 벗어남이 옳지(可) 않듯이, 국가는 탐하는(利) 도구(器)를 사람들(人)에게 보이는 것은 옳지(可) 않다.

📖 번역에 유의할 어휘

번역에서 유의할 어휘는 "將欲(장욕) ~, 必固(필고)~"이다. 將欲(장욕)은 "장차 ~하려고", 必固(필고)는 "반드시 먼저"라고 번역한다. 固(고)는 처음부터(初)의 뜻으로 여기서는 "먼저"라고 번역함이 좋다. 그리고 歙(흡)과 張(장)은 대립되는 말로 옮겨야 한다. 歙(흡)은 "들이쉬다, 줄어들다, 거두다, 맞다, 코 막히다, 기운을 거두다" 등의 의미이고, 張(장)은 "베풀다, 펴다(開), 어떤 일을 벌이다, 넓히다, 드러내다" 등의 의미인데, 두 단어가 대립되게 번역하려면 歙(흡)은 "거두다", 張(장)은 "펴다(開)"라고 옮긴다.

이 장에서 중요 단어인 微明(미명)은 "숨기는(微) 밝음(明)"이라 번역하였다. 이유는 22장에서 스스로 드러내지 않음을 밝음(不自見故明)이라 하고, 24장에서 스스로 드러내는 것을 밝지 않다(自見者不明)라고 하였기 때문이다. 밝음(明)은 드러내지 않는 즉, 숨기는 것이라 한 것이다. 그리고 마지막 부분에 "사람들(人)에게 보이는 것으로 옳지 않다(不可以示人)"라 하였기에 같은 맥락을 유지하기 위해서이다.

國之利器(국지이기) 不可以示人(불가이시인)은 문맥의 연결이 대단히 어렵다. 그러니 해설서마다 해석이 다르다. 可以(가이)는 "~에 적당하다, ~이 옳다, ~할 가치가 있다", 人(인)은 "남, 타인"이라 옮기면, "국가의 이로운 그릇은 남(人)에게 보이게 하는 것이 옳지 않다."라고 번역된다. 문맥을 좀더 원만하게 하기 위해 두 문장을 한 문장으로 붙여서 國之利器不可以示人(국지이기불가이시인)라고 읽으면, 之(지)를 주격조사로 利器(이기)를 목적어, 不可以示人(불가이시인)을 목적보어, 利(이)는 "이롭다, 유익하다, 편리하다, 탐(貪)하다" 중에서 "탐(貪)하다"라고 해석한다. 그러면 이 문장은 "국가는 탐하는 도구(利器)를 사람들(人)에게 보이는 것은 옳지 않다."라고 번역된다. 이 해석은 앞에서 "물고기가 연못에서 벗어남이 옳지 않다."라고 하여 사물은 존재할 곳과 당위가 있다고 한 것과 연결하면, 탐나는 도구는 있어야 할 곳에서 그 역할을 하게 해야지 이를 세상에 드러나게 하여 사람들에게 물욕을 자극하여 경쟁하게 할 필요가 없다는 의미이다. 이는 드러내지 않아야 할 것을 드러내는 것은 합당하지 않다는 말이다.

◀》 풀이

거두어들이려 하면 (將欲歙之) 반드시 먼저(固) 펴야 하고(必固張之), 약하게 하려 하면(將欲弱之) 반드시 먼저 강하게 하고(必固强之), 폐지하려고 하면(將欲廢之) 반드시 먼저 흥하게 하고(必固興之), 빼앗고자 하면(將欲奪之) 반드시 먼저 주어라(必固與之) 라고 하였다. 거둠과 펼침, 약과 강, 폐지와 흥함, 빼앗음과 줌 등은 서로 대립적인 개념을 짝으로 나열하고, 어느 한쪽을 선택하고 싶으면 그 반대쪽을 먼저 행하라고 한다. 이들 대립적인 두 개념은 반대임에도 서로 연결되어 있다. 높은 것을 보고 높다고 생각하는 데는 높음에 대한 상대적 개념인 낮음이 바탕이 되기 때문에 높다고 한다. 낮음과 비교되지 않은 높음은 없다. 이렇게 대립적인 두 개념은 서로 연결되어 상대적으로 서로를 정의하고 드러내 보인다. 마찬가지로 위에 열거한 개념들도 서로가 기준이 되어 서로를 정의해 주고, 존재를 확인해 준다. 그래서 어느 한쪽을 선택하기를 원한다면 다른 한쪽을 먼저 지향하여 그 바탕을 만들라는 것이다.

자연의 생명체는 근본적으로 종족의 보전과 생명을 유지하려는 본능을 가진다. 이 말은 개체는 이기적이고, 자기중심적이라는 뜻이고, 욕구를 추구한다는 말이다. 이기적으로 추구하는 욕구는 생리적 안전을 위한 자원의 소유, 심리적 안정을 위한 자유·편안·사랑의 확보, 자아실현을 위한 권력·재물·명예를 성취하고자 한다. 이들 욕구에 만족하고 여유가 있으면 나눔을 한다. 물론 여유라는 것도 상대적이라 이기적인 기준에 의한다. 그러므로 상대방으로부터 자연스럽게 무엇을 얻고자 할 경우에는 먼저 상대방이 욕구를 느끼기 전에 여유를 갖게 만들어 주는 것이 마땅한 절차라 할 수 있다. 여유를 갖게 만든다고 함은 물리적으로 여유를 만들어 주는 방법과 상대적 기준을 정하는데 도움이 되는 환경을 만들어 주는 방법이 있을 수 있다. 이 상대적 기준을 정함에 도움을 주는 방법이 바로 상대적 개념에 해당하는 행위를 먼저 시행하는 것이다.

펼쳤다가 거두어들이고, 약하게 했다가 강하게 하고, 주었다가 빼앗고, 그러면 결과는 제로섬(zero-sum)이 될 것이니 본래 의도를 충족할 수 없을 것이라고 생각할 수 있겠지만, 그렇지 않다. 이기심은 경쟁심과 경계심을 갖는다. 먼저 주고 펼치며 약하게 하면 경쟁심과 경계심이 사라진다. 경쟁심과 경계심이 사라지면 가치 기준이 변한다. 그리고 대상을 언제든지 얻을 수 있다고 생각한다. 언제든 얻을 수 있다고 생각하면 여유가 생기고 여유가 생기니 많은 양을 확보할 이유가 없어져서 본래 10개를 갖기를 원했더라도 그 기준이 줄어든다. 그리고 인간이 기본적으로 갖추고 있는 정(情)이 작동하여 인정을 베풀려고 한다. 인정을 베풀면 상대방으로부터 인정을 받게 되어 자신의 가치가 올라간다고 생각한다. 이런 심리적 작용으로 주거니 받거니 하게 하니, 게임적인 상황은 제로섬에서 벗어나 본래 의도한 바를 얻을 수 있게 된다. 결과로 인간은 자립적인 개인성에서 사회성을 확보케 되어 공존의 질서 속으로 나아가게 된다.

이렇게 먼저 펼침을 베풀고, 먼저 주며, 강약을 조절하고, 폐함과 일어남을 조절하는 것을 정교한 밝음 혹은 숨기는 밝음 즉, 미명(微明)이라 하였다. 미명(微明)을 숨기는 밝음이라 하였음은 의도를 숨기고 상반되는 것을 먼저 행하라고 하였기에 사용한 어휘이다. 그리고 숨기는 밝음이라 한 것은 22장에서 "스스로를 드러내지 않은 고로 밝다(不自見故明)"라고 하였음을 고려한 것이다. 이런 점에서 보면 미명(微明)은 "드러내지 않는 밝음"이라고도 할 수 있을 것이다.

앞 27장에서 습명(襲明)을 조화로운 밝음이라 설명하였다. 습명은 잘·잘못이나 유·무의 차이를 동조하게 하여, 같은 것이라 생각하고 받아들이는 것이라 하였다. 차이를 느끼지 못하고 없는 것처럼 만든다는 것은 공존의 조건으로 만든다는 뜻이다. 明(명)자는 "밝다, 나타나다, 명료하다"라는 뜻을 가진 글자이다. 밝음(明)은 빛으로 사물의 실체를 나타나게 한다. "襲明(습명)"에서의 밝음도 사물의 실체를 본성이란 밝음의 틀로 밝혀 차이를 공존의 조건에 맞게 수용 가능한 차이로 만들라는 것이다. 조화로운 밝음 즉, 襲明(습명)은 대립된 개념의 차이를 공존이란 틀로 하나로 묶음으로써 차이를 극복하게 하는 것이다. 이와 유사하게 미명(微明)은 얻고자 하는 바를 드러나지 않게 숨기고 대상이 필요로 하는 바를 먼저 베풀면 얻고자 하는 바를 되돌려 받게 되어 저절로 채워지게 되는 것, 즉 이룸에 대한 의도를 드러내지 않음으로써 차이를 극복하게 하는 것이다. 베풂으로 주체를 비워서 줄이면 대상과 차이는 커지고, 비움의 정도가 커지면 흡입에너지도 증가하여 자연히 비움의 공간은 채워진다는 것이다. 심호흡을 할 때, 날숨으로 내뱉는 공기의 양이 많으면 들숨으로 들이켜는 공기의 양도 많아지는 것과 유사하다. 즉, 펼침과 거둠, 약함과 강함, 폐함과 흥함, 빼앗음과 줌 등의 대립된 개념을 하나의 축으로 연결하여 오고 가게 함으로써 경계를 허물어 변화로 연결한다. 경계가 허물어지니 같이 동조하게 되어 하나로 연결되어 작동할 수 있다. 함께 사용할 수 있다. 들숨과 날숨이 하나의 호흡기를 이용하는 것과 같다. 이렇게 연결하고 통합하여 생각하는 통찰력을 밝음이라 한 것이다. 이 밝음이 襲明(습명)이고, 미명(微明)이다. 습명(襲明)은 차이를 없는 듯이 만드는 조화로운 다스림이고, 미명(微明)은 차이를 증폭시킨 후 회복시키는 다스림이다. 관계에서 어려움이 있는 경우, 먼저 베풀어 끈을 회복하고, 서로가 무장해제 하여 경계가 허물어 지면, 시너지 효과를 볼 수 있을 것이니 각박하게 현대를 사는 사람들에게 지침이 될 수 있는 말이 미명(微明)이다. 시스템 사고의 견지에서 보면 시스템 통합이다. 어지러운 세상을 사는 지혜이기도 하다.

그런데 이 지혜는 좋게 말하면 관계의 회복이나 나쁘게 말하면 종속이 될 수 있다. 관계는 회복하여 상부상조하지만 종속이 되지 않으려면 자존의 영역이 필요하다. 이 자존을 위한 방책이 자기 고유성과 정체성의 확립이다. 이것이 자기만의 이기(利器)이다. 시스템은 기능과 구조에서 상호 의존하지만, 개체의 독립성은 유지한다. 노자가 말하는 미명(微明)도 같은 의미이다. 아주 성격이 다른 이웃이 있어도 그 이웃의 특성을 잘 이해하고 상대방의 어려움을 나의 사랑으로 채워주고, 나의 부족함이나 어려움을 이웃에게서 보완하고 보충하는 지혜를 정교한 밝음 혹은 숨기는 밝음 즉, 미명(微明)이라고 하였다. 하지만 분명한 것은 자존을 위한 자신의 독립성과 정체성을 확고히 하여 자신의 기능을 지키고 발전시켜야 전체도 살고 자신도 사는 방법이라는 점이다. 이것이 시스템이 갖는 독립성과 상호 의존성이란 상반된 특성이다.

유약함이 굳셈과 강함을 이긴다(柔弱勝剛强)고 하였다. 부드러움(柔)과 약(弱)함이 굳셈(剛)과 강(强)함을 이긴다고 함은 경계의 문제이다. 유약함은 경계가 약하다는 것이고 굳셈과 강함은 경계가 단단하다는 것이다. 경계가 약함은 다른 것을 수용하기 쉽고 수렴적이며 방어적이라는 것이고, 경계가 강함은 다름을 수용하기 어렵고 발산적이며 공격적이라는 것이다. 수용함은 개방적이란 뜻으로 통합이 쉽다고 할 수 있다. 위에서 말한 미명(微明)에 도달하기 쉽다는 말이다. 약하고 부드러워져서 강함을 포위하고 허물허물 하게 만들면 부드럽고 약한 것이 강한 것을 이기게 된다. 고온의 쇳물이 강철을 녹이는 것과 같다. 부드럽고 약함으로 강함을 녹이는 것은 통합이다. 이는 늘 그러한(常) 이치이다. 이 이치를 아는 것을 16장에서 밝음(明) 이라 하였다.

부드러움으로 강함을 다스리고 방어로서 공격을 다스리며, 어두움을 밝음으로 다스리는 것 등을 이긴다고 표현한 것이다. 하지만 의존적이고 종속적으로 되어 자신을 상실할 수도 있으니, 이는 본래의 본성에도 벗어나는 것이다. 전쟁에서 승리는 두 나라가 한 나라로 통합됨을 말한다. 이런 통합은 종속이 될 수도 있고, 새로운 목적으로 나아가는 상부상조도 될 수 있다. 종속은 자존을 잃는 것이고, 상부상조는 독립성을 유지하는 것이다. 종속시킴에는 침해·억압을 추구하나, 상부상조에는 평화·사랑·번영 등을 추구한다. 미명(微明)은 자립성을 잃지 않고 상부상조하여 상호 번영을 추구하는 지혜를 말한다.

물고기가 연못에서 벗어남이 옳지 않듯이(魚不可脫於淵) 국가는 탐하는 도구를 사람들에게 보이는 것은 옳지 않다(國之利器不可以示人)라고 하였다. 이 부분은 문맥이 약간 껄끄럽지만 이미 3장에서 "백성들에게 욕심낼 만한 것을 드러내 보이지 않으면 백성은 마음이 어지럽지 않게 된다(不見可欲 使民心不亂)."라는 내용과 유사하다. 그리고 10장에서 이루되 자랑하지 않는다(爲而不恃), 22장에서 드러내지 않으면 밝다, 24장에서 드러내면 밝지 못하다고 한 내용과 연결된다.

물고기는 연못에서 자신을 드러내지 않고 산다. 만약 물고기가 자신을 드러내면 생명을 유지할 수 없다. 물고기가 태어나고 삶을 영위할 곳은 연못이고, 물고기가 물에 사는 것이 물고기의 본성이며 이 본성을 지키는 것이 물고기의 정체성이다. 물고기가 연못의 생태계에서 벗어나 사람과 같이 살자고 하면 이는 옳은 것이 아니다. 사물은 그 사물이 있어야 할 곳이 있고, 마땅히 해야 할 직분이 있다. 이것이 그 사물의 본성이고 지향성이다.

이기심이 일어나기 쉬운 물건이 보석이고, 소유하기를 원하는 것이 권력, 재물, 명예 등이다. 모든 사람들이 소유하기를 원하고 탐하는 사물은 경쟁과 다툼의 원인이 되므로 가능하면 이들이 가치를 드러내지 않게 하는 것이 바람직하다. 즉, 가치를 부여하지 않으면 누구도 이들을 탐하지 않게 될 것이고, 다툼도 일어나지 않을 것이다. 명예나 권력, 재물이 탐하는 가치가 아니고 다른 사물과 같이 그냥 그대로 하나의 기능을 가진 사물로서 존재하게 하는 것이 주변의 조건에 기여할 수 있는 것이고, 본성에 충실하게 하는 것이다. 이런 점에서 노자는 국가는 여러 사람들이 탐하는 도구를 사람들에게 드러내 보여주는 것이 옳지 않다고 한 것이다. 3장에서는 현자도 떠받들지 않으면 백성이 다투지 않는다고 한 것과 유사하다. 이와 같이 여러 사람이 탐하는 도구는 탐하지 않게 하라는 것이다. 그래야 모든 백성이 이를 공평하고 유용하게 쓸 수 있게 된다.

이처럼 드러내지 않게 하면 사물들의 균형을 유지하고, 균형을 유지하면 여유를 찾고, 여유가 있으면 나눌 수 있고, 나눌 수 있으면 공평하게 되고, 공평하게 되니 가치도 공평해진다는 사고 방식은 대상의 본성을 알고 본성에 맞게 기능하게 하는 것이다. 이렇게 함으로써 백성은 대상을 과도하게 추구하지 않게 되어 경쟁과 다툼은 사라지고 각자 자신의 위치에서 직분에 충실하게 된다.

37장
무위와 순박함

道常無爲而無不爲, 侯王若能守之, 萬物將自化, 化而欲作, 吾將鎭之
以無名之樸, 無名之樸, 亦將無欲, 不欲以靜, 天下將自定.

도는 항상 이루려 함이 없으나 이루지 못함도 없다. 후왕이 능히
도를 지키면 만물이 스스로 교화되어 따르게 될 것이다. 교화되어
따르지만 욕심이 일어나면, 나는 장차 무명(無名)의 순박함으로 그것
을 진정시킬 것이다. 무명의 순박함은 또한 욕심을 없앨 것이다. 욕
심내지 않아 고요하게 되면 천하가 스스로 안정될 것이다.

🐌 번역에 유의할 어휘

번역에서 유의할 어휘는 萬物將自化(만물장자화)에서 將(장)과 化(화)이다. 將(장)은 미래를 표현한 것으로 "~할 것이다"라고 번역한다. 이 문장은 32장 "후왕이 능히 그것(道)을 지킬 수 있다면 만물이 장차 스스로 따른다(侯王若能守之, 萬物將自賓)"와 유사하다. 自化(자화)의 化(화)는 "되다, 교화하다, 조화하다, 따르다, 변천하다, 변화, 조화" 등의 의미 중에서 "교화되어 따르다"라고 양의적으로 옮긴다. 그러면 萬物將自化(만물장자화)는 "만물이 스스로 교화되어 따르게 될 것이다"라고 번역된다.

그리고 不欲以靜(불욕이정)에서 以(이)를 사역으로 해석하면, 이 문장은 "욕심내지 않아 고요하게 되면"라고 번역한다.

🔊 풀이

도는 항상 이루려 함이 없으나 이루지 못함도 없다(道常無爲而無不爲) 라고 하였다. 도(道)란 만물의 존재(存在)와 행위의 근거 혹은 이유이다. 컴퓨터의 운영체계(operating system)와 같이 만물을 시작하게 하고 작동하게 한다. 그러하니 도는 우주가 운행하는 이치(理致)요, 자연의 이치이며, 인간의 생과 삶의 이치이다. 이 이치는 사물이나 현상을 존재하게 하는 불변의 법칙이고, 사물에 부여된 천부의 본성이다. 우주의 탄생과 더불어 시작된 만물의 등장과 사라짐은 과거에 그러했듯이 미래에도 계속하여 그러할 것이다. 누가 혹은 무엇이 어떻게 작용했는지 알 수 없으나, 현상은 존재하고 작동하고 있다. 우주의 운행도 그러하고, 자연도 그러하며, 인간과 동식물들도 모두 그러하게 왔다가 가는 것을 반복하고 있다. 단지 내용은 조금씩 다르지만 큰 맥락에서 보면 같다. 이렇게 사물의 존재와 당위에는 상호 의존적인 이치가 작용하고 있으니 도가 작동한 것이다. 그런데 이를 감각하지 못하니 작용을 하는지 않는지 알 수가 없고, 이루려고 함이 있으면 변화와 치우침이 있을 텐데 그러하지 않으니 이루려고 하지 않는다고 한 것이다.

군왕이 능히 도를 지킨다면 만물이 스스로 교화되어 따르게 될 것이다(侯王若能守之, 萬物將自化)라고 하였다. 군왕은 성인과 달리 정치를 하는 지도자이다. 정치를 한다고 함은 권력, 명예 등 많은 것을 소유하고 있음을 뜻한다. 이런 권력자가 도를 지킨다고 하는 것은 소유의 욕망에서 벗어나 무엇을 이루려는 하지 않으며, 드러나지 않게 백성이 스스로 본성을 회복하게 하여 자신의 자질을 십분 발휘할 수 있게 한다는 것이다. 드러나지 않게 백성을 잘 살게 하고 태평한 삶을 누리게 하는 정치를 한다는 것이다. 그렇게 하면 만물이 스스로 교화되어 따르게 된다고 하였다. 교화되어 따른다고 함은 환경의 요구에 잘 대응하여 부작용이 없이 조화하고, 자신이 하고자 하는 바를 이룬다는 뜻이다. 이 말은 만물이 본성에 따라 운행되고 생장과 성쇠를 한다는 의미이다.

교화되어 따르다가 욕심이 일어나면 나는 무명의 순박함으로 그것을 진정시킬 것이다(化而欲作, 吾將鎭之以無名之樸)라고 하였다. 모든 사물은 자신이 가진 지향성을 주변 대상들의 지향성을 조건으로 하여 추구한다. 이것이 조화롭게 이루어질 때 공존의 본성이 지켜지는 것이고 덕(德)이 행해지는 것이다. 덕이 행하여 짐은 곧 도(道)를 따른다는 것이다.

환경에 적응하고 하고자 하는 바를 이루면 욕심이 일어나게 된다. 인간은 생명의 유지를 위한 본능적 지향성과 지적인 지향성을 지닌다. 본능적 지향성은 생리적 현상을 지배하는 자연적 지향성이고, 지적인 지향성은 능동적으로 추구하는 방향성을 가진 자기조직적인 기능이다. 이 지적인 지향성은 공존의 본성을 추구하는 자연적 지향과 이기적이고 의도적인 분별적 지향성으로 구분할 수 있다.

지향성은 무엇을 하고자 하는 자기 조직적인 욕구이다. 이 욕구는 결핍에 의한 필요이다. 이 결핍에 대한 욕구가 어떤 대상을 소유하고 이루려 하면 욕망이 되고, 이 대상을 분수에 넘치게 탐내거나 누리고자 하면 욕심이 된다. 하지만 여기서 욕심이라 함은 욕구, 욕망, 욕심을 모두 망라한 포괄적인 개념이다. 이런 욕심이 일어나는 것은 이미 언급한 바와 같이 인간은 지향하는 바를 추구하는 동물이기 때문이다.

교화되어 따르다가 욕심이 일어난다고 함은 도에 따라 무위로 행하다가 자연적으로 이기적인 분별적 지향성이 나타난다는 것이다. 이는 인간에게는 신체적 정신적 편안함과 감정적 안정과 안전을 향한 지향성이 내재되어 있기 때문이다. 의식주의 생활이 편안하면, 마음에 여유가 생기고, 여유는 외부와 비교함으로써 경쟁심과 소유욕(권력욕, 소유욕, 명예욕 등)을 부추기게 된다. 경쟁심과 소유욕의 근저에는 항상 비교와 부족감, 열등감이 도사리고 있다. 호·불호, 쾌·불쾌, 편·불편 등의 차이를 느끼면 경쟁심과 소유욕이 발동하게 될 것이나, 이 차이가 일어나지 않게 하거나, 차이가 일어나더라도 차이가 아님을 깨달으면 욕망에서 벗어나 자유와 여유를 찾을 수 있다. 차이가 일어나지 않게 하는 것을 미명(微明)이라 하였고, 차이가 일어나도 이를 없는 듯이 인식하여 차이가 아니게 하는 것을 습명(襲明)이라고 하였었다. 차이는 상대적이다. 상대적이란 상대가 무엇인가에 따라 다르다는 것이다. 차이가 있으면 차이 나는 대상을 바꾸면 된다. 소유물의 비교에서 차이가 있으면, 많은 것을 줄이든지, 아니면 적은 것을 많게 하면 같아진다. 같아지면 차이가 극복된다. 같아지게 하는 것 이것이 습명(襲明)이다.

좋다, 편하다, 즐겁다 등은 인간이 평가하고 붙인 느낌이고 가치이며, 이름(名)이다. 주변을 느낌이나 가치로 보지 않고 있는 그대로를 보면 차이는 극복된다. 이 호·불호, 쾌·불쾌, 편·불편 등의 평가 이전의 상태, "있는 그대로 보는 것"을 무명(無名)이라 한다. 있는 그대로라는 것은 사람이 이름을 정하고 가치를 부여하기 전의 상태를 말한다. 황금도 황색의 돌에 불가하고, 부유함과 가난함도 서로 다른 삶의 방식이며, 명예와 굴욕도 모두 사람의 욕심과 그 욕심을 기준으로 정한 평가이고 인식에 불가할 따름이며, 다를 뿐이지 결코 좋고 나쁨이 아니다.

상대성은 이렇게 무명(無名)의 상태로 복귀하여 인식을 바꾸면 극복 가능하다. 괴로울 때 병원 중환자실에 가보면 자신의 괴로움은 사치라는 생각이 든다. 비교의 대상을 바꾸었기 때문이다. 간단하게 대상을 바꿀 수 있고, 간단하게 대상을 바꾸면 부자나 권력자도 될 수 있다. 금은 보화를 가치로 평가하지 말고 있는 그대로 물건으로 보면 해결된다.

노자는 이런 것을 순박함으로 욕심을 없앤다고 하였다. 순박함은 꾸밈이 없어 때묻지 않고 정이 많으며, 착하고, 무위(無爲)로 생활하는 것을 말한다. 순박하여 때묻지 않고 순수하다는 것은 세속의 재화나 권력 등을 가치로 보지 않고, 있는 그대로를 본다는 것이다. 황금을 보기를 돌같이 하니 황금도 돌과 다르지 않게 되는 것이다. 가치를 느끼지 못하니 당연히 차이를 느끼지 못한다는 것이다. 대상의 평가가치를 바꾼 것이다. 이름을 붙이자면 순박한 밝음 즉, 박명(樸明)이다. 밝혀 드러난 것을 있는 그대로 수용하는 태도이다. 이를 노자는 이름없는 순박함 역시 욕심을 없앨 것이다(無名之樸, 亦將無欲)라고 하였다.

욕심내지 않고 작위 하지 않으면 천하는 고요해지고 스스로 안정될 것이다(不欲以靜, 天下將自定)라고 하였다. 만물이 더 좋은 것을 욕심내지 않고 고요하며, 본성으로 돌아가 자신이 당연히 해야 할 바에 따르면, 어떤 것도 더함과 덜함이 없을 것이며, 천하는 도에 따라 스스로 편안하게 안정될 것이다.

이 장은 도경(道經)의 마지막 장이다. 노자는 이 장으로 도경을 마무리 하면서 무위(無爲)를 강조하고 있다. 무위는 이루려는 욕심이 없음을 말하고, 만약 욕심이 일어나면 순박함으로 이를 극복하라고 한다. 순박함은 호·불호, 쾌·불쾌, 편·불편의 가치로 보지 않고 있는 그대로를 본다는 것이다. 제시된 방향은 두 가지이다. 하나는 무위로 행하라는 것이고, 다른 하나는 순박함으로 극복하라는 것이다. 무위로 행하라고 함은 시간에 맡기면 스스로 해결되어 간다는 의미이다. 그런데 세상사는 조건에 따라 스스로 그러하게 시간에 맡길 수만은 없을 테니 작용을 하더라도, 있는 그대로, 욕심 없이, 공생 공존의 본성에 따라서 행하라는 것이다. 있는 그대로, 욕심 없이, 공생 공존의 본성에 따라 행하면 현재의 균형에 영향을 미치지 않으므로 자연의 균형상태는 그대로 유지된다는 의미이다. 그러니 천하는 스스로 안정된다는 것이다.

2편

덕경

38장
덕·인·의·예(德·仁·義·禮)와 무위·당위의 계층

上德不德, 是以有德, 下德不失德, 是以無德, 上德無爲而無以爲, 下德
爲之而有以爲, 上仁爲之而無以爲, 上義爲之而有以爲, 上禮爲之而莫
之應, 則攘臂而扔之, 故失道而後德, 失德而後仁, 失仁而後義, 失義而
後禮, 夫禮者, 忠信之薄, 而亂之首, 前識者道之華, 而愚之始, 是以大
丈夫處其厚, 不居其薄, 處其實, 不居其華, 故去彼取此.

　높은 덕은 덕을 베풀려고 하지 않으니 덕이 있다. 낮은 덕은 덕을
잃지 않으려 하니 덕이 없다. 높은 덕은 행하고자 함이 없고 행할 까
닭도 없으며, 낮은 덕은 그것을 행하고자 하고 행할 까닭도 있다. 높
은 어짊이 그것을 행하고자 하지만 행할 까닭이 없으며, 높은 의로
움은 그것을 행하고자 하고 행할 까닭도 있다. 높은 예(上禮)는 예를
행하고자 하고 그것에 응하지 않으면 팔을 걷어 올리고 그를 (예를 행
하게) 끌어당긴다. 그러므로(도덕규범에는 계층이 있으니) 도(道)를 잃어
버리면 덕(德)이 뒤따르고, 덕을 잃어버리면 어짊(仁)이 뒤따르며, 어
짊을 잃어버리면 의로움(義)이 뒤따르고, 의로움을 잃어버리면 예(禮)
가 뒤따르니, 무릇 예는 정성(忠)과 믿음(信)이 얕음이고, 어지러움의

시작이다(首). 상기(前) 내용(識)은 도가 쪼개져서 화려한(華) 것 같지만 어리석음의 시작이다. 그러므로(어리석지 않으려면) 대장부는 마땅히(其) 너그러움에 처하고, 마땅히 야박하게 살지 않는다. 마땅히 본질(實)에 머물고(處), 마땅히 화려하게 살지 않는다. 그런고로 그것을 버리고 이것을 취한다.

🐾 번역에 유의할 어휘

이 장의 해석에서 유의해야 할 부분은 "上德不德, 是以有德(상덕부덕, 시이유덕), 下德不失德, 是以無德(하덕불실덕, 시이무덕)"이다. 직역하면 "높은 덕은 덕이 아니므로 덕이 있다. 낮은 덕은 덕을 잃지 않으니 그래서 덕이 없다."이다. 이해하기 어렵다. 이해를 돕는 것은 다음 문장 "높은 덕은 행하고자 함이 없고 행할 까닭도 없다(上德無爲而無以爲)"이다. 높은 덕은 행할 의도와 이유도 없다고 함은 베푼다는 의도가 없다는 의미이다. 그러니 上德不德(상덕부덕)에서 不德(부덕)의 德(덕)은 "덕을 베풀다"라고 해석해야 한다. 그러면 "높은 덕은 덕을 베풀려고 하는 것이 아니다"라고 번역된다.

下德不失德(하덕불실덕)은 다음에 "낮은 덕은 그것을 행하고자 하고 행할 까닭이 있다(下德爲之而有以爲)"라고 설명하였으니 이 문장은 "낮은 덕은 덕을 잊지 않으려 한다"라고 번역한다.

上德無爲而無以爲(상덕무위이무이위)에서 無爲(무위)는 "작위 함이 없다 혹은 행하고자 함이 없다."로 번역하고, 無以爲(무이위)는 "할 까닭(以)이 없다."로 번역하며, 而(이)는 순접으로 번역한다. 그러면 "높은 덕은 행하고자 함이 없고 할 까닭도 없다."라고 번역된다. 下德爲之

而有以爲(하덕위이유이위)에서 之(지)는 지시대명사로 앞의 德(덕)을 지칭하고, 爲之(위지)는 "그것을 행하고자 한다 혹은 그것을 작위 한다."로 번역하며, 有以爲(유이위)는 "할 까닭이 있다."로 번역하고, 而(이)는 순접으로 번역한다. 다음에 연결된 上仁爲之而有以爲(상인위지이유이위)에서 之(지)는 앞의 仁(인)을 지칭하고, 그 다음의 上義爲之而有以爲(상의위지이유이위) 上禮爲之而莫之應(상예위지이막지응)에서의 之(지)는 義(의)와 禮(예)를 지칭한다.

앞에서 "행하고자 함이 없다 혹은 작위 함이 없다."로 번역한 無爲(무위)는 다음 구절의 "그것을 행하고자 한다 혹은 그것을 작위 한다."라고 번역한 爲之(위지)와 대립된 개념이다. 여기서 無爲(무위)와 爲之(위지)의 차이는 행하려는 의도의 유무(有無)이다.

그리고 "행할 까닭(以)이 없다."라고 번역한 無以爲(무이위)와 "행할 까닭(以)이 있다."라고 번역한 有以爲(유이위)의 차이는 "까닭 혹은 이유가 있고 없음"이다. 까닭이 있음은 해야만 하고, 당연히 해야 하는 것을 말하는 당위성을 의미한다. 당위성은 당연히 해야 하는 규범성을 내재하고 있음에 유의해야 한다. 대부분의 해설서가 無以爲(무이위)를 "작위가 없다. 혹은 함이 없다.", 有以爲(유이위)를 "작위가 있다. 혹은 함이 있다."라고 번역하는데 이는 잘못된 것이다.

則攘臂而扔之(즉양비이잉지)에서 攘(양)은 "걷어 올리다", 臂(비)는 "팔, 팔뚝", 扔(잉)은 "당기다, 끌어당기다", 之(지)는 "그를" 지칭한다. 大丈夫處其厚(대장부처기후)에서 其(기)는 "그, 그것, 만약, 어찌, 장차, 이미, 마땅히, 이에, 기약하다" 등 다양한 의미가 있으나, 여기서는 "마땅히"라고 번역하고 아래 문장에서도 "마땅히"라고 번역하였다.

處其實(처기실)에서 實(실)은 "열매, 내용, 바탕, 본질, 참됨, 굳다, 참으로" 등의 의미 중에서 "바탕, 본질"이라 해석한다.

　故失道而後德(고실도이후덕)에서 失(실)은 "잃다, 잃어버리다, 빠뜨리다, 틀어지다, 떠나다, 잘못하다, 놓다(일)" 등의 의미 중에서 "잃어버리다"라고 옮기고, 後(후)는 "뒤, 곁, 딸림, 아랫사람, 뒤떨어지다, 뒤지다, 뒤서다, 늦다, 뒤로 하다" 등의 의미 중에서 "뒤따르다"라고 옮긴다. 이렇게 번역함은 사물을 생겨나게 한 도가 떠나버리는 것이 아니고, 도는 자신의 일부를 분화시켜 덕으로 대상을 양육시키니, 도의 대상인 사물이 도를 잃게 되더라도 덕이 도의 지향성을 이어받아 작용한다는 의미로 해석하여 덕이 뒤따른다고 번역한 것이다. 이 문장에서 주어는 사물이다. 즉 사물인 개체가 도를 잃어버린다는 말이다.

　"前識者道之華(전식자도지화), 而愚之始(이우지시)"에서 前識(전지)는 "앞의 기록", 者(자)는 "놈, 사람, 것, 곳, 무리, ~면접속사), ~와 같다" 등의 의미 중에서 "~와 같다", 華(화)는 "빛나자, 화려하다, 쪼개지다(破也)"인데 이를 "갈라져 혹은 쪼개져 화려하다"라고 옮기면, 이문장은 "상기 기록(내용)은 도가 갈라져 화려한 것 같아 보이지만, 어리석음의 시작이다"라고 번역된다. 여기서 상기 내용은 "도→덕→인→의→예의 순서로 파생되어 이어지니 이는 정성과 믿음이 얇아 어지러움이 시작됨"이라 할 수 있다. 그러면 이문장은 "상기 내용은 정성과 믿음이 얇아 도가 쪼개져서 화려한(華) 것 같지만, 어리석음의 시작이다."라고 번역된다. 이 부분에서 대부분의 해설서가 前識者道之華(전지자도지화)를 前識者(전지자) 道之華(도지화)로 분리하고, 前識

者(전지자)를 "미리 안다"라고 번역하고 있는데 문맥의 연결이 부드
럽지 않다.

故去彼取此(고거피취차)에서 彼(피)는 "저, 그, 저쪽, 덮다, 아니다"의
의미 중에서 "저것"이라 해석한다. 즉, 不居其薄(불거기박)와 不居其華
(불거기화)의 不(아니다)로 연결된 薄(박)과 華(화)를 지칭한다. 그리고
此(차)는 순서에 따라 厚(후)와 實(실)을 지칭한다. 그리하여 "야박함
(薄)과 화려함(華)을 버리고, 너그러움(厚)과 본질(實)을 취한다"라고
해석한다.

◀” 풀이

먼저 도와 덕에 대한 설명이 필요한 것 같다. 도는 만물의 존재와
행위의 법칙이고 근거이며 이유이다. 도가 Software라면, 덕은 존재
하는 만물이 그 본성을 현상에 작용하여 시현하는 것이니 행함
(doing)이다. 도가 존재론적 진리이고 순리이면, 덕은 도의 작용적 측
면으로써 사물의 본성이 시현되어 나타나게 한다. 덕은 도가 개별적
으로 주체에 시현되는 것이고, 주체가 본성에 따라 당위를 행하는
것이다. 본성에 따라 당위를 행하니 대상의 지향성에 기여한다. 이
기여가 베풂이다.

도는 의도가 없이 행하는 것(無爲)이라면, 덕도 원래는 의도가 없는
(無爲) 것이고 비규범적이나, 덕이 대상의 지향성에 기여하니 기여하
려는 의도가 작용하기 쉽다. 그래서 현실에 시현되어 나타나는 결과
는 의도의 유무에 따라 상하(上下)로 나눌 수 있다. 상덕(上德)은 행함
에 의도가 없고 비규범적인 반면, 사람이 의도적으로 행하는 하덕(下

德)은 작위적이고 규범적일 수 있다.

　도를 시현하여 본성이 나타나게 하는 덕(德)은 도를 실체화하는 기능을 행한다. 이는 어떤 사물이 그 존재 이유나 당위를 본성으로 갖고 생겨나 마땅히 행할 바를 행하게 한다는 뜻이며, 그 본성에 부합하게 존재한다는 의미이다. 그러니 덕은 대상에 본성을 나타내게 작용함을 말하고, 이 작용은 공존의 질서에 도움이 되는 것이니, 베푼다는 의미를 포함하고 있다. 베푼다는 의미는 가진 것이나 알고 있는 것을 대상에 도움이 되게 기여한다는 것이며, 혜택·복·은혜·가르침 등을 주는 것을 말한다. 그러니 덕은 사물이 갖는 본성이고, 대상의 지향성을 포용하고 그 지향성이 시현될 수 있게 돕는 마음이나 품성이라 정의될 수 있다. 덕은 만물이 모두 가질 수 있는 것이나, 자연에서 생활하는 만물은 이미 자연성으로 생활하기에 이를 덕이라 지칭하지 않고, 지능을 가진 사람의 사회생활에서 주로 지칭한다. 그러니 사람의 품성을 말하는 것이다.

　자원(字源)에서 德(덕)자는 사람의 "행실이 바르다"는 뜻을 위해 만든 글자라고 한다. 그래서 곧을 직(直)자는 곧게 바라보는 눈빛을 그린 것이고, 心(심)자는 "곧은 마음가짐"이라는 뜻을 표현하고 있다. 여기에 길을 뜻하는 彳(척)자가 있으니 德(덕)자는 "곧은 마음으로 길을 걷는 사는 사람"이라는 뜻으로 해석된다. 여기서 말하는 "길"이란 우리의 "삶"이나 "인생"을 비유한 것이다. 그러니 德(덕)자는 곧은 마음가짐을 가지고 사는 사람이라는 뜻으로 해석될 수 있다.

　"높은 덕은 덕을 베풀려고 하지 않음으로 덕이 있다(上德不德, 是以有德)"라고 하였다. 상덕(上德)은 덕을 베풀려 하지도 않고 행해짐도

　　　　　　　　　　　　　　　　　　　　　　　　2편 德經

모르며 덕이라 생각하지 않는 덕이다. 이는 도(道)를 도라고 할 수 있으면 완전한 도가 아니라고 하듯이 덕(德)도 덕이라고 할 수 있으면 완전한 덕이 아님을 말하는 것과 같은 논리이다. 그래서 높은 덕은 베풀려고 하는 의도적인 것이 아니니, 베푸는 자신도 덕인지 모른다. 그래야 비로소 덕이 있다고 한다는 것이다. 이는 덕을 지닌 사람은 스스로 덕이 있다고 생각하지 않고 행하므로 저절로 덕이 있게 되는 것이다.

낮은 덕(下德)은 덕을 잃지 않으려 함으로 덕이 없다(下德不失德, 是以無德)고 하였다. 하덕(下德)은 덕을 귀한 것으로 여기고 자신이 덕이 있다는 생각과 품위를 지키려고 의도적으로 행하는 덕이니 덕에 대한 집착을 가진 베풂이다. 이런 집착은 이루고 싶은 욕망이고 성과를 이루고 싶은 마음가짐이다. 그러니 본성에서 벗어나게 되고, 결과로는 덕이 아니라 자랑이 되니 덕이 없다고 한다.

높은 덕은 행하고자 함이 없고 행할 까닭이 없다(上德無爲而無以爲). 낮은 덕은 그것을 행하고자 하고 행할 까닭도 있다(下德爲之而有以爲). 높은 덕은 하고자 하는 의도가 없이 행하고 행해야 할 당위성도 없다. 반면, 낮은 덕은 의도를 가지고 행하고 행해야 할 당위성도 있다. 이 둘의 차이는 전자는 이루려는 작위성이 없고 규범성도 없으며, 후자는 이루려는 작위성이 있고 규범성도 있다. 즉 작위(作爲, 의식적 행위) 여부의 차이이고, 이루려는 의도가 없고 있음의 차이이며 당연히 해야 하는 규범성에서 다르다. 무엇을 하고자 하는 의도가 있으면 자신을 위한 것이 되니, 공존을 위한 본성으로 행함이 아니다. 모두가 의도적으로 행하면 비교를 하게 되고 경쟁하게 되어 결과는 어지러운 세상이 된다.

　높은 어짊이 그것을 행하고자 하지만 행할 까닭이 없으며(上仁爲之而無以爲), 높은 의로움은 그것을 행하고자 하고 행할 까닭도 있다(上義爲之而有以爲). 앞에서 도(道)와 상덕(上德)은 무작위(無作爲)로 행하고 행해야 할 당위성은 없다고 하였다. 상인(上仁)은 행할 의도는 있으나 행할 까닭이 없고, 상의(上義)는 행할 의도도 있고, 행할 까닭도 있다. 이 말은 인(仁)과 의(義)가 도(道)나 덕(德)과 다르다는 것을 뜻한다. 인(仁)은 행하고자 하는 의도를 가지고 행하지만 반드시 해야 할 당위성은 없고, 의(義)는 의도적으로 당연히 해야 하는 규범이다. 반면에 도(道)와 덕(德)은 비규범적이다. 어짊(仁)은 너그럽고 착하며 덕을 베푸는 마음가짐이다. 마음의 문제라 이를 당연히 행해야만 할 규범적인 것은 아니다. 반면에 옳음(義)은 인간 세상을 공존의 관계로 유지하려는 규범에 해당되고, 이 규범은 행위의 기준이 된다. 어짊(仁)은 행하지 않았다고 상대방이 피해를 입지 않지만, 옳음(義)은 행하지 않으면 상대방이 피해를 입기 때문에 당연히 행해야 한다. 규범은 준수하는 사람과 준수하지 않는 자를 구별이 생긴다. 이 구별은 기준에 맞는 것과 틀리는 것을 양쪽으로 구분되니, 통합하여 공존하자는 본래의 목표에 배치되는 이중성을 갖는다. 반면에 도(道)와 덕(德)은 의도가 없으니 지켜야 할 기준이나 규범을 필요로 하지 않는다. 해야 할 필요도 없고 하지 않으면 안 될 이유도 없다. 행함이 있었는지 없었는지를 모르게 행해지는데 만물은 생장한다. 그러면 된다. 그것이 현존하는 실재들이다. 그러하니 인(仁)과 의(義), 그리고 다음의 예(禮) 등은 작위적이고 비규범적 혹은 규범적이라서 도(道)에서 점점 멀어져 간다고 할 수 있다.

그렇다고 인의예지(仁義禮智)가 공존의 본성이 아닌 것도 아니다. 지능을 가진 사람은 그 지능으로 종족과 자신의 생존을 위해 본능적인 욕구를 추구하고, 자유를 구가하며 관계에서 인정과 사랑을 구하고, 사물을 탐구하여 발전을 도모하고자 한다. 무엇을 도모하고자 하는 이런 사회생활의 과정은 이미 도(道)에서 멀어진 환경이다. 이 환경에서 그나마 어지러움을 정리하기 위해서는 공존의 규범이 필요하다. 이것이 의·예(義·禮) 등의 규범이 필요한 이유이다. 그렇다고 도(道) 또한 멀리하라는 것이 아니다. 도는 현존하는 존재들의 존재이유이고 행위의 근거이다. 그러니 당연히 그 본질로 돌아가서 삶의 가닥을 잡아가는 것은 바람직한 이치이다.

높은 예(上禮)는 그것을 행하고자 하고 그것에 응함이 없으면 팔을 걷어붙이고 그를 예에 응하게 끌어당긴다(上禮爲之而莫之應, 則攘臂而扔之)고 하였다. 높은 어짊(上仁)과 높은 이로움(上義)은 어질게 하고 옳게 하려는 의도를 갖고(有爲) 행한다. 그리고 높은 예(上禮)도 의도적으로 행하고 상대방이 예에 응하지 않으면 억지로 예에 응하게 한다. 이것은 인(仁)은 구속력이 없고, 의(義)는 구속력이 약하다. 반면, 예(禮)는 구속력이 강하여, 반드시 행해야 한다. 어질고 옳게 행함은 나의 판단이지만, 책임이 따르는 것은 아니다. 그러나 예에 어긋나면 상대방은 무시당한 것 같이 느낄 수 있기에 기분이 상하게 된다. 그러니 예는 구속력이 강한 규범이다. 구속력이 강하다는 것은 작위성이 없는 도의 측면에서 보면 점점 더 멀어져 간다고 할 수 있다. 인(仁)은 행하고자 하는 바이니 작위성은 있으나 당위성이 없고, 의(義)

는 당연히 옳게 행할 바이니 당위성과 작위성이 있고, 예는 마땅히 지킬 도리이니 당위성과 작위성이 있고 구속력이 강하다. 그러니 규범의 측면에서 덕-인-의-예의 순으로 구속력이 강해지지만, 자율의 측면에서는 그 반대이다.

"그러므로 도(道)를 잃어버리면 덕(德)이 뒤따르고, 덕을 잃어버리면 어짊(仁)이 뒤따르며, 어짊을 잃어버리면 의로움(義)이 뒤따르고, 의로움을 잃어버리면 예(禮)가 뒤따른다"고 하였다. 도(道)와 덕(德), 덕과 인, 인과 의, 의와 예의 관계를 설명하고 있다. 관계를 규정하는 것은 역할이다. 도는 만물의 존재와 당위의 근거이다. 그러니 도는 사물의 본성이고 지향성이다. 그러면 덕은 무엇인가? 21장에서 "큰 덕의 모습(容)은 오직 도(道)를 따르고 도는 만물(物)을 이룬다(孔德之容, 惟道是從, 道之爲物)."라고 하였고, 51장에서 "도가 그것을 생겨나게 하고, 덕은 양육한다(道生之, 德畜之)."라고 하였다. 1장에서 설명한 바와 같이 도는 유와 무를 통해 사물을 생겨나게 한다. 성리학의 이기론(理氣論)에 비추어 설명하면, 무(無)는 근본적인 에너지이고 유(有)는 형질을 갖는 물질이 차지하는 공간이다. 유무가 작동하여 사물이 생겨나면 도(道)는 사물에 내재되고 덕(德)을 통하여 자신이 가진 지향성을 실현한다. 이것이 사물의 본성이니, 덕(德)은 도(道)의 시현이다. 도가 덕을 통하여 그 지향성을 시현하는 것이 양육이다. 바꾸어 말하면 만물을 관장하는 도가 어떤 특정 개체를 생겨나게 하면, 자신은 분화하여 덕이란 형태로 개체의 본성이 된다. 이를 노자는 개체가 도를 잃어버리면 덕이 뒤따른다고 한 것이다. 유의할 점은 "도(道)를 잃어버리면 덕(德)이 뒤따른다(失道後德)"에서 생략된 주어는 사물이다. 즉, 도가 떠난 것은 아니고 사물이 도를 잃어버린 것이다. 여기서 "잃어버린다"고 함은 "멀어진다"고 해석함이 바람직하다. 다음 문장들도 같은 방법으로 해석해야 한다.

"도(道)를 잃어버리면 덕(德)이 뒤따르고, 덕을 잃어버리면 어짊(仁)이 뒤따르며, 어짊을 잃어버리면 의로움(義)이 뒤따르고, 의로움을 잃어버리면 예(禮)가 뒤따른다(失道而後德, 失德而後仁, 失仁而後義, 失義而後禮)."에서 도·덕·인·의·예의 관계는 자연성, 개별성, 의도성, 규범성, 그리고 강제성의 관계이다. 사회가 발전하고 관계가 다양해 지면 자연성은 멀어지고, 개인의 이기성은 증가하는 반면에 공존의 질서를 유지하기 위한 기여는 감소하니 이를 보완하기 위한 규범성과 강제성이 증가한다. 자연성은 조건에 따라 피동적이나, 개별적으로 행해지는 덕과 인·의·예는 능동적이고 구체적이다. 능동적으로 행하므로 개별성, 작위성, 규범성, 강제성 등이 작용하게 된다. 다만, 덕은 도를 따르기 때문에 작위성과 규범성은 없지만 개별성과 구체성은 갖고 시혜적이며, 사람에 적용될 때에는 시비와 선악의 구분하는 분별성을 갖는다. 분별성을 갖는 것은 덕은 밝은 것은 드러나게 하고 어두운 것은 지키게 하는 속성을 갖기 때문이다. 이를 28장에서 백(白)을 드러나게 하고 흑(黑)을 지킨다고 하였다.

이 장의 도-덕-인-의-예의 연결을 작위와 당위성 등의 측면에서 표로 정리하면 다음과 같다. 작위성은 무위(無爲)와 유의(有意)의 구분 즉, 하고자 하는 의도의 유무에 따른 구분이고, 당위성은 해야 한다 혹은 해야 할 이유가 있다(有以爲)는 규범성에 의한 구분이다. 상인(上仁)은 의도적으로 행해지지만 반드시 해야만 하는 규범성이 없다고 하였는데, 이는 仁(인)이 갖는 "어질다, 자애롭다, 인자하다, 사랑하다, 불쌍히 여기다, 어진 마음, 박애" 등의 의미에서 알 수 있듯이 그 내용이 강제할 수 없는 것이기 때문이다.

그러면 도-덕-인-의-예의 계층에서 차 상위 계층을 잃어버리면 하위 계층의 도덕성 혹은 몸가짐이 뒤따른다고 함은 어떻게 설명해야 할까? 도를 잃어버린다고 함은 무차별적 자연성을 잃어버린다는 것으로 그 자리에 개별적인 자연성인 덕이 자리잡고, 개별적이고 차별적 자연성인 덕을 잃어버리면 의도적이나 무차별적인 사랑(仁)이 자리잡고, 사랑을 잃어버리면 옳고 그름을 따지는 정의감이 자리잡으며, 옳고 그름을 잃어버리면 강제성을 갖는 예가 자리잡는다는 것이다. 이 도덕성의 계층과 이들의 관계를 통하여 노자가 설명하는 바는 도에 가까워지려면 의도, 규범, 분별 등에서 벗어나 자연에서 주어진 조건에 따라야 한다는 것이다.

구분	도(道)	상덕(上德)	하덕(下德)	상인(上仁)	상의(上義)	상예(上禮)
자연성	○	△	-	-	-	-
작위성	-	-	○	○	○	○
당위성	-	-	○	-	○	○
강제성	-	-	-	-	-	○
△: 도는 자연의 조건에 따르니(道法自然) 피동적이나, 덕은 능동적이고 개별적이다.						

첨언하면 앞에서 말한 바와 같이 덕은 도가 사물에 시현되어 사물의 본성이 된 것이고, 인(仁)은 덕의 부분인 측은함 혹은 공감이 사

람에게 적용된 것이나 의도적으로 행하는 것이다. 의(義)는 덕의 부분인 시비의 구분이 적용된 것이며, 인에 당연히 해야 한다는 규범을 추가한 것이며, 의도적이고 규범적이다. 예는 의(義)를 대상에 적용하여 강제한 것으로 의도적이고 규범적이며 강제적이다. 그러니 도-덕-인-의-예의 단계는 의도성과 규범성이 하나씩 추가되어 구분이 이루어진다는 것이다. 이런 단계는 자연성에서 사회성으로 진행되는 방향이다.

무릇 예(禮)는 정성(忠)과 믿음(信)이 얕음이고 어지러움의 시작이다(首)고 하였다. 대인관계에서 옳고 그름을 적용한 것으로 마땅히 지켜야 할 행위 규범인 예는 상대방에 대한 배려를 그 바탕으로 하고, 겸손과 존경이 그 내용이다. 그런데 예는 정성과 믿음이 얕음이라니 무슨 말인가? 예는 행위 규범이다, 규범이 필요한 것은 마땅히 타인을 신뢰하고 정성껏 배려해야 함에도 이를 행하지 못하니 예라는 규범을 만들어 강제로 지키게 한 것이니 정성과 믿음이 얕다고 한 것이다. 공존을 위한 도는 대상의 마음으로 대상의 지향성에 이롭게 작용하는데, 이것이 지켜지지 않으니 예가 필요하게 된다. 바꾸어 말하면 예가 필요한 만큼 인간관계는 어지럽다는 의미이다.

앞의 내용(前識)은 도가 쪼개져서 빛나는(華) 것 같지만(者), 어리석음의 시작이다. 그러므로 어리석지 않으려면 대장부는 마땅히 너그럽게 처리하고, 마땅히 야박하게 살지 않으며, 마땅히 본질에 머물어야 한다고 하였다. 도에 대한 정성과 믿음이 부족하여 어지러움이 시작되었다는 것은 위에서 말한 각자의 지향성에 대한 존중과 조화가 지켜지지 않는다는 것이고, 이로 인해 사회질서에 문제가 생기니 규범인 인·의·예(仁·義·禮)가 작용하게 되었다는 것이다. 그러니 도와 덕에서 인·의·예(仁·義·禮)가 파생되니 다양해지고 화려해진 것 같지만, 실상은 대상의 지향성에 대한 조화가 깨어짐으로써 도가 무너졌다는 것이니 어리석음의 시작이라고 한 것이다.

세상사는 부처님 손바닥같이 별것도 아니고 그렇고 그런 것에 불가한데, 대장부가 규범적인 강제에 매료되는 것은 어리석음의 시작이니, 규범적 지식을 바탕으로 화려한 것처럼 처신하지 말고, 야박하게 살지 말며, 너그럽게 본성에 따라 처신하라고 한 것이다. 그리고 그것을 버리고 이것을 취한다(去彼取此)고 한 것은 화려함(華)과 야박함(薄)을 버리고, 너그러움(厚)과 본질(實)을 취하라는 설명이다.

39장
도(道)는 만물의 존재와 본성의 근거

昔之得一者, 天得一以淸, 地得一以寧, 神得一以靈, 谷得一以盈, 萬物得一以生, 侯王得一以爲天下貞, 其致之, 天無以淸, 將恐裂, 地無以寧, 將恐發, 神無以靈, 將恐歇, 谷無以盈, 將恐竭, 萬物無以生, 將恐滅, 侯王無以貞而貴高, 將恐蹶, 故貴以賤爲本, 高以下爲基, 是以侯王自謂孤, 寡, 不穀, 此非以賤爲本邪, 非乎, 故致數輿無輿, 不欲琭琭如玉, 珞珞如石.

옛적에 그들은(之) 하나(道)를 얻었다. 하늘도 하나(道)를 얻어 맑고, 땅도 하나를 얻어 편안하며, 신(神)도 하나를 얻어 영험하고, 계곡도 하나를 얻어 채워지며, 만물도 하나를 얻어 생겨나고, 군왕도 하나를 얻어 천하를 바르게 하니, 저들은(其) 그(之=道)에 이른(致) 것이다. 하늘은 맑아야 할 까닭이 없으면 장차 찢어질까 두렵고, 땅도 편안할 까닭이 없으면 장차 동요할까 두려우며, 신은 영험해야 할 까닭이 없으면 장차 쉴까 두렵고, 계곡은 차야 할 까닭이 없으면 장차 물이 마를까 두려우며, 만물은 생겨나야 할 까닭이 없으면 장차 없어질까 두렵고, 군왕은 바르고 고귀해야 할 까닭이 없으면 장차 뒤집어질까 두렵다. 고로 귀함은 천함을 바탕으로 삼고, 높음은 낮음을 기초로 삼는다. 이것이 군왕이 스스로를 孤(외롭고), 寡(부족하고), 不穀(복록이 없다)하다고 말하는 것이니, 이는 천함을 바탕으로 삼은 이유가 아닌가? 아니 그러한가? 그러므로 자주 이룬 영예(輿)는 영예가 아니니, (그 영예가) 옥처럼 빛나기를 바라지 말고, (그 영예가) 돌처럼 단단하기를 바라지 말아라.

🐟 번역에 유의할 어휘

먼저 昔之得一者(석지득일자)에서 得(득)의 주어 之(지)가 무엇을 지칭하는 것인지를 살펴보자. 之(지)가 지칭하는 것을 찾기 위해서는 다음에 연결된 문장에서 동사 得(득)의 주어가 之(지)-天(천)-地(지)-神(신)-谷(곡)-萬物(만물)-侯王(후왕)으로 이어진다는 점에 유의하여야 한다. 昔之得一者(석지득일자)에서 之(지)는 다음에 연결되는 천·지·신·곡·만물·후왕 등을 지칭하고, 一(일)은 "道(도)"이다. 그 이유는 아래에서 설명할 것이다. 天得一以淸(천득일이청)에서 以(이)는 而(이) 혹은 사역으로 해석하여 "하늘은 하나를 얻어 맑다, 혹은 하늘은 하나를 얻어 맑게 되었다"라고 번역한다. 其致之(기치지)에서 其(기)는 지시대명사로 之(지)-天(천)-地(지)-神(신)-谷(곡)-萬物(만물)-侯王(후왕)을 지칭하므로 "저들"이라 번역하였다. 其致之(기치지)에서 之(지)는 一者(일자)이니 道(도)이다. 天無以淸(천무이청), 將恐裂(장공열)에서 以(이)는 "까닭 혹은 이유"라고 해석하여 "하늘이 맑을 까닭이 없다"라고 번역한다. 혹은 사역으로 해석하여 "하늘이 맑게 되지 않으면"이라고 할 수 있겠지만, "까닭이나 이유"라고 하는 것보다 도(道)나 덕(德)의 존재이유를 설명하는데 마땅하지 않다. 여러 해설서에서 이

以(이)를 잘못 해석함으로써 이상한 논리를 전개하고 있다. 貴以賤爲本(귀이천위본)에서 以~爲(이~위)는 "~을 ~로 삼는다"로 해석하여 "귀함은 천함을 기본으로 삼는다"라도 번역한다. 此非以賤爲本邪(차비이천위본야)에서 邪(야)는 "~그런가?"로 의문 또는 반어를 나타내는 종미사이니, "非 ~ 邪"는 "~아닌가?"로 되어, "이는 천함을 근본으로 삼은 이유가 아닌가?"로 번역된다.

故致數輿無輿(고치수예무예), 不欲琭琭如玉(불욕녹록여옥), 珞珞如石(낙락여석)에서 주어는 致數輿(자주 이룬 영예)이다. 여기서 致(치)는 "이르다, 혹은 이루다", 輿(여, 예)는 "수레, 땅, 기본, 싣다, 명예(예), 영예(예)" 등의 의미 중에서 "영예"라고 옮긴다. 琭(록)은 "옥, 옥의 모양", 珞(락)은 "단단한 모양"의 의미이다. 珞珞如石(락락여석)은 "돌처럼 단단하여라"라고 할 수 있고, 앞 절의 不欲에 연결하여 不欲珞珞如石(불욕낙락여석)으로 해석하여 "돌처럼 단단하기를 바라지 말아라"라고 번역할 수 있다. 앞 절에서 "그러므로 자주 영예에 이름은 영예가 아니다(故致數輿無輿)"라고 하여 좋은 일도 자주 일어나면 좋은 일이 아니라고 말한다. 이는 두 가지로 해석할 수 있다. 첫 번째는 자주 발생하므로 그 가치를 느끼지 못한다는 점, 두 번째는 욕심이 작용하여 본성을 잃게 되어 치욕이 될 수 있다는 점이다. 그러므로 영예가 옥같이 영롱하기를 바라지 말라고 하였다. 부연하면, 가치는 상대적이라 지속되지 않고 그 가치에 매몰되면 작위적인 행동을 하여 본성을 잃게 된다는 뜻이다.

故致數輿無輿(고치수여무여)에서 輿(여)를 "영예"라고 옮기기도 하지만, 일부 해설서에서는 "수레"라고 옮기기도 한다. 영예라고 해석함은 후왕-영예-옥(玉)으로 연결되는 문맥을 중시한 번역이다. 수레라고 해석함은 후왕이 다스리는 세상은 헤아릴 수 없이 많은 부품으로 만들어진 여러 종류의 수레와 같다고 하여 수레라고 해석하는데 어색하고 궁색하다. 여기서는 전자를 택하였다.

◀》 풀이

이 장의 풀이도 매우 난해하다. 그러니 전체적인 문맥을 먼저 살펴보는 것이 이해에 도움이 될 것이다. 문맥은 이렇다. 태초에 천지만물은 도(道=一)를 얻었고, 도를 얻은 사물은 도에 내재된 기능을 행할 수 있게 되었다. 그 기능은 그들의 존재 이유이니 이 기능을 행하지 못하면 존재는 사라진다. 후왕도 이와 같다. 후왕의 존재이유는 천하를 바르게 함인데, 이 바르게 함과 고귀함이 없으면 나라가 뒤집어지니, 후왕은 고귀함의 바탕인 천함과 낮음을 기초로 삼아야 한다. 고귀함은 영예이나 영예는 자주 이르면 영예가 아니니, 그 영예가 옥처럼 빛나기를 바라지 말고, 돌처럼 단단하기를 바라지도 말라. 이것이 쉽게 해석한 전체 문맥이다. 다음은 한 문장씩 풀이한다.

옛적에 그들은(之) 하나(道)를 얻었다(昔之得一者)고 하였다. 위에서 언급한 바와 같이 得(득)의 주어는 지시대명사 之(지)이다. 之(지)는 천·지·신·곡·만물·후왕 등을 지칭하고, 一(일)은 "道(도)"이다. 여기서 유의할 점은 42장에서 도는 하나(一)를 생겨나게 한다(道生一)라고 하였으니 일(一)은 도가 아니고 덕(德)이라고 해석할 수 있다는 점이다. 그렇게 해석해도 무리는 없다. 그래도 일(一)을 도(道)라고 해석하는 이유는 천·지·신·곡·만물·후왕 등이 그들의 존재이유와 당위

2편 德經

의 근거를 얻었기 때문이다.

이들이 얻는 하나(一)는 그들의 근거이니 도(道)이고, 맑음·편안·영험·채움·생겨남·바름 등은 道(도)의 시현인 덕(德)의 베품이다. 앞에서 道(도)가 사물에 품부(稟賦)되어 시현되면 德(덕)이 된다고 한 바와 같이, 사물이 도를 얻어 본성을 시현하니 德(덕)이 되는 것이다. 道(도)를 하나라고 지칭한 것은 道(도)는 천지 만물의 존재를 다스리는 근원이고, 처음의 시작이며, 이 시작의 근원은 모두 하나에서 비롯되었으니 이를 하나라고 지칭할 수밖에 없었을 것이라 추정해 본다.

35장에서 유(有)를 공간이라고 하고, 무(無)의 에너지를 시간이라고 말한 바 있다. 좀더 깊게 생각해 보면 시간은 빛의 궤적이 될 수 있으니 빛과 시간은 같은 개념이 될 수 있다. 그리고 공간이 있어야 빛이 나아갈 수 있으니, 공간이 있어야 시간이 존재할 수 있는 것이다. 그러므로 유무(有無)가 서로 생겨난다(相生)고 한 것이다. 그러면 공간과 시간 이전의 상태는 무엇이었을까? 바꾸어 말하면 대폭발 이전의 상태는 무엇일까? 하나의 에너지 덩어리가 있었다고 표현할 수밖에 없다. 이 에너지는 이름하여 도(道)가 될 수도 있고, 태극(太極)이 될 수도 있으며 신이 될 수도 있다. 아니면 도는 이 에너지의 지향성인 운전자라고 할 수도 있을 것이다. 어쨌든 하나가 있었다. 여기서는 이를 하나라 하였는데, 만물의 존재와 당위의 근거라고 하였으니 도를 말한 것이다. 도(道)가 존재와 당위의 근거라 함은 만물을 있게 하고 만물이 해야 할 바를 하게 하는 것이기에 그렇다. 예를 들면, 도(道)는 사람이 사람으로 생겨나게 하고 사람답게 살 수 있게 하는 것이라는 의미이다.

"하늘은 맑아야 할 까닭이 없으면 장차 찢어질까 두렵고, 땅도 편안할 까닭이 없으면 장차 동요할까 두려우며, 신은 영험해야 할 까닭이 없으면 장차 쉴까 두렵고, 계곡은 차야 할 까닭이 없으면 장차 물이 마를까 두려우며, 만물은 생겨나야 할 까닭이 없으면 장차 없어질까 두렵고, 군왕은 고귀해야 할 까닭이 없으면 장차 뒤집어질까 두렵다(天無以淸, 將恐裂, 地無以寧, 將恐發, 神無以靈, 將恐歇, 谷無以盈, 將恐竭, 萬物無以生, 將恐滅, 侯王無以貞而貴高, 將恐蹶)"고 하였다. "天無以淸(천무이청), 將恐裂(장공렬)"에서 "~無以~, 將~"은 다음에 연결된 문장에서 같은 패턴이 사용되는데, "~할 까닭이 없으면, 장차~한다"라고 번역하였다. 여기서 까닭이란 단어는 존재와 당위의 이유를 뜻하는데, 예를 들면 하늘이 맑을 까닭은 하늘의 존재 이유이고 당연히 해야 할 본성 혹은 직분이라는 뜻이다. 그래서 하늘이 맑지 않으면 하늘은 존재할 이유가 없어져서 찢어져야 한다는 것이다. 이와 같이 天(천)-地(지)-神(신)-谷(곡)-萬物(만물)-侯王(후왕)이 당연히 행해야 할 본성은 맑음-편안-영험-채움-생겨남-귀고(貴高) 등이고, 이들을 행하지 못하면, 파열-일어섬-쉼-마름-멸망-붕괴(蹶) 등이 발생하여 그 존재이유를 잃게 된다는 것이다. 맑음-편안-영험-채움-생겨남-고귀(高貴) 등의 본성이 시현되면, 하늘은 맑아서 햇빛과 풍우 등을 주고, 만물은 이 빛과 풍우를 받아서 생장을 하며, 땅은 만물의 생장에 필요한 장소와 영양분을 주어 만물이 자라나기에 적당한 곳으로 쓰이게 하며, 계곡은 만물이 생겨나고 저장하게 하여 세상이 메마르지 않게 한다. 군왕은 백성의 지도자로서 백성이 편안한 삶을 영위하게 하는데, 이를 바르게(貞) 한다고 하였다.

백성의 지도자로서 군왕이 고귀해야 함은 먼저 통치자이기에 높다는 것이고, 백성의 편안한 생활을 다스릴 수 있는 능력을 소지해야 하기에 귀하다고 한 것이다. 이런 지도자의 존재이유는 백성이 생업을 할 수 있게 기반을 조성해 주는 것이고, 백성의 의식주(衣食住)를 안정적으로 유지할 수 있게 하는 것이며, 타고난 자질을 발휘할 수 있게 하는 것이다. 먼저 생업의 기반을 조성한다고 함은 농경사회에서는 효율적으로 농사를 지을 수 있게 수리시설 등 치수(治水), 농기구의 제공과 조세제도, 가축의 보급 등을 의미한다. 의·식(衣·食)은 대부분 백성이 자체적으로 해결하는 것이 기본이겠지만, 주거(住居)는 내구재인만큼 다른 측면이 있다. 유럽과 중국의 건축은 시멘트와 벽돌, 기와의 보급이 백성의 생활안정과 문화에 매우 중요한 역할을 하였음은 이를 잘 설명하여 준다.

생활의 안정은 신체적 안전을 포함하는 개념이다. 신체적 안전은 국방과 경찰의 기능을 말한다. 외적이 침입에서 국가를 방위함으로써 백성의 안전을 유지하고, 도적의 폭력에서 백성의 신체나 재화를 지킬 수 있어야 안정을 찾을 수 있다. 다음으로 타고난 자질의 발휘할 기회의 제공이 지도자의 역할이다. 자질의 발휘는 타고난 재능을 발휘할 수 있는 기회를 제공하고, 관리로 등용될 기회를 균등히 해야 함을 말한다. 이런 여러 역할을 할 수 있는 것이 지도자인 군왕의 존재 이유이니 군왕은 높고 귀한 존재인 것이다. 이들 역할을 다하지 못하면, 존재할 까닭이 없으니 무너지게 된다고 하였다.

고로 귀함은 천함을 근본으로 삼고, 높음은 낮음을 기초로 삼는다(故貴以賤爲本, 高以下爲基)고 하였다. 귀함은 천함의 대립적인 개념으로 상대적이다. 천함이 없으면 귀함도 없다. 천함을 모르니 어떤 것이 귀한 것인지 모른다는 뜻이다. 천함을 거울로 삼아 귀함을 보아야 귀함을 알게 되니 근본이라 한 것이다. 귀함과 천함의 차이가 무엇일까? 귀함은 많지 않고 훌륭하고 우아하여 본보기가 됨이고, 천함은 많고 상스러우며 추한 것을 말한다. 그러니 귀하게 되려면 흉하고 더러운 것이 어떤 것인지를 알아야 그것을 바탕으로 귀하고 우아한 품격을 갖추게 될 것이다. 그리고 높음은 낮음을 기초로 삼는다고 함은 낮음의 기준이 있어야 높음이 성립된다는 뜻이니, 직분의 높고 낮음이 어떤 역할을 하는지를 구별할 수 있어야 함을 말한다. 직분이 높은 사람이 직분이 낮은 사람의 일을 하면 자원을 마음대로 동원하고 사용할 수 있어서 쉽게 한다. 쉬우니까 쉬운 일에 매몰되기 쉽다. 이러면 높고 낮음의 분별이 없어진다. 낮은 직분의 일을 그 위치의 사람이 하게 하고, 상위자는 그 직분이 해야 할 일을 찾아서 해야 한다는 것을 말하는 것이다. 국가 재정도 마찬가지다. 재정을 비축하는 것은 국가경제이니, 비축은 경제적 번영의 결과이다. 경제적 번영을 달성하는 것은 어렵다. 반면에 이를 지출하는 결정은 누구나 할 수 있다. 쉬운 일하라고 고위직을 선출한 것은 아니다. 고위직은 그들의 존재 이유에 걸맞은 역할을 하여야 한다. 그것이 고귀한 자리의 값이다.

이것이 군왕이 스스로를 孤(외롭고), 寡(부족하고), 不穀(복록이 없다)하다고 말하는 것이니, 이는 천함을 바탕으로 삼은 이유가 아니겠는가라고 하였다. 즉, 군왕이 스스로 외로운 사람, 부족한 사람, 복록이 없는 사람이라고 지칭하는 것은 천함을 근본으로 삼고자 이름 붙인 것이다. 이 문장이 옳다면 임금이 자신을 "과인(寡人)이라고 말하면, 백성이 "과인=임금"이라 들을까? 아니면, "임금=겸손한 사람"이라 들을까? 후자로 들려야 위 문장이 옳은 것이 될 것이다. 그런데 대부분의 군왕은 전자에 속했을 것이다. 그러니 임금은 누리고 살았고, 백성이 착취당하고 산 역사가 많았으리라.

"자주 이룬 영예는 영예가 아니니, (그 영예가) 옥처럼 빛나기를 바라지 말고, (그 영예가) 돌처럼 단단하기를 바라지 말아라(故致數輿無輿, 不欲琭琭如玉, 珞珞如石)"라고 하였다. 이 문장의 주어는 致數輿(자주 이룬 영예)이다. 영예에 자주 이름은 영예가 아니다라고 하였는데, 이는 영예라는 가치의 상대성과 작위성 때문에 가치가 반전하여 치욕으로 변할 수 있음을 경계하고 있는 것이다. 영예는 통상적으로 그냥 얻는 것이 아니고 의도적인 노력을 통해서 성취하는 것이다. 그런데 한번도 아니고 자주 영예를 이루는 것은 매우 작위적이니 과분한 욕심이다. 욕심은 화를 부르기 쉽다. 그러니 그 영예는 영예가 아닌 것이다. 그리고 가치의 상대성 때문에 영예를 영예로 생각하지 않는다고 함은 여러 번 영예를 얻었던 사람은 다시 영예를 얻더라도 이를 새삼스럽게 영예라고 생각하지 않는다는 뜻이다. 이 말은 비교의 대상이 되는 바탕을 잃었다는 말이다. 영예의 비교대상인 바탕은 굴욕 혹은 천함인데, 천함이라는 바탕을 잃게 되면 영예도 영예가 아닌 것이 된다. 그러니 영예를 자주 이룸은 비천이란 기본을 잃어 영예가 영예가 아니듯, 어두움이란 기본을 잃으면 그 영예가 옥처럼 영롱하기를 바라지 말고, 연약이라는 기본을 잃으면 그 영예가 돌처럼 단단하기를 바라지 말라는 것이다. 이 말은 기본을 잃게 되면 기초가 무너져 사물의 본성을 지키지 못하고 전체를 잃게 된다는 뜻이다. 위에서 언급한 내용을 상기하면, 후왕이 천함이라는 기본을 잃게 되면 고귀함을 고귀함이라 느끼지 못하여 무너지게 된다고 함과 같다. 그러니 옥처럼 영롱한 호사가 있어도 거기서 영롱함을 구하지 말고 그 바탕이 되는 어두운 곳을 생각하고, 돌처럼 단단한 일을 만나도 그것이 허물어짐을 생각하며 일에 처하라는 말이다.

40장
순환적인 도의 작용과 약한 도의 쓰임

反者, 道之動, 弱者, 道之用. 天下萬物生於有, 有生於無.

반(反)은 도의 움직임이고, 약(弱)은 도의 쓰임이다. 천하와 만물은 유(有)에 기대어(於) 생겨나고, 유(有)는 무(無)에 기대어 생겨난다.

🐟 번역에 유의할 어휘

天下萬物生於有(천하만물생어유), 有生於無(유생어무) 이 문장에서 번역에 유의해야 할 부분은 於(어)이다. 1장에서 有名萬物之母(유는 만물의 터전이라 이름한다)라고 하였으니, 天下萬物生於有(천하만물생어유)는 천하 만물은 有(유)를 터전으로 하여 생겨난 것을 설명한 것이다. 환경의 필요에 따라 無(무)는 에너지를 얻고, 有(유)는 에너지가 자리할 터전을 제공하니 유무가 결합하여 만물이 생겨난 것이지 有(유)가 만물을 낳은 것은 아니다. 여기서 於(어)는 "어조사(~에, ~에서, ~때문에), 기대다, 의지하다, 따르다, 가다, 있다, 존재하다" 등의 의미 중에서 유무상생(有無相生)이란 말에 맞게 "기대다"라고 번역하는 것이 올바르다. 그러면 "천하와 만물은 유에 기대어 생겨나고, 유는 무에 기대어 생겨난다."라고 번역된다. 대부분의 해설서에서 有(유)가 無(무)에서 생긴다고 번역함은 잘못이다.

🔊 풀이

반(反)은 도의 움직임이다(反者, 道之動)라고 하였다. 反(반)은 "돌아오다, 뒤집다, 반대하다, 바꾸다, 되풀이하다, 순환" 등의 의미를 가진다. 앞에서 도(道)는 사물의 생겨남과 존재방식에 대한 이치이고, 사물 간의 상호 의존관계인 조건으로 설명된다고 하였다. 그리고 사물은 유무(有無), 장단(長短), 고저(高低), 전후(前後) 등 대립적인 개념의 차이에서 개념이 정의되고, 에너지를 얻으며, 이를 바탕(조건이나 원인)으로 하여 생겨난다고 한 바 있다. 이 말은 유무(有無)는 서로의 조건이 되지 않으면 서로가 있을 수 없다는 것이고, 이는 대상이 없으면 주체가 있을 수 없다는 것이다. 긴 것은 짧은 것이 조건이 되어야 알 수 있고, 고저나 전후 등도 같은 논리로 정의된다. 이와 같이 관계를 근거로 존재가 정의된다는 것을 사물에 적용한 것이 불교의 연기(緣起)이다. 즉, 서로의 관계가 조건이나 원인이 되어 일어난다 혹은 생겨난다는 것이다. 여기서 反(반)은 상반됨에서 오는 차이이다. 상반됨이 있으니 차이가 발생하고, 차이가 만들어지니 움직임이 일어난다. 물의 수위가 같으면 흐르지 않지만 수위에 높낮이가 생기면 물이 흐르는 것과 같다. 상대방이 있으면 관계가 만들어지고, 관계가 형성되면 소통이 이루어져 의사나 감정을 교환한다. 움직임이 생긴 것이다. 이로써 대상의 지향성과 주체의 지향성이 조화하기 시작한 것이다. 이 지향성의 조화가 도의 움직임이다. 요약하면 상반된 관계에 존재하는 차이가 움직임을 만드니, 반(反)은 도의 움직임이라 하였다.

노자의 도(道)는 자연의 도리인 스스로 그러함을 따른다(25장 道法自然). 그러니 다시 빅뱅으로 돌아가 자연의 생성부터 살펴보자. 빅뱅으로 에너지의 변화가 일어나고 시간과 공간이 나타난다. 시간은 에너지가 흔적을 만든 것이라 할 수도 있고, 역으로 시간이 에너지에 변화를 만들었다고 할 수도 있다. 어쨌든 잠겨 있던 고리가 풀리면서 시간, 공간, 에너지 등의 변화가 폭발적으로 일어났다. 즉, 빅뱅이 일어나는 순간은 시간이 존재하였고, 공간이 존재하였으며, 빛이 나타났고 엄청난 에너지가 있었다. 빅뱅 1초 후의 온도가 100억℃, 3분 후 10억℃였다고 하니 얼마나 큰 에너지인가? 암흑세계라고 할지라도 암흑 또한 빛이 없으면 존재할 수 없으니, 암흑에도 가시광은 아니지만 전자기파인 빛이 존재하였을 것이다. 공간이 시간의 흔적이든, 시간이 공간의 이동이든 이들은 상호 의존적으로 등장하였다. 빅뱅으로 등장한 공간에는 많은 가스가 생겨난다. 가스가 생겨났다고 함은 빅뱅 이전의 존재인 에너지는 질량을 가진 물체라고 추정할 수 있다. 이 가스는 에너지 없이는 존재할 수 없었을 것이고, 시간과 공간 어느 쪽이 없었어도 생겨날 수 없었을 것이다. 이렇게 생겨난 가스들이 자외선 등의 에너지와 상호작용하여 유기물이 생겨나고, 이를 바탕으로 사물이 등장한다. 이들의 등장에는 태초에 만들어진 공간과 시간, 그리고 에너지가 있었기에 가능한 것이다. 시간, 공간, 에너지는 만물 태생의 최고 최초의 조건이다. 그리고 이들의 상호작용은 어느 것이 먼저 작용한 것이 아니고 서로가 서로의 조건이 되어 연쇄적으로 일어난 것이다. 이들 조건의 시작은 질량이 갖는 에너지였을 것이다. 질량이 갖는 인력과 중력, 전자기력 등은 이들 존재가 태생적으로 갖추고 있던 것으로 이들의 존재 방식이고 기능이며, 이들의 지향성이라 할 수 있다. 이 시간, 공간에 작용한 에너지의 지향성과 조건은 알 수 없으니 스스로 조건에 맞춰 그러하게 작용한 것이라 하고, 이를 도(道)의 작용(道之動)이라 한 것이다. 스스로 조건에 맞춰 그러하게 작용하는 지향성은 일관성을 지닌다. 일관성을 갖는다고 함은 시간의 흐름과 동행하니 직선으로 나아가면 평행하고 원형을 따라 나아가면 순환이 된다. 우주의 공간은 중력과 인력이 작용한다. 그 공간을 운행하는 별들은 공전과 자전의 원운동을 하니 이 원운동은 돌아서 제자리로 되돌아옴을 반복하는 순환이다. 여기서는 순환을 反(반)이라 하고, 도의 움직임이라 한다.

사물의 움직임은 개체가 소속된 시스템에서 그 개체에게 부여된 조건에 따른 행위를 하도록 조건 지워져 있다. 태양계의 일원인 지구에는 사계절이 있고 밤낮이 있으며, 인간은 생로병사의 생애를 갖는다. 식물은 봄에 싹이 뜨고 여름에 무성하며, 가을에 열매를 맺고 겨울에 시들어서 뿌리만 남는다. 봄이 되면 싹을 띄우는 것도 그렇다. 직장인은 출근과 퇴근을 하고, 때에 맞춰 식사하며, 잠자고 일어난다. 왜 퇴근하면 집으로 돌아갈까? 집에는 같이 식사하고, 대화하고 즐기며, 감정을 나눌 가족이 기다리고 있기 때문이다. 이런 상황이 소속한 시스템의 요구조건이다. 이 조건을 쫓아서 집으로 가는 것이 지향성이다. 아침에 일어나서 식사하고 출근하는 것도 집과 회사의 연결이 만든 시스템의 요구인 조건에 따르는 것이고, 이 따름이 자신의 지향성이 되었기 때문이다. 이런 조건들은 집이란 시스템의 지향성과 회사라는 시스템의 지향성을 주체인 사람이 수용한 것이다. 수용하니 지향성의 상호작용이 일어나고 있는 것이고, 이런 지향성은 자연의 도, 즉 스스로 조건에 맞춰 그러하게 정해진 방향에 따라 순환하는 것이다. 이 순환이 반(反)이다. 이와 같이 개체들의 지향성은 그것과 상호작용하는 사물에 의해 조건 지워진 것이니, 도의 움직임이라 할 수 있다. 도의 움직임 즉, 사물의 지향성은 조건을 따르지만 본성으로 돌아온다. 여기서는 본성으로 돌아옴을 反(반)이라 하고 도의 움직임이라 한다.

상기 내용에서 반(反)은 주체와 객체의 지향성 차이의 조화와 본성 순환으로 요약되는데, 이 조화와 순환은 개체가 고유의 지향성을 추구하면서 전체의 지향성에 적응하는 상호작용이니, 서로 작용을 주고받음이다. 이 주고받음은 서로 반대(反)인 움직임이다. 그러니 반(反)은 도의 움직임이라고 하였다.

약(弱)은 도의 쓰임이다(弱者, 道之用)고 하였다. 만물은 본성을 갖고 생겨난다. 본성도 생겨남도 조건에 따른 것이다. 조건은 객체의 필요이고 요구이다. 객체의 필요와 요구는 객체의 지향성에 따른 것이다. 그런데 이 객체의 지향성은 따지고 보면 궁극에는 우주 태생의 조건에서 시작한다. 우리가 알 수 있는 빅뱅의 시작은 에너지의 변화이다. 무언가 모르는 힘이 화약다발에 충격을 주었고 화약은 폭발한 것이라고 비유할 수 있을 것이다. 화약을 폭발하게 한 도화선의 불꽃은 폭발에 비교하면 아주 미약하다. 이와 같이 변화는 미약함에서 출발한다. 그리고 변화는 연쇄적이다. 서로 연결되어 있고 맞물려 있기 때문이다. 도화선의 미약하고 작은 불꽃도 상호작용하는 어떤 객체들의 지향성에 따른 것이니 도의 쓰임에 의한 것이라 할 수 있다. 그러니 조건을 만드는 도의 쓰임은 미약한 것에서 출발한다.

예를 들면, 봄에 씨앗이 작고 미세하게 시작되는 것과 같다. 크고 강하게 시작하면 조건이 형성되는 것이 아니고 요동쳐서 깨어지는 것이다. 조건의 형성은 아득하여 보일 듯 말듯 미세하게 시작하니 弱(약)하다고 한 것이고, 작고 약하니 유연한 것이다.

천하와 만물은 유(有)에 기대어 생겨나고, 유(有)는 무(無)에 기대어 생겨난다(天下萬物生於有, 有生於無)고 하였다. 1장에서 유는 만물의 터전을 이름한다고 하였었다. 그러니 만물은 유를 터전으로 하여 생겨난 것이니 유에 기대어 생겨난 것이다. 이 부분은 앞의 번역에 유의할 어휘 부분에서 충분히 설명하였다.

앞에서 유는 공간이고 무는 시간이라고 상정하였었다. 시간과 빛은 그들의 궤적인 공간이 없으면 있고 없음을 알 수 없으니, 빛·시간·공간은 어느 것이 먼저인지 알 수 없다. 그러니 유무상생(有無相生)이고, 유는 무에 기대어 생겨난다고 한 것이다. 이를 순환이란 관점에서 보면, 만물은 생겨나서 있음(有)이 되고, 삭아서 없어지면 없음(無)이 되니, 도(道)로 복귀한다. 이는 닭과 달걀의 관계와 같은 순환이니 어느 것이 먼저라고 할 수 없고 서로 기대어 생겨난다고 할 수밖에 없다. 기댄다고 함은 서로 조건이 된다는 의미이다.

41장
사람에 따라 이해도가 다른 상대적 도

上士聞道, 勤而行之, 中士聞道, 若存若亡, 下士聞道, 大笑之, 不笑不足以爲道, 故建言有之, 明道若昧, 進道若退, 夷道若類, 上德若谷, 大白若辱, 廣德若不足, 建德若偸, 質眞若渝, 大方無隅, 大器晩成, 大音希聲, 大象無形, 道隱無名, 夫唯道, 善貸且成.

홀륭한 선비는 도를 들으면 부지런히 행하고, 보통 선비는 도를 들으면 반신반의하며, 시원찮은 선비는 도를 들으면 비웃는다. 비웃지 않으면 도라고 하기에는 부족한 것이다. 고로(사람에 따라 도를 이해하는 정도가 다르므로) 격언에 이런 말이 있다. 밝은 도는 어두운 것과 같고, 나아가는 도는 물러서는 것과 같으며, 평평한 도는 치우친 것과 같다. 높은 덕은 (낮은)계곡과 같고, 크게 깨끗함은 더러운 것과 같으며, 넓은 덕은 부족한 것과 같고, 덕을 개진하는 것은 탐내는(偸) 것 같으며, 질박한 진실은 변하는 것 같다. 큰 장소는 구석이 없고, 큰 그릇은 늦게 이루어지며, 큰 음은 들리지 않고, 큰 형상은 형태가 없으며, 도는 숨어서 이름이 없다. 무릇 도만이 잘 빌려주고 또 잘 이룬다.

🐾 번역에 유의할 어휘

明道若昧(명도약매), 進道若退(진도약퇴) 등에 쓰인 若(약)은 "같다, 어리다, 이와 같다, 좇다, 너, 만약, 및, 이에" 등의 의미 중 "같다"라고 옮겨 "밝은 도는 어두운 것과 같고, 나아가는 도는 물러서는 것과 같다."라고 번역한다.

建德若偸(건덕약투)에서 德(덕)은 "행실이 바르다, 혹은 곧은 마음으로 사는 사람"이란 의미를 내포하고 있는데, 노자는 도를 따르는 것(21장, 孔德之容 惟道是從), 즉 본성에 따름을 덕이라 하였다. 이 문장에서는 建(건)을 偸(투)와 서로 대응시켜 놓았다. 建(건)은 "세우다, 일으키다, 아뢰다, 개진하다, 끼우다" 등의 의미 중에서 偸(투)와 대응될 수 있는 의미는 "개진하다"이다. 偸(투)의 의미는 "훔치다, 탐내다, 구차하다, 교활하다, 야박하다, 엷다" 등인데 建(건)에 대응될 수 있는 의미는 "탐내다"이다. 그러면 이 문장은 "덕을 개진하는 것은 탐내는 것 같다"라고 번역된다. 대부분 建德(건덕)을 "덕을 세우다"라고 번역하고 있는데, 德(덕)은 道(도)를 따르고 베푸는 것이지 의지적으로 세우는 것은 아닌 것 같다.

質眞若渝(질진약투)에서는 眞(진)과 渝(투)의 대응관계로 해석하여야 한다. 眞(진)은 본래 제사를 지낼 때 사용하던 큰 솥을 뜻하는 鼎(솥 정)자와 수저를 뜻하는 匕(비수비)자가 결합한 것으로 정성스러운 마음으로 음식을 바친다는 의미에서 "참되다"나 "진실되다"라는 뜻을 갖게 되었다. 소박한 정성인 진실과 대응할 渝(투)의 의미는 "변하다"라고 옮길 수 있다. 그러면 이 문장은 "질박한 진실은 변하는 것 같다."라고 번역된다.

◀) 풀이

훌륭한 선비는 도를 들으면 부지런히 행하고, 보통 선비는 도를 들으면 반신반의하며, 시원찮은 선비는 도를 들으면 비웃는다. 비웃지 않으면 도라고 하기에는 부족한 것이다(上士聞道, 勤而行之, 中士聞道, 若存若亡, 下士聞道, 大笑之, 不笑不足以爲道)라고 하였다. 이렇게 도를 듣는 사람마다 수용하는 자세가 다르고 행하는 바가 다른 것은 도는 초감각적이기 때문이다. 초감각적이라서 감각을 통하지 않고 직관으로 인식한다. 직관으로 인식함은 자신의 내면에 있는 거울에 비친 것을 그대로 반사적으로 알고 판단하는 것을 말한다. 훌륭한 선비가 지닌 내면의 거울은 앞에서 언급한 조화로운 밝음(襲明)이고 숨기는 밝음(微明)이며, 37장에서 말한 순박한 밝음(樸明)이라 할 수 있을 것이다. 이들은 무위로 행하고, 대상의 지향성을 평가하지 않고 수용한다. 반면, 보통의 선비는 도를 들으면 반신반의한다고 하였다. 이들은 무위보다는 의도한 바를 이루고자 하고 잘하려 하며, 좋고 나쁨을 평가하여 구별하고, 좋은 것은 수용하고 나쁜 것은 버리려는 자들이다. 이들은 도를 들을 때는 그럴 듯하다고 생각하다가 실제 행하려면 이기적으로 욕심을 부린다.

특이한 것은 시원찮은 선비는 도를 들으면 비웃고, 이들이 비웃지 않으면 도로서는 부족하다고 한 점이다. 이 말은 도는 시원찮은 사람이 듣기에는 웃음거리에 불가하다는 말이다. 도는 있는 듯 없는 듯 보이지 않고 들리지도 않으며, 잡히지도 않는 초감각적인 것이니, 시원찮은 사람이 듣기에는 황당한 말이다. 그래서 비웃는다는 것이다. 감각할 수 없는 도를 있다고 하고, 도에 따라서 자신들이 생겨나고, 이루고자 하는 의도를 갖지 않고 이룬다고 하며, 좋고 나쁨이 같다고 하니, 어찌 이것이 황당하지 않겠는가? 이들이 비웃지 않으려면, 실제로 감각할 수 있고 유익하게 작용하여 관심의 대상이 되어야 한다. 그러니 감각할 수 없고 유익하지도 않으며, 대상의 지향성에 동조하는 것 등은 당연히 비웃음의 대상이 될 것이다. 상기 내용을 쉽게 말하면 도는 아는 것만큼 보인다는 뜻이다.

고로(사람에 따라 도를 이해하는 정도가 다르므로) 격언에 이런 말이 있다. 밝은 도는 어두운 것과 같고, 나아가는 도는 물러서는 것과 같으며, 평평한 도는 치우친 것과 같다(故建言有之, 明道若昧, 進道若退, 夷道若類)고 하였다. 건언(建言)은 속담이나 격언을 말한다. 위 문단에서는 도에 대한 인식의 차이를 설명하였고, 이 문단에서는 도의 실체가 이중성을 띠는 것으로 보이는데, 이 또한 아는 것만큼 보인다는 것을 설명하고 있다. 도는 의도적이지 않고, 규범적이지 않으며, 초감각적이라고 한 바 있다. 사물의 존재이유는 자연의 필요에 의한 것이지 의도된 것이 아니다. 그러니 도는 의도적이지 않다는 것이다. 사물은 의도적이 않고 자연의 필요에 의해 서로의 조건으로 오고 가는 것이니, 자신의 존재성은 의존적 조건에 따르면서 스스로를 유지해야 하는 이중성을 갖는다. 이 이중성은 개체로서 존재와 전체의 부분으로서 존재라는 양면성을 말하는 것이다. 개체로서 존재는 개체의 유지 발전이라는 이기적·독립적 특성을 갖지만, 전체의 부분으로서 존재는 이타적·의존적인 관계의 특성을 갖는다. 그러니 지속하여 존재하기 위해서는 당연히 자신을 위해 이기적으로 노력해야 하지만, 이 노력은 전체의 요구나 필요에 이타적인 기여를 해야 하는 것이다. 이 이기(利己)·이타(利他)의 이중성을 조화롭게 유지하는 것이 도에 따르는 것이고 본성이다. 전체보다 부분이 지나치게 강조되면 이중성의 균형이 깨어져 부분들 간에 대립이 일어나게 된다. 이런 대립은 서로의 경쟁이나 전쟁으로 발전하기도 하지만, 대부분의 경우 서로의 성장과 발전을 위한 자극제로서 작용한다. 이 자극은 미시적으로는 자극이지만 거시적으로는 진화이고 엔트로피이며, 우주의 순환이다. 그리고 부분보다 전체가 강조되면, 개체는 정체성을 상실하고 자신의 존재를 망각하게 되어 독립적이지 못해 자유를 잃고 종속적인 삶을 영위하게 된다.

노자는 이 이중성을 설명하기 위해 밝음(明)/어두움(昧), 나아감(進)/물러남(退), 평평함(夷)/치우침(類), 깨끗함(白)/더러움(辱), 높은 덕(上德)/(낮은) 계곡(谷), 넓은 덕(廣德)/부족(不足), 덕의 개진(建德)/탐냄(偸), 질박한 진실(質眞)/변덕스러움(渝), 큰 장소(大方)/구석(偶), 대음(大音)/희성(希聲), 대상(大象)/무형(無形) 등을 나열하고, 이들 대립적인 개념이 다르지 않고 같다고 말하고 있다. 하루는 낮과 밤이 있다. 낮과 밤이 없으면 하루가 아니다. 하루라는 입장에서 보면 낮과 밤은 같은 하루일 뿐이다. 나무는 뿌리, 줄기, 잎이 있다. 부분은 각기 다르지만, 전체가 나무라는 점에서는 같다. 또 밝고 어두운 것은 상대적이다. 더 밝은 것이 나타나면 밝은 것은 어두운 것이 되고, 더 어두운 것이 나타나면 어두운 것은 밝게 된다. 그러니 존재하는 사물은 어떤 방식이든지 상반된 개념을 가진다. 나아감이란 돌아옴을 전제로 한다. 돌아옴은 물러남이다. 나아감과 물러남은 출발점과 목적지를 어디로 보느냐의 차이이다. 돌아오는 지점에서 보면 물러남도 나아감이다. 그러니 같다고 할 수밖에 없는 것이다. 평평함과 치우침의 경우도 마찬가지다. 옆에서 보면 치우쳐 보여도 위에서 보면 평평해 보인다. 시작의 위치에 따라 달리 보일 따름이다. 보는 자의 필요와 조건에 따라, 당사자인지 관계자인지의 입장에 따라 다를 수도 있고 같을 수도 있다는 뜻이다. 아는 것만큼 보인다는 말과 같다. 그러니 도(道)라는 큰 틀에서 보면 다 같은 존재에 불과한 것이다. 이런 관계를 가진 조건 속에서 개체가 갖는 조건의존성을 이해하는 것이 사물의 상관적 차이를 아는 방법이다. 주체와 객체의 태생적 차이와 조건 의존성에서의 상관적 차이를 살피고 이해하며, 객체와 공감하여 서로 동조하는 것을 앞에서 조화로운 밝음, 습명(襲明)이라 하였다. 그리고 객체의 지향성을 돕고 채워서 객체가 여유를 갖게 하여 덕을 베풀게 하는 것을 숨기는 밝음, 즉 미명(微明)이라 하였다.

높은 덕은 (낮은) 계곡과 같고, 크게 깨끗함은 더러운 것과 같으며, 넓은 덕은 (덕이) 부족한 것과 같다(上德若谷, 大白若辱, 廣德若不足)고 하였다. 여기서도 대립된 개념들은 상대적인 이중성이 동거하고 있으니 같다고 하였다. 덕은 도를 사물에 시현하는 것으로 본성을 나타나게 하는데, 높은 덕은 작위가 없고 비규범적이라 하였다. 곡(谷)은 6장에서 깊고 아늑한 계곡(玄牝)으로 만물이 잉태하여 생겨나는 창조의 신비함이 존재하는 곳이라 하였다. 높은 덕은 도의 시현이고 베풂이며 포용함이고, 낮은 계곡은 도가 시현되어 만물이 창조되어 나옴을 수용하고 포용하는 곳이니, 덕과 계곡은 둘다 도를 시현한다는 점에서 같다고 한 것이다. 즉, 도가 시현되고 포용한다는 점에서는 높고 낮음이 없이 서로 같다.

매우 깨끗한 것은 더러운 것과 같다(大白若辱)고 함은 너무 깨끗하면 더러워지기 쉽다는 표현으로 해석할 수도 있지만, 더러운 것이 없다면 깨끗한지 여부도 구별할 수 없다고 해석할 수도 있다. 사람의 경우, 아주 깨끗한 사람은 때묻을까 두려워 더러운 것을 피하려 한다. 이런 행동이야말로 더러운 것과 같다는 것이다. 반면에 때가 묻은 사람은 때가 묻음을 두려워하지 않으니 오히려 궂은 일을 겁내지 않고 덕을 베풀 수 있다.

넓은 덕이 부족한 것과 같음(廣德若不足)은 덕을 베풀 영역과 덕의 내용이 범위가 넓으면 넓을수록 필요가 커지고 많아지니 부족하다고 한 것이다. 특히 이기적인 사람의 경우는 덕을 받아도 항상 욕심보다 부족한 상태라서 부족하다고 느낀다.

덕을 개진하는 것은 탐내는 것 같으며, 질박한 진실은 변하는 것 같다(建德若偸, 質眞若渝)고 하였다. 공존의 본성을 따를 것을 드러내 주장하거나 건의하면, 이기적으로 자신의 욕심을 추구하는 사람들이 보기에는 떳떳하지 못하고 탐내는 것 같아 보이고 교활해 보인다는 의미이다. 이를 바꾸어 말하면 돼지 앞에는 돼지만 보인다는 속담과 같다. 진실함은 거짓과 꾸밈이 없어 수수하고 정성스러우며 수용적이라 변덕스러운 것 같고, 떳떳하고 버젓하지 않아서 탐내고 구차한 것 같다는 것이다. 특히 물과 같이 더럽고 낮은 곳에 처하여 온갖 사물을 대하는 태도는 매우 변덕스럽게 보일 수 있다.

큰 장소는 구석이 없고, 큰 그릇은 늦게 이루어지며, 큰 음은 들리지 않고, 큰 형상은 형태가 없으며, 도는 숨어서 이름이 없다(大方無隅, 大器晩成, 大音希聲, 大象無形, 道隱無名)고 하였다. 방(方)은 "모, 방위,

나라, 곳, 장소, 수단" 등의 의미 중에서 "곳 혹은 장소"라고 번역한다. 인간의 감각으로는 감지하지 못하게 크고 넓은 사물(넓은 장소, 큰 그릇, 큰 소리, 큰 형상 등)은 감각의 수단인 시각, 청각, 촉각 등이 작동되지 않는다. 한 눈에 들어와야 모서리나 구석을 알 수 있지 그렇지 않으면 있어도 있는지 없는지를 모른다. 마찬가지로 큰 그릇 혹은 큰 재능(器)은 다스릴 것이 많으니 늦게 이루어지고, 큰 소리는 귀로 들을 수 있는 파장이 아니며, 큰 형상은 시각의 범위를 벗어나 파악할 수 없으니 형이 없는 것과 같다. 이와 같이 도(道) 역시 초감각적이라 있는지 없는지 감각으로 인지하지 못하니 숨었다고 한 것이고, 감각하지 못하니 이름도 없다고 한 것이다.

상기 건언(建言) 즉, 격언의 내용들은 모두 세상사는 당사자의 마음가짐에 따라 다르게 인식되고 다르게 반응한다는 것이다. 이는 이 장의 시작에서 도에 대한 인식은 개인마다 차이가 있는 것과 같다.

무릇 도만이 잘 빌려주고 또 잘 이룬다(夫唯道, 善貸且成)고 하였다. 도는 인간이 감각하지 못하지만, 도로 인해 생겨난 우주는 운행하고 만물은 자라나며, 인간도 오고 간다. 이와 같이 실재하는 존재들이 등장하고 움직이며 사라지는 것은 도의 역할이니, 도는 만물의 존재와 작동에 자신을 잘 빌려주고 있는 것이 되며, 잘 이루고 있는 것이 된다. 유무를 상생하게 한 도가 없으면, 즉, 공간과 시간이 없으면 무엇이 존재할 수 있겠는가?

42장
동거하는 대립개념을 조화하는 충기

道生一, 一生二, 二生三, 三生萬物, 萬物負陰而抱陽, 沖氣以爲和, 人之所惡, 唯孤, 寡, 不穀, 而王公以爲稱, 故物, 或損之而益, 或益之而損, 人之所教, 我亦教之, 强梁者, 不得其死, 吾將以爲教父.

　도는 하나를 생겨나게 하고, 하나는 둘을 생겨나게 하고, 둘은 셋을 생겨나게 하고, 셋은 만물을 생겨나게 한다. 만물은 음을 지고 양을 안아, 심원한 기운이 서로 화합하게 한다. 사람이 싫어하는 바는 오직 외롭고(孤), 부족하며(寡), 복록이 없는 것인데(不穀), 이것을(而) 왕의 칭호로 삼는다(以爲). 까닭은(故) 만물은 혹 더는 것이 더하는 것 같고(而), 혹 더하는 것이 더는 것 같기(而) 때문이다. 다른 사람들이 가르치는 도리가 있으니, 나 역시 그 도리를 가르친다. 강하고 굳센 자는 마땅한 죽음을 얻지 못한다는 것은 내가 장차 가르침의 아버지로 삼게 될 것이다.

이 장의 번역에서 유의할 사항은 전체의 맥락이다. 이 장을 세 부분으로 나누어 보면 첫 부분은 도가 점진적으로 사물을 생겨나게 하는 과정, 두 번째 부분은 사물은 음과 양의 상반된 이중성을 지니고 이 이중성은 충기로 화합한다는 것, 세 번째 부분은 이 이중성은 서로 의존적으로 교차한다는 것이다. 이들을 묶어보면 사물의 생멸(生滅)은 상반된 이중성이 대립하고 화합하는 공존의 과정이니, 이 이중성의 공존을 교훈으로 삼아야 한다는 것이다.

"故物(고물), 或損之而益(혹손지이익), 或益之而損(혹익지이손)"에서 故(고)는 "사유, 까닭, 이유, 고로, 그러므로, 반드시" 등의 의미 중에서 위 문장과 문맥을 연결하려면 "까닭은 ~때문이다", 之(지)는 주격조사, 그리고 而(이)는 "말을 잇다, 같다, 너, 만약, 뿐, 그리고, ~로서, ~하면서, 그러나, 그런데도" 등의 의미 중에서 "같다"라고 옮기면, 이 문장은 "까닭은 만물은 혹 더는 것이 더하는 것 같고, 혹 더하는 것이 더는 것 같기 때문이다."라고 번역된다.

不得其死(부득기사)에서 其(기)는 "그, 만약, 혹은, 어찌, 장차, 이미, 마땅히, 이에, 그래서, 기약하다, 어조사" 등 다양한 의미 중에서 "마땅히"라고 옮기면, 이 문장은 "마땅한 죽음을 얻지 못한다"로 번역된다.

◀》 풀이

만물은 점진적으로 생겨나 개체로서 독립적 특성과 환경의 일원으로써 의존적 특성을 갖는다. 개체로서 특성은 독립적이고 이기적인 반면, 환경과의 관계에서 갖는 특성은 의존적이고 이타적이다. 이 상반된 특성의 동거로 인해 개체는 독립성을 유지하면서 객체인 대상과 화합하며 공존한다. 노자는 이 화합하고 공존하는 과정에는 연결의 끈과 같은 역할을 하는 충기(沖氣: 공허함의 기운)가 작용하고 있다고 한다. 먼저 만물의 생성과정에 도가 작용함을 점진적으로 표현한다. 도는 하나를 생겨나게 하고, 하나는 둘을 생겨나게 하고, 둘은 셋을 생겨나게 하고, 셋은 만물을 생겨나게 한다(道生一, 一生二, 二生三, 三生萬物)고 하였다. 이 문장의 번역에서 주의 할 점은 生(생)을 "낳다"라고 번역하지 않고, "생겨나다"라고 한다는 점이다. 도는 조건을 형성하고 서로가 원인이 되게 작용하는 것이지 닭이 알을 낳듯이 직접 낳는 것이 아니다. 여기서 일·이·삼(一·二·三)을 의미를 부여할 것인지 아니면 그냥 순차적으로 생겨난 것으로 해석할 것인지 의문이 생긴다. 의미를 부여할 경우, "도는 하나를 생겨나게 한다(道生一)"라고 하였는데, 39장에서 "하늘도 하나를 얻어 푸르게 되었다(天得一以淸)"를 풀이 하면서 하나(一)를 도(道)라고 풀이한 것과 상치된다. 이 혼란을 피하려면 이 장과 39장의 일(一)은 덕(德)이어야 한다. 그리고 이(二)는 유(有)와 무(無), 아니면 시간과 공간 혹은 음(陰)과 양(陽) 등이 되어야 한다. 그러면 삼(三)은 무엇일까? 억지로 붙이자면 유기물이라 할 수 있을 것이다. 그러나 노자는 이렇게 생각하지 않고 그냥 순차적으로 생겨난다고 하지 않았을까?

앞에서 빅뱅 이후 시간과 공간이 생겨나고 여기에 에너지가 작용하여 생명이 생겨난다고 하였었다. 이를 노자의 사상과 연결하면 시간은 무이고, 공간은 유이며, 도는 조건에서 생겨난 에너지라고 한 바 있다. 이런 관점에서 이 장을 이해하면 좀더 현실적인 해석이 가능할 것이다. 그리고 생성은 에너지의 움직임에서 출발하는데, 움직임이란 차이에서 시작되는 것이다. 높은 곳이 있어야 아래로 움직이고, 기울어 지면 넘어지는 것과 같은 논리이다. 요즈음 말로 하면 위치 에너지이다. 있음과 없음, 길고 짧음, 높고 낮음 등의 차이가 에너지를 만든다. 도의 작용도 같다. 질량의 차이, 위치의 차이, 음과 양의 차이, 호·불호의 차이, 편·불편의 차이가 움직임을 만든다는 것이다. 이것이 조건이고, 조건의 차이가 움직임을 만들며, 움직임이 도의 작용이다. 이를 40장에서 "反者(반자) 道之動(도지동)"이라 하였다.

도가 하나를 만든다고 함은 1장에서 무(無)가 만물의 시작이고 유(有)가 만물의 터전이라고 한 것과 같은 의미이다. 하나는 시작이고 전체이다. 하나는 시작의 움직임이고 시작의 에너지이다. 혹자는 이것을 태극 혹은 무극이라고 하지만 아직은 알 수 없는 어떤 것이다. 어쨌든 태초의 이 에너지는 빅뱅으로 시간과 공간을 만든다. 유(有)와 무(無)의 탄생이다. 빅뱅 이전의 상태는 에너지의 덩어리이다. 에너지의 덩어리 내부에 어떤 간극이 생기고, 이 간극의 틈새에는 엄청난 에너지의 움직임이 일어나 폭발로 연결된 것은 아닐까? 이는 추정이다. 폭발로 생긴 공간에는 질량을 가진 수고와 헬륨 등의 가스가 차지하고, 물질(가스)들의 질량 차이는 움직임을 만들며, 여기에 빛과 시간이란 움직임을 만드는 에너지가 작동하면 이들은 상호작용하여 유기물을 만든다. 유기물이든 무기물이든 질량이 있는 사물은 중력과 인력을 가지고 있으며, 인력이 있으면 연결이 이루어지고 연결은 서로의 지향성을 만든다. 이 과정을 부연하면 사물 간의 인력에 의한 연결은 서로 영향력을 교환하게 되고, 서로를 감지하고 반응하는 체계를 만든다. 동물의 신경세포와 같다. 이 감지 체계는 변화를 읽고, 비교하고 종합하여 반응하게 되는데 이 반응이 지향성이다. 이런 감지작용과 이에 대한 반응 활동인 지향성은 내부 조직의 활동으로 자기조작적이고 자기증식적이다. 그러니 이 지향성은 스스로 그러한 것이고 자연(自然)한 것이며 만물이 생겨나서 작용하는 이치이다. 이것은 노자가 말하는 도(道)와 같다.

사람의 경우 잉태하여 조직이 분화되기 시작하면 감각세포와 신경조직이 작동하고, 이 세포들의 상호작용으로 정신이란 무형의 자극-반응의 처리체계가 생겨나서 자신의 유지 발전이라는 능동적 지향성으로 삶을 영위하는 것과 같다. 이렇게 보면 정신은 각 세포들의 상호작용의 결과물이고, 각 세포들의 요구조건의 집합체이며, 그들의 지향성이 상호작용한 것이라고 할 수 있을 것이다. 나아가 정신은 신체 내부 조직들의 요구조건에 부합한 결과물인 동시에 외부조건들의 상호작용의 결과물이기도 하다. 그러니 정신은 신체 내·외부와 피드백을 주고받는 처리체계인 동시에 능동적 지향성이고, 내부와 외부를 연결하는 충기(沖氣)에 해당되는 것이다.

도(道)란 것도 정신의 존재와 같은 역할을 한다. 정신이 사람의 신체에 기반을 둔 각 부분들이 갖는 지향성의 집합 개념이라면, 도(道)는 우주 만물에 기반을 둔 각 사물들이 갖는 지향성의 집합 개념이고 상호작용의 개념이다. 그래서 도(道)는 모든 사물이 자연의 필요에 의해 형성된 조건과 상호작용하여 적응하게 하는 지향성이니, 자연의 지향성이라 할 수 있다. 개체의 지형성은 자연의 지향성 즉, 도를 조건으로 하여 형성된다. 그러니 이 조건에 맞지 않으면 돌연변이가 생기기도 하고 사라지기도 하며, 조건에 맞는 길을 가게 된다. 그래서 도(道)는 개체가 가야 할 길과 같은 것이다.

우주의 탄생과 팽창과정도 같은 이치를 따른다. 하나에서 음과 양, 유와 무, 혹은 공간과 시간 등으로 구분되는 둘이 생겨난다. 그리고는 무기물 → 유기물 → 만물의 순으로 연결되어 생겨난다. 무기물인 가스들이 온화하고 따뜻한 에너지를 만나 유기물을 만들고 만물을 생겨나게 한다. 그리고는 반대로 유기물은 무기물을 만들고, 이렇게 만들어진 무기물은 또 다른 유기물을 만드니 사물은 기하급수적으로 늘어난다. 이것이 서로가 서로의 조건이 되어 생겨나게 된 현상이라 할 수 있다.

이 과정을 만물은 음을 지고 양을 안고, 공허한 기운이 서로 화합하게 한다(萬物負陰而抱陽, 沖氣以爲和)고 하였다. 음이 숨는 기운이라면 양은 드러나는 기운이다. 음의 기운이 드러나려는 양을 기운을 안아서 감추고, 양의 기운이 숨으려는 음의 기운을 등에 업어서 드러나게 한다. 즉, 상반된 두 기운이 서로가 서로의 부족한 면을 채워주니 서로가 화합한 것이다. 이들 두 기운은 환경의 조건에 조화롭게 균형을 유지하기 위해 두 기운의 경계에 수용의 공간으로 비움의 기운인 충기(沖氣)를 만든다. 이 기운이 서로를 업게 하고, 서로를 안게 하며 화답하게 하니 화(和)하게 된다고 한 것이다. 이런 충기를 작용하게 하는 것이 조건의 지향성인 도이고 덕이다. 이 충기의 작용으로 따뜻하고 부드러운 양의 기운이 충만하여 솟으려 하면, 음의 기운은 밑에서 받쳐준다. 이런 과정으로 만물은 서로의 조건에 응하여 생장하게 되는 것이다. 반면에 차갑고 딱딱한 음의 기운이 양의 기운을 누르고 충만해지면 만물은 사그라져 근본으로 되돌아 간다. 이와 같이 충기(沖氣)는 도(道)를 시현하는 수용의 기운이며, 대립된 음기와 양기를 융합하도록 작용한다. 이들 음과 양은 충기로 인해 서로가 서로의 조건으로 작용하니 균형과 불균형으로 순환한다.

음과 양은 대립적 이원관계의 기운으로 만물의 생성 변화의 기운(氣)을 뜻한다. 음과 양의 기운이 만나면, 충기(沖氣)가 서로 화합하게 한다고 함은 대립된 양면성은 내·외부 조건이 만들어준 지향성에 따라 서로가 서로의 상반된 면이 보충하여 융합하게 되고 새로운 기능을 창출한다. 음과 양은 독자적인 것이 아니라 상반성의 동거이니 상관적이다. 상관적이라 양쪽의 특성이 서로 우세·열세의 관계를 갖고 교차한다. 마치 시소와 같이 서로의 특성이 오르락내리락한다. 이런 상관관계의 접점에는 비움의 간극이 필요하다. 시소에서 어느 쪽이 올라가기 위해서는 그 쪽의 무게를 줄이거나 다른 쪽에서 무게를 늘리는 작용이 필요하다. 이렇게 어느 한쪽은 비우는 공간이 있어야 하고 다른 쪽은 채우는 공간이 있어야 한다. 이 비워진 공간을 만들기 위해 작용하는 힘이 충기(沖氣)이고 이 충기는 내·외부의 조건에서 주어지는 지향성으로 작동한다. 정리하자면, 충기(沖氣)는 대립적 관계에서 자신의 특성을 내려놓거나 비우고 다른 특성을 수용하는데 작용하는 기운으로 음양이 교역하고 화합하는 대립 면의 에너지인데, 이는 조건으로 형성되는 에너지에 의해 작동하고 다름을 수용하는 공간이다. 여기서 충(沖)은 "화하다, 담백하다, 비다, 공허하다, 깊다, 어리다(幼), 오르다, 상충되다" 등의 의미 중에서 "비다"라는 의미이다.

사람이 싫어하는 바는 오직 외롭고(孤), 부족하며(寡), 불곡(복록이 없는)인데, 그것을(而) 왕의 칭호로 삼는다(人之所惡, 唯孤, 寡, 不穀, 而王公以爲稱)고 하였다. 사람은 약육강식의 자연환경에서 생명을 유지하고 종족을 보전하기 위하여 성생활과 집단생활을 시작하게 된다. 개인적인 생활에서 집단의 일원으로 생활방식이 바뀜으로써 왕(王)처럼 혼자서 고립된 생활을 한다는 것은 의지할 데 없고 외로우며 복(福)이 없는 생활로 생각될 수 있다. 그리하여 사람들은 이를 싫어한다고 한 것이다. 그런데 왕은 지도자로서 영향력을 행사하는 고귀한 자리에 있으면서도 사회에서 동떨어진 궁궐에서 고립된 생활을 하니 얼마나 외로움과 소외감을 느끼겠는가? 그런 환경에서도 왕은 사람의 본성인 집단생활의 온전함을 잃지 않아야 하니 높으면서도 낮은 것처럼 처신해야 하고, 경계하고 겸손한 마음을 가져야 한다. 그러니 스스로를 부족한 사람 즉, "寡人(과인)"이라 한 것이다. 이를 노자는 그것이(而) 왕의 칭호로 삼는다(而王公以爲稱)고 하였다. 고귀한 자리에 있으면서도 싫어하는 바를 칭호로 사용하는 것은 그늘을 의미하는 음(陰)을 지고, 밝은 양(陽)을 안는 것과 같아서 충기(沖氣)로 화합하게 조건을 만들어 유도하는 것과 같은 논리이다. 즉, 이는 왕의 자리가 갖는 고귀함과 외롭고(孤), 부족하며(寡), 불곡(복록이 없는)의 미천함이 차이를 만들어 이 차이의 공간에 충기가 작용하여 조화를 이루자는 것이다. 이 문장에서 而(이)는 지칭대명사로 해석하고 以爲(이위)는 "~로 삼다"로 번역해야 한다. 그리고 낮은 호칭의 사용은 아래 문단에서 말하는 뺄셈으로 덧셈을 추구하는 논리에 의한 것이라 할 수 있다.

까닭은(故) 만물은 혹 더는 것이 더하는 것 같고(而), 혹 더하는 것이 더는 것 같기(而) 때문이다(故物, 或損之而益, 或益之而損)라고 하였다. 이 말은 뺄셈을 하면 덧셈이 되고, 덧셈을 하면 뺄셈이 된다는 의미이다. 뺄셈을 하면 덧셈이 된다고 함은 36장의 미명(微明)과 유사한데, 반드시 이런 전략이 그렇게 완성되기는 어렵다. 뺄셈이 덧셈이 되려면 상대방이 덕(德)이 있고, 여유가 있어야 가능하니 혹(或)이라 하였다. 뺄셈 덧셈의 셈법은 미명(微明)이나 순환으로 설명할 수도 있지만, 셈법의 조건이 되는 객체들의 상호 의존성은 다양한 변화의 가능성을 내포하고 있음으로 반드시 같은 결과가 나타나는 것은 아니다. 이런 점에서 혹(或)이라 한 것이다. 예를 들면, 어느 해의 겨울은 매우 춥고, 어느 해의 겨울은 덜 추운 경우도 있으며, 늦은 봄에도 눈이 오는 경우도 있고, 폭염에 시달리는 여름도 있다. 그렇다고 해도 사계절은 있고 순환하니 평균으로 수렴한다. 그러나 그 내용은 다를 수 있다는 뜻이다.

좋은 일이 있으면 나쁜 일도 있기 마련이며, 좋은 일이라 생각했는데 지나고 보면 나쁜 일이었던 것도 있다. 그리고 지난 번에 잘 마무리하였으니 이번도 잘 될 것이라 생각했는데, 예상 외의 결과가 발생되는 경우도 허다하다. 그래도 평균으로 수렴한다고 함은 덜어내면 더해지고, 더해지면 덜어진다는 것을 의미할 수도 있다. 세상사는 파동과 같이 사인 커브(sine curve)를 그리면서 진행한다. 다만 시간의 차이는 기다림을 만든다. 이 문단은 앞 문단에서 음양의 만남은 충기로 만물을 화합하게 한다지만 꼭 그런 것만은 아니고, 들쭉날쭉할 수도 있다는 설명이다. 그렇지만 시간이 경과하면 결과는 본성으로 돌아온다는 의미이다.

다른 사람들이 가르치는 도리가 있으니, 나 역시 그 도리를 가르친다(人之所教, 我亦教之)고 하였다. 여기서 所(소)는 "바, 곳, 기초, 도리, 사리, 경우, 만일, 거처하다" 등의 의미이나 여기서는 "도리, 사리"라고 해석한다. 환경의 필요라는 본성에 충실하여야 환경으로부터 자신의 존재를 유지할 수 있으니, 이 도리를 사람들은 후세에 가르친다. 노자도 이 도리를 가르친다고 하였다. 여기서 도리는 충기로 만물이 화합하게 한다는 것과 화합의 결과는 들쭉날쭉하면서도 평균인 본성으로 수렴한다는 것을 말한다.

강하고 굳센 자는 그 죽음을 얻지 못한다는 것은 내가 장차 가르침의 아버지로 삼게 될 것이다(强梁者, 不得其死, 吾將以爲教父)고 하였다. 강하면 부러지고, 모난 돌이 정 맞는다는 말과 같이 강하고 굳센 자는 천수를 누리거나 원만한 죽음을 맞기 어렵다는 말이다. 이 역시 세상사는 유무, 음양, 장단, 손익, 강약, 온냉 등 대립된 개념이 함께 내재함을 설명하고 있다. 천부적으로 음양의 조화로 탄생하였으니 처하는 일도 당연히 음양이 같이 작용한다. 동전에 양면이 있어서 하나를 이루듯이 하나의 사물에는 대립된 개념의 쌍들이 수없이 많이 포함되어 같이 동거하고 있다. 강하고 굳센 자는 삶의 과정은 덧셈을 되었는지 모르지만, 결과인 죽음은 뺄셈이 될 수 있다는 의미이다. 이런 도리 즉, 도의 작용과정과 음양, 충기의 조화, 덧셈과 뺄셈의 상관적 이중성 등을 가르침의 근본으로 삼게 된다고 하였다.

이 장을 풀이함에 있어 중요한 점은 노자는 만물의 존재와 존재양식인 당위성을 도(道)와 덕(德)에서 찾고 있다는 점, 만물의 존재와 그 양식을 유무(有無)와 음양(陰陽) 등 대립된 개념의 동거(同居)와 충기로 설명하고 있다는 점, 개체의 존재(部分)는 전체(全體)의 일원으로서 전체의 필요와 조건에 따라 생겨나고 적응한다는 점 등이다. 환경의 필요와 조건에 따른다 함은 이 필요와 조건에 벗어나면 환경에서 사라질 수 있기에, 이 필요와 조건이 개체의 본성이 됨을 의미하고, 이를 유지하기 위하여 자신의 독립성을 유지하여야 한다는 것 또한, 본성이라는 점을 일러주고 있는 것이다.

43장
무위(無爲)의 이익

天下之至柔, 馳騁天下之至堅. 無有入無間, 吾是以知無爲之有益. 不言之敎, 無爲之益, 天下希及之.

   천하에 가장 부드러운 것이 천하에 가장 단단한 것을 부린다. 형태(有)가 없는 것이 틈새가 없는 곳에 들어가니, 나는 이것으로써 무위의 유익함을 알게 된다. 말하지 않는 가르침과 무위의 이익은 천하에 이것에 미치는 것이 드물다.

지유(至柔), 지견(至堅)에서 至(지)는 "이르다, (영향을)미치다, 지극하다, 다하다, 지극히, 가장" 등의 의미 중에서 "지극하다 혹은 가장"이라 번역한다. 치빙(馳騁)은 "말을 타고 달리는 것"의 의미이니 여기서는 "말을 달리게 모는 것, 혹은 말을 부리는 것"의 의미로 해석하여 "부리다, 제어하다"라고 번역한다.

無有入無間(무유입무간)에서 無有(무유)를 글자 그대로 옮기면 "가진 것이 없다. 존재가 없다"이다. 이를 의역하면 "형태가 없다"이다. 無間(무간)은 "틈이 없다, 혹은 틈이 아니다"라고 옮길 수 있는데, 이들은 상반된 의미를 갖고 있다. 틈이 아님은 아주 작은 틈새가 아니라 드나들 수 있는 정도의 공간이 있음을 뜻할 수도 있다. 여기서는 "틈새가 없다"로 옮긴다.

지유(至柔), 무유(無有)로써 무위(無爲)의 유익함을 알 수 있다고 하였다. 무위(無爲)의 유익함이란 "이루고자 함이 없는데도 이루지 못함이 없다(無爲而無不爲)"이니, 객체가 스스로 이루어지게 하는 것을 말한다. 즉, 객체의 지향성이 능동적으로 발휘되게 조건을 형성하는 것, 도(道)의 시현인 덕(德)을 말하는 것이다. 이에 걸맞은 無有入無間(무유입무간)의 번역은 "형상이 없는 것이 틈새가 없는 곳에 들어간다."이다.

🔊 풀이

이 장은 지극한 부드러움(至柔)과 형태가 없음(無有)으로써 무위(無爲)의 유익함을 설명하고 있다. 지극히 부드럽고 형태가 없으니 어떤 곳이나 출입이 가능하고, 아무리 좁은 공간에도 출입이 자유롭다. 그러니 부드러움이 견고함을 제멋대로 부릴 수 있다고 한 것이다. 부드러운 물은 조건만 갖추어 지면 무엇이나 녹일 수 있고 통할 수 있다. 그리고 공기와 같은 형체가 없는 것은 어떤 공간도 출입하여 차지 할 수 있음을 뜻한다.

무위(無爲)에 관한 설명으로 48장에서 무위이무불위(無爲而無不爲)라고 하였다. 이루려 하지 않으면 이루지 못함이 없다는 뜻이다. 이 문장에서 而(이)는 "~하면~한다"는 則(즉)으로 해석한다. 이루려 하지 않고 스스로 그러함을 따르는 것이 무위(無爲)이고, 이는 도(道)에 따르는 것이다. 이루지 못함이 없다는 무불위(無不爲)는 도가 시현되어 베풀어졌다는 의미이다. 즉, 덕(德)이 베풀어졌다는 것이다. 도는 보아도 보이지 않고(視之不足見), 들어도 들림이 없으며(聽之不足聞), 사용해도 다하지 않는다(用之不足旣)라고 하였다. 도의 초감각적임을 말한 것이다. 공기의 존재와 같이 잡히지 않으니 존재하지 못하는 곳이 없다. 어디에나 존재하니 작용하지 않는 곳도 없다는 말이다. 이 작용은 어느 하나에 의도적으로 작용하는 것이 아니고 만물에 고루 미치니, 대상은 당연히 그런 것으로 인식하여 알아채기 어렵다. 이와 같이 행해짐에도 행해지지 않은 것 같음은 행위자가 의도적이지 않고 부지불식간에 행해지기 때문이다. 이를 무위(無爲)로 행했다고 한다.

무위(無爲)는 유위(有爲), 작위(作爲), 혹은 인위(人爲)에 대립하는 개념이다. 유위, 작위, 혹은 인위는 인위적, 의도적으로 정한 바를 행한다는 개념이니, 무위(無爲)는 이루려 하지 않는다 혹은 스스로 그러함(自然)이다. 스스로 그러함은 조건들의 지향성에 따름이니, 이 지향성은 조건들의 필요에 의한다는 의미이다. 여기서 조건들은 그 자신을 이루고 있는 부분들의 필요와 외부 공간에 존재하는 개체들의 필요를 포함하는 것이다. 그러니 무위(無爲)는 자신의 내부 필요와 외부의 필요 조건에 따라 행함을 말하고, "의도함이 없이 행하다 혹은 이루려 하지 않고 행하다(爲無爲)"라고 해석한다. 무위(無爲)라고 하지만 실제는 행해지고 이루어져 존재하고 있으니 무불위(無不爲) 즉, 행해지지 않음이 없다는 것이다. 모든 존재는 조건이 형성되면 그 조건에 따라 스스로 생겨나고 사라진다. 이것이 도의 작용이고 연기이며, 대자연의 생태계이고, 상호 의존적으로 운행하는 우주의 시스템이다.

이렇게 무위(無爲)로 작용함은 대상에 부정적 영향을 미치지 않으니, 만물이 도(道)에 따라 생겨나도록 조건을 형성하고, 타고난 본성에 따라 기능하게 한다. 그러니 존재한다는 자체가 환경의 필요에 부응한 것이고, 당연히 다른 존재에 득이 되는 것이다. 그리고 자신의 내부적 필요가 환경의 지향성에 따라 행해지니 당연히 자신에게도 유익한 것이 된다. 자신과 환경, 양쪽의 지향성에 이롭고 조화롭게 작용하니 이를 무위(無爲)의 유익함이라 한 것이다.

말하지 않는 가르침과 무위의 이익은 천하에 이것에 미치는 것이 드물다(不言之敎, 無爲之益, 天下希及之)고 하였다. 말하지 않는 가르침과 무위(無爲)로 행함은 환경의 필요에 따라 조건 지어진 바에 따른 행함이다. 조건에 따름은 서로 의존적으로 존재하고 기능하는 것이니 자신에게도 이롭고 타인에게도 이로움을 준다. 이렇게 말없는 가르침과 무위로 행함의 이익은 모두에게 유익하고 이루지 못함이 없으니 천하에 이에 미칠 수 있는 것이 드물다고 한 것이다.

44장
탐욕(貪慾)의 병(病)

名與身孰親, 身與貨孰多, 得與亡孰病. 是故甚愛必大費, 多藏必厚亡.
知足不辱, 知止不殆, 可以長久.

　이름(名)과 몸(身) 중 어느 것이 더 친한가? 몸(身)과 재화(貨) 중 어
느 것이 더 중요한가(多)? 얻음과 잃음 중 어느 것이 더 근심(病)인가?
그러니 지나친 탐욕(愛)은 반드시 큰 비용을 치르고, 많이 감추면 반
드시 많이(厚) 잃는다. 만족함을 알면 욕되지 않고, 그칠 줄을 알면
위태롭지 아니하니, 길게 오래간다고 할 수 있다.

◁) 풀이

이 장은 욕심의 분별력에 대하여 설명하고 있다. 이름(名), 몸(身), 재화 중 어떤 것을 더 중시하는지를 묻고, 얻는 것과 잃는 것 중에서 어느 것이 더 괴로운지 묻는다. 몸이 건강해야 이름과 재화를 필요로 하니 당연히 몸이 중요하다. 얻는 것과 잃는 것의 비교는 얻은 것이 있어야 잃는 것이 있으니 얻는 것이 먼저일 것이다. 그런데 과연 그럴까? 사람들은 몸을 해치면서도 명예나 권력을 얻기 위하여 동분서주하고, 돈을 벌기 위해 밤낮을 가리지 않고 일한다. 몸은 상하지 않을 것으로 생각하고, 몸이야 조금 아프면 약을 먹으면 해결된다는 식이다. 몸의 중요성은 알면서도 실제로는 몸을 아끼기보다는 도구로 활용한다. 욕심이다. 얻는 것과 잃는 것의 문제도 마찬가지다. 얻지 못함에 대해서는 그러려니 하면서도 소유하던 것을 잃으면 아쉬워서 안절부절못한다. 이와 같이 사람의 가치에 대한 분별력은 생각하는 것과 실제 행동하는 것에서 차이가 있다. 중요함의 척도는 근본에 가까울수록 중요하고, 말단으로 내려올수록 중요도가 떨어진다. 그래서 중요한 것을 먼저 하라는 말이 있다. 중요한 것을 하지 않고 시기를 놓치면 나중에 급하게 처리해야 할 국면에 도달한다. 그리고 호미로 막을 것을 가래로 대처해야 할 형편에 이른다. 이는 물막이 둑에 난 조그만 구멍은 커지기 전에 막았으면 쉽게 해결될 일인데 방치하면 나중에 큰 힘을 들이게 됨을 비유한 말이다.

지나친 탐욕은 반드시 크게 소모하고, 많이 감추면 반드시 많이 (厚) 잃는다(是故甚愛必大費, 多藏必厚亡)고 하였다. 탐욕은 얻기 어려울수록 더해진다. 얻기 쉬우면 언제든지 구할 수 있으니, 욕심을 덜 낸다. 얻기 어려운 것을 소유하려 하니 몸과 마음을 많이 써야 하고, 필요하면 재화도 소비하게 된다. 귀하고 값어치 있는 물건은 다른 사람이 알면 빼앗길 것을 겁내기 때문에 감춘다. 감추면 그 물건을 갖고자 하는 사람은 그것을 찾아 내려고 힘을 쓰니, 결국에는 잊게 될 것인데, 잃을까 불안해한다. 결과로 물건 잃고 몸도 상하게 되니 많은 것을 잃게 된다.

만족함을 알면 욕되지 않고, 그칠 줄을 알면 위태롭지 아니하니, 길게 오래간다고 할 수 있다(知足不辱, 知止不殆, 可以長久)라고 하였다. 얻기 위한 탐욕과 소유한 것을 지키려는 소유욕은 얻는 것보다 잃는 것이 더 많을 수 있다. 자신의 능력에 따라 만족할 정도를 알고, 소박한 생활이 가능할 정도에서 욕망을 멈출 수 있으면 위태로움에서 편안함을 찾을 수 있을 것이니, 근본을 오래 유지할 수 있을 것이다. 간단히 말해 수분지족(守分知足) 하라는 말이다. 분수를 지키고 만족을 안다는 것을 분별력이라 한다. 이 분별력의 기준은 순박함이 아닐까? 공존을 위한 순박함이 본성임을 알고, 이 본성에서 벗어남이 없이 거짓과 꾸밈이 없고 인정이 많은 상태를 유지하는 것, 이것이 수분지족의 기준이 될 것이다. 이런 분별력을 앞에서 순박한 밝음(樸明)이라 이름 붙여 보았다.

노자는 이 장에서 중요한 것은 도에 따르는 것이고, 도는 무위로 행하니 탐욕과 소유욕을 버리라고 한다. 무위로 행함은 조건을 다스려 조건이 스스로 그러하게 함을 말하니, 나의 지향성을 추구하는 욕망을 내려놓고 대상의 지향성과 조화를 이루라는 것이다.

45장
큰 성취의 청정함

大成若缺, 其用不弊, 大盈若沖, 其用不窮. 大直若屈, 大巧若拙, 大辯
若訥. 躁勝寒, 靜勝熱, 淸靜爲天下正.

　큰 완성은 결함이 있는 듯해도 그 쓰임은 해지지 않으며, 큰 채움
은 비어 있는 듯하나 그 쓰임이 다함이 없다. 매우 곧음은 굽은 듯하
고, 훌륭한 솜씨는 서툰 듯하며, 뛰어난 웅변은 어눌한 듯하다. 움직
임이 추위를 이기게 하고, 고요함이 더위를 이기게 하며, 맑고 고요
함이 천하를 바르게 한다.

🐟 번역에 유의할 어휘

大成若缺(대성약결)에서 成(성)은 "어른이 되다, 이루다(성취), 완성하다, 일어나다, 나아가다" 등 여러 가지 의미가 있으나, 다음에 연결되는 缺(결)과 대비되는 의미로 해석해야 한다. 缺(결)은 "이지러지다, 없다, 모자라다, 빠뜨리다" 등의 의미이니, 成(성)과 缺(결)을 상반된 의미로 짝을 만들면 "성취-모자람, 이룸-이지러짐, 완성-결함, 감춤-모자람" 등이 된다. 그런데 다음 문장에서 "사용해도 해지지 않는다(其用不弊)"고 하였으니, 해지는 원인으로 적합한 것은 모자람이나 결함이다. 그러하니 "成(성)-缺(결)"의 짝지음은 "성취-모자람, 혹은 완성-결함"이라 번역하는 것이 바람직하다.

躁勝寒(조승한), 靜勝熱(정승열)에서 躁(조)는 "조급하다, 움직이다(動), 빠르다, 떠들다" 등의 의미 중에서 "움직이다"라고 옮겨 "움직임이 추위를 이기게 하고, 고요함이 더위를 이기게 한다"라고 번역하였다.

🔊 풀이

이 장은 세상에는 서로 상반된 개념들이 공존하는데, 이런 공존이 개체가 마땅히 이루어야 할 바를 성취하는 데 긍정적으로 작용을 한다고 설명하고 있다. 예를 들면, 자석은 양극과 음극이 공존하면서 그 자기력으로 쇠를 끌어당기는 기능을 한다. 이와 같이 큰 완성과 결함, 채움과 비움, 곧음과 굽음, 훌륭한 솜씨와 서툼 등은 서로 상반된 개념들이다. 자석의 예에서 보듯이 이런 상반된 개념들이 하나의 사물에 함께 존재하고 동시적으로 작용한다. 상반되게 작용해야 함에도 비움의 기운(沖氣 42장 참조)으로 서로의 흐름을 만들어 외부에 작용하니 하나의 힘이 되는 것이다. 상반됨에서 오는 차이는 그 경계에 비움이 있고 이 비움에는 맞닥트림의 기운이 일어난다. 이 기운의 작용은 움직임을 만들고 움직임이 흐름을 만드는 것이다. 움직임과 흐름이 만들어진다고 함은 서로가 바탕이 되거나 조건이 되어 밀고 당겨 하나의 힘이 되는 것을 말한다. 어항의 물이 고요하면 물고기는 고요에서 오는 불안함을 이기지 못하고 휘젓는다. 주객의 상호작용이다. 채움과 비움, 완성과 결함, 모두가 세상사이고, 이들이 어우러져 상호작용하면서 주체가 되기도 하고, 대상이 되기도 한다. 상반된 모양이나 기능이 작게는 개체내에서 공존하고, 크게는 주객이나 환경으로 작용한다. 나무에는 잘 생긴 가지와 못 생긴 가지가 어우러져 아름다운 형태를 만들고, 숲은 교목과 관목이 무성함을 만든다. 이런 어우러짐이 조화이다.

흠이 없고 모자람이 없는 이룸이나 성취가 어디 있겠는가? 성취하려면 흠을 딛고 일어서는 과정이 필요하다. 그리고 보는 사람의 앎의 정도에 따라 흠과 모자람을 찾을 수도 있고, 못 찾을 수도 있을 뿐이다. 채움도 그러하다. 빈 공간이 없으면 채울 수 없다. 그리고 우주 공간과 같이 큰 공간이 채워지면 채워진 것을 인지하지 못한다. 어항에 물을 가득 채웠을 때, 그 안에 있는 물고기는 그 채움을 인지하지 못할 것이다. 당연히 있어야 할 것이 있다고 할 것이다. 공기로 가득한 대기권을 우리는 비었다고 생각하는 것과 같은 이치이다. 곧음도 감각으로 인지하면 직선이나, 이론으로 인지하면 굽음이다. 솜씨가 훌륭하다고 하지만 서툶이 내재되어 있다. 내재된 서툶이 전체와 조화로우면 전체는 훌륭해진다. 큰 웅변은 눌변이란 말도 같은 비유이다. 울분을 말하는 가장 좋은 방법은 그냥 눈물을 흘리는 것이 아니겠는가?

이와 같이 상반된 것이 한 사물에 공존하여 기능하는 것이 존재의 본성이다. 존재는 환경의 인연으로 생겨나고, 이 인연은 서로의 필요에서 비롯된다. 이 필요는 환경의 요구이고, 요구는 바램과 현실의 차이를 말하니 이 차이를 메우기 위한 움직임이 만들어지는 것이다. 이 움직임이 사물을 생겨나게 하는 것이다. 열매가 결실하는 것은 꽃이 피는 식물과 꿀을 필요로 하는 벌과 나비가 서로의 요구를 충족하기 위한 수분 행위가 만든 결과이다. 자신의 요구를 드러나게 하는 것이 행위이고 기능이다. 이 행위와 기능은 다름의 차이에서 에너지를 얻는다. 배고픔에 식욕을 느끼고 음식을 찾는 것과 같은 이치이다.

움직임은 결핍이나 차이가 없으면 생기지 않는다. 차이를 만드는 것이 상반된 존재의 기능이다. 성취와 부족, 채움과 빔, 곧음과 굽음, 훌륭한 솜씨와 서툶 등이 그러하다. 상반된 것의 비교를 통해 얻는 지향점이 목표이고, 이를 이루려는 바램이 욕구이며, 능동적인 에너지이다. 요약하면 사물의 능동적인 에너지는 상반된 특성을 내재하고 있기 때문에 일어나는 것이며, 이 특성은 본래부터 갖추고 생겨난다. 그리고 그 쓰임은 환경의 요구에 따라 적절하게 드러내는 것이 사물의 기능이다. 이 쓰임과 기능은 상반된 존재의 에너지가 조화하여 나타나는 것이니 상반된 존재가 기능에 폐가 되거나 그 기능을 해지게 하지 않는다.

움직임(躁)이 추위를 이기게 하고, 고요함이 더위를 이기게 하며, 맑고 고요함이 천하를 바르게 한다(躁勝寒, 靜勝熱, 淸靜爲天下正)고 하였다. 추위나 더위를 극복하려면 움직이든지, 조용히 움직이지 않고 버티는 것이 바람직한 방법임은 누구나 다 알고 있는 상식이다. 노자가 상반된 개념의 공존에 이어 이 말을 한 것은 움직임(躁)과 고요함(靜)이라는 상반된 기능의 쓰임도 추위(寒)와 더위(熱)라는 상반된 대상이라는 것을 설명하고 있는 것이다. 그러면 천하를 바르게 한다는 청정(淸靜)은 어떤 특성일까? 맑고(淸) 고요함(靜)이 있음은 탁함(濁)과 소란스러운 움직임(躁)이 있음을 말한다. 맑고 탁함, 고요함과 소란스러움은 서로 상반된 특성으로 함께 존재하고 함께 작용한다. 앞에서 보았듯이 그 쓰임이 다를 뿐이다. 천하를 바르게 하는데 필요한 기능은 청정(淸靜)이라는 것이다. 이와 관련하여 15장에서 탁함을 고요하게 하면 맑아진다(濁以靜之徐淸)고 하였으니 탁함과 고요함이 함께 존재함을 말하는 것이고, 16장에서 고요함을 지키기를 정성껏 하면 만물이 함께 일어난다(守靜篤, 萬物竝作)고 하였으니, 고요함이 천하를 맑게 하고 만물이 일어나게 한다는 것이다. 그러하여 청정(淸靜)이 천하를 바르게 한다고 하였다.

46장
재앙이 되는 욕망과 평화의 도

天下有道, 卻走馬以糞, 天下無道, 戎馬生於郊, 禍莫大於不知足, 咎莫

大於欲得, 故知足之足, 常足矣.

   천하에 도가 있으면 달리던 말을 쉬게 하여 거름을 주게 하고, 천
하에 도가 없으면 교외에 군마(戎馬)를 기른다(生). 만족함을 모르는
것보다 큰 재앙은 없고, 얻으려고 욕심 내는 것보다 큰 허물은 없다.
고로, 만족을 아는 것 이것에 만족하면, 항상 만족한다.

戎馬生於郊(융마생어교)에서 生(생)은 "나다, 낳다, 살다, 기르다, 싱싱하다, 만들다, 자기의 겸칭" 의미 중에서 "기르다"라고 옮긴다. 故知足之足(고지족지족)에서 之(지)의 용법은 "天命之謂性(천명지위성)을 천명 이것을 성이라 한다"고 번역하는 것과 같이 "고로, 만족을 아는 것 이것을 만족하다"라고 번역한다.

🔊 풀이

이 장은 불교에서 "모든 것은 오로지 마음이 지어낸다(一切唯心造)"는 말을 떠오르게 한다. 모든 것이 마음에서 지어내는 것이라고 함은 모든 것은 마음먹기에 따라 변할 수 있다는 말이다. 그러니 추구하는 것을 외부에서 찾지 말고, 내부의 마음에서 찾으라는 말이다. 집착으로 추구하는 것을 외부에서 찾으면 소유(所有)를 구하는 것이 되고, 내부에서 구하면 자기를 살피는 성찰이 되며, 성찰은 자신의 능력과 분수를 알게 한다. 이를 분별력이라 한다. 분별력이 있으면 과욕을 하지 않는다. 과하게 욕심내지 않으니 만족할 줄 안다. 이 장에서 설명하려는 것은 만족을 안다는 것 이것에서 만족을 얻자는 것이다.

천하에 도가 있으면 달리던 말을 쉬게 하여 거름을 주게 한다(天下有道, 卻走馬以糞)고 하였다. 천하에 도가 있다고 함이 무엇을 뜻할까? 아마 "천하 만물이 도를 따른다면" 이라고 해석하는 것이 좋을 듯하다. 도(道)는 자연의 필요에 따라 지어진 조건의 집합체이다. 만물은 이런 조건에 근거하여 생겨났으니, 이 조건에 부합해야 자신의 존재

이유인 본성에 따르는 것이 된다. 천하가 모두 자신의 존재이유에 합당하게 존재한다면 즉, 도를 따른다면 다른 사물의 존재와 그들의 지향성을 침해하는 일은 없다. 이 말은 자신의 존재가 다른 사물의 필요에 의해 생겨났으니, 그 조건에 맞추어 살아가게 된다는 것이다. 이는 다른 존재를 침해하는 것은 자신의 근본인 모체를 침해하는 것과 같다는 의미이다. 그러니 도를 따른다는 것은 공생과 공존의 도리를 지키는 것인 바, 전쟁과 같은 분쟁은 사라진다. 전쟁이 없으니 당연히 전쟁에 나갔던 군인은 집으로 돌아와 생업에 종사하게 되고, 군마(軍馬)는 농사일에 사용하게 된다. 이 문장에서 糞(분)은 "똥, 비료, 거름을 주다(培), 더럽다, 다스리다(治)" 등의 의미에서 "거름을 주다(培)"로 해석하였는데, 의역하면 "농사일을 하다"라고 해도 좋을 것이다.

천하에 도가 없으면 교외에 군마(戎馬)를 기른다(天下無道, 戎馬生於郊)고 하였다. 위에서 언급한 바와 같은 맥락이다. 천하에 도가 없어 각각의 사물들이 자신의 존재이유를 망각하고 이기적인 욕망에 사로잡히면, 다른 존재를 침해하려 하고 사물을 자신의 욕망에 따라 배치하고 이용하게 된다. 농사일에 사용하던 말들은 교외에서 군마로 사육되고, 백성은 군인으로 차출된다. 어느 한쪽이 전쟁을 준비하면 다른 쪽에서도 같은 일이 일어나 군비 경쟁으로 치달으니 백성은 고단하게 된다.

만족함을 모르는 것보다 큰 재앙은 없고, 얻으려고 욕심 내는 것보다 큰 허물은 없다(禍莫大於不知足, 咎莫大於欲得)고 하였다. 어순대로 번역하면 "재앙은 만족을 모르는 것보다 큰 것이 없고, 허물은 얻기를 바라는 것(얻으려고 욕심 내는 것)보다 큰 것이 없다"이다. 만족은 욕구만족이다. 욕구가 있어야 불만족이 있고 만족도 있다. 욕구는 능동적인 가치 지향성이다. 욕구는 모자람에서 출발하는데 이 모자람은 개체가 자신의 종족과 생명을 보존하고 발전하고자 하는 본성에 근거한다. 지능을 가진 사람은 자연생활을 하는 동물과 달리 발달된 지능을 가지고 사회생활을 한다. 지능을 가짐은 비교, 종합, 예측, 판단하는 뇌의 기능을 활용하는 것으로 가치를 추구하는 능력을 갖게 한다. 이런 뇌의 기능은 자동적으로 부팅(booting)되는데 이 기능을 본능이라 하고, 이 자동적인 가치추구 부팅을 능동적 지향성이라 한다. 이 욕구는 발전의 원동력이 되기도 하지만, 잘못 활용하면 화를 만들고 분쟁의 실마리가 되기도 한다. 잘못 활용한다는 것은 남이 가진 가치를 취하려 한다든가, 남이 추구하는 가치를 방해한다든가, 자신의 의도에 맞지 않는다고 남에게 강요하는 행위 등으로 타인의 지향성을 방해하는 경우를 말한다. 이런 욕구 추구 행위는 공존의 도에서 벗어나는 것이다. 위 문단의 천하에 도가 없으면(天下無道)과 연결하면 이 문단은 천하가 도에서 벗어나면(天下脫道) 천하에 화와 허물이 생겨난다(禍咎生於天下)라고 해야 할 것이다.

만족을 안다는 것은 앞 장에서 언급한 분별력으로 자신의 능력과 분수에 따라 만족할 정도를 안다는 것이다. 능력을 안다고 함은 자신의 신체적 능력, 자치능력(자립성), 사회적 능력(사회성), 자신이 잘 할 수 있는 것(재능)을 안다는 것을 말한다. 신체적 능력은 체력과 환경지배력, 자치능력은 독립성과 주도성, 사회적 능력은 인간관계능력과 업무관계능력, 재능은 지식 습득력과 문제해결력, 표현력 등을 말한다. 이런 능력들에 대한 자신의 수준, 자신의 필요수준, 그리고 사회적 필요수준을 알고, 할 수 있는 것과 할 수 없는 것 등을 구분할 수 있으면 분별력을 갖추었다고 한다. 이 분별력으로 자신을 성찰하고 할 수 있는 것을 추구하면, 수분지족(守分知足)의 만족을 얻을 수 있을 것이고 자신의 발전도 향유할 수 있을 것이다.

하지만 노자가 말하는 만족을 안다는 것은 위 문단에서 말하는 자기의 능력에 따라 행하고 얻는 만족이 아니라, 순박한 만족을 말한다. 즉, 본성에서 벗어남이 없이 거짓과 꾸밈이 없고 인정이 많은 상태를 유지하는 것, 이것이 노자가 말하는 분수를 지키고 만족할 줄 알라는 수분지족의 기준이고, 이 기준에 따라 얻는 만족을 말한다. 이 순박한 만족을 모르고 자신이 가진 능력대로 혹은, 그 능력 이상을 과욕으로 행하면 환경을 침해하게 되고, 침해 받은 환경은 새로운 조건이 필요하게 되어 새로운 구도를 형성하게 된다. 환경에 새로운 구도가 만들어진다는 것은 피해 당사자에게는 환경의 역습이고, 마치 지진과 같은 재앙으로 몰려온다. 판이 재구성되는 것이니 이제까지 쌓았던 것들이 모두 무너져 내린다. 그러니 큰 재앙이라고 하는 것이다. 또 이런 재앙이 일어날 수 있음을 모르고 과욕을 추구하는 것은 큰 실수이고 잘못이며 허물이 된다.

얻기를 바라는 것(欲得)이 허물이 됨은 정치인들의 작태에서 많이 볼 수 있다. 겉으로는 정의와 공정을 외치면서 자신의 아들과 딸은 좋은 대학에 보내기 위해 부정한 방법을 동원하고, 가족은 부정한 방법으로 재물을 편취(騙取)하는 것이 좋은 예이다. 그런데 더 큰 허물은 이를 허물이라고 인정하고 수용하지 않음이다. 더 나아가 이를 옳다고 생각하는 것은 어떻게 말해야 할까? 어쨌든 하나를 얻으면 다른 하나를 보태고 싶고, 또 하나를 얻으면 더 많은 것을 얻고 싶은 것이 얻기를 바라는 것(欲得)이고, 이는 큰 허물이다. 이 허물은 만족을 모르고 더 얻기를 바라는 데서 출발한다.

　고로, 만족을 아는 것 이것에 만족하면, 항상 만족한다(故, 知足之足, 常足矣)라고 하였다. 만족한다고 하면 될 것을 만족함을 아는 것이라 하고, 더 나아가 만족함을 아는 것에 만족이라고 하였다. 만족(足)은 원하는 대상에 대한 좋은 느낌을 말하고(대상에 대한 만족의 인지), 대상에 만족하고 있음을 아는 것(知足)은 만족하고 있음을 자각하는 것을 말하며(인지에 대한 자각), 만족을 알고 있음 이것에 만족한다(知足之足)고 함은 인지에 대한 자각 즉, "내가 만족하고 있구나"라고 알고 있는 자신의 존재가 만족스럽다는 것이다(자신의 존재에 대한 만족). 즉, 만족하고 있음을 의식적으로 인식하고 있는 자신이 만족스럽다는 것이다. 이는 하나의 사안에 대한 분별심과 자존감을 넘어, 연속적인 의식의 흐름을 자각하고 있는 자신의 경지에 만족한다는 의미이다. 책을 읽으면 읽는다는 것을 의식하고, 말을 하면 말하는 내용을 의식하며 말하는 것이다. 즉, 모든 행위나 표현의 내용을 의식하면서 행하거나 표현하고 있음을 뜻하니, 깨어 있는 상태이고, 깨달음을 얻은 상태이다. 깨달음을 얻었으니 항상 만족(常足)하게 되는 것이다. 이런 경지는 자기 내부의 지향성과 외부환경의 요구를 의식적으로 경험하고 있다는 것이니 도(道)를 깨닫고 실천하고 있다는 것이다.

　모든 사람은 행복하기를 기원한다. 이렇게 행복을 기원하는 사람이 많다는 것은 대부분의 사람은 적어도 연속적으로 행복을 느끼지 못하거나 미래에 대한 불안을 느끼고 있는 것으로 추정할 수 있다. 행복이란 무엇인가? 아마 연속적인 만족으로 기뻐하거나 흐뭇해하는 감정이 아닐까? 일시적인 만족은 기쁨이라 하지 행복이라고 하지 않는다. 행복은 시간적으로 지속성을 지니고 있다는 뜻이다.

만족이란 욕구를 충족하여 결핍이 없을 때 느끼는 감정이다. 욕구는 필요의 측면에서 의·식·주·성 등의 생리적 욕구와 자치욕·친애욕·탐구욕 등이 있고, 이들 욕구가 실현되는 과정적 측면에서 성취욕과 소유욕으로 구분할 수 있다. 소유와 성취의 대상에 따라 권력욕, 명예욕, 재물욕 등으로 나눈다. 노자가 무위(無爲) 즉, 이루고자 함이 없이 행하라고 하는 것은 소유와 성취에 관한 것이다. 이 소유와 성취는 대상인 환경에 영향을 미치기 때문이다. 이루고자 함이 없다는 것은 소유와 성취욕을 내려놓는다는 것이니 이루지 않아도 만족을 느낄 수 있다는 말이다. 그러니 현재의 수준에서 만족할 수 있다는 것이고, 미래에도 특별히 욕망하는 바가 없으니 그 만족을 지속할 수 있다는 뜻이다. 여기에 더하여 노자는 현재에 만족하고 있는 자신의 인식 즉, 분별심과 자존감에 만족하라고 말한다. 이런 만족은 행복감이다.

욕망은 부족감을 메우기 위해 대상을 능동적으로 추구하게 하는 동인이다. 부족감을 내려놓으면 욕망도 사라진다. 이 말은 현재 부족함이 없으니 만족한다는 말이다. 그러면 왜 소유와 성취에 대한 욕망을 추구하면 만족하지 못하고 행복할 수 없을까? 답은 간단하다. 욕망은 또 다른 욕망을 부르기 때문이다. 부족감은 끝이 없고 욕망도 끝이 없다. 하나를 가지면 둘을 갖고 싶고, 둘을 가지면 셋을 갖고 싶다. 돈을 가지면 권력을 갖고 싶고 권력을 가지면 명예를 갖고 싶어 한다. 그리고 추구의 강도는 가질수록 더 강해진다. 이들은 무엇이든 하려고 하면 무엇이든 이룰 수 있다고 생각한다. 이렇게 욕망을 뒤쫓다 보면 쫓는 것이 아니라 쫓기게 된다. 부족감은 더 커지고 더 급해지며 항상 바빠서 정신적으로 피폐해진다. 이렇게 되면 행복은 멀리 도망간 지 오래다. 결론은 행복하려면 소유와 성취에 대한 욕망을 내려놓고 환경과 조화를 통해 공존의 여유로움에서 자유를 얻는 것이 바람직하지 않을까?

47장
성인(聖人)의 초감각적 경지

不出戶, 知天下, 不闚牖, 見天道, 其出彌遠, 其知彌少, 是以聖人不行而
知, 不見而名, 不爲而成.

    문밖에 나오지 않아도 천하를 알고, 들창으로 내다보지 않아도 천
도를 본다. 더 멀리 나아갈수록, 그 앎이 더욱 적어진다. 이로서 성
인은 가지 않고도 알고, 보지 않고도 이름을 지으며, 행하지 않고도
이룬다.

其出彌遠, 其知彌少(기출미원, 기지미소)에서 其(기)는 "그, 그것"으로, 彌(미)는 "미륵, 널리, 더욱, 갓난아이, 오래다, 다하다" 등의 의미 중에서 "더욱"이라고 해석하면, 이 문장은 "더 멀리 나아갈수록, 그 앎이 더욱 적어진다"고 번역된다.

🔊 풀이

이 장은 감각하지 않아도 지각할 수 있는 성인의 초감각적 경지를 말하고 있다. 성인은 사리에 통달하고 덕과 지혜가 뛰어난 사람이다. 사리에 통달하였다는 것은 우주 만물의 존재이유와 그 존재들이 마땅히 해야 할 기능을 막힘없이 알고 있다는 것이다. 그러니 모르는 것이 없고, 못하는 일이 없으며, 행하여도 그릇됨이 없는 경지이다. 모든 것을 알고 있으니 미래도 안다는 의미이다. 다르게 말하면 귀신 같은 신통력을 가진 사람을 말한다. 보지도 듣지도 만지지도 않고 알고 있으니, 얼마나 신통한 사람인가?

문밖에 나오지 않아도 천하를 알고, 들창으로 내다보지 않아도 천도를 본다(不出戶, 知天下, 不闚牖, 見天道)고 하였다. 문밖에 나온다는 것은 문밖 세상을 보고 듣고 만질 수 있다는 것이다. 즉, 오감으로 인식할 수 있다는 것이다. 그런데 이를 감각하지 않고도 천하를 안다고 한다. 왜 그럴까? 이미 알고 있었으니 그런 것이다. 어떻게 이미 알고 있었을까? 이미 감각하였거나 아니면 신통력을 가졌거나 둘 중 하나일 것이다. 그런데 문밖에 나오지 않았다고 하였으니 전자는 배제하고 후자 즉, 신통력을 가졌다는 것이 맞을 것이다. 신통력은 무슨 일이든 해낼 수 있는 영험하고 묘하며 불가사의한 능력이다. 이는 도의 행함을 안다는 것으로 덕을 지녔다는 것이다. 덕은 도가 사물에 시현되는 것이니 덕을 지녔다고 한 것이다. 그러하니 도≠성인이고, 도를 체득한 사람이 성인이다. 앞에서 도(道)는 모든 사물이 자연의 필요에 의해 형성된 조건과 상호작용하여 적응하게 하는 지향성이니, 자연의 지향성이라 한 바 있다. 자연의 조건 즉, 만물의 존재이유를 알면 그들의 필요를 알게 되고, 그 필요를 알면, 어떤 조건이 형성될 것인지 그 방향성을 알게 된다. 그러면 앞으로 일어날 일도 알게 되는 것이니, 보지 않아도 알 수 있는 것이 된다. 이것이 신통력이다. 들창을 내다보지 않아도 천도를 본다고 함도 같은 의미이다. 여기서 천도는 천체의 운행으로 해석할 수도 있고, 천지 자연의 도리라고 해석할 수도 있는데, 어떻게 해석해도 무리가 없다.

더 멀리 나아갈수록, 그 앎이 더욱 작아진다(其出彌遠, 其知彌少)고 하였다. 도를 체득하려고 멀리 가면 아는 것이 적어진다는 말이다. 신통력은 감각으로 지각하는 것이 아니고, 마음으로 하는 지각이고 깨달음이다. 신통력은 공부를 통해 외부로부터 얻는 지식이나 정보가 아니다. 신통력은 도(道) 즉, 자연의 지향성을 깨닫고 시현함이다. 이를 얻기 위하여 외부로 나갈 필요는 없는 것이다. 그러니 외부에서 도를 얻고자 노력하는 것은 나무에 올라가서 물고기를 구하는 것(緣木求魚)과 같은 것이다. 멀리 나간다는 것은 외부에서 도를 찾는다는 뜻이니, 이는 자신의 마음속에 내재하고 있는 도에서 멀어진다는 것으로 해석해야 한다. 도에서 멀어지니 당연히 아는 것도 적어지게 되는 것이다. 이 말은 도(道)는 멀리 있는 것이 아니고 가까이 자신의 마음속에 있음을 뜻한다.

이로서 성인은 가지 않고도 알고, 보지 않고도 이름을 지으며, 행하지 않고도 이룬다(是以聖人不行而知, 不見而名, 不爲而成)고 하였다. 앞에서 이미 말한 바와 같이 도를 체득한 성인은 만물의 필요를 알고 이에 대응할 방법을 알고 있으니, 감각하지 않아도 지각으로 알 수 있다. 그러니 보지 않아도 본 듯이 이름 지을 수 있는 것이다. 이름은 어떤 사물이나 현상이 갖는 특징을 개념화하여 붙이는 것이니, 당연히 대상을 보고 알아야 하는 것이다. 그러함에도 보지 않고도 알고 있으니 이름을 붙일 수 있다고 한 것이다. 여기서 행하지 않고도 이룬다고 함은 필요를 알고 있으니, 시간이 움직이게 기다리면 필요한 사물들이 스스로 자신의 필요에 대응할 것이니 당연히 이룰 수 있는 것이다. 즉, 스스로 이룰 수 있는 기다림이 필요한 것이다.

48장
이루지 못함이 없는 無爲(무위)

/

爲學日益, 爲道日損, 損之又損, 以至於無爲, 無爲而無不爲, 取天下, 常
以無事, 及其有事, 不足以取天下.

/

　공부하는(學) 것은 날마다 더하는 것이고, 도를 닦는 것은 날마다
덜어내는 것이다. 덜어내고 또 들어내서, 이루고자 함이 없음(無爲)에
이르게 되면, 이루고자 함이 없어도 이루지 못함이 없다. 천하를 얻
어 다스림(取)은 항상 일(인위적 일, 변고)이 없게 하는 것인데, 일(인위
적 일, 변고)이 있으면, 천하를 얻어 다스림에 부족한 것이다.

🐟 번역에 유의할 어휘

爲學日益(위학일익), 爲道日損(위도일손)에서 爲學(위학)은 "학문을 하다, 공부하다, 배우다" 등의 의미 중에서 시대적인 배경을 고려한다면 "공부하다"라고 번역하는 것이 좋다고 생각된다.

損之又損(손지우손)에서 之(지)는 而(이)와 같은 연결사이다. 以至於無爲(이지어무위)에서 以(이)는 사역으로 해석하여 "무위에 이르게 한다"라고 번역한다.

取天下 常以無事(취천하 상이무사)에서 取天下(취천하)는 常以無事(상이무사)의 주어로 해석하고 以(이)는 사역으로 해석하면, "천하를 취하여 다스림은 항상 일(변고)이 없게 하는 것이다"라고 번역한다. 取天下(취천하)에서 取(취)는 "가지다, 취하다, 돕다, 의지하다, 다스리다, 거두다(收也), 얻다(獲也)" 등의 의미를 갖는데, 여기서는 주체를 지도자라고 해석하고, 연결되는 無事(무사)와 의미의 연결을 위하여 양의적으로 "얻어 다스리다"라고 해석한다. "취하여 다스리다"로 해석하지 않고 "얻어 다스리다"라고 해석함은 이 장은 무위(無爲)를 강조하고 있기 때문이다.

及其有事(급기유사)에서 其(기)는 천하를 지칭하고 事(사)는 "변고"라고 해석한다. 그러면 及其有事(급기유사), 不足以取天下(부족이취천하)는 "천하에 일(작위적인 일 혹은, 변고)이 있으면, 천하를 얻어 다스림에 부족하다"라고 번역한다. 無事(무사)와 有事(유사)의 事(사)는 "일, 사업, 변고, 섬기다, 부리다, 힘쓰다, 다스리다" 등의 의미를 갖는데, 여기서 일(事)은 행위(爲)의 집합으로 "인위적 일, 혹은 작위적 일, 변고"이다. 다시 말해 일은 행함이 누적되어 만들어지는 것이니 수식으로 표현하면, 事(사)=Σ爲(위)이다. 그러니 무사(無事)와 무위(無爲)의 집합이 되어, 인위적 일(事)=Σ인위적 행함(爲)이 되는 것이다.

◀» 풀이

이 장은 인위적으로 무엇을 얻으려고 공부하는 것과 자연적으로 도를 행하는 것의 차이를 설명하고 있는데, 공부는 지식을 습득하는 행위로 정보를 계속 기억하여 저장하는 것이고, 도를 깨닫고 행하는 수행은 본성을 찾기 위해 현실에서 공부하여 쌓은 껍질들을 덜어내는 것이라고 한다. 그리하여 본성에 도달하면 이루려 하지 않아도 이루지 않음이 없는(無爲而無不爲) 상태가 되어 천하를 취할 수 있다고 한다. 해석상 유의할 어휘는 덜어내다(損)는 개념과 무위(無爲)와 무불위(無不爲)이다.

공부한다는 것은 날마다 더하는 것이고, 도를 닦는 것은 날마다 덜어내는 것이다(爲學日益, 爲道日損)라고 하였다. 지능을 활용하여 사회생활을 하는 사람은 감각으로 취득하는 정보를 기억하여 대뇌에 저장한다. 생활공간에서 어떤 자극을 받으면, 감각한 정보는 대뇌에 저장되어 있는 정보와 대조하여 감각한 것이 무엇이고 어떤 가치를 지니고 있는지를 종합·평가하고 판단하여 어떤 대응 행위를 할 것인지를 결정한다. 이렇게 경험한 행위들은 다시 개념화하고 분류하여 대뇌에 저장한다. 이런 과정들이 소위 배우고 공부하는 학습이다. 노자는 이를 더한다(益)고 표현하였는데, 지식을 쌓는다고 해석하면 된다.

학(學)을 "공부하다"로 번역한 것은 공부하다는 개념이 배움을 포함하고, 당시 상황이 배우거나 공부할 대상이 주로 규범에 해당하는 인의예지(仁義禮智)에 관한 것이라고 추정되며, 배움의 기회도 많지 않았을 것으로 생각하기 때문이다.

반면에 도(道)를 행하는 것, 시쳇말로 도를 닦는 것은 만물의 존재 이유와 그 당위의 근거인 본성을 깨닫고 시현하는 과정이다. 현실의 삶은 경험과 공부를 통하여 욕구와 지식, 지혜를 본성에 보태어 덧 씌우는 과정이다. 즉, 본성은 지식, 욕구 등의 껍질로 둘려 쌓여 있 다. 본성에 접근하기 위해서는 이 욕구와 지식, 지혜를 덜어내어 버 리는 과정이 필요하다. 현실의 상태에서 본성의 상태로 복귀하자는 것이다. 이를 노자는 덜어낸다(損)고 말하고, 이 과정이 도를 닦는 것 (爲道)이라 하였다.

여기서 본성과 현실의 차이를 조금 더 살펴보자. 본성은 존재이유 와 행위의 근거인 도리(道理)이다. 즉, 도(道)는 사물이 선천적으로 부 여받은 자체의 지향성과 환경요소들의 지향성이 융합된 것이니, 이 융합된 지향성은 서로가 서로의 존재와 기능을 존중하고 조화를 기 한다. 그러니 만물은 모두다 평등하고 절대적인 존재이다. 반면에 현 실은 사람의 경우 타고난 배경과 능력, 욕망과 지능 등에서 차이가 있고, 경제력, 지위 등의 환경에서도 차이가 있다. 이는 자아와 환경 에서의 상대적 차이이다.

여기서 덜어낸다고 함은 공부하여 쌓은 부분을 덜어내서 절대적이 고 평등한 본성을 찾는 것을 의미한다. 그러기 위해서는 욕망을 덜 어내는 것이다. 욕망을 덜어내면 자아나 환경의 차이는 있어도 대상 의 지향성을 알고 존중하니 평등하게 사용될 수 있고, 베풀 수 있는 것이기에 차이를 느끼지 못한다. 욕망을 덜어내면 거짓과 꾸밈이 없어진다. 특별히 무엇을 이루려 하지 않고 스스로 이루어지게 하니, 거짓과 꾸밈이 필요하지 않게 된 것이다. 욕망이 사라지니 소유의 가치를 느끼지 못한다. 소유할 필요가 없어지니 나눔이 행해지고, 나누니 평등해지는 것이 된다. 이와 같은 과정을 통하여 본성에 도달하게 되는 것이다. 이 덜어내고 버리는 과정은 순박함을 찾는 과정이다. 순박함은 꾸밈이 없어 때묻지 않고 정이 많으며, 착한 특성으로 무위(無爲)로 행하는 수준에 가깝다. 때묻지 않고 순수하다는 것은 세속의 재화나 권력 등을 가치로 평가하지 않고, 사물을 있는 그대로를 본다는 것이다. 가치로 평가하지 않으니 당연히 차이를 느끼지 못하게 되고, 있는 그대로 산은 산이고 물은 물이 되는 것이다. 대상의 평가가치를 바꾼 것이라고 37장 풀이에서 이를 박명(樸明)이라 이름하였었다.

덜어내고 또 덜어내어, 이루려 하지 않음(無爲)에 이르게 되면, 이루려 하지 않아도 이루지 않음이 없다(損之又損, 以至於無爲, 無爲而無不爲)고 하였다. 덜어내고 덜어내서 쌓은 지식이 드러나지 않고, 순박하여 욕심이 없어지면 가치를 느끼지 못하니, 사물을 존재 자체를 평등하게 인식하여 그 참 모습을 알게 된다. 사물의 존재가 평등해 지면 더 좋아지거나 우월해야 할 이유가 없고, 서둘러서 먼저 해야 할 이유도 없어진다. 그냥 시간이 스스로 만드는 대로 두면 이루어지지 않는 것도 없다. 왜냐하면, 사물들은 조건이 형성되면 이 조건에 따라 서로에게 필요한 것이 생겨나기 때문이다. 이것이 도의 작용이다. 우주의 생성이 그렇고, 생물과 동물의 생성이 그러하였으며, 현존하는 모든 만물이 그렇게 생겨나고 존재하고 있는 것이다. 무위(無爲)에서 爲(위)는 "바라다, 이루다 혹은 작위(作爲)하다"고 해석하는 것이 좋다.

천하를 얻어 다스림은 항상 (작위적인) 일이 없게 하는 것이고, (작위적인) 일이 있으면, 천하를 얻어 다스림에 부족한 것이다(取天下, 常以無事, 及其有事, 不足以取天下)라고 하였다. 진정한 다스림은 만물이 본성으로 돌아가게 하는 것이다. 만물이 본성으로 회귀하여 자연스럽게 서로의 지향성을 존중하며 조건에 맞게 존재하면, 관계에서 생기는 불편이 없어지며, 누가 누구를 다스리는 것이 아니고 모두가 모두를 다스리는 것이 된다. 모두가 모두를 다스림은 아무도 다스리지 않는 것과 같다. 이런 관점에서 이 구절을 이해하면 적절할 것 같다.

작위적인 일이 있다고 함은 행함에 의도와 욕심이 개입하여 변고가 있음을 뜻한다. 의도나 바램을 가지고 일을 하면 다른 존재의 지향성에 영향을 미쳐 환경이 이를 수용하려 하지 않으니, 일이 성취되지 않는다. 어떤 개체가 남에게 종속되기를 바라겠는가? 통속적으로 취한다는 것은 남을 자기 휘하로 종속시켜 다스린다는 것이니, 당연히 저항이 있고 변고가 있기 마련이다. 그리하니 변고가 있어 천하를 얻어 다스릴 수 없다는 것이다.

49장
만물의 지향성에 동조

聖人無常心, 以百姓心爲心. 善者吾善之, 不善者吾亦善之. 德善, 信者
吾信之, 不信者吾亦信之. 德信, 聖人在天下歙歙 爲天下渾其心. 百姓
皆注其耳目, 聖人皆孩之.

  성인은 고정된 마음이 없으니, 백성의 마음으로 그의 마음을 다스
린다(爲). 착한 사람(善者)도 나는 좋아하고(善), 착하지 못한 사람도
나는 좋아한다. 덕은 선하기 때문이다. 믿음직한 사람을 나는 믿고,
믿음직지 못한 사람도 나는 믿는다. 덕은 믿는 것이기 때문이다.
성인은 천하를 같이 호흡하게(歙歙) 살피고(在), 천하를 그 마음속에
섞이게(渾) 한다. 백성들이 모두 그 눈과 귀를 기울이니(注), 성인은 백
성을(之) 모두 어린아이처럼 달랜다.

🐟 번역에 유의할 어휘

번역에 주의할 곳은 以百姓心爲心(이백성심위심)과 善者吾善之(선자오선지), 聖人在天下歙歙(성인재천하흡흡), 爲天下渾其心(위천하혼기심)이다. 以百姓心爲心(이백성심위심)에서 爲(위)는 "다스리다"라고 해석하여 "백성의 마음으로 마음을 다스린다"라고 번역한다.

善者吾善之(선자오선지)에서 善(선)은 "착하다, 좋다, 잘하다, 옳게 여기다, 아끼다, 친하다" 등의 의미 중에서 앞의 善(선)은 "착하다" 뒤의 善(선)은 "좋다", 之(지)는 지시대명사 "그"라고 옮기면, "착한 사람, 나는 그를 좋아한다"라고 번역된다.

聖人在天下歙歙(성인재천하흡흡)의 문장은 주어-술어-목적이-목적보어 형태로 해석한다. 타동사 在(재)는 "있다, 찾다, 보다, 살피다, (안부를)묻다, 곳, ~에, 처소" 등을 의미하는데, 여기서는 "보다, 살피다"라고 옮긴다. 그리고 歙(흡)은 "들이쉬다, 거두다(敛氣), 코막히다, 줄어들다, 맞다" 등의 의미인데, 하품 欠(흠)부에 합할 翕(흡)자를 결합한 모양에서 알 수 있듯이, 숨을 함께 들이쉬는 모습을 의미하므로 "같이 호흡하다, 거두다, 수용하다"라고 번역한다. 그러면 "성인은 천하를 같이 호흡하게 살핀다"라고 번역된다.

爲天下渾其心(위천하혼기심)에서 동사 爲(위)는 사역으로, 天下(천하)는 목적어로 하여 "천하를 그 마음속에 섞다"라고 번역한다. 천하가 함께 호흡하게 살피니, 천하를 그 마음속에 섞을 수 있는 것이다.

그리고 聖人皆孩之(성인개해지)에서 之(지)는 앞문장의 백성을 지칭하고, 孩(해)는 "어린아이, 달래다, 어르다, 사랑하다, (어린아이가)웃다" 등의 의미이니 "어린아이처럼 달래다"라고 옮긴다. 그러면 "성인은 백성을(之) 모두 어린아이처럼 달랜다"라고 번역된다.

◁◞ 풀이

성인은 고정된 마음이 없으니, 백성의 마음으로 마음을 다스린다
(聖人無常心, 以百姓心爲心)고 하였다. 성인은 도를 체득한 사람이라 하
였으니 덕을 시현한다. 덕을 시현하니 만물의 존재이유와 당연히 해
야 할 바를 알고 있다. 만물이 행할 바를 알고 있는 성인의 마음은
어느 한 쪽으로 기울어짐이 없고, 만물의 입장에서 만물을 다스리
니, 고정된 마음이 있을 수 없는 것이다. 그러니 백성을 대할 때는 백
성의 마음으로 그 마음을 다스린다는 것이다. 물론 다른 사물을 대
할 때는 그 사물의 마음으로 자신의 마음을 다스릴 것이다.

착한 사람도 나는 좋아하고(善), 착하지 못한 사람도 나는 좋아한
다. 덕은 선하기 때문이다. 믿음직한 사람을 나는 믿고, 믿음직하지
못한 사람도 나는 믿는다. 덕은 믿는 것이기 때문이다(善者吾善之, 不
善者吾亦善之, 德善, 信者吾信之, 不信者吾亦信之, 德信)라고 하였다. 앞 문
단에서 말했듯이 성인은 대상에 따라 대상의 마음으로 그의 마음을
다스리니, 그 대상이 선이든 악이든, 믿음직한 사람이든 믿음직하지
못한 사람이든, 가리지 않고 그 대상의 마음으로 자신의 마음을 다
스린다. 설명을 덧붙이면, 성인이 덕을 시현한다고 함은 성인의 행동
은 만물이 그 본성인 지향성을 다하게 하는 것이므로, 그의 행위는
도에 따르는 것이다. 덕은 대상을 수용하고 공감하여 대상의 본성이
시현되도록 베풀기 때문에 평등하고 선하며, 신뢰하는 것이다. 그러
니 덕은 선하고(德善), 신뢰하는 것(德信)이라 하였다.

성인은 천하를 함께 호흡하게 살피고(在), 천하를 그 마음속에 섞게(渾) 한다. 백성들이 모두 그 눈과 귀를 기울이니, 성인은 백성을(之) 모두 어린아이처럼 달랜다(聖人在天下歙歙 爲天下渾其心, 百姓皆注其耳目, 聖人皆孩之)고 하였다. 성인은 감각을 초월하여 대상을 인식하므로 47장에서 문밖에 나가지 않아도 천하를 알고, 들창을 내다보지 않아도 천도를 본다고 하였다. 그러니 성인은 천하 어디든지 마음이 정하는 곳에 존재하게 된다는 의미이다. 또 성인은 대상의 마음으로 대상을 대하니 거처에 따라 혹은 대상에 따라 다른 마음을 갖는다. 어디든지 머물고 머무는 곳의 대상에 따라 대상의 마음이 되니, 천하 만물을 마음속에 품게 된다. 이를 천하를 마음속에 섞게 된다고 하였다. 성인은 화광동진(和光同塵)하여 천하를 만물의 입장에서 그의 마음을 다스리니, 천하를 모두 어린아이처럼 달래는 것도 당연한 것이다.

이 장은 국가를 다스리는 위정자들이 귀담아 들어야 할 부분이다. 국가의 위정자가 되든 조직의 지도자가 되든 남에게 영향력을 행사하는 사람은 구성원을 함께 통합하게 하는 것이 그 존재 이유이다. 자기 편만 함께하는 위정자는 지도자가 아니다. 그런 사람은 골목대장이고, 패거리 두목에 불과하다. 왜냐하면 집단은 집단의 존재이유와 당위가 있는데, 이 당위는 구성원 전체의 안위와 행복한 삶을 목적으로 하는 공존이다. 그러니 집단의 리더는 구성원 전체가 같은 마음으로 한 방향으로 나아가게 하는 것이 그의 직분이다. 그런데 많은 위정자들은 거짓과 선동을 일삼고, 패거리 정치를 하며, 국론의 분열을 통하여 정권연장에만 혈안 되어 있으니, 이들을 국가의 지도자라 할 수 있을까? 이들이 사용하는 이념은 일도양단의 도구라는 점을 왜 모를까? 세상에 존재하는 옳고 그름은 모두 사람이 만든 것으로 인위적이고 일시적인 것에 불과하다. 조선 시대의 법이 현 시점에 옳지 않듯이 작금의 법이나 기준 또한 절대적인 것이 아니다. 나의 기준이 옳다고 하여 상대방의 기준이 틀린 것이 되면, 이는 공존의 기준이 아니고 분열을 위한 기준이고 이념이며, 천하를 함께 숨쉬게 하는 도구는 아니다. 성인은 항상 변치 않는 마음(常心)이 없다고 하고 백성의 마음이 곧 자신의 마음이라고 하였다. 백성의 마음은 이념에 따라 다른 것 같지만 그렇지 않다. 모두 같이 공존하고 번영하기를 바란다. 이것이 그들의 공통분모이다. 왜 이 공통분모를 놓치고 자신의 욕심과 집착을 내려놓지 못할까? 성인도 상심(常心)이 없는데, 하물며 일반인이 무슨 불변의 옳고 바른 마음이 있다고 붙잡고 놓지 못할까?

50장
삶과 죽음의 도(道)

出生入死. 生之徒十有三, 死之徒十有三, 人之生, 動之死地, 亦十有三.
夫何故, 以其生生之厚. 蓋聞善攝生者, 陸行不遇兕虎, 入軍不被甲兵.
兕無所投其角, 虎無所措其爪, 兵無所容其刃. 夫何故, 以其無死地.

　태어남은 죽음에 들어가는 것이다. 살아 있는 무리가 열에 셋이
고, 죽은 것 같은 무리가 열에 셋이며, 살아 있는 사람인데, 죽음의
장소로 이동하는 무리 역시 열에 셋이다. 무릇 어찌 된 까닭일까? 그
들은 삶의 애착이 두터운 삶(生之厚)을 살기 때문이다. 대략 들으면,
섭생을 잘하는 자는 땅에서 걸어도 코뿔소나 호랑이를 만나지 않고,
군대에 들어가도 갑옷 입은 병사가 미치지 못한다. 코뿔소는 그 뿔로
들이받을 곳이 없고, 호랑이는 그 발톱으로 해칠(措) 곳이 없으며, 병
사는 그 칼날을 받아들일 곳이 없다. 어찌 된 까닭일까? 그것은 사
지(死地)가 없기 때문이다.

🐾 번역에 유의할 어휘

生之徒(생지도)와 死之徒(사지도)를 직역하면 "살이 있는 무리"와 "죽은 것 같은 무리"이다. 死之徒(사지도)에서 之(지)는 비유의 "~와 같은(漢文講話, 최신호 저, 현암사, 1988, p. 46)"이라고 번역한다. 이유는 死之徒(사지도)는 실제 죽은 무리가 아니고 살아 있는 무리이기 때문이다. 왕필의 주석을 참고하면, 生之徒(생지도)는 "삶의 도를 취하여 끝까지 온전하게 살아가는 무리(取其生道, 全生之極)"라고 하고, 死之徒(사지도)는 "죽음의 도를 취하여 완전하게 죽는 무리(取死之道, 全死之極)"라고 해석하고 있다.

人之生(인지생) 動之死地(동지사지), 亦十有三(역십유삼)에서 人之生(인지생)의 之(지)는 관계대명사처럼 사용되어 "살아있는 사람", 動之死地(동지사지)에서 動(동)은 동사, 之(지)는 장소 앞의 전치사 於(어)로 해석하면, 이 문장은 "살아있는 사람인데 사지(死地)로 이동하는 사람도 역시 열에 셋이다."라고 번역한다.

以其生生之厚(이기생생지후)에서 주어는 지시대명사 其(기)이고, 동사는 生이며, 목적어는 生之厚(생지후)이다. 生之厚(생지후)를 어떻게 번역하느냐가 중요하다. 문자 그대로 번역하면 "삶이 두텁다"인데, 이를 약간 의역하면 "살고자 함이 두텁다 혹은 삶의 애착이 두텁다"라고 번역되고, 이를 조금 더 의역하면, "살고자 하는 마음이 두텁다 혹은 삶의 애착이 지극하다"라고 할 수 있다. 厚(후)는 "두텁다, 후하다, 두껍다, 진하다, 지극하다, 많다, 무겁다, 낫다" 등의 의미에서 "지극하다 혹은 두텁다"라고 옮긴다. 그러면 "그들은 삶의 애착이 두터운 삶(生之厚)을 살기 때문이다."라고 번역된다.

"入軍不被甲兵(입군불피갑병), 兕無所投其角(시무소투기각), 虎無所措
其爪(호무소조기조), 兵無所容其刃(병무소용기인)"에서 被(피)는 "입다, 당
하다, 덮다, 미치다, 베풀다, 받다" 등에서 "미치다", 投(투)는 "던지다,
뛰어들다, 나아가다(進), 받아들이다, 가담하다, 주다, 임하다, 이르다"
중에서 "들이받다", 措(조)는 "두다, 들다(擧), 동작하다(動作), 베풀다,
잡다(책), 해치다(책)" 중에서 "해치다", 容(용)은 "얼굴, 모양, 담다, 그
릇 안에 넣다, 용납하다, 받아들이다"에서 "받아들이다"라고 옮긴다.

🔊 풀이

이 장은 삶의 양상(樣相)을 도를 따르는 삶과 죽음의 길을 가는 삶
으로 구분하여 설명하고, 잘 살려는 지극한 마음에서 벗어나 섭생을
잘하고, 소유의 욕심에서 벗어나 본성에 충실하며, 참다운 모습을
유지하면, 각 종 위험이 범접하지 못한다고 하였다. 위험이 범접하지
않는 것이 아니라, 위험과 하나가 되니 위험은 위험이 아니고 사라지
게 된 것이다.

"태어남은 죽음에 들어가는 것이다. 살아 있는 무리가 열에 셋이
고, 죽은 것 같은 무리가 열에 셋이며, 살아 있는 사람인데, 죽음의
장소로 이동하는 무리 역시 열에 셋이다. 무릇 어찌된 까닭일까?(出
生入死, 生之徒十有三, 死之徒十有三, 人之生, 動之死地, 亦十有三, 夫何故)"라
고 하였다. 생(生)과 사(死)는 상반된 개념으로 서로를 조건으로 하여
설명되고, 함께 면도날 양날처럼 공존한다. 즉, 살아 있다고 함은 언
젠가는 죽는다는 것이고, 삶의 과정은 죽음으로 가는 연결된 과정이
다. 그러하니 태어남은 죽음에 들어가는 것이다.

살아 있는 무리가 3/10이고, 죽은 것 같은 무리가 3/10이며, 살아 있는 사람인데 사지로 이동하는 무리가 3/10이라 하였다. 살아 있다는 것은 삶의 길을 따르고자 노력하는 사람을 말하고, 죽은 것 같다는 것은 죽음의 길을 향하여 가는 것 같음을 말하며, 살아 있는 사람인데 죽음이 장소로 이동하는 사람이란 살아 있는 사람이긴 하나 죽음을 재촉하고 있는 사람을 말한다. 죽음을 재촉한다는 것은 목숨을 건다는 의미이니 사지(死地)로 달려간다는 것이다. 삶의 길과 죽음의 길의 차이는 무엇일까? 살아있음은 첫째, 인간의 본성이 갖는 지향성을 추구하여 사람답게 산다는 점과 둘째, 생물의 특성인 역동성을 갖는다는 것, 세 번째는 부드럽고 약한 것이 아닐까? 이는 76장(p. 537 참조)에서 부드럽고 약한 것을 삶의 무리라고 하였다(柔弱者生之徒). 반대로 죽음의 특성은 사람다운 본성을 잃었거나 생명의 역동성을 잃어 견고하고 강하게 된 것이리라(76장에서 故堅强者死之徒라고 하였다). 그런데 여기서 죽은 것 같은 3/10은 실제 죽은 것이 아니니 생물의 특성인 역동성은 그대로 유지하고 있음이니 본성을 잃은 경우일 것이다.

그 까닭은 삶의 애착이 두터운 삶을 살기 때문이다(以其生生之厚)고 하였다. 죽음의 길을 가는 사람이 사는 길을 가는 사람과 차이는 위에서 언급한 바와 같이 사람이 가진 본성을 잃고 산다는 것이다. 사는 길을 가는 사람의 삶은 본성을 회복하여 참되게 사는 사람의 삶이다. 죽음의 길을 가는 사람의 삶은 죽음의 도를 따르는 사람으로 자신을 생겨나게 하고 자라게 한 환경의 조건에서 벗어난 삶, 즉 본성에서 벗어난 삶이다. 살아 있음은 정신적으로나 물리적으로 자가 중식 즉 자기조직이 가능한 상태이다. 물리적으로는 대사작용이 가능하고, 정신적으로는 개방적인 사고로 환경과 상호작용이 가능함을 말한다. 즉, 개방적인 체계를 유지하여 피드백이 가능하다는 뜻으로 자신의 지향성을 삶의 조건인 환경의 지향성과 동조하게 하여 공존의 삶을 유지한다는 것이다.

죽음은 개체가 환경이 만든 조건에 부합하지 못하여 사그라져 없어지는 것이다. 자신의 지향성을 환경의 지향성에 맞추지 못하고 이기적이고 탐욕적으로 살아가면 환경으로부터 자원을 공급받지 못하거나 환경으로부터 거센 저항에 직면하여 죽어가게 된다. 삶과 죽음은 환경 조건에 부합여부로 결정된다. 그러니 삶의 길은 환경과 상생과 공존의 길이고, 죽음이 길은 이기적이고 탐욕적인 길이다.

본성에 따르는 삶은 환경의 지지를 받아 일이 순조롭게 진행되니 마음이 편안하고 이웃과 더불어 정을 나누며 살 수 있다. 반면에 탐욕과 소유욕에 사로잡힌 생활은 주변의 사람이나 사물을 온전히 보존하지 못하고 자신의 의도에 맞춰 변경하고 소유하려 하니, 환경이 이를 용납하려 하지 않는다. 그러니 환경이 역습을 가하는데, 이 역습은 신체적일 수도 있고, 정신적일 수도 있다. 즉, 물리적 사고(事故)가 될 수도 있고, 정신적 스트레스도 될 수 있으며, 결국에는 소유한 정신적이거나 물질적인 모든 것을 잃을 수도 있다.

잘 살려는 마음, 남보다 잘 살고 과거보다 잘 살며, 보다 많은 물질과 정보를 소유하며, 이를 바탕으로 권력과 명예를 향유하겠다는 욕망은 좋게 말해 두텁고 지극하다는 것이나, 지나치다는 것이다. 왕필의 주석에는 "그런데 백성은 살고자 하는 애착이 지극한 삶을

　　　　　　　　　　　　　　　2편 德경

살아, 반대로 살지 못할 곳으로 간다(而民生生之厚, 更之無生之地焉)고
하였다.

앞에서 언급한 죽음을 재촉하는 삶은 탐욕과 소유욕이 강하여 환
경을 파괴하는 삶을 말한다. 물질적 풍요와 정신적 행복을 누리고자
함을 넘어서 타인의 재물을 취하려 하고, 예에서 벗어나거나 자신의
이익을 좇아서 주변에 피해를 주고도 당당하며, 자신의 편안함과 쾌
락을 위해서 주변에 불편과 불쾌를 유발하는 삶을 말한다. 여기서
구분이 분명하지 않은 것이 죽은 것 같은 사람과 사지로 이동하는
사람의 차이이다. 죽은 것 같은 사람은 탐욕에 매몰되어 반사적으로
반응하고 주변을 파괴적으로 몰고 가는 사람이라 생각하고, 사지로
이동하는 사람은 공존의 도리보다 자신의 이익을 추구를 중하게 여
기는 이기적인 사람으로 이해하면 좋을 것 같다.

대략 들으면, 섭생을 잘하는 자는 땅에서 걸어도 코뿔소나 호랑이
를 만나지 않고, 군대에 들어가도 갑옷입은 병사가 미치지(彼) 못한
다. 코뿔소는 그 뿔로 들이받을(投) 곳이 없고, 호랑이는 그 발톱으
로 해칠(措) 곳이 없으며, 병사는 그 칼날을 받아들일(容) 곳이 없다
(蓋聞善攝生者, 陸行不遇兕虎, 入軍不被甲兵, 兕無所投其角, 虎無所措其爪, 兵
無所容其刃)고 하였다. 나열된 사실들의 전제가 되는 구절은 "섭생을
잘한다(善攝生)"이다. 여기서 섭생이란 일반적으로 말하는 병에 걸리
지 않게 건강을 관리하는 것을 뛰어넘어, 삶 전체를 잘 다스린다는
뜻이다. 섭생(攝生)에서 생(生)은 도(道)의 길을 걸어 본성을 회복하려
는 사람의 삶으로 잘 관리된 삶을 말한다. 본성을 따르는 삶은 환경
의 필요에 부응하는 삶으로 백성의 마음으로 자신의 마음을 다스리

는 삶이다(49장, 以百姓心爲心). 이것이 공존의 삶이다. 호랑이를 만나면 호랑이의 마음으로 자신을 다스리고, 적군을 만나면 적군의 마음으로 자신을 다스리니 호랑이를 만나면 호랑이의 친구가 되고, 적군을 만나면 적군의 친구가 되는데, 어찌 무장한 적군이라 하여 그를 공격할 수 있겠는가? 그는 모두의 친구이고, 모든 사물과 같은 마음을 가진 사람이다. 이를 두고 노자는 "어찌 된 까닭일까? 그것은 죽을 땅이 없기 때문이다(夫何故, 以其無死地)"라고 하였다.

 이 장에서 노자는 사람을 상생(相生)하는 이타(利他)적인 사람, 자생(自生)적인 이기적인 사람, 자해(自害)적이고 환경 파괴(破壞)적인 사람으로 구분하였다. 이들이 각 3/10이니, 나머지 1/10은 직접 표현한 것은 아니지만 아마 섭생을 잘하는 사람을 말한 것 같다. 아마 살려고도 하지 않고 죽으려고도 하지 않는 삶과 죽음을 초월한 사람일 것이다. 그냥 주어진 조건에 따라 공존의 삶을 사는 자연적인 사람일 것이다. 이런 사람을 두고 노자는 섭생을 잘하는 사람이라고 한 것이다.

51장
생겨나게 하고 기르는 도와 덕

道生之, 德畜之, 物形之, 勢成之, 是以萬物莫不存道而貴德, 道之尊, 德之貴, 夫莫之命而常自然, 故道生之, 德畜之, 長之育之, 亭之毒之, 養之覆之, 生而不有, 爲而不恃, 長而不宰, 是謂玄德.

　도가 그것을 생겨나게 하고, 덕은 양육하며, 물(物)은 형상을 빚고, 기세(勢)는 그것을 이룬다. 이것은 만물이 도가 존재하지 않다고 하지 않고, 덕이 귀하지 않다고 하지 않는 까닭이다. 도는 높고 덕은 귀하여 저들은(夫) 그 명(命)이 없어도 항상 스스로 그러하다. 고로 도는 그것을 생겨나게 하고, 덕이 그것을 양육한다. 기르고 육성하며, 균형에 맞게 고르고 다스리며, 숨기고(養) 덮어준다(覆). 생겨나게 하되 소유하지 않고, 이루되 자랑하지 않으며, 기르되 주재하지 않으니 이를 현덕(玄德)이라 한다.

🦋 번역에 유의할 어휘

道生之(도생지), 德畜之(덕육지) 등에서 지시대명사 之(지)는 뒤에 이어지는 만물을 지칭한다. 是以萬物莫不存道而貴德(시이만물막부존도이귀덕)에서 以(이)는 이유나 까닭으로, 而貴德(이귀덕)은 而(以萬物莫不)貴德(이이만물막부귀덕)으로 해석하여 "만물은 도가 존재하지 않다고 하지 않고, 만물은 덕이 귀하지 않다고 하지 않는 까닭이다"라고 번역한다.

夫莫之命而常自然(부막지명이상자연)에서 夫(부)는 지시대명사로서 "저것"이라 번역하고, 만물을 지칭하고, 之(지)도 지시대명사로 "그"라고 번역하며 "도와 덕"을 지칭한다. 다음에 계속되는 之(지)는 지시대명사로 "만물"을 지칭한다. 그러면 이 문장은 "저들은(夫) 그 명(命)이 없어도 항상 스스로 그러하다"라고 번역된다.

故道生之(고도생지), 德畜之(덕축지), 長之育之(장지육지), 亭之毒之(정지독지), 養之覆之(양지복지)는 만물의 생장성쇠(生長盛衰) 혹은 원형이정(元亨利貞)의 과정을 풀어서 나열한 표현이다. 만물의 생장성쇠(生長盛衰)는 도(道)가 만물에 시현된 과정 즉, 덕(德)이 작용하는 과정이다. 그래서 덕(德)은 만물을 양육(畜)한다고 하였고, 양육의 과정으로 성장은 장(長)과 육(育), 형상과 세는 정(亭)과 독(毒), 쇠퇴는 양(養)가 복(覆)으로 표현하였다. 이런 관점에서 해석하면, 長(장)은 외형을 "기르다", 育(육)은 내면을 "육성하다", 亭(정)은 "균형에 맞다, 고르다"의 의미를 섞어 "균형 맞게 고르다", 毒(독)은 "다스리다", 養(양)은 "기르다, 먹이다, 가꾸다, 숨기다"등의 의미 중에서 "숨기다", 覆(복, 부)은 "다시, 엎어지다, 알리다, 배반하다, 덮다(부), 퍼지다(부)" 중에서 "덮다"라고 번역한다. 양(養)가 복(覆)을 "숨기다"와 "덮다"로 해석함은 사물의 쇠퇴과정을 표현한 것으로 해석하였기 때문이다. 그러면 이 문장은 "고로 도(道)는 만물을 생겨나게 하고, 덕은 만물을 양육한다. 기르고 육성하며, 균형에 맞게 고르고 다스리며, 숨기고 덮어준다"라고 번역된다.

✐ 풀이

이 장은 무위(無爲)한 도와 무불위(無不爲)한 덕의 기능에 대하여 설명하고 있다. 도(道)는 존재의 근거이고 자연의 지향성이라고 하였다. 사물은 도에서 분화한 지향성을 본성으로 하여 생겨난다. 도가 만물에 작용하면 덕이 되는 것이다. 사물의 지향성인 덕은 사물을 기르고 성장하게 한다. 그러므로 만물을 길러주는 것은 덕이다. 그러나 도와 덕은 스스로 형체를 가질 수 없으니 사물에 의거하여 비로소 정체를 드러낸다. 사물은 스스로 이루어지지 않고 조건에 따라 생겨난다. 태초의 에너지가 어떤 조건으로 분화와 팽창을 거듭하여 물질과 유기체가 만들어졌고, 이들은 서로를 취하고 섞이며, 새로운 조건을 형성하였다. 이 조건에 따라 새로운 분화가 만들어져 흥하기도 하고 사라지기도 한다. 사라진다고 하여 없어지는 것이 아니고 다른 조건의 형성에 기여한다. 천하 만물은 이렇게 하여 종(種)은 다양해지고 양(量)은 증가하였다. 이 과정은 여러 조건이 낳은 것이고 조건에 따른 증식이며, 조건으로 만들어진 지향성이다. 이를 스스로 그러하다, 즉 자연하다고 말한다. 이 자연함 혹은 그 자연함의 지향성을 도(道)라고 한다.

비록 사물(物)과 에너지로 말미암아 조건이 형성되고, 조건들의 필요가 상호작용하여 만든 지향성, 즉 도(道)로 말미암아 사물이 움직이기 시작하고 증식하니, 도가 아니면 생겨나지 못하고 도가 시현되지 않으면 자라지도 사라지지도 못한다. 그래서 도는 높다고 하였다. 덕은 도가 개별화되어 개체에 부여된 것이니 오직 하나밖에 존재하지 않는다. 그러니 귀하다고 한 것이다.

도는 그것을 생겨나게 하고, 덕이 그것을 양육한다. 기르고 육성하며, 균형에 맞게 고르고 다스리며, 숨기고 덮어준다(故道生之, 德畜之, 長之育之, 亭之毒之, 養之覆之)고 하였다. 여기서 長(장), 育(육), 亭(정), 毒(독), 養(양)은 모두 기른다는 의미로 德畜之(덕은 만물을 양육한다)는 내용을 다른 어휘로 풀어서 나열하고 있다. 이 부분에서 해설서에 따라 德畜之(덕축지)라고 쓴 책도 있고, 德(덕)자를 빼고 畜之(축지)라고 쓴 책도 있다. 畜之(축지)라고 쓰면 주어는 앞 문장 道生之(도생지)의 道(도)가 되고, 德畜之(덕축지)라고 쓰면 주어가 德(덕)이 된다. 첫 문장을 참고하면 德畜之(덕축지)라고 쓰는 것이 바람직한 것 같고, 뒤에 연결되는 長·育·亭·毒·養·覆 등은 畜之(축지)의 설명이라고 봄이 타당할 것 같다. 노자가 이렇게 기른다는 의미를 가진 말을 그냥 반복하여 나열하였을 리는 없고, 분명히 뜻하는 바가 있을 텐데 그것을 찾기가 어렵다. 어떤 해설서도 이를 논리적으로 설명한 책은 없다.

그래서 여기서는 이를 만물이 생겨나서 자라고 결실을 이루고 거두며 사그라지는 순환의 과정으로 설명해 보고자 한다. 덕(德)은 만물에 도를 시현하는 수단으로 작용하므로 덕(德)의 대상은 만물이니, 덕은 사람이 동물을 사육하듯이 만물을 양육한다(德畜之)고 표현한 것이다. 양육은 물의 형상을 만들고 기세를 이루게 하는데 생장성쇠(生長盛衰)의 순환을 따른다. 이 순환은 외형(形)은 스스로 자라고(長) 조건에 따라 길러지며(育), 기세(勢)는 계절에 맞춰 가지런히 고르고(亭) 다스려서(毒) 결실을 맺게 하며, 형상과 기세가 쇠퇴하고 사그라지면 숨기고(養) 덮어주는(覆) 것이라 설명하였다.

동물과 식물의 경우는 이 과정을 생장성쇠라 표현하지만, 우주의 법칙으로는 원형이정(元亨利貞)이라 한다. 원형이정은 주역에서 근거한 어휘로 보통 만물이 처음 생겨나서 자라고 삶을 이루고 완성하는, 사물의 근본 원리를 말한다. 여기서 원(元)은 만물이 시작되는 봄(春), 형(亨)은 만물이 성장하는 여름(夏), 이(利)는 만물이 결실을 이루는 가을(秋), 정(貞)은 만물이 완성되는 겨울(冬)을 뜻한다. 이를 사람의 당위성에 비유하여 인(仁)·의(義)·예(禮)·지(智)를 뜻하기도 한다.

만물은 존재와 기능을 갖는다. 이 존재와 기능은 부분과 전체의 조건에서 자생적으로 생겨나고 의존적으로 기능한다. 이 존재와 기능은 조건에 부합하지 못하면 변하거나 사라진다. 즉, 적응한다는 뜻이다. 조건들에 따라서 생겨난다고 함은 이 조건에 관여한 모든 사물의 지향성이 화합하여 생겨나게 한다는 것이다. 이 지향성의 화합이 만물의 존재 근거이고 존재방식이다. 이를 우리는 道(도)라고 이름하였다. 도는 존재와 행위의 근거이고, 덕은 도를 사물에 부여하여 시현되게 하는 것이다. 그러하니 만물이 생겨남은 도의 작용이고, 생겨난 후 자라나서 익고, 갈무리되는 것은 덕의 작용이라고 한 것이다. 도는 감각할 수 없으나 도의 작용으로 생겨난 만물은 이름과 형상이 있고, 덕으로 자라난 사물은 상반된 특성들을 내재하고 있어서, 그 특성들의 차이에서 에너지가 움직이고, 이 움직임이 외부 조건과 합세하여 세력이 왕성해짐으로써 만물은 완성되는 것이다. 생겨나게 하였지만 의도를 갖고 만들지 않았고, 이루게 하였으나 직접 이루려 하지 않았으니, 작위로 하는 소유나 자랑, 주장 등을 하지 않는다. 작위로 하지 않음에도 생겨나고 완성되며, 이를 감각할 수 없고 알 수 없으니 묘한 것이고, 깊어 아득하며 크게 베풀고 포용하니 현덕(玄德)이라 한 것이다.

52장
도의 수행과 늘 그러함을 익힘(習常)

天下有始, 以爲天下母, 旣得其母, 以知其子, 旣知其子, 復守其母, 沒身不殆, 塞其兌, 閉其門, 終身不勤, 開其兌, 濟其事, 終身不救, 見小曰明, 守柔曰强, 用其光, 復歸其明, 無遺身殃, 是爲習常.

천하에 시작이 있음은 천하의 어미가 있기 때문이다. 이미 천하의 어미가 분명해지니(得), 그 자식을 알게 된다. 이미 그 자식을 알게 되고, 다시 그 어미를 다스리니(守), 몸(身)은 다하여도 피곤하지 않다. (도를 따르려) 그 통로를 막고, 문을 닫으면 평생토록 괴롭지 않다. 통로를 열고 일을 성취하려 하면, 종신토록 구원받지 못한다. 작은 것을 보는 것을 밝음이라 하고, 부드러움을 지키는 것을 강하다고 한다. 그 빛을 써서 그 밝음을 회복하면 자신에 재앙을 남기지 않으니, 이것이 습상(習常)이 된다.

🐟 번역에 유의할 어휘

이 장의 번역과 풀이에서 유의할 사항은 자식(子)인 천하가 있으면 어미(母)인 도(道)가 있다는 첫 부분과 "몸의 통로를 막고(塞其兌), 문을 닫으면 평생토록 괴롭지 않다(閉其門, 終身不勤)"는 두 번째 부분의 연결이다. 두 부분은 논리적 비약으로 연결이 잘 되지 않는다. 도(道)가 있음을 알고 이를 따르려면 작위적인 욕망에서 벗어나야 하므로, 당연히 감각적인 쾌락에 초연해야 하고 쾌락에 초연하려면 감각의 통로를 차단해야 한다. 그러하니 두 부분의 연결부분에 "도를 따르려면, 혹은 도(母)를 지키려면"이라는 연결구를 넣어서 해석하는 것이 좋다. 그리고 두 번째 부분과 다음에 연결되는 "작은 것을 보는 것을 밝음이라 하고" 부분에도 연결구가 필요하다. 욕망에서 벗어나려면, 욕망으로는 결코 얻고자 하는 바를 이루지 못한다는 점을 알아야 한다. 개체의 지향성은 전체의 지향성에서 벗어나지 못한다는 말이다. 전체 지향성은 개체의 존재 근거이니, 전체를 이루는 작은 부분들의 지향성들을 볼 수 있어야 한다는 것이다. 그러하니 이 부분의 연결구는 "욕망의 통로를 차단하려면, 욕망의 대상이 되는 작은 것의 중요성과 지향성을 볼 수 있어야 한다."가 되는 것이 바람직하다.

以爲天下母(이위천하모)에서 爲(위)는 "하다, 다스리다, 되다, 이루어지다, 생각하다, 삼다, 있다" 등의 의미에서 "있다"라고 번역한다. 어미 없는 시작은 있을 수 없기 때문이다. 旣得其母(기득지모), 以知其子(이지기자)에서 得(득)은 "얻다, 만족하다, 알다, 분명해지다, 이르다" 등의 의미 중에서 "분명해지다", 以(이)는 사역동사로 해석하면, 이 문장은 "이미 천하의 어미가 분명해지니, 그 자식을 알게 된다."라고 번역한다. 旣知其子(기지기자), 復守其母(복수기모)에서 復(복)은 "다시", 守(수)는 "지키다, 다스리다, 머무르다, 직무" 등의 의미 중에서 "다스리다"라고 해석하여 이 문장은 "이미 그 자식을 알고, 다시 그 어미를 다스리니, 몸(身)은 다하여도 피곤하지 않다."라고 번역한다. 위에서 어미(母)는 도(道)를 의미하고, 자식(子)은 천하를 의미한다.

塞其兌(색기태)에서 유의할 점은 其(기)가 지칭하는 것과 兌(태)의 의미이다. 其(기)가 지칭할 수 있는 것은 身(신)이다. 兌(태)는 "바꾸다, 기쁘다, 통하다, 구멍, 즐거워하다(열)" 등의 의미를 갖는데, "구멍, 입구 혹은 통로"라고 번역한다. "기쁨이나 쾌락"이라 해석할 수도 있는데, 其(기)가 앞의 몸(身)을 지칭하고 塞(색)와 開(개)가 닫고 여는 것이니 통로나 구멍으로 해석하는 것이 바람직하다. 그러면 塞其兌(색기태)는 "몸의 통로를 막다"라고 번역한다. 몸의 통로는 감각과 지각인 바, 감각과 지각으로 기쁨을 추구하는 통로를 말하는 것이니, "욕망의 통로"를 의미한다.

用其光(용기광)과 復歸其明(복귀기명)에서 其(기)가 지칭하는 것은 도(道)이다. 이 점과 是爲習常(시위습상)에서 習常(습상)의 의미는 아래 풀이에서 설명할 것이다.

◀》 풀이

천하에 시작이 있음은 천하의 어미가 있기 때문이다(天下有始, 以爲天下母)라고 하였다. 1장에서 무(無)는 천지의 시작을 말하고(無名天地之始), 유는 만물의 터전 혹은 어머니를 말한다(有名萬物之母)고 하였다. 그런데 유(有)와 무(無)는 서로 상생(相生)하여 천지가 시작된다고 하였다. 시작은 무엇이고, 어미는 무엇이며, 상생은 또 무엇인가? 어느 것이 먼저이고 어느 것이 뒤인지 알 수 없으니 상생(相生)이다. 빅뱅으로 시간과 공간이 시작되고, 이를 바탕으로 우주가 만들어졌으며, 무기물에서 유기물이 생기고, 유기물이 돌연변이와 진화로 유기체로 변화하였다. 천하의 시작은 어디이고 어미는 무엇일까? 빅뱅 이진의 존재는 알 수 없는 에너지이고, 빅뱅으로 만들어진 시간과 공간에는 에너지와 물질이 있다. 이 물질과 에너지는 암흑에너지 74%, 암흑물질 22%, 나머지 4%는 우리가 우주에서 눈으로 볼 수 있는 물질(산, 행성, 별, 은하 등)이라 한다(자료에 따라 약간의 차이가 있음). 그리고 이 4% 중 약 3/4은 수소로, 나머지 약 1/4은 헬륨 등으로 구성돼 있다고 한다.

노자는 이런 우주의 조건과 무기물에서 유기물이 만들어지는 상황은 알지 못했을 것이다. 그래도 감각을 초월한 무엇에서 시작되었을 것이라는 점은 짐작하였기에 유와 무를 언급하였을 것이다. 추정하면 유는 공간을 채우고 있는 무엇이었을 것이고, 무는 감각할 수 없는 에너지라고 추정할 수 있다. 그래야만 천하의 시작이 있음은 천하의 어미가 있기 때문이라 할 수 있다. 되돌려 생각해보면, 시작이 있다고 함은 움직임이 있었다는 것이고, 움직임은 에너지가 있었다는 뜻이다. 노자는 이 시작을 무(無)라고 하였으니, 무는 에너지를 갖는다는 뜻이 된다. 유(有)는 터전이라 하였으니 당연히 물질적인 특성, 즉 물리력을 갖는다고 할 수 있다. 그러니 유가 갖는 물리력에 무가 갖는 에너지가 작용하면 사물이 생겨난다는 것으로 이해할 수 있다. 이렇게 무(無)가 유(有)에 작용하여 천하를 만들고 만물을 생겨나게 하였으니, 만물에는 어미가 있다고 한 것이다. 어미 없는 자식은 없다는 의미이다.

　이미 천하의 어미가 분명해지니, 그 자식을 알게 된다. 이미 그 자식을 알고, 다시 그 어미를 다스리니, 몸(身)은 다하여도 위태롭지 않다(旣得其母, 以知其子, 旣知其子, 復守其母, 沒身不殆)고 하였다. 유(有)와 무(無)의 작용으로 천하와 만물이 생겨났으니, 천하는 어미를 얻은 것이다. 위 내용을 쉽게 말하면, 어미가 있다는 것은 자식이 있음이고, 자식이 있음은 어미가 있다는 것이니, 어미를 분명히 안다는 것은 그 자식을 보고 안다는 것이다. 천하 만물은 유(有)와 무(無)의 작용 즉, 도(道)의 작용으로 생겨나고, 그 도가 자신의 어미임을 알게 되니, 자신의 몸에도 도(道)의 기운이 몸에 내재되어 있음을 알게 되고, 자신의 자손에게도 도의 기운이 이어진다는 것도 알게 된다. 그러니 그 존재의 근본인 도의 기운을 지키고 다스리는 것이 그 존재의 본성이다. 다시 말해, 어떤 존재이든 그 존재는 태초부터 이어진 자신의 존재이유와 존재로서 당연히 해야 할 본분인 본성을 지니고 있으며, 본성을 지키는 것은 본능적이다. 이 본성은 도가 시현되어 생겨난 것이니 도를 어미라고 표현하였고, 그 어미를 지키고 실천한다고 하였다. 그리하여 그 어미를 지키고 다스리는 것 즉, 도에 따르고 이를 실천하면 몸은 죽더라도 위태하지 않다고 한 것이다. 어미를 다스린다고 함은 어미가 갖는 특성을 다스린다는 의미로 다시 사물을 생겨나게 하는 것을 말한다. 이렇게 사물을 생겨나게 하는 것이 자신에의 존재 이유이니 이를 실천하지 않으면 자신의 존재가 위태하게 된다. 그러니 이를 실천한다고 하여 피곤하거나 위태할 이유가 없는 것이다. 그리고 도를 따름은 무엇을 이루고자 하는 의도나 욕심 없이 주변 환경의 지향성을 따르는 것이니, 물 흐르듯 행해져 힘들지 않고 위태하지 않다는 것이다.

(道를 따르려) 그 통로를 막고, 문을 닫으면 평생토록 괴롭지 않다. 그 통로를 열고 일을 성취하려 하면, 종신토록 구제받지 못한다(塞其兌, 閉其門, 終身不勤, 開其兌, 濟其事, 終身不救)고 하였다. 여기서 其(기)를 지시 대명사로 보면 앞의 身(신)을 받는데, 이 身(신)은 사람의 몸만 뜻하는 것이 아니고, 모든 사물의 몸을 말한다. 다만, 설명을 간단히 하기 위해 사람으로 한정한다. 兌(태)는 "구멍 혹은 통로"를 뜻하는데, 이 구멍은 사물의 내부와 외부를 연결하는 통로로서 감각기관이다. 사람의 눈, 코, 입, 귀 등을 말한다. 감각한 것은 지각으로 연결되어 기억된 저장 정보를 참조하여 비교되고 해석되며, 자신의 가치체계에 따라 인식되고 평가된다. 이렇게 해석되고 평가된 결과를 자신의 효능감 수준을 고려하고 판단하여 행동으로 옮긴다. 이런 과정에서 이기적인 욕망이 작용하게 되니, 모든 인식은 욕망에 근거하여 판단된다고 할 수 있다. 감각하고 지각하는 통로를 막고 그 문을 닫으면 욕망이 일어나지 않는다. 그러하니 여기서 其兌(기태)의 해석은 "욕망의 통로"라고 함이 적당하다. 욕망의 통로를 막고 그 문을 닫으면 종신토록 괴롭거나 근심이 없다고 한 것은 욕망이 작용하지 않으면 이루고자 하는 의도가 개입되지 않아서 아웅다웅하지 않고 스스로 그러하게 놓아둘 수 있다. 그러면 괴로워할 대상이 사라지게 되니 구태여 애를 태울 필요가 없어진다. 반면에 욕망의 통로를 열고 일을 성취하려면, 감각하고 지각한 자극을 자신의 가치체계와 비교하고 평

가하여 호·불호, 편·불편, 쾌·불쾌를 만들어 욕망을 불러온다. 욕망은 사소한 일에 애를 쓰게 하고 다투게 하며, 몸과 마음이 그 대상에 매달리게 하여 대상의 상태에 휘둘리게 한다. 이렇게 욕망의 노예가 되면 평생토록 편할 날이 없을 것이니, 구제받을 수 없다고 한 것이다.

욕망의 통로를 차단하려면 환경의 늘 그러함 즉, 환경의 지향성을 알아야 한다. 탐욕적인 행동은 몸만 괴롭고 이룸이 없게 한다는 것을 알면 욕망에서 벗어날 수 있다. 환경의 지향성을 무시하고 무엇을 이루고자 하면, 환경의 저항에 부딪쳐 얻고자 하는 바를 얻지 못한다. 이것이 자연의 늘 그러함이다. 자연의 늘 그러함은 항상 초연(超然)하다. 그러하니 늘 그러함을 알아야 현상에서 벗어나 어젓할 수 있다. 16장에서 늘 그러함(常)을 아는 것을 밝음(明)이라(知常曰明)고 하고, 늘 그러함(常)을 알면 포용하게 되고, 포용하면 공정하게 된다고 하였다. 결과로 도(道)와 같아져서 몸이 없어져도 도는 위태롭지 않다(沒身不殆)고 하였었다.

욕망의 통로를 차단하려면, 작은 것의 지향성을 볼 수 있어야 한다. 작은 것을 보는 것을 밝음이라 하고, 부드러움을 지키는 것을 강하다고 한다(見小曰明, 守柔曰强)고 하였다. 27장에서 "善行(선행), 善言(선언), 善數(선수), 善閉(선폐), 善結(선결), 善求人(선구인), 善救物(선구물)"을 하는 것을 습명(襲明)이라고 하고, 또 36장에서 먼저 펼침을 베풀고, 먼저 주며, 강약을 조절하고, 폐함과 일어남을 조절하는 것을 숨기는 밝음 즉, 미명(微明)이라 하였다. 그런데 이 장에서는 작은 것을 보는 것을 밝음이라 하였다. 16장에서 늘 그러함을 안다는 밝음

(明)은 순환의 도를 알아 미래를 미리 안다는 것이고, 습명(襲明)에서 밝음은 객체의 본성인 지향성을 알고 이에 동조하는 것이니 도(道)를 따른다는 것이며, 미명(微明)에서 밝음은 먼저 베푼 후에 되돌아오게 하는 스스로 그러한 조건을 알고 베푸는 것이며 수용하는 것이니 덕(德)을 말하는 것이다. 이런 밝음의 요체는 욕심을 내려놓아 대상의 지향성에 동조하여 차이를 없게 하는 것이고(습명 襲明), 대상이 필요로 하는 조건을 베풀어 스스로 그러하게 함이니 덕이다(미명 微明). 한마디로 말하면 도, 즉 자연의 지향성을 따르고 덕을 베푼다는 것이다. 도를 따르면 세상사의 마땅한 흐름을 안다는 것이다.

밝음에서 밝다는 것은 안다는 것과 같고 보이지 않는 것을 드러내 보이게 한다는 것이다. 작은 것을 볼 수 있다고 함은 작은 것도 알 수 있다는 것이다. 작은 것이라 함은 대상의 작음을 의미하는데, 작은 것은 큰 것의 기초이고 터전이니, 작은 것이 없으면 큰 것도 없다. 그러니 작은 것까지 밝게 볼 수 있어야 밝다고 할 수 있을 것은 당연한 지적이다.

대상의 마음으로 대상을 포용하면 대상의 대소, 의미의 경중, 행위의 선악 등을 구별하지 않는다. 그리고 작은 것은 하찮은 것일 수도 있고, 보이지 않는 것을 의미할 수도 있으며, 어두운 것일 수도 있다. 욕망에서 벗어나 무위의 마음과 대상의 마음으로 대상의 지향성을 보면, 아무리 작은 것이라도 당위의 흐름이 보이게 되므로 알 수 있다는 것이다. 당위의 흐름은 만물이 각기 자신의 본성에 따라 움직이고 있는 지향성을 뜻하고, 늘 그러함을 의미한다. 그러니 만물의 본성을 안다는 것이고, 만물의 눈으로 세상을 본다는 것이며, 만물

2편 德經

의 마음으로 마음을 다스린다는 것이니 밝다고 한 것이다.

부드러움을 지키는 것을 강하다고 하는 것은 미명(微明)과 같은 논리이다. 부드러움과 강함은 상반된 개념으로 강함을 지키려면 부드러움을 지키면 스스로 강함을 지키게 된다는 것이다. 부드러움이 강함의 조건이기 때문이다. 부드러움은 강함을 흡수하고 포용함으로써 강함을 이기므로 강하다고 한 것이다. 36장에서도 유약함이 굳셈과 강함을 이긴다고 하였었다(柔弱勝剛强). 유약함은 경계가 약하여 다른 것을 쉽게 수용하나, 강하고 굳센 것은 경계가 단단하여 다른 것을 수용하기 어렵다. 수용은 개방적이라 통합이 쉽다. 개방과 통합은 대상의 마음에 도달하는 것이고 대상의 지향성을 수용하는 것이다. 구분과 경계를 극복함이 부드러움이다. 경계를 극복하면 부분이 전체가 된다. 그리하여 어두움을 밝음으로 통합하여 전체를 밝히고, 다른 사람을 수용하고 포용하여 통합하니, 부드러움을 지키는 것이 강하다고 한 것이다.

그 빛을 써서 그 밝음을 회복하면 자신에 재앙을 남기지 않으니, 이것이 습상(襲常)이 된다(用其光, 復歸其明, 無遺身殃, 是爲襲常)고 하였다. 여기서 其(기)는 도를 지칭한다. 빛을 감각하면 밝음이 된다. 존재의 본성이 드러날 때 빛을 낸다. 사물이 그 본래의 본성에 따라 기능할 때 빛을 낸다는 뜻이다. 본성에 따라 기능하지 못하면 빛을 잃는다. 쉽게 예를 들면, 인간이 인간의 도리를 못하면 자신도 어둡고, 세상도 어두워진다. 반대로 덕을 베풀고 포용하면 세상은 밝아지고 빛난다. 이런 빛은 사물에 내재된 도의 에너지이다. 본성을 따라 스스로 존재하고 당위 하게 하면 즉, 스스로 그러하게 하면, 이 에너지가 빛을 발한다. 이를 그 (본래의) 빛을 써서 그 밝음을 회복한다고 하였다. 본성에 따라 행동하니 작위 하지 않고, 욕망하지 않으며, 스스로 그러하게 조건을 형성하니, 재앙이 있을 수 없게 된다. 이를 늘 그러함(常)을 익히는 것 즉, 습상(習常)이라 한다. 늘 그러함을 익힌다는 것은 본성의 밝음으로 대상의 지향성을 아는 것을 말하니 습상(習常)은 도를 익히는 것이라 할 수 있다. 是(시)는 지시대명사로 "그 빛을 쓰는 것(用其光)"을 지칭하고, 이는 도의 에너지이고, 본성의 빛이다.

　이 장의 해석에서 조금 더 설명이 필요한 부분은 욕망의 통로와 감각의 통로는 하나로 연결된 것으로 인과관계로 해석할 것인지 아니면, 감각의 통로는 욕망의 통로와 무관한 것으로 해석할 것인지의 의문점이다. 위에서는 감각의 통로를 닫아야 욕망의 통로도 닫힌다고 하였다. 감각과 욕망의 관계는 어떤 대상을 감각하고 인지하며 판단하는 대처 과정에서 욕망이 일어나기 때문에 감각과 욕망은 연결된 관계이니 욕망의 통로를 닫기 위해서는 감각의 통로 또한 닫아야 함이 일반적 해석이다. 그러나 사람의 분별력에 따라서 그렇지 않을 수도 있다. 감각은 하였더라도 욕망으로 연결하지 않을 수 있음을 뜻한다. 감각정보의 처리체계는 감각입력 → 기억정보와 대조 → 입력정보 해석 → 판단 → 반응의 절차로 진행된다. 이 절차에서 욕망은 해석과 판단의 과정에 작용하게 되므로 해석과 판단, 반응단계에서 이기적 욕망보다 대상의 지향성에 중점을 두면 반드시 감각이 욕망으로 반응하지는 않는다. 이럴 수 있는 사람의 정보 처리는 사건의 본성에 따라 처리되도록 자신의 욕망을 제어하고 대상과 상호작용할 수 있게 기다릴 수 있는 사람이다. 즉, 사안이 일어난 주변의 조건과 본성을 꿰뚫어 보는 통찰력을 가진 경우를 말한다. 다른 말로 하면 늘 그러함을 아는 사람을 말하니 위에서 언급한 밝음을 얻은 사람이다(知常曰明 16장).

53장
도를 잃은 위정자는 도둑

使我介然有知, 行於大道, 唯施是畏. 大道甚夷, 而民好徑, 朝甚除, 田甚蕪, 倉甚虛. 服文綵, 帶利劍, 厭飮食, 財貨有餘, 是謂盜夸, 非道也哉.

가령 내가 조금이나마(介然) 앎(知)이 있게 된다면, 대도를 행할 것이지만, 오직 이것을 드러내 뽐낼까(施) 두려울 뿐이다. 대도는 매우 평평한데, 백성은 지름길을 좋아한다. 조정이 심하게 다스리니(除), 밭은 매우 황폐하고, 곳간은 심하게 비었다. 비단옷을 입고, 날카로운 칼을 차고, 싫증 나도록 마시고 먹어도 재화가 남아도니, 이를 도적의 사치(夸)라 한다. 도가 아닌 것이다.

🦜 번역에 유의할 어휘

使我介然有知(사아개연유지)에서 使(사)는 "하여금, 가령, 하인, 사신, 부리다, 따르다"등의 의미 중에서 "가령 ~하게 하다"의 사역동사로 번역한다. 介然(개연)은 "그럴 것 같다"의 의미인데, 대부분의 해설서에서는 "조그마한, 조금이나마, 확고하게" 등으로 번역하고 있다. 介(개)는 "끼다, 소개하다, 의지하다, 믿다, 크다(大), 작다"이고, 然(연)은 "그러하다, 듯하다, 허락하다, 밝다"이니, 합하여 介然(개연)은 "작은 것을 허락한다"라고 번역하고, 이를 의역하면 "조금이나마"라고 번역할 수 있다. 물론 "그럴듯하게"라고 할 수도 있으나, 여러 해설서의 번역을 참고하였다. 그러면 使我介然有知(사아개연유지)는 "가령 나에게 조금이나마 앎이 있게 된다면"라고 번역된다.

行於大道(행어대도)에서 於(어)는 대상을 나타내는 전치사이니, "큰 도를 행한다"라고 번역하고, 唯施是畏(유시시외)는 "오직 이것을 드러내 뽐낼까 두려울 뿐이다"라고 번역한다. 여기서 施(시)는 "베풀다, 실시하다, 드러내다, 뽐내다, 과장하다" 등의 의미에서 "드러내 뽐내다", 是(시)는 근칭의 지시대명사로 "이것(行於大道)"이라 번역한다.

大道甚夷(대도심이)에서 夷(이)는 "오랑캐, 잘못, 상하다, 멸하다, 평평하다, 평탄하다, 깎다, 온화하다, 안온하다" 등의 의미 중에서 "평평하다"라고 번역한다. 朝甚除(조심제)에서 除(제)는 "덜다, 없애다, 버리다, 나누다, 임명하다, 다스리다, 지나가다" 등의 의미이나, "다스리다(治)"로 해석하여, "조정이 심하게 다스린다(除)"라고 번역한다.

🔊 풀이

가령 나에게 조금이나마 앎(知)이 있게 된다면, 대도를 행할 것이지만, 오직 이것을 드러내 뽐낼까(施) 두려울 뿐이다(使我介然有知, 行於大道, 唯施是畏)고 하였다. 안다(知)는 것과 도(道)는 다르다. 오히려 안다는 것이 도에 방해가 되기도 한다. 이 문장은 노자가 "我(아)"라고 하여 자신을 밝힘으로써 겸손한 어투로 말하고 있음에 유의해야 한다. 그러니 使(사)를 사역동사로 해석한 것이다. 도는 무위로 행하는 것이므로 그 행함이 드러나지 않는다. 그러니 도를 행함(行於大道)이 드러날까 두려워한 것이다.

조금 더 풀이하면, 도(道)는 조건에 따라 스스로 지향하고 행해지는 것이니, 행한다고 하여 무엇을 하고자 함이 아니고 욕심내지 않고 행하는 것이다. 무엇을 이루려는 욕심없이 행하니 대상인 사물들도 스스로 자신의 본성에 따라 마땅히 행할 바를 행하게 된다. 무위로 행함은 주변 사물에 부정적인 영향을 미치지 않으니, 사물도 그들의 조건에 맞춰 생겨나고 작동하게 되는 것이다. 이를 자연이라 한다. 무엇을 알아서 지혜로 행하고 베푼다고 하면, 이미 그 행위는 의도된 행위가 되고 드러나게 되어 무위가 아니고 자연이 아니다. 그러니 앎이 있고 도를 행하니 드러내 뽐낼까 두려워한다는 것이다.

대도(大道)는 매우 평평한데, 백성은 지름길을 좋아한다(大道甚夷, 而民好徑)고 하였다. 넓고 큰길은 대개 평평하고 험하지 않아서 걷기에 좋고, 누구나 가기 쉽다. 그런데 사람들은 넓고 바른 좋은 길을 마다하고 좁고 험한 지름길을 선호한다. 넓고 큰길은 그냥 걸어가면 저절로 가게 된다. 좁고 험한 지름길은 넘어질 수도 있고, 다른 길로 접어들 수도 있으며, 길이 끊어졌을 수도 있는 등 여러 가지 위험이 있을 수 있다. 그럼에도 사람들은 어려운 지름길을 가려 한다. 도(道)도 마찬가지다. 도는 자연스럽고, 사물들이 본성에 따르게 하면 된다. 그러면 사물들이 알아서 행하고 이것이 조건이 된다. 내가 하려고 하지 않고 사물이 자기의 자리를 지키면, 사물은 자기의 직분인 본성에 따르게 되고 그러면 이루어진다. 이것이 현재에 머무름이다. 지금과 여기의 중요성이다. 지금 여기에서 작위 하지 않고 사물이 제 위치에 머무르게 하면 이루어진다. 좁은 길에서 앞에 무슨 위험이 도사리고 있는지 살피며 신경을 쓰지 말고 대도를 걸으면 쉽다. 하려고 하지 않고 주어진 여건에 맞추어 행하는 것보다 쉽고 편한 일이 있을까? 느림의 미학이다.

"조정이 심하게 다스리니(除), 밭은 매우 황폐하고, 곳간은 심하게 비어 있다. 비단옷을 입고, 날카로운 칼을 차고, 싫증나도록 마시고 먹어도, 재화가 남아도니, 이를 도적의 사치라 한다. 도가 아니다(朝甚除, 田甚蕪, 倉甚虛, 服文綵, 帶利劍, 厭飮食, 財貨有餘, 是謂盜夸, 非道也哉)." 라고 하였다. 위에서 도를 행함에 무위로 하지 않고 드러나게 행할까 두렵다고 하고, 쉽고 편한 큰길을 두고도 위험한 지름길을 택하여 고단하게 살아간다고 하였는데, 여기서는 위정자들은 백성을 심하게 다스리면서도 자신들은 사치스럽게 생활하니 이는 도가 아니라고 말한다. 요약하면 도에 따라 욕망을 버리고 무위로 큰길을 가면 좋은데, 위정자들은 욕망을 버리기는커녕, 욕망을 좇아서 가지 말아야 할 길 즉, 위험한 지름길로 가고 있다는 것이다. 백성이 지향하는 바는 편안한 생활이니, 조건이 형성되면 언젠가는 이 지향성이 실현되어 제자리로 돌아가는 것이 자연의 이치이다. 이 자연의 이치에 따른 조건의 형성된다는 것은 이기적인 위정자는 스스로 멸망하게 된다는 것을 말한다. 과한 욕망의 추구는 이기적이고 작위적인 행동으로 전체의 지향성인 공존의 도에 어긋나는 것이니, 스스로 그러한 환경의 조건을 파괴하는 것과 같은 것이다. 그러하니 환경은 자신의 지향성이 파괴되는 것을 용납하지 않고 역습을 하게 될 것인 바, 스스로 무너지게 된다는 것이다. 환경의 조건들을 파괴한다고 함은 사물이 제자리에서 자신의 직분을 다할 수 없게 하는 심한 세금, 노역, 통제 등을 말하고, 이는 도적이 백성의 재물과 인명을 빼앗아 사치스러운 생활을 하는 것과 같으니, 이를 도적의 사치(夸)라고 하고, 도가 아니라고 한 것이다.

54장
도(道)는 상호 의존적 지향성

善建者不拔, 善抱者不脫, 子孫以祭祀不輟. 修之於身, 其德乃眞, 修之
於家, 其德乃餘, 修之於鄉, 其德乃長, 修之於國, 其德乃豊, 修之於天
下, 其德乃普. 故以身觀身, 以家觀家, 以鄉觀鄉, 以國觀國, 以天下觀
天下, 吾何以知天下然哉, 以此.

　잘 세워진 것(道)은 기울지(拔) 아니하고, 잘 감싸 안은 것(道)은 벗
어나지 않으니, 자손이 제사를 그치지 않게 한다. 이것(道)을 자신이
익히면(修) 그 덕은 비로소(乃) 진실하게 되고, 가정에서 이것을 익히
면 그 덕은 비로소 여유가 있으며, 마을에서 이것을 익히면 그 덕은
비로소 오래가고, 나라에서 이것을 익히면 그 덕은 풍요롭고, 천하에
서 이것을 익히면 그 덕은 비로소 두루 미치게 된다. 고로 자신으로
자신을 보고, 가정으로 가정을 보며, 마을로 마을을 보고, 나라로
나라를 보며, 천하로 천하를 본다. 내가 어찌 천하가 그러함을 알 수
있겠는가? 이로써 안다.

善建者不拔(선건자불발)에서 者(자)는 부정칭의 지시대명사로 "~것"이라 번역한다. 여기서는 "잘 세운 것"이 지칭하는 것은 도(道)이다. 拔(발)은 "뽑다, 특출하다, 기울다, 빠르다" 등의 의미에서 "뽑다"라고 번역한 책들이 대부분이나, 세운 것은 뽑히는 것이 아니고 기울어지는 것이므로 "기울다"라고 번역한다. 子孫以祭祀不輟(자손이제사불철)에서 以(이)는 사역동사로 "~하게 하다"라고 옮기면, "자손이 제사를 그치지 않게 한다"라고 번역된다.

修之於身(수지어신), 修之於家(수지어가) 등에서 之(지)는 지시대명사로 앞에서 者(자)가 지칭한 도(道)이다. 者(자)가 도(道)를 지칭하는 이유는 다음에 연결되는 德(덕)이 갖출 수 있는 것은 도(道)밖에 없기 때문이다. 덕은 도(道)의 시현하는 것으로 베풀고 포용하는 것이다. 도(道)는 사물에 본성으로 선천적으로 내재되어 있으니, 마음가짐으로 세울 수 있고, 감싸 안을 수 있다. 그러하니 修之於身, 修之於家 등에서 之(지)가 지칭하는 것은 도(道)이다. 그리고 修(수)는 "닦다, 익히다, 연구하다, 꾸미다, 고치다, 다스리다, 갖추다" 등의 의미 중에서 "닦다, 익히다", 於(어)는 전치사로 "~에서"라 옮긴다.

🔊 풀이

잘 세워진 것(道)은 기울지(拔) 아니하고, 잘 감싸 안은 것(道)은 벗어나지 않으니, 자손이 제사를 그치지 않게 한다(善建者不拔, 善抱者不脫, 子孫以祭祀不輟)고 하였다. 위 번역에 유의할 어휘에서 말하였듯이 도(道)를 목적어로 하여 해석하면, 도를 잘 세우면 기울지 않고, 도는 감싸 안으면 벗어나지 않는다. 도는 사물에 선천적으로 내재되어 있으니, 내재된 도를 본성이라 한다. 이 내재된 도(道) 즉, 본성에 따라 사물을 인식하고 이에 따라 반응하도록 자아체계가 안정화된 것을 노자는 도(道)를 잘 세웠다고 표현하였다. 그리고 잘 세웠다는 것은 자극을 처리하는 심리처리절차가 무엇을 이루고자 하는 욕심없이 대상의 지향성을 가치로 평가하지 않고 있는 그대로 수용하고 공감하며 일관성을 유지하는 것을 의미한다. 이는 욕망하지 않고 무위로 행하는 것이다. 본성은 욕망하는 마음가짐만 바꾸면 쉽고 편안하게 세울 수 있고, 본성을 회복하면 하고자 하는 마음에 휘둘려 기울지 않게 된다. 그리고 도(道)를 잘 감싸 안는다고 한 것은 마음속에 깊이 간직한다는 의미로 해석하여야 한다. 마음가짐을 바꾸고 이를 잘 간직하면 이는 벗겨지지 않고 지속적으로 일관성을 유지할 수 있다는 말이다. 도에서 벗어나지 않고 공존의 본성을 시현하니 존재의 영속성이 유지되어 제사가 거치지 않는다고 한 것이다. 도는 존재 이유이며, 행위의 근거이다. 그러니 조상을 함부로 취급하지 않고, 마음속에 간직하고 있으며, 사랑하는 마음으로 간절히 생각한다. 이 간절함의 표현이 제사이니 어떻게 함부로 하겠는가?

이것(道)을 자신이(身) 익히면 그 덕은 비로소(乃) 진실하게 되고, 가정에서 이것을 익히면 그 덕은 비로소 여유가 있으며, 마을에서 이것을 익히면 그 덕은 비로소 오래가고, 나라에서 이것을 익히면 그 덕은 풍요롭고, 천하에서 이것을 익히면 그 덕은 비로소 두루 미치게 된다(修之於身, 其德乃眞, 修之於家, 其德乃餘, 修之於鄕, 其德乃長, 修之於國, 其德乃豊, 修之於天下, 其德乃普)라고 하였다. 여기서 익힘의 대상인 之

(지)는 도(道)이다. 도의 시현을 덕(德)이라 하였다. 도를 몸소 익힌다고 함은 위 문단에서 말한 바와 같이 잘 세우고 잘 감싸 안는 것을 말한다. 다르게 말하면 본성에 따라 사물을 인식하고, 본성에 따라 행한다는 말이다. 사물을 인식한다는 것은 감각하고 지각하는 것으로 기억된 가치체계로 사물을 느끼는 것을 말하는데, 이 가치체계에서 "~하고 싶다"는 욕망을 배제하라는 것이다. 그러면 인식에서 자신이 가진 욕망이란 색깔이 없어지고, 사물이 가진 색을 있는 그대로 느끼게 된다. 사람이 보는 색깔과 개가 보는 색깔, 벌이 보는 색깔이 다르다고 한다. 모두 자신이 보고 싶은 색으로 보기 때문이다. 어느 색깔이 본래의 모습인지 그 대상인 사물의 마음으로 보고 느끼는 것을 성인(聖人)이라 하였다(49장). 노자는 욕망하지 않고 작위 하지 않는 마음가짐을 익힐 것을 강조하고 있다. 도를 세우고 감싸 안는 마음가짐을 도를 익히고 닦는다(修)고 하고 이를 수신(修身)이라 한다.

개인의 몸으로 이 도를 닦고 익히면(修身), 그 본성을 베풀고 포용하여 시현하는 덕이 진실하여 진다. 있는 그대로 사물을 인식하고 이에 따라 행하니 진실한 것은 당연한 처사이다. 이 도를 가정에서 익힌다고 함은 모든 가족이 이 도를 익힌다는 것이다. 그러면 여유를 갖게 된다고 하였다. 가족이 욕망에서 벗어나 있는 그대로 현재를 수용하고 구성원들의 지향성을 공감하니, 이루어야 한다는 강박에서 자유롭게 되어 여유를 회복하고 화목하여 진다는 말이다. 마을 주민이 모두 도를 익히고 행하면 마을이 여유로워져서 이웃과 정답고 믿음이 두터워지니, 그 덕이 대를 이어 오래간다. 또 나라의 백성 모두가 도를 익히면 백성이 여유로워져 나라가 풍요롭고, 천하가 도를 익히면 천하 만물이 여유로워지니, 두루 넓게 편안하여진다고 하였다. 도를 익힘의 요점은 개체인 자신이나 마을, 국가, 천하 등을 구성하는 구성요소들의 지향성과 그들을 에워싼 환경 요소들의 지향성을 알고 그들의 지향성이 조화롭게 상호작용하게 하고, 모든 구성원이 천부의 자질을 한껏 시현할 수 있게 하여 자존감을 느낄 수 있어야 한다.

혼히 수신(修身)을 말한 때, 수신제가치국평천하(修身齊家治國平天下)라는 말을 하곤 한다. 이 말은 대학(大學) 경문(經文)에 나오는 어귀로 선비가 세상에서 해야 할 일의 순서를 알려주는 표현이다. 먼저 자기 몸을 바르게 가다듬은 후 가정을 돌보고, 그 후 나라를 다스리며, 그런 다음 천하를 경영해야 한다는 의미이다. 원문은 다음과 같다.

사물의 본질을 꿰뚫은 후에 앎이 투철해지고, 앎이 투철해진 후에 뜻이 성실하여 마음이 바르게 된다. 마음이 바르게 된 후에 몸이 닦아지게 되고 몸이 닦인 후에 집안이 바르게 된다. 집안이 바르게 된 후에 나라가 다스려 지고 나라가 다스려진 후에 천하가 태평하게 된다. 그러므로 천자로부터 일개 서민에 이르기까지 모두 몸을 닦는 것을 근본으로 삼는 것이다(格物以後에 知至하고, 知至以後에 意誠하고, 意誠以後에 心正하고, 心正以後에 修身하고, 修身以後에 家齊하고, 家齊以後에 國治하고, 國治以後에 天下平이니라. 自天子以至於庶人 壹是皆以修身爲本이니라.) 이 부분에 대한 풀이는 "성격의 비밀"에서 다음과 같이 인용한다.

수신제가치국평천하(修身齊家治國平天下)라는 말은 삶의 범주 별로 인간으로서 지향해야 할 바른 자세를 일러준다. 격물(格物)·치지(致

知)·성의(誠意)·정심(正心)은 수신(修身)의 단계이고, 수신(修身)·제가(齊家)·치국(治國)은 평천하(平天下)의 단계로 규정하고 있다. 격물~수신까지의 단계와 제가~평천하까지의 단계를 구분하여 보면, 전자는 개인의 사생활 부분이고 후자는 사회생활 부분이다. 사생활의 기본을 격물·치지·성의·정심이라 함은 사물의 본질과 존재이유를 완전히 알게 되면, 뜻이 성실해지고 마음이 바르게 되며 몸을 닦게 된다는 것이다. 사물(事物)의 존재이유와 본질을 완전히 알게 된다는 격물치지(格物致知)는 자연계의 연결관계와 순환 고리인 시스템을 안다는 것이다. 다시 말해 서로 물고 물리는 끈과 그 관계 속에서 그 사물의 존재 이유와 존재양식을 완전히 안다는 것이 격물치지이다. 이는 사물과 자신이 존재해야 할 이유와 행동 양식도 완전히 안다는 것으로 자신의 존재성을 알고 행한다는 것이다. 자신의 대한 본질과 존재형태를 알게 되면, 그 본질에 따라 주도적으로 행동할 것이고 사회의 일원으로서 당위성에 따라 역할을 다할 것이다. 이것은 성격의 발달 부분에서 논의하였던 자립적인 개인, 공감하는 사회인, 순리에 맞게 사는 자연인이 되는 것이다. (성격의 비밀, 이종식, 북랩, 2016.1, p. 350)

"고로 자신으로 자신을 보고, 가정으로 가정을 보며, 마을로 마을을 보고, 나라로 나라를 보며, 천하로 천하를 본다. 내가 어찌 천하가 그러함을 알 수 있겠는가? 이로써 안다(故以身觀身, 以家觀家, 以鄉觀鄉, 以國觀國, 以天下觀天下, 吾何以知天下然哉, 以此)"라고 하였다. 이 부분에 대한 설명도 난해하다. 자신으로 자신을 본다고 하였으니 어렵다는 것이다. 이 말은 자신을 자신의 존재를 있게 한 조건들의 입장에서 본다는 뜻으로 이해해야 할 것이다. 49장에서 백성의 마음으로 마음을 다스린다(以百姓心爲心)고 한 바와 같다. 내가 나자신을 인식함에 있어서 "하고 자 하는 욕망"을 지닌 마음으로 보지 말고, 자신을 구성하는 요소들의 입장 즉, 그들의 존재와 지향성의 입장에서 있는 그대로를 보라는 것이다. 예를 들면, 소화가 잘 안 되는 사람은 위나 장의 입장에서 음식을 섭취하고, 관절이 아픈 사람은 관절의 입장에서 몸을 움직이라는 것과 같다. 현재의 나는 나를 구성하는 물질적 요소들과 정신적으로 작용하고 있는 기억과 감정, 욕구 등의 심리적 요소들의 집합이다. 이들을 호·불호, 쾌·불쾌, 편·불편, 유·불리 등의 가치로 판단하지 말고 있는 그대로를 수용하고 인정하며, 그들과 동조하고 그들이 있음에 감사할 수 있음이 고요함을 회복하여 본성에 머물 수 있게 하는 것이 아닐까? 이는 자아 성찰이고 깨달음이니 무위의 기초가 된다.

　가정을 가정으로 본다고 함도 같은 이치이다. 가정을 구성하는 가족과 물적 요소들의 입장에서 보라는 것이다. 자녀는 자녀의 입장에서 부모는 부모의 입장에서 보면, 갈등의 원인을 찾을 수 있고 여유를 찾을 수 있다는 것이다. 나라를 나라로 보라는 것은 국민 개개인과 이해집단, 그리고 물적 구성 요소들의 입장으로 보면, 덕을 베풀고 포용함이 크고 자비로워서 풍요로울 것이다. 이런 논리는 자신을 만들고 생겨나게 한 것은 각 구성요소들의 조건에 의한 것이니, 이 조건에 부합하는 것이 본성에 부합하는 것이라는 뜻이다. 이것이 격물치지(格物致知)라 할 수 있다. 이것으로 노자는 천하가 그렇고 그러하게 존재하고, 그러하게 작동하는 것임을 미루어 알게 된다고 하였다.

55장
화(和)·상(常)·명(明)으로 드러나는 도(道)

含德之厚, 比於赤子, 蜂蠆虺蛇不螫, 猛獸不據, 攫鳥不搏. 骨弱筋柔而
握固, 未知牝牡之合而全作, 精之至也. 終日號而不嗄, 和之至也. 知和
曰常, 知常曰明. 益生曰祥, 心使氣曰强, 物壯則老, 謂之不道, 不道早已.

품은 덕이 두터우면 갓난아이와 견줄 수 있어, 벌·전갈·살모사·뱀이 독을 쏘지 않고, 맹수가 덤비지 않으며, 맹금이 잡아채지 않는다. (갓난아이는) 뼈는 약하고 근육이 유연하여도 단단히 쥐고, 암컷과 수컷의 합함을 알지 못함에도 온전하게 작용하니, 정기가 지극한 것이다. 종일 부르짖어도 목이 쉬지 않으니, 조화로움이 지극하다. 조화로움을 드러내는 것을 늘 그러함(常)이라 하고, 늘 그러함을 드러나게 하는 것을 밝음(明)이라 한다. 삶(生)을 이롭게 하는 것을 상서로움(祥)이라 하고, 마음이 기운(氣)을 부리는(使) 것을 강함(强)이라 하지만, 만물이 성(盛)함은 곧 늙음이니, 이것(상서로움과 강함)은 도가 아니라고 한다. 도가 아님(不道)은 빨리 끝난다.

🐟 번역에 유의할 어휘

比於赤子(비어적자)에서 赤子(적자)는 "갓난아이"라고 번역한다. 猛獸不據(맹수불거), 攫鳥不搏(확조불박)에서 據(거)는 "근거, 의거하다, 웅거하다, 막아 지키다, 누르다, 붙잡다" 등의 의미 중에서 "막아 지키다", 搏(박)은 "두드리다, 치다, 잡다, 사랑하다, 박자" 등의 의미 중에서 "잡다 혹은 치다"라고 해석하여 "맹수가 막아 지키지 않고, 움켜잡는 새가 잡아 치지 않는다"라고 번역한다. 이를 의역하면 "맹수가 덤비지 않으며, 맹금이 잡아채지 않는다"라고 번역할 수 있다.

知和曰常(지화왈상), 知常曰明(지상왈명)에서 和(화)는 "화하다, 화목하다, 온화하다, 서로 응하다, 합치다, 화합하다" 등의 의미하는데, 이는 混(혼), 合(합), 調(조화), 融(융) 등의 의미를 포함하는 개념으로 상호작용함을 말하니 "조화하다"라는 뜻이다. 知(지)는 "알다, 나타내다, 드러내다, 맡다, 사귀다" 등의 의미 중에서 "드러내다"로 해석하여 "조화로움을 드러내는 것을 늘 그러함(常)이라 하고, 늘 그러함을 드러나게 하는 것을 밝음(明)이라 한다."라고 번역한다. 16장의 知常曰明(지상왈명)에서 知(지)는 "알다"로 옮겼는데, 여기서는 "드러내다"로 해석하였다. 16장의 문맥은 늘 그러함이라는 정적 상태에 의미의 초점을 두었고, 이 장은 밝다는 동적 상태에 초점을 두고 있기 때문이다. 이런 현상은 知(지)는 의미를 아는 것과 이를 드러내 밝히는 두 가지 의미를 함축하고 있음에 따른 차이라고 생각된다.

益生曰祥(익생왈상), 心使氣曰强(심사기왈강), 物壯則老(물장즉노), 謂之不道(위지불도), 不道早已(불도조이)에서 祥(상)은 "상서, 조짐, 제사, 복, 재앙, 상서롭다, 자세하다"등의 의미 중에서 "상서롭다"라고 해석하였다. 祥(상)을 "재앙, 조짐" 등으로 해석할 수 있지만, 다음에 연결되는 物壯則老(사물은 성하면 늙는다)고 하여 문맥의 반전을 기하고 있기 때문에 祥(상)을 "상서롭다"라고 번역한 것이다. 여기서 壯(장)은 "왕성(旺盛)하다"는 의미로 가득하다는 뜻이다. 그러니 상서로움과 강함에 해당하는 것이다.

◁》 풀이

앞 54장에서 수신(修身)의 시작은 객체인 사물의 본성을 알고 그 사물의 본성으로 사물을 보고 이해하는 것이라 하였고, 사람도 욕망을 가진 마음이 아니라 사람의 본성으로 보고 이해하라고 하였다. 수신(修身)은 격물치지(格物致知)에서 시작하고, 다음으로 성의(誠意) 정심(正心)한다고 하였다. 왜 수신(修身)은 격물치지에서 시작하는 것일까?

格(격)은 여러 가지 의미를 갖지만 여기서는 "연구하다"라는 의미로 해석하여 格物(격물)은 "사물을 깊이 연구하다"라고 해석한다. 이 의미를 치지(致知)와 연결하면 모든 사물의 이치(理致)를 끝까지 파고 들어 연구하면[格物] 앎에 이른다[致知]고 해석할 수 있다. 사람의 앎은 그들의 삶에 관한 것이고 이 삶은 환경을 이루는 사물과 관련된다. 관계를 맺고 있는 사물과 함께 삶을 영위하려면 그들의 삶을 알고 자신의 위치를 바로잡는 것이 중요하다. 그러니 수신(修身)의 시작은 격물치지(格物致知)가 되는 것이다.

사물에 관한 앎은 사물의 존재이유와 존재양식을 안다는 의미이고, 이 앎은 사물의 존재와 존재 양식을 존중하고 상호작용하여 함께 조화하기 위한 기초이다. 함께 조화한다는 것이 바로 공존의 본성을 뜻한다. 대학(大學) 경문(經文)에는 격물치지 이후(格物致知以後)에 성의정심(意誠心正)하라고 하였다. 성의(誠意) 정심(正心)에서 성(誠)과 정(正)은 이 본성에 성실하고 바르다는 것을 뜻한다. 그러니 이 성의(誠意) 정심(正心)이 바로 도를 잘 세우고, 잘 감싸 안는 것에서 시작하는 것이다. 이렇게 수신(修身)을 하면 그 덕이 천하에 베풀어지고 만물을 포용하여 두루 편안하여진다고 하였다. 결과적으로 수신은 부여된 본성을 실천하는 덕을 시행하는 것이다.

이 장에서는 본성을 실천하는 덕이 어떤 상태인지를 설명하고 있다. 품은 덕이 두터운 것은 갓난아이와 견줄 수 있고, 벌·전갈·살모사·뱀이 독을 쏘지 않고, 맹수가 막아서지 않으며, 움켜잡는 새가 잡아채지 않는다(含德之厚, 比於赤子, 蜂蠆虺蛇不螫, 猛獸不據, 攫鳥不搏)고 하였다. 덕은 욕망을 갖지 않고 작위적이지 않으니, 욕망이 일어나지 않고 욕망이 작동하지 않는 갓난아이에 비유한 것이다. 노자는 도를 체득한 사람을 성인이라 하고, 갓난아이로도 자주 비유한다. 갓난아이를 비유의 대상으로 등장시킴은 갓난아이는 도를 타고났으나, 아직 그 사용을 할 수 없는 상태이기 때문이다. 갓난아이는 자신에게 부여된 본성만이 내재하고 있을 뿐, 현실에 대한 어떤 앎이나 집착도 없고, 욕망이 없으니 주변의 대상들을 해치려 하지 않는다. 대상 자체를 경쟁의 대상이나 적으로 인식하지 못하니, 경계할 필요가 없다. 맹수나 맹금도 갓난아이의 존재를 경계할 대상이 아닌 그냥 자신의 환경으로 받아들이는 것이다. 그러니 갓난아이를 해치려 하지 않는다. 이와 같이 천진난만한 덕을 가진 사람에게는 적이 있을 수 없다.

"(갓난아이는) 뼈는 약하고 근육이 유연하여도 단단히 쥐고, 암컷과 수컷의 합함을 알지 못함에도 온전하게 작용하니, 정기가 지극한 것이다. 종일 부르짖어도 목이 쉬지 않으니, 온화함이 지극한 것이다(骨弱筋柔而握固, 未知牝牡之合而全作, 精之至也, 終日號而不嗄, 和之至也)"라고 하였다. 갓난아이는 유약함에도 그 움켜쥐는 힘은 대단히 세다. 갓난아이는 수컷과 암컷의 성(姓)을 알지 못함에도 생식기는 온전하게 작용하니, 이것은 도의 에너지인 정기의 지극함이라 하였다. 未知牝牡之合而全作(미지빈모지합이전작)에서 作(작)은 "짓다, 만들다, 일하다, 부리다, ~하게 하다, 일어나다, 이르다"의 의미이나, 왕필은 이를 자라다(長)로 주석하였다. 여기서는 "작용하다 혹은 자라다"라고 옮긴다. 여기서 암수의 성(姓)을 알지 못한다고 함은 나중에 그 쓰임에 대하여 알지 못한다는 뜻이고, 이는 어떤 의도를 가지지 않음에도 자연적으로 스스로 그러하게 본성에 따라 자란다는 의미를 내포하고 있다.

정기는 만물 생성의 원천이 되는 에너지로 타고난 기운, 즉 원기를 말한다. 에너지는 대립관계에 있는 구성요소들의 차이에서 나온다고 한 바 있다. 쉽게 말해 높은 것과 낮은 것이 있으면, 중력과 인력이란 조건에 따라 높은 것이 낮아지려 하니 낮은 것은 밀려 올라가게 되는데, 둘은 한 몸이니 서로 꼬리를 물고 회전하는 것과 같은 이치다. 이런 현상은 원자의 질량 차이와 전자의 움직임 등으로 발생하는 것이라 한다. 사물은 이런 움직임을 만드는 여러 요소들로 구성되어 있으니 이들과 환경의 조건들이 상호작용을 하여 움직임을 만들게 된다. 사물이 생겨난다는 것은 원자적 구성을 기본으로 하여 세포나 물질이 형성된 것이니, 원자의 움직임을 기본적인 동력으로 부여받는다. 이를 정기라고 이해하는 것이 이해에 도움이 될 것이다. 이 여러 요소들의 정기는 상호작용하여 의식이 되고 의식은 신경을 일깨운다. 이것이 생명의 작동이다. 요약하면 사물을 작동하게 하는 정기(精氣)는 물질이 생겨나면, 그 물질을 구성하는 원자들의 움직임에서 시작된 요소들의 활동이다. 갓난아이가 남녀의 성을 느끼지 않더라도 즉, 색욕이 일어나지 않아도 생식기의 기능은 온전하게 자라는 것으로 본성의 기능에 기반한 정기가 제대로 부여된 것임을 설명하고 있다. 그러니 이를 지극하다고 한 것이다.

그리고 종일토록 울어도 목이 메이지 않는 것은 기관이 부드러워서 사용하여도 무리가 되지 않고, 외부와 조화롭게 어울리기 때문이니, 이를 화(和)의 지극함이라 하였다. 화는 온화함과 화합함을 뜻한다. 따뜻하고 부드러우며, 어울리고 합쳐진 것이니, 소리를 내는 것이 목을 힘들게 하면 목이 메일 것인데, 소리를 내도 목에 부담을 주지 않고, 목도 울림이 있어도 이를 따뜻함과 부드러움으로 소화하니 서로 어울려 포용하고 있으므로 목이 메이지 않는 것이다. 이를 화(和)가 지극하다고 한 것이다.

조화로움이 드러나는 것을 늘 그러함(常)이라 하고, 늘 그러함을 드러나게 하는 것을 밝음(明)이라 한다(知和曰常, 知常曰明)고 하였다. 만물은 도를 부여받아 무위(無爲)로 덕을 행한다. 그러니 항상 온화하고 화합하는 자연을 만들고 있는 것이다. 다만 사람만이 지능의 발달로 경쟁적인 사회생활을 통하여 욕망이란 이정표를 만들고 이를 찾으려 분망하며 이를 이루려 욕망을 추구하니, 대상인 환경은 빼앗길까 두려워 손사래 치거나 역습을 한다. 그러니 욕심없이 행하여 환경과 우호적으로 상호작용하면 서로가 서로의 조건으로 연결되어 온화한 어울림, 즉 화합(和)이 이루어질 것이다. 이와 같이 개체들이 서로가 이로운 조건으로 연결되어야 화합이 이루어진다는 것을 알면(知和), 그런 연장선상에서 세상은 서로가 조건이 되어 항상 조화로운 상태가 유지되는 늘 그러함(常)도 알 수 있을 것이다(知常).

이러하니 본성으로 존재하는 자연은 현재도 그러하듯이 미래도 늘 그러할 것임을 안다는 것이다(知常). 사람은 단기적으로나 부분적으로 본성에서 벗어나더라도 장기적이고 전체적으로는 본성회복을 바라고 있고, 현실적으로도 공존의 상태를 유지하고 있으니, 늘 그러함에서 벗어나지 않은 것이다. 명상을 통하여 욕망이 아닌 무위의 마음으로 보면, 아무리 작은 사물일지라도 마땅히 해야 할 바를 행하고 있음을 볼 수 있다. 대상을 해할 악의를 갖지 않고 주·객이 서로 유익하게 상호작용한다면, 이것이 당위의 흐름이고 본성에 따른 것이다. 이렇게 존재하고 있는 것이 늘 그러한 현존하는 세상이다. 그러니 늘 그러함을 알고 이를 드러내는 것(知常)은 만물의 눈으로 세상을 본다는 것이고, 만물의 마음으로 마음을 다스린다는 것이며, 만물의 조화로움을 드러내는 것이니 밝다(明)고 한 것이다.

"삶(生)을 이롭게 하는 것을 상서롭다(祥)고 하고, 마음이 기운(氣)을 부리는 것을 강함(强)이라 하지만, 만물이 왕성(旺盛)함은 곧 늙을 것이니, 이것을 도가 아니라고 한다. 도가 아님(不道)은 빨리 끝난다(益生曰祥, 心使氣曰强, 物壯則老, 謂之不道, 不道早已)"라고 하였다. 문장의 끝부분 謂之不道(위지부도)에서 之(지)가 지칭하는 것이 상서로움(祥)

과 강함(强)인데, 이를 도가 아니라고 말하였다. 삶을 이롭게 한다고 함은 작위적으로 추구하는 것이고, 강함 또한 작위적인 추구이니 도가 아니라는 말이다. 삶(生)을 유익하게 하고 기운을 부리는 것은 모두 환경에 자신의 의도를 반영하는 작위적인 행위이니 다른 사물이 본성으로 존재하는데 방해를 가하게 되는 것이므로 도가 아님은 당연한 것이다. 그러니 상서로움(祥)도 도(道)가 아니라고 한 것이다. 도가 아니니 환경이 이를 저지하려 할 것인 바, 빨리 끝난다고 한 것이다.

이 장의 내용은 간단히 설명하면 다음과 같다. 영아와 같이 무위(無爲)하면 적이 없고 자연스럽게 이룬다. 자연스런 이룸은 정기의 지극함으로 인한 것인데, 이 정기는 개체들의 지향성이 상호작용한 것이고, 지극함은 상호작용이 따뜻한 어울림(和)에 이른 것이다. 이 따뜻한 어울림을 화(和)라고 하니, 이 어울림을 드러나게 하는 것을 늘 그러함(常)이라 하고(知和日常), 늘 그러함(常)을 드러나게 하는 것을 밝음이라 한다(知常日明)고 하였다. 성(盛)함을 길하고 복되다고 하여 상서롭다고 하나 이는 작위적인 것으로 도가 아니라고 하였다. 그러니 이 장은 "지향성의 상호작용인 도(道)는 화(和), 상(常), 명(明)으로 드러난다(知)"고 요약할 수 있다.

56장
화광동진(和光同塵)의 현동(玄同)

知者不言, 言者不知, 塞其兌, 閉其門, 挫其銳, 解其紛, 和其光, 同其塵,
是謂玄同, 故不可得而親, 不可得而疏, 不可得而利, 不可得而害, 不可
得而貴, 不可得而賤, 故爲天下貴.

아는 자는 말하지 않고, 말하는 자는 알지 못한다. 그(앎/말) 통로
를 막고, 그 문을 닫는다. 그 날카로움을 무디게 하고, 그 얽힘을 풀
며, 그(앎/말)의 빛을 부드럽게 하여, 그(세속의) 시끄러움에 동화하니,
이것을 현동(玄同)이라 말한다. 고로 인식할 수 없으면 친할 수 없고,
인식할 수 없으면 소원할 수도 없으며, 인식할 수 없으면 이롭게 여
길 수도 없고, 인식할 수 없으면 해롭게 여길 수도 없으며, 인식할 수
없으면 귀하게 여길 수도 없고, 인식할 수 없으면 천하게 여길 수도
없다. 고로(인식할 수 있는) 천하는 귀한 것이 된다.

🐟 번역에 유의할 어휘

塞其兌(색기태), 閉其門(폐기문) 등에서 其(기)가 지칭하는 것이 무엇이고 兌(태)와 門(문)은 무엇일까? 즉, "그 통로를 막고, 그 문을 닫는다"에서 그 통로는 무엇이고 그 문은 무엇일까? 其(기)는 知(지)를 의미한다. 그리고 兌(태)는 앎(知)과 말(言)의 통로, 즉 인식의 통로인 시·청각 등 오감의 기관을 의미한다.

和其光(화기광), 同其塵(동기진)에서 和(화)는 "화목하다, 온화하다, 순하다, 같다, 서로 응하다, 합치다" 등의 의미인데 여기서는 "온화하다, 순하다" 등의 의미를 합쳐서 "부드럽게 하다, 순화하다"라고 번역한다. 同(동)은 "한가지, 무리, 함께, 그, 같다, 합치다, 균일하게 하다, 화합하다, 모이다" 등의 의미 중에서 "한가지, 같다, 합치다" 등의 의미를 함축하여 "하나로 섞인다, 동화된다"라고 번역한다. 塵(진)은 "티끌, 먼지, 시끄럽다, 때, 시간, 더럽히다" 등의 의미 중에서 "시끄러움"이라 옮긴다. 유의할 점은 和其光(화기광)과 同其塵(동기진)의 其(기)는 知(지)와 언(言)을 지칭한다. 그러면 이 문장은 "앎과 말의 빛을 부드럽게 하여, 세속의 시끄러움에 동화한다"라고 번역된다. 사전에서 화광동진(和光同塵)은 "빛을 감추고 티끌 속에 섞여 있다는 뜻으로, 자기의 뛰어난 지덕(智德)을 나타내지 않고 세속을 따름을 이른다"고 풀이하고 있다.

故不可得而親(불가득이친), 不可得而疏(불가득이소)에서 不可得(불가득)의 해석에서 不可得(불가득)은 불교용어로 "지각할 수 없음. 인식할 수 없음"을 의미하고, 而(이)는 則(즉)처럼 "~하면 ~한다"라고 해석한다. 그러면 "고로 인식할 수 없으면 친할 수도 없고, 인식할 수 없으면 소원(疏遠)할 수도 없다"라고 번역된다.

이 장에서 노자가 말하려는 것은 앞의 "玄同(현동)"의 이치(理致)이다. 이치(理致)는 순환적 논리로 설명되는 단어인데, "진리, 정당한 법칙, 원리" 정도로 이해함이 좋을 것 같다. 玄(현)은 "검다, 오묘하다, 깊다, 고요하다, 그윽하다(幽遠), 크다" 등 다양한 의미를 갖는다. "玄同(현동)"은 "깊고 그윽한 동화"라고 할 수도 있고, "현묘한 하나됨, 그윽한 동화"이라 할 수도 있다. 여기서는 和光同塵(화광동진) 즉, "빛을 순화하고 티끌에 동화한다"의 의미에 기초하여 "깊고 그윽한 동화"이라 번역한다.

🔊 풀이

아는 자는 말하지 않고, 말하는 자는 모른다(知者不言, 言者不知)고 하였다. 말(言)은 감각한 사실과 이 사실에 대한 자신의 생각인 느낌, 의도, 판단, 지식 등을 표현하는 것이다. 말은 감각된 정보를 기억된 정보와 비교하고, 이를 해석하여 지각하며, 지각한 정보를 자신의 지향성인 가치로 평가하고 판단하여 표현하는 것이다. 여기서 기억된 정보가 지식 혹은 앎(知)이다. 이 기억된 지식도 자신의 지향성인 욕구나 가치로 처리하여 저장한 정보이니 순수한 객관이라고 하기보다 주관이 개입한 객관이라 할 수 있을 것이다. 이를 객관적이라고 함은 개념은 사회적 통념을 기준으로 형성되기 때문이다. 주관이 개입되니 호·불호, 쾌·불쾌, 편·불편, 선·악, 이·해 등에서 어느 한쪽을 긍정적으로 말하면, 다른 한쪽은 부정되는 양상을 보이게 된다. 다시 말하면 말(言)은 실제는 그런 뜻이 아니더라도 양자 중에서 하나를 선택하고 분별하는 것과 같은 기능을 한다는 것이다. 그리고 개념이라는 것은 그 사실관계를 정확히 표현할 수도 없다. 1장에서 도를 도라고 말하면 완전한 도가 아니라고 한 것과 같은 의미이다. 사물을 개념으로 이름을 정하고 이를 말로서 표현하면 본래의 사물이나 사실, 그리고 사용 당시의 상황을 완전하게 표현할 수 없다.

그러니 아는 자는 말하지 않는다고 함은 말로서는 사실을 온전하게 설명할 수 없다는 것을 알기 때문이고, 말을 하고 나면 본래 의도와는 관계없이 어느 한쪽을 선택하는 일방적인 가치를 말하기 때문이다. 이러하니 아는 자, 특히 도를 아는 자는 구태여 자신의 의도나 의사가 가미된 의견을 말할 필요가 없다. 가만히 있으면 일은 스스로 조건에 맞게 진행될 것이고, 만들어진 조건들은 충족될 것인데, 말로서 주변을 불편하게 할 필요가 없는 것이다.

말하는 자는 모른다고 한 것은 사실을 모르니 질문도 해야 하고, 의견과 예측, 판단 등을 말하게 되는 것이다. 그리고 자신이 알고 있는 정도라도 말해야만 자신이 모르지 않는다는 것을 알려주게 되고 신뢰도 얻을 수 있을 것이다. 말을 많이 하는 것은 아는 것을 드러낸다기보다 모르지 않음을 강조하기 위한 경우가 많다. 어떤 면에서 말을 한다는 것은 자신을 자랑하려는 욕망의 표현일 수도 있다. 그러니 말을 한다는 것은 아는 것과 다른 것이다.

"그 통로를 막고, 그 문을 닫는다. 그 날카로움을 무디게 하고, 그 얽힘을 풀며, 그것(앎과 말)의 빛을 부드럽게 하여, 세속의 시끄러움에 동화하니, 이것을 현동(玄同)이라 말한다(塞其兌, 閉其門, 挫其銳, 解其紛, 和其光, 同其塵, 是謂玄同)"고 하였다. 인식(知)과 반응(言)의 통로인 감각과 지각을 막으면 앎과 말로 인한 날카로운 비판이나 시비(是非)가 순화되고, 반응(言)의 문인 입을 닫으면 시비의 얽매임에서 자유로워진다. 지각을 닫으면 의지나 욕구, 가치의 분별이 사라진다. 분별이 사라지니 호·불호, 쾌·불쾌, 선·악, 미·추, 편·불편, 이익·손해 등의 구별을 할 필요가 없고, 가치의 구분이 없어지니, 하고 싶은 욕구가 사라진다. 욕구가 사라지니 예리함이나 번쩍거리는 재치나 총명함 등이 꺾이게 된다. 그리고 앎과 자기 주장을 표현하는 말은 옳고 그름과 관계되어 타인과 왈가왈부하는 다툼의 근원이 된다. 그러니 말하지 않으면 시비에 연루되지 않고 얽힘에도 자유로워 세속에 동화되게 된다. 이를 앎과 말의 빛을 순화하고 속세의 시끄러움에 동화한다(和光同塵)고 하고 이것을 玄同(현동)이라 하였다. 玄同(현동)은 "깊고 그윽하게 동화함"이다. 이는 욕망에서 벗어나 피아(彼我)의 분별을 두지 않고, 작위적인 조작이 없으며, 사물은 있는 그대로 존재케 하고, 각기 그 본성에 따라 서로 조건 지어진 대로 상호 의존적으로 기능하게 하니 깊고 그윽하게 동화하였다고 하는 것이다. 다시 말해 깊고 그윽한 동화(玄同)란 대상의 마음으로 대상을 읽고, 상호 의존적으로 기능함을 의미한다. 참고로 玄同(현동)을 사전에서는 "1) 피아(彼我)의 구별이 없이 하나임(彼我一體 혹은 物我一體). 또는 차별이 없음. 2) 재지(才智)를 숨기고 속인과 함께 어울려 있음"이라고 풀이하고 있다.

"고로 인식할 수 없으면 친할 수 없고, 인식할 수 없으면 소원할 수도 없으며, 인식할 수 없으면 이롭게 여길 수 없고, 인식할 수 없으면 해롭게 여길 수도 없으며. 인식할 수 없으면 귀하게 여길 수 없고, 인식할 수 없으면 천하게 여길 수도 없다. 고로(인식할 수 있는) 천하는

귀한 것이 된다(故不可得而親, 不可得而疏, 不可得而利, 不可得而害, 不可得
而貴, 不可得而賤, 故爲天下貴)"라고 하였다. 고로(故)는 "인식할 수 있으
면"의 의미이다. 즉, 가득(可得)이다.

　친소나 이해, 귀천은 모두 인식할 수 있기에 가능한 것이다. 그러
니 인식할 수 있는 천하는 귀한 것이다. 다만 친소나 이해, 귀천 등
은 가치로 평가한 구분인데, 그 평가의 기준은 욕망을 바탕으로 한
다. 욕망이 사라지면 이런 구분은 의미가 없게 되어, 좋고 나쁨의 차
이가 없어져 대상에 동조한다. 동조하게 되면 하나가 되어 연결만 남
는다. 연결되어 동조하게 되면 서로가 의존적으로 작동한다. 서로가
조건으로 의존하면 서로의 존재가 귀하게 되고, 서로가 귀하니 천하
의 모든 사물이 같이 귀하게 되는 것이다. 상대가 내 존재의 조건이
되니 어찌 상대가 귀하지 않겠는가? 이와 같으니 천하가 귀하다는
것이다.

57장
규범·욕망의 피해와 무위의 다스림

以正治國, 以奇用兵, 以無事取天下, 吾何以知其然哉, 以此. 天下多忌諱, 而民彌貧, 民多利器, 國家滋昏, 人多伎巧, 奇物滋起, 法令滋彰, 盜賊多有, 故聖人云, 我無爲而民自化, 我好靜而民自正, 我無事而民自富, 我無欲而民自樸.

　　나라는 바름(正)으로 다스리고, 군사는 기이함으로 부리지만, 천하는 일을 꾸미지 않고(無事) 다스리는(取) 것이다. 내가 어찌 그것이 그러함(천하는 무사로 다스려지는 것임)을 알 까닭이 있겠는가? 이런 까닭이다. 천하가 꺼리고 피할(諱) 것이 많으면, 백성은 더욱 가난해지고, 백성이 탐내는(利) 도구가 많으면, 나라는 더욱(滋) 혼란스러우며, 사람이 기교가 많아지면, 기이한 물건이 더욱(滋) 생겨나고(起), 법령이 더욱(滋) 선명해지면(彰), 도적이 많아진다. 고로 성인이 말씀하시길 "내가 하고자 함이 없으니 백성이 스스로 교화되고, 내가 고요하기를 좋아하니 백성이 스스로 바르게 되며, 내가 힘써 일을 꾸미지 않으니 백성이 스스로 부유해지고, 내가 욕심이 없으니 백성이 스스로 순박하여진다"고 하였다.

🐾 번역에 유의할 어휘

"以正治國(이정치국), 以奇用兵(이기용병), 以無事取天下(이무사취천하), 吾何以知其然哉(오하이지기연재)"는 문맥을 파악하지 않으면 완전히 다른 해석이 될 수 있다. 그런데 문맥의 파악도 만만치 않다. 以正治國(이정치국)은 "바름으로 나라를 다스리고", 以奇用兵(이기용병)는 "기이함으로써 병사를 부린다"라고 번역되는데, 여기서 治國(치국)과 用兵(용병)의 방법은 바름이라는 규범과 기이함이라는 작위적인 수단을 사용한 것이니, 도(道)를 따름은 아니다. 그런데 "천하는 일을 꾸미지 않음으로써(無事) 다스린다(以無事取天下)"라고 하였으니, 이는 도를 따름이니 앞 문장과 역접으로 연결된다.

그리고 吾何以知其然哉(오하이지기연재)은 "내가 어찌 그것의 그러함을 알 까닭이 있겠는가?"라고 번역되는데, 여기서 "그것의 그러함"은 무엇을 지칭하는 것일까? 첫 번째, 其然(기연)을 "천하는 無事(무사)로 다스린다"로 해석하는 방법과 두 번째, 其然(기연)을 "작위적 다스림과 無事(무사)의 다스림을 구분하는 것"라고 해석하는 방법이다. 어느 것이 올바른 해석일까? 답은 다음에 연결되는 "이것 때문이다(以此)"의 해석에 따른다. 여기서 이것은 다음에 연결되는 내용들인데, 이 내용은 백성이나 나라가 이기적으로 욕심을 부리면 결과로 가난과 혼란, 도적이 많아진다는 것이다. 이를 요약하면, 無爲(무위)로 다스려야 한다는 것이다. 따라서 위의 其然(기연)은 첫 번째 해석인 "천하는 無事(무사)로 다스린다"로 이해할 수 있다.

그러면 "以正治國(이정치국), 以奇用兵(이기용병), 以無事取天下(이무사취천하), 吾何以知其然哉(오하이지기연재)"의 번역은 "나라는 바름(正)으로써 다스리고, 군사는 기이함으로 부리지만, 천하는 일을 꾸미지 않고(無事) 다스리는(取) 것이다. 내가 어찌 그것의 그러함(천하는 무사로 다스려지는 것임)을 알 까닭이 있겠는가?"이다. 取(취)는 "가지다, 취하다, 받다, 이기다, 다스리다" 중에서 "다스리다"로 옮긴다(48장 p. 367 참고).

民多利器(민다이기), 國家滋昏(국가자혼)에서 利器(이기)의 利(이)는 "이롭다, 유익하다, 편리하다, 날카롭다, 탐하다, 이자, 이익" 등의 의미이고, 器(기)는 "그릇, 도구, (생물체의)기관, 존중하다(重也), 재능(才能), 쓰이다(使用)" 등의 의미이다. 그러면 利器(이기)는 "이로운 도구 혹은 재능, 편리한 도구 혹은 재능, 날카로운 도구(병기), 탐나는 도구 혹은 재능" 등으로 해석할 수 있는데 이들 중에서 백성이 소유하여 나라를 더욱 혼란스럽게 하는 도구가 어떤 것일까? 여기서는 "탐내는 도구(利器)"이다. 그러면 民多利器(민다이기), 國家滋昏(국가자혼)의 번역은 "백성이 탐내는(利) 도구가 많으면, 나라는 더욱(滋) 혼란스러워진다"이다.

◁» 풀이

이 장은 노자가 천하를 다스리는 방법으로 규범에 의한 것과 계산(有爲)에 의한 것, 그리고 무위(無爲)의 도에 의한 것으로 구분하고 있다. 그리고 무위와 고요함, 무사(無事)로 다스리면 백성이 스스로 교화되고, 바르게 되며, 부유해지고, 순박하여진다고 말하고 있다.

"나라는 바름(正)으로써 다스리고, 군사는 기이함으로 부리지만, 천하는 일을 꾸미지 않고(無事) 다스리는(取) 것이다. 내가 어찌 그것의 그러함(천하는 무사로 다스려지는 것임)을 알 까닭이 있겠는가? 이런 까닭이다(以正治國, 以奇用兵, 以無事取天下, 吾何以知其然哉, 以此)"라고 하였다. 나라, 군사, 천하를 다스리는 방법으로 세 가지를 구분하여 설명하는데, 첫 번째는 당위성인 정(正)을 근거로 한 규범이고, 두 번째는 계산에 의한 속임수(奇)이며, 세 번째는 힘써 일을 꾸미지 않는 무사(無事)이다. 첫 번째와 두 번째는 도로써 다스리는 것이 아닌 반면에 세 번째는 도로써 다스리는 것이다. 노자는 작위적으로 도에서 벗어나는 다스림과 무위로 도를 따르는 다스림을 말하고, 천하는 무사(無事)로 다스려지는 것임을 자신이 어찌 알겠는가 라고 자문한다. 그러고는 이것 때문이라고 자답한다. 즉, 작위적인 다스림은 공존의 도에서 벗어나 단기적이고 부분적인 해결책에 불과하여 부작용(가난, 혼란, 도적) 많다고 예를 들어 설명하고 있다.

규범으로 백성을 다스린다는 것은 해서는 안 될 것들을 조목조목 나열하고 그것을 하지 말라고 종용한다. 그리고 옳고 그름의 판단은 모두 법(法)으로 한다. 법 앞에는 인정과 사정, 상황은 통하지 않는다. 계산에 의한 방법은 대상의 변화를 계산하고 예측하여 꾀나 속임수를 부린다. 사람도 그 대상일 따름이다. 오늘의 친구와 이웃이 내일의 적이 되기도 한다. 노자는 규범적이고 작위적인 다스림의 부작용을 다음과 같이 설명한다.

천하가 꺼리고 피할(諱) 것이 많으면, 백성은 더욱 가난해지고, 백성이 탐내는(利) 도구가 많으면, 나라는 더욱(滋) 혼란스러우며, 사람이 기교가 많아지면, 기이한 물건이 더욱 많이(滋) 생겨나고(起), 법령이 더욱(滋) 선명해지면(彰), 도적이 많아진다(天下多忌諱, 而民彌貧, 民多

利器, 國家滋昏, 人多伎巧, 奇物滋起, 法令滋彰, 盜賊多有)라고 하였다. 滋(자)
는 "증가하다, 많아지다, 자라다, 많다, 더욱 더" 등의 의미에서 "더욱"
이라고 옮긴다. 노자는 여기서 어떤 일의 원인과 결과를 나열하고
있다. 원인이 되는 요인은 세상의 필요이며, 이 필요는 사람들의 하
고 싶어하는 욕망에 의한다. 욕망하니 필요가 많아지고, 필요가 많
아지니, 이를 구하는 사람이 많아지며, 구함이 많아지니, 경쟁이 벌
어지고, 경쟁은 다툼과 분쟁으로 이어진다.

　세상에 금기가 많다는 것은 해서는 안 될 일이 많다는 것으로 그
만큼 제약이 많다는 것이니, 불편을 느끼게 되고 기회를 상실하게
된다. 그러니 백성은 더욱 빈곤해지는 것이다. 백성이 탐내는 도구가
많으면, 백성은 그것을 얻기 위하여 경쟁하고 다투게 되어 전체가 지
향해야 할 바를 등한시하게 되니 나라가 혼란에 빠지게 된다. 사람
들은 재능과 솜씨가 좋으면, 이를 자랑하려 하고 좀더 기교를 부리
려 하니 더욱 기이한 물건들을 만들게 된다. 이런 것에 탐닉함은 생
업을 등한시하게 만든다. 법령이 강화되고, 분명하면 할수록 고의가
아닌 실수도 도적이 한 일이 되고, 코에 걸면 코걸이 귀에 걸면 귀걸
이가 되어 도적이 많아진다고 한 것이다. 이렇게 욕망을 추구하는 일
들의 결과는 백성을 이기적이고 경쟁적으로 만들어 천하를 혼란스
럽게 하고, 혼란스러움은 다시 개인에게 되돌아와 욕망을 부추긴다.
결과로 개인의 생활은 더욱 피폐해진다.

　고로 성인이 말씀하시길 "내가 의도적으로 행하지 않으니 백성이
스스로 교화되고, 내가 고요하기를 좋아하니 백성이 스스로 바르게
되며, 내가 힘써 일을 꾸미지 않으니 백성이 스스로 부유해지고, 내

가 욕심이 없으니 백성이 스스로 순박하여진다(我無爲而民自化, 我好靜 而民自正, 我無事而民自富, 我無欲而民自樸)"고 하였다. 내가 무위로 행하 니 백성이 스스로 착하고 공존의 본성을 따르게 된다고 한 것이다. 여기서 중요한 것은 사람은 본성을 따르길 좋아하고 착하다는 전제 이다. 마땅히 해야 할 규범이 없음에도 이를 알고 스스로 이를 행한 다는 믿음을 말한다. 교화됨은 스스로 좋은 방향으로 나아간다는 의미이다.

내가 고요하길 좋아하면 백성은 스스로 올바르게 된다고 하였다. 15장에서 누가 능히 탁함을 고요하게 하여 서서히 맑게 할 수 있느 냐(孰能濁以靜之徐淸)고 하였고, 16장에서 고요함을 지키기를 정성껏 하면 만물이 함께 일어난다(守靜篤, 萬物竝作)고 하였으며, 45장에서 움직임(躁)이 추위를 이기고, 고요함이 더위를 이기며, 맑고 고요함이 천하를 바르게 한다(躁勝寒, 靜勝熱, 淸靜爲天下正)고 하였었다. 고요함 은 조용하고 잠잠함이다. 잠잠함은 움직이기 쉽고, 조용함은 소리를 만들기 쉽다. 울림이 생기고 움직임 생기면 변화가 있음이고, 변화는 필요로 하는 사물이 생겨나고 일어나게 하니, 천하가 균형을 잡아간 다. 움직임이 과하여 생긴 혼란은 균형이 파괴된 상태이니, 고요는 다시 균형을 잡아가는 것이다. 그리하여 천하를 바르게 한다고 한 것이다.

내가 힘써 일을 꾸미지 않으니 백성이 부유하게 된다고 하였다. 위 정자가 자신의 필요에 따라 정한 것을 백성에 강요하지 않으니, 백성 은 자신의 필요에 따라 자유롭게 생활하여 부유하게 되고 만족스럽 게 된다는 것을 말함이다. 그리고 내가 욕심을 피우지 않으니 백성이 스스로 순박하다고 하였다. 순박은 거짓과 꾸밈이 없고 순수하며, 인정이 많다고 한 바 있다. 욕심은 비교에서 출발하고 경쟁과 분쟁으로 치달아 공멸하는 과정을 거친다. 욕심이 없으면 비교와 경쟁이 없어지고, 무엇을 하고 싶고, 해야만 하는 것이 없어지며, 갖고 싶은 소유에 대한 집착이 없어진다. 그러니 당연히 꾸밈과 거짓이 없어질 것이고, 함께 나눌 인정이 생기는 것이다. 그리하여 순박해지는 것이다.

이 장은 쉬워 보이는 구절이나 실제 내용은 그런 것이 아닌 것 같다. 당위의 규범, 욕망한 바를 얻기 위한 계산, 도의 무위와 순박 등으로 구분하는 것이 그러하다. 그리고 무위와 교화, 고요와 스스로 바름(自正), 무사(無事)와 스스로 부유함(自富), 무욕과 스스로 순박함(自樸) 등도 해석이 어렵다. 백성과 위정자가 무위·무사·무욕 등의 조건을 구비하면 백성과 나라는 본성의 덕을 얻는다는 것이다. 그런데 무위·무사·무욕의 마음가짐도 조건에 따라 형성되는 것이라 할 수 있으니, 이 조건은 자신의 존재가 환경의 필요에 의해 생겨났고, 환경의 필요에 따른 삶이여야 자존감을 느낄 수 있다는 마음가짐이다. 자신의 존재이유와 존재의 당위성을 이런 자연의 지향성에서 찾는다면 그 정도에 따라 무위·무사·무욕에 가까워질 것이라 생각된다.

이런 일이 가능하려면 무위로 행함은 환경의 조건에 부합한다는 것을 전제로 한다. 스스로 그러하다는 자연한 것은 조건이 만들어지면 조건에 맞는 결과가 저절로 생겨난다는 것을 말한다. 결국은 환경이 필요한 조건을 만들어 가고, 이 조건 맞는 결과가 생겨나는 것은 장기적인 시간의 작용에 따른다. 환경의 필요를 인식하고 그 필요와 상호작용을 하려면 개방적인 태도가 절대적이다. 폐쇄적인 태도로는 환경과 상호작용을 할 수 없다. 그리고 환경과 상호작용은 피드백을 통한 조정이 필수적이다. 무위의 행함에서 피드백은 일방적일 가능성이 크다. 이루고자 함이 없음(無爲)에서 지향성은 욕구를 추구하는 것이 아니라, 공존과 공생을 추구하는 것이기에 이기적이지 않고 이타적이며, 수용적인 태도를 필요로 한다.

58장
무위(無爲)의 다스림과 분별의 상관성

其政悶悶, 其民淳淳, 其政察察, 其民缺缺, 禍兮福之所倚, 福兮禍之所
伏, 孰知其極, 其無正, 正復爲奇, 善復爲妖, 人之迷, 其日固久, 是以聖
人方而不割, 廉而不劌, 直而不肆, 光而不燿.

　정치가 어수룩하면, 백성이 순박하고, 정치가 빈틈이 없으면, 백성
은 미치지 못한다. 재앙이여, 복이 기울어지는 것이다. 복이여, 재앙
이 엎드리는 것이다. 누가 그 한계를 알겠는가? 그것은 정함(正)이 없
다. 바름(正)이 다시 기이함이 되고, 선(善)이 다시 요사함이 되니, 사
람의 미혹함이 오래되었구나. 이로써 성인은 모가 나도 해치지 않고,
청렴하다고 상처를 입히지 않으며, 곧지만 방자하지 않고, 빛이 나도
번쩍거리지 않는 것이다.

其政悶悶(기정민민), 其民淳淳(기민순순), 其政察察(기정찰찰), 其民缺缺(기민결결)에서 悶(민)-察(찰)과 淳(순)-缺(결)은 서로 대립적인 개념으로 번역하는 것이 바람직하다. 悶(민)은 "답답하다, (사리에)어둡다, 번민하다, 혼미하다, 뒤섞이다" 등의 의미 중에서 뒤의 察(찰: 빈틈이 없다)과 대립적인 의미를 갖도록 "어수룩하다", 察(찰)은 "빈틈이 없다"라고 번역한다. 淳(순)은 "순박하다", 淳淳(순순)은 "조용히 흘러 가는 모양"을 의미하나 여기서는 그냥 "순박하다"라고 번역한다. 缺(결)은 "이지러지다, 없다, 모자라다, (할 일을)빠뜨리다, 비다, (요건이)빠지다" 등의 의미이고 缺缺(결결)은 "어떤 요건(要件)이 빠져 있는 것"이나 여기서는 "미치지 못하다"라고 번역한다.

其無正(기무정)에서 正(정)은 "바르다, 정하다, 분별하다, 정당하다, 바로잡다, 결정하다" 등의 의미 중에서 "정하다", 正復爲奇(정복위기)에서 正(정)은 "정당하다", 奇(기)는 "기특하다, 기이하다, 괴상하다, 새롭다, 기만하다, 뛰어나다" 중에서 "기이하다"라고 옮긴다.

"是以聖人方而不割(시이성인방이불할), 廉而不劌(렴이불귀), 直而不肆(지이불사), 光而不燿(광이불요)"에서 割(할)은 "자르다, 끊다, 나누다, 가르다, 차지하다, 해치다, 손상하다" 중에서 "자르다 혹은 해치다", 劌(귀)는 "상처 입히다, 쪼개다, 가르다, 만나다, 가시" 중에서 "상처를 입히다", 肆(사)는 "방자하다, 늘어놓다, 늦추다, 시험하다, 곧다, 찌르다" 중에서 "방자하다"로 옮긴다.

◀》 풀이

"정치가 어수룩하면, 백성이 순박하고, 정치가 빈틈이 없으면, 백성이 미치지 못한다. 재앙이로다, 복이 기울어지는 것이다. 복이로다, 재앙이 엎드리는 것이다(其政悶悶, 其民淳淳, 其政察察, 其民缺缺, 禍兮福之所倚, 福兮禍之所伏)"고 하였다. 다스림이 과하면 백성은 피곤하고, 다스림이 엉성하면 백성은 편하여 순박하여진다. 피곤함과 편함의 기준은 무엇일까? 사람이 기준이고, 정신과 육체가 기준이다. 사람의 입장에서 몸과 마음이 힘들면 피곤하고, 몸과 마음의 에너지 소비가 없으면 편하다고 말한다. 정치가 어수룩하다는 것은 백성들이 몸과 마음을 쓰지 않는다는 것이다. 다시 말하면 정치인이 정치를 통해 어떤 목표를 달성하고자 함이 없거나 목표의 수준이 낮다는 것을 말한다. 백성을 통제하지 않으니 백성은 자신이 하고 싶은 것에 전념할 수 있으며, 편하고 재미있는 생을 살 수 있는 것이다. 반면에 위정자가 선과 악, 호·불호를 규정하고 업적을 이루려고 백성을 목표한 방향으로 통제하고 동원하거나 세금을 징수하면 백성은 자유를 구속당하고, 그 삶은 피폐해지며 피곤하게 되는 것이다. 만약 직장에서의 상사가 자신의 뜻에 따라 새로운 가치를 창출하기 위한 시도를 하면, 조직원들은 업무량이 늘어나 시간에 쫓기게 된다. 자신이 일상적인 업무를 해야 함에도 지시사항에 매달려 어떤 일도 제대로 하지 못하는 결과를 만든다는 말이다.

사람은 근본적으로 자유를 선호하고 구속당하는 것을 싫어한다. 내가 싫으면 남도 싫어한다는 것은 당연한 것이다. 그런데 나는 구속당하기 싫어하면서도 남을 구속하기를 좋아한다. 이것이 욕심이다. 자신의 욕심을 버려야만 상대방을 순수하게 대할 수 있고, 그래야만 상대방도 순수하게 대응한다. 이런 논리가 백성, 조직원, 동료, 가족 등의 인간관계를 순박하게 하는데 적용된다.

복(福)이 기울어져 재앙(禍)이 되고, 재앙(禍)이 엎드리면 복(福)이 된다고 함은 화와 복을 직선상의 양 끝으로 규정하고, 삶이 이 직선상에서 움직이는 것처럼 표현한 것이다. 복과 재앙, 이 또한 기준이 없다. 이를 규정하는 것은 사람의 마음이고, 지각하고 인식하는 인지(認知)이다. 이 인지는 과거에 형성한 기억된 가치를 기준으로 한다. 노자는 이를 "누가 그 한계를 알겠는가? 그것은 정함(正)이 없고, 바름이 다시 기이함이 되고, 선(善)이 다시 요사함이 되니, 사람의 미혹함이 오래되었구나(孰知其極, 其無正, 正復爲奇, 善復爲妖, 人之迷, 其日固久)"라고 하였다.

사지가 멀쩡한 사람은 헌칠한 모습을 원할 것이고, 신체의 일부가 불완전한 사람은 그냥 완전하기만을 원할 것이다. 현재보다 조금 더 좋은 것을 바라는 것이 지능을 가진 사람의 마음이다. 좋고 나쁨은 그 기준의 상대성에 따른 것이고, 이 상대성은 비교에서 출발한다. 비교하지 않는 마음을 비움이라 한다. 비움이라 하여 없는 것이 아니고 현재의 상태가 있다. 현재의 상태를 가치의 기준으로 하는 것을 현재에 머문다고 한다. 현재의 자신을 받아들이고 이를 가치의 기준으로 하면 현재가 복된 것이다. 비교가 부족함의 근원이고, 비교가 경쟁의 시작이며, 부족과 경쟁이 재앙의 실마리이다. 비교하지 않는 마음, 비움과 현재에 머무는 것이 마음 공부의 시작이고, 재앙을 복으로 만드는 변화의 시작이다.

이로써 성인은 모가 나도 해치지 않고, 청렴하다고 상처를 입히지 않으며, 곧지만 방자(무례하거나 건방짐)하지 않고, 빛이 나도 번쩍거리지 않는 것이다(是以聖人方而不割, 廉而不劌, 直而不肆, 光而不燿)라고 하였다. 성인은 사람이 이를 수 있는 최고의 경지에 도달한 사람을 말하고 도를 터득한 사람을 의미한다. 그는 현존하는 모든 존재와 당위를 알고, 변화의 방향이 도에 따른다는 것도 알고 있다. 그러니 모(方)가 나도 이것의 존재 이유와 이 모(方)의 역할을 안다. 모가 있어야 원만함이 있음도 안다. 그러하니 이 모의 존재를 잘라내거나 방해할 이유가 없다. 그리고 청렴하여 원만하지 않다고 이에 상처를 줄 이유도 없을 것이다. 이 모두가 도(道)에 따른 안배이다. 곧다고 하는 것이나 빛난다고 하는 것도 비교에서 출발한 개념이니, 비교하는 마음을 비우면 곧은 것도 없고, 빛나는 것도 없음을 알게 된다. 그러니 현재 그대로 있을 따름이지, 이를 곧다고 개념으로 정의하여 무례하거나 건방질 이유가 없고, 빛난다고 정의하여 번쩍거릴 이유도 없는 것이다. 곧다고 하여 절대적이지 않고, 빛난다고 하여 더 빛남이 없는 것도 아니며, 살핀다(察)고 하여 모든 것을 알면서 살필 수는 없다. 한쪽으로 치우치면 환경의 균형에 영향을 미치게 되고, 영향을 받은 환경은 반작용을 일으켜 다른 한쪽으로 기울게 되므로, 호(好)가 불호(不好)가 되고, 복이 재앙이 된다. 이런 변화를 알면 현재의 복은 그저 다행스러움이지, 이를 드러낼 것은 아니다.

59장
아낌으로 사람을 다스리고 하늘을 섬김

治人事天莫若嗇, 夫唯嗇, 是以早服, 早服, 謂之重積德, 重積德, 則無
不克, 無不克, 則莫知其極, 莫知其極, 可以有國, 有國之母, 可以長久,
是謂深根固柢, 長生久視之道.

사람을 다스리고 하늘을 섬기는 데는 아낌(嗇)만한 것이 없다. 오
직 아끼고 거둘 뿐이니, 이 때문에 일찍 다스린다(服). 일찍 다스린다
는 것은 덕을 겹겹이 쌓은 것을 말한다. 덕을 겹겹이 쌓으니, 극복하
지 못함이 없다는 것이고, 극복하지 못함이 없으니, 그 끝을 알지 못
한다(모든 것을 극복할 수 있다). 그 끝을 알지 못하니 나라를 가질(有)
수 있는 까닭이 된다. 나라의 근본이 있음은 오래갈 수 있는 까닭이
되니, 이를 뿌리가 깊고 기초가 단단하여, 오래 살고 오래 보는 도라
고 말한다.

"莫若(막약)"은 "~만 같은 것이 없다 혹은 ~만한 것이 없다"는 의미이다. 嗇(색)은 "아끼다, 아껴 쓰다, 인색하다, 탐내다, 곡식을 거두다, 농사하다(穡), 농부" 등의 의미를 갖는데 治人事天(치인사천)의 의미와 연결할 수 있는 뜻은 "아끼다, 아끼고 거두다"이다. "治人事天莫若嗇(치인사천막약색)"는 "사람을 다스리고 하늘을 섬기는 데는 아낌만 한 것이 없다"라고 번역한다.

早服(조복)에서 服(복)은 "의복, (옷을)입다, 따르다, 익히다(習), 잡다, 다스리다(治), 생각하다" 등의 의미 중에서 "아끼는 마음(嗇)"과 관련하여 문맥을 정리할 수 있는 의미는 "다스리다(治)"이다. 그러면 "夫唯嗇(부유색), 是以早服(시이조복), 早服(조복), 謂之重積德(위지중적덕)"은 "오직 아끼고 거둘 뿐이니, 이 때문에 일찍 다스린다(服). 일찍 다스린다는 것은 덕을 겹겹이 쌓은 것을 말한다."라고 번역할 수 있다.

🔊 풀이

사람을 다스리고 하늘을 섬기는 데는 아낌만 한 것이 없다(治人事天莫若嗇)고 하였다. 사람에게 세상사는 함께 먹고 일하며 사는 일이다. 함께 살아야 할 대상은 사람이고, 먹고 일하며 사는 일은 환경과 관련된 것이다. 사람과 함께 사는 생활이 사회생활이고, 생산하고 소비하는 생활이 경제생활이다. 그러니 사람을 다스리는 일이 중요하고 자원을 이용하는 경제 활동이 중요하다. 이들은 모두 대상을 다루는 활동으로 주체와 객체의 관계로 연결된다. 노자는 대상을 대할 때 대상의 마음으로 대상을 보라고 강조한다(49장 p. 372 聖人無常心,

以百姓心爲心, 54장 p. 406 故以身觀身, 以家觀家, 以鄕觀鄕, 以國觀國, 以天下觀天下 참고). 이 대상의 마음으로 보는 것을 우리는 "입장 바꿔 생각한다고 하고, 역지사지(易地思之)"라 하며, 그런 마음으로 듣는 것을 "경청(傾聽)"이라고 한다. 이 역지사지(易地思之)의 마음이 "嗇(색)" 즉, 아끼는 마음이다. 사람을 대함에 있어서 상대방의 입장에서 있는 그대로 "다름"을 수용하고, 소중히 여기며, 이에 공감하고, 대상의 지향성을 돌봄이 진정한 "아낌"의 태도이다.

자연자원을 이용하는 경제활동에서도 대상인 자연의 이치와 사용자인 인간의 이치가 조화할 수 있게 대상의 지향성을 고려할 것을 암시하고 있다. 하지만 자연자원을 이용함은 먹이사슬과 같은 개념으로 파악해야 할 것이다. 먹이사슬도 자연의 이치이니 인간도 사슬의 한 부분임에는 틀림이 없다. 여기서 하늘을 섬긴다고 한 것은 자연의 법칙을 따른다고 해석해야 한다. 자연은 인간이 힘으로 대항할 수 없고 통제할 수 없으니, 그저 도움이 되기를 기원하는 대상이다. 이 기원하는 마음도 소중히 여기고 돌보는 마음이니 "아낌"이라 한 것이다.

"오직 아끼고 거둘 뿐이니, 이 때문에 일찍 다스린다(服). 일찍 다스린다는 것은 덕을 겹겹이 쌓은 것을 말한다(夫唯嗇, 是以早服, 早服, 謂之重積德)"고 하였다. 嗇(색)을 아끼고 거둔다고 해석한 것은 본래 아낀다는 뜻과 거둔다는 뜻을 가지고 있고, 아낌의 과정과 결과를 같이 나타내기 위한 것이다. 아껴서 거둘 것이 있음은 일찍부터 잘 다스렸기 때문이다. 농부가 씨를 뿌리고 거름을 주면, 자연이 바람과 빛, 물로 작물을 기르니, 수확은 농부와 자연의 상호작용에 의한 결과이다. 이런 과정을 노자는 "早服(조복)"이라 하였다. 농부의 입장에서 농사는 작물을 가꾸고 다스리는 행위이고, 자연의 도에 따르고 복종하는 행위이며, 도에 따름(服)이 덕(德)이고, 덕을 베풀고 아끼며 돌보는 것이 다스림이니, "服(복)"은 "다스리다, 돌보다, 복종하다, 따르다" 등의 의미를 동시에 표현하고 있는 것이다.

"早服(조복)" 즉, 일찍부터 다스린다는 것은 대상이 본성대로 성장하고 성숙하도록 도움을 베푸는 것이니, 이는 덕(德)이다. 하루 이틀 하는 것이 아니고, 계속하여 돌보고 거두는 것은 본성에서 벗어나지 않도록 다스리는 것이니 덕을 겹겹이 쌓는다(重積德)고 한 것이다. 농부의 농사일은 토양을 가꾸는 준비작업에서부터 파종, 병충해 방제, 물 관리, 잡초를 제거, 수확 등 농작물이 과하지 않고 모자라지도 않게 생장하게 돌보는 것이다. 이런 과정은 오직 작물의 입장에서 행해지는 것이고, 지속적으로 관심을 가지고 행하는 것이니 "아낌(嗇)"의 과정이고, 도(道)를 따르고(服) 시현하는 것이니 "덕(德)"을 겹겹이 쌓는 과정인 것이다.

덕을 겹겹이 쌓으니, 극복하지 못함이 없다는 것이고, 극복하지 못함이 없으니, 그 끝을 알지 못한다(重積德, 則無不克, 無不克, 則莫知其極)고 하였다. 덕(德)은 만물이 그 본성을 현상에 작용하여 시현하는 것이다. 만물의 본성은 연기(緣起)에서 출발하니 공존의 질서 속에서 타고난 가능태(可能態)를 발현시켜 현실태(現實態)로 만드는 것이다. 연기(緣起)는 타(他)에 의존하여 자신이 생겨나는 것을 말하니, 나를 조건으로 하여 또 다른 대상인 물(物)이 생겨나게 될 것이다. 타인 혹은 환경에 의존함은 생겨남에 한정되지 않고 존재방식인 삶도 그러하니, 환경에 우호적이지 않을 수 없다. 환경에 우호적인 삶이 공존의 질서에 기여하는 것이고, 이 기여가 덕(德)이다. 환경에 도움이 되게 이바지하는 것이 베푸는 것이고 덕을 쌓는 것이다. 이를 노자를 겹겹이 덕을 쌓는다고 하였다. 환경이 우호적이면 세상에 극복하지 못함이 없다. 무슨 일을 해도 주변이 모두 자기 일처럼 도와준다. 마치 운이 좋아서 이루어지는 것 같지만, 실제는 환경의 도움이고 베풀었던 덕의 소산(所産)이다. 환경의 도움으로 극복하지 못함이 없으니, 그 베풂인 덕(德)의 끝은 알 수가 없고, 그 이룸의 끝도 알 수가 없는 것이다.

그 끝을 알지 못하니 나라를 가질(有) 수 있는 까닭이 된다(莫知其極, 可以有國)고 하였다. 우호적 환경은 공존의 질서에 기여하는 덕(德)에서 출발한 것이고, 공존의 질서는 환경의 지향성으로 세상 만물이 서로의 조건이 되어 생겨나는 연기(緣起)에서 출발한다. 세상을 서로의 인연으로 생겨나고 존재한다고 생각하면, 공존은 당연히 세상의 질서가 된다. 이런 이유로 우호적 환경은 만물이 공존하도록 지원하고 기여하게 된다. 공존의 조건은 외부의 적으로부터 안전을 지키는 것이고, 협동하여 산업을 융성하게 하는 것 등 공동의 목표이다. 이런 공존을 위한 필요에서 지도자와 국가는 자연적으로 요구된다. 지도자는 공존의 질서에 많이 기여한 사람으로 가장 영향력이 큰 사람이 되는데, 그가 바로 덕을 많이 쌓은 자이다. 그러하니 덕을 겹겹이 쌓아 환경의 지지를 얻으면 자연히 나라를 가질 수 있는 까닭이 된다고 한 것이다.

나라의 근본(母)이 있음은 오래갈 수 있는 까닭이 되니, 이를 뿌리가 깊고 기초가 단단한, 오래 살고 오래 보는 도라고 말한다(有國之母, 可以長久, 是謂深根固柢, 長生久視之道)고 하였다. 나라의 근본은 백성의 지지이다. 백성의 지지는 우호적 환경이다. 덕을 겹겹이 베풀어 우호적 환경이 조성되면, 백성의 지지는 당연한 산물이다. 환경이 우호적이면 일들이 자연히 이루어진다. 국가나 지도자에 대한 지지는 환경을 우호적으로 만들면 스스로 응하여 만들어지는 것이다. 그러하니 환경의 필요에 응하여 만들어진 기초는 단단한 것이고, 기초가 단단하니 오랫동안 지속 가능한 것이 된다. 그리고 만물이 본성에 따라 존재하니 도가 시현된 것이라 할 수 있다. 이를 노자는 오래 살고 오래 보고 본받는(視) 도(道)라고 하였다.

　이 장은 사람을 다스리고 하늘을 섬기는 것은 아낌으로 하여야 한다고 하였고, 이 아낌은 자신뿐만 아니라 대상을 대상의 입장에서 대상의 마음으로 대상에 도움이 되게 지속적으로 아끼고 돌보며 다스리는 것을 말하고, 이를 덕이라 하였다. 덕은 대상의 지향성에 기여하는 것이니 환경을 우호적으로 만든다. 덕을 베풀어 쌓고 쌓으면 환경도 덕을 뒤돌려 주어 나라도 얻을 수 있게 하고, 사물을 본성에 따르게 한다. 만물이 자신의 지향성을 따르게 되니 도가 시현되는 것이다.

60장
신령함 이전에 작용하는 道(도)

治大國, 若烹小鮮, 以道莅天下, 其鬼不神, 非其鬼不神, 其神不傷人. 非
其神不傷人, 聖人亦不傷人. 夫兩不相傷, 故德交歸焉.

큰 나라를 다스리는 것은 작은 생선을 삶는 것과 같다. 도가 천하
에 임하게 되면 귀신도 신령함이 없다. 귀신이 신령함이 없는 것이
아니라, 그 신령함이 사람을 해치지 못하는 것이다. 그 신령함만이
사람을 해치지 못하는 것이 아니고, 성인 역시 사람을 해치지 못한
다. 저 양자(귀신과 성인)가 서로 사람을 해치지 않으니, 고로 덕을 서
로 주고받아(交) 이것에게(귀신과 성인) 돌아간다.

🐟 번역에 유의할 어휘

以道莅天下(이도리천하)에서 以(이)는 사역으로, 莅(리)는 "다다르다, 임하다(臨), 자리(位), 지위" 등의 의미 중에서 "임하다, 자리하다"라고 해석하여 "道(도)가 천하에 임하게 되면"이라 번역한다. 혹은 以(이)를 이유나 방법으로 해석하여 "도로써 천하에 임하면"라고 옮긴다. 이는 다음에 연결되는 귀신의 영험이나 성인도 해치지 못하는 사람이 되려면 도를 체득한 사람이어야 하기 때문이다.

其鬼不神(기귀불신)에서 鬼(귀)는 "귀신, 혼백"의 의미이고, 神(신)은 "귀신, 신령, 정신, 혼, 해박한 사람, 초상, 불가사의한 것, 영험이 있다" 등의 의미이니 이 둘은 유사한 의미이다. 구별하자면, 혼백[鬼]은 사람이 사는 동안 몸에 머물러 있던 기(氣)의 개념인데, 사람이 죽으면 양의 성질인 혼(魂)은 하늘로 돌아가고 음의 성질인 백(魄)은 땅으로 돌아간다고 한다. 그러니 鬼(귀)는 혼(魂)과 백(魄)의 통합된 개념으로 존재에 관련된다고 할 수 있다. 반면 神(신)은 혼(魂)의 작용으로 "신령하다, 영험하다"는 의미로 해석한다. 그러면 其鬼不神(기귀불신)는 "귀신도 신령함이 없다"라고 번역된다.

夫兩不相傷(부양불상상) 故德交歸焉(고덕교귀언)에서 夫(부)는 3인칭 대명사로 "저", 兩(양)은 앞 문장의 "귀신과 성인", 不相傷(불상상)은 不相傷人(불상상인), 交(교)는 "사귀다, 오고 가다, 주고받다, 바꾸다(易也), 엇걸리다, 섞이다, 교차하다" 등의 의미 중에서 "서로 주고받다"라고 해석한다. 그러면 이 문장은 "저 양자(귀신과 성인)는 서로 사람을 해치지 않으니, 덕을 서로 주고받아(交) 이것에게 (귀신과 성인) 돌아간다"라고 번역된다. 故德交歸焉(고덕교귀언)은 도를 따르는 사람이 환경으로부터 해침을 당하지 않으면, 그 원인을 귀신과 성인으로부터 음덕을 받았기 때문이라 생각하고, 그 다행스러움의 원인을 귀신과 성인의 덕으로 돌린다는 의미를 담아서 번역한 것이다. 이 문장에서 焉(언)은 지시대명사로 "이것, 여기"라고 옮긴다.

◀》 풀이

이 장은 도로써 천하에 임하는 사람에게는 귀신의 신령함이나 성인의 영향력이 미치지 못한다고 해석하는 것이 전체를 이해하는데 도움이 될 것이다.

큰 나라를 다스리는 것은 작은 생선을 삶는 것과 같다(治大國, 若烹小鮮)고 하였다. 생선을 요리하기 위해 삶을 때는 집적거리지 않는다. 휘젓거나 집적거리면 부스러져서 온전한 모양을 유지하지 못하고 뭉개져 으깨지게 된다. 나라를 다스리는 것도 생선을 삶듯이 어지럽히지 않아야 온전하게 다스려진다는 것이다. 이 말은 無爲(무위)로서 행하고 대상의 지형성을 고려하라는 것이다. 의도적이고 욕심을 가지고 행하면 이해관계자들이 영향을 받게 되고, 영향을 받은 자들은 자신의 이해에 따라 더하고 빼려는 노력을 하게 되니, 이들의 상호작용으로 본래 목적한 바를 달성하기도 어렵고, 상황만 어지럽힌다.

"도가 천하에 임하게 되면 귀신도 신령함이 없다. 귀신이 신령함이 없는 것이 아니라, 그 신령함이 사람을 해치지 못하는 것이다(以道莅天下, 其鬼不神, 非其鬼不神, 其神不傷人)."라고 하였다. 사람이 귀신의 신령함을 찾는 것은 길흉(吉凶)과 관련된다. 길과 흉은 환경과 관련된다. 환경이 우호적이면 길한 것이고, 환경이 비우호적이면 흉한 것이다. 환경이 우호적이거나 비우호적인 것은 평소 환경에 미친 영향에 따라 결정된다. 영향력의 크기는 개인적이 차원이 될 수도 있고, 자연적인 차원이 될 수도 있다. 개인적인 경우는 자기 주변의 인적·물적 환경을 말하고, 자연적인 것은 천지자연의 변화와 관련되고 천재지변이나 재해를 뜻한다. 자연적인 것은 우주 혹은 하늘과 땅이 행하는 자연적 사건이니 자연의 이치로 풀어야 하고, 개인적인 것은 우호적으로 환경을 조성하는 덕(德)으로 풀어야 한다. 즉, 도움을 베풀어 공존의 사회질서에 기여함으로써 상호 의존적으로 덕을 주고받음을 말한다.

그런데 자연 환경의 작용은 사람의 영향력을 초월하여 이루어지니, 그 작용을 귀신의 영험(靈驗)에서 찾으려 한다. 귀신의 영험은 환경의 작용을 통하여 나타난다. 이는 사람의 영향력을 초월하니 이를 귀신의 영험이라 믿을 따름이다. 귀신이 존재하는지 그 유무는 믿음의 소산이지만, 환경의 신령함은 자연이나 사회현상에서 경험하는 실재하는 사실이다. 환경재해가 그러하고, 죄를 지으면 벌을 받는 것이 그러하다. 자연현상은 인간의 영향력이 미치지 못하지만, 그래도 믿음을 가지고 우호적인 환경을 조성하면 하늘도 감동하여 복을 내릴 것이라고 생각하는 것이 절대자에 대한 약한 인간의 모습이다. 그러니 미리부터 대상을 아낌으로 대하여 복을 지으려는 것이고, 대상을 해치면 재앙을 부를 수 있다고 믿는 것이다.

덕(德)은 도(道)의 시현이니, 덕을 베푸는 것이 도로써 천하에 임하는 자세이다. 이렇게 사람이 도를 따르고 덕을 베풀면 귀신의 영험도 영향력을 미치지 못한다고 하였다. 이 말은 이미 만들어진 조건에 따라 행해졌으니 더 이상 환경의 신령함이 작용할 여지가 없다는 뜻이다. 이미 본성에 따라 대상에 도움을 주고 있으니, 대상의 반작용도 우호적으로 있는 듯 없는 듯 일어나게 될 것인데 무슨 해침이 있겠는가? 오직 좋은 운이 따를 뿐이다.

그 신령함만이 사람을 해치지 못하는 것이 아니고, 성인 역시 사람을 해치지 못한다. 저 양자(귀신과 성인)가 서로 사람을 해치지 않으니, 고로 덕을 서로 주고받아 (덕이) 이것에게(귀신과 성인) 돌아간다(非其神不傷人, 聖人亦不傷人, 夫兩不相傷, 故德交歸焉)고 하였다. 성인은 도를 체득한 사람이다. 도를 시현할 수 있으니 덕을 행하는 사람이다. 덕을 행하는 사람은 사람을 해치지 않음은 당연한 것이고, 대상에 욕심 없이(無爲) 작용한다. 사람이 도로써 천하에 임하니 귀신의 영험이 무력화되고 성인의 영향력 또한 작용할 여지가 없어지니, 천하가 본성으로 회귀하게 되어 어떤 존재도 서로 해치지 않게 된다. 이를 서로 덕의 탓으로 돌린다고 한 것이다. 즉, 귀신과 성인의 탓으로 돌린다고 한 것이다.

61장
낮추어 받아들임(取)

大國者下流, 天下之交, 天下之牝. 牝常以靜勝牡, 以靜爲下. 故大國以
下小國, 則取小國, 小國以下大國, 則取大國. 故或下以取, 或下而取. 大
國不過欲兼畜人, 小國不過欲入事人, 夫兩者各得其所欲, 大者宜爲下.

큰 나라는 강의 하류(下流)와 같아(者) 천하가 교제하는(交) 곳이니,
천하의 암컷과 같다. 암컷이 항상 고요함으로써 수컷을 이기는 것은
고요함으로써 아래에 있기 때문이다. 그러므로 큰 나라가 작은 나라
의 아래가 되게 하면 작은 나라를 받아들이게(取) 되고, 작은 나라는
큰 나라의 아래에 있는 까닭에 큰 나라를 받아들이게 된다. 그러므
로 혹 받아들이기 위하여 낮게 하고, 혹 낮아서 받아들인다. 큰 나
라는 사람을 얻어(兼) 기르려는 것에 불과하고, 작은 나라는 사람을
받아들여 섬기려는 것에 불과하니, 대저 양자가 각기 그 바라는 바
를 얻으려면 큰 자가 마땅히 아래가 되게 하여야 한다.

大國者下流(대국자하류)에서 "者(자)"는 "놈, 것, 곳, 여러, 이, ~면(접속사), ~와 같다, 기재하다"등의 의미 중에서 "~와 같다"라고 번역하고 "下流"는 한 단어로 보아 "강의 하류"라 번역한다. 天下之牝(천하지빈)은 앞에 大國者가 생략된 것으로 보아 大國者天下之牝(대국자천하지빈)이라 해석하여 "큰 나라는 천하의 암컷과 같다"라고 번역한다.

"故或下以取(고혹하이취)"는 "下(수단)+以(~을 위하여, ~까닭으로)+取(목적)" 형태로써 "받아들일 까닭으로 낮게(아래이게) 한다"라고 옮긴다. 이는 앞 문장에서 대국이 소국 아래이게 하면 소국을 받아들인다(大國以下小國 則取小國)와 같은 의미이다. 或下而取(혹하이취)는 "낮아서 받아들이는 것"이니 위에서 소국은 대국의 아래에 있는 까닭으로 대국을 받아들인다(小國以下大國, 則取大國)에 해당된다. 여기서 取(취)는 "가지다, 취하다, 받아들이다, 다스리다" 등 다양한 의미를 갖는데, "가지다, 취하다"는 의미는 아닌 것 같다. 소국이 낮게 처한다고 하여 대국을 취하는 것은 일반적인 경우가 아니기 때문이다. 그러니 取(취)의 의미는 "받아들이다"라고 번역하는 것이 바람직할 것 같다. 그러면 "故或下以取(고혹하이취), 或下而取(혹하이취)"는 "고로 혹 받아들일 까닭으로 낮게 하고, 혹 낮아서 받아들인다."라고 번역한다.

여기서 大國以下小國(대국이하소국)의 以(이)는 사역으로 사용되어 "대국은 소국 아래에 있게 하다"라 번역되고, 뒤의 小國以下大國(소국이하대국)에서 以(이)는 수단, 방법, 이유, 원인으로 사용되어 "소국은 대국 아래에 있는 까닭"이라 번역되니 그 쓰임이 다르다.

大國不過欲兼畜人(대국불과욕겸축인), 小國不過欲入事人(소국불과욕입

사인)에서 兼(겸)은 "겸하다, 둘러싸다, 포용하다, 겸용하다, 얻다" 등의 의미 중에서 "얻다", 欲(욕)은 "장차 ~하려 하다"라고 옮긴다. 그러면 이 문장은 "큰 나라는 사람을 얻어 기르려는 것에 불과하고, 작은 나라는 사람을 받아들여 섬기려는 것에 불과하다"라고 번역된다.

🔊 풀이

"큰 나라는 강의 하류(下流)와 같아(者) 천하가 교제하는 곳이니, 천하의 암컷과 같다. 암컷이 항상 고요함으로써 수컷을 이기는 것은 고요함으로써 아래에 있기 때문이다(大國者下流, 天下之交, 天下之牝, 牝常以靜勝牡, 以靜爲下)"고 하였다. 강의 하류는 넓고 낮은 곳에 처하여 여러 시내가 흘러 들고, 만물이 모여들듯이, 큰 나라에도 사람과 문물이 모여든다. 노자는 모여드는 사람과 문물을 포용하는 나라와 강의 하류를 암컷에 비유하고, 암컷은 고요하여 수컷을 이긴다고 하였다. 고요하다고 함은 잠잠하고 조용하다는 말로써 잠잠하니 아래에 있음을 뜻한다. 여기서 아래에 있다고 함은 낮은 곳에 있음을 말하고 자기를 낮춤을 뜻한다. 높음이 다스림의 수단이라면, 낮춤은 수용의 조건이 된다. 수용은 이해와 공감으로 이어져 포용함으로써 상대를 감싸 안는다. 그러니 받아들이는(取) 것이다. 받아들인다고 함은 수용하여 주도적으로 이끌어간다는 의미이다.

"그러므로 큰 나라가 작은 나라의 아래가 되게 함으로써 작은 나라를 받아들이게 되고, 작은 나라는 큰 나라의 아래에 있는 까닭에 큰 나라를 받아들이게 된다. 그러므로 혹 받아들이기 위하여 낮게 하고, 혹 낮아서 받아들인다(故大國以下小國, 則取小國, 小國以下大國, 則

取大國, 故或下以取, 或下而取)"고 하였다. 큰 나라가 낮은 자세로 작은 나라를 대한다는 것은 사람과 문물을 수용하고 포용한다는 것으로 다양성이 증가하여 시너지 효과를 만들고 산업을 융성하게 한다. 그러니 저절로 작은 나라를 흡수하게 되는 것이다. 반면에 작은 나라는 땅이 작고, 인력이나 문물에서 큰 나라의 아래이니 이를 스스로 인정하고 큰 나라를 존중하면, 큰 나라는 작은 나라를 구태여 통합하려 하지 않는다. 큰 나라의 입장에서는 작은 나라가 자신에게 굽히고 엎드리는데 물리력을 행사할 필요가 없게 되는 것이다. 그러하니 작은 나라는 자신을 유지할 수 있게 된다. 이를 받아들인다고 표현한 것이다. 받아들인다고 하여 물리적으로 취하는 것이 아니라 자신이 뜻한 바를 수용 내지 포용한다고 해석해야 할 것이다. 만약 작은 나라가 큰 나라에 경쟁적인 자세를 취하려 한다면 큰 나라는 물리력을 동원하여 이를 꺾으려 할 것이니 전쟁이 일어나게 되고 작은 나라는 망하는 길을 걷게 될 것이다. 그러하니 작은 나라는 작음을 인정하고 작음을 크게 만드는 셈법을 구사하여야 할 것이다. 작음을 크게 만드는 셈법은 문물의 발전을 말한다. 발전은 다양성과 자유로움에서 출발한다. 다양성은 개방적인 태도로 수용하고 포용함으로써 만들어지고, 자유로움은 규제하지 않고 통제하지 않음을 말한다. 이를 노자는 무위(無爲)라고 표현하고 있다. 정부의 낮은 자세가 필요한 대목이다. 포용과 자유로움은 다름이 인정되고, 다름으로 인해 서로를 배척하거나 경쟁하지 않음을 말하니 모두가 즐겁게 일할 수 있음을 뜻한다. 경쟁하지 않고 서로가 즐겁게 자신의 재능을 발휘하고 개방적으로 다름을 수용하여 융합하니 또 다른 것이 탄생한다.

나라가 이러하면 문물과 학문이 융성하여 재화가 모여들고 인재가 모여든다. 이것이 작은 나라가 발전할 수 있는 전략이다. 내 것을 강조하면 상대방도 자기 것을 지키려 한다. 상대를 존중하고 나를 낮추는 태도는 암컷이 수컷을 이기는 것과 같은 이치이다.

  큰 나라는 사람을 얻어 기르려는 것에 불과하고, 작은 나라는 사람을 받아들여 섬기려는 것에 불과하니, 대저 양자가 각기 그 바라는 바를 얻으려면 큰 자가 마땅히 아래가 되게 하여야 한다(大國不過欲兼畜人, 小國不過欲入事人, 夫兩者各得其所欲, 大者宜爲下)고 하였다. 큰 나라는 개방하여 포용하면 문물이 모여들게 되어 있다. 수요가 많으니 당연히 공급자가 물자를 공급하게 되는 것이다. 그러니 사람도 모여들고 다양성이 증가하여 인재도 많아진다. 반면 작은 나라는 인재를 받아들여 섬기고 배움으로써 문물의 발전을 기한다. 이러하면 큰 나라는 작은 나라를 통하여 자신의 위상을 세우게 되고, 작은 나라는 큰 나라를 통하여 안전과 문물의 발전을 얻을 수 있으니, 서로가 얻고자 하는 바를 얻는다고 한 것이다. 크고 작음은 나라뿐만 아니라 집단이나 개인에게도 적용되는 개념이고 상대적 개념이다. 보다 큰 집단보다는 작고, 작은 집단보다는 크다는 의미이다. 자신의 위치가 어디에 속하든지 자신을 크다고 생각하고 마땅히 자신을 낮추어야 한다고 하였다. 낮춤은 대상과 같은 수준에서 기능할 수 있는 시스템을 구축하게 하는 방법이다. 자신을 낮추어 상대가 자신에게 들어오게 하면 두 조직은 교류하고 동조할 수 있게 되고, 그 접점의 분야에서는 상호 의존적으로 기능하는 구조가 생기게 된다. 이런 부분들이 많아지면 관련된 분야들은 상호 발전하게 되니 서로에게 이득이 될 것이다.

이 장은 겸허한 자세를 갖추어야 얻고자 하는 바를 얻을 수 있음을 강조한다. 겸허함은 자신을 낮추고 상대를 존중함을 말한다. 나를 낮추면 상대방은 나에게 흘러온다. 흘러 들어오면 포용하고 감싸 안아야 한다. 감싸 안지 못하면 상처를 받을 수 있다. 감싸 안으면 내 것이 된다. 감싸 안으려면 넓은 가슴이 필요하다. 가슴을 넓게 하는 것은 펼치면 된다. 마음을 열고 가슴을 펴는 것을 개방한다고 한다. 다만 열어놓지만 말고 이를 주워 담을 줄 알아야 한다. 떨어진 콩고물도 주워야 내 것이 된다는 말이다. 이것이 상대를 내 편으로 만드는 방법이고, 남의 것을 내 것으로 만드는 방법이다. 가정이나 직장, 정치 등 모든 집단활동에서 나를 낮추고 상대를 도우면 상대도 나를 인정하고 도움을 주게 된다. 내가 상대를 인정하지 않으면 상대도 나를 인정하지 않는다는 것은 철칙이다. 다르다고 배타시하는 것은 상대방이 나를 배타시하기를 바라는 것과 같다. 겸허하게 수용하고 공감하는 것이 자신을 스스로 돕는 방법이다.

자신을 낮추고 겸허한 태도로 다름을 수용한다는 것은 대상과 하나가 되어 전체로서 기능하게 된다는 것을 의미한다. 위에서 작은 나라가 낮게 처하면 큰 나라를 받아들이게 된다고 하였는데, 이는 물리적인 취함이 아니고 교역과 소통의 면에서 융합함으로써 큰 나라의 특성을 활용하여 자신이 강점이나 추구하는 바를 발전시킨다는 것을 뜻한다. 소국이면서 잘 사는 나라가 많이 있다. 그들은 자신의 강점을 개방함으로써 교역하고 세계의 일원으로서 책무를 다하며 상호작용하고 있다. 다만 개방하면서 자신의 강점을 발전시키지 못하면 종속될 수 있음을 간과해서는 안 된다. 외부의 지향성에 따르면서 자신의 지향성을 최고로 기능할 수 있게 하여야 한다는 것이다. 그리고 자신의 지향성으로 상위시스템의 작동에 치명적인 요소가 되게 차별화하는 것이 중요하다. 이런 차별화는 근본적으로 인재의 차별화에서 시작한다. 이 점에서 노자가 사람을 받아들이고 섬긴다는 말은 매우 의미 있는 말이다.

62장
도(道)는 공존의 질서

道者, 萬物之奧, 善人之寶, 不善人之所保. 美言可以市, 尊行可以加人. 人之不善, 何棄之有. 故立天子, 置三公. 雖有拱璧以先駟馬, 不如坐進此道. 古之所以貴此道者何. 不曰以求得, 有罪以免邪, 故爲天下貴.

　도는 만물이 그윽하게 내재하고 있으니, 착한 사람의 보물이고, 착하지 않은 사람도 그것을 간직한 바이다. 아름다운 말은 거래에 적합하고, 공경스러운 행실은 사람들에게 영향을 미치기에 적합하다. 사람이 착하지 않다고 하여 어찌 그를 버릴 수 있겠는가? 그러므로 천자를 세우고, 삼공을 두는 것이다. 비록 보석을 두르고 있고 네 필의 말이 끄는(先) 수레를 타고 있다 해도, 이 도에 앉아 정진함만(進) 못하다. 선인(古)이 이 도를 귀하게 여긴 까닭이 무엇일까? 구하여 얻는 까닭이고, 죄가 있어도 면하는 까닭이라 말하지 않았던가? 그러므로 (도는) 천하의 귀함이 되는(爲) 것이다.

🐾 번역에 유의할 어휘

道者(도자), 萬物之奧(만물지오)에서 奧(오)는 "깊다, 그윽하다, 쌓다, 깊숙한 안쪽, 비밀, 구석, 아랫목"등의 의미를 갖는데, 이들 중에서 도(道)를 표현할 수 있는 의미는 "그윽하게 쌓다, 그윽하게 내재하다", 之(지)를 주격조사로 해석한다.

奧(오)에 대한 번역은 해설서마다 조금씩 다르지만 "아랫목"이라 번역한 책이 많다. 아랫목이란 온돌방의 아궁이에 가까운 방바닥 부분을 말하는데, 이렇게 번역하면 다음에 연결되는 보물과 연결이 되지 않는다. 왕필은 주석에서 奧(오)를 曖(애; 희미하다, 가리워지다, 흐리다, 어두운 모양)라고 해석하고, 덮어 숨겨진 것(庇蔭자음)이지만 얻을 수 있는 것을 말한다고 하였다(奧, 猶曖也. 可得庇蔭之辭). 또 이식재(李息齋)는 藏(장; 감추다, 숨다, 곳집, 광)이라 하였다. 하지만 도(道)를 설명하기에는 적당하지 않다. 소자유(蘇子由)는 사물마다 지니고 있지만 사람들이 보지 못한다고 하였다. 사람마다 지니고 있으니 내재되어 있다는 것이고, 사람이 보지 못하니 숨겨져 있거나 비물질적인 것이며, 사물이 갖는 지향성이니 사물의 본성이고 근본이다. 奧(오)라는 노자의 표현은 내재된 도의 감각할 수 없는 속성을 언급한 것이라 생각된다. 그러니 이를 그냥 "그윽하게 내재되어 있다"라고 번역하였다.

善人之寶(선인지보), 不善人之所保(불선인지소보)에서 주어는 앞 문장의 道者(도자)이니, 문장은 "도는 착한 사람의 보물이고, 착하지 않은 사람도 그것(道)을 간직한 바이다"라고 번역된다. 여기서 앞의 之(지)는 소유격으로, 뒤의 之(지)는 지시대명사로 道(도)를 지칭한다.

美言可以市(미언가이시), 尊行可以加人(존행가이가인)에서 以(이)는 於(어), 可(가)는 "~에 적합하다, 혹은 ~으로 가능하다"라 번역할 수 있고, 市(시)는 "시장, 장사, 거래, 값, 사다, 팔다, 장사하다, 벌다"등의 의미 중에서 "거래"라고 번역하며, 加(가)는 "더하다, 가입하다, 입다, 있다, (영향이나 작용을)미치다, 베풀다" 등의 의미 중에서 "영향을 미치다"라고 해석하여, "아름다운 말은 거래에 적합하고, 공경스러운 행실은 사람들에게 영향을 미치기에 적합하다"라고 번역한다.

何棄之有(하기지유)에서 何(하)는 의문대명사, 之(지)는 지시대명사 "그"라고 옮기면, 이 문장은 "어찌 그가 있음을 포기할 수 있겠는가?"라고 번역된다. 이를 의역하면 "어찌 그를 버릴 수 있겠는가?"라고 옮긴다.

雖有拱璧以先駟馬(수유공벽이선사마)에서 以(이)는 순접의 而(이)로도 쓰이니, "비록 보석을 두르고 있고, 수레를 끄는 네 필의 말을 앞세우더라도"가 되는데, 이는 풀어 쓰면 "비록 보석을 두르고 있고, 네 필의 말이 끄는(先) 수레에 타고 있다."로 할 수 있다. 古之所以貴此道者何(고지소이귀차도자하)에서 古(고)는 고인(古人), 之(지)는 주격조사, 所以(소이)는 원인, 이유, 방법, 목적을 나타내어 "~인 까닭", 何(하)는 "무엇"이라 번역하면, "고인이 이 도를 귀하게 여긴 까닭이 무엇일까?"로 한다.

不曰以求得(불왈이구득), 有罪以免邪(유죄이면야)에서 마지막 邪(야)는 종미사로 의문 또는 반어를 나타낸다. 번역하면 "구하여 얻는 까닭이고, 죄가 있음도 면하는 까닭이라 말하지 않았던가?"로 된다. 故爲天下貴(고위천하귀)에서 貴(귀)의 대상은 道(도)이므로 "고로 천하가 도를 귀하게 여긴다(爲)"라고 번역한다.

도(道)란 만물이 그윽하게 내재하고 있으니, 착한 사람의 보물이고, 착하지 않은 사람도 간직한 바이다(道者, 萬物之奧, 善人之寶, 不善人之所保)라고 하였다. 도는 만물의 존재와 행위의 법칙이고 근거이며 이유이다. 존재의 이유와 근거가 도(道)에 있으니, 도는 착한 사람이나 착하지 않은 사람이나 누구에게나 공히 갖추어져 있음은 당연한 것이다. 그러나 깊숙하게 가리어져 있으며 숨겨진 것 같아 보일 듯 말 듯 하니, 노력하여 찾으면 찾아지지만 그렇지 않으면 잘 드러나지 않는다. 그러니 그윽하게 내재되어 있다고 하였다. 누구나 도를 내재하고 있으나 각자 깨우침의 정도에 따라 행함에는 차이가 있다. 깨달은 자는 보물과 같이 여기고 이를 세상에 시현하려 하지만, 그렇지 못한 자는 도가 자신에 내재되어 있음도 알지 못하고 혼란스러운 삶을 살아간다.

아름다운 말은 거래에 적합하고, 존경스러운 행실은 사람들에게 영향을 미치기에 적합하다(美言可以市, 尊行可以加人)고 하였다. 美言(미언)은 "본받을 만한 좋은 말"인데, 이 좋은 말은 서로가 서로를 존중하는 말이다. 도에 맞는 말은 상대에게 도움을 베푸는 말이니 서로 주고받기에 좋다는 것이다. 그리고 공경스러운 행실도 타인에게 감동을 주고, 본보기가 되기도 하니 사람들이 이를 따르려 한다. 이런 좋은 말과 행실은 모두 서로의 관계나 삶에 긍정적인 효과를 갖기에 가치를 부여하게 되고, 가치가 있으니 모두가 배우고 사용하려 하는 것이다. 좋은 말이 시장 혹은 거래에 적합하다고 한 것은 시장에서의 거래는 서로 이익을 위해 다툼이 일어나기 쉽다는 점을 고려한 것이다. 다툼을 극복하고 거래를 성사시켜 서로가 이익을 보기 위해서는 상대방의 마음에서 서로의 입장을 이해하고 존중하는 공감이 필요다. 모든 사람들이 좋은 말과 행실을 본받으려 하는 점을 고려하면, 착한 사람이나 그렇지 않은 사람이나 모두 공존을 위한 성품을 소유하고 있다. 바꾸어 말하면, 서로 이익을 주고받으며 다툼의 소지 많은 거래에 아름다운 말이 사용되고, 타인의 간섭이나 영향력을 싫어하면서도 존경스러운 행실은 본받으려 하니, 사람에게는 근본적으로 착한 품성이 내재되어 있다는 것이다.

"사람이 착하지 않다고 하여 어찌 그를 버릴 수 있겠는가? 그러므로 천자를 세우고, 삼공을 두는 것이다(人之不善, 何棄之有, 故立天子, 置三公)"라고 하였다. 위 문단에서 사람은 자각하지 못할 따름이지 모두 부지불식 간에 착한 품성의 시현을 추구하고 있다고 하였다. 선을 추구할 수밖에 없는 이유는 내적으로 모두가 도를 내재하고 있고, 외적으로 사회가 선을 필요로 하는 조건이 형성되어 있기 때문이다.

사람은 천부적으로 도에 따라 생겨나고, 성장하지만 도를 추구하는 정도에 따라 착한 덕을 행하기도 하고 그렇지 못하기도 한다. 전자를 착하다고 하고 후자를 착하지 않다고 하는데, 이런 구분은 상대적이고 상황에 따라 가변적이라 일률적으로 판단하기 어렵다. 도를 따를 것인지 여부는 언제든지 변할 수 있으니, 지금 착하지 않다고 하여 계속하여 착하지 않는 것도 아니다. 그리고 모두가 필요에 의하여 생겨났고 도를 자신의 존재방식에 접목하고 있으니, 어찌 선하지 않은 사람이라고 버릴 수 있겠는가? 또 세상에는 이들을 선도할 천자가 있고, 이들에게 좋은 말과 행실로 모범을 보일 삼공 등이 있으니, 착함을 회복함은 마땅한 귀결이다.

비록 보석을 두르고 있고 네 필의 말이 끄는 수레를 타고 있다 해도, 이 도에 앉아 정진함만(進) 못하다(雖有拱璧以先駟馬, 不如坐進此道)고 하였다. 보석을 두르고 사두마차(四頭馬車)를 탄다고 함은 부귀를 누림을 뜻한다. 재산이 많고 지위가 높으며 귀하게 된다고 하여 행복한 것은 아니다. 재산과 귀함을 얻거나 유지하기 위하여 주변에 나쁜 영향을 주었을 가능성이 많다. 뿐만 아니라 소유를 위한 치열한 경쟁에서 보여준 이기심과 공격성은 자신이 갖추어야 할 본성을 망각하게 만들어 심신(心身)은 지치고 병들었을 가능성도 높다. 이런 점에서 이들은 공존의 본성에서 벗어나 환경에 비우호적인 삶을 영위하려고 발버둥 치고 있다고 할 수도 있다. 그러므로 이들의 삶은 얼마 가지 못하여 환경의 역습을 받게 될 것이니, 이를 노자는 본성으로 회귀하여 우호적인 환경을 만드는 도에 정진함만(進) 못하다고 한 것이다. 여기서 진(進)은 "나아가다, 힘쓰다"는 의미를 통합하여 "정진하다"라고 옮긴다.

"고인(古人)이 이 도를 귀하게 여긴 까닭이 무엇일까? 구하여 얻는 까닭이고, 죄가 있음은 면하는 까닭이라 말하지 않았던가? 그러므로 (도는) 천하의 귀함이 되는 것이다(古之所以貴此道者何, 不曰以求得, 有罪以免邪, 故爲天下貴)"고 하였다. 도는 만물이 생겨난 이유이니 자신이 생겨난 이유를 알아야 자신이 행할 바를 알게 되고 나아갈 방향을 알게 될 것이며, 그래야만 만족한 삶을 누릴 수 있을 것이다. 이 도는 이미 자신에게 내재되어 있으므로 구하려 하면 얻을 수 있다고 한 것이다. 도를 구함은 본성에 따르는 것이니, 그냥 연기(緣起)의 조건에 의해 생겨남을 이해하고, 공생의 조건을 만들어가는 것이다. 이를 노자는 대상의 마음으로 대상을 이해하고 대하며, 덕을 베푸는 것이라고 하였다. 의존관계에 있는 만물에 의하여 자신이 생겨나고 그들의 존재로 인해 현재가 있고, 그들의 행함에 의해 현재의 생이 영위되고 있으니, 그들과 함께 더불어 나아감이 도(道)를 시현하는 덕(德)이라 하였다. 죄는 공생의 조건인 질서를 파괴한 것이나, 처벌이 중요한 것이 아니고 교화하여 공생의 조건으로 회귀시키는 것이 중요하다. 공생의 조건으로 회귀하는 것이 죄에서 벗어나는 길이니, 이것은 도를 따르면 되는 것이다. 이와 같이 도는 천하를 공존의 질서가 실현되는 정의롭고 평등한 세상으로 만드는 길이니, 천하는 도를 귀하게 여기게 되는 것이다.

이 장의 풀이를 마무리 하면서 이해가 부족한 부분은 "착하지 않은 사람도 그것을 간직한 바이다."와 "아름다운 말은 거래에 적합하고, 공경스러운 행실은 사람들에게 영향을 미치기에 적합하다."의 문맥의 연결을 매끄럽게 풀이하지 못함이다. 왜 노자는 도는 착한 사람이나 착하지 않은 사람이나 다 내재하고 있다고 하고, 다음에 아름다운 말(美言)과 존경스러운 행동(尊行)을 거론하고 있을까? 아마 "착하지 않은 사람도 도가 내재되어 있으니 조건에 따라 도에 정진하여라"라는 의미를 첨가하여 해석함이 어떨까?

63장
작고 쉬운 시작, 큰 이룸

爲無爲, 事無事, 味無味, 大小多少, 報怨以德, 圖難於其易, 爲大於其細. 天下難事, 必作於易, 天下大事, 必作於細. 是以聖人終不爲大, 故能成其大. 夫輕諾必寡信, 多易必多難. 是以聖人猶難之, 故終無難矣.

이루고자 함이 없이 행하고, 일삼지 않고 일하며, 맛들이지 않고 맛보고, 작은 것을 크게 하고 적은 것을 많게 하며, 원한을 덕으로 갚고, 어려움을 그 쉬운 것부터 꾀하며, 큰 것은 그 작은 것부터 행한다. 천하의 어려운 일은 반드시 쉬운 것에서 시작되고, 천하의 큰 일은 반드시 작은 일에서 시작된다. 그러므로 성인은 항상(終) 크게 행하지 아니하나, 능히 그것을 크게 이룬다. 대체로 가벼운 승낙은 믿음이 적고, 너무 쉬우면 반드시 어려움이 많다. 그러므로 성인은 오히려 쉬운 것(之)을 어렵게 여기니 늘(終) 어려움이 없다.

◀◎ 풀이

이 장은 대립된 개념으로 대상을 다스리면 세상사를 쉽게 성취할 수 있다고 설명하고 있다. 위(爲)/무위(無爲), 사(事)/무사(無事), 미(味)/무미(無味), 대(大)/소(小), 다(多)/소(少) 등이 대립되는 개념들이다. 이 대립되는 개념을 구분하여 인식하지 않고 구분하여 반응하지 않으며, 하나로 인식하고 하나로 반응하여야 한다고 설명하고 있다. 그러나 "이루려 하지 않고 행하고, 일삼지 않고 일하며, 맛들이지 않고 맛본다"는 것이 가능한가? 노자가 말하는 무위(無爲)는 "하고자 하는 인위적인 마음이 없음"을 말한다. "무사(無事), 무미(無味)"도 "일삼아 애쓰지 않음, 맛들이려 하지 않음"을 말한다.

도덕경에서 무(無)에 대한 해석은 대단히 중요한 부분이다. 무(無)라고 하여 없는 것이 아니라, 유(有)에 대한 대립적인 개념으로 등장시켜 인간이 감각하지 못하는 존재를 설명한다. 시간이 무(無)인가? 공간이 무(無)인가? 아니다. 무(無)는 인간이 보지 못하고 느끼지 못하기에 무(無)일 따름이다. 그러니 무(無)는 없는 것이 아니고 있는 것이다. 다만 인간이 감각하지 못하는 존재이다. 무위(無爲)는 행함이 없는 것이 아니고 만물이 그 행해짐을 감각하지 못하는 행함이다. 무사(無事)는 일을 하지 않는 것이 아니고, 만물이 감각하지 못하게 일을 하는 것이다. 바꾸어 말하면 자연스럽게 행하고 일하라는 말이다. 왜 그럴까? 영향을 미치면 반작용이 일어나게 되어 현재와는 다른 어떤 조건을 만들게 되고, 만들어진 조건은 또 다른 변화를 만들어 공존에 영향을 미치기 때문이다. 무미(無味) 또한 맛들어진 맛만 찾아 먹으려는 욕심을 가지고 맛을 보면 입맛에 맞는 맛으로 맛의 가치를 결정하게 되어 본래 그 맛을 느끼지 못하게 되니 선택된 음식만 편식하게 되는 것이다. 그러니 식단의 균형이 깨어져 건강에도 도움이 되지 않는다. 여기서 味(미)는 "맛들이다, 맛보다, 취향, 의미" 등의 뜻을 가진 단어로서 단지 음식의 맛만 의미하지 않고, "가치나 의미"로 확장하여 해석함이 바람직하다. 즉, 현재까지 자신이 가진 의미나 가치로 사물을 대하지 말라는 뜻으로 해석함이 좋다. 사물을 대할 때 기존의 가치관에 묻혀서 판단을 흐릴 수 있으니 선입견 없이 대하라고 한 것이다.

욕망하지 않는 행함 즉, 대상과 환경이 감각하지 못하게 자연스럽게 행하는 작용이 "爲無爲(위무위), 事無事(사무사), 味無味(미무미)"이다. 자연스럽다는 것은 인간의 행위를 환경이 인식하지 못하거나 인식하더라도 있는 듯 없는 듯하여 반작용 없이 수용 가능한 것을 말한다. 환경이 수용가능한 것만이 이룰 수 있는 것이다. 수용 가능성을 확보하는 것이 무위(無爲)의 작용이다.

"작은 것을 크게 하고 적은 것을 많게 하며, 원한을 덕으로 갚고, 어려움을 그 쉬운 것부터 꾀하며, 큰 것은 그 작은 것부터 행한다. 어려운 일은 쉬운 것에서 시작되고, 큰 일은 작은 일에서 시작된다. 그러므로 성인은 항상(終) 크게 행하지 아니하니, 능히 그것을 크게 이룬다(大小多少, 報怨以德, 圖難於其易, 爲大於其細, 天下難事, 必作於易, 天下大事, 必作於細, 是以聖人終不爲大, 故能成其大)"고 하였다. 만물은 서로의 필요와 조건에 따라 생겨나고, 서로의 조건과 필요에 따라 활동하고 작동한다. 행위나 일은 모두 환경이 만든 조건에 부응하기 위한 대응 행위이고 대응 기능에 불가하다. 큰 것은 큰 대로의 기능이 있고, 작은 것은 작은 것으로 기능이 있다. 인간의 오장 육부는 인간의 생존을 위해 크기에 관계없이 정해진 바에 따라 기능한다. 이와 같이 만물은 생태계의 고리에 맞물려 기능하고 영향을 주고받는다. 이를 상호 의존적 기능이라 한다. 이렇게 기능하는 가시적 혹은 비가시적 형태를 구조라고 하는데, 하나의 독자적인 통일체로서 작동하는 구조는 여러 구성요소의 집합체로 구성되어 있어서 전체성을 갖는다. 이 전체를 우리는 상호 의존적인 기능 구조라 하고 이를 시스템이라고 한다. 이런 통일체가 외부의 더 큰 시스템과 상호 의존적으로 영향을 주고받으며 어우러져 작동하면, 큰 시스템의 부분으로써 기능하는 요소가 된다. 시스템의 부분과 전체, 그리고 상호 의존성과 기능성, 구조성 등을 언급하는 것은 작은 것이라 하여 그 기능을 무시하거나 그 가치를 작은 것으로 간주하여서는 안 된다는 말을 하기 위함이다. 손이 발보다 작다고 하여 그 기능이 발만 못하다는 것이 아니라는 것과 같은 의미이다. 그러하니 작은 것도 큰 것을 대하듯이 하라는 것이다. 작고 큰 것, 많고 적은 것은 서로 대립된 개념으로 상대적 양을 표현하는 말이다. 크거나 많다고 하였으나 그것보다 더 크고 더 많은 것과 비교하면 작고 적은 것이 된다. 그리고 지금이 작다고 하여 항구적으로 작다고 할 수도 없다. 세상사는 작은 것은 크질 가능성을 있는 반면, 큰 것은 작아질 가능성을 내재하고 있다. 작은 시작 없이 큰 것이 있을 수 없다. 대형건물도 한 조각 벽돌에서 시작되었고, 난자와 정자의 수정으로 인간이 탄생되며, 조그마한 씨앗이 자라 거목이 된다. 작은 시작이 있어야 하고 이 작은 시작을 중시해야 성과를 이룰 수 있다. 쉽거나 작은 것의 중요성이 여기에 있다.

　사물이 극에 도달하면 반드시 반전한다. 순환계에서 일어나는 일들은 반복되는 것이므로 반전은 언제나 일어나기 마련이니, 어떤 일을 할 때 지나치게 욕심을 부려서는 안 된다. 극에 달하면 항상 떨어짐을 대비하고, 바닥이라 생각되면 상승을 대비하여야 한다. 그러니 크고 작고, 많고 적음, 높음과 낮음에 관계없이 처음과 끝을 같게 대하는 것이 신중한 자세이고, 성실한 태도이다.

　하나의 시스템 안에는 여러 가지 요인들이 내재하고 있으니, 어느 요인 하나로 전체를 대변하는 것은 바람직하지 않다. 부분이 강조되면 전체에 큰 영향을 미친다. 부분의 고장은 부분에서 치유하는 것이 좋다. 원한(怨恨)인들 그렇지 않겠는가? 개인의 인생사에는 원한도 있고 덕도 있으며, 화도 있고 복도 있다. 그러니 자신이 길흉화복을 받을 수도 있고 줄 수도 있는 것이다. 재앙을 덕으로 화답하면 복이 온다. 이 방법이 환경을 우호적으로 바꾸는 처세이다. 역전의 묘를 기하지 못하면 악순환에서 벗어나지 못한다. 악순환을 선순환으로 바꾸는 방법은 연결 고리를 끊는 것으로 대립적인 요소를 시행하는 것이다. 원한은 분하고 억울하여 한이 된 아픈 마음이다. 분하고 억울함으로 마음이 아픈 것은 사랑을 잊지 못함이다. 악순환의 요소가 아픈 마음이라면, 선순환의 요소는 사랑하는 마음이고 기쁜 마음이다. 아픈 마음의 치유는 사랑하는 마음과 기쁜 마음을 만드는 것이고, 이것이 덕을 베푸는 것이다. 비가 온 후에 땅이 굳고 만물이 소생한다. 비가 오면 땅이 굳을 때를 대비하여 씨앗을 준비하는 것이 좋다. 사랑의 씨앗을 뿌리는 것이 덕을 베푸는 것이고, 환경을 우호적으로 만드는 것이다.

"대체로 가벼운 승낙은 믿음이 적고, 너무 쉬우면 반드시 어려움이 많다. 그러므로 성인은 오히려 쉬운 것을 어렵게 여기니, 늘 어려움이 없다(夫輕諾必寡信, 多易必多難, 是以聖人猶難之, 故終無難矣)"고 하였다. 부탁을 가볍게 승낙한다는 것은 부탁의 대상을 쉽고 가볍게 생각하기 때문이다. 그러나 세상사는 어느 하나 중요하지 않은 것이 없다. 작다고 작은 것이 아니고, 쉬워 보인다고 쉬운 것이 아니다. 작거나 쉬운 부분은 크고 어려운 부분과 연결되어 기능하고 있거나, 그런 방향으로 성장하고 변화한다. 그러하니 세상사는 가볍고 순조롭게 처리할 수 있는 것이 많지 않다. 성인이 쉬운 것을 어렵게 여긴다고 한 것은 겉으로 쉬워 보이나 내면에 얽히고 설킨 연결된 부분들을 통찰하고 있음을 말한다. 그리고 이 연결된 부분들을 미리 다스리니 늘 어려움이 없어 보인다.

이 장은 전체를 설명할 수 있는 개념을 잡기 어렵다. 앞 부분은 무위(無爲), 무사(無事), 무욕(無欲)을, 중간 이후는 대/소, 난/이 등 대립된 개념의 관계와 작용을 나열하고 있다. "무(無)"에 대해서는 대상이 감각하지 못하거나 둔감한 작용으로 설명하였고, 대립되는 개념과 기능(대/소, 난/이 등)은 시스템에서 의존적으로 존재하고 작동하니 차이를 두지 않고 다스려야 한다고 설명하였다. 이 두 부분을 연결하는 개념은 "대상을 다스리는 방법"이다. 대상을 다스리는 것은 자극에 대한 반응이고, 반응은 활동으로 나타난다. 이 활동이 행위(爲), 일(事), 맛보는 것(味), 도모(圖) 등이다. 그런데 자극은 환경이 만든 조건이며, 이 조건은 주체가 적응해야 할 생존의 과제이다. 조건에 부합하면 살아 남고 조건에 역행하면 사라지게 된다.

환경에서 주어진 조건은 대상들의 지향성으로 이루어져 있다. 그러니 대상의 지향성과 조화롭게 대응해야만 생존할 수 있다. 이 조화로운 대응이 적응이다. 적응하려면 대상의 심기를 어지럽히지 않아야 한다. 대상의 심기를 어지럽히지 않으려고 하니 대상이 눈치채지 못하게 즉, 감각하지 못하게 행하는 것이 관건이다, 이것이 무위(無爲), 무사(無事), 무미(無味)이다. 그리고 작은 것(小, 少, 細), 쉬운 것(易) 등이다. 이런 것들은 환경의 기능에 흡수되는 것이고, 환경이 요구하는 조건에 부합하는 것이다. 이것이 적응이다. 환경의 기능에 흡수되니 영향을 미치더라도 환경은 이에 둔감하다. 이런 측면에서 무(無)는 수용 가능하고 적응 가능한 작용이니, 의도적이지 않고 의식적으로 행하지 않는 것으로 설명할 수 있다.

그리고 적응하려면 주체가 원하는 것보다 대상이 원하는 것에 우선순위를 두고 행하게 된다. 이것이 36장에서 설명한 미명(微明)이다. 작게는 시스템 내에서 대립된 개념을 가진 부분에 우선순위를 두고 행하는 것이고, 크게는 관계하는 다른 시스템이 기능에 우선순위를 두고 행하는 것이다. 작거나 큰 것, 원한과 덕, 쉬운 것과 어려운 것 등의 대립된 개념과 기능은 하나의 시스템 혹은 연결된 시스템에 같이 존재하고 작동하니, 적응하는 방향으로 작용하면 그 영향력이 흡수되어 사라지게 된다. 이것은 부분이 전체의 부분으로 행해야 할 필요한 기능이고 부분으로써 존재의 이유이다. 물이 흐르는 방향으로 힘을 가하면 반작용을 느끼지 못하는 것과 같다. 적응은 전체의 흐름을 읽는 통찰을 필요로 한다. 통찰로 전체의 흐름과 방향을 파악하고 부분을 다스리면 환경은 우호적으로 작동하게 되어, 큰일도 쉽게 이룰 수 있게 된다는 것이다. 우리 사회는 위정자나 영향력을 가진 자들이 전체와 부분의 관계나 그 흐름을 망각하고 자신의 의지를 실현하려는 시도가 너무 많은 것이 현실이다. 그들이 진정으로 해야 할 일은 모든 국민에게 자신의 일을 스스로 잘 할 수 있게 자리를 깔아 주고 재미와 행복을 느낄 수 있게 조건을 만들어 주며 지원과 도움을 주는 것이 아닐까?

64장
작은 조짐과 무위(無爲)의 다스림

其安易持, 其未兆易謀, 其脆易泮, 其微易散, 爲之於未有 治之於未亂,
合抱之木, 生於毫末, 九層之臺, 起於累土, 千里之行, 始於足下, 爲者敗
之, 執者失之, 是以聖人無爲故無敗, 無執故無失, 民之從事, 常於幾成
而敗之, 愼終如始, 則無敗事, 是以聖人欲不欲, 不貴難得之貨, 學不學,
復衆人之所過, 以輔萬物之自然, 而不敢爲.

그것이 편안하면 유지하기 쉽고, 그것이 조짐이 없으면 도모하기
쉬우며, 그것이 무르면 풀리기 쉽고, 그것이 미세하면 흩어지기 쉽
다. 아직 존재하기 전에 이것을 행하고, 어지럽기 전에 이것을 다스
려라. 아름드리 나무는 털끝에서 생겨나고, 9층의 누대(樓臺)는 흙 쌓
음에서 시작되며, 천리 길도 발 밑에서 시작된다. 하려는 자는 실패
하고, 잡으려는 자는 잃는다. 그러므로 성인은 무위(無爲)하니 실패가
없게 되고, 잡으려 하지 않으니 잃음도 없다. 백성이 쫓는 일은 늘 거
의 이루어지다가 실패한다. 마침을 처음과 같이 조심하면, 실패하는
일이 없다. 이로써 성인은 욕심내지 않으려 하니, 얻기 어려운 재화
를 귀하게 여기지 않는다. (성인은) 가르침 없는 가르침으로 많은 사

람(衆人)의 잘못한 바를 회복시키고, 만물이 스스로 그러하게 돕지만 감히 이루려 하지 않는다.

🐾 번역에 유의할 어휘

"其安易持(기안이지), 其未兆易謀(기미조이모), 其脆易泮(기취이반), 其微易散(기미이산)"에서 其(기)는 원칭의 지시대명사인데 여기서는 무엇을 지칭하는지 분명치 않지만, 편안·조짐이 없음·무름·미세함(安·未兆·脆·微)의 대상임에는 틀림이 없다. 그러므로 其(기)가 지칭하는 것은 일반적인 "그것"이고, 대상(物)인 만물이며, 세상사라고 추정할 수 있다. 爲之於未有 治之於未亂(위지어미유 치지어미난)에서 爲(위)와 治(치)가 동사이니, 근칭 대명사인 之(지)는 목적어인데, 이 또한 지칭하는 것이 분명치 않다. 여기서 전치사 於(어)는 "~하기 전에" 시간을 표시한다. 이 문장을 번역하면, "그것이 편안하면 유지하기 쉽고, 그것이 조짐이 없으면 도모하기 쉽다. 그것이 무르면 풀리기 쉽고, 그것이 미세하면 흩어지기 쉽다. 존재하기 전에 이것에 행하고, 어지럽기 전에 이것을 다스려라"이다. 번역된 내용을 살펴보면 근칭인 之(지)는 행위(爲)의 대상이고, 다스림(治)의 대상이다. 앞 문장에서 행위(爲)의 대상과 다스림(治)의 대상은 "편안, 조짐이 없음, 무름, 미세함(安, 未兆, 脆, 微)"이다. 그러니 근칭인 之(지)는 "편안, 조짐이 없음, 무름, 미세함(安, 未兆, 脆, 微)"을 지칭하는 것이다.

民之從事(민지종사), 常於幾成而敗之(상어기성이패지)에서 於(어)는 정도를 나타내는 전치사로 "백성이 일을 좇음은 항상 거의 이루어진 정도에서 실패한다"라고 번역한다. 여기서 종미사 之(지)는 焉(언)처럼 쓰였다.

是以聖人欲不欲(시이성인욕불욕), 不貴難得之貨(불귀난득지화)에서 앞의 欲(욕)을 장래를 표현하는 "장차 ~하려 하다"라고 해석하여 欲不欲(욕불욕)을 "욕심 내지 않으려 한다"라고 번역하는 방법과 "욕심내지 않음을 욕심 내다"이라 번역하는 방법이 있다. 어느 쪽을 택해도 의미의 전달에는 무리가 없으나 여기서는 첫 번째 방법으로 해석하여 "성인은 욕심내지 않으려 하니, 얻기 어려운 재화를 귀하게 여기지 않는다."라고 번역한다.

(聖人)學不學(교불교), 復衆人之所過(복중인지소과)에서 "學(학)"은 "배우다, 공부하다, 가르치다(교)" 등의 의미에서 "가르치다(교)"라고 해석하여 "가르침이 없는 가르침으로"라고 번역한다. 이유는 주어가 앞 문장의 성인(聖人)이고, 뒤 문장에서 "많은 사람(衆人)의 잘못한 바를 회복시킨다(復衆人之所過)"고 하였기 때문이다. 이 문장도 대부분의 해설서들이 "배우다"라고 번역하고 있으니 주의할 부분이다.

以輔萬物之自然(이보만물지자연) 而不敢爲(이불감위)에서 以(이)는 순접의 접속사이고, 而(이)는 역접으로 해석하여 "그리고 만물이 스스로 그러하게 돕지만, 감히 이루려 하지 않는다."라고 번역한다.

🔊 풀이

"그것이 편안하면 유지하기 쉽고, 그것이 조짐이 없으면 도모하기 쉬우며, 그것이 무르면 풀리기 쉽고, 그것이 미세하면 흩어지기 쉽다. 아직 존재하기 전에 이것을 행하고, 어지럽기 전에 이것을 다스려라(其安易持, 其未兆易謀, 其脆易泮, 其微易散. 爲之於未有 治之於未亂)"고 하였다. 자연의 이치나 세상사는 편안하면, 순조롭고 원만하여 정해진 방향으로 유지되어 간다. 그러나 어떤 일을 도모함에 변화의 조짐이 일어나면 부작용이 발생하게 되어 일의 진행을 방해한다. 그러니 조짐이 없으면 일을 도모하기 쉽다고 하였다. 어떤 변화가 일어나는 분위기(動靜)를 알아차리는 것을 낌새 혹은 기미(幾微)를 안다고 한다. 분위기의 움직임이 정(正)의 방향인지 부(否)의 방향인지를 알아차리고, 흩어지고 어지럽기 전에 이를 다스려야 하고자 하는 방향으로 일이 진행되고 편안함을 유지할 수 있다. 변화가 일어나기 전에 낌새의 포착과 관리의 중요성을 일깨우는 설명이다. 바꾸어 말하면 일을 도모하려면 대상이 낌새를 느끼지 않게 진행하여야 한다는 말이다. 주변에서 낌새를 느끼지 않게 행하는 것을 노자는 위무위(爲無爲)라고 하였다.

아름드리 나무는 털끝에서 생겨나고, 9층의 누대(臺)는 흙 쌓음에서 시작되며, 천리 길도 발 밑에서 시작된다(合抱之木, 生於毫末, 九層之臺, 起於累土, 千里之行, 始於足下)고 하였다. 작은 시작이 없는 큰 결과는 없다. 식물과 동물의 성장이 그러하고 사람이 만드는 구조물이나 상품이 그러하며, 추구하는 일들이 그러하다. 여행은 계획하고 결정하여 짐을 꾸리고, 집을 나서는 일부터 시작된다. 집을 나서지 않고 비행기를 타는 방법은 없다. 시작은 하고자 하는 마음의 움직임이고 지향성이다. 이 지향성이 만드는 동정을 주변에서 느끼는 것이 낌새이다.

"하려는 자는 실패하고, 잡으려는 자는 잃는다. 그러므로 성인은 무위(無爲)하니 실패가 없게 되고, 잡으려 하지 않으니 잃음도 없다.

백성이 쫓는 일은 늘 거의(幾) 이루어지다가 실패한다. 마침을 처음과 같이 조심하면, 실패하는 일이 없다. 이로써 성인은 욕심내지 않으려 하니, 얻기 어려운 재화를 귀하게 여기지 않는다(爲者敗之, 執者失之, 是以聖人無爲故無敗, 無執故無失, 民之從事, 常於幾成而敗之, 愼終如始, 則無敗事, 是以聖人欲不欲, 不貴難得之貨)"고 하였다. 앞 문단에서 주변이 낌새를 느끼면 부작용이 일어나게 되어 일을 방해한다고 하고, 낌새를 느끼지 않게 행하는 것을 위무위(爲無爲)라고 하였다. 이루고자 함과 잡으려고 함은 환경에서 영향을 미쳐서 환경으로부터 얻어야만 가능한 일이다. 주변의 물건을 사용하든, 주변 사람의 마음을 얻든, 어느 하나 주변에 영향을 미치지 않고 일을 행하는 방법은 없다. 하고자 하고 이루고자 하는 욕심으로 일을 시작하면 주변은 빼앗긴다는 피해의식을 갖게 되고, 이 피해의식은 일에 저항하고 방해하는 반작용으로 작용한다. 그러니 일은 실패하게 되고 잡으려는 것을 잃게 된다. 하지만, 하고자 하는 일이 환경에 긍정적으로 작용하고 만물의 공존에 긍정적인 방향으로 작용한다면, 주변은 일의 진행을 느끼지 못할 것이니, 부작용도 일어나지 않고 편안하게 진행할 수 있다. 만물의 공존에 기여한다고 함은 개인의 욕망을 좇는 것이 아니고, 공존의 본성을 따르는 행위이니 무위(無爲)로 행하는 것이 된다.

(성인은) 가르침 없는 가르침으로 많은 사람(衆人)의 잘못한 바를 회복시키며, 만물이 스스로 그러하게 돕지만 감히 이루려 하지 않는다(學不學, 復衆人之所過, 以輔萬物之自然, 而不敢爲)고 하였다. 낌새를 느끼지 못하도록 다스리는 지혜가 무위(無爲)이고 무사(無事)이고, 불욕(不欲)이며, 불교(不敎)이고, 불언지교(不言之敎, 2장·43장 참조)의 불언(不

言)이다. 낌새는 시작의 동정이요 느낌이다. 낌새는 작은 것, 낮은 것, 가까운 것, 미미한 것 등에서 출발하여 커지는 것이 자연의 이치이다. 세상사는 욕심으로 되는 것이 아니고 억지로 되는 것도 아니다. 결과는 환경에 놓이는 것이고, 환경에서 성장하는 것이며, 환경의 영향 속에서 행해지는 것이니, 개인의 이룸이나 성과는 개인이 만든 것을 환경이 수용한 것에 불과하다. 환경이 수용하지 않았다면 어떤 성과도 존재하지 않는다. 물론 일시적으로는 존재할 수 있겠지만 장기적으로는 사그라지고 만다. 이런 논리에 따르면 모든 존재는 환경이 허용하는 기간 동안 존재하는 것이라고 할 수 있을 것이고, 무질서(entropy)의 증가로 사그라짐은 환경의 저항이라 할 수도 있을 것이니, 존재의 기간은 환경이 허락한 기간 혹은 공존에 기여하는 기간이라 해석할 수도 있다. 환경은 공존에 기여하고 스스로 그러하게 진행되는 일을 수용한다. 이는 개인이 감히 이루려고 욕망하는 일은 아니다.

이 장은 작은 낌새와 무위(無爲)의 관계를 세상사를 통하여 설명하고 있다. 결론은 환경에 유해한 일은 성과를 이룰 수 없고, 환경이 수용 가능한 것만이 유지되고 생존할 수 있다는 것이며, 환경이 수용 가능한 것이란 개인이 욕망이 아닌 공존의 본성에 기여하는 것이다. 이것이 적응이다.

65장
무위지치(無爲之治)와 현덕(玄德)

古之善爲道者, 非以明民, 將以愚之. 民之難治, 以其智多, 故以智治國,
國之賊, 不以智治國, 國之福. 知此兩者亦稽式, 常知稽式, 是謂玄德,
玄德深矣遠矣, 與物反矣, 然後乃至大順.

　　옛날에 도를 잘 행한 자는, 백성에게 드러나지 않게 하고, 자신을
어리석게 보이려 한다. 백성을 다스리는 것이 어려운 것은 그(위정자
의) 앎이(智) 많기 때문이다. 그러므로 앎으로써 나라를 다스리면 나
라의 도적(賊)이 되고, 앎에 의하지 않고 다스리면 나라의 복이 된다.
이 양자를 안다는 것은 역시 견주어 헤아리는 방식(稽式)이다. 항상
견주어 헤아리는 방식(稽式)을 안다는 것을 "현덕(玄德)"이라 부른다.
"현덕"은 심원하다. 사물(物)에게 되돌려주니(反), 그런 후에 비로소
(乃) 큰 순리에 이른다.

🪶 번역에 유의할 어휘

古之善爲道者(고지선위도자), 非以明民(비이명민), 將以愚之(장이우지)에서 以(이)는 사역으로, 之(지)는 근칭의 지시대명사로, 將(장)은 바램을 나타내는 조동사로 번역한다. 그런데 將以愚之(장이우지)에서 之(지)가 지칭하는 것이 분명하지 않다. 대부분의 해설서에서 之(지)를 백성으로 번역하고, 마치 노자가 우민정치(愚民政治)를 조장하는 것처럼 해설하고 있는데, 이는 매우 잘못된 것이다. 여기서 번역의 어려운 점은 明(명)을 자동사로 해석할 것인지 아니면 타동사로 해석할 것인지, 그리고 之(지)가 지칭하는 것이 善爲道者(선위도자)인지 백성인지이다. 먼저 之(지)는 도를 행하는 사람(善爲道者)을 말한다. "明(명)"은 "밝다, 나타나다, 드러나다, 똑똑하다, 깨끗하다, 희다, 숭상하다" 등의 의미 중에서 자동사 "드러나다", 愚(우)는 "어리석게 하다"라고 번역한다. 이는 수행자들의 특성을 반영한 것이다. 도를 행하는 수행자들은 자연과 더불어 하기를 좋아하므로 백성 앞에 드러나지 않으려 하고 마치 어리석은 사람처럼 보일 수 있음을 고려하여 번역하면, "옛날에 도를 잘 행한 자는, 백성에게 드러나려 하지 않고, 자신을(之) 어리석게 하려(보이려) 한다"가 된다.

民之難治(민지난치), 以其智多(이기지다)에서 以(이)는 원인 이유를 나타내는 전치사로 쓰여 "백성이 다스리기 어려운 것은 그(위정자) 앎(智)이 많기 때문이다"라고 번역된다. 여기서 其(기)는 원칭의 지시대명사인데 그 원칭의 대상자는 누구를 지칭할까? 백성의 지혜일까 아니면 위정자의 지혜일까? 노자가 일관되게 설명하는 것이 무위(無爲)의 정치이다. 이루고자 하는 욕망을 버리고 백성과 환경이 수용 가능한 정치를 하라고 말한다. 이는 이루고자 하는 의도로 지혜를 사용하는 것이 백성을 어렵게 한다는 뜻이다. 이런 점에서 以其智多(이기지다)에서 其(기)는 위정자라고 해석함이 타당하다. 그러면 번역은 "백성이 다스리기 어려운 것은 (위정자가) 많은 앎으로 다스리기 때문이다"가 된다. 이 부분도 여러 해설서에서 백성이 앎이 많아서 다스리기 어렵다고 번역하고 있는데 잘못이다. 그 이유는 다음에 "앎으로 나라를 다스리면(以智治國 이지치국)"이라고 연결되기 때문이다. 노자는 세상을 관계로 파악하는 통찰력을 지닌 선지자이라 생각한다. 그런데 이런 노자를 후대의 해설자들이 잘못 대접하는 것 같아 안타깝다.

知此兩者亦稽式(지차양자역계식)에서 此兩者(차양자)는 앎으로 백성을 다스려 나라의 도적이 되는 것과 앎으로 나라를 다스리지 않아 나라의 복이 되게 다스리는 방식을 지칭한다. 그러하니 稽式(계식)은 다스리는 방식을 아는 것과 관련됨으로 "式(식)"은 "방식", "稽(계)"는 "상고하다, 조사하다, 헤아리다, 논의하다, 셈하다, 견주다" 등의 의미 중에서 양의적으로 해석하여 "견주어 헤아리다"라고 옮긴다. 그러면 이 문장은 "이 양자를 안다는 것은 역시 견주어 헤아리는 방식이다"라고 번역되고, 常知稽式(상지계식)은 "항상 계식(견주어 헤아리는 방식)을 안다는 것"라고 번역된다. 계식(稽式)을 요즈음 말로 옮기자면 "장점과 단점의 비교"라고 할 수 있다.

與物反矣(여물반의)에서 與(여)는 "~에게 주다", 反(반)은 "되돌리다", 與(여)와 反(반)같이 사용됨으로써 "되돌려주다", 物(물)은 "대상 혹은 사물"이라 번역한다. 종미사 矣(의)는 "~이로다, ~할 것이다"라고 옮겨

"사물에게 되돌려주는 것이다"이라 번역한다. 然後乃至大順(연후내지
대순)에서 乃(내)는 然後(연후)와 같이 쓰임으로써 "그런 후에 비로소"
라고 옮게, 이 문장은 "그런 후에 비로소 큰 순리에 이른다"라고 번역
한다. 이 부분에 대한 여러 가지 다른 번역이 있는데, 德(덕)은 도(道)
를 사물에 시현하여 베푸는 것인 바, "사물에게 되돌려주는 것이다"
라고 번역하는 것이 옳다. 즉, 사물에게 되돌려준다는 것은 자신에
게 내재된 도(道)를 사물에 베푼다는 말이니, 덕을 베푼다는 것이다.

◀)) 풀이

옛날에 도를 잘 행한 자는, 백성에게 드러나지 않게 하고, 자신을
어리석게 보이려 한다(古之善爲道者, 非以明民, 將以愚之)고 하였다. 도를
잘 행할 수 있는 사람이란 자신의 의도나 욕심에 의하지 않고 무위
로 행하므로 그의 행적이 잘 드러나지 않는다. 자신을 드러내지 않
고 자신의 행함도 있는 듯 없는 듯하게 하니 어리석게 보이려고 한
것이라 하였다. 그리고 그들은 자연을 벗삼아 생활하는 자가 많으니,
이들은 사회로부터 격리되고, 문명생활에서 동떨어진 비현실적인 생
활을 하는 경향이다. 그러니 이들은 일반인에게는 잘 드러나지 않
고, 드러나더라도 어수룩하게 보이곤 한다. 이 구절은 백성을 어리석
게 하려는 것이 아니고, 자신을 백성에게 어수룩하게 보이려는 것을
말한다는 점에 주의하여야 한다.

이 말은 非以明民(비이명민), 將以愚之(장이우지)을 "백성을 똑똑하게
만들지 않고 백성을 어리석게 하려고 한다."고 번역하면 안 된다. 그
이유는 첫째, 노자가 무위(無爲)와 무욕을 강조하였는데, 의도적으로

백성을 어리석게 하려 한다는 것이 맞지 않다. 둘째, 문맥에서 도를 잘 행하는 사람이라면 백성의 지향성을 존중하고 그들과 상호작용하여 공존의 방향을 모색하는 것을 근본으로 하는데, 백성을 통치의 편의를 위해 작위로 어리석게 이끌려는 것은 공존의 본성에 맞지 않는 것이다(위 번역에 유의할 어휘 참조).

"백성을 다스리는 것이 어려운 것은 (위정자의) 앎(智)이 많기 때문이다. 그러므로 앎으로써 나라를 다스리면 나라의 도적이 되고, 앎에 의하지 않고 다스리면 나라의 복이 된다(民之難治, 以其智多, 故以智治國, 國之賊, 不以智治國, 國之福)"고 하였다. 지혜란 경험한 사실에 기반을 둔 지식을 말한다. 다르게 말하면 지혜인 앎(智)은 실제 경험했거나 타인의 경험을 자신의 경험으로 내재하여 응용할 수 있게 한 실행 가능한 지식이다. 그러니 지혜인 앎이 있으면 문제해결에 상당한 도움이 된다. 반면에 일반적으로 보고 들어서 아는 지식은 머리에 기억된 정보에 불과하다. 노자가 말하는 앎(智)은 지혜와 지식 모두 포함하는 개념인데, 그는 이런 지혜나 지식을 부정적으로 말한다. 노자의 견해로는 앎(지혜나 지식)을 사용한다고 함은 욕망을 전제로 하여 일을 하게 되고, 욕망으로 일을 하니 주변 환경에 영향력을 행사하여 자신에게 유리하게 이용함으로써 해악을 미친다는 것이다. 그러니 앎으로 일을 하면 자연적이지 않고 작위적이고 자신에게는 이익이 되겠지만, 주변의 이해관계자나 환경은 부정적인 영향을 받게 된다. 즉, 도적이 물건을 훔치듯 주변의 자원을 이용한다는 것이다. 반면에 앎을 사용하지 않고 무위(無爲)로 백성을 다스리고 일을 한다는 것은 자신의 욕망을 버리고, 식물에 거름을 주면 식물이 스

2편 德經

스로 자라듯이 이해당사자들이 스스로 성취하게 도움을 주고, 그들이 즐길 수 있게 분위기를 조성하는 것을 말한다. 그러하니 나라에 복이 된다는 것이다.

"이 양자를 안다는 것은 역시 견주어 헤아리는 방식(稽式)이다. 항상 견주어 헤아리는 방식(稽式)을 안다는 것을 현덕(玄德)이라 부른다. 현덕은 깊고도 심오하다(遠). 사물(物)에게 되돌려주니, 그런 후 비로소 큰 순리에 이른다(知此兩者亦稽式, 常知稽式, 是謂玄德, 玄德深矣遠矣, 與物反矣, 然後乃至大順)"라고 하였다. 이 양자를 안다는 것은 앎으로 나라를 다스리는 것(以智治國)의 부정적 효과를 알고, 무위(無爲)로 행하는 다스림(不以智治國)의 긍정적 효과를 아는 것을 말한다. 이런 다스림의 방식(지혜로 다스림과 무위로 다스림)에 따른 영향을 평상시(常) 늘 알고 있고, 잘 헤아리는 것을 "稽式(견주어 헤아리는 방식)"이라고 하고, 이 "견주어 헤아리는 방식(稽式)"을 아는 것을 "현덕(玄德)"이라 하였다.

현덕(玄德)은 심원하니 "심원한 덕"이다. 덕(德)이 심원함은 덕이 깊게 존재함과 멀고 까마득히 나타남을 표현한 것이다. 깊고 까마득하니 덕의 작용 범위는 넓고 깊으며 멀다. 덕(德)은 도(道)가 분화되어 사물에 시현된 것이니 도의 속성인 사물의 존재이유와 행위의 근거를 설명할 수 있다. 그러니 덕(德)이 도(道)의 존재방식을 따름은 당연하다. 앞에서 도를 설명하면서 현(玄)하다 묘(妙)하다는 말을 사용하였다. 이 말은 도가 작용하는 이치나 방식이 헤아릴 수 없이 야릇하고 신비하여 설명하기 어렵다는 말이다. 그런데 구태여 설명을 하려하니 멀고 깊어서 보일 듯 말듯, 있는 듯 없는 듯 거무스름하니 그윽하다고 표현하였다. 덕도 도와 같이 그윽하게 시현되니, 덕 또한 그윽한 것이라 현득(玄德)이라고 한 것이다. 무위(無爲)의 다스림은 환경의 지향성을 조건으로 하여 스스로 그러하게 다스리는 것이니, 환경의 지향성이 작용함 또한 현(玄)하고 묘(妙)하다고 설명한 것이다.

"玄德(현덕)"의 사전적 의미는 "속 깊이 간직하여 드러내지 않는 덕, 천지(天地)의 깊고 묘한 도리(道理)"이다. "큰 덕, 현묘한 덕" 등으로 해석되기도 하지만, 여기서는 "깊고 그윽한 덕, 혹은 심원한 덕"이라 해석한다. 10장에서는 낳고 기르되 소유하지 않고, 이루되 자랑하지 않으며, 기르되 지배하지 않으면, 이를 그윽한 덕(玄德)이라 한다(生之畜之, 生而不有, 爲而不恃, 長而不宰, 是謂玄德)고 하였다. 대상을 독립된 개체로 인정하고 수용하며, 그 기능이 발달할 수 있게 도우니 이것이 공존과 상생의 지혜이고 어질고 포용적인 큰 덕이다. 아득히 잉태되어 자라나오는 현묘한 자연의 이치가 시현되도록 베푸는 것이니 현덕(玄德)이다.

與物反矣(여물반의)는 번역에 유의할 어휘에서 설명하였듯이 사물에게 되돌려준다는 것은 자신에게 내재된 도(道)를 사물에 베푼다는 말이다. 덕을 베푼다는 말은 대상이 모두 자신의 지향성에 따라 자신의 기능을 하게 돕는다는 말이다. 이를 64장에서 만물이 스스로 그러하게 돕는다(輔萬物之自然)이라 하였다.

덕을 베푼 연후에 비로소 큰 순리에 도달한다(然後乃至大順)는 것은 덕을 베풀면 도(道)에 이른다는 말과 같은 뜻이다. 즉, 대순(大順)은 도(道)라고 말할 수 있다. "順(순)"은 "순하다, (도리에)따르다, 잇다, 편안하다, 화하다, 순서, 도리" 등의 의미를 갖는데, 아마 "옳게 정해진 순서에 따르는 것"을 의미한다. 이 옳게 정해진 순서가 "이치 혹은 도리"인 바, 그냥 도(道)라고 해석해도 무방하다. 대순(大順)에 이른다고 함은 덕을 베푼다는 것이고 덕을 베푼다는 것은 도에 따른다는 것이니, 있어야 할 곳에 처하고, 해야 할 일을 무위로 행하며, 사물과 조화롭고 우호적으로 생활함을 말한다. 그렇다고 대순(大順)이 도(道)와 같은 것은 아니고, 도에 따르고 실천한다는 것이다.

이 장은 무위(無爲)로 백성을 다스려야 나라에 복이 된다고 하고, 다스리는 방식들을 견주어 헤아리는 것을 현덕(玄德)이라 하였다. 이 현덕은 내재된 도를 사물에게 되돌려 베푸는 것이니, 이를 실천함에 이르면 큰 순리를 얻게 된다고 하였다. 즉, 정치는 덕을 베푸는 행위임을 설명하고 있는 것이다.

66장
아래에 처하는 덕(德)

江海所以能爲百谷王者, 以其善下之. 故能爲百谷王, 是以欲上民, 必以
言下之. 欲先民, 必以身後之. 是以聖人處上而民不重, 處前而民不害,
是以天下樂推而不厭, 以其不爭. 故天下莫能與之爭.

　　강과 바다가 능히 백곡의 왕이 되는 바는 강과 바다가 모든(百) 골
짜기(谷)의 아래에 있기를 좋아하기 때문이다. 그러므로 능히 백곡의
왕이 되니, 이로써 백성의 위에 처하려 하면, 반드시 말은 백성보다
아래이게 하고, 백성보다 앞서고자 하면, 반드시 자신(身)은 백성보다
뒤지게 한다. 이로써 성인은 위에 처해도 백성이 무겁게 느끼지 않
고, 앞에 처해도 백성이 방해받지 않으니, 이로써 천하가 즐겨 받들
지만 싫어하지 않는다. 그것은 다투지 않기 때문이다. 그러므로 천
하는 그와 더불어 다투지 않는다.

🗨 번역에 유의할 어휘

必以言下之(필이언하지), 欲先民(욕선민), 必以身後之(필이신후지)에서
言(언)과 身(신)은 주어, 之(지)는 대명사로 백성(民)을 지칭하며, 以(이)
는 사역동사로 '~하게 하다'라고 번역한다. 그러면 "반드시 말은 백성
아래이게 하고, 백성보다 앞서고자 하면, 반드시 자신(身)은 백성에
뒤지게 한다."로 번역된다.

是以天下樂推而不厭(시이천하락추이불염), 以其不爭(이기불쟁), 故天下
莫能與之爭(고천하막능여지쟁)에서 推(추)는 "밀다, 천거하다, 추측하
다, 받들다, 꾸미지 아니하다" 등의 의미 중에서 "받들다"는 의미가
적당하고, 其(기)는 앞 문장 전체를 지칭하며, 之(지)는 대명사로 성인
을 지칭한다. 그러면 "이로써 천하가 즐겨 받들지만 싫어하지 않으니,
그것은 다투지 않기 때문이다. 그러므로 천하는 그와 더불어 다투
지 않는다."로 번역된다.

🗨 풀이

이 장은 큰 것이 작은 것을 포용하기 위해서는 작은 것의 아래에
처하여 겸손하여야 함을 설명하고 있다. 강과 바다가 모든 골짜기의
물을 받아들임은 아래에 있기 때문인데, 아래에 있음은 자신의 의지
와 관계없이 위에서 흘러 보내는 것이 좋은 것이든 싫은 것이든 모두
를 수용할 수밖에 없다. 좋은 것을 받음은 선물이 되겠지만, 싫은 것
을 받음은 덕(德)을 베푸는 것이다. 자신과 연결되어 관계를 갖고 있
는 사물이 자신이 처리하기 어려운 것을 도맡아서 받아주고 이를 처
리해 주는 것, 이것이 최상의 도움이고 베풂이니, 덕(德)이라 하였다.

덕을 행하려면 아래에 위치해야 가능하다. 높은 자리에 있는 자가 덕을 행하려면 아래에 처하여야 하는 이유는 수용이 가능하기 때문이다. 덕을 행함은 먼저 상대방의 입장을 이해하고 다름을 받아들여야 베풀 수 있다. 아래에 처하여 그들의 애로 사항을 공감하고 처리해 주는 것이 그들을 다스릴 수 있는 최상의 영향력이다. 아래에서 공감의 영향력을 행사하면 저절로 무위(無爲)로 행하는 것과 같이 된다. 위에서 자리의 힘으로 행하면 자리가 갖는 영향력(職能) 때문에 의도적이고 작위적인 행함이 될 수밖에 없으나, 아래에서 행하면 영향력을 행사하고 있는지 없는지를 느끼지 못하게 할 수 있다. 이런 행위라야 도움이고 베풂이 되는 것이다. 이는 지도자의 덕목이다.

공감의 영향력이 중요한 것은 백성의 어려움과 아픔을 직접 느낄 수 있고, 그들의 입장에서 이해하고, 아픔과 슬픔을 함께하여 같이 울고 같이 웃을 수 있기 때문이다. 감정을 공유할 수 있다는 것은 감정을 나눌 수 있음이니, 감정 공동체와 같은 응집력과 신뢰를 얻을 수 있어서, 집단 에너지를 극대화할 수 있게 된다. 이것이 지도자가 지도력을 발휘하여 얻는 집단의 힘이 다.

아래에 처한다는 것은 말은 쉽지만, 실행은 대단히 어렵다. 가족의 경우, 부모는 자녀의 뒤나 아래에 처할 수 있으나, 자녀는 부모의 뒤나 아래에 처하려 하시 않는 것이 일반적이고, 집단에서 상사는 직원들의 뒤나 아래에 처하려 하지 않으며, 국가에서 위정자들 또한 그렇다. 어쩌면 권력을 가진 자들은 아래에 처하려 하기 보다 군림하려 하고, 그들의 행위는 무위(無爲)로 행해지기보다 의도적인 작위로 행해지며, 그들의 성과 또한 과대 포장된 홍보의 대상에 불가하니, 그들에게서 덕(德)의 베풂을 기대한다는 것은 어려운 일이다.

인간관계에서 아래에 처하여 무위로 행하면 환경은 우호적으로 변하고 반드시 큰 행운이 함께할 것이다. 이것을 덕(德)이 복(福)을 짓는다고 한다.

67장
지속 가능한 도와 자애·검소·겸손의 덕

天下皆謂我道大 似不肖. 夫唯大, 故似不肖. 若肖久矣, 其細也夫. 我有
三寶, 持而保之, 一曰慈, 二曰儉, 三曰不敢爲天下先. 慈故能勇, 儉故
能廣, 不敢爲天下先, 故能成器長. 今舍慈且勇, 舍儉且廣, 舍後且先,
死矣. 夫慈以戰則勝, 以守則固, 天將救之, 以慈衛之.

천하가 모두 나에게 도(道)는 크니 쇠하지(肖) 않는 것 같다고 말한
다. 오직 클 뿐이니 쇠하지 않는 것 같다. 만약 오랫동안 쇠하여졌다
면, 그것(道) 또한 작아지지 않았겠는가? 나에게 (쇠하지 않는) 세 가지
보물이 있어 몸에 지녀 보존하는데, 하나는 자애로움이고, 둘은 검
소함이며, 셋은 감히 천하 앞에 나서지 않는 것이다. 자애롭기에 능
히 용감할 수 있고, 검소하기에 능히 넓힐 수 있으며, 감히 천하 앞
에 나서지 않기에 능히 존중하는(器) 어른(長)이 될 수 있다. 이제 자
애로움을 버리면서 용감하고자 하고, 검소함을 버리면서 넓히려 하
며, 뒤를 버리면서 앞서려 하면 죽을 것이다. 대저 자애는 싸우면 이
기게 할 것이고, (자애는) 지키게 되면 군건하여지니, 하늘은 자애로
운 사람을 구원하려 하고, (하늘은) 자애롭기 때문에 그를 지켜준다.

🐸 번역에 유의할 어휘

天下皆謂我道大(천하개위아도대) 似不肖(사불초)에서 肖(초, 소)는 "닮다, 본받다, 꺼지다(소), 쇠하다(소), 작다(소)" 등의 의미 중에서 "닮다, 쇠하다(소)"로 해석할 수 있는데, 여기서는 "쇠하다"라고 번역한다. 왜냐하면 뒤에 夫唯大(부유대), 故似不肖(고사불초)라고 하였는데, 이는 "대체로 클 뿐이니 닮지 않는다"보다 "대체로 클 뿐이니 쇠하지 않는다"고 해석함이 문맥에 어울리기 때문이다. 대부분의 해설서에서 "닮다"라고 번역하고 있는데 문맥에 어울리지 않는다. 그리고 혹자는 天下皆謂我道大(천하개위아도대)에서 我道를 "나의 도"라고 번역하는데, 노자는 근본적으로 소유하려 하지 않으니 자신의 도라고 말하지 않았을 것이고, 아도(我道)가 다음의 "쇠하지 않는 것 같다"의 주어로도 어울리지 않는다. 그러므로 謂我(위아)는 "나에게 말한다"라고 한다. 번역하면 "천하가 모두 나에게 도(道)는 크니 쇠하지 않은 것 같다고 말한다. 오직 클 뿐이니 쇠하지 않은 것 같다."이다.

若肖久矣(약초구의)에서 矣(의)는 단정을 표현하는 종미사로 "~이다, ~뿐이다, ~도다! ~느냐?" 등으로 번역될 수 있는데, 여기서는 가정법의 조건절 이므로 "만약 오랫동안 쇠하여졌다면"이라 번역한다. 其細也夫(기세야부)에서 也(야)는 단정이나 의문을 나타내는 종미사이지만, 여기서는 부사로 "또한, 역시"을 나타내며, 夫(부)는 의문과 반어 혹은 감탄을 표현하는 종미사인데, 여기서는 문맥상 반어적인 표현이다. 즉, "만약 도가 오랫동안 쇠하여졌다면, 작아져야 할 것인데 작지 않고 크다"고 말하고 있는 것이다. 그리하여 문장 전체는 "오직 클 뿐이니 쇠하지 않은 것 같다. 만약 오랫동안 쇠했다면, 그것(道) 또한 작아지지 않았겠는가?"로 번역된다.

이 장의 번역에서 가장 큰 어려움은 도는 크니 쇠하지 않는다고 하고, 자신은 세 가지 보배가 있다고 하며, 이는 자애, 검소, 천하를 먼저 다스리지 않는 것이라 하니, 앞과 뒤 문맥의 연결이 잘 되지 않는 점이다. 이 점은 다음 풀이에서 설명하도록 한다.

不敢爲天下先(불감위천하선)은 두 가지로 번역할 수 있는데, 첫째는 爲(위)는 동사로 "다스리다", 천하는 목적어, 先(선)은 부사로 해석하면, "감히 천하를 먼저 다스리지 않는다" 혹은 "감히 천하를 먼저 작위 하지 않는다"라고 번역한다. 두 번째는 爲(위)는 동사로 "있다", 天下先(천하선)은 부사구로 해석하여 "감히 천하 앞에 있지 않다"라고 번역할 수 있다. 여기서는 뒤에 "뒤를 버리고 앞서려 하면(舍後且先)"이라는 말로 연결되므로 두 번째 "감히 천하 앞에 있지 않다"라고 번역한다. 이를 의역하면 "감히 천하 앞에 나서지 않다"가 된다.

故能成器長(고능성기장)에서 器(기)는 "그릇, 접시, 도구, (생물체)기관, 쓰임(使用), 재능, 존중하다, 중히 여기다(重也)" 등의 의미 중에서 형용사로 보아 "존중하는"이라 번역한다. 長(장)은 "길다, 자라다, 어른, 길이, 우두머리" 등의 의미인데, 여기서는 "어른"이라 번역하고, 成(성)은 "어른이 되다, 이루다. 익다, 일어나다, 다스리다" 등의 의미 중에서 長(장)과 연결하여 "어른이 되다"라고 번역한다. 그러면 不敢爲天下先(불감위천하선), 故能成器長(고능성기장)은 "감히 천하 앞에 나서지 않기에 능히 존중받는 어른(수장)이 된다"라고 번역된다. 대부분의 해설서에서 器(기)를 그릇 혹은 천하라고 번역하고 있는데, 앞 구절의 천하에 앞서 있지 않는다는 의미와 연결이 되지 않는다. 즉 천하 앞에 나서지 않으니 겸손한 것이고, 겸손하니, 존중하는 어른이 된다는 것이다.

"今舍慈且勇(금사자차용), 舍儉且廣(사검차광), 舍後且先(사후차선)"에서 且(차)는 "장차 ~하려 하다, ~하고자 한다, ~하면서 ~하려 한다"라고 옮긴다. 그러면 "이제 자애로움을 버리면서 용감하고자 하고, 검소함을 버리면서 넓히려 하며, 뒤를 버리면서 앞서려 하면"이라 번역된다.

夫慈以戰則勝(부자이전즉승), (慈)以守則固(이수즉고)에서 以(이)는 사역을 표현하여 "대저 자애는 싸우게 되면 이기게 할 것이고, (자애는) 지키게 되면 굳건하여진다."로 번역한다. 天將救之(천장구지)에서 之(지)는 앞의 慈(자)를 지칭하는데 의역하면 "자애로운 사람"이고, 救(구)는 "구원하다, 돕다, 고치다, 막다, 도움, 구원"등의 의미 중에서 "구원하다", 以慈衛之(이자위지)에서 之(지)도 "자애로운 사람"을 지칭한다. 그러면 天將救之, (天將)以慈衛之는 "하늘은 자애로운 사람을 구원하려 하고, (하늘은) 자애롭기 때문에 그를 지켜주려 한다"라고 번역된다.

◀》 풀이

"천하가 모두 나에게 도(道)는 크니 쇠하지 않은 것 같다고 말한다. 오직 클 뿐이니, 쇠하지 않은 것 같다. 만약 오랫동안 쇠하여졌다면, 그것(道) 또한 작아지지 않았겠는가?"라고 하였다. 도는 천하 만물을 생겨나게 하고 존재케 하며, 본성에 따라 자신의 기능을 수행하게 하는 이치이니 크다고 할 수 있다. 천하 만물을 관장하는 것보다 더 큰 것이 있을 수 없으니 당연한 것이다. 그런데 사물은 컸다가는 사그라지고 다시 자라나기를 반복하는데 반해, 도(道)는 사그라지거나 쇠하지 않는 것 같다고 하였다. 만약 도가 사그라지고 쇠하여진다면, 천지창조 후 그 오랜 기간 동안 얼마나 작아졌겠는가? 사그라진다면 아마 아주 미미한 존재가 되었을 텐데, 그렇지 않고 지금도 그대로 크게 존재한다. 그래서 오직 클 뿐이라고 말하고, 쇠하지 않는 것 같다고 한 것이다.

"나에게 (쇠하지 않는) 세 가지 보물이 있어 몸에 지녀 보존하는데, 하나는 자애로움이고, 둘은 검소함이며, 셋은 감히 천하 앞에 나서지 않는 것이다. 자애롭기에 능히 용감할 수 있고, 검소하기에 능히 넓힐 수 있으며, 감히 천하 앞에 나서지 않기에 능히 존중하는(器) 어른(長)이 될 수 있다"고 하였다. 이 문단은 위 문단과 문맥으로 연결고리가 필요한데 찾기가 어렵다. 노자는 분명히 그 고리를 세 가지 보물로 말하고 있는 것 같다. 자애, 검소, 천하 앞에 나서지 않는 겸손 등의 공통점은 무엇일까? 덕(德)이다. 덕(德)은 자애롭고, 검소하며 겸손한 특성을 지닌다. 덕은 도를 시현하니 크다. 그리고 도가 존재하는 한 쇠하지 않는다. 그러니 위 문장과 연결은 "나에게는 (쇠하지 않는) 세 가지 보물이 있다"라고 해석하는 것이 바람직하다.

자애롭기에 능히 용감하다고 하였다. 용감하다는 말은 겁내지 않고 굽히지 않는 기세를 의미한다. 겁내지 않음은 자신을 돌보지 않는 것을 전제로 하니 자신을 버리고 대상의 마음을 갖는다는 의미이다. 이는 만물을 마음에 품는 것이니 얼마나 큰가? 그러니 도를 시현하고 베푸는 덕(德)이 되는 것이다. 자애로움의 표본이 모성(母性)이고 어머니이다. 모성은 자신을 비운 자리에 자식에 대한 사랑을 채운 어머니의 마음이다. 어머니가 자식을 위함에는 두려움이 없고 용감하다. 사람뿐만 아니라 짐승들의 모성도 마찬가지다. 병아리를 기르는 암탉의 무모함은 용감의 극치이다.

그리고 검소하기에 넓다고 하였다. 검소하다는 말은 꾸밈이 없고 순수하며 낭비하지 않는다는 뜻이다. 낭비하지 않으니 아낀다는 것이고, 순수하니 사물의 본성에 성실하다는 것이다. 59장에서 사람을 다스리고 하늘을 섬기는 것은 아낌만 같은 것이 없다(治人事天莫若嗇)고 하고, 만물을 아낌은 덕을 겹겹이 쌓는 것이니 극복하지 못함이 없고, 그 끝을 알 수 없어 나라를 얻을 수 있다고 하였었다. 검소하여 아끼는 것은 대상의 마음으로 대상의 지향성을 수용하고 공감한다는 것이며, 대상에 공감한다고 함은 세상과 함께한다는 것이니 이 얼마나 넓은가? 공감의 대상은 천하이고 만물이니, 그 대상이 얼마나 넓은가? 요약하면 검소함은 아낌이요, 아낌은 대상의 마음으로 대상을 수용하고 공감하는 것이며, 공감하니 세상과 함께하는 것이니, 넓고도 넓은 것이다.

감히 천하 앞에 나서지 않기에 능히 존중하는(器) 어른이 된다(不敢爲天下先, 故能成器長)고 하였다. 이 부분은 앞의 어휘 설명에서 말한 바와 같이 器(기)를 여러 가지 의미 중에서 "존중하다"라고 해석하는 것이 중요하다. 그리고 천하 앞에 나서지 않고 뒤에 자리하면 어른이 된다고 함은 66장에서 백성보다 앞서고자 하면, 반드시 자신은 백성보다 뒤지게 한다(欲先民, 必以身後之)고 함에서 이미 설명된 내용이다. 또 61장에서 큰 나라가 작은 나라의 아래가 되게 하면 작은 나라를 받아들이게 되고, 작은 나라는 큰 나라의 아래인 까닭에 큰 나라를 받아들이게 된다(故大國以下小國, 則取小國, 小國以下大國, 則取大國)고 함도 같은 맥락으로 이해할 수 있다. 자기를 낮추거나 뒤에 자리하게 한다는 것은 상대방에 대한 배려이고, 겸허한 태도이다. 이런 배려와 겸허함은 의도적으로 자신의 뜻을 이루려고 대상을 다스리지 않는 무위(無爲)의 행함이다.

이제 자애로움을 버리면서 용감하고자 하고, 검소함을 버리면서 넓히려 하며, 뒤를 버리면서 앞서려 하면 죽을 것이다(今舍慈且勇, 舍儉 且廣, 舍後且先, 死矣)라고 하였다. 이 말은 자신을 낮추어 정을 베풀고 주변 사람들을 사랑하는 마음인 자애로움이 없으면 불의나 불공정에 용감할 수 없고, 대상을 아끼지 않고는 천하와 만물과 공감하지 못하니 넓다고 할 수 없으며, 뒤를 버리고 앞만 다스리면 따르는 자가 없어 퇴로가 없어진다. 그리하여 자애롭게 베풀지 않아 환경이 비우호적인데도 용감하면 환경의 저항을 받는다. 검소하지 않고 주변 사물을 아끼지 않으면 함께 공감해 줄 대상도 없고 영향력도 없어 도움을 구할 수 없다. 그리고 퇴로가 막히면 물러설 수 없으니 죽게 되는 것이다. 且(차)는 將(장), 欲(욕)과 같이 "~하면서 장차 ~하려 하다"는 미래를 표현하는 조동사이다.

대저 자애는 싸우면 이기게 할 것이고, (자애는) 지키게 되면 굳건하여지니, 하늘은 자애로운 사람을 구원하려 하고, (하늘은) 자애롭기 때문에 그를 지켜준다(夫慈以戰則勝, 以守則固, 天將救之, 以慈衛之)고 하였다. 자애로움은 도타운 정을 베푸는 것이니 친구나 동료, 우군이 많아지고, 자신을 비움으로써 겁 없이 나아갈 수 있게 하는 것이니, 전쟁에서 이기게 되는 것이다. 그리고 자애로움을 지키면 주변의 지지와 지원이 많아지니 심지(心志)는 더욱 굳건하여진다.

하늘이 자애로운 사람(之)을 구원하려 한다는 것은 작위적이 않고 대상을 배려하며 정을 베푸는 사람을 돕는다는 의미이다. 쉽게 말하면 하늘은 스스로 돕는 자를 돕는다는 말이다. 왜 하늘은 자애로운 사람을 도울까? 자애로움은 대상들의 차이를 인정하고 이해하며 공감하여 그들과 공존할 수 있게 혜택을 베푸는 것이니, 이는 만물이 각자 자신의 본성에 따라 존재하게 한다. 만물이 본성에 따라 기능하니 이들의 상호작용으로 형성되는 조건은 서로가 서로를 도울 수밖에 없다. 그리고 하늘은 자애롭기 때문에 그를 지켜준다고 한 것은 덕을 행하는 하늘은 당연히 자애로우니 자애로운 사람을 지켜주는 것이다.

68장
다투지 않는 덕(不爭之德)

善爲士者不武, 善戰者不怒, 善勝敵者不與, 善用人者爲之下, 是謂不爭
之德, 是謂用人之力, 是謂配天古之極.

　훌륭한 장수(士)는 굳세지 않다. 싸움을 잘하는 사람은 성내지 않
는다. 적에 잘 이기는 사람은 맞서지 않으며, 사람을 잘 쓰는 사람은
자신을 낮춘다. 이것을 다투지 않는 덕(德)이라 하고, 이를 사람을 쓰
는 능력이라 하며, 이(다투지 않는 덕)를 하늘의 오랜 지극함과 짝이
된다고 말한다.

🐾 번역에 유의할 어휘

善爲士者不武(선위사자불무)에서 士(사)는 "선비, 관리, 병사, 벼슬하다, 종사하다" 등의 다양한 의미를 갖는데, 서주시대(BC11~BC8)의 금문에는 휴대가 간편한 큰 도끼를 그린 것이라 한다. 지금은 학문을 닦는 사람을 "선비"라고 하지만 고대에는 무관(武官)을 뜻했다고 한다. 그래서인지 왕필의 주석에는 士(사)를 병졸의 스승(士, 卒之師也)이라고 하였다. 爲(위)는 "다스리다"라는 의미이니 善爲士者(선위사자)는 "병사를 잘 다스리는 사람" 즉, "훌륭한 장수"라고 번역한다. 武(무)는 "무인, 병사, 무예, 병장기, 굳세다, 용맹스럽다" 중에서 "굳세다"라고 해석하여, "훌륭한 장수는 굳세지 않다."로 번역한다.

善勝敵者不與(선승적자불여)에서 與(여)는 "더불다, 같이하다, 같다(如), 화하다(和), 참여하다, 주다, 허락하다, 돕다" 등의 뜻을 갖는데, 자원(字源)은 코끼리 상아를 서로 붙잡고 건너주는 모습을 본떴다고 하니 "맞서다"라고 해석하여, "적에 잘 이기는 사람은 맞서지 않는다."로 번역한다. 왕필의 주석에는 與(여)를 싸우는 것(與, 爭也)이라고 하였다.

善用人者爲之下(선용인자위지하)에서 爲(위)는 "되다, 삼다", 之(지)는 善用人者 자신을 지칭하는 것으로 해석하여, "사람을 잘 쓰는 사람은 자신을 아래가 되게 한다. 즉 자신을 낮춘다"라고 번역한다.

是謂配天古之極(시위배천고지극)에서 配(배)는 "짝짓다, 걸맞다, 견주다, 보충하다" 등으로 해석할 수 있는데, 문맥으로 보면 다투지 않는 덕과 하늘의 오랜 지극함의 관계는 대등하고 견줄 만하다는 것을 설명하고 있음으로 "짝이 된다"라고 옮긴다. 그러면 이 문장은 "이(다투지 않는 덕)는 하늘의 오랜 지극함과 짝이 된다고 말한다."로 번역된다. 번역자에 따라 是謂配天(시위배천)과 古之極(고지극)을 띄어서 풀이한 책도 있다. 이러면 不爭之德(부쟁지덕)의 짝은 天(천)이 되는데, 덕을 하늘과 짝짓는 것은 좀 어색하다. 그러니 不爭之德(부쟁지덕)의 짝은 天(천)이라기보다는 天古之極(천고지극)이라 해석하는 것이 바람직한 것 같다. 極(극)은 "하늘에 다다라 있다"는 의미로 지극함을 나타내는 것이니, 다투지 않는 덕 또한 이런 지극함에 견준 것이다.

◀》 풀이

이 장은 다툼에 잘 대응하는 방법을 설명하고 있다. 삶은 생존에서 시작되니 외부의 대상들과 다툼이 있을 수밖에 없다. 이 다툼은 같은 부류의 종에서도 일어나고 다른 종과의 관계에서도 일어난다. 생태계에서 다툼은 생존경쟁인데, 이 중에서 다른 종과의 다툼을 먹이 사슬이라고 한다. 생존경쟁은 경쟁이기도 하지만, 위험한 환경에 대응한다는 면에서는 협력해야만 종을 유지할 수 있다. 즉, 경쟁과 협력관계라는 말이다. 자연상태에서의 삶은 경쟁보다는 협력이 중요한 생존 방법이었지만, 지능과 도구의 발달로 시작된 사회생활에서는 협력보다는 경쟁에서 자아를 실현하는 것이 더욱 중요해졌다. 자연생활에서는 공동체 의식이 중요했다면 사회생활에서 "나(我)"가 더 중요해졌다는 말이다. 자원(字源)에 보면 我(아)자는 서유기(西遊記)에서 저팔계가 가지고 다니던 삼지창과도 같은 모양의 톱니가 달린 창을 그린 것이라 한다. 그래서인지 我(아)자는 창과(戈)변의 글자이고, 인간의 역사는 창을 들고 싸우는 경쟁과 다툼의 역사라 할 수 있다.

이렇게 다툼이 삶의 수단이 되었으니, 잘 싸우는 방법도 중요하게 된 것이다.

다툼은 혼자서 하는 것이 아니고 상대가 필요하다. 상대를 이긴다는 것은 일반적으로 힘의 우위를 차지하는 것을 말한다. 그렇게 이기려면 남보다 힘이 세고 범접할 수 없는 기개를 가져야 한다. 그런데 노자는 그렇게 생각하지 않는다. 노자가 말하는 잘 싸우는 사람은 어떤 사람일까?

노자는 "훌륭한 장수는 굳세지 않고, 싸움을 잘하는 사람은 성내지 않는다. 적에 잘 이기는 사람은 맞서지 않고, 사람을 잘 쓰는 사람은 자신을 낮춘다(善爲士者不武, 善戰者不怒, 善勝敵者不與, 善用人者爲之下)"라고 하였다. 그리고 이를 다투지 않는 덕(德)이라 하고, 이를 사람을 쓰는 능력이라 하였다(是謂不爭之德, 是謂用人之力). 힘이 세지 않아 부드럽고, 기개도 약하며, 서로 맞서지 않는 사람을 훌륭하고 잘 싸워 이기는 사람이라 하였다. 이런 싸움도 싸움인가? 싸움은 서로 이기려고 다투는 것이고 그 수단은 완력과 말, 무기이며 반드시 서로 얻고자 하는 목적물이 있다. 얻고자 하는 목적물은 이해가 대립되는 것으로 그 대상이 서로 같을 수도 있고 다를 수도 있다. 노자가 해법으로 제시하는 것은 이 대립되는 이해를 공존하는 덕(德)으로 해결하자는 것이다. 누구나 싸움은 싫어한다. 그러면서도 이익은 챙기고 싶어한다. 그런데 서로가 탐내는 목적물은 다를 수 있다. 서로 목적물이 같으면 어느 한쪽이 목적물을 바꾸면 된다. 이는 서로가 서로의 쓸모가 되어야 한다는 말이다. 서로 원-원(Win-Win)할 수 있는 돌파구를 찾을 수 있다는 것이다. 그 방법은 비폭력주의가 되든 무저항주의가 되든 관계없다. 서로 반드시 공존을 바라고 있음은 틀림이 없다. 단지 불신과 돌파구를 찾지 못할 따름이다. 이런 점에서 노자는 싸우지 않고 이기는 것이 최선의 방법이라 하고, 이를 위해 본성의 회복을 강조하고 있다. 이 본성에 따르는 방법이 고요함에 머무르고, 부드러움을 지키며(52장 守柔曰强), 낮거나 뒤에 처할 것을 강조한다. 그리하여 맞붙지 않고 뒤로 물러나며 자신을 낮추어서 받아들이라고 한다.

자신을 낮추어 사람을 쓰는 것을 다투지 않는 덕(德)이라 하고, 이를 사람을 쓰는 능력이라 한다(是謂不爭之德, 是謂用人之力)고 하였다. 맞서지 않고 자신을 낮추고 물러나면 싸울 일이 없다. 그러니 이를 다투지 않는 덕이라 하였다. 윗사람이 자신을 낮추면 아랫사람은 짐으로 느끼지 않고 부담스럽게 생각하지 않는다. 부담스럽지 않으니 소통하기 쉬워지고, 소통할 수 있으니 서로 도울 수 있다. 그리고 자신을 낮추면 상대방의 쓸모가 될 수 있고, 상대방의 쓸모가 되었다는 것은 반대로 상대방을 다룰 수 있게 되었다는 것이다. 위에서 군림하면 상대방은 통제를 받는다고 생각하나, 아래에 처하면 상대방이 스스로 알아서 하게 할 수 있다. 이를 사람을 쓰는 능력이라 하였다.

이 다투지 않는 덕, 즉 사람을 쓰는 능력은 하늘의 오랜 지극함에 짝이다(是謂配天古之極)고 하였다. 여기서 지극(至極)함이란 극에 이른다는 의미이니, 이는 정성을 다함이다. 정성을 다함은 대상과 같은 마음이 되는 것이니, 서로가 본성으로 조화함을 말한다. 그러니 지극함에 짝한다는 것은 서로 본성을 껴안는다는 뜻이고, 다투지 않는 덕은 당사자가 서로 본성에 따라 상호작용한다는 것이다. 67장에서 만물이 본성에 따라 기능하면, 하늘도 자기 직분인 본성에 충실할 수 있어서 자애로움으로 자애로운 사람을 돕는다고 하였었다. 이와 같이 다투지 않는 덕은 만물을 자애롭게 할 뿐만 아니라 하늘도 자애롭게 하니 서로 짝이 되는 것이다. 서로 의존적인 관계가 갖는 시너지 효과이다.

69장
무위(無爲)의 전법(戰法)

用兵有言, 吾不敢爲主而爲客, 不敢進寸而退尺. 是謂行無行, 攘無臂, 仍無敵, 執無兵. 禍莫大於輕敵, 輕敵幾喪吾寶. 故抗兵相加, 哀者勝矣.

　용병(用兵)에 "나는 감히 주인이 되려 하지 말고 손님이 되며, 감히 한 치를 나아가려 하지 말고 한 자를 물러나라"는 말이 있다. 이 말은 나아감이 없는 나아감이고, 손잡이 없는 쇠뇌로 물리치며, 없는 적을 쫓고, 없는 병기를 잡는다는 것이라 한다. 재앙은 적을 가볍게 여기는 것보다 큰 것이 없으니, 적을 가볍게 여김은 나의 보물을 거의 잃게 된다. 그러므로 서로 병기를 겨루는(抗) 것이 더해지면(격렬해지면), 슬퍼하는 자가 이긴다.

攘無臂(양무비)에서 臂(비)는 "팔, 팔뚝, 쇠뇌(여러 개의 화살이나 돌을 잇따라 쏘는 큰 활) 자루(끝에 달린 손잡이)" 의미인데, 용병에 대한 내용이므로 "쇠뇌 손잡이", 攘(양)은 "물리치다, 없애다, 빼앗다, 겸손하다, 사양하다, 걷다, 걷어 올리다"등의 의미 중에서 앞의 "無臂(쇠뇌 손잡이가 없다)"와 연결되는 의미인 "물리치다"라고 옮긴다. 그러면 "쇠뇌 손잡이가 없이 물리친다. 혹은 손잡이 없는 쇠뇌로 물리친다"라고 번역된다.

용병(用兵)에 "나는 감히 주인이 되려 하지 말고 손님이 되며, 감히 한 치를 나아가려 하지 말고 한 자를 물러나라"는 말이 있다고 하였다. 용병은 전쟁에서 군사를 지휘하여 부리는 것을 말한다. 그런데 전장에서 지휘자가 주인이 되지 말고 손님이 되라고 하니 무슨 말인가? 이 말은 두 가지로 해석할 수 있다. 첫째는 전쟁을 주도적으로 일으키거나 유발하는 사람은 되지 말고, 부득이 하여 전쟁에 임하게 되면, 주인에 의존하는 손님처럼 의존적으로 참여하라는 말이다. 두 번째는 전쟁에서 지휘자는 주인처럼 적을 영접하지 말아야 하고, 지휘하는 아군을 주인을 대하듯 하라는 말이다. 주인은 손님을 맞아 대접하고, 손님은 방문하여 대접받는 사람이다. 주인의 예(禮)는 반갑고 정성스러운 맞음이고, 손님의 예는 겸손하고 조심스러움이다. 노자는 휘하 장병을 주인 대하듯이 하라 한다. 아군을 통솔함에 있어서는 자신은 손님이 되어 휘하의 장병을 주인 대하듯 하라는 말이다. 전장은 사람의 생명이 걸린 싸움이다. 휘하의 장병을 지휘함에 있어서는 손님이 주인을 대하듯 자신을 낮추어 겸손하고, 손님이 익숙하지 않는 곳에 조심하듯이 전장의 환경을 조심스럽고 신중하게 대해야 한다는 말이다. 대상의 지향성을 존중하고 대상의 마음으로 대하라는 뜻이다.

한 치를 나가지 말고 한 자를 물러나라고 하였다. 앞 장(章)의 다투지 않는 덕(不爭之德)에서 설명한 바와 같이 싸우지 않고 이기는 것이 최선이니, 전쟁을 유발하는 것은 좋은 방책이 아니다. 그러나 전쟁에 참여할 수밖에 없는 상황이 되면 부드럽고 유연하며 무위(無爲)로 임하라는 것이다. 무위(無爲), 무사(無事)로 임한다는 것은 전쟁을 전쟁같지 않게 대처하라는 말이다. 전쟁을 싸움으로 대처하면 맞붙어서 힘으로 상대를 쓰러뜨리고 쳐부수며, 무찔러야 하니 살생을 하는 것이다. 이런 싸움의 결과는 승자나 패자 모두에게 엄청난 상처만 남긴다. 이번은 이기더라도 다음에 질 수도 있고, 제3국과 전쟁도 준비해야 하니 결국에는 승자도 패자가 될 수 있다. 그렇지만 싸움을 살생하여 이기려 하지 않고 살기 위해서 하면 방어를 위주로 하게 된다. 공격은 먼저 움직여야 하니 조짐을 보여야 하고, 조짐을 보임은 약점이 되어 한 수를 빼앗기게 된다. 더욱 중요한 점은 적지에서의 가용자원은 대부분 상대방의 소유이기에 가용 효율이 떨어진다는 점이다. 하지만 방어를 전략으로 쓰면 상대방의 움직임에 대한 약점을 이용할 수 있고, 지형이나 시기 등에서 동원할 수 있는 자원도 훨씬 많을 뿐만 아니라, 주로 자기 소유의 자원을 이용하므로 자원의 가용성이 높다. 방어 전략이 더욱 효과적임은 병사들의 심적 안정성이 공격자보다 높다는 것이다. 살생은 인간의 본성이 아니니 어느 누구도 살생을 달가워하지 않는다. 공격하는 병사는 하기 싫은 일을 하려 하니 부담스러울 수밖에 없다. 어쨌든 방어전략이 공격전략보다는 인간적이다. 그러니 노자는 나아가기보다 물러서기를 권유한 것 같다. 물러섰다고 지는 것이 아니고, 잠시 물러섰다가 나아가면 훨씬 효과적일 수 있음이다.

이것은 나아감이 없는 나아감이고, 손잡이 없는 쇠뇌로 물리치며, 없는 적을 쫓는 것이고, 없는 병기를 잡는 것이라 한다(是謂行無行, 攘無臂, 仍無敵, 執無兵)고 하였다. 여기서 이것은 앞 문장의 주인이 되기보다 손님이 되고, 나아감보다는 물러남을 지칭한다. 그런데 어떻게 전장에서 손님이 되고 물러나는 것이 나아감이 없는 나아감이고, 손잡이가 없어 사용하지 못하는 쇠뇌(여러 개의 화살이나 돌을 잇따라 쏘는 큰 활)로 적을 물리칠 수 있겠는가? 위 문단에서 언급한 바와 같이 전쟁을 이기기 위한 싸움으로 대처하지 말고, 변화에 적응하는 행위로 대처하라는 것이다. 적응행위는 작위적이 않고 주어진 조건에 대응하는 행위이다. 그러니 적을 공격하기 위해 나아감이 아니라 적이 후퇴하니 나아가는 것이고(行無行), 쇠뇌와 같은 무기나 힘으로 적을 물리치는 것이 아니며(攘無臂), 적을 적으로 쫓는 것이 아니라 적이 달아나니 따라가라(仍無敵)고 한 것이다. 그리고 살생을 위해 병기를 잡는 것이 아니라 다치지 않으려 병기를 잡는다(執無兵)는 것이다. 이는 적이 스스로 물러나게 하고 다치지 않도록 조건을 형성하라는 것이다. 전쟁의 원인이 된 조건을 제거하거나 협상으로 서로 이길 수 있는 방안을 모색하는 것 등이 여기에 해당된다.

재앙(禍)은 적을 가볍게 여기는 것보다 큰 것이 없으니, 적을 가볍게 여김은 나의 보물을 거의 잃게 된다(禍莫大於輕敵, 輕敵幾喪吾寶)고 하였다. 적을 가볍게 여긴다는 것은 두 가지 의미를 갖는다. 첫 번째는 적의 전력을 가볍게 여긴다는 것이고, 두 번째는 적의 인명을 가볍게 여긴다는 것이다. 전자는 자신의 실력이 막강하여 상대를 얕보는 경우이거나, 상대방에 대한 잘못된 정보를 가지고 오판을 하는 경우이다. 전쟁에서는 무력도 중요하지만 병사들의 사기도 중요하다. 병사들의 정신 무장이 해이해지거나 지휘체계가 흐트러지면 오합지졸에 불과하니 병사들의 수적 우세는 의미가 없다. 적을 가볍게 여김은 적을 잘 모른다는 의미이다. 궁지에 빠진 쥐가 고양이를 문다는 말이 있듯이 최악의 상황에 몰리면 죽을 힘을 다한다. 죽을 힘을 다하여 대항하면 어떤 강자도 당할 수 없다. 하물며 적을 가볍게 여긴다면 이미 전투에 임하는 마음가짐이 느슨하다는 것이니 죽을 힘을 다하는 자를 어찌 이길 수 있겠는가? 이기지 못한다.

　두 번째 적의 인명을 가볍게 여긴다는 것은 적을 무자비하게 살상하거나 주둔지의 지역민을 학살, 폭행하는 등의 행위를 말한다. 무자비함은 무자비함을 낳는다. 무자비한 마음은 온전한 마음이 아니니 온전한 생각을 할 수 없다. 전쟁에서 합리적이고 온전한 생각을 할 수 없으면 주변 환경을 고려하는 전략을 구사할 수 없기에 반드시 패한다. 그러니 자신의 보물을 잃게 된다고 한 것이다. 여기서 보물이란 승리의 원동력, 자신과 자신이 소중히 여기는 가족 등을 은연중에 지칭하고 있다. 그리고 다음에 슬퍼하는 자가 이긴다(哀者勝矣)로 연결되므로 보물은 슬퍼하는 마음과 관계가 있는 것임은 쉽게 짐작할 수 있다. 그러니 인명을 소중히 여기는 마음을 가지는 것, 즉 살생에 대해 슬퍼하는 마음을 가지는 것이 전쟁을 승리로 이끌 수 있는 원동력이 된다. 이는 이미 앞 장에서 자애로움이 보물이라고 언급하였으니 당연한 것이기도 하다. 대상을 대상의 마음으로 이해하고 정을 베풀며 서로의 본성으로 대하는 마음인 자애로움이 그 보물인 것이다.

그러므로 서로 병기의 겨룸이(抗) 더해지면, 슬퍼하는 자가 이긴다(故抗兵相加, 哀者勝矣)고 하였다. 병기의 겨룸이 더해진다는 것은 싸움이 치열해짐을 말한다. 전장에서 치열한 싸움은 살생이 어지럽게 행해진다는 것이니, 자애로움은 물거품처럼 사라지기 마련이다. 전쟁에서 이긴다는 것은 땅을 많이 차지하거나, 생존자가 많은 경우이다. 설사 땅을 작게 차지하였더라도 생존자가 많으면 다시 땅을 찾을 수 있다. 그러니 운용할 수 있는 병력이 승자의 조건이 될 것이다. 어떻게 싸워야 많은 생존자를 유지할 수 있을까? 생명을 존중하는 것이 답이다. 생명의 존중은 자애로움 마음에서 출발하고, 전장에서의 자애로움은 같이 슬퍼하는 마음에서 시작한다. 그러니 자애로움으로 병사의 안전을 다스리는 것이 전쟁에서 승리의 길이 되는 것이다.

이 장을 전략가의 입장에서 해석하면 다른 해석을 할 수 있다. 전쟁의 주인이 되지 말고 손님이 되라고 한 부분과 나아감이 없는 나아감, 손잡이 없는 쇠뇌로 물리침, 없는 적을 쫓는 것, 없는 병기를 잡는 것(是謂行無行, 攘無臂, 仍無敵, 執無兵)의 부분이다. 다른 말로 하면 주인인 척하고, 방어를 하면서 공격하는 척하며, 병기를 숨기고 없는 척하며, 적을 쫓는 척하면서 진을 치는 것 등 위장술을 쓰는 것을 말한다. 이 위장술은 지형 지물과 기상조건, 시기, 상대 전력자원의 조건 등과 조합하면 다양한 방안을 수립할 수 있고, 가능성과 효과를 분석할 수도 있을 것이다.

70장
쉽고도 어려운 본성회복

吾言甚易知, 甚易行, 天下莫能知, 莫能行. 言有宗, 事有君, 夫唯無知,
是以不我知. 知我者希, 則我者貴. 是以聖人被褐懷玉

　　내 말은 매우 알기 쉽고, 행하기도 매우 쉬운데, 천하는(사람들은)
능히 알지 못하고 능히 행하지도 못한다. 말은 주제(宗)가 있고 일(事)
에는 머리(君)가 있다. 대저 오직 알지 못한다. 이것은 나[道]를 모르
기 때문이다. 나[道]를 아는 자가 드물면, 나[道]는 귀한 존재이다. 이
러하니(是以) 성인은 베옷을 입고도 옥을 품는다.

被褐懷玉(피갈회옥)은 겉에는 거친 옷을 입고 있으나, 속에는 옥을 지녔다는 뜻으로, 어질고 덕 있는 사람이 세상에 알려지지 않으려 함을 이르는 말이다.

🔊 풀이

이 장(章)은 쉬운 듯한데 막상 설명을 하려면 어렵다. 그래서 그런 지 노자도 자기가 한 말은 이해하기도 쉽고 행하기도 쉬운데, 세상 사람들은 잘 모르고 잘 행하지도 않는다고 하였다. 그 이유로 말에 는 주제가 있고(言有宗), 개인 가정사나 나라의 다스림 등 모든 일에 는 그 일의 주재자가 있으며(事有君), 주재자의 의도가 반드시 있다고 한다. 그러니 말을 안다는 것은 그 말의 주제를 안다는 것이고, 일을 안다는 것은 주재자의 의도인 목적을 안다는 것이다. 말의 취지인 뜻과 주재자의 의도를 알고도 행하지 못함은 능력이 부족하기 때문 이다. 노자는 세상 사람들이 자신이 주장하는 도와 덕을 알지도 못 하고, 만물이 의존관계에서 형성되는 조건에 따라 스스로 그러하게 생겨나고 사그라지는 이치를 따르지 않는다고 말한다. 즉, 세상사에 무위 무사 무욕으로 임하면 되는데 그러하지 못하다는 것이다.

이 장의 풀이에서 가장 중요한 어휘는 我(아)이다. 노자가 아래위 문장에서 "나"를 의미하는 吾(오)와 我(아)를 구별하여 사용한 것은 이유가 있을 것이다. 옥편에서 我(아)는 "나(自謂己身), 이(此也), 이쪽(此 側), 고집(執也)"라고 한다. 我(아)를 위 문장의 吾(오)와 구별하여 해석 하려면 여기서는 "이것(此)"이라 해석하는 것이 바람직하고, 이것이 의미하는 것은 도(道)이다. 我(아) = 이것(此) = 도(道)라고 해석하면 이해하기 편할 것이다.

세인이 자연의 이치를 알지 못하니, 노자는 "오직 알 지 못하는 것, 이것은 나[道]를 알지 못하기 때문이다(夫唯無知, 是以不我知)"고 하였다. 도(道)를 알지 못하거나 아는 자가 별로 없다는 것은 도의 존재를 귀하게 한다고 하였다(知我者希, 則我者貴). 이를 성인이 누더기를 입고도 품속에 옥을 간직하고 있음과 같다고 한 것이다. 품속에 옥을 간직하고 있다고 함은 본성인 덕을 보물처럼 품고 있다는 것이다. 본성을 보물에 견준 것은 본성을 깨달음은 자신의 존재이유와 존재의 가치를 알고 실천할 뿐만 아니라 대상의 본성도 같이 깨닫게 됨을 말하는 것이니 어찌 보물을 껴안은 것이 아니겠는가? 좋고 나쁜 가치를 초월한 성인이 베옷을 입고도 도와 덕을 옥처럼 귀하게 품고 있으니, 노자가 주장하는 도와 덕은 귀한 것이라 할 수 있다.

이 장에서는 천지 만물이 도(道)에 따라 생겨나고 도에 따라 기능하고 있음에도 도를 잘 모르고 잘 행하지 못한다고 하였다. 이는 도가 행해져 세상 만물이 제자리에서 질서를 갖고 작동하고 있음에도 이를 인지하지 못한다는 의미이다. 인지하지 못할 뿐이니 알기 쉽다고 한 것이다. 그리고 이루고자 하는 욕심만 없으면 행할 수 있는 쉬운 것임에도 행하지 않는 것도 그 밑동인 주제를 파악하지 못했기 때문이라고 하였다. 그 밑동이고 주제는 무위자연(無爲自然)인데, 이를 모르고 조급함에 쫓겨 중요한 것을 놓치고 있음을 노자는 안타까워한다.

세상이 현 질서를 유지하고 있음은 도가 행해지고 있지만, 일어나서는 안 될 재앙들이 여기 저기에서 일어나고 있음은 도가 잘 행해지지 않기 때문이다. 일머리를 잘 알아야 일을 잘할 수 있듯이 도의 종지(宗旨)를 잘 알아야 도를 잘 행할 수 있는데, 이를 잘 모른다고 노자는 말한다. 노자가 말하는 도(道)의 종지(宗旨)는 무위자연(無爲而自然)이니 본성을 회복하면 저절로 알게 되고 행하게 된다고 한다. 본성의 회복은 만물의 본성을 품고 그윽하게 동화하는 현동(玄同)함을 말한다. 49장에서 성인은 고정된 마음이 없으니, 백성의 마음으로 마음을 다스린다(聖人無常心, 以百姓心爲心)고 하였다. 그리고 성인은 천하를 함께 호흡하게 살피고, 천하를 그 마음속에 섞게 한다(聖人在天下歙歙 爲天下渾其心)고 하였다. 이런 말에서 노자는 천하를 짜임새나 구조인 얼개로 보았고, 이 얼개들이 톱니바퀴와 같이 서로 맞물려서 작동한다는 점을 통찰하였다는 점을 알 수 있다. 얼개에서는 어느 부분품 하나가 빠지면 전체가 제대로 작동하지 못한다. 그러니 모든 부분품들은 자신이 아닌 다른 부분품들의 상태를 잘 알아야 하고, 그들이 잘 작동하게 도와주어야 전체가 잘 작동할 수 있음도 알아야 한다. 이렇게 서로 의존적으로 작동하려면 그윽한 동화(玄同 56장 참조)가 필요하다고 노자는 말한다. 자신만의 욕심으로 자기가 하고자 하는 대로 하면 즉, 작위적으로 하면 전체가 제대로 작동하지 않으니, 무위로 작용하라고 한다. 이런 현상을 설명하는 현대적 용어는 상호 의존적인 기능구조인 시스템(System)이다. 노자는 이를 주객의 관계로 파악하고 객체를 주로 물(物)이라 하였다. 노자가 관계로 파악한 시스템은 노자가 세상을 이해하는 견해이고, 도덕경을 전체를 관통하는 일관된 사고의 체계이다. 그러니 노자의 도덕경

을 이해하려면 시스템의 관점이 필요한 것이다. 이것이 이 책을 집필
하게 된 이유이다.

71장
앎과 모름의 병

知不知, 上, 不知知, 病. 夫唯病病, 是以不病. 聖人不病, 以其病病, 是
以不病.

모르는 것을 알면 최상이고, 알아야 할 것을 모르면 병이다. 대체
로 병을 병으로 여기면(唯) 이것은 병이 아니다. 성인은 병을 앓지 않
는데, 그것은 병을 병으로 여기기 때문이다. 이로써 병이 없다.

◀)) 풀이

세상에서 앎이란 끝이 없다. 많은 것을 아는 사람은 자기가 모르는 일이 많다고 알기 때문에 더 탐구하여 알아간다. 그러니 안다고함은 그만큼 모른다는 말이 된다. 아는 것만큼 모르는 것이 보이는것을 말한다. 그런데 이 모름을 알면 다행이나, 이를 모르고 자신의앎만 강조하면 자신의 앎이 모자란다는 것을 강조하는 것이니 병이되는 것이다. 가벼운 달구지가 요란한 것과 같은 이치이다. 그런데부분적인 지식으로 전체를 아는 것처럼 설치는 무리들은 개연성만있으면 이를 진리로 둔갑시키고 거짓으로 세상을 지배하려 한다. 가까운 예가 각종 모리배이다.

위 내용은 일반론적 설명이다. 노자가 말한 앎은 무엇일까? 과학적으로 탐구한 지식, 의식의 흐름을 밝히는 심리학의 지식, 국가나통치자의 행적인 역사를 옳고 그름으로 구분하는 분별력 등이 노자가 말하는 앎일까? 당연히 이런 지식들도 앎이다. 그런데 노자는 이런 앎이 인간의 욕심으로 의도적으로 사용되어 자연환경이나 사회환경에 악영향을 미침을 지적하고 우려한다. 노자가 추구하는 세상은 인간만이 아닌 만물이 타고난 품성대로 온전하게 존재하는 세상이다. 자연파괴나 환경 오염, 살상행위 등, 인간의 탐욕으로 제멋대로행해지고 있는 여러 유형의 대상 파괴 행위는 서로가 서로를 잠식하는 악순환이니 조심해야 한다고 말한다. 이런 행위들의 결과는 언젠가는 결국 인간을 파멸시키는 괴물로 둔갑할 것을 노자는 예견한 것이다. 노자는 만물이 타고난 품성대로 즉, 본성대로 존재하는 것을도(道)라고 말하고 이 도를 만물에 베풀어 시현하는 것을 덕(德)이라하여 이 도와 덕을 알고 행할 것을 강조한다.

72장
위엄(威)보다 덕(德)에 의한 다스림

民不畏威, 則大威至, 無狎其所居, 無厭其所生, 夫唯不厭, 是以不厭,
是以聖人自知不自見, 自愛不自貴, 故去彼取此.

　백성이 위엄을 두려워하지 않으면, 큰 위엄에 이르게 된다. (백성이)
그가 사는 곳을 업신여기지(狎) 말게 하고, (백성이) 그의 삶을 싫어하
지 않게 하라. 대저 오직 (위엄으로 삶을) 억누르지만(厭) 않으면, 이(위
엄) 때문에 (삶을) 싫어하지(厭) 않는다. 이로써 성인은 (위엄을) 알고
주관함으로(知) 말미암아(自) 스스로 (위엄을) 드러내지 않고, (삶을) 사
랑함(愛)으로 말미암아 스스로 (삶을) 귀하게 여기지 않는다. 그런고
로 저것(드러냄과 귀함)을 버리고 이것(앎과 사랑)을 취한다.

🐾 번역에 유의할 어휘

짧지만 문맥의 연결이 매우 난해한 장이다. 앞부분은 위엄이 백성의 삶을 억압하지 않아야 한다고 하고, 뒷부분은 성인은 자신을 드러내지 않고 귀하게 여기지 않는다고 하였는데, 앞부분과 뒷부분의 의미 연결이 잘 되지 않는다. 억지로 연결은 하였지만 매끄럽지 않다. 노자의 속내를 알기 어려운 부분 중의 하나이다.

"無狎其所居(무압기소거), 無厭其所生(무염기소생)"에서 주어는 생략되어 있으나 앞 문장의 주어가 백성이니 其(기)는 백성, 狎(압)은 "익숙하다, 희롱하다, 업신여기다, 소홀하다(忽也), 익다, 수결하다" 중에서 "업신여기다", 厭(염)은 "싫어하다, 물리다, 조용하다, 막다, 억누르다(엽)" 등에서 "싫어하다"라고 번역하면, "(백성이) 그의 사는 곳을 업신여기지 말게 하고, (백성이) 그의 사는 바도 싫어하지 않게 하라"이다.

夫唯不厭(부유불엽), 是以不厭(시이불염)에서 앞의 厭(엽)은 "억누르다"라고 번역하고, 뒤의 厭(염)은 "싫어하다"라고 옮긴다. 그러면 "대저 오직 억누르지만(厭) 않으면, 이로써 싫어하지 않는다."라고 번역된다.

"是以聖人自知, 不自見(시이성인자지, 불자견), 自愛, 不自貴(자애, 불자귀)"는 쉽게 "이로써 성인은 스스로 알면서도 자신을 드러내지 않고, 스스로 사랑하면서도 자신을 귀하게 여기지 않는다"라고 번역한다. 그러나 이렇게 번역하면 앞의 문장들과 문맥에서 연결이 되지 않는다. 그래서 이 문장을 是以聖人自知(威) 不自見(威)(시이성인자지불자견), 自愛(生)不自貴(生)(자애불자귀)라고 威(위)와 生(생)을 첨가하여 의역하면, "이로써 성인은 (위엄을) 알고 주관함으로(知) 말미암아 스스로 (위엄을) 드러내지 않고, (삶을) 사랑으로 말미암아 스스로 (삶을) 귀하게 여기지 않는다."라고 번역한다. 이때, 自知(자지)와 自愛(자애)의 自(자)는 "말미암다"라고 해석한다.

故去彼取此(고거피취차)에서 彼(피)는 지시대명사로 앞에서 언급한 "드러냄과 귀함"을 지칭하고, 此(차)는 "앎과 사랑"을 말한다.

◁⁰ 풀이

선문답하는 것 같아 문맥이 매끄럽지 않다. "백성이 위엄을 두려워하지 않으면, 큰 위엄에 이르게 된다"라고 하였다. 나라가 잘 다스려져서 백성이 편안히 살려면 백성이 스스로 자기의 직분을 다하고 이웃과 유기적인 의존관계를 유지해야 한다. 먼저 자기의 직분을 다한다고 함은 자신이 가진 가능성을 충분히 발휘할 수 있어서 자아를 실현함을 말한다. 재주가 많은 사람은 그 재주를 충분히 발휘하고, 재주를 잘 찾지 못하는 사람도 재주를 찾을 수 있게 도움을 주어 모든 백성이 자기 나름이 삶을 즐겁게 살 수 있게 하는 것이 잘 다스리는 것이다. 그리고 이웃과 유기적인 관계를 유지한다는 것은 서로 돕고 인정을 나누면서 안전하게 살아감을 뜻한다. 상부상조와 안전한 삶을 영위하기 위해서는 서로가 서로의 삶의 방식을 존중하고 간섭하지 않아야 한다. 이런 타인과 타인의 삶에 대한 배려와 존중을 도덕이라 한다. 이 도덕이 잘 지켜지면 좋겠지만 그렇지 못하면 지역이나 나라에서 이를 강제하는 법칙을 만들게 된다. 쉽게 말하면 살상행위나 도둑질 등 구성원의 안전을 해치는 행위를 하면 안 된다는 규칙을 정하고 이를 강요하게 된다. 그리고 만약 이런 잘못된 행위를 하면, 그 사회의 도덕적인 관습이나 법률의 의해서 상응하는 벌칙을 받는다. 이런 도덕적인 제재나 법률적인 제재의 엄격함이 위엄이다. 위엄의 의미는 위세가 있어 점잖고 엄숙함 혹은 그런 태도나 기세이다. 다른 말로 하면 존엄이고 권위이다.

이런 존엄과 권위의 유지는 현대에는 법률적 제재의 의하지만, 고대에는 도덕적 제재에 의하였을 것이다. 그러니 여기서 "백성이 위엄을 두려워하지 않으면, 큰 위엄에 이르게 된다"고 함은 타인의 품격이나 집단의 기강 등을 두려워하지 않으면 강제의 방법이 등장하게 된다고 것이다. 이는 본성에 따른 자생적 규범에 따르지 않고 강제의 수단으로 위엄을 사용한다는 의미이다. 강제적 수단인 더 큰 위엄은 형벌이 무거워진다는 의미이고, 더 나아가서 집단의 기초 자체가 무너지는 환난이 될 수도 있음을 암시하고 있는 것이다.

다음에 연결되는 "대저 오직 억누르지만(厭) 않으면 이로써 싫어하지(厭) 않는다."는 부분은 쉽게 말하면 위엄으로 삶의 자유를 억압하지 않으면 위엄을 싫어하지 않는다는 것이다. 백성이 지나치게 집단의 규율이나 권위에 예속되면 자율성이 제한되어 그 본성을 시현하기 어려우니, 지도자는 백성이 그들의 가능성을 한껏 발휘할 수 있게 하고, 자기 존재에 대한 자부심과 희열을 느낄 수 있게 배려해야 할 것이다. 이것이 지도자의 본질이다.

개인의 존재와 삶에 대한 품격 즉, 자존심과 존엄성의 시작은 삶의 기초인 주거이다. 그래서 백성이 자신의 생활 기반인 주거지에 대하여 스스로 하찮게 여기거나 소홀하지 않게 하고, 자신의 삶이나 생활방식에 대해서도 싫어하지 않도록 배려하라는 뜻이다. 노자는 이를 강조하여 오직 삶의 자유를 위엄으로 억압하지(厭)만 않으면 위엄

때문에 그 삶을 싫어하지(厭) 않는다고 하였다. 구성원이 집단의 규범인 위엄이 자신을 억압하지만 않으면, 구성원은 집단의 위엄에 잘 따르고, 위엄으로 인해 자신의 삶을 싫어하지 않는다. 그런 결과로 집단의 응집력이 커져 규율은 더 잘 지켜지게 되는 것이다. 나라에 비유하면 국력이 증강하게 되는 것을 말한다.

성인(聖人)은 그의 앎이나 권위, 그리고 집단의 규율 등으로 위엄을 행사할 수 있음도 알고, 구성원의 자유로운 주거나 삶의 중요성도 알지만 이를 바탕으로 하여 스스로 위엄이나 권위 등을 드러내 보이려 하지 않는다. 더욱이 위엄을 드러내 보임으로써 백성의 삶을 구속하거나 억압하지 않는다. 그리고 백성의 삶을 사랑하지만 이를 이유로 귀한 사람으로 대접받으려 하지 않는다. 이것을 성인은 앎으로 말미암아 자기를 드러내지 않고, 사랑으로 말미암아 자기를 귀하게 여기지 않는다고 하였다. 이는 대상을 배려하고 존중하는 베풂의 소산이니 성인의 덕(德)이다.

그러므로 저것을 버리고 이것을 취한다고 하였다. 여기서 저것은 앞에서 언급한 드러냄과 귀함이고, 이것은 성인의 앎과 사랑을 말한다. 알면서도 드러내지 않고, 스스로를 귀하게 여기지 않고 위에 군림하려 하지 않으니, 이것이 무위(無爲) 무사(無事) 무욕(無欲)으로 행하는 바이고 대상의 지향성을 배려하고 베푸는 덕(德)이 되는 것이다.

73장
무위(無爲)와 자연한 도(道)

勇於敢則殺, 勇於不敢則活, 此兩者或利或害. 天之所惡, 孰知其故, 是以聖人猶難之. 天之道, 不爭而善勝, 不言而善應, 不召而自來, 繟然而善謀, 天網恢恢, 疏而不失.

　과감함에 용감하면 죽고, 과감하지 않음에 용감하면 산다. 이 두 가지는 혹은 이롭고 혹은 해롭다. 하늘이 싫어하는 바를 누가 그 까닭을 알 수 있겠는가? 이로써 성인도 그것을 어려워하는 것 같다(猶). 하늘의 도는 다투지 않고도 잘 이기며, 말하지 않고도 잘 응하게 하고, 부르지 않아도 스스로 오게 하며, 느슨한 듯함에도(然) 잘 도모하니, 하늘의 그물은 넓고 넓어서 성긴 듯하여도 놓치지 않는다.

◁» 풀이

이 장은 하늘의 도는 만물을 주어진 조건에 순응하게 하니, 만물이 스스로 그러하게 존재하여 다투지 않고 도에서 벗어나지 않으면 놓치는 것이 없다고 설명한다.

과감하면 죽고, 과감하지 않으면 산다고 하였는데, 이는 스스로 조건을 만들고자 날뛰면 환경이 이에 역습을 가한다는 말이다. 예를 들면 홍수에 물막이 말뚝을 박으면 물에 휩싸여 떠내려가는 것과 같은 이치다. 그러나 홍수가 일어나기 전에 말뚝을 박으면 물막이가 가능하다. 홍수에 말뚝을 박는 것은 과감한 것이고, 얕은 물에 말뚝을 박는 것은 과감하지 않은 것이다. 환경에 순응하라는 말이다.

그런데 아주 큰 힘이 존재하여 작은 말뚝이 아니라, 대형의 물막이를 단번에 옮길 수 있다면 홍수에도 불가능한 것만은 아니다. 그러니 어느 것이 이롭고 해로운 것인지 구분하기 어렵다고 한 것이다. 이런 경우를 두고 과감한 것과 그렇지 않은 것이 혹은 이롭고 혹은 해롭다고 한 것이다. 어느 것이 하늘에 순응하는 것인지 알 수가 없으니, 하늘이 싫어하는 바를 누가 알 수 있겠는가 라고 하였다. 여기서 하늘이 싫어하는 바라고 함은 하늘의 도에 순응하는지 역행하는지를 말하는 것이다. 순응하면 살고 역행하면 죽는다는 말이다. 옛말에 순천자(順天者)는 흥하고 역천자(逆天者)는 망한다는 말과 같은 뜻이다.

어떤 경우가 순천자가 되고, 어떤 경우가 역천자가 될까? 이 경계를 알기는 어렵다. 이를 두고 성인도 이 판단을 어려워한다고 한 것이다. 是以聖人猶難之(시이성인유난지)에서 그것은(之)는 그 까닭(其故)

을 아는 것이다.

판단의 기준은 주변 환경이 만든 조건이다. 위의 예에서 보면 대형 물막이가 준비되고, 물을 잠시 다른 곳으로 돌릴 수 있으며, 크레인 과 같은 장비가 준비되는 등의 조건을 말한다. 조건이 형성되면 과감 한 것이 아니고 치밀한 것이며, 조건이 형성되지 않으면 과감한 것이 된다. 조건이 형성되지 않았음에도 행하면 죽는다.

조건이 형성되면 서로 다툴 여지가 없어진다. 여기서 다툰다고 함 은 시스템을 구성하는 요소들 간의 다툼이고, 조건이 갖춰졌다고 함 은 구성요소들이 변화를 수용할 자세가 갖추었다는 말이다. 그러니 각 구성요소들 간의 지향성이 변화를 수용할 수 있게 되었다는 것이 다. 이를 두고, 하늘의 도는 다투지 않고도 잘 이기며, 말하지 않고 도 잘 응하게 하고, 부르지 않아도 스스로 오게 하며, 느슨한 듯함에 도 잘 도모한다고 하였다. 이렇게 스스로 행해짐은 특별히 누구의 힘이 작용하지 않은 것 같고 엉성하고 느슨한 것 같은데 놓치는 것이 없이 제대로 이루어 간다. 이는 이미 조건이 그렇게 갖춰졌으니 당연 한 처사이다.

도는 아득하고 심원한 곳에서 근원을 알 수 없는 에너지가 어떤 조건으로 시간과 공간을 만들고, 그 공간이 팽창하여 천하를 만들 며, 만물을 잉태하고 생장하게 하여 사그라지게 만든다. 이는 스스 로 만들어진 조건이 작동하여 스스로 변화를 만들고, 이 변화가 또 다른 변화를 만들어 가는 자기증식적 과정이다. 이 자기증식적 과정 은 서로가 서로를 생겨나게 하는 연기(緣起)의 과정이며, 에너지와 시·공간이 만들어 가는 유무상생(有無相生)의 과정이다. 천하와 만물의 존재와 존재방식을 생겨나게 하는 자기중식적 과정은 언어로 설명할 수 있는 것이 아니니, 그냥 이름하여 도(道)라고 하였다. 인간은 도를 인간의 존재를 좌지우지하는 절대적 존재인 하늘에 비유한다. 그래서 이를 하늘의 도라고 이름한 것이다.

"하늘의 도는 다투지 않고도 잘 이기며, 말하지 않고도 잘 응하게 하고, 부르지 않아도 스스로 오게 하며, 느슨한 듯함에도(然) 잘 도모하니, 하늘의 그물은 넓고 넓어서 성긴(疏=疎) 듯해도 놓치지 않는다."고 하였다. 하늘의 도는 사물의 자연한 지향성이니 스스로 응하고, 스스로 환경의 조건에 따르고 스스로 조건을 제공한다. 그러니 다툴 이유가 없고, 느슨할 이유도 없고 촘촘할 이유도 없다. 조건에 따르면 되는 것이다. 그렇다고 하여 되어야 할 것이 되지 않는 것도 없다. 이를 무불위(無不爲)라고 하였다.

74장
생명을 관장(管掌)하는 도(道)

民不畏死, 奈何以死懼之, 若使民常畏死 而爲奇者, 吾得執而殺之, 孰
敢, 常有司殺者殺, 夫代司殺者殺, 是謂代大匠斲, 夫代大匠斲者, 希有
不傷其手矣.

　백성이 죽음을 두려워하지 않는데, 어찌 죽음으로 그들을 두렵게
하려 하는가? 만약 백성으로 하여금 항상 죽음을 두려워하게 속임
수(奇)를 쓰는 자가 있으면, 우리는(吾) 그를 사로잡아서 죽일 것인데,
누가 감히 하겠는가? 항상 살인자를 죽이는 일을 맡은 자가 (따로) 있
는데, 대저 살인자를 죽이는 일을 대신 맡겠다고 한다면, 이를 큰 목
수를 대신하여 (나무를) 깎는 것이라고 한다. 무릇 큰 목수를 대신하
여 (나무를) 깎는 사람은 그 손을 다치지 않는 자가 드물다.

🔊 풀이

이 장의 문맥은 생명을 소중하게 여기지 않으면 죽음도 두려워하지 않게 되니, 먼저 생명의 존귀함을 중시하라는 것과 생명은 도에 따라 생겨난 것이니, 이를 해치는 행위를 할 수 있는 것도 도(道)뿐이라는 것이다. 그런데, "누가 감히 도를 대신하여 살생을 할 수 있겠는가?" 라고 묻고, 만약 이를 대신하려는 자가 있으면 다칠 수 있다고 하였다.

백성이 죽음을 두려워하지 않는다고 함은 자신과 타인의 생명을 경시한다는 뜻이다. 백성이 생명을 경시하게 된 배경은 나라가 형벌로 백성을 다스리고 생명을 경시한다는 것을 의미하며, 민생을 옳고 그름의 규범으로 통제하려 하기 때문이다. 소유에 대한 통제가 심하면 살아남기 위하여 필사적으로 경쟁하고, 자유에 대한 통제가 심하면 생명의 존엄성을 유지하기 위하여 목숨을 던져서라도 인간다운 삶을 쟁취하려고 하니 생명을 경시하게 되는 것이다.

법은 시대의 산물이다. 옛날의 법이 오늘의 법이 아니듯이 오늘의 법 또한 미래의 법은 아니다. 즉, 옳고 그름은 변한다. 변하는 것을 기준으로 형을 가하고 벌하는 것은 정의롭지 못하다. 사람이 정하는 규범은 시대에 따라 변하고 반드시 옳고 그름의 기준이 될 수 없으니 생각해 볼 문제이다. 그러니 중요한 것은 생명은 존중되어야 한다는 점이다.

그런데 위정자가 백성으로 하여금 항상 죽음을 두려워하게 속임수(奇)를 쓴다면 어찌 할 것인가? 어느 시대를 막론하고 백성들은 포악한 위정자를 잡아서 형벌로 다스려야 한다고 할 것이다. 그 형벌의 기준은 법에 의할 것이다. 법에 정하면 형벌의 대상이 되고, 법에 정함이 없으면 형벌의 대상이 아니다. 그런데 세상의 질서를 어지럽히는 모든 사항을 법으로 나열할 수 있을까? 우리 사회는 그러려고 노력한다. 그러함에도 법망을 빠져나가는 경우도 많다. 귀신도 잡아가지 못하는 범법자도 많다. 자신이나 자기가 속한 집단의 이익을 위해 국고를 낭비하게 하고 사회적 비용을 유발하게 하는 행위들이 얼마나 많은가? 그런데 이들은 범법자가 아니다. 실제 그런 행위의 결과를 금전적 가치로 환산하여 형량을 부여한다면 아마 천문학적 수치가 될 것이다. 이러하니 법의 권위가 떨어지고 민생사범이 많아지며, 생명을 경시하는 행위도 많아지지 않겠는가? 그러니 위정자는 자기편에 유리하게 법을 집행하는 행위를 하면 안 된다. 어느 시대를 막론하고 그렇게 하면 백성은 정치를 우습게 알고, 법을 가볍게 생각하여 법이나 정치를 정권의 전유물이라 생각할 수 있다. 결과로 앞장에서 말한 위엄은 떨어지고 더 큰 위엄이 도래하게 된다.

우리는(吾) 그를 사로잡아서 죽일 것인데, "누가 감히 하겠는가?"라고 하였다. 노자의 주장은 대목장(大木匠)을 대신하여 재목을 깎는 자는 그 손을 다친다고 하면서 형벌의 집행을 조심하라고 말한다. 그리고 항상 살인자를 죽이는 일을 맡은 자가 (따로) 있다고 말한다. 누구 이겠는가? 천하 만물의 등장과 사라짐을 관장하는 것은 도이다. 만물은 도에 따라오고 머물다 간다. 그러니 생멸은 도에 따르면 되는 것이지 누구도 이를 대신할 수 없다. 다만 도(道)에 따라 행하면 가능하다. 도를 대신함을 자처하고 사심과 욕심으로 가득한 사람이 선·악과 시·비를 다루는 것은 위험하다. 도는 오직 본성에 따라 덕을 베풀고 행함이 있을 뿐이다. 누구도 본성에 따르지 않고 생명을 다루는 것은 결국 자신을 다치게 하고, 나라와 백성을 다치게 할 것이라고 말한 것이다.

75장
욕심의 피해와 무위의 현명함

民之饑, 以其上食稅之多, 是以饑, 民之難治, 以其上之有爲, 是以難治.
民之輕死, 以其上求生之厚, 是以輕死. 夫唯無以生爲者, 是賢於貴生.

　백성이 굶주리는 것은 그 임금(上)이 세금의 많은 부분을 먹기 때문이니, 이로써 굶주린다. 백성을 다스리기 어려운 것은 그 임금이 이루고자 함이 있기(有爲) 때문이니, 이(是)로써 다스리기 어렵다. 백성이 죽음을 가볍게 여기는 것은 그 임금이 삶의 두터움(厚)을 구하기 때문이니 이로써 죽음을 가볍게 여긴다. 대저 오직 삶을 (욕심 내어) 이루려는(爲) 바가 없게 하는 것, 이것이 삶을 귀하게 여기는 것보다 현명하다.

以其上求生之厚(이기상구생지후)는 厚(후)가 "두텁다"는 의미이니, "그 임금이(上) 생의 두터움을 구하기 때문이다"라고 번역한다. 여기서 두 터움은 삶에 대한 욕심이 두텁다는 의미이고 이욕(利慾)을 챙긴다는 말이다. 夫唯無以生爲者(부유무이생위자)에서 唯(유)는 "오직", 無以(무 이)는 "~하려는 바가 없게(無所以), ~할 바가 없게", 爲(위)는 "이루다"라 고 해석하여 "대저 오직 삶(生)을 (욕심 내어) 이루려는(爲) 바가 없게 하는 것"이라고 번역한다.

🔊 **풀이**

굶주린다고 함은 먹을거리가 모자라 배가 고프다는 말이다. 모자 람과 배고픔은 넘쳐남과 배부름의 반대말이니 백성이 배고픔을 느낌 은 언젠가 배부르게 먹었다는 말이고, 누군가 배부르게 먹고 있다는 말이다. 예를 들면 옛날에는 배부르게 먹었는데, 지금은 그렇지 못하 다는 말이다. 아니면 세금만 내지 않으면 배부르게 먹을 수 있을 텐 데 세금 때문에 먹는 양이 줄었다는 말이다. 세금은 국가가 제공하 는 안전과 편의에 대한 반대급부로 부담하는 것이다. 그런데 반대급 부는 작은데 세금만 많이 낸다면 상대적 상실감을 느끼게 된다. 조 세의 기준은 부담능력도 중요하지만 정부가 부담자에게 제공한 편익 도 고려하여야 함이 공정하다. 조세를 부담할 능력이 있는 자가 어쩌 면 정부보다 더 사회적 공헌을 하고 있을 수 있다는 말이다. 예를 들 면 기업은 자신들의 사재를 투자하여 일자리를 만들고 근로자에게 소득을 제공한다. 이는 정부가 할 수 없는 사회적 공헌이다. 소위 부자라는 사람들도 투자나 소비, 세금 등의 지출을 통해 사회에 유동성을 공급함으로써 사회적 공헌을 하고 있음을 간과해서는 안 된다. 그러니 잘사는 사람에게서 걷어서 빈곤층에 나누어 주는 형태는 공정한 것이 아니다는 말이다. 이런 점에서 소득에 대한 이중과세나 지나친 세금은 유동성 공급을 저해할 수 있어서 오히려 경제에 악영향을 미치게 된다. 세수를 통한 경제회복보다는 투자나 소비 지출을 통한 경기 진작이 보다 더 효과적이고, 백성의 삶의 질도 제고할 수 있을 것이다. 이런 공공 복지정책이 공정하려면 부자든 사회적 약자든 정당한 소득에 대한 정당성을 국가가 부여해 주어야 한다. 그리고 위정자나 정부의 청렴성과 그 수혜자에 대한 기준이 명확하고, 적어도 사회적 도움에서 벗어나고자 하는 노력을 하고 있음을 증명함이 바람직할 것이다. 정부의 청렴성은 정부의 방만한 지출 외에 정책의 잘못에 의한 지출도 포함한다. 예를 들면 사용 가능한 원자력 발전의 폐기와 같은 실책이나, 경제정책과 외교정책의 잘못으로 국가 경제를 바닥으로 이끄는 것도 이에 포함된다. 상식으로 판단해도 아닌데 맞는다고 선택하고 시행하니 의도적으로 이끄는 것이라 한 것이다. 이런 것을 국정을 가지고 논다고 말하고 국정농단이라 쓰는 것이다.

정부가 국가경제에 기여하는 바가 무엇일까? 세금을 거두어서 공무원 봉급을 주고 복지라고 나누어 주는 것이 정부의 사명일까? 기업집단에는 그 조직이 경쟁에서 살아남기 위해 기술을 개발하고 인력과 자원을 투입하여 효율적으로 상품을 제조하고 분배하여 잉여자원을 재투자함으로써 고용을 창출한다. 그런데 정부는 국가경제가 경쟁에서 살아남기 위해서 어떤 비전(vision)과 계획을 추진하고 있을까? 국가재정은 국가경제의 장래를 위한 투자의 개념으로 운용할 수는 없을까?

백성을 다스리기 어렵다는 것은 백성이 잘 따라주지 않는다는 것이니, 나라가 정책으로 정한 바를 달성하고자 백성을 억지로 이끌려고 하기 때문이다. 이는 위정자가 성과를 이루려는 욕심이니 백성은 자신의 이익과 관계없어 끌려가는 형태가 되어 따르지 않는 것이다. 그러니 다스리기 어렵다. 위정자가 자신의 치적을 생각하지 말고 백성의 눈높이에서 그들이 원하는 바를 행하면 백성은 자발적으로 일을 수행한다. 사회주의적 발상을 하는 것은 위정자가 인위적으로 평등을 조장하는 것이니, 위정자의 작위적인 행위라고 할 수 있을 것이다. 이런 점에서 대상의 지향성이 존중되는 경제제도는 자유 시장경제라고 할 수 있다.

백성이 죽음을 가볍게 여기는 것은 그 임금이 삶의 두터움(厚)을 구하기 때문이라고 하였다. 임금이 자기의 삶을 중시하고 윤택하게 하려고 하니 백성의 삶은 가벼워지고 빈곤하게 되는 것이다. 임금이 자신의 안위와 권력을 위해 백성을 동원하고 핍박하면 백성의 안위는 소홀하게 되고, 생명은 위험에 노출되게 되니 스스로 존귀함을 잃고, 죽음을 가볍게 여기게 된다. 또 백성은 생활이 빈곤하게 되면 삶에 대한 두려움과 애착이 더욱 커진다. 그러면 본질적인 본성의 추구보다 형식적인 부와 권력, 명예 등에 대한 과욕을 부리게 된다. 그렇지만 현실적으로 이런 과욕과 꿈들은 이루기 어려움에 직면하기 마련이다. 그러면 삶을 부정적으로 느끼게 되고 자존감을 잃게 된다. 자신의 존재에 대한 자신감이 떨어지니 당연히 생명을 가볍게 생각하게 된다.

그런데 노자는 자신의 삶을 (욕심 내어) 이루려는 바가 없게 하는 것이 삶을 귀하게 여기는 것보다 현명하다고 하였다. 뚱딴지 같은 말처럼 들리지만 그렇지 않다. 여기서 자신의 삶을 이루려는 욕심이 없게 다스리는 것은 삶을 욕심 내어 무엇을 이루고자 자신을 다그칠 이유가 없음을 말한다. 즉, 욕심이 없는 삶을 말한다. 욕심이 없는 삶이란 권력과 부를 위해 타인을 괴롭히지도 않고, 의도적으로 무엇을 성취하고자 환경을 파괴하지도 않으며, 본성에 따라 자신의 직분을 다하고, 이웃이나 환경에 공존의 관계를 유지하며 사는 삶을 말한다. 이런 삶이 자신을 귀하게 하려고 권력, 명예, 부에 집착하는 삶보다 훨씬 현명하다는 것이다.

76장
유약(柔弱)함의 강점

人之生也柔弱, 其死也堅强. 萬物草木之生也柔脆, 其死也枯槁, 故堅强者死之徒, 柔弱者生之徒. 是以兵强則不勝, 木强則折, 强大處下, 柔弱處上.

사람이 살아서는 부드럽고 약하지만 그가 죽어서는 굳고 강하다. 만물과 초목은 살아서는 부드럽고 무르지만, 그것이 죽으면 시들고 마른다. 고로 견고하고 강한 것은 죽음의 무리요, 부드럽고 약한 것은 삶의 무리이다. 이로써 병사가 강하면 이기지 못하고, 나무가 강하면 꺾이니, 강하고 큰 것은 아래에 처하고, 부드럽고 약한 것은 위에 처한다.

人之生也柔弱(인지생야유약), 其死也堅强(기사야견강)에서 也(야)는 문장의 끝에서 사용되면 단정을 표현하지만, 문중에서 사용될 때는 위 어구를 강조한다. 死之徒(사지도)는 50장에서 죽은 것 같은 무리라고 번역하였는데 여기서 "죽음의 무리"라고 번역한다. 50장에서는 살아 있는 사람 중에서 죽은 자와 같은 특성을 가진 자를 설명하고 있었기 때문이다.

◁ 풀이

이 장은 살아 있는 것과 죽은 것의 차이를 나열하고 살기 위한 처신 방법을 설명하고 있다. 살아 있다는 것은 움직이고 있고, 그 본성에 따라 기능을 하고 있다는 뜻이다. 살아 있는 동물과 식물이 움직이기 위해서는 유연하여 구부러지고 휘어질 수가 있어야 하고, 물질이나 에너지를 외부환경과 교환할 수 있어야 한다. 마찬가지로 체내에서도 대사작용을 위하여 물질이나 에너지를 이동할 수 있어야 한다. 구부러지고 휘기 위해서는 부드럽고 약해야 하고, 대사작용을 하기 위해서는 대사물질인 공기나 영양분을 섭취하고 부산물을 외부로 배출할 수 있어야 한다. 반면에 죽었다는 것은 대사작용을 하지 못하니 외부와 물질이나 에너지를 교환하지 못하고, 체내에서 물질의 이동도 할 수 없다. 또 구부러지거나 휘지 않고, 마르고 단단하여 부러지고 꺾어진다.

이런 삶과 죽음의 특성을 노자는 부드럽고 약한 것은 삶의 무리이고, 견고하고 강한 것은 죽음의 무리라고 하였다. 그리고는 전쟁에서 이기고 살아남기 위해서는 삶의 무리가 갖는 특성을 갖추어야 한다고 강조한다. 삶의 무리가 갖는 특성으로 첫째는 부드럽고 약해야 한다는 것이다. 개인 활동에서도 유연해야 하겠지만 무리인 집단도 유연해야 함을 말한다. 이 점은 초원의 동물들이 물고 물리는 추격전을 하고 있음을 연상하여 보면 쉽게 알 수 있다. 정체하면 상대방의 표적이 된다. 움직이는 표적은 잡기 어렵고, 움직이지 않고는 표적을 잡을 수 없다. 부드러워야 움직일 수 있다. 두 번째는 외부에 개방되어 연결되어 있어야 한다. 동식물이 대사물질이나 에너지를 외부환경과 교환하려면 서로 연결되어 있어야 한다. 연결이 끊어지면 고립된다. 고립은 포위를 뜻하고 포위되면 진다. 대열 내부에서도 부단하게 소통하고 위치를 바꾸어야 한다. 축구 게임을 연상해 보자. 선수들은 서로 위치와 역할을 바꾸고, 주변의 상황정보를 몸짓이나 소리로 주고받는다. 정보의 양이 많은 쪽이 대처가 빠르고 정확하게 공을 주고받을 수 있다. 살아 있는 무리의 특성과 죽은 것 같은 무리의 특성은 50장(p. 377)에서 설명하고 있다.

강하고 큰 것은 아래에 처하고, 부드럽고 약한 것은 위에 처한다고 하였다. 식물의 싹은 위는 부드럽고 약하다. 반면에 아래는 단단하고 강하다. 기초가 단단하게 받쳐주어야 위의 생장점이 자랄 수 있다. 전쟁을 하는 군대도 병참선이 확보되고 후방의 굳건한 지원이 있어야 선봉이 지탱할 수 있음을 설명한 것이다.

77장
균형의 천도(天道)와 불균형의 인도(人道)

天之道, 其猶張弓與, 高者抑之, 下者擧之, 有餘者損之, 不足者補之,

天之道損有餘而補不足, 人之道則不然, 損不足以奉有餘, 孰能有餘以

奉天下, 唯有道者, 是以聖人爲而不恃, 功成而不處, 其不欲見賢.

하늘의 도는 활을 당겨 내미는(張) 것과 같지(猶) 않은가? 높으면 숙이게 하고 낮으면 들어 올린다. 남는 것은 덜어내고, 모자라는 것은 보충한다. 하늘의 도는 남는 것을 덜고, 부족한 것을 보충하는 것인데, 사람의 도는 그렇지 않아서 부족한 데서 덜어서 남는 데에 바치게 한다. 누가 능히 남는 것을 (덜어) 천하에 바치게 하겠는가? 오직 도를 따르는 자이다. 이로써 성인은 행하여도 자랑하지 않고 공을 이루고도 누리지(處) 않는다. 그것은 현명함을 드러내지(見) 않으려는 것이다.

📌 번역에 유의할 어휘

其猶張弓與(기유장궁여)에서 猶(유)는 "오히려, 다만, 마땅히, 말미암다, 같다" 등의 의미 중에서 "~와 같다", 張(장)은 "활을 당기다(弦弓), 베풀다, 과장하다, 고치다, 속이다, 넓히다, 내밀다, 세게 하다" 등의 의미 중에서 "활을 당겨 내밀다", 與(여)는 의문이나 반어를 표현하는 종미사로 해석하여, "그것은 활을 당겨 내미는 것과 같지 않는가?"로 번역한다. 이는 활을 들고 과녁을 겨누기 위해 활을 내밀어 조준하는 상황을 연상하면 쉽게 이해할 수 있을 것이다. 활로 과녁을 겨눌 때, 화살과 활줄을 잡은 손은 고정하고 화살촉의 위치를 아래위로 내리거나 올려서 목표물에 맞게 조정한다. 이를 高者抑之(고자억지), 下者擧之(하자거지)라고 한 것이다.

高者抑之(고자억지), 下者擧之(하자거지)에서 抑(억)은 "누르다, 숙이다", 擧(거)는 "들다"라고 해석하여 "높으면 숙이게 하고 낮으면 들어 올린다."로 번역한다.

損不足以奉有餘(손부족이봉유여)에서 以(이)는 순접의 而(이)로 해석한다. 孰能有餘以奉天下(숙능유여이봉천하)에서 以(이)는 사역으로 해석하여 "누가 능히 남는 것을 (덜어) 천하에 바치게 하겠는가?"라고 번역한다.

功成而不處(공성이하처)에서 處(처)는 "곳, 처소, 때, 지위, 살다, 머무르다, 은거하다. 누리다, 향유하다" 중에서 "누리다, 향유하다"라고 번역한다.

◀» 풀이

이 장은 하늘의 도는 공평하고 베푸는 것임을 강조한다. 공평하게 하는 방법으로 활을 든 사람의 눈, 화살과 활줄을 잡은 오른손, 활의 몸체를 잡은 왼손, 그리고 화살촉의 관계를 예로서 설명하고 있다. 활을 들고 목표물을 겨냥할 때, 화살촉이 목표물보다 위에 있으면 활을 아래로 내리고, 목표물보다 아래에 있으면 활을 들어 올려 눈-오른손-왼손-화살촉-목표물이 직선 상에 놓이게 조정한다. 이와 같이 남음이 있으면 줄이고, 모자라면 보충하는 방법으로 차이를 조정하면서 서로 의존적으로 스스로 균형에 수렴해 가는 것을 하늘의 도라고 하였다.

그런데 사람의 도는 그렇지 않아서, 부족한 데서 덜어서 남는 데에 바치게 한다고 하였다. 하늘의 도는 남는 곳에서 덜어내 모자라는 곳에 보충한다고 하는데, 사람의 도는 그 반대임에도 이를 도라고 하였을까? 사람의 도와 하늘의 도가 다르다는 말인가? 그렇지 않다. 도는 공존의 지향성이다. 하늘의 도나 사람의 도는 모두 공존을 지향하는 이치이다. 하늘의 도가 정상적으로 작동하고, 사람이 이기적 욕심 없이 소유하고 자신의 가능성을 실현한다면 당연히 공평하고 균형적인 상태가 유지될 것이다. 즉 여유가 있으면 덜어서 부족한 사람에게 베풀어 공존에 기여하게 될 것이다. 그러나 현실은 욕심의 정도에 따라 권력, 명예, 재물 등을 취하고 자기들에 유리하게 규범을 만드니 사람의 도는 하늘의 도와는 다르게 작동하고 있다고 하였다.

여기서 의문이 일어난다. 노자는 욕구추구적 인간의 현실을 자연이라고 인정하였을까? 이 장에서는 이런 현실을 사람의 도(人之道)라고 말하고 있다. 그러면 하늘의 도(天之道)와 사람의 도는 어떻게 다를까? 모든 사물은 각자 그들에게 적합하게 분화된 도(道)를 본성으로 부여받았다. 그러니 당연히 사람은 사람의 도가 있고 이 도에는 욕구도 포함된다고 보아야 할 것이다. 다만 이 욕구의 추구가 환경의 지향성을 해치지 않고 공존의 질서에 맞아야 할 것이다.

이런 욕구추구적 사람이 스스로 여유가 있다고 이를 덜어서 여유가 없는 사람에게 나누어 주겠는가? 노자는 이 점에 대해 의문을 제기하고 "누가 능히 남는 것을 천하에 바치게 하겠는가?"라고 말한다. 이 말은 지도자가 해야 할 일이고, 지도자는 도를 알고 덕을 베푸는 자만이 가능하다는 뜻이다.

이로써 성인은 천하 백성을 위하여 덕을 베풀어도 자랑하지 않고 공을 이루어도 그 공을 향유하지 않으며, 자신이 하늘의 도를 알고 있다고 하여 자신이 현명하다고 드러내지 않는다. 사욕을 위해 의도적으로 행하지 않고, 조건이 형성될 때까지 기다리며, 형성된 조건에 따라 스스로 생겨나게 하니 이것이 무위(無爲) 무사(無事) 무욕(無欲)의 도이다.

78장
물과 같은 포용(包容)의 덕(德)

天下莫柔弱於水, 而攻堅强者, 莫之能勝, 以其無以易之, 弱之勝强, 柔之勝剛, 天下莫不知, 莫能行, 是以聖人云, 受國之垢, 是謂社稷主, 受國不祥, 是謂天下王, 正言若反.

　천하에는 물보다 부드럽고 약한 것이 없으니, 견고하고 강한 것을 공격하는 데는 능히 그것(水)을 이길 것이 없다. 물은(其) 그것을(之, 견강한 것) 바꾸려고(易) 생각하지(以) 않기 때문(以)이다. 약한 것이 강한 것을 이기고, 부드러운 것이 굳센 것을 이긴다는 것은 천하가 모르는 것은 아닌데, 능히 실행하지 않는다. 이로써(물과 같이 수용함으로써) 성인은 나라의 허물을 받아들이면, 이를 사직의 주인이라 말하고, 나라의 불길함을 받아들이면, 이를 천하의 왕이라 말하니, 바른 말은 (현실과는) 반대인 듯하다.

🐚 번역에 유의할 어휘

莫之能勝(막지능승)에서 之(지)는 목적어(대명사)이고 能勝(능승)은 동사이니, "능히 그것(之, 물)을 이길 것이 없다."라고 번역된다. 以其無 以易之(이기무이역지)에서 其(기)는 앞 문장을 지칭하고, 之(지)는 "견고하고 강한 것(堅强)"을 지칭한다. 앞의 以(이)는 이유를 나타내고, 뒤의 以(이)는 "생각하다", 易(역)는 "바꾸다, 다르다, 어기다, 쉽다, 편안하다, 경시하다, 다스리다" 등의 의미 중에서 "바꾸다"라고 옮긴다. 그러면 이 문장은 "물은(其=水) 그것을(之, 堅强한 것) 바꾸려고(易) 생각하지(以) 않기 때문(以)이다."라고 번역된다. 이 말은 물은 대상을 있는 그대로 보고 수용한다는 의미이다.

🔊 풀이

노자는 세상에는 세상을 이루어 나가는 어떤 순리가 있다고 말한다. 이 순리는 세상을 이루는 구성 요소들 모두가 서로 적응하는 과정에서 서로 적합하게 변화함을 말한다. 이 변화는 각자의 필요에 의한 것으로 관련된 어떤 요소가 변화하면 그 변화에 적응하기 위해 다른 요소들이 서로 의존적으로 변화하고, 그 결과로 서로 적합성을 유지하게 된다. 이런 변화의 과정은 스스로 맞추어 진행된다. 이를 스스로 그러하다 즉, 자연(自然)하다고 한다. 이 저절로 그러한 변화의 과정은 어떤 구성 요소가 주도적으로 행한 것이 아니고, 주어진 조건에 맞추기 위한 행위로 시작된 것이니, 작위적이지 않다고 하여 이루고자 함이 없이 행한다(爲無爲)고 하였다. 그리고 서로가 서로의 조건이 되어 생겨난 변화이니 相生(상생)이라 하였다. 그냥 상생(相生)

이라 하면 될 것을 노자가 유무상생(有無相生)이라고 한 것은 태초부터 우주 만물의 등장을 설명하기 위해서이다. 동물이 새끼를 낳는 것은 암수의 교합에 의하여 시작되는데, 이 교합은 끌림에 의한다. 이 끌림은 에너지의 흐름이다. 이 에너지의 흐름은 만물에 주어진 생명의 원천이고, 이미 태어날 때 부여된 것이다. 이의 원천을 찾아서 발생학적으로 접근하면, 태초의 빅뱅에서 그 시작을 찾을 수 있다. 에너지의 폭발로 시간과 공간이 등장한다. 그리고 공간은 질량을 가진 수소와 헬륨 등의 가스가 메운다. 이런 과정을 노자의 사상과 연결하여 비교하면, 감각할 수 없는 에너지의 작동을 무(無)라고 하였고, 감각할 수 있는 공간을 유(有)라고 하였을 것으로 추정할 수 있다. 물론 증명할 수 없으니 약간 무리가 있는 추정이다. 노자는 1장에서 무(無)는 천지의 시작이고, 유(有)는 만물의 어미라고 하였었다. 이 또한 추론이다. 그러나 우리가 가진 사고의 범위에서 추정한다면 충분히 가능한 논리이고, 유(有)와 무(無)를 설명할 수 있는 방법이다. 노자는 이렇게 천하 만물이 등장하고 세상을 만들어 가는 이치를 도(道)라고 하였다. 그리고 이들이 주어진 조건에 따라 시현되는 것을 덕(德)이라 하였다. 덕은 만물을 성장하게 하고 제자리에 있게 한다. 노자는 물(水)과 순박(樸)으로 덕을 설명한다.

이 장에서 노자는 물(水)의 특성으로 도(道)의 시현인 덕(德)을 설명하고 있다. 물은 호·불호를 가리지 않고, 아래에 처하며, 유동적이고, 조건에 따라 적응하는 특성을 지닌다. 그러니 겸손하고, 수용적이며 포용적이다. 물은 홍수가 나고 해일이 일면 지형을 바꾸는 막강한 힘이 있고, 방울 물도 바위에 구멍을 뚫는 힘이 있으니 이를 이길 강함이 없다고 하였다. 유연함으로 단단함을 이김을 말한다. 그런데 세상 사람들은 강함에는 강함으로 맞서려 하니 서로 만신창이가 된다. 이를 두고 노자는 유연하고 약함으로 강하고 단단함을 이기는 이치를 세상 사람들이 모른다고 하고, 알아도 실행하지 않는다고 한 것이다. 이긴다는 것은 남을 소유하여 지배하는 것이 아니고, 서로가 피해 없이 공존하는 것이라고 한다면, 품어서 안는 것이 이기는 것이다. 너도 살고 나도 사는 것이 이기는 것 아닌가? 단기적으로는 대상을 통제하는 것이 좋은 것 같고 이기는 것 같지만, 피지배자는 힘을 키워 다시 투쟁하려 할 것이니, 지금의 승자의 지배가 다음에는 패자(敗者)의 지배가 될 수 있음이다. 그러니 장기적인 승리는 공존이다. 이것이 서로 본성에 충실해지는 것이다.

성인은 나라의 허물을 받아들이면. 이를 사직의 주인이라 말하고, 나라의 불길함을 받아들이면, 이를 천하의 왕이라고 말한다. 사직은 임금이나 조정을 의미하니, 나라의 주인 되려면 나라가 안고 있는 모든 현실 즉, 좋거나 나쁜 일들을 자기 일처럼 포용할 수 있어야 한다는 점을 말하는 것이다. 주인은 허물을 자신이 포용하나 객은 허물을 포용하지 않는다. 주인은 자신이 관리하는 모든 인적·물적 자원이 제자리에서 본분을 다하게 한다. 모든 구성 요소들이 서로를 해치지 않고 주어진 조건에 따라 기능하게 한다는 뜻이다. 이는 물의 특성인 수용과 포용의 덕을 말한다. 마음에 들고 유리한 것만 포용하는 것이 아니라, 물이 행하는 것처럼 백성보다 낮은 곳에 처하여 백성을 받들고, 백성의 아픔을 달랠 수 있어야 함을 강조하는 것이다.

바른 말은 반대인 것 같다고 하였다. 바른 말이란 도에 따른 말을 의미한다. 모든 구성원들이 자신의 본성에 충실한 삶을 사는 것이 덕을 베푸는 것이다. 그런데 현실은 그렇지 못하고 각자 자신의 욕심을 채우려 하니 도(道)와 덕(德)에 반대인 것 같다고 말한 것이다.

79장
무분별의 덕(德)

和大怨, 必有餘怨, 安可以爲善, 是以聖人執左契, 而不責於人, 有德司
契, 無德司徹, 天道無親, 常與善人.

큰 원망은 화해하더라도 반드시 원망이 남으니, 어찌 사이가 좋아
졌다(善)고 생각할 수 있겠는가? 이로써 성인은 증표를 쥐고 사람을
재촉하지(責) 않는다. 덕이 있으면 약속(契)을 살피고(司), 덕이 없으면
빼앗을 것(徹)을 살핀다. 하늘의 도는 친함은 없으나, 항상 선한 사람
과 어울린다(與).

🦅 번역에 유의할 어휘

安可以爲善(안가이위선)에서 安(안)은 방향과 장소를 물을 때 사용하는 의문대명사, 以爲(이위)는 "~라고 생각하다", 善(선)은 "착하다, 좋다, 잘하다, 친하다, 사이 좋다" 등의 의미 중에서 "사이 좋다"라고 번역하면 "어찌 사이가 좋아졌다고 생각할 수 있겠는가?"가 된다. "左契(좌계)"는 후일 증거가 될 물건을 둘로 나누어 왼쪽은 자신이 갖고, 오른쪽은 상대방에게 주는 증표(證票)이다. 왼쪽을 좌계라 하고 오른쪽을 우계(右契)라 한다. 여기서는 그냥 "증표"라고 번역한다. 有德司契(유덕사계), 無德司徹(무덕사철)에서 契(계)는 "맺다, 약속하다, 새기다, 소원하다, 맞다, 계약" 등의 의미 중에서 "약속", 徹(철)은 "통하다, 통달하다, 다스리다, 거두다, 빼앗다, 세금" 등의 의미 중에서 "빼앗을 것"이라 번역한다. 그러면 "덕이 있으면 약속(契)을 살피고(司), 덕이 없으면 빼앗을 것(徹)을 살핀다."로 번역된다.

常與善人(상여선인)는 "항상 사람과 잘 어울린다" 혹은 "항상 착한 사람과 어울린다"라고 번역할 수 있다. 전자의 번역은 하늘의 도는 선·악이나 친·불친(親·不親)의 구분이 없이 사람에게 어울린다는 점을 강조하고, 후자의 번역은 공존을 위한 본성인 착한 사람을 강조하고 있다. 여기서는 후자를 택한다. 이유는 하늘의 도는 천하 만물을 대상으로 하기 때문에 친소는 없으나 대상의 지향성을 살피고 아울러 화합하게 하니 즉, 사이 좋게 하니 선한 사람과 함께 한다고 번역한다.

◀⟫ 풀이

이 장은 덕(德)을 베풂은 대상을 분별하지 않는다고 설명하고 있다. 원망은 상대방이 못마땅하여 탓하고 불평하고 미워하는 것을 뜻한다. 여러 사람이 어울려 살면서 모든 일을 자신의 뜻에 맞춰 살 수는 없다. 한정된 자원에 각자 하고 싶고 갖고 싶은 마음은 서로 경쟁을 불러일으키고, 그 결과로 얻은 자와 얻지 못한 자 사이에 원망이 일어나게 된다. 원망이 생기면 상대방의 욕망의 뿌리를 알게 되었기에 서로 화해하고 사과한다고 하여도 그 뿌리까지 모두 잘라내기는 어렵다. 그러니 원망은 항상 그 정도에 따라 다른 앙금과 자국을 남긴다. 이는 공존을 위한 길에 작은 장애물이 생기는 것과 같으니 선(善)한 것은 아니다. 이를 노자는 "큰 원망은 화해하더라도 반드시 남은 원망이 있으니, 어찌 사이가 좋아졌다고 생각할 수 있겠는가?"라고 하였다.

성인은 증표를 쥐고 남을 재촉하지 않는다고 하였다. 여기서 증표는 약속을 지키기 위해 마련한 표식이나 증서인데, 이 표식으로 서로 약속한 내용의 맞고 틀림을 확인하고, 그 내용을 실행하기를 종용하는 데 사용한다. 계약서 2부를 작성하고 계인(契印)을 찍어 계약 당사자가 서로 나누어 갖는 것과 같은 방식이다. 채권자의 입장에서는 권리를 주장할 수 있는 근거이고, 채무자의 입장에서는 의무를 지게 하는 증표이다. 성인(聖人)은 이 증서를 근거로 남을 재촉하거나 강요하지 않는다고 하였는데, 이는 상대방의 입장에 대한 배려이고 신뢰이며, 상대방의 삶이 곤궁에 빠지지 않게 하는 베풂이다. 즉, 상대방이 본연(本然)의 삶을 살 수 있게 하는 공존의 덕을 시현하는 것이다.

그러니 덕이 있으면 약속(契)을 살피고(司), 덕이 없으면 빼앗을 것 (徹)을 살핀다고 하였다. 이 말은 덕이 있으면 상대방을 신뢰하고 베 풂을 먼저 생각하고, 덕이 없으면 받을 방법을 먼저 생각한다는 의 미이다. 베푼다는 말은 혜택을 준다는 의미와 내가 가진 물건이나 마음을 풀어 털어놓는다는 의미를 포함하는 개념이다. 더 나아가 단 순히 내어준다는 개념을 뛰어넘어 나를 내려놓고 대상을 품는다는 개념으로 해석해야 한다. 그런 의미에서 약속을 살핀다는 것은 상대 방을 있는 그대로 품어 안는 것을 의미하고, 상대방의 자존심까지도 고려하는 살핌을 의미한다. 이런 살핌이 진정한 덕이라 할 수 있다.

　하늘의 도는 친한 사람은 없으나, 항상 착한 사람과 어울린다고 하 였다. 도의 대상은 천하 만물이다. 그러니 그 대상과 친하고 친하지 않음이 있을 수 없다. 그리고 착하고 착하지 않음을 고려하지 않는 다. 착하거나 착하지 않거나 모두 어떤 조건에 따라 형성된 대응행위 이다. 착한 사람도 착하지 않은 사람과 같은 조건에 처하면 착하지 않을 수 있고, 그 반대일 수도 있다. 다만 어려운 상황에서도 대상의 마음으로 대상의 지향성을 배려하고 순박한 마음으로 대응하느냐 않느냐의 문제이다. 대상의 지향성에 대한 배려하는 마음은 누구에 게나 있다. 이 말은 누구에게나 공존의 본성은 내재되어 있다는 말 이다. 선악의 분별심에는 욕망의 유무나 그 크기가 작용할 뿐이다. 욕망이 작용하면 상대에 대한 배려나 겸손은 없어지고, 오직 이기심 이 자아를 지배하게 되어 착하지 않은 대응책을 선택하게 된다. 이 는 대상의 지향성을 살피지 못함을 의미하고 도에 따르지 않음이다. 그러니 하늘의 도는 대상의 지향성을 살피는 착한 사람과 어울린다고 한 것이다.

노자를 해석함에 있어 "나(我)를 없앤다"는 용어를 사용하는 해설가도 간혹 있다. 이분들이 말하는 "나(我)"는 정신적인 "자아(自我)"를 말한다고 생각된다. 그런데 정신과 육체는 분리할 수 있는 것이 아니다. 사람은 정신과 육체 중 어느 하나가 사라지면 다른 하나도 사라지는 공동체이다. 태아나 영아를 예로 들어 자아가 없는 것처럼 말하기도 하는데 그렇지 않다. 자아의 성숙 정도가 다를 뿐이다. 자아는 의식이고, 이 의식은 육신이 난자와 정자의 만남에서 같이 출발하고 같이 성숙한다. 그러니 나(我)는 없앤다고 없어지는 것이 아니고, 없애서도 안 되는 것이다. 그리고 정신적인 나를 성숙되지 않고 피아(彼我)의 구별이 없던 나로 돌아가자는 것도 말이 되지 않는다. 다만 내가 가진 욕심을 내려놓는다고 말함이 옳은 것이다.

80장
순박한 삶

小國寡民, 使有什佰之器而不用, 使民重死而不遠徙, 雖有舟輿, 無所乘之, 雖有甲兵, 無所陳之, 使人復結繩而用之, 甘其食, 美其服, 安其居, 樂其俗, 隣國相望, 鷄犬之聲相聞, 民至老死不相往來.

나라는 작고 백성도 적다. 많은 생활 도구가 있으나 이를 사용하지 않게 하며, 백성으로 하여금 죽음을 무겁게 여기게 하고, 멀리 떠돌지 않게 하라. 비록 배와 수레가 있어도, 그것을 타는 바가 없고, 비록 갑옷과 병기가 있어도 그것을 펼쳐놓은 바가 없다. 사람들로 하여금 다시 옛 제도(노끈을 매게 하고)를 사용하게 하라. 음식을 달게 여기게 하고 의복도 아름답게 여기게 하며, 거처를 편안하게 여기게 하고 풍속도 즐겁게 여기게 하라. 이웃 나라를 서로 바라보고 닭과 개의 소리가 서로 들려도, 백성은 늙어 죽음에 이를 때까지 서로 왕래하지 않는다.

🐟 번역에 유의할 어휘

使有什佰之器而不用(사유십백지기이불용)에서 "什佰之器"를 직역하면 "열 가지 백 가지 그릇"이나 이를 "많은 생활도구"라고 해석하여, 이 문장은 "많은 생활 도구가 있으나 이를 사용하지 않게 하라."라고 번역한다. 여기서 해석의 열쇠는 "器(기)"자이다. "器(기)"는 "그릇, 접시, 도구, (생체의)기관, 그릇으로 쓰다, 재능(才能), 존중하다" 등의 의미이나, "기량(器量)혹은 능력을 가진 사람"을 비유하여 사용되기도 하였다. 따라서 器(기)를 "재능"이란 의미로 해석하면, "작은 나라 적은 국민이지만, 열 사람 백 사람의 재능을 갖게 하되 사용하지 않게 한다." 로 번역된다. 설명하자면 적은 국민이라도 일당십(一當十) 혹은 일당백(一當百)의 기량이 갖게 하라는 말로 해석할 수도 있다. 그러나 이 장에서는 편안한 삶에 관하여 설명하고 있으므로 "많은 생활도구"라고 번역하였다.

使民重死而不遠徙(사민중사이불원사)에서 不遠徙(불원사)는 직역하면, "멀리 배회하지 않게 하라"이나, 의역하여 "백성으로 하여금 죽음을 무겁게 여기게 하고, 멀리 떠돌지 않게 하라"라고 번역한다.

甘其食(감기식), 美其服(미기복)에서 甘(감)과 美(미)의 해석에 유의할 필요가 있다. 앞 문장 使人復結繩而用之(사인복결승이용지)에서 使(사)는 "~하게 하다"는 사역의 의미로 甘其食(감기식), 美其服(미기복) 이후의 문장에도 모두 연결된다. 즉, 使人甘其食(감기식), 使人美其服(미기복)와 같이 해석하는 것이 좋다는 뜻이다. 甘(감)은 단맛을 추구하라는 것이 아니고 어떤 음식이나 달게 여기라는 것이고, 美(미)는 아름답게 꾸미라는 뜻이 아니고 아름답게 여기라는 의미이다. 그러면 이 문장은 "음식을 달게 여기게 하고 의복도 아름답게 여기게 하며, 거처를 편안하게 여기게 하고 풍속도 즐겁게 여기게 하라."라고 번역된다. 노자는 무위 자연을 추구하라고 하였으니 의도적인 단 맛과 예쁘게 꾸밈을 취하라고 하지 않았다.

◁◈ 풀이

이 장(章)의 내용은 도덕경 전체의 내용과는 좀 다른 느낌을 준다. 도덕경의 내용은 주로 현실적 관계를 도나 덕의 관점으로 파악하는 데 반해 이 장은 과거지향적이고 이상향적 느낌이다.

"나라는 작고 백성도 적다. 많은 생활 도구(什佰之器)가 있으나 이를 사용하지 않게 하며, 백성으로 하여금 죽음을 무겁게 여기게 하고, 멀리 떠돌지 않게 하라"고 하였다.

혹자는 노자가 도가적인 이상사회로 소국주의를 지향한 것이라고 하고, 또 혹자는 작고 적은 것이 지향하는 겸허함으로 해석하기도 하지만, 그런 것은 아니라고 생각한다. 노자는 대국에 관한 언급을 자주 하였지만, 소국이 좋다고 한 바가 없고, 이 장의 전체적 맥락에서 보면 삶의 태도에 관한 것이지 국가의 크기에 관한 주장은 아니라고 여겨지기 때문이다.

나라의 크기나 백성의 수에 관계하지 않고, 그 생활도구나 기량이 많더라도 그것들을 사용하지는 말라고 하였다. 이 말은 생활도구를 사용하지 말라는 것이 아니고 많은 도구를 자랑이나 경쟁에 작위적으로 사용하지 말라는 뜻이니, 생활도구를 소유욕의 대상으로 이용하지 말라고 한 것이다. 즉, 검소하게(儉) 생활하고 아낌(嗇)으로 사물을 대하라는 의미이다. 많은 소유는 이기심의 소산이고, 이기심은 선악, 시비 등에 대한 가치와 필요에 대한 선택을 강요한다. 가치에 따른 선택은 경쟁을 만들고 대상의 지향성을 침해하게 만든다. 이는 자신에게는 이롭지만 대상에게는 피해를 주게 된다. 즉, 환경을 침해하게 된다는 것이니 도(道)에 맞지 않는 것이다.

생명은 여러 조건에 의하여 만들어진 존귀한 것이다. 그 자체로도 존귀한 것이지만, 관련된 여러 관계자에게도 중요하다. 이런 생명을 가볍게 할 수 있겠는가? 그러니 노자는 죽음을 무겁게 여기라고 하고 멀리 떠돌지 않게 하라고 하였다. 여기서 멀리 떠돌지(徙) 않는다고 한 것은 이곳저곳 이사하지 않고 가까이 터전을 잡고 주거하는 것을 말한다. 가족이든 이웃이든 함께 정을 나누고 사는 것이 본성에 맞고, 서로가 행복하다는 말이다.

비록 떠날 수 있게 이동수단인 배와 수레가 있더라도 이를 이용해야 할 이유가 없으니 고요함을 지켜 자신을 성찰하게 함으로써 본성에 충실하라고 한 말이다. 전쟁에 임할 수 있게 갑옷과 병기가 준비되어 있더라도 이를 사용하지 않으니 생명에 위험을 느끼지 않고 안전하게 생업에 종사할 수 있다.

본성에 충실하고 생활이 안정되니 옛 것을 잊지 않고 간직하며, 거짓이나 꾸밈이 없는 순수함으로 정을 나누며 살 수 있게 된다. 이를 노자는 옛 제도인 결승(結繩, 글자가 없던 시대, 노끈 매듭으로 기억의 편리를 꾀하고 서로 뜻을 전했던 도구)을 사용하라고 하였는데, 이는 복고(復古)를 말한다기보다 순박하게 살자는 의미를 비유한 것이라 이해함이 좋을 것 같다. 그리고 이런 순박한 생활을 통해 백성은 어떤 음식이나 달게 먹고, 의복도 아름답다고 여기며, 거처를 편안하게 여기고 풍속도 즐겁게 여기라고 하였다. 다시 말해 행복한 마음으로 생활하라는 것이다.

이웃 나라와 서로 바라보고, 닭의 울음소리와 개 짖는 소리가 서로 들리는 가까운 거리에 있어도 욕심내지 않고 만족하게 생활하니, 서로 전쟁으로 마주치지 않아도 되고, 구태여 국경을 넘어 생필품을 구할 필요를 느끼지 않는다고 하였다. 서로의 삶을 존중하며 침해하지 않고 자연스럽게 생활하는 모습을 그린 것이다. 그러니 죽을 때까지 왕래할 이유가 없다. 이 장은 비탐욕적이고 비소유적인 삶과 자족적인 삶을 설명하고 있다.

81장
가식(假飾)과 베풂

信言不美, 美言不信, 善者不辯, 辯者不善, 知者不博, 博者不知, 聖人不
積, 旣以爲人, 己愈有, 旣以與人, 己愈多, 天之道, 利而不害, 聖人之道,
爲而不爭.

　믿음직한 말은 아름답지 않고, 아름다운 말은 믿음직하지 않으며,
착한 사람은 말을 잘하지 않고, 말을 잘하는 사람은 착하지 않으며,
앎을 드러내는(知) 자는 박식하지 않고 박식한 자는 앎을 드러내지
(知) 않는다. 성인은 쌓아 두지 않으니 이미 남을 위하여 사용하여
(以), 자기 즐거움(愈)이 있고(有), 이미 남에게 주었기 때문에(以) 자기
즐거움이 많다(多). 하늘의 도는 이롭되 해롭지 않고, 성인의 도는 이
루되(爲) 다투지 않는다.

🐷 번역에 유의할 어휘

知者不博(지자불박), 博者不知(박자불지)에서 知(지)는 "알다, 드러내다" 등의 의미 중에서 문맥상 "앎을 드러내다"라고 번역한다. 아는 자는 박학하지 않다는 것보다 앎을 드러내는 자는 박학하지 않다고 함이 어울린다. 즉, 아는 체하는 자는 박학하지 않다는 말이다. 既以爲人(기이위인), 己愈有(기유유)에서 以(이)는 옥편에 "하다(爲也), 사용하다(用也), 까닭(因也), 생각하다(思也), 다스리다(牽야)" 등의 의미 중에서 "사용하다"라고 해석하여, 이 문장은 "이미 남(人)을 위하여 사용하여 자기 즐거움이 있다."로 번역한다. 즉, 남을 위하여 가진 것을 사용하여 쌓아 두지 않아도 자신이 즐겁다는 말이다. 既以與人(기이여인) 己愈多(기유다)에서 以(이)는 "~때문에"라는 이유를 나타내고, 己愈多(기유다)에서 己愈(기유)가 주어이므로 "이미 남에게 주었기(與) 때문에(以) 자기 즐거움은 많다."로 번역된다. 다시 말해, 자기가 가진 것을 남에게 주었기 때문에 자신의 즐거움이 크다는 말이다. 이 부분에서 愈(유)는 "(병이)낫다, 유쾌하다, 즐기다, 근심하다, 더욱" 등의 의미 중에서 己愈有(기유유)와 己愈多(기유다)에 어울리는 의미는 "즐기다"와 "더욱"이다. "즐기다"로 옮김은 위에서 언급하였고, "더욱"으로 옮기면 "자기는 더욱 있다, 자기는 더욱 많다"라고 번역된다. 후자로 해석해도 괜찮다.

🔊 풀이

진실하고 미더운 말은 세련되고 듣기 좋은 말이 아니다. 좋은 약은 맛이 쓰고 충고는 듣기 싫다. 수식어가 많아 세련된 말은 본질이 흐

려져 믿음직하지 못하다. 꾸밈없고 소박하며 간결하고 진실하게 본
질을 말하면 듣기에는 거칠어도 미더운 말이다.

착한 사람은 말을 잘하지 않고 말을 잘하는 사람은 착하지 않다고
하였다. 여기서 말을 잘한다고 함은 능숙하게 막힘이 없는 달변을
말한다. 말을 청산유수로 하는 사람은 그 말 속에 어떤 의도를 내포
하고 있다. 즉, 이루고자 하는 목표가 있다는 말이다. 이 목표는 상
대방을 자신의 의도대로 유인하려는 속셈을 가지고 있다. 그러니 착
한 사람이 아니라고 한 것이다.

대개 말을 많이 하여 자신이 가진 지식을 알리려고 하는 자를 박
식하다고 한다. 그런데 실제로 많이 아는 사람은 낮은 곳에 처하고
겸손하여 말을 아낀다. 진실로 박식한 사람은 자신이 모르는 것이
많다는 것을 알고 있기 때문이다. 아는 것만큼 보인다는 말의 의미
와 같다. 박식한 사람이 아는 것에는 자신이 모른다는 것을 안다는
의미가 포함된다. 그러니 노자는 앎을 드러내는(知) 자는 박식하지
않고 박식한 자는 앎을 드러내지(知) 않는다고 하였다. 박식하다는
어휘의 사전적 의미는 배운 것이 많고 학식이 넓다는 뜻이다. 박식의
博(박)자는 "넓다, 깊다, 많다, 크다"는 의미이다. 학교의 수가 많아지
고 매스컴의 발달로 교육의 기회는 매우 넓어졌다. 일반적인 지식은
보편화되고 전문지식도 인터넷으로 쉽게 접근 가능하다. 그런데도
많이 안다고 소리치고 다니는 사람도 많아졌다. 그들의 지식의 깊이
와 폭은 진짜 박식에 해당될까? 큰소리치고 도덕경 강의하는 사람들
도 허점이 많고, 매스컴에서 대중을 상대로 자신의 앎을 자랑하는
사람도 대중의 질책을 많이 받는 것을 보면 노자의 말이 진짜로 맞
는 것 같다.

도를 체득한 성인은 자기가 소유한 바를 쌓아 두지 않고 베푼다. 재산이나 지식을 소유하려 하지 않고 이를 근거로 무엇을 이루려 하지 않으니, 그냥 필요로 하는 자, 그런 조건에 있는 자에게 주는 것이다. 남을 위하여 가진 것을 주면, 그 빈 자리는 즐거움이나 어짊이 채워진다. 노자는 이렇게 나누고 공유하는 것이 자신에게 이롭고 타인에게도 이롭다는 점을 알려주고 있다. 이것이 덕(德)을 베푸는 것이고, 불교에서 말하는 보시(布施)이며, 공존의 본성을 시현(示現)하는 것이고, 우리가 흔히 말하는 사회성의 기초이다. 여기서 "愈(유)" 자는 마음이 점점 나아진다 혹은 치유된다는 글자의 어원을 고려하여 "즐기다"라고 번역하였다.

도는 사물이 어울려져 생겨나게 하고, 존재하게 하는 도리를 말하니, 존재의 근거이고 당위의 근거이다. 도의 작용 방법은 각 개체들의 지향성인 조건을 수렴하고 상호작용하게 하여 새로운 방향성을 만든다. 이 방향성이 존재의 시발점이고 존재의 방식이며, 존재의 사그라짐이다. 천하 만물은 이렇게 생겨나 시작하고 존재하니 이들이 서로 살피고 어우러져 존재하는 방식이 바로 그들의 본성이 되는 것이다.

하늘의 도는 태초에 하늘이 부여받은 본성을 베풀어 시현하는 것이다. 하늘의 본성은 천지가 제자리에서 어울려져 기능하게 함이니 만물을 이롭게 하되 서로 해치지 않는다. 다만 하늘의 도는 만물 간에 친하거나 소원함이 없이 균등하게 작용한다. 성인 또한 사람의 도를 체득하고 이를 행하니 만물이 본성을 행하게 하고 서로 다투지 않게 한다. 이렇게 하늘의 도가 시현되고 성인의 덕이 행해지면 천하 만물은 본성에 따라 공존 공생의 길을 걷게 된다. 그러면 하늘의 도와 성인의 도는 어떤 차이가 있을까? 하늘의 도는 전체 만물을 대상으로 시현되고, 성인의 도는 성인과 관계를 갖는 사물에 한정적으로 적용된다.

이 장은 도덕경의 마지막 장으로 두 부분으로 나눌 수 있다. 첫 부분은 미더운 말(信言), 아름다운 말(美言), 착한 사람(善者), 앎을 드러내는 지자(知者)에 관한 부분이고, 둘째 부분은 하늘과 성인의 덕에 관한 부분이다. 마지막 장에서 미더운 말, 아름다운 말, 착한 사람, 앎을 드러내는 사람 등을 언급한 것은 지금까지 말한 내용에 대한 노자 자신의 입장을 전달하기 위함이라 생각된다. 즉, 도덕경의 내용이 듣기 좋은 말이 아니었고, 세련된 말도 아니었으며, 자신을 부각하기 위한 것도 아니었음을 말한다. 그렇다 도덕경은 천하 만물은 그 존재의 근거와 존재이유를 갖고 있으며, 그 존재는 서로의 관계에 의해 등장하고 유지된다는 내용을 풀어서 설명하고 있지만, 결코 잘 다듬어졌거나 우아한 언어를 사용하지 않았고, 자신의 앎을 드러내려 노력한 것 같지도 않다. 자신이 생각하는 바를 겸허하게 표현한 내용이다. 그러니 문맥이 매끄럽지 않은 부분도 많고, 글자의 의미도 일반적이지 않아 설명이 필요한 부분도 많다. 하지만 그는 도와 덕이 무엇인지를 진실하게 전하고 있다. 아마 그가 이 장 전체를 통하여 말하고자 한 것은 첫 부분에서 "아름다운 말로 표현하지는 못했지만, 그 내용은 진실한 것이다"이고, 둘째 부분에서 "세상에는 도와 덕이 있고, 이 도와 덕은 무위 자연하게 서로 의존적으로 이루어지는 것이니 욕심내지 말고 여유를 갖고 대하면, 이롭고 다투지 않게 된다"고 한 것이리라.

SYSTEM

3편

시스템 관점과
도덕경 주요 개념

1장
왜 시스템 관점인가?

/

   도덕경의 내용은 도와 덕에 관한 설명이다. 그럼에도 도에 관한 정의는 언급하지 않고 독자가 스스로 체득하여 알게 하는 방법으로 도를 설명하고 있다. 독자가 스스로 도를 알 수 있게 설명하였으니 독자는 도덕경을 읽고 도의 정의를 체득하여야 하는데, 그것이 그렇게 만만하지 않다. 왜 그럴까? 첫째는 전체의 맥락을 잡지 못함이고, 둘째는 도를 설명한 부분들의 공통점을 찾기 어렵기 때문이다. 공통점을 찾기 위해 많이 사용된 용어를 살펴보면 다음과 같다.

   도(道), 덕(德), 유무(有無), 명(名), 무위(無爲), 상(常), 모(母), 명(明), 충(沖), 지(知), 허(虛), 정(靜), 현(玄), 미·묘(微·妙), 복(復), 화(和), 자연(自然), 박(樸), 만물(萬物), 천하(天下), 왕(王), 치국(治國), 전쟁(戰爭), 영아(嬰兒), 계곡(溪谷), 물(水), 욕(欲), 기(器), 상(象), 대립적인 개념(선악, 미추, 장단, 고저, 전후, 부귀, 강약, 영욕, 청탁, 생사, 곡직, 중경, 자웅 등등), 성인(聖人), 도적, 규범[인仁, 의義, 예禮, 지智], 이(夷)·희(希)·미(微), 황홀(恍惚), 사회적 삶과 자연적 삶, 생·육(生·育), 정·기(精·氣), 득(得), 신(信), 아낌(嗇) 등등.

   이들 용어들이 공통적으로 의미하는 것이 무엇인지를 파악하면 전체의 맥락을 잡는데 도움이 될 것이다. 이들을 유사성으로 묶어서 분류하면 가장 쉽게 식별되는 것이 대립적인 개념이다. 다음은 천하 만물 등의 사물이다, 그리고 국가의 다스림, 사람의 삶(처세, 생과 사, 사회생활), 만물의 존재방식(탄생과 성장, 사라짐의 순환) 등이다. 이들을 요약하면 대립개념을 가진 사물이 생겨나 존재를 영위하다 사라지고 다시 등장하는 존재에 관한 것이고, 존재방식에 대한 것이다. 한 마디로 모든 사물의 존재와 존재 방식에 관한 것이다. 이것이 도(道)라는 것이다. 다시 말해 만물이 함께 존재하는 방식이 도이고, 만물이 공존하는 방식이 도(道)이다. 그러면 어떻게 해야 공존할까? 대립개념이 조화하여 상생 상존하고 공생 공존해야 한다고 노자는 말한다. 상생 상존하고 공생 공존함은 서로가 서로의 조건이 되어 의지하는 방식이다. 이는 이미 만물의 존재가 그렇게 시작되었고, 그렇게 상호작용하고 있다. 이것이 자연이다. 자연은 서로가 서로의 조건이 되니 서로의 지향성을 존중하고 배려하는 관계이다. 그러니 도(道)는 자연의 지향성이다. 자연은 만물로 구성되어 있으니, 자연의 지향성은 만물의 조화로운 지향성이라 할 수 있을 것이다. 노자가 도덕경에서 81장을 통하여 설명한 것은 만물의 조화로운 지향성이다.

우주 만물의 존재와 존재 양식은 어떤 것일까? 만물이 있음은 형상이 있다는 것이고, 형상이 있음은 구조가 있다는 말이다. 구조를 갖는 사물은 구성요소인 부분이 있다. 부분이 있음은 그들을 하나로 엮는 끈이나 힘이 있다는 말이다. 서로 당기고 밀거나, 서로를 얽어매는 힘의 작용이 상호작용이다. 상호작용을 한다는 것은 기능하고 있다는 것이다. 상호 작용을 하는 구조를 우리는 시스템이라 한다. 시스템은 기능하는 구조이다. 도덕경은 만물의 존재이유와 존재 양식에 대하여 설명하는데, 이 존재양식이 서로 상호작용하는 관계를 갖고 있으니 시스템에 관한 설명이다. 시스템에 대한 그냥 설명이 아니라, 이들이 서로 얽혀서 공존하는 도리에 관한 설명이다. 이러하니 노자의 도를 시스템으로 설명하면 우리는 그가 설명하고자 하는 바를 현대적으로 쉽게 이해할 수 있을 것이다. 이것이 도덕경 풀이에 시스템 관점이 필요한 이유이다.

2장
시스템이란?

시스템이란 용어는 모든 자연현상이나 사회현상에서 두루 사용되고 있다. 이는 자연현상과 사회현상이 시스템의 형태를 취하기 때문이다. 시스템이란 용어는 제도, 체계, 장치, 계통 등과 같이 유사한 뜻으로 사용되는 단어를 포함하면 그 사용 빈도는 헤아릴 수 없을 정도로 많다. 이렇게 많이 자주 사용함에도 불구하고 시스템의 정의가 무엇인지 질문하면 간단히 대답할 수 있는 사람은 의외로 드물다. 대다수가 같은 뜻의 용어인 체계, 체제, 제도라고 답한다. 그 답이 틀렸다고 하는 것이 아니라, 시스템이 의미하는 것이 무엇인지를 제대로 설명하지 못한다는 것이다. 시스템의 의미를 알아보기 위해 먼저 시스템의 예들을 살펴보자. 우주, 은하, 태양계, 지구, 자연, 국가, 사회단체, 사람, 동물, 식물, 공장, 기계 등 공산품 등등이 모두 시스템이다. 그러고 보면 우리가 접하는 모든 사물이 시스템이라 할 수 있다. 이들을 왜 시스템이라 할까? 먼저 이들 단어 중 조금 생소할 수 있는 천체에 대하여 간단히 살펴보자.

우주는 존재하는 모든 것으로 모든 형태의 물질과 에너지를 포함한 시공간과 그 내용물 모두를 통틀어 말한다. 우주는 약 천억 개의 은하로 구성되어 있고, 각 은하는 수십억 개의 항성으로 구성되어 있다. 우주의 크기는 아직 알 수 없지만, 현재 관측 가능한 우주의 크기는 지름이 930억 광년으로 추정된다고 한다.

은하는 우주를 구성하고 있는 단위의 하나로 수천억 개 이상의 별·가스성운·암흑성운 등으로 이루어진 대집단이다. 은하 중의 하나인 은하계(The Galaxy)는 우주의 수많은 은하 중에 태양계가 포함되어 있는 "우리 은하(our galaxy)"를 말한다. 우리 은하는 태양계 및 약 1,000억 개의 항성과 성단 및 성간 물질로 이루어져 있다고 한다. 우리 은하의 지름은 10만 광년이고, 태양계는 그 중심에서 2만 6천 광년 떨어져 있다고 한다.

태양계는 태양과 태양의 영향권 내에 있는 주변 천체로 구성된 천체의 집단으로, 항성인 태양, 태양을 공전하는 수성·금성·지구·화성 등의 행성, 그 행성을 공전하는 위성, 그리고 소행성, 혜성, 유성 등으로 구성되어 있다.

이들 우주, 은하, 태양계의 특징은 모두 별들로 구성되어 있고, 서로 어떤 힘에 의해 관계를 맺고 있으며, 에너지를 갖고 빛을 내면서 정해진 방향을 따라 움직이고 있다. 바꾸어 말하면 우주·은하·은하계·태양계는 여러 독립된 구성 요소인 별들을 포함하고 있고, 이들 요소들은 스스로 작동하면서 연결되어 상호작용한다. 즉, 독립적으로 작용하는 부분이 어떤 힘으로 연결되어 전체를 구성하고 있는데, 이 전체는 그보다 더 큰 전체의 부분이 되어 작동한다.

천체뿐만 아니라 사물도 요소들의 결합된 구조로 전체를 형성하고, 요소들은 상호 의존적으로 작동하여 전체의 기능을 수행한다. 이렇게 사물은 구조성, 전체성, 기능성, 상호 의존성 등의 특징을 갖는데 이를 시스템이라고 한다. 이들 특성을 기초로 시스템을 정의하면, 시스템은 독립적이면서 상호 의존적으로 기능하는 구조이다. 상호 의존한다는 말은 서로 관계한다는 의미이다. 그러니 시스템은 의존관계를 갖는 요소들의 집합이라고 할 수 있다.

3장
시스템의 특성

시스템이 독립적이면서 상호 의존적인 기능 구조라고 함은 구조를 갖는다는 점과 기능한다는 점으로 구분하여 설명할 수 있다. 먼저 구조를 갖는다고 함은 구성요소인 부분을 갖는다는 말이다. 예를 들어 국가, 사회, 조직, 사람, 동물, 식물, 기계 등을 살펴보면, 이들도 자연계와 같이 각각의 구성 요소들을 갖고 있다. 그리고 이 구성 요소들은 어떤 끈이나 에너지로 연결되어 관계를 맺고 있다. 구조는 독립적인 부분이 연결되고 짜여서 전체를 이룬다. 구성요소가 독립적이라 다른 것과 분리되어 경계를 갖고 있다. 결국 부분이 전체를 이루고 이 전체가 다른 전체의 부분이 되어 어디에 소속되니, 환경과 계층이 있다. 즉, 구조성의 특징은 부분성, 경계성, 전체성, 환경과 계층을 갖는다.

기능은 어떤 방향을 향하는 움직임이고, 방향을 향한 움직임은 목적이다. 목적을 갖는 상호 의존적인 기능은 부분들이 목적인 결과를 산출하는데 기여하도록 서로 조화를 이루며 작용한다. 목적한 결과는 투입된 자원을 처리하여 만드는 것이니, 이는 처리체계를 이용하여 input을 output으로 변환하는 것이다. 이 처리체계는 에너지를 이용하므로 불가피하게 열역학의 적용을 받아 무질서(엔트로피)가 증가한다. 엔트로피의 증가는 처리체계의 효율을 떨어뜨려 목적인 결과를 만들지 못하는 경우가 발생할 수도 있다. 또 처리체계를 구성하는 요소의 효율이 떨어지거나 고장이 나면 전체가 제대로 작동하지 못하고 변화를 만들기도 한다. 이런 문제가 발생하면, 최악의 경우가 아니면 작동은 되어도 예정된 것과는 다른 결과를 만든다. 이는 부분들의 상호작용은 선형적인 인과율에 의하여 작동하지 않고 상호 의존적 상관율에 의하여 작동하여 동인이과(同因異果) 혹은 이인동과(異因同果)를 나타내기도 한다. 이와 같이 시스템의 기능은 처리체계의 특성을 갖는데, 이는 목적성, input-output 변환, 엔트로피 증가, 이인동과성, 동인이과성, 상호인과성 등의 특성을 갖는다.

위에서 살펴본 시스템의 특성은 그 정의에서 연역적으로 추론하는 것이 바람직하다. 즉, 시스템이 상호 의존적인 기능 구조이니, 상호 의존적 특성, 구조적 특성, 기능적 특성으로 구분하여 파악하는 것이 좋다는 뜻이다. 아래에서는 이들 특성을 좀더 상세히 살펴보고자 한다. 구조가 갖는 특징인 부분성·경계성·전체성·계층성 등은 관련된 물리적 현상에 주안점을 두고, 기능이 갖는 특징인 목적성·input-output 변환·엔트로피 증가·이인동과성·동인이과성 등은 작용과정에 주안점을 두고 살펴볼 것이다. 그리고 상호 의존적 특성은 구조나 기능 양면의 특성에 공통으로 작용하는 특성으로 제어, 피드백, 창발성 등으로 시·공간적 관계에 그 주안점을 둔다.

1) 구조적 특성

○ 조직성

구조란 부분이나 요소가 짜이거나 얽혀 만들어진 전체를 말한다.

부분이 전체가 되려면 부분을 연결하는 연결 고리가 필요한데 천체 (天體)와 같이 분리되어 전체를 구성하는 경우의 연결고리는 중력이나 인력이고, 동식물이나 공산품과 같이 하나의 실체로 존재하는 경우는 얼개로 엮임이다. 동식물의 경우는 유전적으로 설계된 바에 따라 자기조직적으로 얼개가 얽혀지고, 공산품의 경우는 외부 힘의 작용으로 짜맞춰진다. 이 얽힘이나 짜맞춤을 조직이라 한다.

○ 전체성

부분들은 모여서 전체로서 하나의 실체를 갖게 되면, 이 실체는 독립된 목적을 갖고 기능하기 때문에 전체의 특성은 부분들의 특성과는 전혀 다르다. 즉 새로운 기능을 만든다. 이것은 각기 다른 기능의 융합이고 창조이다. 드론은 감지기, 모터, 프로펠러 등 각기 전혀 다른 기능을 가진 구성품이 조립되어 하늘을 나르는 비행체가 된다. 이 외에도 색상이 다른 물감을 혼합하면 완전히 다른 색상이 되고, 미세한 물방울이 햇빛을 받으면 무지개가 되는 것도 부분이 모이면 아주 새로운 창조물이 만들어지는 예이다. 피아노, 컴퓨터 등 공산품은 모두 이렇게 만들어진다. 즉, 전체는 단순한 부분의 집합체가 아니라 그 이상의 전체성(Holism)을 가진다. 그러니 부분의 개별적 분석만으로는 전체 시스템을 이해할 수 없고 부분의 상호관계를 중심으로 전체분석을 통해야만 이해할 수 있다.

자동차에 부착된 바퀴는 전체인 차가 움직일 때 비로소 전체에 기여하는 기능을 한다. 사람의 경우 정신과 신체는 별개의 실체가 아니라 통합조직인 전체로서 작용한다. 손가락을 바늘에 찔리면 아픈 감각은 신경을 타고 뇌로 연결되고, 대뇌의 연합피질은 이 신호를 운동피질에 보내며, 운동조직은 신경에 자극을 주어 손가락을 움츠리게 만든다. 이와 같이 신체활동은 정신활동인 뇌의 활동에 연계되어 움직인다. 그리고 한 부분에서 일어나는 일은 전체에 영향을 미친다. 자동차의 바퀴가 기능을 하지 못하면 차는 움직일 수 없는 것과 같은 의미이다. 그 영향의 정도는 전체의 목적에 기여하는 상호 의존성의 정도에 따라 다르다.

○ 경계

부분과 전체가 있음은 형태가 있다는 것이고, 형태가 있음은 외부 공간과 구분된 경계를 갖는다. 경계 밖을 환경이라 한다. 개체는 환경의 부분으로 기능하므로 환경과 상호작용한다. 이 상호작용은 개체가 필요로 하는 요소를 환경에서 구하고, 환경이 필요한 요소를 개체가 공급하는 형태를 취한다. 즉, 개체는 자신의 생존을 위하여 환경에서 물자를 구하고, 환경의 필요에 응하기 위하여 자신의 산출물을 환경에 공급한다. 이것이 공생관계이다. 이 관계에서 외부와 구분 짓는 경계는 개방적일 수도 있고 폐쇄적일 수도 있다. 경계의 개방 정도는 그 시스템의 생존과 질서에 많은 영향을 미친다. 정체성과 응집력이 약한 시스템이 개방적이면 외부 환경의 영향력이 커져 무질서가 증가하는 반면, 정체성과 응집력이 강한 시스템이 개방적이면 외부의 정보나 사물을 적극적으로 이용하여 시스템의 발전을 기한다.

이 경계는 물리적 경계를 갖는 경우와 심리적 경계를 갖는 경우로 구분할 수 있는데, 물리적인 경계선을 갖는 경우는 공업단지, 연구단지, 주거 단지, 지역사회, 국가, 위성, 행성 등이 있다. 심리적 경계선을 갖는 경우는 보수 진보 등 이념 집단, 빈부, 귀족, 평민 등이 있다. 그리고 경계의 존속 기간에 따라 임시적인 경계선을 갖는 위원회나 태스크포스팀 등이 있고, 영구적인 경계를 갖는 동창회나 향우회 등이 있다.

○ **환경과 계층**

모든 시스템은 하위 시스템을 구성요소로 하여 구성되고 다른 시스템과 조합하여 상위시스템을 만든다. 동식물, 땅, 대기 등이 지구를 만들고, 지구는 수성·금성·화성 등의 행성과 조합되어 태양계를 만들며, 태양계는 은하계를, 은하는 우주를 형성하는 것과 같다. 개인 → 가족 → 지역사회 → 국가 → 세계로 이어짐도 시스템 계층의 예이다. 자신은 소속된 전체의 부분으로써 하위시스템이지만, 자신을 이루는 부분들의 상위시스템이다.

상위시스템은 하위시스템의 환경이 된다. 인간은 자연환경과 사회환경에 속한다. 가족·혈족·직장·문화 등이 사회환경이고, 동물·식물·땅·대기 등이 자연환경이다. 기업조직은 자연환경과 사회환경에 소속되는데, 기업의 사회환경은 지역사회, 납품업체, 공급업체, 고객, 사회제도 등이다. 환경은 개체의 외부에 존재하고 부분은 개체를 조직하는 내부에 존재한다. 환경은 개체가 자신의 기능을 수행하는데 조건으로 작용한다. 예를 들면 납품업체의 물품납기는 제품생산 시기를 결정하는 조건이 되고, 고객의 수요 또한 생산시기를 결정하는 조건이 된다.

일반적으로 시스템은 다른 시스템의 부분이 됨으로써 계층구조에 포함된다. 이 계층의 개념은 자연관계나 사회관계에서 보편적이다. 현실에서 어떤 개체이든 어디에 속하지 않음이 없다는 뜻이다. 예를 들면 "세계>국가>지역사회>집단>개인>기관>세포>분자>원자>입자"의 계층과 같다. 계층은 일반적으로 상위계층이 하위계층을 제어하고, 구조에서는 상위계층일수록 단순하여 진다. 예를 들면 집단은 개인보다 구조적으로는 단순하지만 개인을 통제한다. 그러니 덜 복잡한 시스템이 더 복잡한 시스템을 통제한다. 이와 같이 제어시스템은 복잡한 것을 단순화하여 제어하는 것이 그 속성이다. 집단이 구성원을 통제할 때는 개인들이 갖는 다양성을 무시하고 동질적으로 간주하여 단순화함으로써 통제한다. 동물의 경우 대뇌가 신경조직을 통하여 인식하고 반응함으로써 지향하는 바를 추구하도록 부분을 제어하지만, 부분은 기능할 뿐 상위계층을 제어하지는 못한다.

2) 기능적 특성

○ 목적성

시스템이 기능한다고 함은 작동하여 움직인다는 것이고 이는 어느 방향으로 나아간다는 의미이다. 즉, 능동적 지향성을 갖고 목표한 바를 행한다. 목표한 바의 기능을 달성하기 위해 부분들이 갖는 고유 기능의 통합은 시스템의 존재 이유이다. 시스템이 생겨나고 만들어지는 것은 어떤 필요가 있었기 때문이다. 이 필요는 환경의 요구이다. 필요는 조건이 형성되면 이에 부응하여 모습을 드러낸다. 조건은 구성요소, 구성요소를 통합할 수 있는 자연 조건, 통합기술 등의 인공 조건과 사회·경제·문화·정치적 조건 등이 있다. 이 조건들이 시스템 탄생에 적합하게 형성되면 시스템이 생겨난다. 농산물을 재배하려면 농작물의 씨앗, 온도·습도·땅·빛·물 등의 자연조건, 농산물에 대한 고객의 수요, 재배자, 그리고 재배능력 등의 조건이 형성되어야 비로소 재배에 필요한 인적·물적 자원의 결합을 통해 재배시스템을 갖춘다.

목적은 구성요소들의 기능을 조합한 총합이 아니고 총화이다. 여기서 총화(總和)라고 함은 1 + 1 = 2와 같은 총합이 아니라는 것이다. 예를 들면 10명에게 각각 문제를 풀게 한 후 채점을 하고, 다음은 같은 문제를 10명이 모여서 토론을 한 후 공동 답안지 만들고 채점하게 하면 어떤 결과가 일어날까? 10명 중 개별 최고점과 토론 후 작성한 공동 답안지의 점수는 어느 쪽이 더 높을까? 전체의 공동 답안지의 점수가 개인의 최고점보다 높을 수도 있고, 낮을 수도 있다. 이런 것이 시스템의 특성이다. 어쨌든 부분의 능력이 좋아야 하고 이들을 잘 통합하여야 전체의 성능이 높아진다. 즉, 목적을 달성할 수 있다. 그러니 부분의 능력 못지않게 통합능력이 중요하다. 통합능력은 의사 소통력, 설득력, 리더쉽, 논리 구성력, 변화 적응력, 창의력, 재능 등이다.

시스템의 균형은 외부 균형과 내부 균형으로 구분할 수 있는데, 외부 균형은 최종 목적인 환경의 요구와 내부 능력의 균형이고, 내부균형은 투입(input) 자원과 처리능력 간의 균형과 구성 요소들 간의 균형이다. 균형의 중요성은 시스템의 효율 때문이다. 외부 균형은 시스템의 존재이유에 해당되고 시스템의 목적이나 사명이다. 내부균형은 그 시스템의 부분별 목표이고 처리체계의 효율성과 관련된다.

간혹 목적과 목표를 구별하지 않고 사용하기도 하여 이에 대한 설명이 필요한 것 같다. 목적은 실현하고자 하는 의도에 초점을 두고 이루려고 하는 지향점으로 외부와의 계약이고, 목표는 목적을 이루기 위해 실제로 구체화시킨 내부적 표적으로 지표나 과녁, 결승점을 의미한다. 일출을 보려 산에 오를 경우 목적은 일출 구경이고 목표는 산에 오르는 것이다. 목적과 목표 외에 개체의 존재이유를 지향점으로 삼는 사명(mission)이 있는데, 이는 근본적인 목적이며 쉽게 말하면 맡겨진 임무이다.

일반적으로 조직에서는 사명, 목적, 목표를 경영전략의 지향점으로 삼고 있다. 그리고 종교인의 경우도 존재 이유인 사명을 삶의 지향점으로 정하고 이에 이르고자 수행하는 분들도 있다. 기업의 경영이나 개인 삶에서 목표는 대개 다원적이다. 학생이 국어, 영어, 수학 등에서 높은 점수를 목표로 하는 것이 좋은 예이다. 하지만 이는 최종 목표인 좋은 대학에 진학하고 좋은 직장에 취업하기 위한 것이고, 궁극은 행복한 삶을 위한 것이다. 행복한 삶이 목적이지만 이에 도달하는 방법은 반드시 좋은 대학, 좋은 직장이 아닐 수도 있다. 예를 들면 욕심을 내려놓으면 더 쉽게 행복에 도달할 수도 있다. 이와 같이 다원적인 목표를 정하고 이를 달성하기 위해 노력함에 있어서 목표 간의 우선 순위와 자신의 능력, 가용자원 등을 살피는 것도 대단히 중요하다. 이런 사고가 부분 간의 균형인 내부 균형을 취하는 방법이고 점진적으로 외부균형인 목적에 도달하는 방법이다. 이것이

3편 시스템 관점과 도덕경의 주요 개념

성장이고 성숙이다.

○ Input-Output 전환

시스템이 자체의 목적을 달성하려면 필요한 자원이 투입되어야 한다. 투입된 자원은 전환과정을 통하여 목적한 활동이나 산출물(Output)로 변형된다. 투입되는 자원이 가공되어 산출물이 되는 것은 자원의 처리에 필요한 장비의 효율과 장비의 운용능력, 자원의 조합과 가공 기술력 등 물적·인적 능력이 결합된 시스템의 내부 처리능력에 의한다.

이 내부 처리과정의 효율은 직접적으로는 내부 처리시스템의 효율에 의하지만, 간접적으로는 시스템이 외부 환경으로부터 얼마나 많은 자원, 정보, 에너지를 조달할 수 있고, 산출물을 외부환경의 요구에 적합하게 공급할 수 있는 지에 의존한다. 외부환경의 요구는 시스템의 유지에도 필요하지만, 발전의 기회도 제공한다는 점에서 매우 중요하다.

투입되는 대상은 외부환경으로부터 시스템으로 들어오는 것으로 자연계의 가시적 자원일 수도 있고, 비물질적 정보일 수도 있으며, 시스템 내부의 정보일 수도 있다. 투입은 단일구조일 수도 있지만 복합구조일 수도 있다. 다양한 형태의 자원을 처리하기 위해서 다양한 기능이 필요하고, 이 다양한 기능은 다양한 구조를 필요로 한다. 이는 설비의 다양성과 기술의 다양성을 의미한다.

시스템이 목적을 달성하려면 이에 필요한 자원이 투입되어야 한다. 필요한 자원이란 적합한 자원을 말한다. 적합하다는 것은 용도로서 적격일 뿐만 아니라 경제적인 가치에서의 적합함도 포함된다. 용도에 적합한 자원은 조직이 목적으로 하는 결과물을 얻는데 알맞은 자원과 조직의 설비나 비품 등을 유지관리에 필요한 자원이다. 그리고 경제적 필요에 따라서는 대체재를 재처리 하여 적합한 자원으로 가공할 수도 있다. 이런 기술도 시스템이 갖는 인적 장비에 포함된다. 인적 장비는 사람이 갖는 지적 능력인데, 여기에는 물리적 기술, 사회적 기술, 재능, 특허권, 비법 등을 포함한다.

이와 같이 시스템이 갖는 특성으로 자원의 변환, 즉 Input-Output 변환은 시스템이 처리체계라는 점을 강조하고, 시스템이 존재하려면 환경의 필요에 상호작용할 수 있어야 함을 설명한다.

○ 개방성

시스템이 외부환경과 상호작용 정도에 따라 개방시스템과 폐쇄시스템으로 구분한다. 폐쇄시스템은 입력이 결정되면 추가적인 입력이 없는 시스템으로 외부 환경에 닫힌 시스템이다. 폐쇄 시스템의 특징은 시스템이 그것이 존재하고 있는 환경과 상호작용을 하지 않고 환경으로부터 격리되어 있다. 이 시스템은 구성요소만으로도 존재를 유지할 수 있고 자체로서 모든 것이 충족된다. 환경의 영향은 무시되거나 그 영향이 고려된다고 해도 거의 중요성을 갖지 않는다. 실제로 폐쇄시스템은 단순한 가정에 불과하고 현실적으로 존재하지 않는다. 존재하더라도 1회용이고 종국적으로 틀에 갇히어 Entropy 작용으로 퇴화하고 마모된다.

개방시스템은 환경으로부터 입력이 계속적으로 이루어져 시스템이 지향하는 목적을 달성하고 처리한 산출물을 환경에 공급함으로써 환경에 적응한다. 폐쇄체계에 비하여 개방시스템은 시스템 자체나 구성요소가 시스템의 경계를 넘어서 외부환경과 상호작용한다. 따라서 개방체계는 그 환경과 관계가 많아지고 복잡해진다. 개방시스템은 자원, 에너지. 정보를 받아들이고 이를 전환시켜 재화나 정보, 서비스를 산출하는 처리시스템이다. 이런 처리시스템은 계속적으로 피드백이 이루어져서 환경과의 균형 상태를 유지한다. 개방체계의 일반적인 속성으로 캐츠(D. Katz)와 칸(R.L Kahn)은 다음 열 가지를 열거하고 있다(General Systems Theory, Lars Skyttner, World Scientiffic, 2010, P. 63).

에너지 유입(Importing), 처리량(throughput), 산출(output), 사건의 순환(Cycles of events), 네가티브 엔트로피(Negative entropy), 정보의 입력과 코딩 과정, 적응을 포함한 균형과 동적 항상성, 차별화(협업, 복잡화), 통합과 조정, 등결과성.

개방시스템은 외부의 환경에 적응하고 발전하는 지향성을 갖는다. 개방시스템은 환경과 상호작용하고 환경의 필요나 조건에 응하여 스스로를 변화시켜 적응한다. 그늘에서 자라는 식물은 가지를 뻗어 햇빛을 쬐려 하며, 열악한 환경에서 자란 아동은 호화로움 생활을 동경하게 되는 것과 같다. 환경과의 관계에서 위협을 받지 않고 불안을 느끼지 않으며 평온한 상태를 유지하는 것이 적응의 방향이다. 적응에 실패하면 주변 환경에서 위협과 불안을 느끼게 되고 이를 피하고자 행동하는 것이 개방시스템인 유기체가 갖는 특성이다.

유기체는 환경에 적응하려는 소극적인 면도 있지만, 타고난 잠재력을 개발하고 발전을 원하는 적극적인 욕구도 가진다. 이는 유기체인 생명체가 자기증식을 통하여 생명을 유지하고 종족을 번식시키고자 하는 본능을 갖고 있기 때문이다. 이 본능은 개체의 특성에 따라 다르다. 소극적인 적응과 적극적인 발전의 욕구는 시스템이 갖는 자기 조직적 특성으로 시현되고, 이는 환경 내에 존재하는 다른 생명체와 경쟁에 의해 조장된다. 이 발전 지향성을 사람의 경우는 자아실현 욕구라고 하는데 실제 실현 여부는 적성과 환경에 많이 의존한다.

어떤 시스템을 이해하기 위해서는 그 시스템을 구성하는 구성요소의 지향성, 전체의 지향성, 그리고 환경의 요구를 파악하는 것이 중요하다. 즉, 시스템을 이해하기 위해서는 그 존재이유와 존재방법인 기능을 파악하고 환경의 요구가 어떻게 변화할 것인지를 예측하는 통찰력이 필요하다. 시스템에 문제가 발생하여 해결하려 하거나 시스템에 새로운 변화를 시도하려면, 부분의 기능과 목적이 전체의 기능과 목적에 어떻게 연결되어 있는지에 대한 의존관계와 제어체계를 파악하고 이해해야 한다. 그렇지 않고 문제해결을 위하여 새로운 자원이나 정보, 에너지를 투입하면 엉뚱한 결과를 만들게 되어 문제를 더욱 꼬이게 만들 수 있다. 예를 들면 부동산 시장의 과열을 막기 위하여 수요에 각종 규제책을 시행하면 시장은 여기에 맞서 공급을 규제하는 역효과를 만든다. 시장은 수요와 공급이라는 시장의 논리에 따르는 것이 그 존재 이유이다. 그리고 시중의 유동성과 시장의 심리적 요인 등과도 상호작용한다.

환경과 부단히 상호작용하는 것이 개방시스템의 본질적인 특징이다. 조직이 존속하고 성장하기 위해서 조직 외적인 여건과 상호작용하면서 동태적인 균형을 유지한다. 동태적 균형은 환경이 변화면 시스템도 변화에 대응하여 항상성을 유지하는 것이다. 즉, 시스템이 유지되기 위해서는 환경이 변화를 요구하면 그 요구에 응해야 하고, 구성요소가 여기에 적합하게 유기적으로 연결되어 구조와 기능을 가변적으로 유지할 수 있는 탄력성을 지니고 있어야 한다. 이러한 동태적인 균형의 유지가 조직의 존속에 필연적이므로 시스템 경영자는 시스템의 안정과 적응을 위한 다양한 작동 원리와 구조를 이해할 수 있어야 한다. 그런데 환경의 요구는 보려고 해도 잘 보이지 않고(夷), 들으려 해도 잘 들리지 않으며(希), 잡으려 해도 잘 잡히지 않는데(微), 변하고 나면 그 결과는 확연히 나타난다. 변화의 조짐은 흐릿하고 작으며 미약하기 때문이다. 고객의 요구가 그러하고 시장의 변화가 그러하다. 시스템 경영자의 각별한 주의가 필요한 대목이다.

또한 시스템은 내부의 요구에도 민감하게 반응하여 안정적 내부균형을 유지한다. 시스템은 유지, 존속하기 위해서 피드백을 통한 자기통제적 수단을 지닌다. 시스템은 내부의 변화에 대응하여 안정을 유지하고, 외부환경에 적응하기 위하여 투입과 처리능력, 산출물에 대하여 끊임없이 분석하고 조정하는 피드백이 지속적으로 이루어진다. 앞에서 언급한 부동산 시장도 수요와 공급, 가격의 동향 등을 항상 관찰하고 정보를 수집하여 수요와 공급 시장에 피드백이 작동하게 하여야 안정적인 균형을 유지할 수 있다. 시장의 원리가 작동하게 하여야 한다는 것이다. 정부의 정책담당자들의 존재이유는 이렇게 피드백이 제대로 작동하게 하는 것이다. 정책은 시장이 원활하게 작동하게 지원하는 것이 좋고, 시장을 규제하는 것은 바람직하지 않다.

시장은 개방시스템의 특성을 갖는 전형적인 시스템이다. 그러니 시장은 스스로 환경의 요구에 적응하고 변화하는 생물이다. 마치 물고기가 바다를 헤엄치는 것과 같다.

기업은 환경 속에 살고 있는 생명체와 같다. 따라서 생명의 존속을 위해 환경과의 상호작용을 한다. 물질과 에너지, 정보의 교환이 필수적이다. 그리고 환경이 변화하면 기업도 변화돼야 한다. 환경이 10만큼 변화하면 기업도 당연히 10만큼 변해야 함은 당연하고 앞으로의 변화도 예측하여 변화의 수용태세를 갖추어야 한다. 개방의 정도는 시스템의 생존과 직결된다. 기업 조직은 고객의 요구에 응하지 못하면 존재할 수 없기 때문이다. 기업경영은 정치, 경제, 사회, 기술의 변화에 따라 직·간접적으로 영향을 받기 마련이다. 이 변화에 선제적으로 대응하는 기업만이 생존한다. 기업의 생존에 가장 큰 영향을 미치는 환경은 기술환경이다. 시장과 지적재산권의 허용범위가 세계화됨으로써 과학기술의 선도자는 세계시장을 선점하고 독자적인 시장을 향유할 수 있으나 그렇지 못하면 기업의 입지는 왜소해질 수밖에 없다. 특히 국내시장이 작은 국가의 산업은 피폐해지고 대국에 경제적으로 종속되기 쉽다. 결국 기업의 경쟁력이 국가의 경쟁력이라 할 수 있다. 그런데 정치인들은 이것을 모른다.

지금은 정보통신의 발달로 온라인에 이어 무선이동통신시대가 되었다. 언제 어느 곳에서나 휴대폰으로 입금, 인출, 송금, 대금결제 등이 가능하고 사물인터넷으로 가전기기도 외부에서 제어 가능하게 되었다. 만약 어떤 금융기관이 수기통장만을 아직도 고집하고 있다면 그 기업이 살아남을 수 있겠는가? 결국 기업은 정치·경제·사

3편 시스템 관점과 도덕경의 주요 개념

회·문화 등 여러 사회적 환경으로부터 유·무형의 자원을 조달하고 투입하여 내부 전환과정을 거쳐 산출한 생산물을 다시 사회에 제공하는 개방시스템이다. 기업이 환경에서 조달하는 유·무형의 자원은 물리적인 자원뿐만 아니라 개인의 욕구와 기대, 지식과 기술 등을 포함한다. 환경이 제공하는 유·무형의 자원은 그 기업이 갖는 감수성에 따라 자원이 될 수도 있고, 아닐 수도 있다. 변화를 읽고 가치를 파악하는 통찰력이 필요하다. 통찰력으로 변화를 알고 이를 내부에 피드백(feed-back) 혹은 피드포워드(feed-forward)하는 시스템을 갖추는 것이 중요하다. 30년을 생존하는 기업이 많지 않다고 하니 세계경제 역사는 기업사멸의 역사라고 해도 되지 않을까?

○ 엔트로피 증가

열역학에는 제1법칙인 에너지보존의 법칙과 제2법칙인 엔트로피 증가의 법칙이 있다. 열역학이란 에너지의 한 형태인 열과 역학적 일(물체의 운동)과의 관계를 연구하는 물리학의 분야이다. 그러니 에너지보존의 법칙이나 엔트로피 증가의 법칙 등은 열과 물체의 운동 간의 변화에 따른 에너지의 증감 변화를 설명하는 법칙이다. 에너지보존법칙은 에너지의 형태가 바뀌는 경우, 외부의 영향을 완전히 차단한 고립시스템에서는 물리적·화학적 변화가 일어나도 그 변화에 관계없이 전체의 에너지양은 항상 일정하다는 것이다. 즉, 제1법칙은 열역학 계(system)의 내부에너지 변화는 시스템에 가해진 열과 시스템이 외부에 한 일 사이의 차이와 같다는 것을 의미한다. 수식으로 써보면 다음과 같다.

$$\triangle E = Q - W$$

여기서 △E는 시스템 내부 에너지 변화, Q는 시스템이 외부에서 흡수되는 열, W는 시스템이 외부에 한 일이다. 시스템이 열 Q를 흡수하면 내부에너지는 증가하고 방출하면 내부에너지는 감소한다. 그리고 시스템이 일을 하면 내부에너지는 감소하고, 계가 외부로부터 열을 받으면 외부에 일로 소모된 열을 차감하고 나머지는 내부에너지를 증가시킨다. 쉽게 설명하면 100칼로리를 섭취하고 50칼로리의 운동을 하면 나머지 50칼로리는 몸에 축적된다는 것이다.

열역할 제1법칙(에너지보존법칙)을 보면 에너지는 다른 형태의 에너지로 쉽게 바꿀 수 있는 것 같아 보이지만, 에너지는 자체가 갖는 자연적인 전환의 방향이 있어서 저절로 그 방향으로 전환이 일어나고 있어서 전환의 양에서는 차이가 발생한다. 즉, 에너지 형태를 다른 방향으로 전환하고자 하면 사용가능한 에너지는 그만큼 줄어든다. 이러한 자연적인 방향성을 설명하기 위해 독일의 물리학자이자 수학자인 클라우지우스(R. Clausius, 1822-1888)가 1850년대 초에 엔트로피라는 개념을 고안하였고, 이것이 열역학 제2법칙으로 성립되었다.

열역학 제2법칙은 열과 물체의 운동인 일 간의 관계를 설명한다. 예를 들면, 온도가 높은 곳에서 열 에너지가 운동(일)으로 바뀔 때, 열을 모두 일로만 전환하는 것은 불가능하고 일부는 온도가 낮은 곳으로 흘러간다. 즉, 에너지가 일로 전환될 때 그 에너지의 일부는 상실된다는 말이다. 100% 열을 흡수해서 100% 전체를 운동으로 바꾸는 것은 불가능하다. 이는 열이 고온의 물체에서 저온의 물체 쪽으로 시간이 경과에 따라 저절로 흘러가는 반면에 스스로 저온에서 고온으로 흐르지 않는 비가역적 특성을 갖기 때문이다. 세상에는 비가역적인 것이 있다. 시간이 그러하고 빛과 온도가 그러하다. 이렇게 열이 갖는 온도는 자연적인 방향성을 갖기 때문에 폐쇄시스템에서는 비가역적이다.

시스템은 엔트로피작용에 의하여 사그라지는 경향을 갖게 된다. 그러니 유기체는 시스템을 유지하기 위하여 증가하는 엔트로피에 대응할 수 있는 부의 엔트로피(negative entropy)를 투입하여 엔트로피를 상쇄시킨다. 이 부의 엔트로피(negative entropy)를 네겐트로피(negentropy) 혹은 네트로피(netropy)라고 한다. 즉, 외부로부터 에너지를 계속 투입하는 것을 말한다.

○ 이인동과성, 동인이과성

System은 목적을 달성하기 위하여 여러 가지 자원과 수단을 사용한다. 이런 현상은 부분간 혹은 외부 환경과의 관계가 유기적인 개방 시스템에서 현저히 나타난다. 이인동과성(異因同果性)은 투입되는 요소는 달라도 같은 결과를 얻을 수 있음을 뜻한다. 시스템이 목적을 달성함에 있어서 의사결정의 대안이 많으면 많을수록 자원의 효율적인 투입과 다양한 처리기술을 선택할 수 있다. 설비의 가공 능력과 투입된 재료의 조합, 처리 기술과 재료의 조합, 설비와 기술의 조합 등에 따라 시스템의 효율이 차별화된다. 예를 들면 부산에서 서울에 도착하는 방법은 고속도로, 국도, 지방도 등을 이용할 수 있고 교통편도 비행기, 고속버스, 승용차, 고속열차 등 다양한 선택지가 있다. 선택지가 많으면 경제성이나 편리성, 품질, 납기, 효율 등 다양한 가치기준으로 환경의 필요에 대응할 수 있다.

동인이과성(同因異果性)은 투입되는 요소는 같은데도 그 산출물은 다를 수 있음을 뜻한다. 처리시스템이 다르게 작동한다는 것이다. 재료의 배합, 설비의 작동, 설비의 조작 등이 제대로 이루어지지 않으면 처리결과물은 당연히 표준과는 다른 산출물이 될 수 있다. 서울행 고속열차를 이용하더라도 열차가 정상적인 속도를 유지하지 못하거나, 열차 선로에 문제가 발생하면 예정 시간에 도착할 수 없는 것과 같다.

3) 상호 의존적 특성

○ 상호 의존

강조하여 말한다면 시스템은 구조이고, 기능이다. 좀더 정확하게 말하면 기능의 집합이고 조합이다. 사회제도, 기계, 인간의 삶, 생태계, 우주 등, 존재하는 것 중 어떤 하나도 기능하지 않는 것이 없고 시스템이 아닌 것이 없다. 기능을 하기 때문에 존재한다. 그래서 시스템은 기능 구조라고 하는 것이다. 기능은 대상에 작용하여 처리함을 말한다. 작용하여 처리한다고 것은 자극에 대한 반응이다. 여기서 자극은 시스템 외부에서 올 수도 있고 내부의 작용일 수도 있다. 유기체의 경우 기능은 감각계, 처리계, 운동계로 구분되어 작동하면서 전체로서 작동한다. 시스템은 구조적으로 구성요소들이 서로 짜이거나 얽혀서 만들어진 조립 혹은 연결된 망으로 각 요소들은 서로 맞물려 있다. 맞물려 있는 요소들은 서로 영향을 주고받으며 서로가 서로의 조건이 된다. 마찬가지로 외부적으로도 환경과 상호작용을 한다.

상호작용은 서로 연결된 고리, 즉 관계를 갖는다. 연결은 서로 공간적으로 맞닿을 수도 있지만, 그렇지 않고 같은 시·공간에 있지만 떨어져 있는 경우는 인력이나 중력으로 관계를 유지하거나 유무선 연결을 통하여 정보를 수·발신함으로써 관계를 유지하기도 한다. 생태계가 그러하고, 우주가 그러하다. 생명유지를 위한 먹이 사슬도 다른 개체와 먹고 먹히는 관계로 연결된다.

유기체 구성요소들의 상호작용은 신경계의 신경전달물질에 의하여 정보를 전달한다. 신경전달물질은 체내의 신경세포에서 방출되어 인접해 있는 신경 세포 등에 정보를 전달하는 일련의 물질이다. 여기에는 우리가 흔히 듣는 엔돌핀, 도파민, 세로토닌, 아드레날린 등이 있다. 신호의 전달에 사용되는 것은 물질만 아니고 빛, 냄새, 맛 등의 화학적 신호와 음파, 전자파 등의 파동도 포함한다. 예를 들면, 수컷 호박벌은 특정 화학물질을 분출해 표시해 둔 특정한 비행경로를 따라 날아다닌다. 이런 물질이나 정보가 상호작용의 끈으로 작용한다.

상호작용은 서로 작용을 주고 받음이고, 서로 존재와 기능에서 조건이 되므로 상호 의존적이다. 주는 것은 output이고 받는 것은 input이며, 주고받는 대상은 실물과 정보이다. 경계 밖에 있으면 자원이고 내부에 들어오면 input이다. 정보를 주고받음은 반응이고 feedback이다.

사회제도는 기능하는 절차로 엮어진 시스템이다. 목적을 달성하기 위한 엮어진 절차로서 시스템은 그 절차에 사람이 올라타서 운용하거나 이용할 때 기능한다. 이는 사람이 자신들의 편익을 위하여 설계하고 창조하였기 때문이다. 반면 우주나 자연계는 스스로 생겨난 것으로 자연스럽게 스스로 자기조직논리에 따라 기능한다. 기계의 경우도 사회제도와 같이 사람이 창조한 것으로 사람의 지시에 따라 기능한다. 이런 피창조물은 입력을 감지하는 감각계가 인간처럼 발달되어 있지 않다. 설사 감지체계를 갖춘 경우라도 설계된 감각에만 의존한다. 예를 들어, 건강보험제도를 보자. 건강보험제도 개선을 위한 논의에는 보험급여와 보험료가 관련되고, 이해관계자로는 보험료 부담자인 국민, 징수자인 정부기관, 사회적 소외계층, 의료기관 등이 있다. 복지증진이라는 목표를 위해서는 보험급여의 범위를 넓히고 급여액도 인상하여야 하나 보험재정의 차원에서는 보험료 인상 없이는 불가능 하다. 보험료인상은 부담자의 저항이 정치적으로 악영향을 미친다. 이와 같이 시스템의 결정은 환경에 영향을 미치기도 하지만, 환경의 영향을 받기도 한다.

　서로 의존관계를 갖고 기능하는 것을 상호작용이라 하고 이 관계가 서로 쌍방향일 때 상호 의존관계라 한다. 상호 의존이라 함은 서로 조건이 되어 제어한다는 말이다. 그러니 시스템은 서로 제어하는 작용의 조합이다. 작용은 시간과 대상, 에너지를 필요로 한다. 즉 작용은 대상(input)에 시간과 에너지를 투입하여 결과(output)를 창조한다. 투입되는 에너지는 지향성을 갖는다. 이 지향성이 목적이다. 이 지향성은 새로운 투입 에너지가 없으면 시간의 경과 따라 소진되어 간다. 이 소진되어가는 것을 Entropy라고 한다. 그러니 의존관계는 다른 목적을 가진 개체가 서로의 필요에 의해 엔트로피의 증가를 감수하면서 input과 output을 교환하는 관계이다.

○ 제어

시스템이 지속적으로 목적을 원만하게 달성하려면 부분들의 상호
작용이 효율적으로 이루어지고 외부조건의 변화에 대응할 수 있도
록 시스템의 작동을 제어할 수 있어야 한다. 시스템의 구조는 부분
들이 조합하여 전체를 이루고, 부분들의 작동은 서로 상호 의존적이
며, 외부 환경의 변화에도 의존적으로 작동한다. 그러니 시스템은 첫
째 구성요소들이 원만하게 상호작용하여야 하고, 둘째는 시스템 자
체가 외부환경의 요구에 적응하여야 한다. 먼저 구성요소들의 상호
작용은 투입과 산출로 연결되는 처리과정이 정해진 바에 따라 제대
로 작용하는지를 관찰하고 오류를 제어할 수 있어야 한다. 다음은
시스템이 의존적인 환경의 요구에 효율적으로 대응하고 있는지를 상
시적으로 파악하고 부적절하면 이에 대한 해결책을 시스템의 처리과
정에 반영하여야 한다. 이는 변화를 효과적으로 감지하고 수용하여
시스템의 변환과정에 반영하며, 이 반영된 결과를 환경의 요구에 대
조하여 적합한지 여부를 판단하는 절차이다. 이런 시도들은 모두 예
정된 기준이나 가치를 목표로 하여 이 목표가 제대로 이루어지는지
를 살피고, 차이가 발생하면 이 차이를 제거하도록 투입에서부터 산
출까지의 처리과정을 제어하는 일련의 절차관리이다.

이 제어기능은 그 시스템이 달성하고자 하는 목표와 실제상태의
비교를 통하여 차이를 극복하는 방법이다. 목표와 실적의 비교는 이
양자를 수량으로나 감각으로 감지할 수 있는 장치를 갖추어야 하고,
감지한 자료를 비교하고, 차이가 발생하면 이를 내부 관리과정에 보
고하며, 이에 대한 해결책을 마련할 수 있는 제도적인 절차의 일환이

다. 제어는 이런 절차를 통하여 마련된 해결책이 시행되어 차이를 발생케 한 원인이 제거되고 발생한 문제가 제대로 해결하였는지 여부를 검토하는 절차의 반복이다. 그리고 이런 제어가 시행되는 과정을 피드백이라고 한다. 즉, 시스템의 현재상황을 파악하고 파악된 정보를 비교 분석하여 처리시스템에 반영하는 일련의 절차가 피드백이다. 이 피드백은 정확하고 신속하게 이루어져 시스템이 효율적으로 작동하도록 그 절차를 자동화하는 것이 일반적인 경향이다. 즉, 제어 기능은 점점 자동화되어간다.

○ 피드백

피드백이란 입력과 출력을 갖는 처리시스템에서 산출(output)에 관한 정보가 처리과정으로 다시 입력(input)하는 것을 말한다. 쉽게 말하면 원하는 output을 얻기 위하여 input을 바꾸는 절차이고 제어의 절차이다. 제어가 제대로 작동하려면 수정된 입력값이 100이라면 결과값에도 100이 반영되어야 한다. 이 말은 제어장치가 100% 효과를 나타내어야 한다는 것이다. 제어장치는 주로 폐쇄회로 제어 방식(closed loop controller)을 의미하는데, 이는 단지 제어방식이 폐쇄회로 라는 말이지, 전체시스템이 폐쇄적이라는 것은 아니다. 이런 제어가 이루어짐을 음의 피드백(negative feedback)이라고 한다. 여기서 negative라고 함은 결과(output)가 바람직한 값이 아니고, 목표한 값에서 벗어난 변화를 억제한다는 뜻이다. 즉 목표나 표준에 미달 혹은 초과한 차이를 안정적인 상태로 돌려 놓기 위하여 투입을 제어한다는 의미이다. 예를 들면, 우리 몸의 대부분의 조절작용은 negative feedback이다. 혈당이 높으면 인슐린이 분비되어 혈당을 낮추고, 몸에 산소량이 떨어지면 호흡을 늘려 산소를 더 많이 흡입하게 한다. 자동온도 조절기, 냉장고, 에어컨 등이 모두 피드백을 제어방법으로 활용하는 예이다.

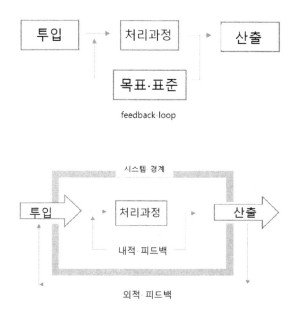

feedback·loop

바람직하지 않은 결과(output)을 보고 이를 바로잡기 위하여 input을 바꾸는 제어 절차는 차이 정보를 되돌려서 되먹임 하는 것이라 feedback이라 한다. 제어의 기본적인 절차는 제어 대상 정보감지⇨인식 판단⇨제어 신호 방출⇨신호 인식⇨반응 운동⇨결과 수정이다.

산출값과 목표값의 편차를 줄이기 위한 제어절차인 피드백과는 달리 결과가 발생하기 전에 앞으로의 징후를 예측되고 그 정보를 기준으로 하여 미리 투입(input)을 제어하는 방식을 피드포워드(Feed-forward)라고 한다. 피드백은 결과가 목표에서 벗어날 때 목표를 달성하기 위해 조작하는 것이라면, 피드포워드는 예측에 따라 미리 예측정보를 입력하고 바람직한 성과를 만들도록 제어하는 것이다. 차이는 피드백은 출력정보를 제어정보로 사용하는 반면에 피드포워드는 예측정보를 사용한다는 것이다. 피드포워드는 미래에 대한 대비(對備)로서 아직 일어나지 않은 상태에서 예측치를 바람직한 상태의 값으로 만들기 위한 사전 조정활동이다. 제어체계는 피드백이나 피드포워드 모두 폐쇄회로를 이용하는 것이 효과적이다. 폐쇄회로제어체계는 원인이 되는 투입을 조정하면 그에 따른 결과가 예상한 바와 같이 산출되는 선형적 인과관계 제어체계이다. 피드포워드는 입력정보의 원천에서 차이는 있지만 그 내용에서는 피드백과 차이가 없어 보인다. 하지만 피드포워드에서 중요한 변수는 결과에 대한 예측과 현재상태에 대한 관계를 분석하는 것이 쉽지 않고, 조정된 투입에 대한 내부 처리체계가 소화가능한지를 판단하는 것도 쉽지 않다. 지나친 조정은 처리체계에 과부하를 초래하여 역효과를 낼 수도 있을 것이다.

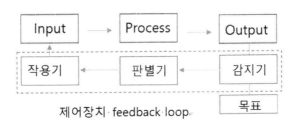

제어장치 · feedback loop

피드백은 사전 설정된 목표값과 실젯값을 비교하여 편차가 있으면 입력을 수정하여 목표 값을 달성하게 하는 제어방식이다. 좀더 상세히 설명하면 실제 활동결과에 대한 정보를 입수하고 이를 목표와 비교하여 차이가 있으면, 그 차이를 극복할 조정 값을 결정하고 이를 입력부분으로 송환(feedback)하여 투입량을 조정하는 절차이다. 이렇게 함으로써 시스템은 스스로를 감시(monitor)하고 목표한 바를 달성할 수 있게 자체의 활동을 스스로 안내한다. 감각신경이 근육활동을 감지하고 이를 중추신경회로를 통해 대뇌로 전달하면 대뇌는 의도한 바에 따라 다시 운동계를 조정하는 것과 같다. 이와 같이 피드백은 순환적인 제어 활동이며, 자기지시적이다. 순환적이라 함은 결과를 감지하고 표준과 차이가 있으면 차이의 원인을 찾아서 투입요소를 수정하는 활동을 반복적으로 시행하는 것을 말한다. 이런 활동을 통하여 유기체는 안정화되어간다. 이렇게 시스템을 안정시키고 발전시키는 데는 두 종류의 인과적인 과정을 수반한다. 하나는 이미 설정한 기준에서 벗어나면 이를 안정화, 균형유지 혹은 일탈저지의 과정으로 음의 피드백(negative feedback)이라 하고, 다른 하나는 새로운 기준을 만들고 이를 달성하도록 변화를 만드는 과정인데 이를 양의 피드백(positive feedback)이라고 한다. 음이 피드백(negative feedback)은 이미 앞에서 언급했었다.

양의 피드백(positive feedback)은 안정화 효과를 기하는 음의 피드백과 달리 안정을 깨는 효과를 갖는다. 즉, 일탈을 만드는 신호를 보내 일탈을 증가시키는 결과를 만든다. 음의 피드백이 차이를 줄이는 작용을 한다면, 양의 피드백은 차이를 증가토록 조장하는 것이다. 그러니 편차는 더욱 조장되고 확대된다. 예로는 부의 양극화, 질병의 확산, 도시의 성장, 하울링(howling)현상 등이다. 도시 성장의 예는 도시가 발달하면 → 다양성 증가 → 기회 증가 → 창의성 제고 → 부의 증가 → 편의시설 확대 → 인구 유입 형태로 확산된다. 그리고 하울링(howling) 현상은 마이크를 스피커 쪽으로 향하게 하면 곧 삐익- 하고 찢어지는 소리가 들리는데 이를 그대로 내버려두면 소리가 자꾸 커지는 것을 말한다. 이것은 스피커에서 나는 잡음이나 주변의 소음이 마이크에 입력되고, 마이크로 입력된 소리가 다시 스피커에서 증폭되어 출력되는 과정을 반복하는 현상이다. 출력이 입력을 증가시키면, 증가한 입력이 다시 출력되고, 다시 입력은 증가되는 것이다. 이것이 전형적인 포지티브 피드백이다. 이렇게 서로가 조건이 되면 결과는 계속 확대 재생산된다. 진화나 문화의 성숙도 유사한 형태로 파악할 수 있다.

입력에서 출력으로 이어지는 처리체계에서 음의 피드백 루프(negative feedback loop)나 양의 피드백 루프(positive feedback loop)를 갖는 제어가 행해질 때, 원인변수의 변화가 결과변수에 어떤 영향을 주는지 증감의 부호로 그 변화의 방향을 살펴보자. 여기서 변화의 방향은 특정 변수의 변화가 루프(loop)를 돌아서 자신에게 미치는 효과가 음이 방향인지, 같은 방향인 양의 방향인지를 의미한다. 예를 들면 수요가 일정할 때 공급이 증가하면 가격은 떨어지고, 가격이 떨어지면 공급은 감소한다. 결과로 공급 증가가 공급감소로 되돌아온다. 즉, 변화의 방향은 음이 방향이 되었다. 가격이 올라가면 수요는 줄어들고, 수요가 줄어들면 가격도 떨어진다. 가격 상승이 결국에는 가격하락으로 되돌아온다. 이 루프(loop)도 음의 방향의 변화이다.

음의 피드백 루프는 "자기균형루프"라 하고 양의 피드백 루프는 "자기강화루프"라 한다.

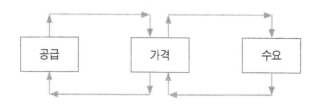

일반적이고 정상적인 시장은 앞에서 본 예처럼 가격이 오르면 수요는 감소하는 음의 피드백 루프가 지배적이다. 그런데 부동산 시장과 증권시장은 양태가 다르게 움직인다. 즉 투기시장의 형태를 띤다는 말이다. 가격이 오르면 수요도 덩달아 증가하고, 가격이 떨어지면 수요도 같이 감소하는 경향을 나타내곤 한다. 즉, 양의 피드백 루프를 형성하는 시장을 투기시장이라 한다.

○ **창발성**

상승효과(相乘效果) 혹은 종합효과라고도 한다. 즉, "1+1"이 2 이상의 효과를 낼 경우를 말한다. 전체는 부분의 합보다 크다는 뜻으로 시스템의 유기적 결합은 단순한 합(合)의 개념이 아닌 승(乘)의 개념으로 소위 조직의 상승효과, 즉 시너지효과라고 한다.

시스템의 개념은 이미 언급된 바와 같이 우주, 태양계, 신경계, 동·식물계 등 다양하고 많은 현상에 적용된다. 시스템 관계에서 일어나는 모든 현상의 특징은 전체가 그 부분의 합보다 크다는 것이며, 흔히 시스템 원리라고 일컬어지는 현상이다. 이 원리는 시스템의 구성요소들이 집합함으로써 불시에 출현하는 기능적 특성이다. 시너지(synergy)는 상승, 협동, 상협(相協), 함께 일함 등의 의미를 갖는데 조합 효과라고도 한다.

가장 좋고 이해하기 쉬운 예로는 산소와 수소로 이루어진 물이다. 수분이 없는 산소와 수소는 물과는 완전히 다른 형태와 특성을 갖는데, 두 원소가 합쳐지면 물이라는 새로운 형태와 특성을 나타낸다. 시스템을 그 구성요소로 분해하면 창발적(創發的) 속성은 없어진다. 창발은 부분에서는 없던 특성이 전체에서 느닷없이 나타난다는 말이다. 예를 들어 정신은 신체에서 분리된 장기에는 없다. 이와 같이 구성 요소가 전체에서 분리될 때 그 부분에는 전체가 갖고 있던 창발적 속성은 사라진다. 몸에서 제거된 눈은 더 이상 볼 수 없고, 자동차에서 분리된 엔진은 더 이상 이동하지는 못한다. 따라서 창발, 즉 새로운 기능의 창출은 부분들이 갖고 있던 경계를 전체의 경계에 편입시켜 새로운 조직의 부분이 되게 하면, 부분의 기능은 조합되어 새로운 기능이 생겨난다. 자동차의 엔진은 축으로 바퀴에 연결되어야 스스로 이동(自動)이 가능하게 되는 것과 같다.

다양성은 창발적 기회를 증가시킨다. 다만 개방적일 경우에 그렇다. 자유로운 집단에서는 다양성이 증가하나 응집력이 강한 집단에서는 그들이 추구하는 이념에 사로잡혀 다양성을 상실하게 되어 창의적인 사고를 할 수 없다. 이렇게 응집력에 사로잡힌 사고를 집단사고라 한다. 하지만 집단에 자유로움을 허용하면 서로 생각을 교환하여 다양성이 증대되고 상호작용은 또 다른 상호작용 만드는 포지티

3편 시스템 관점과 도덕경의 주요 개념

브 피드백이 작용하게 된다. 이는 창의적 사고로 연결된다.

화학반응에서도 집단사고와 같은 현상을 볼 수 있는데 이를 길항작용(拮抗作用)이라고 한다. 예로는 두 종류의 약물을 함께 투입했을 때 약효가 떨어지는 현상이나, 푸른 곰팡이와 세균이 함께 있을 때 세균이 죽는 현상 등이다.

창발적(Emergent) 특성의 원천은 미리 예단할 수 없고 추론할 수도 없다. 즉, 산소나 수소에서 수분의 특성을 알 수 없다는 말이다. 창발은 위에서 언급한 자유로움으로 만들어진 다양성이 존중되는 분위기에서 촉진된다. 개인의 집합이고 상위시스템인 집단은 구성원에게 많은 다양성을 발휘하게 하면, 포지티브 피드백으로 상승효과가 발생하여 특수한 조직으로 발전할 수 있다.

그리고 창발적 특성은 시스템 분화의 중요성도 고려할 수 있게 한다. 예를 들면 Shop in shop의 경우 유휴설비를 이용함으로써 새로운 효과를 추가할 수 있다. 미용실에 화장 도우미를 배치하거나 매무새를 꾸미는 것과 같은 다른 기능의 추가를 의미한다. 이때 추가된 새로운 효과가 기존의 효과에 역작용을 초래하는 경우 이를 역시너지 효과라 하는데 주의해야 한다.

창발성을 사고(思考)의 체계에 접목하여 보자. 사고는 감각, 인식, 판단, 반응의 절차이다. 감각과 반응은 외부와 연결된다. 외부와 연결된 감각과 반응은 다양한 형태를 취한다. 감각은 보기, 듣기, 맛, 냄새, 촉각 등이고 반응은 말하기, 몸짓, 쓰기 등이다. 그러니 사고를 다양화하려면 입력되는 내용에서 오감을 동원할 수 있어야 하고 반응도 말하기와 쓰기, 몸짓을 동원하는 것이 바람직하다. 다양한 감각을 이용하면 사고의 폭이 넓어지고 내용이 다양해진다. 인식과 판단은 기억에 의존한다. 기억된 정보가 많으면 인식과 판단에서 다양성을 확보할 수 있다. 이 과정에서 관련된 감각입력이 다양해지면 기억에서 인출되는 정보도 다양해짐으로 인식과 판단 과정은 더 많은 정보를 취합할 수 있게 된다. 반응은 다시 입력으로 되먹임 하는 피드백절차를 따른다. 이 피드백 절차로 되먹임 되면서 창발적 효과를 나타낸다. 누구나 자신이 말하고 있을 때 다양한 아이디어가 떠오르는 것을 느낄 수 있다. 그리고 글을 쓰면 처음에는 한 줄밖에 못쓸 것 같았는데 쓰다 보면 계속적으로 자가 발전을 하고 설명이 길어지며, 새로운 설명으로 연결됨도 느낄 것이다. 이는 말하거나 쓸 때 자신은 자신의 말을 듣고 자신의 글을 읽고 있으며 이 내용들을 다시 피드백 함으로써 사고가 연속되고 증폭되어 창발적으로 되어간다. 이런 점에서 글쓰기나 말하기는 많은 기회를 갖는 것이 좋다. 이것이 창의력 교육의 일환이 될 수 있다. 하루에 한 줄이든 두 줄이든 계속하여 쓰면 사고는 자기조직력을 회복하여 좋아지고, 글의 내용과 체계도 성장하고 성숙해질 것이다.

○ 자기조직화와 학습

시스템은 그 구성요소가 다양해지면 그들의 상호작용은 기하급수적으로 늘어난다. 그렇다고 하여 이들 상호작용이나 조합이 모두 전체로 구조화하는 것은 아니다. 특히 물리적 조합은 설계자의 의도에 따른 조합만이 가능하다. 그러나 유기체의 경우는 스스로 조합하는 특성을 지닌다. 이를 자기조직화 혹은 자기증식이라 한다.

열역학 제2법칙에 따르면 폐쇄시스템에서 엔트로피가 증가하여 유용한 에너지가 소진해 버리는 "열적인 죽음(heat death)"을 향하여 진행하고 결국에는 그 시스템은 사라지게 된다. 그러나 완전한 폐쇄시스템은 존재하지 않는다. 우주에 있는 모든 사물은 환경 속에 존재하고 환경과 상호작용한다. 설령 사그라지더라도 다른 에너지로 변하거나 다른 물체로 변한다.

특히 유기체의 경우는 엔트로피 증가로 사라지기보다 성장하고 발달한다. 이는 유기체가 열린 시스템이기에 환경과 상호작용을 통하여 외부 에너지를 시스템 내부로 끌어들여 이를 대사작용을 통하여 내부에 축적하기 때문이다. 이를 부의 엔트로피(negative entropy)라고 하였다. 벨기에 물리학자 일리아 프리고진(Ilya Prigogine, 1917~2003)은 계속 엔트로피가 증가하는 무질서 상태를 안정화 시킨 상태를 "무산구조(Dissipative structure)"라고 하고, 이 과정을 "자기조직화(self-organization)"라고 하였다. 자기조직화 한다는 것은 환경으로부터 에너지를 받아 증가하는 엔트로피를 무산시키고 자신을 다양하고 풍부하게 발전시킨다는 것이다.

자기조직화(self-organization)란 시스템의 구조가 외부로부터의 어떤 힘에 의하지 않고 자신의 지향성을 유지하도록 스스로 변형하여 감을 말한다. 즉, 유기체는 시스템을 구성하는 요소들의 상호작용으로 나타나는 창발적 특성을 이용하여 외부환경으로부터 에너지를 유입함으로써 자신을 재구성하고 요소들을 분화시킨다. 이런 분화나 변형은 갑작스레 일어나는 것이 아니고 아주 작은 변화에서 시작되어 소위 나비효과로 확산한다. 그렇다고 하여 계속하여 확대되는 것이 아니고 어떤 패턴으로 발전한다. 변화가 생기면 이에 대한 저항 작용이 일어난다. 이것이 환경과 상호작용이 만드는 규제력이고 조건이다.

자기조직화는 학습의 원리이기도 하다. 주어진 입력 패턴에 대하여 기억된 정보에서 정확한 해답을 찾지 못하면 유사정보와 새로 유입된 정보를 조합하여 저장 정보를 확장한다. 이 조합기능이 학습이고, 신경회로에서 새로운 회로를 연결하여 신경망을 구축하는 것이 기억이다. 이 과정은 유입 정보와 기존 정보의 불일치를 해결하는 방식으로 새로운 정보를 생산하는 절차이고 새로운 인지회로를 조직하는 것이며, 포지티브 피드백의 절차이다. 새로운 신경회로의 구축은 사용빈도나 자극의 강도에 따라 학습 안정성이 결정된다. 반복적으로 사용하거나 아주 충격적인 사건은 장기적으로 망각하지 않는 장기기억이 된다. 이와 같이 유기체는 모르거나 모자라는 부분을 해결하기 위해 스스로 새로운 조직을 만들어서 대응하는데, 이는 자기조직화를 통한 학습이다.

신경과학에 의하면 출생 당시엔 신경세포 수는 많으나 이들의 연결인 시냅스 연결은 듬성듬성하다고 한다. 생후 1년 사이에 여러 경험을 통하여 시냅스 연결은 많아지고 복잡해져서 신경망이 조밀하여진다. 6세 이후에는 시냅스 연결이 줄어들기 시작하여 14세 경에는 사용하는 시냅스 외에는 연결이 소멸된다. 그리고 소뇌는 1세까지 급속한 성장을 보이고, 대뇌피질은 생후 1~2세에는 최고의 증가를 보이고 16세까지 증가세가 감소하여 일정한 상태를 유지한다. 대뇌피질 중에서 일차운동영역은 생후 첫 2년 동안에 가장 발달되는 부분이다. 생후 2년까지는 일차감각영역의 발달이 운동영역을 따라잡게 된다. 이런 사실들은 대략 6세까지가 감각신경과 감각운동신경이 제대로 작동할 수 있게 성숙하는 기간이라는 의미이다. 이 기간 동안에 감각기관들이 자기조직화를 통해 발달하고 성숙한다.

유아의 성장을 보면 보고, 듣고, 잡고, 기고, 걷는 등의 육체적 감각운동능력이 선행되어야 언어능력이 발달하게 되고, 그 뒤에 자신의 의사를 표현한다. 감각능력이 발달되어야 뇌에서 감각과 운동시냅스가 연결되고, 이를 바탕으로 변연피질의 시냅스가 연결되면 개체의 호·불호의 의지가 작용하는 "마음대로 하려는 경향"을 나타낸다. 이렇게 "내 마음대로 혹은 내가 좋아하는 방식대로" 하려는 선호를 나타내게 되면 앞으로도 계속하여 그 선호의 성향을 유지한다. 이렇게 되는 것은 선호하는 가치를 이미 기억 속에 저장하여 다음 자극을 인식할 때 이를 기준으로 하여 즉, 자신의 선호도에 따라서 인식하게 된다는 뜻이다. 감각기능-인식기능-판단기능-반응기능으로 연결되는 일련의 과정에서 자기의 선호도(욕구와 가치로 물든 기억의 작용)가 작용하는 과정이 자기조직화의 과정이고 학습의 과정이다.

우리의 대뇌활동은 자극을 받으면 이를 지각하고 판단하여 반응을 표현한다. 이 과정에는 자극을 처리하는 순서가 있고, 처리과정에 에너지를 공급하는 지향성이 작용한다. 지각에는 기억된 정보와 대조하는 과정이 있고, 기억된 가치와 욕구나 효능감을 기초로 판단하는 절차 등이 간여한다. 이 과정을 그림으로 나타내면 아래 자극-인식-반응 모델이다. 이 그림은 "성격의 비밀-에니어그램 이론과 전개(이종식 저, 북랩, 2016, p. 45)"의 내용을 좀더 정교하게 그린 것이다.

이 모델을 인용하는 이유는 첫째, 사람의 뇌는 가장 복잡하고 가장 정교한 시스템이란 점을 강조하기 위함이고, 둘째는 두뇌활동은 피드백의 정수임을 보여주기 위함이며, 셋째는 인간행위의 심리적 동기를 이해하려면 그림에서 보는 것과 같이 욕구를 둘러싸고 있는 불안, 자극의 지각, 정서, 기억, 효능감, 능력, 기대 등 다양한 요소들이 복합적으로 작용하고 있음을 이해해야 한다는 점이다. 마지막으로 이 자극-반응 모델의 절차들은 태어나면서부터 현재까지 경험한 내용을 자기조직화 한 결과물이라는 점을 보여주기 위함이다.

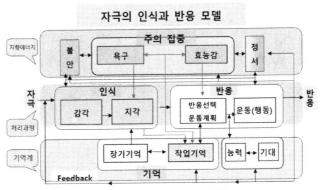

* 주의집중 : 지향성, 자유의지, 목적의식, 환경에 대한 Feedforwarf
지각 : 경험으로 코드화된 기억(형태, 형상, 개념, 상징)을 대상에 적용하는 과정
직업기억 : 조작(비교, 대비, 예측, 판단), 정보의 양적 변화 :현실 > 인식 > 표현

그림에서는 대뇌의 기능적 측면만 나타내고 있지만, 이 기능들은 신경세포로 구성되어 있는 대뇌피질, 변연피질, 뇌간, 소뇌, 중추신경계 등 뇌 구조물의 작동과 연관되어 있다. 뇌 구조와 기능과의 관계를 자극-반응의 측면에서 간단히 요약하면 아래 그림(성격의 비밀-에니

3편 시스템 관점과 도덕경의 주요 개념

어그램 이론과 전개, 이종식 저, 북랩, 2016, p. 557)과 같다.

일반적으로 뇌세포의 수를 1,000억 개라고 하니 상상을 초월하는 복잡한 구조이다. 이렇게 복잡한 구조가 서로 병렬 혹은 직렬로 연결되어 회로를 구성하고 서로 피드백을 주고받으니 그 연산규칙은 어떠하겠는가? 우리의 의식은 이러한 복잡성에 기반하고 있으니 인간의 생명은 경이로운 것이다. 이 경이로움은 도(道)의 시현으로 잉태하여 성장하면서 만들어진 것이고, 이 시현과정은 자기조직화의 과정이며, 그 결과물이 우리들이다.

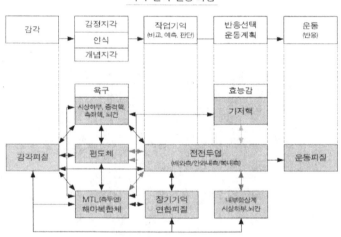

자극-인식-반응·과정

자기조직화를 정보처리의 측면에서 살펴보면, 정보가 입력되면 처리체계는 입력정보와 저장정보를 비교 대조하는데, 이때 입력정보를 지각할 기존저장정보가 없으면, 처리체계는 새로운 정보로 인식하고 새로운 신경세포에 저장하여 자신을 확장한다. 이렇게 자발적으로 시스템 내의 조직을 개조 변경, 추가시키는 것이 자기조직화이다. 여기에는 기억하고 있거나 외부 장치에 축적된 많은 자료(big data)가 있어야 이들의 상관관계를 파악하고 새로운 조합을 도출하는 작업이 가능하다. 일기예보에서 과거 수많은 경험치가 이용되는 것과 같다. 이런 면에서 자기조직화는 학습과 같은 의미인데, 시스템 자체의 입장에서 보면 자기 조직화이고, 처리 기능의 측면에서 객관적으로 보면 학습이다.

시스템은 내부적으로 엔트로피가 증가하고, 외부적으로는 유입되는 자원의 양과 질의 변화에 따라 불균형 상태가 발생할 수도 있다. 예를 들면 체온이나 혈압의 상승, 스트레스 상황 등이다. 이런 상태는 시스템의 입장에서는 항상성을 유지하기 어렵게 된 상황이다. 작은 변화는 균형 회복을 위하여 자체의 처리능력인 내적 탄력성을 이용하여 이를 흡수하지만, 자체의 탄력성을 넘어서는 자극에는 스스로 변화를 수용하면서 자체의 변화를 시도한다. 이 변화는 일시적인 변화일 수도 있고 돌연변이가 될 수도 있다. 일시적이고 부분적인 변화가 계속되면 조직자체가 적응 가능한 조직으로 변한다. 이런 과정이 유기체의 역사이고, 400~500만년 전의 원시인류가 현재의 인류가 된 진화의 역사이다.

자기조직화는 일반적으로 열린 시스템에서 내부 조직이 자율적으로 구성요소를 추가하고 분화하는 과정을 일컫는다. 항상 그러하지는 않지만 일반적으로는 창발적이고 포지티브 피드백의 특성을 나타낸다.

에너지 또는 물질의 출입이 가능한 열린 시스템은 스스로 항상성을 유지하고, 고유의 지향성을 추구하기 위한 제어활동과 자기조직 활동을 한다. 식물이 성장하고 아이가 성인이 되는 것은 유전으로 부여받은 지향성과 환경으로부터 자원과 에너지를 공급받기 때문이다. 동식물이나 인간은 이런 환경으로부터 자원의 공급이 없으면 생명을 유지할 수 없다. 생명현상의 동력인 지향성은 조건의 요구와 내부의 결핍에 대한 보상적 활동이며 피드백과 자기조직화를 통하여 유지된다. 엔트로피 증가는 내부적인 결핍을 만들고 결핍은 본성인 지향성과 차이를 만든다. 차이는 에너지를 잉태하고 에너지는 활력을 만든다. 기분이 좋으면 활력이 솟고, 기분이 나쁘면 화가 나며, 배가 고프면 음식을 찾는 것 등은 차이가 에너지를 만드는 좋은 예이다. 기분이 나쁘다는 것은 현재의 마음상태와 입력되는 외부자극이 맞지 않고 차이가 있다는 것이다. 그러니 열을 받고, 화가 치미는 에너지가 발동하는 것이다. 이런 관계는 과거에 자기조직화 한 기억-정서-욕구 등의 상관관계로 나타나는 현상인데, 위 자극-반응 모델을 참고하면 이해의 폭을 넓힐 수 있을 것이다.

○ 질서

시스템 이론에서, 기본적인 가정들 중 하나는 시스템은 질서를 갖는다는 것이다. 질서는 전체를 형성하는 부분들이 규칙적인 관계를 유지하고 있다는 것이다. 이는 만물은 항상 제자리에서 정해진 바에 따라 기능하는 것을 말한다. 이 질서는 이미 환경의 필요에 따라 자기조직화를 통해 형성된 것이기에 환경에 적응한 결과이다. 즉, 환경 지향성은 사물의 태생 조건이었기에 개체는 그 조건을 지향성으로 부여받은 것이고, 거기에 적응한 것이다. 우주의 운행이 그러하고, 지구의 공전과 자전이 그러하며, 국가의 존재나 기능도 그러하고, 기업의 경영도 그러하다. 물론 단기적인 변화도 있고 장기적으로는 생멸의 변화도 있지만 이 생멸도 전체 질서의 일환이다. 이 질서는 한결같음이고 늘 그러함이니 예측 가능하고, 예측 가능하니 편안하다. 이것은 인간이 희망이다. 한결같음은 지향하는 바가 정해져 있다는 뜻이다. 정해진 바, 즉 불변성과 안정성을 유지 내지 지향하는 것을 시스템에서는 항상성이라고 한다. 항상성은 생물시스템이 생존에 필요한 안정적인 상태를 능동적으로 유지하는 과정이다. 이 개념을 확대하여 해석하면, 지구 환경이 동적인 변화를 거치면서도 매우 안정된 상태를 유지하는 것도 항상성 때문이라 할 수 있다. 인체에서는 체온과 혈압의 유지, 혈액 속의 이온 농도 유지 등이 대표적인 예이다.

시스템은 기능의 집합체이다. 시스템의 기능을 활성화하는 것은 요소들의 상호작용이다. 외부의 자극으로 어느 한 요소가 작동하면 이 작동을 조건으로 하여 다른 요소가 연쇄적으로 작동한다. 이것이 상호작용이다. 요소들의 상호작용은 내적인 항상성을 유지하도록 작용한다. 만약 항상성에서 벗어나면 환경이 이를 제어하여 항상성을 유지하게 한다. 이는 본태적으로 지향성을 가지고 있기 때문이다. 본태적으로 이런 지향성을 갖게 된 것은 환경의 필요에 응하여 생겨나고 자랐기 때문이다. 환경의 필요는 상호작용으로 인해 계속 유지되는데 이는 외부적 유인이다. 예를 들면, 사회규범을 지켜야 하는 것 등이다. 이런 관점에서 보면 항상성은 내부적 항상성과 외부적 항상성의 역동적인 상호작용이라 할 수 있다. 역동적이라는 말은 상호작용하여 서로 변한다는 의미로 이해하면 된다. 역동적이기에 항상성은 일정한 범위의 변동폭을 갖고 있으면서 중심으로 수렴한다.

체온은 추위와 더위에도 평균온도를 유지하고, 백혈구·적혈구·혈소판도 일정한 범위를 갖고 있으며, 혈압·혈당·맥박도 일정한 범위에서 작용하여 신체를 정상상태로 유지하고 있음이 예이다. 운동을 하거나 상황이 열악하여 일시적으로 변화를 맞더라도 회복하여 본래의 상태로 복귀하는 것은 항상성을 유지하려는 몸의 지향성이 작용하기 때문이다. 이것이 몸의 질서이다.

시스템이 질서를 갖게 되는 것은 이렇게 내적 항상성으로 내적인 안정성을 유지하고, 외적인 항상성으로 외부와의 균형을 지향하고 있기 때문이다. 이 항상성을 유지하기 위하여 자기를 조절해 가는 작용을 앞에서 제어와 자기조직화라고 하였다. 모든 시스템은 이와 같이 항상성 유지를 위해 자기를 제어하고 조직해 간다. 이것이 개체의 질서이고 이들의 통합이 전체의 질서이다.

4장
도덕경의 주요 개념과 시스템 관점

1) 시스템인 사물

노자는 도가 무엇인지를 알기 위하여 만물의 존재 근거를 찾고 이를 위해 그 기원을 규명하려 하였다. 아니다, 역으로 만물의 존재 근거를 찾은 결과 도의 존재를 탐구하였고, 이를 기초로 만물의 생겨남과 변화를 설명하고자 하였다. 그는 존재의 원인을 찾는 방법으로 시간을 소급하여 조건과 원인을 추론한 것 같다. 그 결과로 궁극의 원인으로 무(無)와 유(有)의 개념에 도달하였고, 유무의 대립적 긴장에서 만물의 잉태하고 생겨난다고 상정하였다(아래 도식 참조). 그림에서 도에서 무와 유가 파생된 것으로 표현함은 도덕경 1장에서 무와 유는 같은 곳[道]에서 나왔으니 이름이 다르다고 하였기 때문이다.

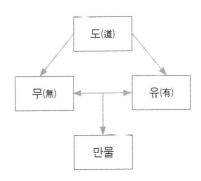

3편 시스템 관점과 도덕경의 주요 개념

노자가 말하는 무(無)는 감각을 초월한 실재를 말한다. 즉 있기는 있는데 감각하지 못하니 구체적으로 설명하지 못하였다. 그래서 그냥 무(無)라고 하였다. 노자는 이를 무라고 하였지만, 이를 성리학의 기초를 닦은 주돈이(周敦頤)는 태극도설(太極圖說)에서 무극이 곧 태극(無極而太極)이라 표현을 하였고, 일설에는 "무극에서 시작하여 태극이 된다(自無極而爲太極)"라고 하였는데 같은 맥락이다.

인간의 입장에서 보면 모든 존재는 눈으로 볼 수 있다. 볼 수 없는 것은 없는 것이고 존재하지 않는 것이다. 아마 노자가 생존하던 당시는 그러했을 것이다. 그러니 존재는 보이는 것이어야 한다. 있는 것은 유(有)이다. 존재의 시작을 찾으면 궁극에는 있는 것(有)과 없는 것(無)이 만나는 정점에 도달하게 된다. 즉, 유무(有無)가 생겨나는 극에 다다르게 된다. 없는 것에서 시작된 것은 틀림이 없으니 무는 천지의 시작(始)이라 하였는데 어떻게 있는 것(有)이 되었는지 알 수가 없으나, 다만 생겨나게 할 기초가 되고 자리가 될 터전이 필요하니 이를 터전 혹은 어미(母)라고 하였을 것이다.

시작의 처음을 유와 무라고 하였으나, 무가 무엇이고 유가 무엇인지를 설명할 방법이 없으니, 노자는 무(無)는 천지 시작의 묘함(妙)을 보이려 한 것이고, 유(有)는 만물이 터전(母)에 오고 감(徼)을 보이려 한 것이라고 에둘러 설명하고 있다.

그런데 이 유(有)와 무(無)가 만나는 정점은 하나인데 어떻게 만났는지는 그윽하여 감각할 수 없으니 그윽하고 그윽하며 묘하게 나타난다고 하였다. 이상이 노자가 보았던 존재의 등장에 관한 설명이고 도덕경 1장의 설명이다.

이런 설명은 현대인이 보아도 맞는 설명이다. 다만 현대인은 이를 과학이라는 도구를 이용하여 설명한다. 과학으로 설명하는 태초의 시작은 무엇인가? 빅뱅이다. 빅뱅으로 생겨난 것은 무엇인가? 최초의 존재는 무엇인가? 존재가 가능 하려면 시간과 공간이라는 조건이 필요하다. 시간과 공간이 없으면 존재는 시작이 없고 자리도 없다. 즉 노자가 말한 시작(始)과 터전(母)이 없다는 말이다. 그러니 노자가 말한 무(無)는 시간이 되고, 유(有)는 공간이 된다. 노자는 존재의 원인을 찾다가 궁극에서 유와 무를 만났는데, 이 유와 무는 과학으로 찾은 존재의 시작인 공간과 시간이라 할 수 있다.

일을 하게 하는 것은 에너지가 있기 때문이다. 에너지 없으면 움직임은 없다. 존재가 등장하는 생겨남도 에너지가 있어야 한다. 유와 무의 만남도 에너지가 없으면 불가능하다. 그런데 만났다. 그러면 적어도 둘 중 하나는 에너지를 품고 있어야 한다. 여기서 시간이 에너지를 갖는지에 의문이 야기된다. 시간은 직진한다. 시간의 소급이 불가능하니 직진하는 것이다. 빛도 시간이 있어야 나타나고 직진한다. 그러나 시간은 빛이 없어도 존재할 수 있다. 그러니 시간은 에너지라고 하지는 못해도 적어도 에너지를 품을 수는 있는 것이다. 그래야 시간이 직진할 수 있게 된다. 빅뱅은 에너지의 폭발이다. 여기서 시간과 공간이 생겨난다. 그러니 시간과 공간은 둘 다 에너지를 갖든지 아니면 어느 하나는 에너지를 갖는 것이 맞다. 그런 면에서 시간은 직진하므로 에너지를 품었다고 할 수 있다. 시간 없이 에너지는 존재할 수 없기 때문이다. 그러면 시간은 모든 존재를 움직일 수 있고 변화를 만들 수 있다. 다만 어떻게 시간이 에너지를 품었는지는 알 수 없다. 존재는 에너지의 작용하여 형성된 것이니 에너지가 일을 한 것이다.

공간을 차지하는 것은 형체가 있고 형체는 구조를 갖는다. 이 말은 존재하는 것은 모두 구조를 갖는다는 것이다. 심지어 빅뱅으로 생긴 가스도 구조를 갖고 있고, 원자나 단세포도 모두 구조를 갖는다. 구조를 갖는다는 것은 구성 요소가 있다. 구성요소가 있다는 것은 이들이 서로 짜이고 얽혀서 전체를 만든 것이니, 이들을 짜이게 하고 얽히게 하는 접착제 같이 붙이고 묶는 힘, 즉 에너지가 존재한다.

상대성 원리에 의하면 에너지 = 질량 × 빛의 속도²라고 하니 질량이 있으면 에너지도 있다. 그러니 질량이 있는 만물은 에너지를 갖는다. 질량을 가진 사물은 에너지를 갖고 있으니 이 에너지의 방향을 제어할 수 있으면 구성요소를 전체로 묶을 수 있다. 에너지의 방향을 제어하는 것은 사물이 갖는 지향성이거나 촉매와 같다. 동식물은 구성하는 요소들은 그들의 지향성이 스스로 작용하여 하나의 시스템을 만든 것이거나, 번개나 자외선 같은 보이지 않는 자연의 힘 등으로 유도된 것이라 할 수 있다. 인공으로 만드는 가공품은 점착제와 같은 촉매를 이용하거나 인력이나 기계의 힘으로 억지로 엮은 것이다. 여기서 중요한 것은 사물이 갖는 지향성이다. 지향성은 사물이 생겨나면서부터 부여받은 천부적 특성이다. 사물의 시작은 자연의 필요인 조건에 따라서 잉태된 것이니 지향성 또한 자연의 필요에 응한 것이다. 이 말은 주변 여건이 이 지향성을 필요로 하고 이에 결핍이 생기면 이를 보완하고 보충한다는 의미이다. 그러니 구성요소들도 이 지향성을 에너지로 하여 조직된다. 환경의 필요에 응하여야 하니 구성요소들이 분해되려 해도 환경에서 이를 용납하지 않는다고 이해해도 된다.

지향성은 사물을 기능하게 한다. 기능을 가진 요소가 환경의 필요에 응하여 조합되면 당연히 상호작용하게 되고, 생겨나면서 기능하도록 에너지를 부여받았으니 기능할 수밖에 없다. 씨앗이 땅에 떨어지면 씨앗과 흙, 습기, 온도 등과 상호작용을 시작한다. 바람이 불면 바람을 맞는 대상은 그에 상응한 작용을 한다. 이렇게 상호작용하는 만남은 하나의 시스템이 된다. 학생이 학교에 입학하면 어느 반의 시스템이 형성되고, 햇살이 땅에 비치면 얼어붙은 땅은 녹기 시작한다. 두 요소의 상호작용이 시작되면 얼음은 녹아서 수증기가 되고, 땅은 물기를 증발시켜 메마르게 될 것이다. 이런 상호작용하는 요소들은 서로가 서로에게 영향을 미치게 된다.

이렇게 영향을 주고받는 결합체가 시스템이다. 위에서 말한 천지도 시스템이고 사람의 정신세계도 시스템이다. 이들이 상호작용하는 것은 이들 사이에 서로의 정보를 주고받는 감지 장치가 작동하기 때문이다. 이 감지장치는 직접적일 수도 있고 간접적일 수도 있다. 인식과 반응의 기간은 초단기일 수도 있고 매우 늦어서 장기간이 걸릴 수도 있다. 비가 오는 것은 대기와 수증기 등의 순환과 상호작용에 의한다.

노자는 도덕경에서 사물, 개인, 국가, 천체 등 세상사를 관통하는 도리를 논하고 있다. 그런데 이런 세상사는 모두 구조를 갖고 있고 서로 얽혀서 상호작용하는 시스템이니, 노자가 말하는 도리는 시스템을 통괄하는 도리이다. 그러니 이 도리를 알려고 하면 도덕경의 내용을 시스템을 구성하고 작동하는 원칙들과 대조하면서 살펴보면 이해가 쉬울 것이다.

2) 자연의 지향성인 도(道)와 시스템의 목적

먼저 도에 관한 노자의 설명들은 다음과 같다. 1장에서 말할 수 있는 도는 상도(常道)가 아니다(道可道 非常道)라고 하고, 無(무)는 천지의 시작을 이름한 것이고(名天地之始), 有(유)는 만물의 터전을 이름한 것(名萬物之母)이라 하였다. 4장에서 "도는 심원하여 그것을 행하여도 어떤 경우에도 미치지 못하니 깊도다. 마치 만물의 근원인 듯하다 (道, 沖而用之, 或不盈, 淵兮似萬物之宗)"라고 하였다. 6장에서는 곡신(谷神)이라 하고, 곡신이 사는 곳을 현빈(玄牝, 아늑한 계곡 혹은 암컷)이라 하여 천지의 뿌리 라고 하였다. 7장에서는 물(水)은 도에 가깝다고 하고, 14장에서는 도의 작용은 보려고 해도 보이지 않고(夷), 들으려 해도 들리지 않으며(希), 잡으려고 해도 얻지 못한다(微)고 하였다. 21장에서 도가 만물을 만든다(道之爲物)이라 하고, 25장에서 "그 이름을 알지 못하여 그것을 글자로 써 도(道)라 쓰고, 굳이 이름을 붙여 크다(大)라고 한다(可以爲天下母, 吾不知其名, 字之曰道, 强爲之名曰大)"고 하였다. 이들을 요약하면 도(道)는 천지 만물을 창조하는 무형의 큰 기운이다. 그러면 이를 현대적으로 해석하면 어떻게 정의하여야 할까?

위에서 도를 만물을 창조하는 무형의 힘이라고 하였는데, 이는 바꿔 말하면 도(道)는 사물(시스템)이 만들어지고 작동하게 하는 지향적인 힘(에너지)이다. 이 힘의 존재는 감각으로 느낄 수 없는 것이지만, 실제로 만물은 그 힘에 의하여 탄생하고 생존하므로 없다고 할 수는 없다(1장 풀이). 이 부분에 대하여 35장에서 다음과 같이 풀이하였다. 도(道)는 무(無)와 유(有)를 통하여 시현되기 시작하는데, 무(無)와 유(有)는 시간과 공간이다. 자세히 말하면 무는 시간이 포용하고 있는 에너지이고, 유는 보이지 않는 입자 혹은 물질을 포용하고 있는 공간이라 해야 할 것이다. 시간은 보이지 않으나 나아간다. 나아가는 움직임은 태초 무극의 에너지가 시간을 만났기 때문이다. 공간을 이루는 빛은 에너지의 변형이고, 빛의 나아감은 시간의 지나감이요 움직임이다. 이와 같이 움직임은 에너지와 시간, 그리고 공간을 기초로한다. 만약 시간이 없다면 움직임은 존재하지 않을 것이다. 그러니 시간은 에너지와 동거(同居)한다고 할 수 있다. 1장에서 유(有)는 만물의 터전 혹은 어미(萬物之母)라 이름하고, 무(無)는 천지의 시작(天地之始)라 이름하였다. 공간에는 무수한 가능태(可能態)들이 자리 잡고 있다. 조건이 맞으면 언제든지 형상이 만들어져 등장할 수 있다. 태초에 빅뱅으로 만들어진 수소와 헬륨 등의 가스가 빛과 시간 에너지의 작용으로 유기물이 되고, 이 유기물에서 유기체가 생겨나고 유기체가 동·식물로 진화하듯이 우주라는 공간에는 앞으로 어떤 형태의 생명이 등장할지는 아무도 모른다. 어쨌든 과거에 그러했듯이 미래에도 그러할 것이다. 그러니 공간에 시간의 움직임이 작용하면 스스로 그렇고 그런 현상들이 생겨난다. 도(道)는 공간에서 시간과 동거하는 에너지로 시현된다. 에너지의 변형인 빛으로 보여지는 공간인 유(有)와 움직임을 만드는 시간과 동거하는 에너지인 무(無)가 상호

작용하면 만물이 탄생한다는 말이다. 그럴 듯하다. 어차피 유와 무는 상정한 개념에 불과하다.

그리고 42장 풀이에서 도(道)는 정신의 존재와 같은 역할을 한다고 하였다. 정신이 사람의 신체에 기반을 둔 각 부분들이 갖는 지향성의 집합 개념이라면, 도(道)는 우주 만물이 갖는 지향성의 집합 개념이다. 도(道)는 모든 사물이 자연의 필요에 따라(25장 道法自然) 형성된 조건과 상호작용하여 적용하게 하는 지향성이니, 자연의 지향성이라할 수 있다(42장 풀이 참조).

개체가 갖는 지향성은 사물을 생겨나게 하는 유와 무의 조화가 환경의 지향성과 상호작용하여 형성된다. 이 유(有)와 무(無)의 조화는 조건인 환경의 지향성을 수용하고 그에 동화한다. 유는 질량에너지를 갖고 있고, 무는 방향에너지를 갖고 있으니, 이들의 에너지가 환경의 요구와 조화하여 만물이 생겨나게 된다. 이러하니 모든 사물은 환경이 요구하는 방향성을 품고 있다는 것이다. 환경조건은 태초에는 태초의 환경이었고, 현재는 현재의 환경이다. 작게는 개별 환경이고, 크게는 지구환경이며, 더 크게는 우주환경이다. 그러니 도는 개별환경의 지향성이 될 수도 있고, 우주 환경의 지향성이 될 수도 있는 것이다. 이 환경의 지향성은 자신의 조건에 맞지 않으면 돌연변이를 생기게 하기도 하고 사라지게도 하며, 조건에 맞는 길을 가게 된다. 그래서 도(道)는 가야 할 길과 같은 것이다.

위의 도(道)에 대한 풀이를 요약하면 道(도)는 자연의 지향성으로천지 만물의 존재와 당위의 근거이다. 존재는 태초의 기반 에너지가시공간으로 분화하여 등장하고, 계속되는 분화는 서로가 서로의 조건으로 연결되며, 당위는 관계하는 사물의 지향성을 조건으로 형성된 본성을 시현한다. 즉, 사물의 마땅한 역할은 관계되는 사물들의 지향성이라는 조건에 맞아야 한다는 것이다.

도가 자연의 지향성이면, 자연의 지향성은 어떤 내용일까? 이는 자연이 어떻게 존재하고 있는지를 살펴보면 알 수 있다. 우리가 아는 자연은 항상 한결같이 자신의 직분을 다하면서 순환하고 질서를 지킨다. 공존의 질서이다. 이런 점에서 자연의 지향성인 도(道)는 전체 시스템의 관점에서 보면 자연의 질서이고, 개별 시스템인 사물의 입장에서 보면 적응해야 할 목적이다.

자연은 우주 만물의 집합이다. 이 집합의 구성요소인 만물은 시스템이다. 이 시스템은 부분들로 구성되어 있다. 각 부분들은 각자의 환경의 조건으로 생겨났고 환경의 조건에 따라 부여받은 지향성에 따라 활동한다. 그러니 환경과 공존한다는 의미이다. 공존함은 서로 상호작용한다는 것이다. 어느 한 부분이 전체의 지향성에서 벗어나 엉뚱한 활동을 하면 전체는 그 항상성에 영향을 받게 되니 이 영향을 해소하고자 피드백을 작동하여 그 부분을 통제한다. 이 통제력은 부분의 엉뚱한 활동을 제어하는데 심하면 그 부분 전체를 고립 혹은 제거하는 힘을 가한다. 이것이 부분이 겪는 재앙이다. 요약하면 공존의 질서를 해하면 재앙을 맞는다는 말이다.

도덕경에서 설명하는 도(道)와 성리학에서 설명하는 도는 조금 차이가 있는 것 같다. 노자는 도에 의하여 천지 만물이 생겨난다고 말하는 반면, 중용에서는 성(性)을 따르는 것이 도라고 하였다(중용 1장, 天命之謂性 率性之謂道). 노자는 도가 만물의 시작이라고 하고, 중용에서는 천명에서 도가 시작된다고 한다. 중용에서 천명인 성(性)을 성리학에서는 이(理)라고 한다. 다음은 성리학의 설명이다. 만물은 이(理)와 기(氣)로써 생겨난다. 만물의 물질적 측면을 형성하는 것이 기(氣)인데, 이 기(氣)는 양기(陽氣)와 음기(陰氣)로 구분된다. 중요한 것은 사물은 그냥 생겨난 것이 아니고 그것을 생겨나도록 하는 것이 있는데, 이것이 이(理)이다. 바꾸어 말하면 존재 이유가 이(理)라는 것이다. 즉, 기(氣)로써 물질적 구성을 하였다면 이 구성하고 존재하게 하는 이유가 있으니 이것이 이(理)이고, 이를 중용에서 성(性)이라 한 것이다. 송나라 정이(程頤)는 이를 성즉리(性卽理)라고 하였다. 이(理)와 기(氣)를 도덕경의 표현에 의하면 무(無)와 유(有)에 해당한다고 볼 수 있다.

3) 덕(德)과 시스템의 기능

도를 자연의 지향성이라 하였다. 천지 만물의 지향성을 합한 합집합이다. 수식으로 표시하면 도=Σ(부분의 지향성)이다. 도는 만물을 생겨나게 한다고 하였다(21장 道之爲物, 51장 道生之). 도는 만물을 생겨나게 하는 에너지이다. 앞에서 유와 무를 언급하면서 무는 에너지를 내포한다고 하였다. 만물은 유와 무가 합쳐지는 그윽한 조건에서 생겨난다. 유가 품고 있는 질량 에너지와 무가 품고 있는 방향에너지가 합쳐지는 그윽한 조건은 사물이 스스로 시작할 수 있게 에너지 즉, 지향성을 부여하고 배양한다. 자연의 지향성이 부분의 지향성으로 분화하여 새로운 지향성을 잉태하는 것이 개체의 탄생이다. 이를 노자는 51장에서 도가 그것을 생겨나게 하고, 덕은 양육한다(道生之, 德

畜之)고 하였다. 개체로서 사물은 만물의 지향성 전체를 가질 수 없다. 다만 분화를 통해 부분을 가질 수는 있다. 사람은 사람의 지향성이 있고, 우주는 우주의 지향성이 있으며, 태양은 태양의 지향성을 갖는다. 이 분화된 지향성이 덕(德)이다. 덕은 도의 분신은 아니고 부분이다. 부분이 되어야 사물의 다름이 생긴다. 그리고 도가 개별 사물에 시현될 수 있다. 시스템 관점에서 보면 덕은 개별 사물의 기능에 해당된다. 기능은 개체와 환경의 연결고리이고 연결의 끈이다. 도가 덕으로 분화됨은 실체인 개체에 연결되게 손을 내미는 것과 같다. 그러니 베풂이고 아끼고 돌봄이다(59장). 서로가 손을 내밀어 연결의 고리를 만들고 구조를 만드는 것과 같다. 이는 지향성의 구체적 시현이다. 그러니 덕은 도의 시현이다.

도는 덕으로 분화되어 사물에 부여되어 시현되는 것으로 개념적인 면이 강하나, 덕은 시현하는 것이니 구체성이 강하다. 고대 왕권은 그 정당성과 권위를 하늘에서 찾고 임금을 천자라고 하였다. 천자는 하늘의 뜻인 천명을 받들어 왕위에 올랐고, 하늘을 대신하여 나라를 운영하였다. 하늘은 모든 사물을 지배하고, 하늘의 뜻인 천명은 불변이라 항구적인 지배가 가능하다. 그런데 나라가 망하고 새로운 임금이 들어서게 되었으니 명분이 사라졌다. 하늘을 대신하여 나라를 운영하였는데 어찌 망할 수 있겠는가? 그리고 다시 들어선 나라는 하늘이 뜻을 거역한 것이 아닌가? 이런 점에서 새로운 왕은 이전의 왕이 덕이 없어 하늘의 뜻을 저버렸다고 변명하였다. 그래야 자신의 정당성을 확보할 수 있게 된 것이다. 이런 변화는 왕권의 근거를 신(神)이나 하늘(天)에서 찾던 것을 착한 인간성, 즉 덕이 있는 인간성으로 돌려놓았다는 점에서 매우 의미 있다. 이렇게 하여 왕은 덕(德)을 베풀어 도가 갖는 질서나 공존의 지향성을 시현하여야 자신의 권력을 유지할 수 있게 되었다. 즉, 덕을 통하여 공존의 지향성이 인간이 마땅히 해야 할 바인 당위로 자리매김하게 된 것이다. 하늘이 소유했던 천명이 인간의 당위로 자리를 바뀌었다는 점이 발전의 관점에서는 중요하다.

중요한 것은 덕(德)은 공존을 위해 지향해야 할 가치라는 점이다. 공존은 서로가 서로의 존재를 인정하고 서로의 지향성을 존중하는 상대에 대한 배려에서 출발하며 공감하고 소유를 함께 나누는 존재 방식이다. 그러니 베푸는 것이고 아끼고 돌보는 것이다. 베푸는 덕이야 말로 공존의 도를 시현하는 것이다. 이것이 도에 근거한 사물의 존재 방식이고 당위(當爲)이다. 덕의 현대적 표현은 "사랑, 자비, 봉사"이다. 이들 중에서 가장 잘 어울리는 단어는 봉사이다. 봉사는 남을 위하여 힘써 행하는 것이니 베푸는 것을 포함한다. 다만 덕은 자신의 욕심을 내려놓고 무위로 행하나, 봉사는 반드시 무위로 행하는 것은 아니다. 즉, 봉사는 이루고자 하는 의도를 가질 수도 있다는 뜻이다.

4) 사물의 기원(起源)인 연기(緣起)

도덕경에서 사물이 기원에 대한 설명은 1장에서 "무는 천지의 시작을 이름이고 유는 만물의 터전을 이름이다. 고로 항상 무는 천지 시작의 묘함을 보이게 하려 하고, 항상 유는 만물 터전의 오고 감(徼)을 보이게 하려 하니, 이 두 가지는 같은 곳에서 태어나(생성하여) 이름이 달라진 것이다. 같은 곳, 그곳은 그윽하여 알아볼 수가 없어서 그냥 그윽하다고 한 것이다. 그윽하고 그윽한 그곳은 온갖 시작의 미묘한 문이다."라고 하였다. 이 내용은 사물은 시작인 무와 터전인 유가 그윽하고 그윽하게 사물의 탄생에 작동한다는 말이다.

그리고 2장에서 "고로 있음(有)과 없음(無)은 서로를 낳고 어려움과 쉬움은 서로를 이루며, 길고 짧음은 서로를 형성하고 위와 아래는 서로 기대며, 노랫소리와 연주소리는 서로를 조화롭게 하고 앞과 뒤는 서로를 따른다."라고 하였다. 이는 요약하면 대립개념이 서로를 낳는다는 말이고, 이는 대립개념은 서로가 조건이 되고 원인이 되어 생겨난다는 의미이다. 여기서 유무(有無)가 상생(相生)한다는 말에서 유(有)와 무(無)는 태초의 유(有)와 무(無)가 전승된 것일 수도 있지만, 개체의 잉태에 작용하는 유(有)와 무(無)일 수도 있다. 즉, 개체의 잉태과정에서 환경의 조건이 형성되면 무가 잉태의 터전을 만나 잉태를 시작한다는 말이고, 이는 유와 무의 작용으로 사물이 생겨난다는 것이다. 물론 개체만이 아니라 여러 사물이 함께 혹은 연속적으로 그러할 수도 있다. 앞에서 유와 무를 설명하면서 무는 에너지를 내포한 시간이고 유는 공간이라고 한 바 있다. 그러니 질량을 가진 물질의 에너지가 합당한 조건이 형성되면 시간 에너지의 작동으로 공간에 둥지를 틀어 사물이 생겨난다는 것이다. 시간이 에너지를 내포한다는 점에 의문을 제기할 수 있겠지만 우주의 69%를 관찰할 수 없는 암흑에너지라는 점을 고려해보면 시간이 에너지를 내포한다는 점은 그렇게 이상할 것도 아니다. 실제로 시간은 직진하고 있으니 에너지 없이 어찌 직진할 수 있을까?

3편 시스템 관점과 도덕경의 주요 개념

1장의 내용을 2장에서 언급하고 있는 유무상생(有無相生)과 연결하여 요약해 보면 사물은 시작인 무와 터전인 유가 그윽하고 그윽하게 만나 서로가 조건이 되고 원인이 되어 서로 생겨난다. 이 말은 불교 용어로 말하면 연기(緣起)한다는 말이다. 즉, 모든 현상은 무수히 많은 원인과 조건이 상호작용하여 성립되는 것으로 원인 없는 결과는 없다는 의미이다. 그리고 생겨나고 일어날 뿐만 아니라 소멸도 그러하다. 간단히 말하면 네가 있으면 내가 있고, 이것이 생기면 저것이 생긴다. 네가 없으면 내가 없고, 이것이 없으면 저것도 없다. 이는 시스템 이론에서 상호 의존적인 관계를 갖는다는 것과 같다. 그러니 사물의 기원은 상호 의존적인 관계에서 생겨난다.

11장에서 서른 개의 바큇살이 바퀴통에 함께 꽂혀 수레가 되니 바큇살은 없어져 수레에 쓰임이 되었다고 하였다. 바큇살, 바퀴통, 축, 수레채 등의 부품들이 조립되어 짐을 싣고 이동할 수 있는 수레가 되면 이들이 가진 본래의 특징들은 없어지고 부품으로써 버티고, 굴러가고, 당겨지는 등의 기능만 남는다. 즉 쓰임만 남는다. 이들을 낱개로 흩어 놓으면 수레와는 아무 관계도 없다. 하지만 이들을 수레의 부품으로 사용하면 이동 수단이 된다. 이들을 짜맞추는 사람과의 만남, 이동이 필요한 짐, 수레가 갈 수 있는 길, 수레꾼 등의 조건이 맞아야 수레가 만들어지고 기능한다. 어느 하나가 부족해도 수레는 만들어지거나 기능할 수 없다. 그러니 서로가 조건이 되어 사물이 생겨난다. 태초에 빅뱅으로 생긴 무기물이 유기물이 될 때도 같은 논리가 적용된다. 수소, 헬륨, 메탄 등의 가스와 번개, 자외선 등의 에너지가 만나지 않았다면 유기물은 만들어지지 않았을 것이다. 이런 조건들이 우연히 유기물을 만들었고, 이 유기물은 또 다른 조건을 만나 돌연변이나 진화를 하여 현세의 동식물이 생겨난 것이다. 부모가 특정인을 목표로 하여 특정인이 태어난 것이 아니고 여러 가지 조건들이 형성되어 특정인이 태어난다. 이런 면에서 자연은 우연성을 갖는다. 우연히 생겨나는 인연이 연기(緣起)이다. 이런 면에서 인연은 상호 의존적이고 상관적 인과관계이다.

위 내용을 요약하면 사물의 기원은 질량에너지가 우연히 자연의 조건들과 상호작용하면 사물이 생겨난다는 것이다. 예를 들어 유기물의 생성은 수소 등 무기물(질량에너지) + 시간 + 공간 + 자연조건(온도, 습도, 자외선, 천둥 번개 등) + 우연성 등으로 생겨난다는 것이다. 이렇게 만물이 상호 의존적으로 생겨남은 사물이 시스템의 일원으로 작용함을 의미한다.

5) 무위(無爲)와 적응

아마 도덕경 전체를 관통하는 개념이 도(道)와 무위(無爲)라고 해도 과언이 아닐 것이라 생각된다. 37장에서 도는 항상 이루려 함이 없으나 이루지 못함도 없다(道常無爲而無不爲)라고 하였다. 도는 만물의 존재와 행위의 근거가 되는 자연의 지향성이다. 크게는 우주의 운행 이치이고 작게는 미물의 삶과 존재 이유이다. 이렇게 도는 대상의 크기에 관계없이 그 존재가 본성에 따를 수 있게 그 근거가 되고 나아갈 방향을 제시하니 공존의 길을 간다. 공존은 대상에 대한 배려에서 출발하니 대상의 지향성을 존중하지만, 그렇다고 하여 개체가 환경의 조건에서 벗어나는 이기성을 고려하지 않는다. 그러니 분화된 도를 갖는 사물은 자신의 지향성을 추구하되 도에 벗어나 자신의 이 기심으로 다른 대상의 지향성에 부정적 영향을 미쳐서는 안 된다. 이 말은 이기적인 욕심이 대상에 작용하지 않아야 한다는 말이고, 대상을 변하게 하여 무엇을 이루려는 행위를 하지 않는다는 것이다. 이는 이기(利己)일 뿐만 아니라 이타(利他)이다. 이를 노자는 무위(無 爲)라고 하였다. 무위(無爲)란 없을 無(무)와 할 爲(위)가 합쳐진 단어 다. 위(爲)는 "하다, 되다, 이루어지다, ~을 위하다" 등의 의미인데 "이 루려 하다"고 옮기면 무위(無爲) 는 "이루려 하지 않는다"는 의미이다. 바꾸어 말하면 욕심내지 않는다는 말이다. 37장과 48장의 無爲而無 不爲(무위이무불위)를 "행함이 없으면 행하지 못함이 없다"고 하면 말 이 안된다. 상기 설명에 따르면 이 문장은 "이루려 함이 없으면 이루 지 못함도 없다"고 해석된다. 이루려 하지 않고 스스로 그러한 자연 의 조건을 따르는 것이 무위이다. 자연의 조건에 따른다고 하였으나 "적당하게"라고 함이 더 적합하다. 스스로 그러함은 조건들의 지향 성이니 조건들의 필요에 적당하다는 말이다. 즉 자연의 지향성인 도 (道)를 따른다는 의미이다. 모든 만물이 자연의 지향성을 따라 질서 를 지키고 서로가 배려하여 Win-win 하게 되니, 이것을 43장에서 무위의 유익함이라 하였다.

그리고 48장에서 덜어내고 또 덜어내서, 이루려 함이 없음(無爲)에 이르게 되면, 이루려 함이 없어도 이루지 못함이 없다(損之又損, 以至 於無爲, 無爲而無不爲)고 하였다. 덜어낸다는 것은 하고자 하는 의도, 욕심 등을 내려놓는다는 말이다. 이 말은 하고자 함을 덜어내고 스 스로 되게 하라는 뜻이다. 억지로 행하려 하지 말고 조건이 성숙되어 스스로 이루어지게 하라는 것이다. 이것이 도(道)의 길이다.

63장은 이루고자 함이 없이 행하고, 일삼지 않고 일하며, 맛들이지 않고 맛본다(爲無爲, 事無事, 味無味)고 하였다. 도덕경에서 무(無)는 그냥 없다는 것이 아니라, 유(有)에 대한 대립적인 개념이고, 인간이 감각하지 못하여 없다고 한 것에 불가하다. 감각하지 못하는 시간이나 공간이 없지 않듯이 무위(無爲) 또한 행함이 없는 것이 아니고, 욕심 없이 행하여 만물이 그 행해짐을 감각하지 못하는 행함이다. 무사(無事)는 일을 하지 않는 것이 아니고, 이기적이지 않아서 만물이 감각하지 못하게 일을 하는 것이다. 바꾸어 말하면 자연스럽게 행하고 일하라는 말이다(63장 풀이 참조). 자연스럽게 일하면 대상도 자연스럽게 받아들여 영향을 받지 않는다. 그렇지 않고 대상의 지향성에 영향을 미치게 되면 공존의 균형은 깨지게 되니 대상은 이를 거부하거나 저항하게 된다. 자신의 하고 싶은 일을 하고 먹고 싶은 것을 먹고자 함은 모두 이기적 욕망이다. 그렇기에 자신이 하고자 하는 바를 하더라도 환경이 감각하지 않게 하라는 것이다. 이것이 무위(無爲)로 행한다는 의미이다.

65장에서는 무위(無爲)로 백성을 다스려야(無爲之治) 나라에 복이 된다고 하고, 무위로 다스리는 방식을 아는 것을 현덕(玄德)이라 하였다. 나라(國)가 생겨나는 것도 구성원들의 지향성과 환경의 지향성이 상호작용한 것이니, 다스림 또한 백성의 지향성에 따라야 백성의 삶이 윤택해지고 환경에도 유익하게 된다. 그러니 위정자는 자신의 욕심을 내려놓고 무위로 다스려야 한다. 여기서 지향성은 국민의 민복이고, 세계의 평화에 해당한다. 민복은 국민의 삶의 목적이고 평화

　　　　　　　3편 시스템 관점과 도덕경의 주요 개념

는 세계인의 목적이다. 결국 지향성은 시스템의 목적에 해당한다.

이루려고 하지 않음(無爲)은 이루고자 하는 욕망이 일어나지 않아야 하고, 이 욕망은 부족에서 시작되니 부족감을 없애야 가능하다. 부족감을 없애는 방법은 마음이 부자이면 가능하다. 소유의 대상인 재물, 권력, 명예 등에 대하여 내면에서 넉넉하다고 느끼고 있으면 욕망하지 않는다. 그리고 소유의 대상에 대한 가치를 부여하지 않으면 소유의 필요를 느끼지 않는다. 재화나 명성이 자신의 삶에 아무 영향이나 가치가 없다면 구태여 이를 탐할 이유가 있겠는가? 스스로가 귀하고 중요하면 대상이 귀하고 중하다고 탐할 가치가 있을까? 소유물을 가꾸는 것보다 자신을 가꾸는 것이 바람직하지 않을까?

6) 대립개념의 공존과 상호 의존성

도덕경에는 도, 덕 그리고 무위 다음으로 많이 설명되는 개념이 대립개념일 것이다. 유/무, 생/사, 장/단, 선/악, 시/비, 고/하, 난/이(難/易), 전/후(前/後), 부/빈, 강/약, 자/웅, 미/추(美/醜), 인(仁)/불인(不仁), 공(空)/충(充), 영/욕, 청/탁 등 상당히 많은 대립개념이 거론되었다. 노자는 이렇게 대립개념을 거론하고 이들은 상반된 의미를 갖고 있지만 동거하고 있다고 설명한다. 그리고 때에 따라서는 상반된 것을 같다고도 한다.

2장에서 "있음과 없음은 서로를 낳고 어려움과 쉬움은 서로를 이루며, 길고 짧음은 서로를 형성하고 위와 아래는 서로 기대며, 노랫소리와 연주소리는 서로를 조화롭게 하고 앞과 뒤는 서로를 따른다(有無相生, 難易相成, 長短相形, 高下相傾, 音聲相和, 前後相隨)."고 하였다.

"좋다/나쁘다, 옳다/그르다, 선하다/악하다, 아름답다/추하다" 등의 개념은 사람이 만든 개념이다. 이 개념들은 상반된 개념에 의존하여 상대적으로 정의된다. 그리고 과거의 경험이나 현재의 상황을 고려하여 가치를 부여한다. 이는 개념이 상반성에 근거를 두고 정의되고 처한 상황에 근거하여 가치가 결정된다는 상관성을 의미한다.

이런 대립개념의 상관성은 개념자체가 사람의 창작물이니 창작자의 생각에 기반을 두는데, 이 생각이란 것은 대뇌의 비교·대조·예측·판단 기능에 의한다. 그러니 대립개념을 포함한 모든 개념은 기본적으로 대뇌에 동거한다. 대뇌가 짧다고 하면 짧은 것이고, 길다고 하면 긴 것이다. 사람의 경험에 따라 다르고 상황에 따라 다를 수 있다. 사물의 입장도 이와 다르지 않다. 신체를 이루는 골격은 긴 것이 있고 짧은 것이 있으며, 강한 것이 있고 약한 것이 있다. 이들은 함께 구조를 만들고 함께 서로 의존적으로 작용한다. 짧고 긴 것의 구별은 상대적이라 어느 하나만으로 정의할 수 없다. 선악의 구별도 사람이 정한 규범에 따를 뿐이지 시대가 바뀌면 변할 수 있다. 시대나 사람, 상황에 의존한다는 말이다.

27장에서 착한 사람은 착하지 않은 사람의 스승이 되고, 착하지 않은 사람은 착한 사람의 바탕(資)이 된다고 하였다. 선과 악은 서로가 기반이 된다는 의미이다. 두 개념의 차이로 두 개념을 설명한다. 착한 사람과 악한 사람은 다르다. 악한 사람은 어떤 사람인가? 선하지 않는 사람이다. 또 선한 사람은 악하지 않는 사람이다. 이와 같이 서로가 서로를 정의하니 기반이 된다는 것이고 선하려면 악을 행하지 않으면 되니 스승이 되는 것이다.

사물은 상호 의존적인 기능구조인 시스템이다. 사물은 의존성과 관계성이 없으면 존재하지 않고 기능 하지도 못한다. 시스템은 구성 요소인 부분들의 관계가 없으면 기능하지 못하고, 외부의 필요와 자원 공급이 없어도 기능할 수 없다. 내·외적 요소들을 하나의 구조로 짜맞추어 시스템으로 만들면 대립적인 요소들은 하나로 통합되어 전체의 목적에 기여하도록 작용한다. 가장 발달한 유기체인 사람의 신체가 그러하다. 감각계, 중추신경계, 호흡계, 소화계, 순환계, 생식계, 근골격계 등은 서로 완전히 이질적이나 하나로 통합하면 육체가 되고 상호 의존적으로 기능하면 생명체로서 역할을 한다. 이들은 외부환경으로부터 음식물과 정보를 입력 받지 못하면 그 생존과 기능을 할 수 없는 환경 의존적인 존재이다. 이와 같이 모든 존재들은 내부적으로는 이질적이고 상반되며 대립적인 부분들이 동거하고 함께 작용하며, 외부에서 에너지나 자원을 공급받는 관계를 갖는다.

관계가 존재를 구성하는 본질이라는 말이다. 양자, 전자, 중성자의 관계가 원자이고, 기둥·서까래·보·흙·도리·구들 등의 관계가 한옥이다. 관계를 갖지 않은 사물은 없으니, 관계성이 없으면 만물은 존재하지 않는다. 이질적이든 대립적이든 친화적이든 동질적이든 모두 관계로서 존재하고 관계로서 기능한다.

7) 구성요소들의 통합

시스템에서 모든 요소는 그들이 이질적이든 동질적이든, 대립적이든 친화적이든 서로 섞여 얽히고 짜여 구조를 만들고 서로 의존적으로 기능한다. 서로 의존한다는 것은 요소들이 서로 맞물려 각기 원인이 되기도 하고 결과가 되기도 하는 관계를 의미한다. 맞물려 있음은 연결되어 있다는 것이다. 구조적으로 통합되어 연결된 경우도 있지만, 그렇지 않고 서로 별개로 존재하지만 서로 같은 조건에서 작동하는 것도 있다. 천체가 그렇다.

선/악, 시/비와 같은 대립개념들은 개념정의에서 서로 조건으로 연결되어 있고, 개인의 의식에 뿌리를 두고 상관적으로 존재한다. 생활용품들도 이질적이거나 동질적인 부품이 연결되어 구조를 만들고 함께 작동한다. 책상과 걸상은 직접적으로 연결되어 있지는 않지만, 사용자가 연결하여 사용한다. 두 물건의 지향성이 연결되어 새로운 편의성을 제공하게 된다. 이런 지향성의 연결은 사물의 본성에 의한다.

도는 분화되어 덕이 되어 사물에 시현된다. 덕의 작용으로 인해 도가 사물에 시현된 것이 사물의 본성이고 사물의 실체이다. 사람으로 말하면 정신과 몸이다. 사람에게는 환경의 필요에 따라 형성된 자연의 지향성인 도가 개별화하여 본성으로 자리잡고 있다. 마치 아버지가 아들에게 유전자를 물려주는 것과 같다. 그러니 사람은 본성으로 내재된 덕을 타인에게 시현, 즉 베풀게 된다. 도(道)와 덕은 환경의 필요가 조건이 되어 형성된 자연의 지향성이므로 그 조건에 따른다. 그러니 본성은 서로의 지향성을 존중하고 배려하며 서로 유익하게 작동한다.

사물의 연결은 덕에 의한 것이다. 사물의 지향성으로 이루어진 덕은 얽힘의 속성을 갖고 있으니 당연히 외부와 연결되고, 이 연결 방법은 손을 내밀어 관계를 맺고 베푸는 것이다. 이렇게 맺어진 관계가 시스템이니 그 기능은 환경의 필요에 응하는 것이다. 환경의 필요에 응한 것이니 이 또한 베풂의 덕이다. 예를 들면, 걸상은 사람을 앉히는 지향성을 갖고, 책상은 책을 놓고 공부할 수 있게 하는 지향성을 갖는다. 학생은 이 두 지향성을 연결하여 하나의 시스템으로 이용한다. 학생이 이용할 수 있게 하는 것, 이것이 책걸상의 덕이다.

모두 연결되어 하나의 시스템으로 작동하는 세상이 서로의 지향성을 존중하고 전체의 지향성에 따라 작동하면 모두가 평화롭고 행복하다. 그런데 세상은 반드시 그렇지 만은 않다. 개체의 지향성에 이기심이 생기고 이기적으로 가치를 추구하게 되면, 개인은 환경의 지향성을 무시하거나 경쟁하고 다투려 한다. 노자는 이기심과 욕심에서 벗어나 이루려 하지 않고(無爲) 행하기를 제안하고, 요소들을 통합하는 방법으로 순박(박), 고요함(靜)의 회복(復), 동화(同), 조화(和), 밝음(明), 아낌(嗇) 등을 강조한다. 시스템에서 통합의 끈은 목적이고, 이를 제어하는 것이 피드백이다. 그러니 순박(樸), 고요(靜), 동화(同), 조화(和), 밝음(明), 아낌(嗇) 등은 통합을 위한 피드백의 일환으로 해석해야 한다. 노자가 도덕경에서 대상과의 관계를 도의 관점에서 통합하는 방법으로 제시하고 있는 이들에 관하여 살펴보자.

○ 순박(樸)

15장에서 도를 잘 행하는 사람은 순박하여 인간관계에서 사랑과 인정이 많고 깊다고 하였다. 사람의 사랑과 정은 거짓이나 꾸밈이 없이 순수해야 깊고 길다. 그래야 다름을 인정하고 포용할 수 있으며 동조할 수 있다. 이를 순박하다고 한다.

28장에서 노자는 대립이 통합되는 계곡을 천하에 비유하고 창조의 공간이라 하였다. 이 계곡에는 도(道)를 시현하는 덕(德)이 상존하여 존재를 생겨나게 하고 그 본성에 따라 기능하게 한다. 덕이 상존하면, 밝은 면은 드러나게 되고, 어두운 면은 지켜져 사물이 서로 포용하고 동조함으로써 공존하게 된다. 그리고 선악의 양면성도 덕으로써 품어 서로 공감하게 하고 넉넉함으로 다스려 세상을 순박하게 되돌린다. 세상은 대립된 개념이 상존하지만, 덕으로 인해 서로 다름이 통합되어 공존의 공간이 되고, 본성으로 충만하여 넉넉해지며, 넉넉하니 비교하고 경쟁할 이유가 없어져 순박함으로 돌아간다. 순박함은 꾸밈이 없어 때묻지 않고 정이 많으며 착한 것을 말하고, 무위로 생활하는 자연스런 것을 말한다. 순박한 사람들이 그릇처럼 도처로 흩어져 도(道)의 인도자(引導者)로 쓰이고 관의 지도자로 쓰이면, 세상은 나눔을 위한 경쟁이나 다툼이 없다. 즉, 덕의 순박함은 포용을 통해 대립개념의 통합[不割]을 만든다(制)고 한다.

32장에서 도는 항상 이름이 없어 순박하고 비록 가볍게 여겨지지만, 천하가 능히 신하로 삼지 못하니, 후왕이 능히 그 도를 지키면 만물이 장차 스스로 따른다(道常無名 樸雖小, 天下莫能臣也, 侯王若能守之, 萬物將自賓)고 하였다. 도를 순박하고 가볍게 여긴다고 한 것은 이름이 없으니 그 존재가 대수롭지 않아 가볍게 여긴다는 의미이고, 대수롭지 않고 자연스러우니 특별하게 가치를 부여하지 않아 순박함을 지닌다고 해석할 수 있다. 도는 자연의 조건들이 융합된 지향성이고 순리이니 이를 누구도 좌지우지할 수 없다. 그리고 도는 거짓과 꾸밈이 없고 가치에 물들지 않아 순수하니 이는 순박하다고 한 것이다. 왕이 도를 지킨다는 것은 욕심을 버리고 무위로 행한다는 것이고, 순박한 본성으로 덕을 베푼다는 것이니 백성의 마음으로 백성을 다스린다는 뜻이다. 거짓과 꾸밈이 없고 이념이나 가치에 물들지 않은 순박한 마음과 백성의 마음으로 백성을 다스리니 모두가 본성을 회복하고 만물은 순리에 따라 천성을 발휘하게 되어 세상은 태평성대를 이루게 된다. 가치에 물들지 않고 백성의 마음을 포용할 수 있음은 통합의 방법이다.

순박함은 포용과 베풂이라 읽어도 좋다. 나아가 덕이라고 읽어도 된다. 순박함은 자신을 내려놓고 전체를 품는 것과 같다. 작은 것이 큰 것을 품으면 더 큰 것이 된다. 더 큰 것이 되니 성장하는 것이다. 개인이 크게 성장하면 지도자가 된다. 노자는 순박함을 여러 장에서 설명한다. 그만큼 중시한다는 말이다. 상선약수(上善若水)라고 하였듯이 상선약박(上善若樸), 즉 높은 선은 순박함과 같다고 해도 무난할 것이다.

○ **고요(靜)**

15장에서 노자는 "누가 능히 탁함을 고요하게(靜) 하여 서서히 맑게 할 수 있으며, 누가 능히 안정된 것을 오래 움직여 서서히 생겨나게 할 수 있겠는가?"라고 하였다. 어두움이 밝음이 되고 탁함이 맑음이 되니, 이는 대립적인 개념의 순환을 말한다. 탁한 물과 맑은 물은 다른 물이 아니라 같은 웅덩이의 같은 물이다. 시간의 흐름으로 인해 통합된 것이다. 시간이 지나면 스스로를 조직화하고 공존의 조건을 만들어 공존의 질서를 회복하게 된다. 이것이 시스템인 사물이 갖는 균형이고 항상성이다.

밤에는 어둡고 낮에는 밝다. 밤과 낮이 존재하는 공간은 다른 공간이 아니고 같은 공간이다. 이 대립적 개념의 순환은 꼬인 새끼줄처럼 아래와 위가 바뀌면서 이어지고 이어지니 이것을 자연의 도라고 하였다. 그믐달이 지고 나면 초승달이 생겨나고, 보름달이 되었다가 또 그믐달이 된다. 초승달과 보름달은 같은 달이다. 관찰자의 관찰 장소와 시간이 바뀐 것이다. 시간이 지나면 같은 것으로 연결되고 반복된다. 같은 하늘의 변화이니 순환할 뿐이다. 왜 스스로 안정되고 정화되는 것일까? 바로 자연의 지향성인 도이다. 시간이 지향성인 본성을 회복하게 한 것이다. 그러니 시간이 스스로 그러하게 하는 것이다.

16장에서 "비우고 고요함을 지키면, 만물이 함께 일어나 그 되돌아감을 나는 본다. 무릇 사물이 무성하여도 각각 그 근원(根)으로 돌아가니 근원으로 되돌아감을 고요함(靜)이라 한다. 고요함을 일컬어 천명(命)에 머무른다고 하고, 천명에 머무름을 늘 그러함(常)라고 한다. 늘 그러한 상(常)을 아는 것을 밝음(明)이라고 한다."라고 하였다.

만물은 환경의 요구와 자기지향성에 의해 무성하게 자라고 사그라지며(衰) 결국에는 뿌리만 남게 되어 본래의 모습으로 돌아간다. 본래의 근원으로 복귀하니 고요하다. 고요함(靜)은 외부 환경의 영향으로 움직임을 잉태한다. 움직임은 사물을 자라게 하고 열매를 맺게 하였다가 사그라지게 한다. 사그라짐은 다시 순환하여 생장성쇠(生長盛衰)를 할 것을 예고하는 것이다. 이는 예전에도 그러했고 앞으로도 한결같이 늘 그러할(常) 것이다. 봄에는 싹이 뜨고 여름이면 무성하였다가 가을이면 열매 맺고 겨울이면 사그라진다. 이런 변화는 늘 그러하였다. 이것이 상(常)이다.

고요함의 靜(정)은 경쟁과 다툼 이후의 고요하고 잠잠한 상태를 의미한다. 고요함은 가졌던 것들을 모두 버린 비움의 상태이고 움직임도 없는 잠재의 상태이다. 화광동진(和光同塵)의 상태가 되어 자신이 자신임을 의식하지 않는 상태가 된다. 비워서 가볍고 움직이지 않으니 동화하기 쉽고 만물과 소통하기 쉽다. 우주의 섭리를 수용하기 쉽다. 이 상태는 물아일체의 상태로 대상의 지향성과 자신의 지향성이 통합되어 같아지는 상태가 되니 도에 가까워진 것이다.

고요한 상태에서 조건이 형성되어 이기심이 작동하면 지향성은 대상을 비교하고 경쟁하게 만든다. 의식은 호·불호, 쾌·불쾌, 편·불편 등의 가치를 사물에 적용한다. 비교는 7정(情)인 희·노·애·락·애·오·욕(喜·怒·哀·樂·愛·惡·欲)을 일어나게 한다.

그러나 감정의 변화를 수반하는 조건은 일시적이므로 다시 평정심을 찾게 된다. 평정심은 고요함이다. 평정심과 고요함이 사람이 갖는 항상성이다. 그러니 이기심으로 감정에너지를 소비하지 말고 공존의 본성을 유지하는 것이 편안함을 유지하는 방법이고, 주변과 평화를 유지하는 방법이며 통합을 위한 조건이 된다.

탁한 물이 맑고 고요해지는 것은 물의 본성인 항상성으로 수렴하기 때문이다. 탁함이 일어나는 곳도 물이고 고요해지는 것도 물이다. 이 또한 물은 탁함이 일어나는 본성을 가졌기 때문이다. 물을 탁하게 하는 물질은 물에 함유되지만 물의 부분에 불과하다. 부분은 전체의 속성에 의하여 지배를 받는다. 그러니 탁함은 물의 속성에 의하여 고요하게 된다. 마찬가지로 부분은 전체의 특성에 따르게 된다. 이것이 시스템이 갖는 특성이다. 밤과 낮, 사계절 모두 태양계의 지배를 받기 때문이다. 직장인이 피곤해도 아침이면 출근해야 함도 그러하다. 이것은 상위시스템의 일원인 하위시스템은 상위시스템의 속성을 조건으로 하여 작동하므로 변화를 하여도 다시 조건으로 돌아가기를 반복한다. 이 반복이 주기적이면 순환이라 한다. 이 조건을 시스템에서는 항상성이라고 한다.

○ 조화(和)

42장에서 "만물은 음을 지고 양을 안고, 공허한 기운이 서로 화합하게 한다(萬物負陰而抱陽, 沖氣以爲和)."고 하였다. 음은 기능을 저하시키는 기운이라 안아 감추고, 양은 기능을 항진하는 기운이라 업어서 드러나게 한다. 양이 음을 지고 음이 양을 안으면 서로 화합하는 것이다. 이 화합에는 음과 양의 경계에는 수용의 공간이 있고, 이 공간에는 비움의 기운인 충기(沖氣)가 있다. 이 기운이 서로를 연결하여 업게 하고, 안게 하여 화합하게 하니 "화(和)"라고 한 것이다. 충기가 양의 기운을 업으면 새싹이 움트고 생장하며, 음의 기운을 안으면 만물은 사그라진다. 이와 같이 충기(沖氣)는 도(道)를 시현하는 덕이며, 대립된 기운인 음과 양의 기운을 화합하게 하는 기운이다. 화합은 대립개념의 통합이다. 운동기구 시소가 오르락내리락하는 것은 외부의 힘이다. 이와 같이 충기가 작용하게 하는 것은 외부 환경의 지향성이다. 외부 환경의 지향성을 수용하는 것은 내부의 지향성인 충기(沖氣)이고 이는 그 시스템의 개방성에 따라 결정된다.

조화는 서로를 필요로 한다는 것이 전제이다. 필요로 한다는 것은 서로 부족한 부분을 채울 수 있다는 것과 서로 협력하면 새로운 창발적 효과를 만들 수 있다는 전제가 필요하다. 노자는 조화를 언급하면서 습명(襲明)이라 하였다. 대상의 지향성을 찾아서 수용하고 포용하는 것을 말한다. 정원의 소나무와 단풍나무가 조화로울까? 어떻게 하여야 조화로운 정원이 될까? 나무들의 특성을 전체 정원이란 틀에서 감상자인 주인의 마음을 즐겁게 할 수 있도록 배치하는 것을 조화롭다고 한다. 기준은 감상자의 즐거움이다. 이와 같이 조화는 필요로 하는 자의 지향성에서 대상을 파악되고 이를 대상의 지향성인 특성이 발휘되게 하는 것이다.

○ 동조(同)

56장에서 감각의 통로를 막고 반응의 문을 닫으면 번잡함과 가치의 분별이 사라지고 욕망에서 벗어날 수 있다고 하였다. 욕망에서 벗어나면 화광동진(和光同塵)하여 대상과 깊고 그윽하게 동조하여(玄同) 물아일체에 도달할 수 있으니, 대상과 서로 의존적인 관계를 갖게 된다는 것이다. 동조한다고 함은 같이 조절되고 같이 움직인다는 의미이니 하나처럼 된다는 말이다. 바꾸어 말하면 연결되어 통합된다는 것이다. 동조는 시스템의 피드백을 의미한다. 피드백에서 중요한 과정은 대상의 상태를 감지하는 것이다. 동조도 대상의 지향성과 상태를 감각하고 지각해야만 수용하고 공감할 수 있으며 서로 한 팀으로 작동할 수 있다. 감지하려면 주의를 기우려 경청하는 등의 자세가 필요한데, 이런 자세는 정성을 쏟아야 가능하다. 정성을 쏟는 과정이 있어야 대상을 수용하고 이해하며, 이해할 수 있으면 공감할 수 있어 동조할 수 있고, 동조하면 화광동진 할 수 있으며 화광동진 할 수 있으면 현동(玄同)할 수 있다.

노자는 화광동진으로 현동(玄同)하라고 하는데, 이는 일반적이고 포괄적인 표현이고, 현실에서 시스템 간 혹은 시스템의 구성 요소 간의 동조는 목적의 동조나 통합이 중요한 요소이다. 하나의 목적으로 정렬할 수 있어야 엉키지 않고 어지럽지 않는 일사불란한 상태를 유지할 수 있다.

○ **밝음(明)**

16장에서 밝음(明)은 고요함을 얻어 본성(혹은 天命)이 늘 그러함을 아는 것이라 하였다. 늘 그러함을 안다는 밝음(明)은 자연의 지향성인 순환의 도를 알아 현재를 살펴보고 미래를 내다본다는 통찰력을 갖는 것이라 할 수 있다. 52장에서는 사물의 실체를 나타나게 하여 작은 것을 보는 것을 밝음이라 하였는데, 작은 것을 본다는 것은 작은 것일지라도 대상의 마음으로 대상을 보면, 작은 것의 지향성이 큰 전체의 조건이 됨을 안다는 것이다.

27장에서는 善行(선행), 善言(선언), 善救物(선구물) 등을 하는 것을 습명(襲明)이라고 하였는데, 이는 객체의 본성인 지향성을 알고 그에 동조하는 것이다(27장 풀이 참조). 동조한다고 함은 대립된 개념의 차이를 공존이란 틀로 하나로 묶음으로써 차이를 극복함을 말한다. 또 36장에서는 먼저 베풀어서 객체의 베풂을 얻어내는 것을 미명(微明)이라 하였다. 즉, 미명(微明)은 얻고자 하는 바를 숨기고 대상이 필요로 하는 바를 먼저 베풀면 반대로 객체가 주체의 필요를 알아서 스스로 채워주는 것을 말한다.

다시 말하면, 습명(襲明)에서 밝음은 객체의 지향성을 알고 이에 조화하는 것이니 도(道)를 따른다는 것이며, 미명(微明)에서 밝음은 먼저 베푼 후에 되돌아오게 하는 스스로 그러한 조건을 알고 베푸는 것이며 수용하는 것이니 덕(德)이라 할 수 있다. 습명(襲明)에서 밝음의 요체는 욕심을 내려놓아 대상의 지향성에 동조하여 차이를 없게 행하는 것이고, 미명(微明)에서는 대상이 필요로 하는 조건을 베풀어 스스로 그러하게 함이다.

밝다는 것은 막힘이 없이 환하게 볼 수 있는 상태를 말한다. 마음이 밝다는 것은 감각에 막힘이 없어 있는 그대로를 느낄 수 있다는 의미이니, 대상이 갖는 본성이나 처한 상황 등을 대상의 입장에서 감각하고 판단할 수 있는 것을 말한다. 그러니 주체가 갖는 밝음은 항상 고요함을 유지하고 본성에 머물며 대상의 본성과 변화를 지각하고 수용할 수 있음을 말한다. 변화를 본성의 틀, 즉 공존이란 인식의 틀 안에서 감각하고, 대상을 주체의 기준에서 평가하지 않고 대상의 입장에서 평가하고 공감하니 동조할 수 있게 되는 것이다. (27장 풀이 참조).

위에서 살펴본 바와 같이 밝다는 것은 주체가 대상의 지향성을 알고 자신의 지향성과 대상의 지향성을 조화롭게 상호작용하게 하는 것을 말한다. 시스템의 관점으로 보면 처리현황과 변화를 목적의 관점에서 감지한다는 의미이다. 감지할 뿐만 아니라 피드백 루프(feed-back loop)를 통하여 변화로 인한 차이를 제어한다는 것이다. 제어는 전체의 목적에 기여할 수 있게 부분의 역할을 다하도록 조정하는 것이다. 물론 전체도 부분이 그 지향성을 원만히 수행하도록 조건을 형성하면 바람직하겠으나 그렇게는 되지 않는다. 전체를 구성하는 환경요소가 다양하고 관계의 정도가 다르기 때문이다. 즉, 어느 한 부분의 지향성만 배려하면 전체의 균형이 깨어질 위험이 있으므로 그런 조건의 형성은 기대하기 어렵다.

○ 아낌(嗇)

59장에서 노자는 사람을 다스리고 하늘을 섬기는 것은 아낌으로 하라고 하였다. 아낀다(嗇)는 것은 돌보고 거두며 베푼다는 뜻을 내 포하고 있으니 덕을 베푼다는 것이다. 그리고 대상의 지향성을 배려 한다는 것이니 서로 인연을 만든다는 것이다. 즉, 연결고리를 만들 어 서로를 동조하게 통합한다는 뜻이다. 이렇게 되면 구조가 만들어 지고 의존적으로 기능하게 되니 상부상조하는 시스템이 된다.

아낌은 자신을 구성하고 있는 부분들에 대한 아낌과 대상인 전체 에 대한 아낌으로 구분할 수 있다. 49장에서 백성의 마음으로 마음 을 다스리라(以百姓心爲心)고 하였다. 그리고 54장에서 "몸으로써 몸 을 보고, 가정으로써 가정을 보며, 마을로써 마을을 보고, 나라로써 나라를 보며, 천하로써 천하를 본다(故以身觀身, 以家觀家, 以鄕觀鄕, 以 國觀國, 以天下觀天下)."라고 하였다. 이는 자신을 구성하는 구성요소 뿐만 아니라, 외부대상을 대상의 입장에서 보라는 것인데 포용하고 공감하라는 의미이다. 대상의 지향성을 대상의 마음으로 지속적으 로 아끼고 돌보며 다스리라는 말이니, 덕이라 할 수 있다. 덕은 환경을 우호적으로 만든다. 덕을 쌓으면 환경의 도움으로 지도자 되어 나라도 얻을 수 있고, 사물을 본성에 따르게 하여 도를 시현할 수 있다(59장 풀이 참조). 아낌으로 덕을 베풀면 사랑이 되고 자비가 된다. 이 사랑과 자비는 세상을 연결하여 평화를 만든다.

○ 늘 그러함(常)

16장에서 비워서 근원으로 돌아가는 것을 고요함이라 하고, 고요함을 천명에 머무른다고 하며, 천명에 머무는 것을 늘 그러함(常)이라 하였다. 모든 사물은 그 근원인 본성을 지킨다. 늘 그러한 본성은 시스템이 갖는 항상성이다. 지진이 나고 태풍이 불고 한파와 폭설이 와도 천체는 항상 그 자리에서 머물고 해와 달은 낮과 밤을 만든다. 사람이 사는 세상도 어지럽고 불안한 것 같지만 어제 그러했듯이 오늘도 그러하고, 내일도 그러할 것이다. 학교에서 급우들이 싸우고 다투어도 내일이면 제자리로 돌아와 어제와 같이 도란도란 웃고 지낸다. 이것이 세상사의 늘 그러함이다. 이렇게 변화가 일어나도 이를 잠재우고 평상을 회복하는 것은 무슨 힘에 의한 것일까? 자연의 지향성인 도이고 시스템이 갖는 항상성이다. 그러면 도는 우주의 항상성이라 할 수도 있을 것 같다.

사람의 경우, 고요한 상태에 있다가 상황조건에 변화가 생기면 의식이 작동하여 가치판단으로 구분을 만들고, 구분은 다름을 만들어 비교하고 경쟁하게 되어 변화는 더욱 확대 발전한다. 마음의 작용인 의식은 상황을 호·불호, 쾌·불쾌, 편·불편 등으로 가치를 구분하고 그에 따라 판단한다. 가치판단은 경험에 의하여 형성된 기준과 자신에게 유·불리라는 관점으로 사물을 저울질하게 한다. 이렇게 저울질하는 마음은 기쁨(喜)·노여움(怒)·슬픔(哀)·즐거움(樂)·사랑(愛)·미움(惡)·욕심(欲) 등으로 표출되었다가 시간이 경과하면 평상심을 회복한다. 어떤 사건이 발생하면 당사자는 대단히 민감하게 반응하지만 주변 환경은 개인의 감정과는 다르게 일상적이고 보편적인 상태를 유지하고 있음을 경험하곤 한다. 이런 환경은 당사자를 평상심으로 돌아오게 하는 원동력이다. 이를 바꾸어 말하면 환경의 지향성을 느끼고 그에 동화한다는 것이다. 이렇게 자신의 지향성과 환경의 지향성이 동조하는 것이 자연한 도(道)이다.

이런 변화는 위에서 언급한 바와 같이 사람의 마음에만 있는 것이 아니고, 동식물(物)에도 작용한다. 이들은 환경의 변화에 따라 무성하게 자라지만, 시간이 경과하거나 계절이 바뀌면 다시 사그라지는 (衰) 과정으로 진입하게 되고, 결국에는 무기물이 되거나 뿌리만 남게 되어 본래의 모습으로 돌아간다. 이 복귀는 개체가 만든 조건의 영향에서 벗어나 본성으로 회귀하였음을 뜻하고, 본성으로 회귀함은 환경의 조건으로 회귀함을 뜻한다. 그러니 천명을 회복하였다고 한 것이다. 계절에 따른 식물의 변화가 그러하고 수명에 따라 생로병사를 겪는 동물이 그러하다. 이런 순환은 자연의 이치로 한결같다.

23장 풀이에서 변한다는 것만이 오직 변하지 않는 것이라고 한 바 있다. 세상에는 늘 크고 작은 움직임이 있고 이 움직임은 작게는 변화이고 크게는 순환이다. 이 움직임의 시작은 외부 조건에 의한 자극이다. 외부의 조건으로부터 자극을 받는다고 한은 서로 상호작용한다는 것이고 피드백한다는 것이다. 계책이 없는 자연으로부터의 조건은 개체로 하여금 상호작용하게 한다. 상호작용은 서로 적응하는 것이고 서로 조건을 만드는 것이다. 세상은 이렇게 변화하고 순환하면서 서로 조건에 적응하는 것이 늘 그러함이다.

52장 풀이에서 욕망의 통로를 차단하려면 환경의 늘 그러함 즉, 환경의 지향성을 알아야 한다고 한 바 있다. 세상에는 비가역적인 것이 있다. 시간이 그렇고, 빛이 그러하며, 환경의 힘이 그렇다. 부분이 전체의 지향성에 반하여 존재하기 어렵다. 환경의 지향성은 개체의 존재 기반이고 조건이기 때문이다. 그러니 환경의 지향성을 알고 수용하여 이에 동조하는 것이 편안함을 얻는 방법이다. 욕심으로 환경의 지향성인 공존을 해치려 하면 역풍을 맞는 것이 보편적이고 일반적인 이치이다. 이 또한 늘 그러함이다.

16장에서 늘 그러함(常)을 아는 것을 밝음(明)이라(知常曰明)고 하고, 늘 그러함(常)을 알면 포용하게 되고, 포용하면 공정하게 된다고 하였다. 늘 그러할 방향을 알게(知) 되니 환경의 지향성을 수용하게 된다. 수용은 차이를 인정하고 공감하는 것이다. 이는 공평함을 인정하는 것이니 자신의 이기심에서 벗어나는 것이다. 그러면 억지로 애쓰지 않아도 적응하게 된다.

52장에서 늘 그러함을 익히는 것을 습상(襲常)이라 하였다. 본성이 환경에너지를 수용하면 지향에너지가 증가한다. 즉, 네겐트로피(negative entropy)가 생긴다. 이를 그 빛을 써서 그 밝음을 회복한다(用其光, 復歸其明)라고 하였다. 하지만 환경에너지가 역으로 작용하면 엔트로피가 가속적으로 증가한다. 본성에 따라 무위로 행동하고, 욕망하지 않으며, 스스로 환경 지향적인 조건을 형성하면, 재앙이 있을 수 없다. 이를 늘 그러함(常)을 익히는 것 즉, 습상(習常)이라 한다. 늘 그러함을 익힌다는 것은 본성의 밝음으로 대상의 지향성을 알고 동조하는 것이다.

55장에서 조화로움을 드러내는(知) 것을 늘 그러함(常)이라 하고(知和曰常), 늘 그러함을 드러나게 하는 것을 밝음(知常曰明)이라 하였다. 세상이 늘 그러함을 유지하는 것은 만물이 본성을 시현하고 있음이다. 바꾸어 말하면 만물이 조화롭게 구성되고 기능하고 있다는 것이고, 구성 요소들 간에도 서로 덕을 베풀어 의존적인 관계를 유지하고 있다는 것이다. 즉, 만물은 시스템으로 작용하고 있다는 뜻이다. 그러니 의존적인 요소들을 알아내고 이들의 구조와 기능을 아는 것이 밝음(明)이고, 이를 알면 포용하고(容) 공정하게(公) 된다는 것이다.

자신의 이념만 좇는 이분법적인 사고를 하는 사람은 사회의 구성 요소, 요소들 간의 관계, 상위 시스템, 그들의 지향성 혹은 목적, 통합의 필요성, 피드백 등에 대한 이해가 부족하여 문제를 공정하게 해결할 수 없다. 노자가 늘 그러함을 알면 포용하고 포용하면 공정하게 된다고 하였음은 포용하지 않고는 공정을 논할 수 없다는 것을 일찍이 예언한 것이다.

간혹 독불장군으로 살아가는 사람도 있고, 민심을 도외시하는 정치가도 있지만 오래가지 못한다. 자신의 편이 많은 것 같지만, 권력이 떨어지면 썰물처럼 빠진다. 환경이 갖는 지향성에 반하면 살아남기 어려운 것이 당연한 이치이다. 조화로움은 동조에서 시작한다. 조건과 여건에 동조하면 큰 흐름인 내세에 합류하게 되어 평화를 찾는다.

명상을 통하여 자신이 걸어가야 할 본연의 지향성을 찾고 자연의 지향성을 알면 자신의 길을 찾을 수 있다. 그러면 욕망의 굴레에서 벗어날 수 있어서 가볍고 편안하다. 이렇게 만물이 늘 한결같이 본연의 지향성에 따라 존재한다는 것을 알고 그것을 익히는 것이 습상(習常)이고 자신에게 정직함이요, 사랑의 시작이며 자비(慈悲)를 베푸는 것이다. 이것 또한 통합이다.

8) 무위자연과 우주의 팽창, 생물의 진화

노자가 도덕경을 통하여 설명하는 내용을 요약하면 무위자연(無爲自然)이다. 이는 억지로 무엇을 하려 하지 않고[無爲] 스스로 그러한[自然] 조건대로 행하라는 것이다. 바꾸어 말하면, 이는 인위적인 힘을 가하여 자연을 거스르지 않고 순응하는 태도를 말한다. 이 말은 세속적인 삶보다는 자연 그대로의 삶을 말할 때도 사용된다. 그러면 인간의 삶은 자연에 맡게 두고 어떻게 하라는 말인가? 누구나 던질 수 있는 질문이다. 자연은 변한다. 우주는 팽창하고 동식물은 진화한다. 무위자연을 설명하려면 이러한 변화를 설명할 수 있어야 한다. 이 설명이 가능한 것이 시스템의 창발성과 상승효과, 자기조직성이다. 동식물 시스템의 등장과 진화는 자연적으로 부여받은 지향성이 드러난 것이니 발전과 진화 또한 자연한 것이라 할 수 있다.

우주는 빅뱅에서 시작하여 정지하지 않고 팽창을 계속하고 있다고 한다. 우주가 인간과 무관하게 팽창하고 있음은 자연도 변한다는 것을 말한다. 그리고 현재의 자연은 무수히 많은 변화를 통하여 현재에 이른 것이다. 가장 쉬운 예가 인간의 발달이다.

그렇다면 인간은 언제 나타났을까? 지금으로부터 400~500만년 전 원시인류가 나타났다고 한다. 당시의 인간 모습을 상상할 수는 없고, 250만년 전 즈음에 뇌가 점점 커지고 도구를 사용한 호모 하빌리스(Homo habilis: 손재주 있는 사람)가 등장했다. 160만년 전에 호모 에렉투스(Homo erectus: 직립인간)가 나타나서 아시아, 아프리카, 유럽까지 퍼져 나갔다. 50만년 전에는 베이징 원인이, 10만년 전에는 인류의 사촌이라고 할 수 있는 네안데르탈(Neanderthal, 호모 에렉투스의 후예)인이 유럽과 중동에 등장하였다. 4만~5만년 전 후기구석기시대에 나타난 호모 사피엔스(Homo sapiens: 지혜로운 사람)는 현대적인 인간으로 변모했다. 유럽에서 4만년 전에 크로마뇽(Cro-Magnon)인이 나타나 네안데르탈인과 장기간 공존하였다. 그리고 약 4만년 전부터 인류의 직계 조상이라고 할 수 있는 호모 사피엔스 사피엔스(Homo sapiens sapiens: 아주 현명한 사람)가 나타나기 시작하였다. 이러한 인류의 진화도 자연한 변화이다.

우주의 팽창과 인류의 진화가 자연한 변화라면 인류의 역사는 어떠한가? 토인비는 도전과 응전의 역사라고 말하고, 헤겔은 정·반·합으로 설명되는 변증법의 역사라고 말한다. 이러한 역사의 발전도 자연한 것으로 해석하여야 할 것이다. 이런 해석의 맥락에서 보면 인류 문명과 문화의 발달 또한 자연한 것이 될 것이다. 이렇게 인류의 발달과 문화의 변화는 인간이 갖는 천부의 지향성이 자연한 것이듯이 현세를 사는 인간의 창발적 활동 또한 자연한 것으로 해석하여야 할 것이다. 그러면 또 다른 의문이 일어난다. 자연한 것이 무엇인가? 자연한 것은 앞에서 강조하여 설명하였듯이 환경의 조건에 합당하고

3편 시스템 관점과 도덕경의 주요 개념

대상의 지향성을 저해하지 않는 것, 즉 공존과 이타(利他)을 전제로 한 이기(利己)이다. 노자는 이 점에 대하여 49장에서 성인은 고정된 마음이 없으니, 백성의 마음으로 마음을 다스린다(聖人無常心, 以百姓心爲心)고 하였다. 그리고 54장에서 "몸으로써 몸을 보고, …(중략)… 천하로써 천하를 본다(故以身觀身, 以家觀家, 以鄕觀鄕, 以國觀國, 以天下觀天下)."라고 하였다. 이 말은 대상의 마음으로 대상을 보고 자신을 다스린다고 해석할 수 있다. 이래야 측은지심(惻隱之心)도 일어나고 사랑과 자비(慈悲)도 가능해진다. 이것이 덕(德)이다.

결국 노자의 무위자연을 정리하면 고정된 마음이 아니라 대상의 마음으로 서로의 지향성을 존중하고 상부상조할 수 있는 변화 즉, 시스템의 상승효과를 수용하라는 말로 해석할 수 있다. 그러면 자연함은 변화하는 조건에 순응함이라 할 수 있다. 우주가 팽창하고 이에 따른 천체도 변화하며, 지향성을 가진 만물도 변화하니 조건의 변화에 따라 자연함도 변화한다. 이 말은 산에서 자라는 나무의 자연함과 정원에서 자라는 나무의 자연함이 다르다는 뜻이다. 아프리카의 원주민의 자연함과 미국 뉴욕 금융인의 자연함이 다르다는 것이다. 아마 이런 해석이 노자의 무위자연을 은둔적으로 해석하지 않고 현대적으로 해석하는 방법이라 생각된다. 요약하면 자연의 변화를 수용하는 무위 자연함을 의미한다.

5장
시스템 사고

1) 시스템 사고의 필요성

도덕경의 내용은 도와 덕에 관한 설명이니 자연의 지향성과 자연의 일부인 인간의 지향성이 서로 의존적 관계라는 점을 강조한다. 세상은 서로 의존적 관계로 연결되어 있으니 어느 한 쪽이 영향력을 행사하게 되면 다른 한 쪽도 그 지향성에 영향을 받게 되어 구속을 받는다. 모든 사물은 그의 지향성을 구속받지 않으려는 경향이라서 구속에 저항한다. 특히 상위시스템은 하위시스템의 환경인 바, 하위시스템이 상위시스템에 영향력을 행사하기는 어렵다. 오히려 하위시스템은 상위시스템의 영향력에 무력화 된다. 시스템의 계층에서 같은 수준에 있는 시스템은 어느 한 쪽이 힘을 행사하면 서로 충돌이 일어난다. 노자는 이런 충돌을 방지하고 서로 공존하려면 서로의 지향성을 배려하라고 강조한다. 이런 배려의 방법으로 무엇을 이루고자 하는 욕망을 버리고 행하라고 한다.

그런데 우리가 사는 세상에서 인간은 철저하게 이기적이고 하고 싶은 대로 하려 하는 욕구추구적인 동물이다. 그리고 마음대로 되면 좋은 감정을 드러내고, 마음대로 안 되면 부정적인 감정을 드러낸다. 이기적이라 하지만 혼자서는 외로워서 못살겠다고 한다. 그래서 사

람을 이성적 동물, 감정적 동물, 생각하는 동물, 사회적 동물이라고
한다.

이런 인간 행동의 지배적인 동인은 욕구이다. 욕구로는 생명을 유
지 하기 위한 생리적 욕구, 독립적으로 하고 싶은 대로 하고 싶어하
는 자치욕, 타인으로부터 인정과 애정을 받고 싶어하는 친애욕, 세상
의 사물을 이해하고 싶어하는 탐구욕 등이 있다(성격의 비밀, 이종식,
북랩, 2016, p. 60). 욕구를 동인으로 하여 대상을 추구하는 행동은 자
신의 입장에서는 자기 보존과 자기실현이다. 하지만 상대방이나 대
상의 입장에서는 자유에 대한 구속이다. 구속은 침해이니 벗어나려
하고 다툼이 생긴다. 그리고 한정된 자원을 서로 소유하려 하니 경
쟁이 일어나게 된다. 이런 다툼과 경쟁은 우리가 사는 사회의 특징이
다. 그렇다고 하여 다툼과 경쟁만이 사회의 특징은 아니다. 사회에는
공존의 질서가 있다. 이 질서는 관습, 법규, 도덕 등으로 인류의 문화
유산이다.

앞에서 세상 만물과 사회적 제도 등은 시스템이라고 한 바 있다.
개인, 집단, 국가, 회사, 사회제도 등 모두가 시스템이다. 사회시스템
은 서로 연결된 상호 의존적인 기능구조이다. 이 구조에는 욕구를
추구하는 사람도 부분으로 포함되어 있다. 그러니 사회시스템에는
사람의 욕구가 반영되어 다툼과 경쟁이 존재하고 공존의 질서도 존
재한다. 다툼과 경쟁이 있는 곳에는 항상 문제가 발생한다. 문제라고
함은 정상적인 상태에서 벗어남이다. 노자는 이런 문제를 사전에 예
방하기 위해 욕망을 버리고 무위(無爲)로 행하라고 하였다. 그런데 인
간의 현실은 무위로 행하는 것이 아니고 무엇을 성취하려고 추구한

다. 그러니 사회적 갈등이 상존하는 것이다.

관계에서 발생하는 시스템 문제는 시스템의 특성으로 생각하고 접근함이 옳을 것이다. 이런 접근법을 시스템 사고라고 한다. 즉 문제의 대상이 시스템이니 시스템적인 사고 방식으로 해결하자는 말이다. 다시말하면, 시스템 사고는 사고의 대상인 과제나 문제를 시스템으로 취급하여 사고하는 방식을 말한다.

도덕경의 설명에서 왜 시스템 사고를 들추어 내는가 라는 의문이 일어날 것이다. 인간사회는 다툼과 경쟁이 수반된다. 노자는 다툼과 경쟁보다는 공존의 본성을 회복하라고 한다. 이 상충되는 바를 어떻게 풀어갈 것인가가 도덕경 공부의 마지막 순서라고 생각한다. 우리는 공정하고 정의로운 사회를 부르짖으나 현실은 그렇지 못하고 불공정하고 정의롭지 못한 면도 많다. 기회는 평등해야 한다고 하나 양극화는 계속되고 더욱 심화한다. 이런한 문제를 어떻게 해결할 수 있을까? 답을 노자에게서 구해보고자 하는 것이다. 노자가 말하는 무위 자연함을 현세의 문제에 적용하기 위해서는 노자의 말을 현대적으로 해석하여 적용하여야 한다. 이 해석이 시스템적 사고이다. 시스템 사고는 대상을 시스템으로 보고 시스템 자체의 기능에 문제가 있는지를 살피는 것이다. 그리고 문제가 있으면 어떤 부분의 구조와 기능의 문제인지 아니면 부분간의 문제인지, 혹은 환경과의 문제인지를 파악하고 이를 해결하기 위한 피드백 루프를 찾아서 적용하는 것이다.

2) 시스템 사고의 적용 예

쉽게 예를 들어 부동산 가격 폭등의 문제를 살펴보자. 가격은 수요와 공급에 의해 결정된다. 수요와 공급은 유효수요와 유효공급에 의하고, 구매력을 가진 유효수요는 구매 동기와 자금력에 의하며, 유효공급은 매매이익과 매도동기에 의해 결정된다. 수요를 제어하기 위해서는 시중 유동성을 관리하여야 하고, 구매동기를 제어하여야 한다. 심리적 요인인 구매 동기는 실수요, 투기수요, 불안 등으로 압축할 수 있다. 그리고 공급동기는 자금의 필요와 매매차익, 보유의 불안 등이다. 공급자는 신축업자와 실매도자인데 신축업자의 물량은 공급에 상당한 시간이 필요하다. 결국 매도물량의 증대만이 영향력이 있다. 이 부동산 문제를 시스템 사고로 접근해보자.

첫째, 문제의 연결고리를 살펴보자. 수요와 공급이 중요한 것이 아니고 수요와 공급에 영향을 미치는 연결된 부분이 중요하다. 그리고 어떤 부분에 정책의 초점을 두고 변화를 시도하였을 때, 연결된 부분들이 어떻게 작용하는가를 파악하여야 한다. 연결을 살펴보려면 시장을 이루는 부분들을 도식으로 그려보는 것이 현명하다.

두 번째는 사회적 문제는 구성원의 심리적 요인과 연결되어 있다는 점이다. 현상을 보지 말고 숨어있는 심리적 연결고리를 찾아야 해결가능하다는 의미이다. 이것이 사회시스템이 갖는 특징이다.

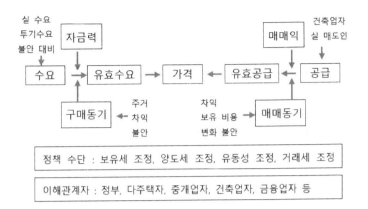

실 수요
투기수요
불안 대비

자금력

건축업자
실 매도인

매매익

수요 → 유효수요 → 가격 ← 유효공급 ← 공급

구매동기 ← 주거
차익
불안

차익
보유 비용
변화 불안

→ 매매동기

정책 수단 : 보유세 조정, 양도세 조정, 유동성 조정, 거래세 조정

이해관계자 : 정부, 다주택자, 중개업자, 건축업자, 금융업자 등

위 그림은 부동산 가격 급등과 관련된 개략적인 요인들을 그린 도식이다. 시스템 사고를 하려면 시스템의 특성인 구조와 기능의 연결을 파악하는 것이 가장 중요하니, 이들의 관계를 도식으로 그린 것이다. 물론 이들 요인 외에도 국가 경제상황, 증시상황, 인구 증가율, 신혼가구수, 주택유형별 선호도 등 다양한 요소들이 장기적으로 작용한다.

일반 공산품의 경우는 수요↑ → 가격↑ → 공급↑ → 가격↓으로 연결된다. 그런데 부동산의 경우 공급은 탄력성이 없다. 건축업자가 아파트를 지어서 공급하려면 택지 조성부터 건축완료까지는 장기간이 소요된다. 다만, 다주택자나 급전이 필요한 사람만이 공급에 참여한다. 즉, 수요↑ → 가격↑ → 공급 저조 → 가격↑ → 수요↑로 이어져 가격이 폭등하는 양의 피드백 루프를 형성한다. 이런 현상은 대략 10여년 주기로 겪고 있는 현실이다. 문제는 여기에서 파생되는 양극화와 사회적 불안이다. 이 점 때문에 정부는 적시에 시장을 안

3편 시스템 관점과 도덕경의 주요 개념

정시킬 대안을 찾아야 하는 것이다. 원론적으로 보면 공급이 탄력성을 회복하지 않으면 불가능한 것이 시장의 원리이다. 정책의 수단은 대상의 마음으로 대상을 다스려야 하는 것이다. 노자의 말이다. 공급자가 이익을 보게 만들어야 한다. 정부가 공급자를 적대시하면 답이 없다. 공급자의 지향성을 수용해야 한다는 것이다. 공급자에게 차익을 보게 만들면 공급이 늘어난다. 거래세와 양도세율을 낮추고 보유세를 높이면 차익을 본 사람은 보유를 포기할 것이다. 정책의 유효기간은 다른 정책수단이 효력을 보일 때까지로 한정하여 공급을 유도하여야 한다. 시장은 생물이다. 생물을 다스리려면 정책도 역동성을 지녀야 한다. 예를 들면 경기가 하강한다든지 신축주택의 공급이 개시하는 시기까지 한시적 정책이다. 아래 도식은 요소들 간의 변화 방향을 표시한 것이다.

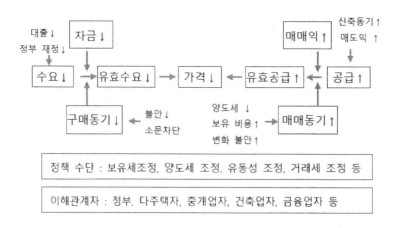

수요의 측면에서도 검토되어야 할 것이다. 집을 갖고 싶어하는 무

주택자(1인 세대 포함)는 모두 예비수요자이다. 그리고 헌집보다 새집을 선호하는 이들도 예비수요자이다. 이들은 서울과 같은 대도시의 경우 막강한 세를 형성하고 있다. 이들에게 자금력만 받쳐지면 바로 유효수요가 된다. 그리고 이런 시장에서는 항상 투기 수요가 대기하고 있다. 이들은 시장의 변화를 주시하고 있다가 변화가 보이고 차익이 예상되면 망설임 없이 투자한다. 정부가 수요를 규제하려고 하면 자금 동원이 불가능하게 만들어야 한다. 그리고 차익을 예상할 수 없게 차단하여야 한다. 이 또한 미리 알려주어야 하고 한시적이어야 하며 부분적이어야 한다. 예를 들면 특정 기간에 매입한 부동산은 특별세율로 다스린다는 것이다. 실수요자가 반발할 수 있으나 이는 예외 규정으로 장기 소유자 특례를 줄 수도 있다. 아마 전문가들이 모여서 도식을 통해서 정리하면 쉽게 답을 얻을 수 있을 것이다. 이렇게 답을 얻는다 해도 예비 수요자들의 욕구를 만족할 만한 답은 아닐 것이다. 예비 수요자의 지향성은 수요를 분산하여 장기적으로 충족시킬 방안을 모색하여야 한다.

문제는 정책담당자들이 연결된 상관관계를 보지 못하고 단순한 인과인계로 문제를 해결하려고 하기 때문에 부작용과 정책의 실효성이 떨어지게 되는 것이다. 그리고 시간지연에 대한 고려가 반드시 필요함도 고려하여야 한다. 수요의 측면에서의 검토도 실수요자, 투기수요자, 예비수요자 등의 마음에서 검토하여 한다. 이런 시장에서 가장 중요한 것은 수요자들의 불안, 즉 앞으로 계속 오르면 어쩌지 하는 점이다. 이것이 이들이 갖고 있는 지향성이다. 이 지향성은 장기적인 가격안정에 대한 보장만 되면 유효수요로 연결되지 않는다. 정책의 초점이 여기에 맞춰져야 효과를 볼 수 있다. 어쩌면 이는 국민 복지의 차원이기도 하다.

시스템 사고에서 노자식의 사고가 필요한 것은 첫째, 각 부분들을 살필 때 그 부분의 마음으로 그 부분을 보고 해석하라는 점이다. 두 번째는 관련 부분의 지향성과 조화로운 결정을 하라는 것이다. 이 말의 이면에는 대상이 물러날 수 있고 수용할 수 있는 대안을 마련하라는 의미이다. 이런 노자식의 사고는 시스템의 상호 의존적인 특성 때문이다. 노자는 이를 미명(微明)이라 하였다. 대상이 지향하는 바를 지원 보완해 주고 대상으로 하여금 여유를 회복하게 하여 주체가 필요한 바를 객체가 스스로 행하게 하는 것을 말한다. 여기서 노자의 지혜는 대상의 지향성을 상수(常數)로 보았다는 점이다. 즉, 대상의 지향성은 주체의 판단에서 전제조건이라는 의미이다.

부동산 시장이나 증권 시장과 같이 폭등과 폭락으로 사회적 문제를 야기하는 시장은 자본주의와 자유시장경제의 주축인데 이를 정부는 시장 기능에 맡게 두고 무슨 일이 생기면 그때는 부(富)를 가진 자들을 죄인 취급하려는 경향을 갖는다. 이는 잘못된 정치가들의 탓이다. 부동산 시장과 증권시장의 경우는 장기적으로 축적된 유동성과 시장의 조건과 상당한 관계가 깊다. 이 유동성은 정부에서 관리하는 재정과 관련되고 시중 유동성과 관련된다. 그러니 이들 시장의 요동은 전적으로 정부 정책의 탓이다. 책임 있는 정부는 적어도 이런 시장은 항상 모니터링하여야 하고, 정책변수를 미리 갖추고 있어야 한다. 부동산 거래와 관련된 이해관계자는 건축과 관련된 사업자, 중개업자 등 다수가 있고, 증권시장과 관련된 이해관계자도 증권

업자, 해외증시, 외국투자자, 개인투자자 등 다양하다. 이 다양한 이해관계자들의 동향과 연결된 피드백 루프의 변화를 항상 주시하고 변화가 있으면 어떻게 연결되고 있는지를 파악하여 그 연결 고리에 정책의 수단을 투입할 수 있도록 하는 것이 시스템사고이고 정부가 해야할 사명이다. 이런 피드백 시스템을 갖추는 것은 어려운 것이 아닌데 하지 않고 있는 것이다. 아마 시장의 변화를 읽을 수 있는 지표들이 많이 있을 것이다. 없다면 통계전문가에게 의뢰하면 쉽게 만들 수 있다.

시장은 근본적으로 수요와 공급의 구조이다. 이 두 변수는 말 그대로 가격에 따라 변하는 수이고 서로 의존적으로 변한다. 이들 변수는 정치·경제·사회·문화 등의 환경요인과도 관계를 맺고 있다. 특히 공급자와 수요자의 심리적 요인은 당사자의 시장 참여 여부에 결정적 영향을 미친다. 따라서 부동산 문제는 수요자와 공급자의 심리적 안정을 고려하여야 해결할 수 있다. 심리적 안정은 장기적 시장 관점에서 해결해야 한다. 예를 들면 주택의 내구년수를 감안한 수급 대책을 마련하여야 한다. 주택의 종류별, 지역별로 내구년수를 파악하고 이 자료를 바탕으로 연차적으로 재개발계획을 수립하며, 인구통계를 이용하여 주택의 장기적 수요를 파악하면 종합적인 주택 수급계획을 수립할 수 있을 것이다. 이 장기계획에 따라 구도심을 개발하면 구도심의 슬럼화를 방지하고 양질의 주택을 공급할 수 있다. 그리고 교육문제 등으로 인한 수요의 편중도 해결할 수 있을 뿐만 아니라 저출산 문제에 대한 해결의 실마리도 마련할 수 있을 것이다. 현재 저출산 문제는 젊은 세대들의 취업과 내 집 마련에 대한 부담,

육아문제로 압축할 수 있다. 취업문제는 정부가 산업정책을 주도적으로 유도하고 기업의 활동을 지원하며 인력시장의 유연성을 확보하면 가능하고, 내 집 마련은 위에서 언급한 장기수급계획의 실행하여 시장에 신호를 보내 불안을 해소해야 할 것이다. 육아문제는 3~5년의 장기 육아휴직 제도의 시행 등으로 해결할 수 있을 것이다.

사회적 문제는 항상 사람의 문제로 귀착하고, 사람의 문제는 심리적 동기가 주요 원인이 됨을 고려하여야 한다. 시스템은 기능과 구조로 연결되어 있고, 구성 요소들은 각자의 지향성을 갖고 있는데 구성요소들의 특성은 연결의 조건으로 이미 결정된 사항이다. 즉 자동차에 바퀴를 달면 바퀴는 이미 자동차의 전제조건이 되었다는 말이다. 연결 문제를 다스리려면 대상의 지향성을 다스려야 하는데, 이 대상의 지향성은 하나의 전제조건으로 파악하는 것이 문제 해결의 지름길이 된다는 것이다. 이 말은 대상의 지향성은 변수라기보다 상수(常數)에 가깝다는 의미이다. 상수는 특별한 조건이 없다면 변하기 어렵다. 앞의 부동산 가격 폭등의 경우에도 다주택자나 매매차익을 예상하는 예비공급자들은 자신의 욕구수준이 확보되어야 공급자가 된다. 그리고 새집을 선호하는 예비수요자의 욕구도 정책에 반영하여 수요를 분산시켜야 한다. 이런 큰 시장의 문제를 다룰 때는 전문가의 의견이 상당히 중요하다. 이 분야의 전문가들은 보다 더 다양한 수단을 강구할 수 있기 때문이다. 이들이 시스템 전문가와 함께 연구하고 토론하면 답은 분명히 찾을 수 있을 것이다. 이제까지 언급한 내용들은 하나의 사고 연습이라 생각하면 바람직할 것으로 생각된다.

3) 시스템 사고의 심화

시스템 사고를 심화하기 위해 위의 예에서 검토된 점들을 다시 정리해 볼 필요가 있다. 하지만 이는 이 책에서 다룰 내용이 아니라서 개략적인 절차만 소개하고자 한다. 시스템 사고는 사고의 대상이 상호 의존적인 기능 구조(시스템)이므로 시스템의 특성 측면에서 그 대상을 파악하는 절차적이고 논리적인 사고법이다. 유의해야 할 점은 환경과의 관계와 인간심리적 측면, 여러 전문가들의 참여 등이 필요하다는 점이다. 첫째, 환경과의 관계 파악은 시스템은 연결된 요소를 갖는다는 점을 감안하여 상위시스템과 하위시스템 등 관계를 갖는 요소들을 찾아야 한다는 점이다. 즉, 전체와 부분, 관계의 구조 파악과 기능 파악이다. 둘째, 사람과 관련된 요소는 심리적 동기를 확인하고 욕구와 불안의 관점에서 살펴보는 것이 중요하다. 셋째, 반드시 도식을 그리고 여러 사람이 도식을 보면서 의견을 개진하고 취합하는 것이 좋다. 여러 사람이 모이면 서로의 의견에 편승한 의견이 개진되어 창발성이 증대하기 때문이다.

시스템은 상호 의존적인 기능 구조라고 정의 하였으니, 시스템 사고는 구조와 기능 그리고 의존관계의 파악에 초점을 맞춘다. 구조·기능·의존관계는 모두 전체와 부분으로 구별하여 접근하고 처리체계에 투입되는 자원과 관련된 변수를 반드시 고려하여 살핀다. 이를 좀더 구체적으로 살펴보면 다음과 같다.

첫째, 대상의 구조를 파악하기 위해 구성요소를 파악하고 이들을 연결한다. 둘째, 연결된 요소들의 기능(지향성, 목적)을 확인하고 전체의 기능을 확인한다. 셋째, 연결된 관계의 상관성을 확인한다. 가능하면 변화 발생시 요소 간의 변화를 인과관계나 상관관계로 파악하여 도식으로 표시하고 변화의 방향을 표시한다. 변수이나 상수에 가까운 변수는 장·단기로 구분하여야 한다. 대부분의 경우 상수에 가까운 변수를 변수로 착각하기 쉽다. 상수가 되면 전제조건이 된다. 넷째, 환경과 관계를 파악한다. 상위시스템을 확인하고 전제 조건을 확인한다. 다섯째, 환경과의 관계를 파악할 때는 환경의 요구조건인 output과 자원의 input을 살핀다. Input은 사람, 돈, 물자, 정보, 시간, 기술, 시장 등을 고려한다. 특히 시간이란 변수는 반드시 고려하여야 한다. 여섯째, 피드백 루프를 결정한다. 피드백 루프의 결정은 문제의 해결책이 된다. 결국 시스템 사고는 피드백 루프를 찾는 것이라 할 수 있다.

사람이 사는 세상의 문제는 사람의 이기적 욕심에서 시작된다. 그렇다고 하여 욕심을 규제할 수는 없다. 모든 사람에게 노자가 말하는 이루고자 함이 없이(無爲) 삶을 영위하라고 할 수 없다. 그러니 사회적 문제가 발생되면 문제의 원인으로 심리적 동기를 고려하여야 한다. 심리적 동기의 뿌리는 성장과정에서 자리를 잡은 욕구구조와 관련된다. 문제의 유형에 따라 관련 심리학 전문가의 의견을 청취하는 것이 좋다.

그리고 시스템 문제가 구조적 문제라면 단기적으로 구조의 변화를 추구하기 어렵기 때문에 반드시 단기대책과 장기대책을 강구하는 것이 바람직하다. 또 문제의 원인이 복합적일 경우는 발생 가능성과 중요도를 점검하고 중요도에 따라 우선적으로 풀어나가는 것이 좋다. 중요한 것을 놓치면 심각해 질 수 있고, 나중에 긴급해질 수 있다.

노자가 보는 세상은 관계로 얽어진 시스템이다. 노자가 본 시스템이란 조직과 같다. 이 조직을 얽는 끈의 조정자는 환경조건이다. 시스템이란 조직의 재료는 구성요소이고 그 구성 요소는 각각 지향성을 갖는다. 그리고 구성요소들의 주변 환경도 지향성인 에너지를 갖는다. 환경이 성숙되면 환경에너지의 영향력으로 구성요소들의 에너지가 집결한다. 집결하여 서로가 얽인다. 이것이 시스템인 조직이다. 구성요소들이 갖는 지향성이 조직을 얽는 끈이라면 이 끈을 조정자는 환경의 지향성이다. 지향성은 에너지를 품고 있으니 역동적이다. 항상 변한다는 뜻이다. 같은 듯한 상황이라 해도 과거의 상황과 지금의 상황은 다르다는 뜻이다.

환경에서 유입되는 에너지는 환경을 구성하는 사물의 지향성이다. 이 에너지는 환경을 구성하는 요소들이 갖는 지향성이 결합되고 융합된 것이다. 만물이 생겨남은 환경요소들의 에너지가 성숙되어 결합되지 않으면 불가능하다. 그러니 이 환경에너지가 만물이 생겨나게 하는 조건이 된다. 이 환경에너지, 즉 환경을 이루는 요소들의 지향성이 성숙하여 결합되면 이 조건에 따라 만물이 생겨나게 되고 자라게 되며 사그라들게 된다.

부동산 가격폭등도 요소들의 지향성이 만든 얼개이다. 이 얼개가 전체의 얼개인 국가 경제에서 어떻게 변화하여 적용할 것인지는 미지수이다. 국가경제시스템은 경제주체들(국가/기업/가계)이 소유한 순자산(재산-부채), 순자산을 이용한 경제활동(투자/생산/분배/소비)으로 형성된다. 순자산은 구조적 측면이고, 활동은 기능적 측면이다. 순자산의 구조나 경제활동을 경제주체별로 증감변화를 파악하면 경제의

3편 시스템 관점과 도덕경의 주요 개념

현황이나 변화의 추이를 통찰할 수 있다. 그러나 이는 전문가들이 아니면 접근하기도 어렵고 이해하기도 어렵다. 그리고 이들을 일목요연하게 보여주는 자료의 존재 유무도 불확실하다. 세상에는 똑똑하고 현명한 사람들이 많지만 내막을 들여다보면 실상은 놓치고 있는 부분들도 많은 것 같다. 부동산 가격 폭등도 단순히 투기수요가 원인이라고 할 것이 아니라 국가 경제의 흐름(경제주체별 순자산과 활동의 변화추이)이 부동산 공급과 수요에 어떤 영향을 미치는지를 검토하고, 이를 조건으로 하여 유효수요와 유효공급이 어떻게 변화하고 있다고 분석하는 것이 바람직하다. 이렇게 접근하는 것이 시스템 사고이다. 즉, 변화의 조건인 전체경제의 변화를 파악하여야 부동산시장의 변화를 파악할 수 있다. 이런 접근이 어려우니 부분적 분석으로 위에서 그림으로 설명한 내용, 즉 유동성, 수요, 공급으로 문제를 간략화한다.

국가경제와 부동산 문제의 관계에서와 같이 부분은 전체 얼개의 속성을 조건으로 하여 작동하니, 부분의 지향성은 전체의 지향성의 영향력을 벗어나지 못한다. 바꾸어 말하면 부분은 전체의 영향력 속에 존재하고 기능한다는 의미이다. 이렇게 부분과 전체가 서로 조건이 되어 영향력을 교환하면서 서로가 서로로부터 자유롭지 못하고 조금씩 구속되는 관계가 의존적인 관계이다. 이 의존적인 관계의 집합이 도(道)이다. 이는 의존적인 영향력의 집합 혹은 지향성의 집합이라 할 수도 있다. 이 집합 중에서 일부가 분화하여 개별적으로 사물에 적용되는 것이 덕(德)이다. 사물의 삶이 이 영향력에 따르면 세상은 순박하고 화목하며 평화로울 텐데, 개인이나 집단의 이기성과 욕심이 이 영향력에서 벗어나 대상의 지향성을 침해하여 문제가 발생한다.

　개인이나 집단의 이기심을 기초로 하여 설계되고 운영되는 사회제도는 기본적으로 도(道)와 덕(德)이 시현되는 구조는 아니다. 이유는 자연적이 아니고 인위적으로 만들어진 것이기 때문이다. 사회제도가 도와 덕이 시현되는 구조가 아니기 때문에 사회에는 최소한의 기준으로 사회규범이 있고, 이를 어기면 법에 의한 규제를 받게 된다. 이런 것이 사회시스템이다. 그러니 문제가 생기면 시스템 간의 문제로 접근하여 해결의 실마리를 찾는 것이 좋다. 이런 문제의 가장 핵심적인 사항은 첫째는 이기심에 근거한다는 점이고, 둘째는 관련된 대상을 잘 인지하지 못한다는 점이다. 전자는 노자가 말하는 무위로 접근하면 쉽게 답을 찾을 수 있겠지만 사회는 구성원들의 이기심으로 이를 수용하지 못한다. 그러니 차선책으로 이기심을 조정하는 형태를 취하게 된다. 조정은 관계하는 요소들의 지향성을 정리하는 것이고, input을 더하고 빼는 피드백 루프(feedback loop)를 결정하는 것이니 위에서 언급한 시스템 사고 부분을 참조하면 도움이 될 것이다. 후자는 문제의 이해관계자를 그들의 입장에서 파악하고 이해하고 공감하는 것의 중요성을 언급한 것이다. 노자가 말하는 대상의 마음으로 마음을 다스리고 공감하라는 교훈을 참고하면, 이해관계자와의 문제는 사전에 예방할 수도 있고, 문제가 발생하더라도 이를 원천적으로 해결할 수 있는 실마리가 되지 않을까?